500만 독자 여러분께 감사드립니다!

세상이 아무리 바쁘게 돌아가더라도
책까지 아무렇게나 빨리 만들 수는 없습니다.

길벗은 독자 여러분이
가장 쉽게, 가장 빨리 배울 수 있는 책을
한 권 한 권 정성을 다해 만들겠습니다.

독자의 1초를 아껴주는
정성을 만나보세요.

미리 책을 읽고 따라해 본 2만 베타테스터 여러분과
무따기 체험단, 길벗스쿨 엄마 2% 기획단,
시나공 평가단, 토익 배틀, 대학생 기자단까지!
믿을 수 있는 책을 함께 만들어주신 독자 여러분께 감사드립니다.

잘못된 EXCEL 습관,
바르게 고쳐보자!

엑셀 이렇게 하지 마라!

'공대녀의 엑셀천재' 채널 크리에이터 **진은영** 지음

길벗

엑셀, 이렇게 하지 마라!

초판 발행 · 2021년 2월 15일
초판 3쇄 발행 · 2023년 8월 30일

지은이 · 진은영
발행인 · 이종원
발행처 · (주)도서출판 길벗
출판사 등록일 · 1990년 12월 24일
주소 · 서울시 마포구 월드컵로 10길 56(서교동)
대표 전화 · 02)332-0931 | **팩스** · 02)323-0586
홈페이지 · www.gilbut.co.kr | **이메일** · gilbut@gilbut.co.kr

기획 및 책임 편집 · 박슬기(sul3560@gilbut.co.kr) | **디자인** · 유어텍스트 | **제작** · 이준호, 손일순, 이진혁, 김우식
영업마케팅 · 전선하, 차명환, 박민영 | **영업관리** · 김명자 | **독자지원** · 윤정아, 최희창

편집진행 · 안혜희북스 | **전산편집** · 예다움 | **CTP 출력 및 인쇄** · 벽호 | **제본** · 벽호

ISBN 979-11-6521-461-6 03000
(길벗 도서번호 007088)

정가 18,000원

작가의 말

잘못된 엑셀 사용 습관, 바르게 고쳐보세요!

필자는 대학교 재학시절, 여러 종류의 엑셀 관련 자격증을 취득했습니다. 하지만 졸업 후 취업을 하여 막상 업무에 활용하려고 하니 부족함이 많다는 것을 몸소 느꼈습니다. 역시 이론과 실전은 많이 달랐습니다. 그래서 자격증과는 별개로 현장에서 일하면서 실전 엑셀 기능을 하나하나 직접 배워나갔습니다.

실무에서는 엑셀이 선택이 아니라 필수였기 때문에 사용할수록 새로운 기능이 많았고 어려움에 자주 봉착하기도 했습니다. 지난 과거를 떠올리면 지금은 미소를 짓지만, 그 시절에는 상사의 핀잔으로 마음의 상처를 입기도 했습니다. 이러한 아픔을 겪다 보니 스스로 이론과 실전을 접목시켜서 내 것을 만들기 시작했는데, 힘들었던 과거의 시행착오가 있었기 때문에 가능했다고 생각합니다.

이러한 경험이 차곡차곡 쌓이면서 엑셀에 대한 자신감이 생겼습니다. 그리고 다른 사람들은 저의 전철은 밟지 않게 해야겠다는 생각으로 열심히 수업을 진행하게 되었습니다. 많은 분들이 이미 알고 있는 함수 기능도 어떤 상황에서, 어떻게 접목시켜야 하는지에 대해 많이 어려워한다는 것을 새삼 알았습니다.

따라서 〈엑셀, 이렇게 하지 마라!〉에서는 단순히 기능에 대해 나열하고 풀이하기보다는 현장의 목소리를 담아 업무의 효율성을 높이기 위해 실무에서 겪는 문제 상황을 생생하게 제시했습니다. 문제를 해결하기 위한 다양한 방법을 제시하여 업무 활용도를 높였고, 혼자 공부해도 어렵지 않도록 동영상 강의를 함께 제공하고 있습니다. 이제 막 엑셀 공부를 시작한 독자 여러분들이 바른 엑셀 사용 습관을 갖고 시간을 낭비하지 않도록 엑셀의 지름길로 가는 길에 이 책이 조금이나마 보탬이 되길 간절히 소망합니다. 그동안 무엇 때문에 나의 퇴근 시간이 늦어졌는지 나의 잘못된 엑셀 사용 습관을 체크해 보는 기회가 되기를 바랍니다.

끝으로 이 책의 출간까지 많은 분들의 도움이 있었습니다. 처음이라 많이 부족한 저를 잘 이해해 주시고 이끌어주신 박슬기 차장님, 연정모 님, 그리고 안혜희 실장님을 비롯하여 길벗출판사 모든 편집진께 진심으로 감사드립니다. 그리고 늘 가까이서 격려해준 백여사, 수아선생님, 까망이에게 고맙다는 인사를 전합니다.

2021.02

'공대녀의 엑셀천재' 채널 크리에이터 진은영

엑셀, 이렇게 하지 마라!
사용 설명서

CHECK 1

무엇이 문제일까?
문제 상황 제대로 알기

실제 업무 상황을 그대로 재연하여 나의 엑셀 습관이 어디서부터 무엇이, 왜 잘못된 것인지 정확하게 진단해 줍니다.

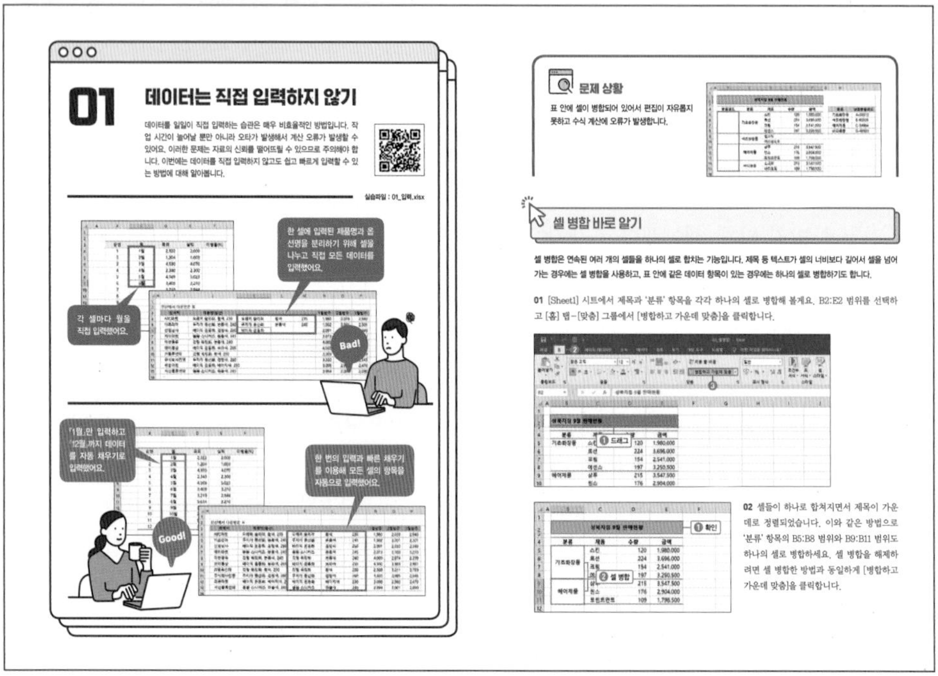

EXCEL,
이렇게 하지 마라!

무심코 사용했던 엑셀 기능이 내 업무를 더 복잡하고 어렵게 만들 수도 있다. 잘못된 엑셀 습관, 바르게 고쳐보자!

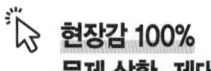

현장감 100%
문제 상황, 제대로 알기!

도대체 어디서부터 잘못된 걸까? 실무 예제를 토대로 엑셀 유튜버, '공대 언니'의 정확한 진단을 받아보자!

CHECK 2

'공대 언니'의 이유 있는 잔소리, 속 시원한 엑셀 솔루션

예제를 직접 따라해 보면서, 제대로 된 엑셀 활용법을 익혀봅니다. 이제껏 잘못 써 왔던 엑셀 기능을 바르게 사용해 봄으로써 업무 능력이 저절로 향상됩니다.

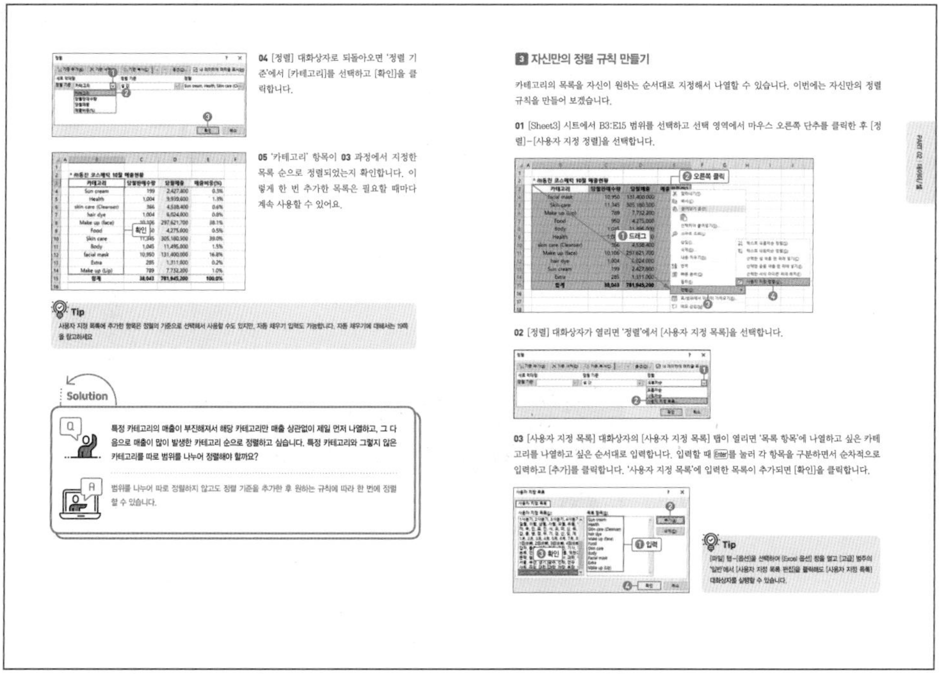

04 [정렬] 대화상자로 되돌아오면 '정렬 기준'에서 [카테고리]를 선택하고 [확인]을 클릭합니다.

05 '카테고리' 항목이 03 과정에서 지정한 목록 순으로 정렬되었는지 확인합니다. 이렇게 한 번 추가한 목록은 필요할 때마다 계속 사용할 수 있어요.

Tip
사용자 지정 목록에 추가한 항목은 정렬의 기준으로 선택해서 사용할 수도 있지만, 자동 채우기 입력도 가능합니다. 자동 채우기에 대해서는 19쪽을 참고하세요

Solution

Q 특정 카테고리의 매출이 부진해져서 해당 카테고리만 매출 상관없이 제일 먼저 나열하고, 그 다음으로 매출이 많이 발생한 카테고리 순으로 정렬하고 싶습니다. 특정 카테고리와 그렇지 않은 카테고리를 따로 범위를 나누어 정렬해야 할까요?

A 범위를 나누어 따로 정렬하지 않고도 정렬 기준을 추가한 후 원하는 규칙에 따라 한 번에 정렬할 수 있습니다.

3 자신만의 정렬 규칙 만들기

카테고리의 목록을 자신이 원하는 순서대로 지정해서 나열할 수 있습니다. 이번에는 자신만의 정렬 규칙을 만들어 보겠습니다.

01 [Sheet3] 시트에서 B3:E15 범위를 선택하고 선택 영역에서 마우스 오른쪽 단추를 클릭한 후 [정렬]-[사용자 지정 정렬]을 선택합니다.

02 [정렬] 대화상자가 열리면 '정렬'에서 [사용자 지정 목록]을 선택합니다.

03 [사용자 지정 목록] 대화상자의 [사용자 지정 목록] 탭이 열리면 '목록 항목'에 나열하고 싶은 카테고리를 나열하고 싶은 순서대로 입력합니다. 입력할 때 Enter를 눌러 각 항목을 구분하면서 순차적으로 입력하고 [추가]를 클릭합니다. '사용자 지정 목록'에 입력한 목록이 추가되면 [확인]을 클릭합니다.

Tip
[파일] 탭-[옵션]을 선택하여 [Excel 옵션] 창을 열고 [고급] 범주의 '일반'에서 [사용자 지정 목록 편집]을 클릭해도 [사용자 지정 목록] 대화상자를 실행할 수 있습니다.

척척 해결 이제 나도 엑셀 전문가

작업 속도는 빠르게, 업무 만족도는 높게! 바른 엑셀 습관으로 나도 이제 프로 엑셀러!

술술 풀리는 실무 엑셀

현장 예제를 따라하기만 해도 업무 능력이 향상된다. 'Tip'과 '잠깐만요'를 꼼꼼하게 읽어보자!

유튜브 채널 '공대녀의 엑셀천재',
무료 영상 강의 사용설명서

STEP 01

책 속
QR 코드 찍기

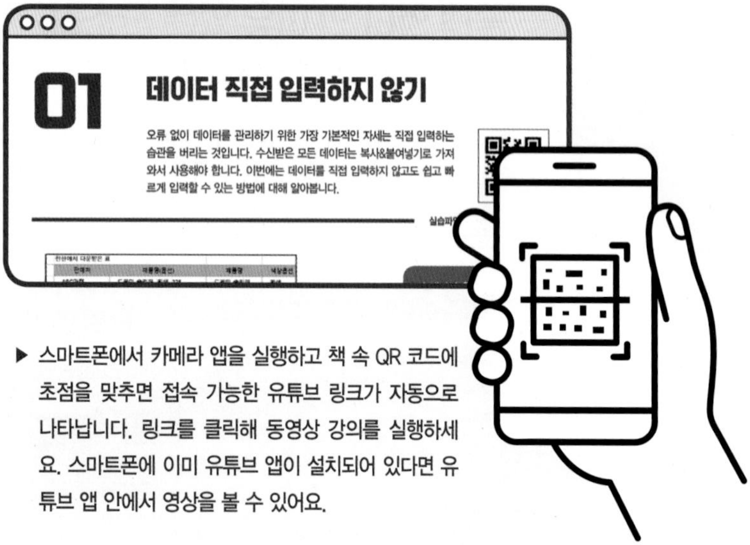
01
데이터 직접 입력하지 않기
오류 없이 데이터를 관리하기 위한 가장 기본적인 자세는 직접 입력하는 습관을 버리는 것입니다. 수신받은 모든 데이터는 복사&붙여넣기로 가져와서 사용해야 합니다. 이번에는 데이터를 직접 입력하지 않고도 쉽고 빠르게 입력할 수 있는 방법에 대해 알아봅니다.

▶ 스마트폰에서 카메라 앱을 실행하고 책 속 QR 코드에 초점을 맞추면 접속 가능한 유튜브 링크가 자동으로 나타납니다. 링크를 클릭해 동영상 강의를 실행하세요. 스마트폰에 이미 유튜브 앱이 설치되어 있다면 유튜브 앱 안에서 영상을 볼 수 있어요.

STEP 02

유튜브 채널
구독하기

▶ 매번 QR 코드를 찍지 않아도 저자의 유튜브 채널 '공대녀의 엑셀천재'를 구독하면 원하는 영상을 언제든지 찾아 빠르게 시청할 수 있어요. 영상이 유용하다면 '좋아요'도 눌러주세요.

유튜브 주소 **www.youtube.com/c/공대녀의엑셀천재**

STEP 03

'공대 언니'의 SNS 공간 방문하기

카카오톡
pf.kakao.com/_qYcuT

네이버TV
tv.naver.com/yyexcel

페이스북
www.facebook.com/eyjin85

블로그
blog.naver.com/eyjin85

저자가 운영 중인 다양한 SNS 공간에 방문해 보세요. 엑셀 관련 정보와 문제 해결, 쉽고 빠르게 익힐 수 있는 영상 자료 등을 제공하고 있어요.

길벗출판사 홈페이지를 방문해 보세요!

예제 및 완성 파일 다운로드

이 책에서 실습하는 과정에 필요한 예제파일 및 완성파일은 길벗출판사 홈페이지 내 해당 도서 페이지에서 다운로드할 수 있어요.

1. 길벗 홈페이지(ww.gilbut.co.kr)에 접속하세요. 회원으로 가입하지 않아도 자료를 다운로드할 수 있어요.
2. 검색 창에 해당 도서의 제목을 입력하고 [검색]을 클릭하세요.
3. 해당 도서가 검색되면 [학습자료]를 클릭해 실습 파일을 다운로드하세요.

도서문의

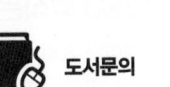

책을 보다 모르는 내용이 나오거나 오류를 발견한 경우에는 길벗출판사 홈페이지 내 도서문의에 내용을 입력해 주세요. 페이지 회원으로 로그인한 후 이용해 주세요.

1. 길벗 홈페이지(www.gilbut.co.kr)에 접속하고 아이디와 비번을 입력해 로그인하세요.
2. [고객센터]–[1:1 문의]를 선택하거나 검색 창에 해당 도서의 제목을 입력하고 [검색] 단추(🔍)를 클릭하세요.
3. 문의 종류와 궁금한 내용을 입력하고 [문의하기]를 클릭합니다.

차례

PART 01 데이터 입력

PART 02 데이터/셀 편집

PART 03 데이터 작업

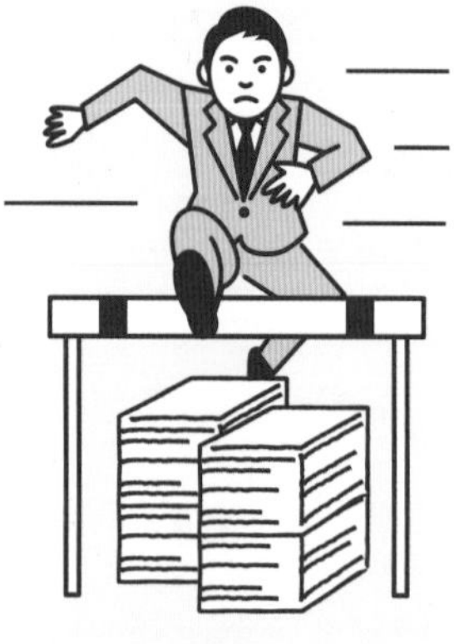

PART 04 함수식 계산

PART

05 데이터 출력

PART 01

데이터를 효과적으로 분석하기 위한 시작은 오류 없는 데이터를 입력하는 데 있습니다. Part 01에서는 데이터를 직접 입력하지 않고 데이터 패턴을 읽어서 입력하는 방법을 통해 여러 사용자들이 사용하는 자료에 오타나 잘못된 데이터가 입력되지 않도록 해 보겠습니다. 이러한 방법으로 데이터를 입력하면 불필요한 2차 편집을 막을 수 있습니다. 또한 다양한 입력 오류를 발생시킬 수 있는 상황과 해결 방법에 대해서도 알아봅니다.

데이터 입력

01 데이터는 직접 입력하지 않기

데이터를 일일이 직접 입력하는 습관은 매우 비효율적인 방법입니다. 작업 시간이 늘어날 뿐만 아니라 오타가 발생해서 계산 오류가 발생할 수 있어요. 이러한 문제는 자료의 신뢰를 떨어뜨릴 수 있으므로 주의해야 합니다. 이번에는 데이터를 직접 입력하지 않고도 쉽고 빠르게 입력할 수 있는 방법에 대해 알아봅니다.

실습파일 : 01_입력.xlsx

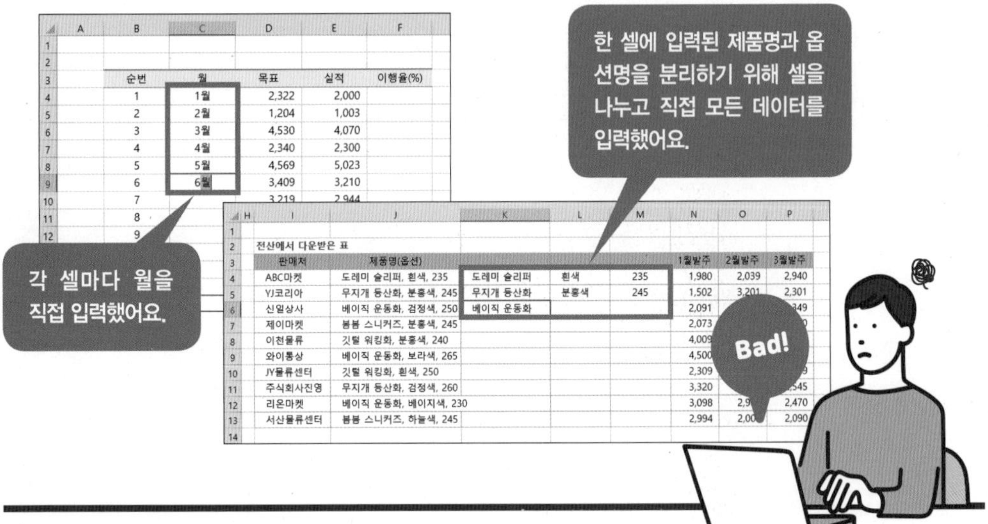

각 셀마다 월을 직접 입력했어요.
한 셀에 입력된 제품명과 옵션명을 분리하기 위해 셀을 나누고 직접 모든 데이터를 입력했어요.
Bad!

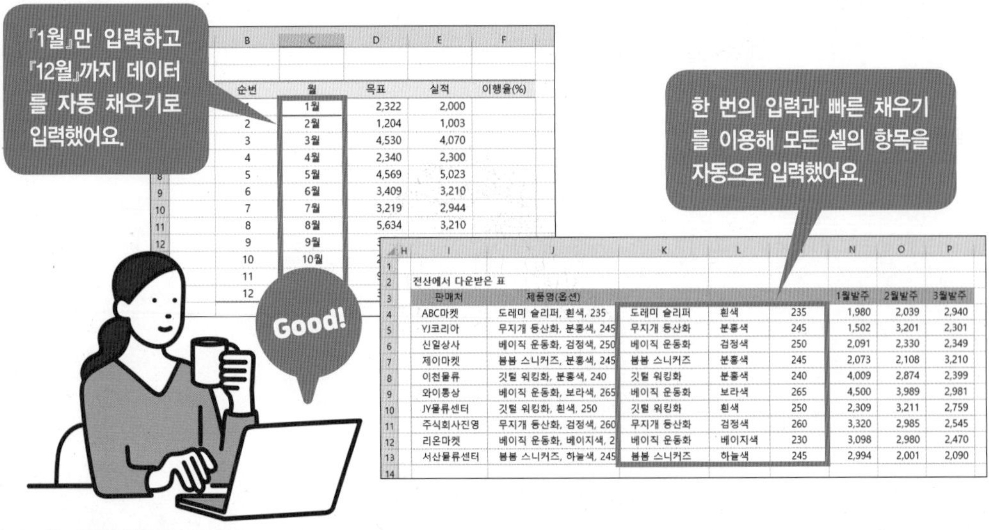

『1월』만 입력하고 『12월』까지 데이터를 자동 채우기로 입력했어요.
한 번의 입력과 빠른 채우기를 이용해 모든 셀의 항목을 자동으로 입력했어요.
Good!

작업 속도가 빨라지는 자동 채우기 바로 알기

일련의 순번을 입력하거나 같은 형식으로 내용을 채울 때, 또는 그 외의 수식을 다른 셀에도 적용하고 싶을 때 자동 채우기를 이용하면 데이터를 빠르게 입력할 수 있습니다.

1 자동으로 데이터 채우기

01 [Sheet1] 시트에서 B4셀부터 B15셀까지 숫자 '1'을 한 번에 입력해 볼게요. 먼저 B4셀에 숫자『1』을 입력합니다. B4셀의 오른쪽 아래 모서리에 마우스 포인터를 올려놓으면 ✚ 모양으로 바뀌는데, 이것을 '자동 채우기 핸들'이라고 합니다.

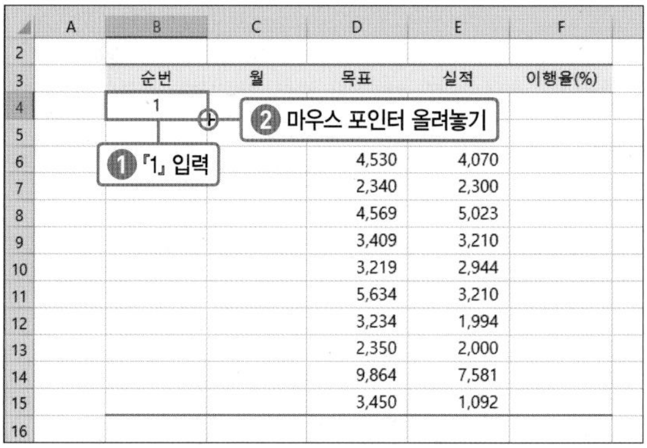

02 이 상태에서 마우스를 더블클릭하거나 B15셀까지 드래그하면 숫자 '1'이 빠르게 채워집니다.

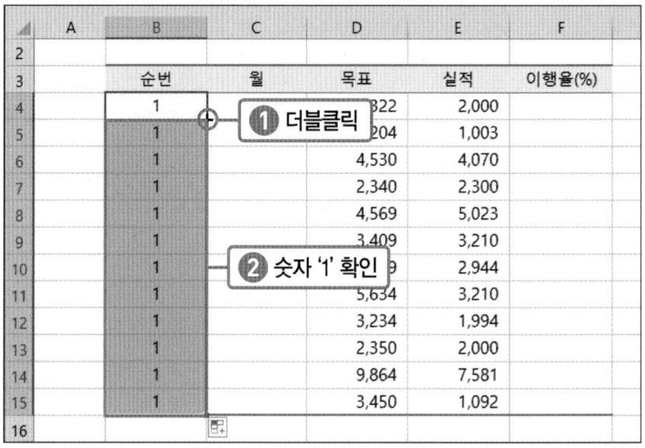

Tip

자동 채우기는 드래그하는 것보다 더블클릭하는 것이 더 빨리 데이터를 채울 수 있어서 편리합니다. 다른 열에 데이터가 입력되어 있을 경우에는 자동 채우기 핸들을 더블클릭하여 마지막 데이터가 입력되어 있는 행까지 자동 채우기를 할 수 있어요.

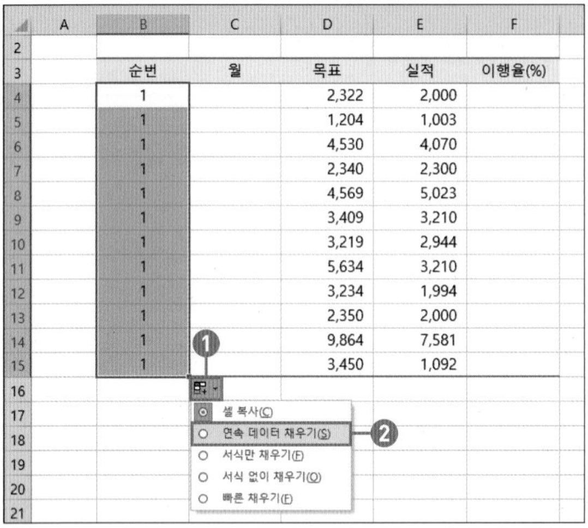

	A	B	C	D	E	F
2						
3		순번	월	목표	실적	이행율(%)
4		1		2,322	2,000	
5		1		1,204	1,003	
6		1		4,530	4,070	
7		1		2,340	2,300	
8		1		4,569	5,023	
9		1		3,409	3,210	
10		1		3,219	2,944	
11		1		5,634	3,210	
12		1		3,234	1,994	
13		1		2,350	2,000	
14		1		9,864	7,581	
15		1		3,450	1,092	
16		① 🔽				
17		⦿ 셀 복사(C)				
18		○ 연속 데이터 채우기(S) ②				
19		○ 서식만 채우기(F)				
20		○ 서식 없이 채우기(O)				
21		○ 빠른 채우기(F)				

03 [자동 채우기 옵션] 단추(🔽)를 클릭하고 [연속 데이터 채우기]를 선택합니다.

	A	B	C	D	E	F
2						
3		순번	월	목표	실적	이행율(%)
4		1		2,322	2,000	
5		2		1,204	1,003	
6		3		4,530	4,070	
7		4		2,340	2,300	
8		5		4,569	5,023	
9		6	확인	3,409	3,210	
10		7		3,219	2,944	
11		8		5,634	3,210	
12		9		3,234	1,994	
13		10		2,350	2,000	
14		11		9,864	7,581	
15		12		3,450	1,092	
16						

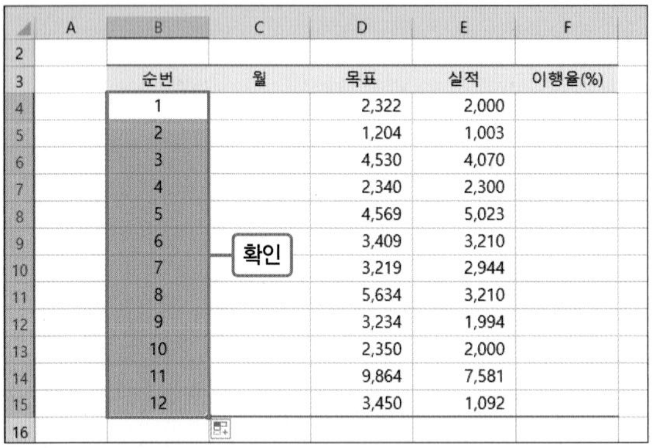

04 '1'로 채워진 숫자가 '1'부터 '12'까지 일련의 순번으로 채워졌는지 확인합니다.

💡 **Tip**

숫자의 경우 드래그하면서 곧바로 연속 채우기하려면 Ctrl 을 누른 상태에서 드래그하세요.

	A	B	C	D	E	F
2			① 『1월』 입력			
3		순번	월	목표	실적	이행율(%)
4		1	1월	② 더블클릭 000		
5		2	2월	003		
6		3	3월	4,530	4,070	
7		4	4월	2,340	2,300	
8		5	5월	4,569	5,023	
9		6	6월	3,409	3,210	
10		7	7월	③ 확인 2,944		
11		8	8월	5,634	3,210	
12		9	9월	3,234	1,994	
13		10	10월	2,350	2,000	
14		11	11월	9,864	7,581	
15		12	12월	3,450	1,092	
16						

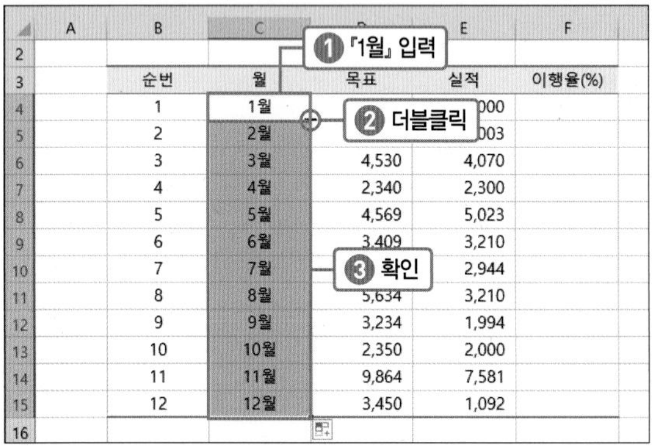

05 이번에는 C열의 '월' 항목에 1월부터 12월까지 데이터를 입력해 볼게요. C4셀에 『1월』을 입력하고 C4셀의 자동 채우기 핸들을 더블클릭하여 C15셀까지 데이터를 연속으로 채웁니다.

💡 **Tip**

숫자의 연속 채우기와 달리 텍스트는 Ctrl 을 누른 상태에서 자동 채우기 핸들을 드래그하면 똑같은 텍스트가 채워집니다.

잠깐만요 엑셀에서 기본 제공하는 자동 채우기 목록 패턴 익히기

'월'을 자동으로 채우는 것처럼 요일이나 분기 등 엑셀에서는 기본적으로 제공하는 자동 채우기 목록 패턴이 있습니다.

1 [Sheet2] 시트에서 C4셀에 『사원』을 입력하고 C4셀의 자동 채우기 핸들(+)을 더블클릭하여 순차적으로 '주임, 대리, 과장, …'의 데이터를 자동으로 채우려고 합니다. 하지만 자동 채우기 목록 패턴이 없어서 '사원' 데이터로 똑같이 채워졌어요.

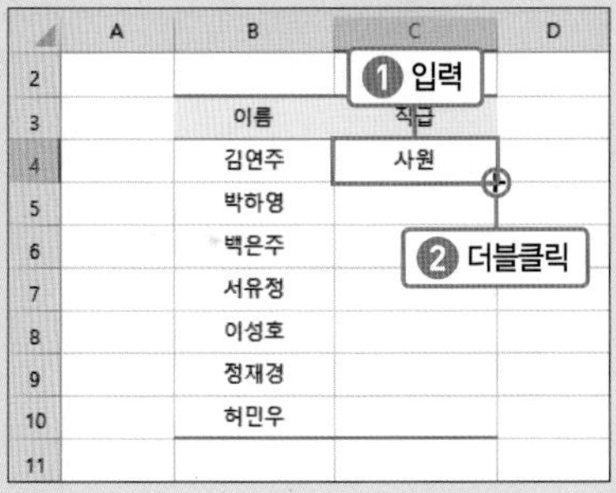

2 이렇게 내가 원하는 자동 채우기 목록 패턴이 없을 경우 나만의 목록 패턴을 등록하여 사용할 수 있습니다. [파일] 탭–[옵션]을 선택하여 [Excel 옵션] 대화상자를 열고 [고급] 범주에서 '일반'의 [사용자 지정 목록 편집]을 클릭합니다.

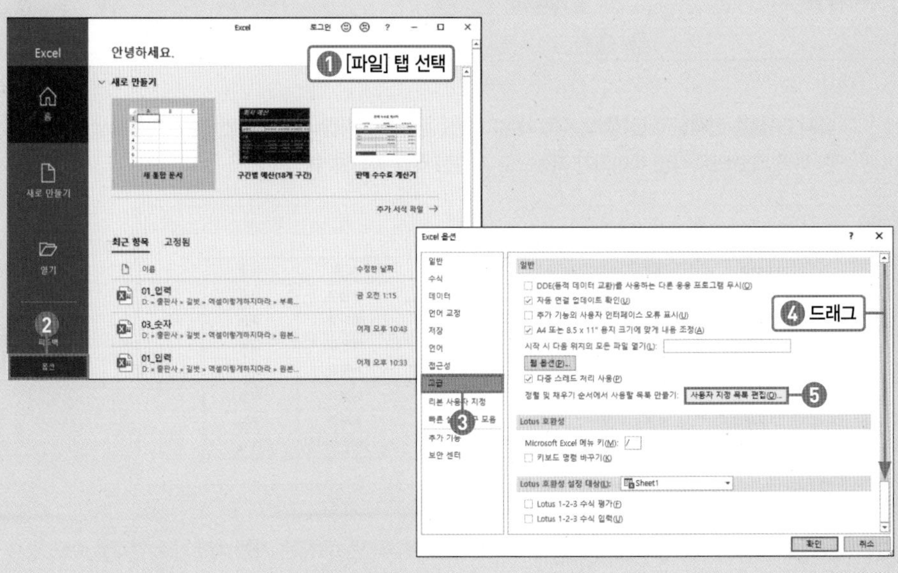

3 [사용자 지정 목록] 대화상자가 열리면 [사용자 지정 목록] 탭의 '목록 항목'에 『사원, 주임, 대리, 과장, 차장, 부장, 이사』를 입력하고 [추가]를 클릭합니다.

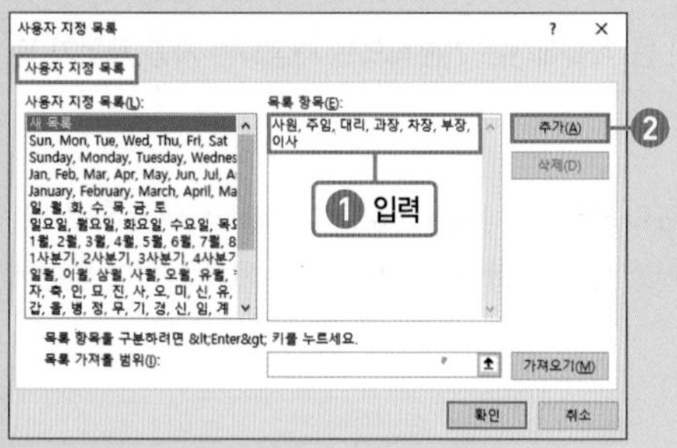

4 '사용자 지정 목록'에 입력한 항목이 추가되었는지 확인하고 [확인]을 클릭합니다. [Excel 옵션] 대화상자로 되돌아오면 [확인]을 클릭합니다.

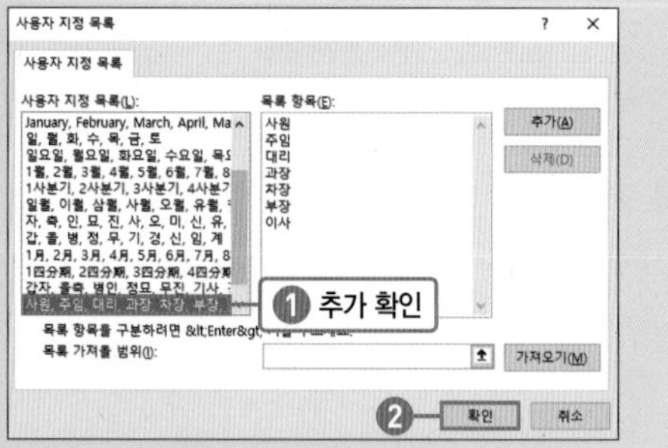

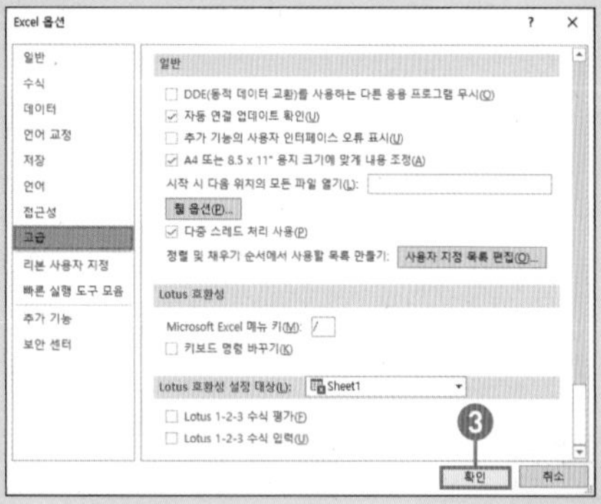

5 다시 C4셀을 선택하고 C4셀의 자동 채우기 핸들을 더블클릭합니다. 그러면 3~4 과정에서 새로 저장한 목록 패턴으로 직급 데이터가 자동으로 채워진 것을 확인할 수 있어요.

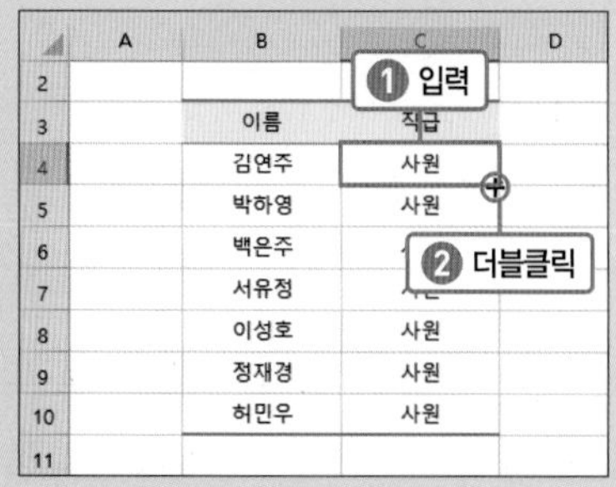

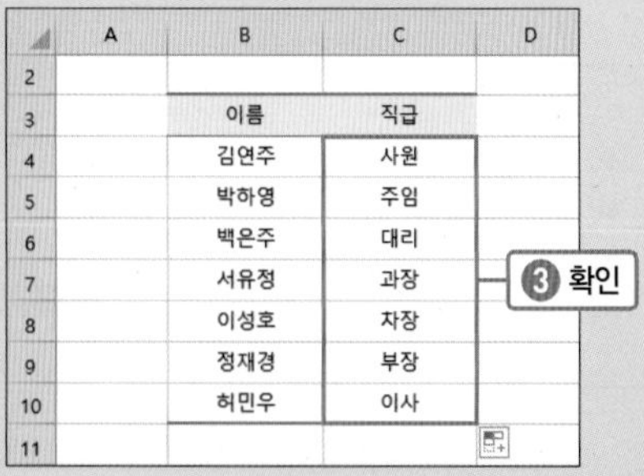

이렇게 [사용자 지정 목록] 대화상자의 '사용자 지정 목록'에 추가된 목록은 자동 채우기로 입력할 수도 있지만, 정렬할 때의 기준으로 선택하여 사용할 수도 있습니다. 정렬에 대해서는 86쪽을 참고하세요.

2 자동으로 수식 채우기

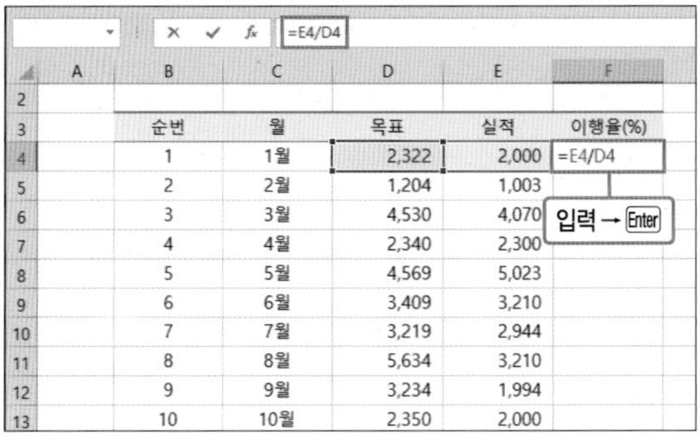

=E4/D4
A B C D E F
순번 월 목표 실적 이행율(%)
1 1월 2,322 2,000 =E4/D4
2 2월 1,204 1,003
3 3월 4,530 4,070
4 4월 2,340 2,300
5 5월 4,569 5,023
6 6월 3,409 3,210
7 7월 3,219 2,944
8 8월 5,634 3,210
9 9월 3,234 1,994
10 10월 2,350 2,000
입력 → Enter

01 [Sheet1] 시트에서 F4셀에 수식 『=E4/D4』를 입력하고 Enter를 누릅니다.

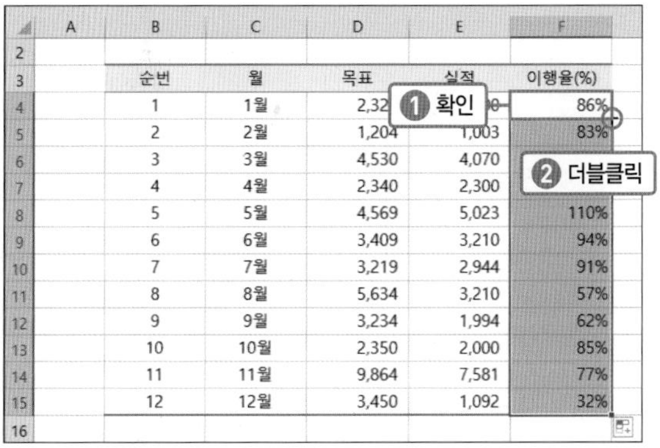

A B C D E F
순번 월 목표 실적 이행율(%)
1 1월 86%
2 2월 1,204 1,003 83%
3 3월 4,530 4,070
4 4월 2,340 2,300
5 5월 4,569 5,023 110%
6 6월 3,409 3,210 94%
7 7월 3,219 2,944 91%
8 8월 5,634 3,210 57%
9 9월 3,234 1,994 62%
10 10월 2,350 2,000 85%
11 11월 9,864 7,581 77%
12 12월 3,450 1,092 32%
① 확인
② 더블클릭

02 F4셀에 '1월'의 '이행율(%)'을 구했으면 F4셀의 자동 채우기 핸들을 더블클릭하여 F15셀까지 수식을 자동으로 채웁니다.

Solution

Q 사내 전산에서 받은 데이터를 이용해서 작업하려고 합니다. 다음과 같이 제품명과 옵션 정보가 하나의 셀에 포함되어 있는 상태에서 직접 입력하지 않고 제품명만 사용할 수 있나요?

사용 예

판매처	제품명(옵션)	발주수량
ABC마켓	도레미 슬리퍼, 흰색, 235	1,980
YJ코리아	무지개 등산화, 분홍색, 245	1,502
신일상사	베이직 운동화, 검정색, 250	2,091
제이마켓	봄봄 스니커즈, 분홍색, 245	2,073
이천물류	깃털 워킹화, 분홍색, 240	4,009

A 위의 예시에는 제품명과 옵션 사이에 쉼표(,)가 있다는 일정한 규칙이 있습니다. 이 규칙을 이용하여 빠른 채우기 또는 텍스트 나누기로 제품명과 옵션명을 각각 추출할 수 있습니다.

빠른 채우기로 원하는 텍스트만 빠르게 입력하기

'전산에서 다운받은 표'의 '제품명(옵션)' 항목을 참조하여 '작업할 표'의 '제품명' 항목에 옵션명을 제외한 텍스트만 추출해서 입력해 보겠습니다.

1 새로운 열 삽입하기

01 [Sheet3] 시트에서 K열 머리글을 클릭하여 '1월발주' 항목을 모두 선택하고 선택 영역에서 마우스 오른쪽 단추를 클릭한 후 [삽입]을 선택합니다.

02 새로운 열이 삽입되면 이 상태에서 2개의 열을 더 삽입하여 총 3개의 새로운 열을 만듭니다.

2 빠르게 텍스트 채우기

01 새로 삽입된 열에 제품명과 색상, 사이즈의 세 가지 데이터를 빠른 채우기로 입력해 볼게요. J4셀을 참고하여 K4셀, L4셀, M4셀에 각각 나눌 텍스트를 입력합니다.

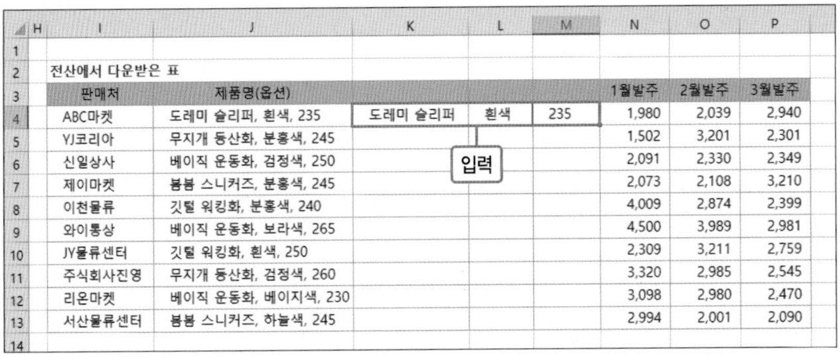

02 K4셀을 선택하고 K4셀의 자동 채우기 핸들을 더블클릭하여 제품명을 복사합니다. [자동 채우기 옵션] 단추(圖)를 클릭하고 [빠른 채우기]를 선택합니다.

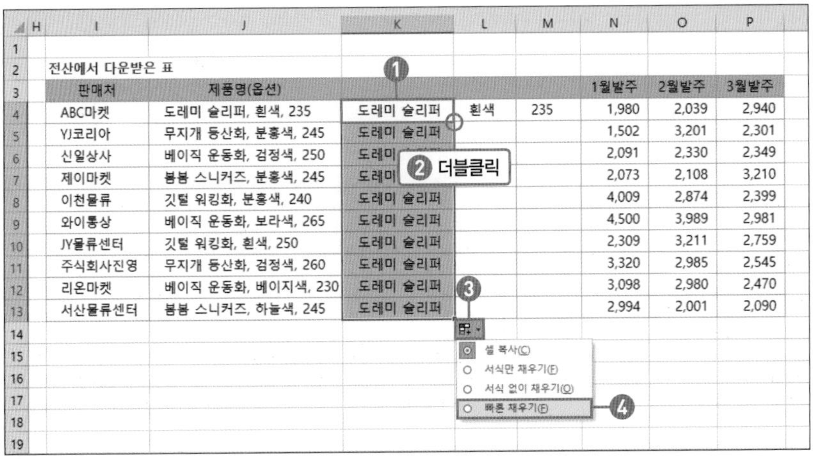

03 J열에 입력된 텍스트의 패턴을 읽어 참조하는 셀의 제품명만 출력되었습니다.

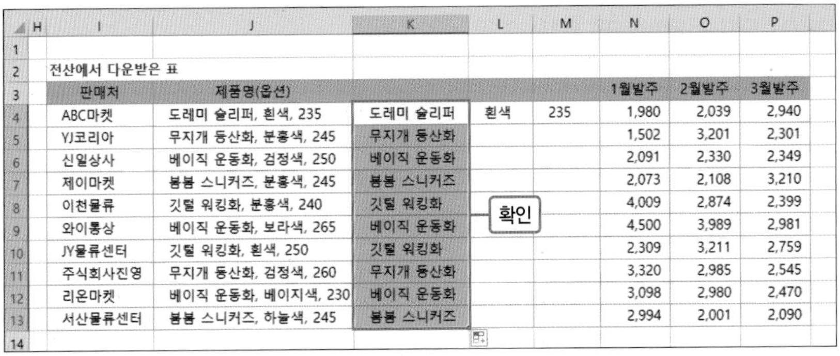

04 이와 같은 방법으로 L열과 M열에도 빠른 채우기를 이용하여 색상 옵션과 사이즈 옵션 데이터를 채웁니다.

	I	J	K	L	M	N	O	P
2	전산에서 다운받은 표							
3	판매처	제품명(옵션)				1월발주	2월발주	3월발주
4	ABC마켓	도레미 슬리퍼, 흰색, 235	도레미 슬리퍼	흰색	235	1,980	2,039	2,940
5	YJ코리아	무지개 등산화, 분홍색, 245	무지개 등산화	분홍색	245	1,502	3,201	2,301
6	신일상사	베이직 운동화, 검정색, 250	베이직 운동화	검정색	250	2,091	2,330	2,349
7	제이마켓	봄봄 스니커즈, 분홍색, 245	봄봄 스니커즈	분홍색	245	2,073	2,108	3,210
8	이천물류	깃털 워킹화, 분홍색, 240	깃털 워킹화	분홍색	240		2,874	2,399
9	와이통상	베이직 운동화, 보라색, 265	베이직 운동화	보라색	265		3,989	2,981
10	JY물류센터	깃털 워킹화, 흰색, 250	깃털 워킹화	흰색	250	2,309	3,211	2,759
11	주식회사진영	무지개 등산화, 검정색, 260	무지개 등산화	검정색	260	3,320	2,985	2,545
12	리온마켓	베이직 운동화, 베이지색, 230	베이직 운동화	베이지색	230	3,098	2,980	2,470
13	서산물류센터	봄봄 스니커즈, 하늘색, 245	봄봄 스니커즈	하늘색	245	2,994	2,001	2,090

05 이렇게 나누어서 입력한 데이터는 필요한 내용만 사용할 수 있어요. K4:K13 범위를 선택하고 Ctrl+C를 눌러 복사한 후 C4:C13 범위에서 Ctrl+V를 눌러 붙여넣습니다.

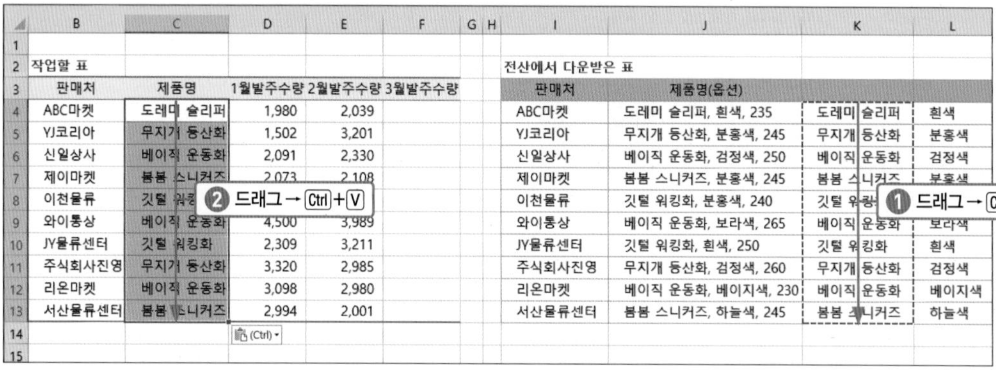

	B	C	D	E	I	J	K	L
2	작업할 표				전산에서 다운받은 표			
3	판매처	제품명	1월발주수량	2월발주수량	판매처	제품명(옵션)		
4	ABC마켓	도레미 슬리퍼	1,980	2,039	ABC마켓	도레미 슬리퍼, 흰색, 235	도레미 슬리퍼	흰색
5	YJ코리아	무지개 등산화	1,502	3,201	YJ코리아	무지개 등산화, 분홍색, 245	무지개 등산화	분홍색
6	신일상사	베이직 운동화	2,091	2,330	신일상사	베이직 운동화, 검정색, 250	베이직 운동화	검정색
7	제이마켓	봄봄 스니커즈	2,073	2,108	제이마켓	봄봄 스니커즈, 분홍색, 245	봄봄 스니커즈	분홍색
8	이천물류	깃털 워킹			이천물류	깃털 워킹화, 분홍색, 240	깃털 워	
9	와이통상	베이직 운동화	4,500	3,989	와이통상	베이직 운동화, 보라색, 265	베이직 운동화	보라색
10	JY물류센터	깃털 워킹화	2,309	3,211	JY물류센터	깃털 워킹화, 흰색, 250	깃털 워킹화	흰색
11	주식회사진영	무지개 등산화	3,320	2,985	주식회사진영	무지개 등산화, 검정색, 260	무지개 등산화	검정색
12	리온마켓	베이직 운동화	3,098	2,980	리온마켓	베이직 운동화, 베이지색, 230	베이직 운동화	베이지색
13	서산물류센터	봄봄 스니커즈	2,994	2,001	서산물류센터	봄봄 스니커즈, 하늘색, 245	봄봄 스니커즈	하늘색

일정한 규칙이 있는 텍스트 나누기

'텍스트 나누기' 기능은 일정한 구분 기호를 기준으로 하나의 셀에 입력된 텍스트를 분할하거나 일정한 너비로 텍스트를 나눌 때 매우 유용합니다. 앞에서 실습한 예제를 이용해 '전산에서 다운받은 표'의 '제품명(옵션)' 항목을 참고하여 '작업할 표'의 '제품명' 항목에 옵션명을 제외한 텍스트만 추출해서 넣어볼게요.

1 새로운 열 삽입하기

01 [Sheet4] 시트에서 K열 머리글을 클릭하여 '1월발주' 항목을 모두 선택하고 선택 영역에서 마우스 오른쪽 단추를 클릭한 후 [삽입]을 선택합니다.

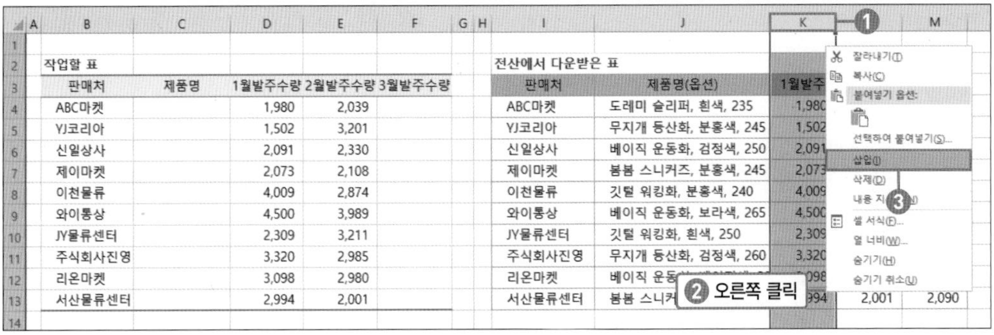

02 새로운 열이 삽입되었으면 1개의 열을 더 삽입하여 총 2개의 새로운 열을 만듭니다.

2 텍스트 나누기

01 텍스트를 나눌 J4:J13 범위를 선택하고 [데이터] 탭–[데이터 도구] 그룹에서 [텍스트 나누기]를 클릭합니다.

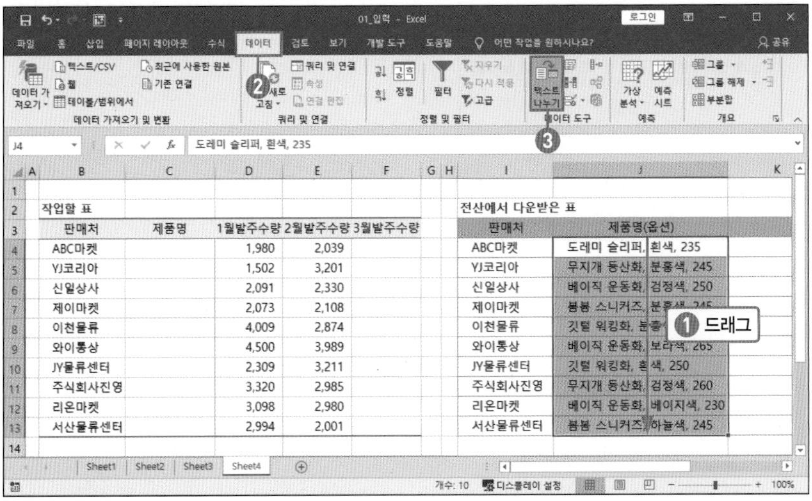

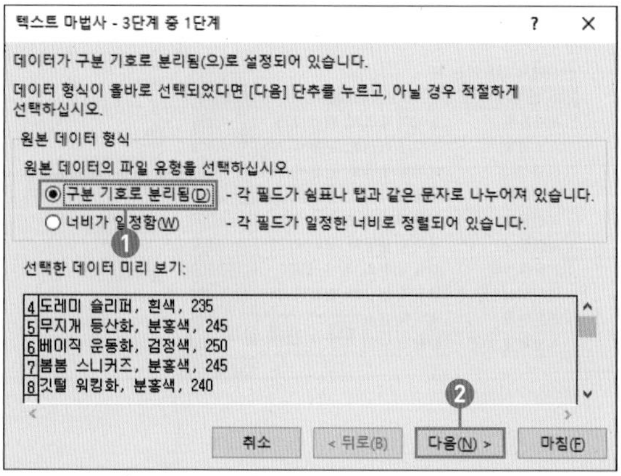

02 [텍스트 마법사 – 3단계 중 1단계] 대화상자가 열리면 쉼표(,) 기호를 기준으로 텍스트를 분리할 것이므로 [구분 기호로 분리됨]을 선택하고 [다음]을 클릭합니다.

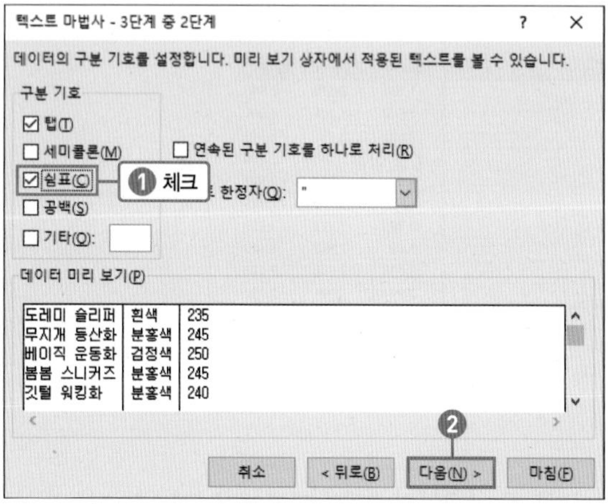

03 [텍스트 마법사 – 3단계 중 2단계] 대화상자가 열리면 '구분 기호'의 [쉼표]에 체크하고 [다음]을 클릭합니다.

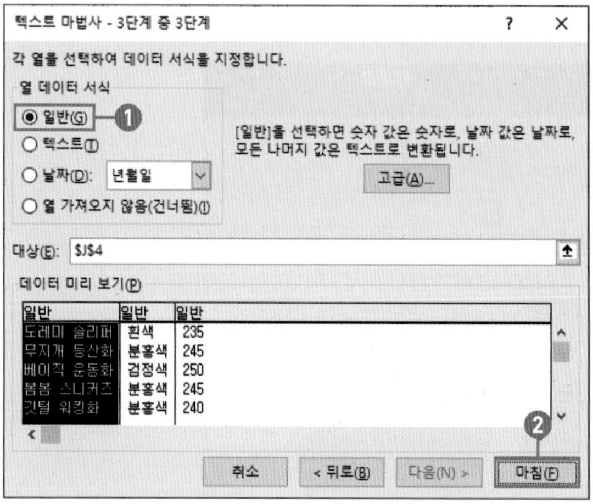

04 [텍스트 마법사 – 3단계 중 3단계] 대화상자가 열리면 '열 데이터 서식'의 [일반]을 선택하고 [마침]을 클릭합니다.

Tip

분리한 텍스트를 새로운 셀에 위치시키려면 '대상'에 새로운 셀 주소를 지정해야 합니다.

05 해당 영역에 이미 데이터가 있어서 기존 데이터를 바꾸겠느냐고 묻는 메시지 창이 열리면 [확인]을 클릭합니다.

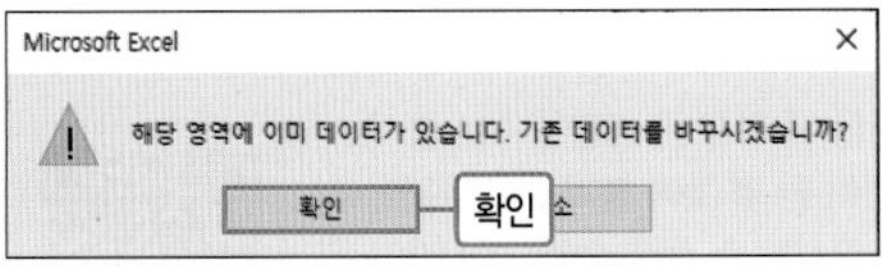

06 제품명과 옵션명이 쉼표(,)를 기준으로 각 열에 맞추어서 분리되었는지 확인합니다.

	F	G	H	I	J	K	L	M	N	O
1										
2				전산에서 다운받은 표						
3	3월발주수량			판매처	제품명(옵션)			1월발주	2월발주	3월발주
4				ABC마켓	도레미 슬리퍼	흰색	235	1,980	2,039	2,940
5				YJ코리아	무지개 등산화	분홍색	245	1,502	3,201	2,301
6				신일상사	베이직 운동화	검정색	250	2,091	2,330	2,349
7				제이마켓	봉봉 스니커즈	분홍색	245	2,073	2,108	3,210
8				이천물류	깃털 워킹화	분홍색	240	확인	2,874	2,399
9				와이통상	베이직 운동화	보라색	265		3,989	2,981
10				JY물류센터	깃털 워킹화	흰색	250	2,309	3,211	2,759
11				주식회사진영	무지개 등산화	검정색	260	3,320	2,985	2,545
12				리온마켓	베이직 운동화	베이지색	230	3,098	2,980	2,470
13				서산물류센터	봉봉 스니커즈	하늘색	245	2,994	2,001	2,090
14										

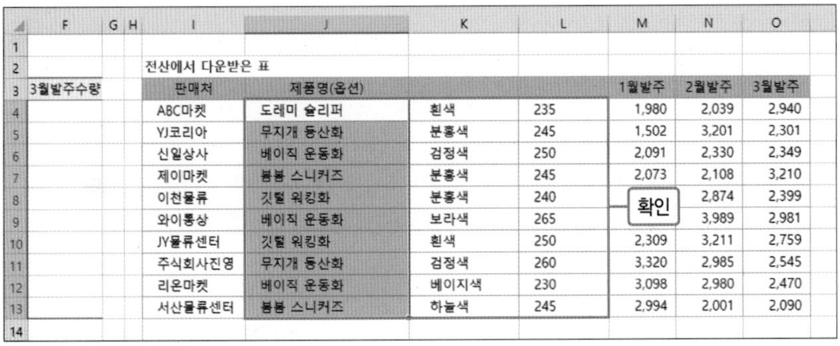

07 '제품명(옵션)' 항목의 J4:J13 범위를 선택한 상태에서 Ctrl+C를 눌러 복사합니다. C4:C13 범위를 선택하고 Ctrl+V를 눌러 붙여넣습니다.

	B	C	D	E	F	G	H	I	J	K
1										
2	작업할 표							전산에서 다운받은 표		
3	판매처	제품명	1월발주수량	2월발주수량	3월발주수량			판매처	제품명(옵션)	
4	ABC마켓	도레미 슬리퍼	1,980	2,039				ABC마켓	도레미 슬리퍼	흰색
5	YJ코리아	무지개 등산화	1,502	3,201				YJ코리아	무지개 등산화	분홍색
6	신일상사	베이직 운동화	2,091	2,330				신일상사	베이직 운동화	검정색
7	제이마켓	봉봉 스니커즈	2,073	2,108				제이마켓	봉봉 스니커즈	분홍색
8	이천물류	깃털 워킹화						이천물류	깃털 워킹화	분홍색
9	와이통상	베이직 운동화						와이통상	베이직 운동화	보라색
10	JY물류센터	깃털 워킹화	2,309	3,211				JY물류센터	깃털 워킹화	흰색
11	주식회사진영	무지개 등산화	3,320	2,985				주식회사진영	무지개 등산화	검정색
12	리온마켓	베이직 운동화	3,098	2,980				리온마켓	베이직 운동화	베이지색
13	서산물류센터	봉봉 스니커즈	2,994	2,001				서산물류센터	봉봉 스니커즈	하늘색
14										

❷ 드래그 → Ctrl+V

❶ 선택 확인 → Ctrl+C

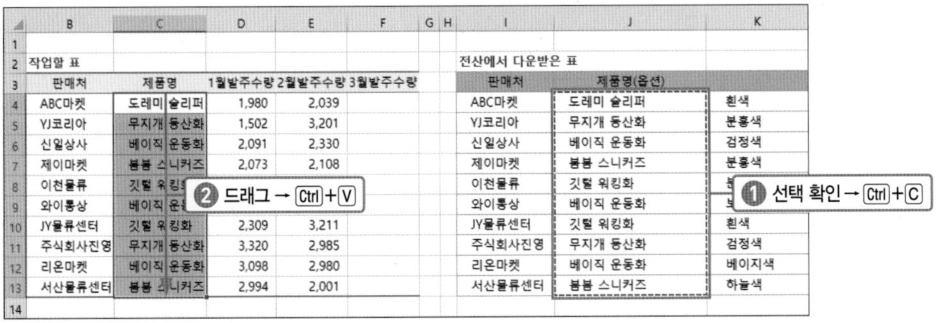

02 단축키를 사용하는 습관 갖기

마우스를 사용해서 작업하는 것은 작업 시간에 가장 큰 영향을 주는 좋지 못한 습관입니다. 마우스를 클릭하는 순간이 단 몇 초에 불과해도 일주일, 한 달이라는 시간이 계속 쌓인다면 결코 무시할 수 없을 만큼 긴 시간이 되어 작업 능률을 떨어뜨립니다. 이번에는 효율적으로 작업하기 위해 꼭 익혀야 할 단축키에 대해 알아봅니다.

실습파일 : 02_단축.xlsx

Bad!

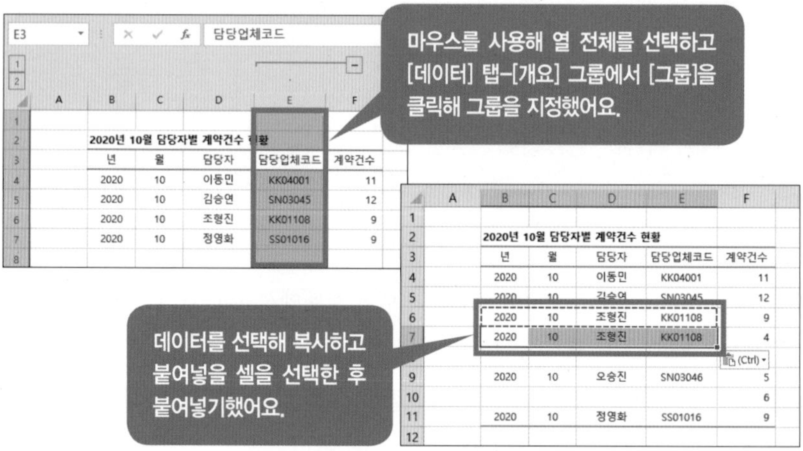

마우스를 사용해 열 전체를 선택하고 [데이터] 탭-[개요] 그룹에서 [그룹]을 클릭해 그룹을 지정했어요.
데이터를 선택해 복사하고 붙여넣을 셀을 선택한 후 붙여넣기했어요.

Good!

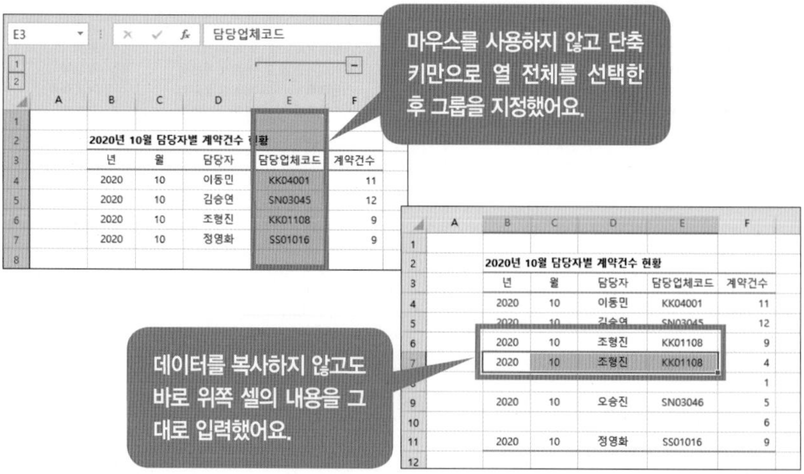

마우스를 사용하지 않고 단축키만으로 열 전체를 선택한 후 그룹을 지정했어요.
데이터를 복사하지 않고도 바로 위쪽 셀의 내용을 그대로 입력했어요.

작업에 속도가 붙는 단축키 활용하기

단축키는 마우스로 메뉴를 선택하지 않고도 원하는 메뉴를 바로 실행시키도록 지정된 키입니다. 똑같은 작업을 해도 단축키를 잘 활용하는 사용자는 그렇지 못한 사용자보다 작업의 속도와 능률 면에서 훨씬 빠르고 효율적입니다.

1 셀 이동 및 선택 단축키

01 Ctrl+방향키(←, →, ↑, ↓) : [Sheet1] 시트에서 B3셀을 선택하고 Ctrl+↓를 누르면 연속 입력된 데이터의 마지막 셀로 이동합니다. 방향키에 따라 상하좌우로 이동할 수 있습니다.

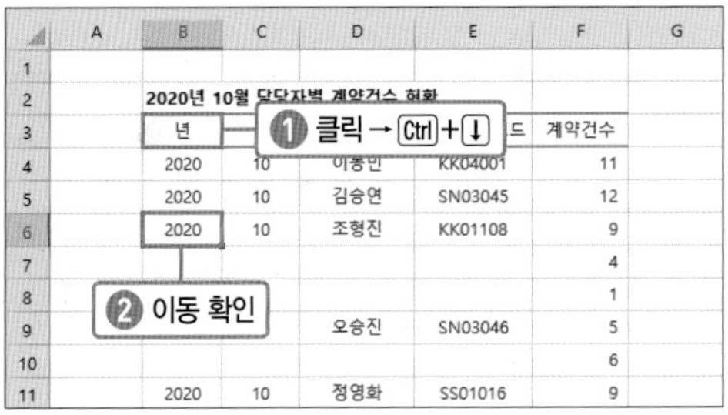

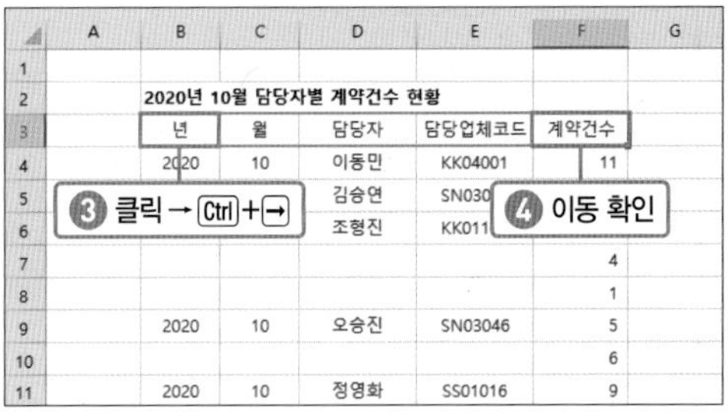

02 Shift+방향키(←, →, ↑, ↓) : B3셀을 선택하고 Shift+→를 누르면 한 칸씩 범위가 차례대로 지정됩니다. 이와 같은 방법으로 F3셀까지 셀을 선택해 보세요.

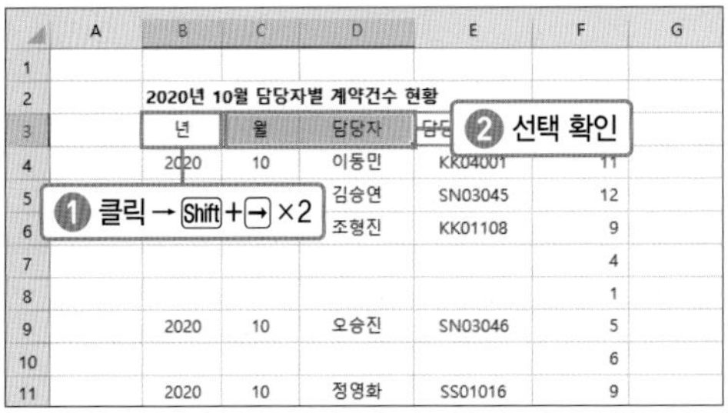

03 Ctrl+Shift+방향키(←, →, ↑, ↓) : Ctrl+Shift를 누른 상태에서 방향키를 누르면 데이터가 연속 입력되어 있는 마지막 셀까지 한 번에 범위를 지정할 수 있습니다.

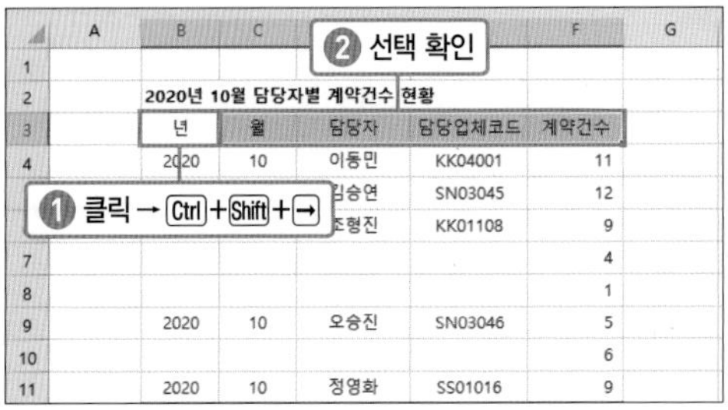

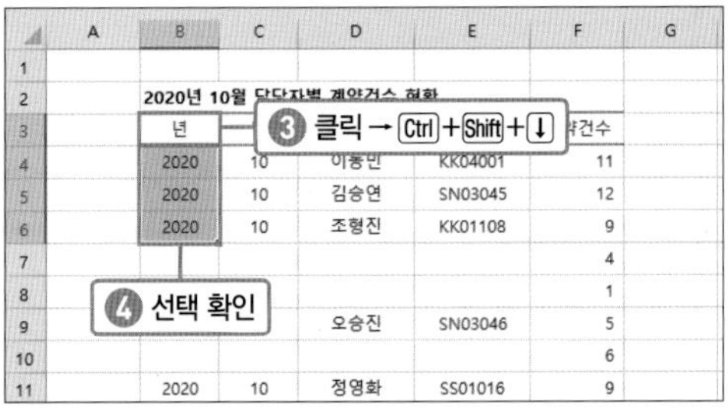

04 Ctrl+Spacebar, Shift+Spacebar : 현재 셀이 위치하고 있는 전체 열과 전체 행을 한 번에 선택합니다.

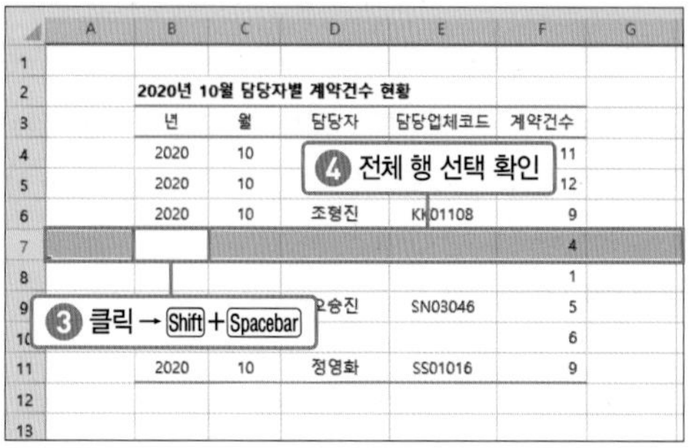

05 그 외 자주 사용하는 단축키

단축키	기능
PgUp, PgDn	한 페이지씩 상하 화면으로 이동합니다.
Ctrl+A	워크시트의 전체 셀을 선택합니다. 단 표 안에 셀이 있는 상태에서 해당 단축키를 누르면 표 전체가 선택되고, 다시 한번 해당 단축키를 누르면 워크시트의 전체 셀이 선택됩니다.

2 데이터 입력 및 편집 단축키

01 Ctrl+D : 위쪽 셀의 내용을 그대로 붙여넣고 싶을 때 복사하는 과정을 생략하고 내용을 붙여넣을 수 있습니다.

[Sheet2] 시트에서 B7:E7 범위를 선택하고 단축키 Ctrl+D를 누르면 바로 위쪽 셀의 내용이 복사되어 입력됩니다.

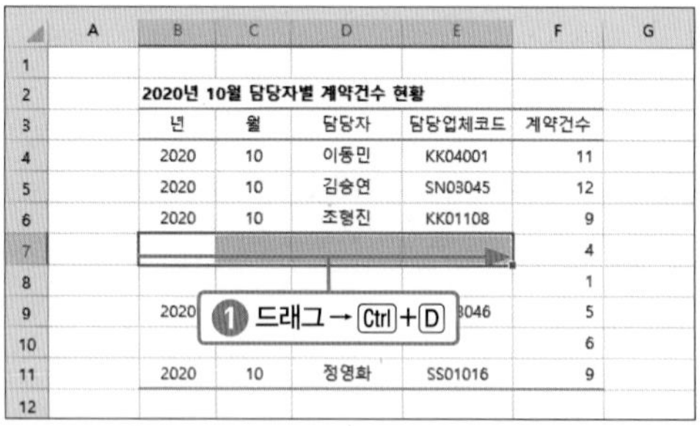

02 Ctrl+Shift++, Ctrl+- : 열 또는 행을 삽입(+)하고 삭제(−)할 수 있습니다.

8행부터 10행까지 머리글을 선택하고 Ctrl+-를 눌러 행을 삭제해 보세요.

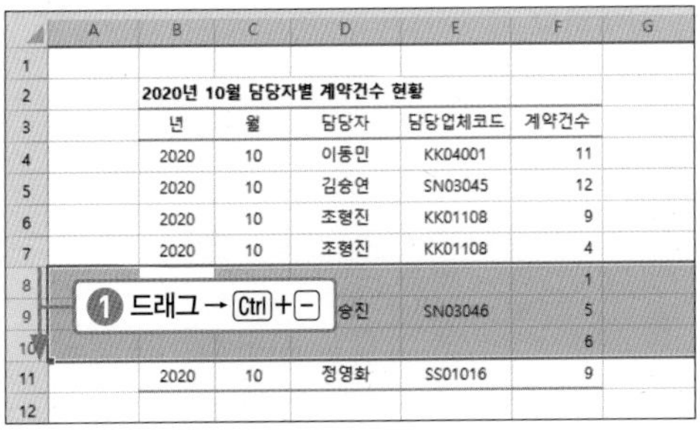

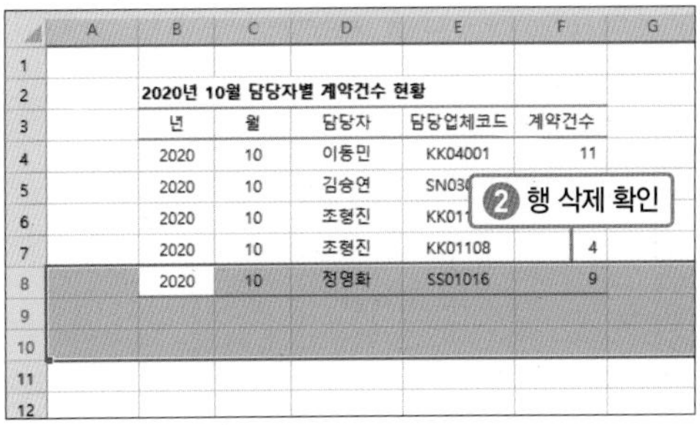

03 Alt+A+M : 중복된 항목의 데이터를 삭제합니다.

표 안에 있는 셀을 선택하고 Alt+A+M을 눌러 [중복 값 제거] 대화상자를 연 후 D열의 '담당자' 항목에서 중복 입력된 담당자의 데이터를 지웁니다.

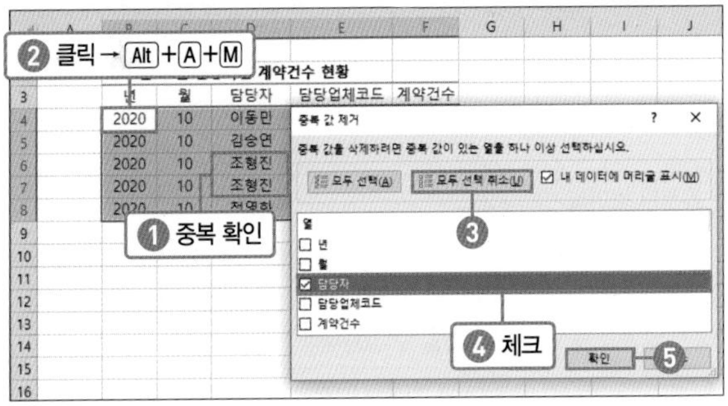

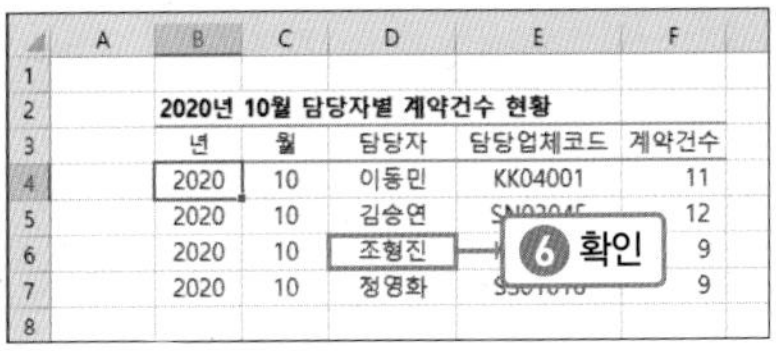

04 Ctrl+H : 특정 데이터를 찾아 바꿉니다.

Ctrl+H를 눌러 [찾기 및 바꾸기] 대화상자의 [바꾸기] 탭을 열고 '찾을 내용'에는 『김승연』을, '바꿀 내용'에는 『정민지』를 입력한 후 Enter가 아니라 Alt+A를 눌러 '김승연'을 '정민지'로 모두 바꿉니다.

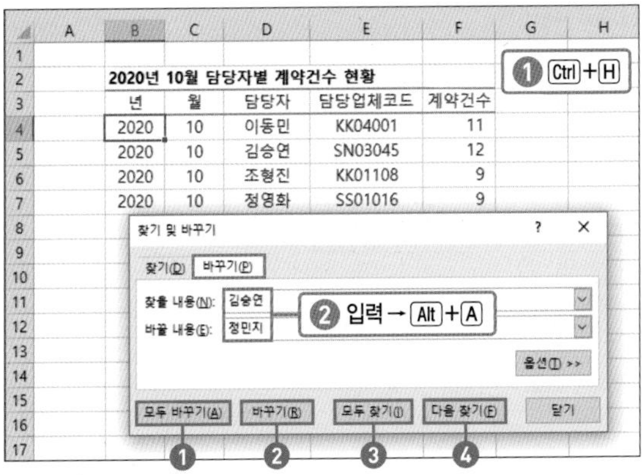

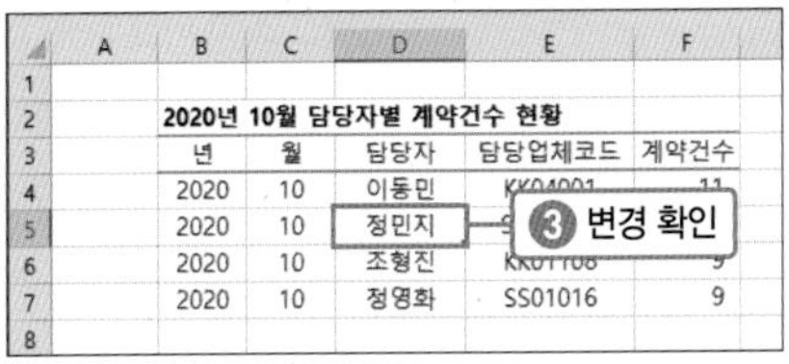

❶ 모두 바꾸기 : Alt+A

❷ 바꾸기 : Alt+R

❸ 모두 찾기 : Alt+I

❹ 다음 찾기 : Alt+F 또는 Enter

05 Alt+Shift+→, Alt+Shift+← : 열 또는 행에 그룹을 설정하고 해제합니다.

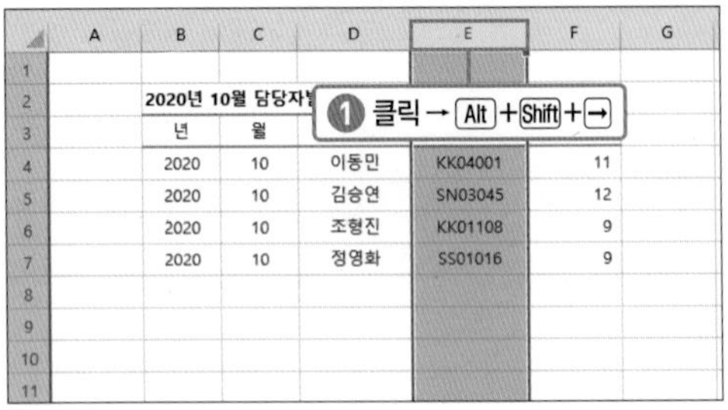

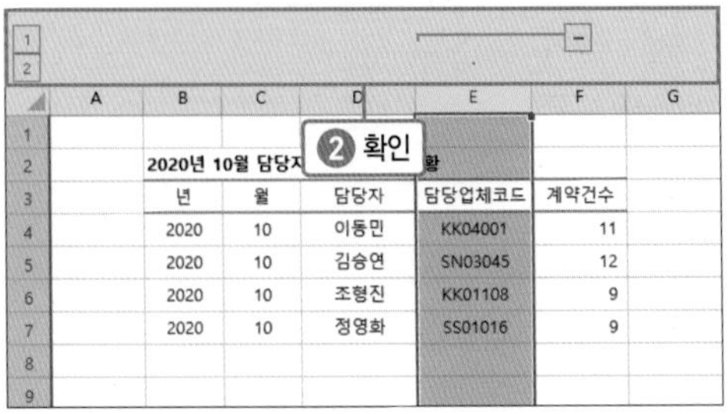

06 그 외 자주 사용하는 단축키

단축키	기능
Ctrl+X	셀을 잘라냅니다.
Ctrl+C	셀을 복사합니다.
Ctrl+V	복사한 셀을 붙여넣기합니다.
Ctrl+Alt+V	복사한 셀을 선택하여 원하는 옵션만 붙여넣기합니다.
Ctrl+F	특정 데이터를 찾습니다. [찾기] 대화상자에서 '찾을 내용'과 '바꿀 내용'을 입력하고 Enter를 누르면 찾을 내용에 입력된 데이터가 있는 셀로 누르는 차례대로 이동합니다. 대화상자가 열린 상태에서 Alt+I를 누르면 찾는 내용의 셀의 주소를 한 번에 확인할 수 있습니다.
Ctrl+PgUp / Ctrl+PgDn	시트가 여러 개일 때 현재 시트를 기준으로 Ctrl+PgUp은 왼쪽 시트로, Ctrl+PgDn은 오른쪽 시트로 이동합니다.
Ctrl+0	선택된 범위나 셀이 위치한 곳의 열을 숨깁니다.
Ctrl+9	선택된 범위나 셀이 위치한 곳의 행을 숨깁니다.
Ctrl+Shift+0	선택된 범위나 셀이 위치한 곳에 숨겨진 열의 숨기기를 취소합니다. (열 숨기기 취소의 단축키는 엑셀 버전 2010 이상에서는 지원하지 않습니다.)
Ctrl+Shift+9	선택된 범위나 셀이 위치한 곳에 숨겨진 행의 숨기기를 취소합니다.
Ctrl+F3	[이름 관리자] 대화상자를 실행합니다.
Ctrl+Z	직전에 실행한 작업을 취소합니다.
Ctrl+Y	실행 취소한 작업을 되돌릴 수 있습니다.
Alt+D+S	[정렬] 대화상자를 실행합니다.
Alt+A+E	한 셀에 입력되어 있는 텍스트의 일정한 규칙에 의해 셀마다 분리합니다.
Shift+F10	마우스 오른쪽 단추를 클릭하면 열리는 바로 가기 메뉴를 표시합니다.

3 파일 관리용 단축키

01 Shift+F11 : 새로운 워크시트를 삽입합니다.

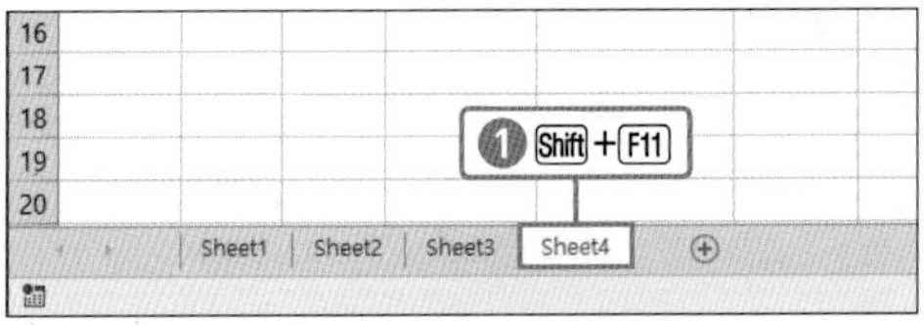

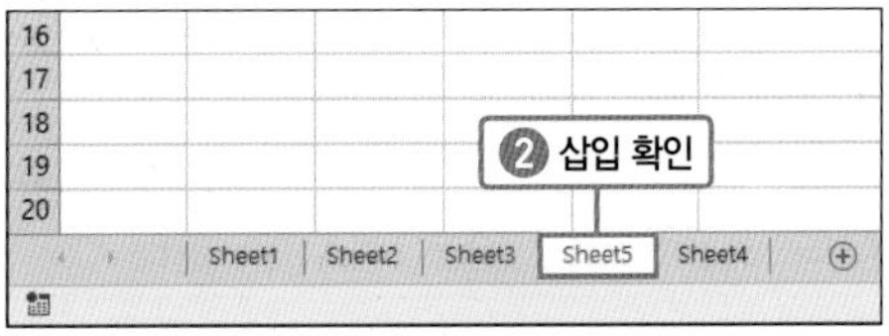

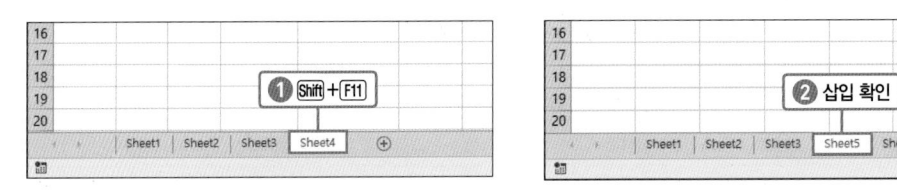

02 그 외 자주 사용하는 단축키

단축키	기능
Ctrl+N	새로운 통합 문서 파일을 엽니다.
Ctrl+O	파일을 불러옵니다.
Alt+F4	통합 문서 파일을 닫습니다.
Ctrl+P	문서를 인쇄합니다.
Ctrl+S	같은 이름으로 덮어쓰면서 저장합니다.
Alt+F2	다른 이름으로 저장합니다.

4 서식 편집용 단축키

01 Ctrl+1 : [셀 서식] 대화상자를 열고 글꼴 색상, 스타일, 셀의 테두리 등을 변경할 수 있습니다. [Sheet3] 시트에서 B3:F3 범위를 선택하고 Ctrl+1을 눌러 [셀 서식] 대화상자를 연 후 글꼴과 테두리 등을 자유롭게 변경해 봅니다.

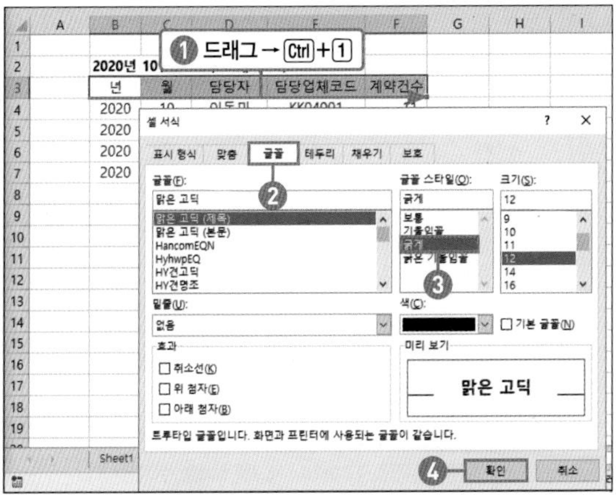

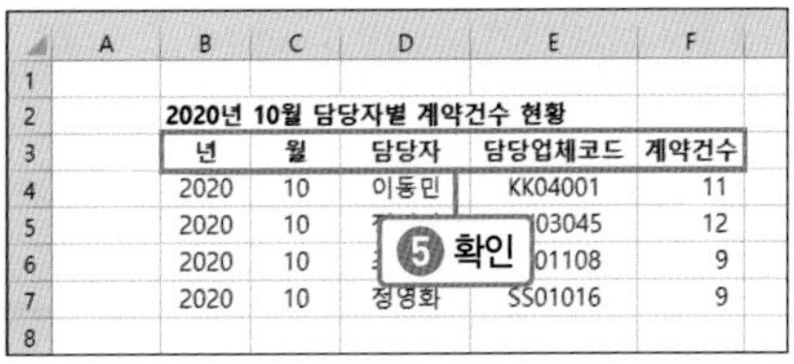

02 그 외 자주 사용하는 단축키

단축키	기능	적용 서식 미리 보기
Ctrl+2	글꼴을 굵게 지정합니다.	**45000**
Ctrl+3	글꼴을 기울입니다.	*45000*
Ctrl+4	글꼴에 밑줄을 긋습니다.	<u>45000</u>
Ctrl+5	글꼴에 취소선을 적용합니다.	~~45000~~
Ctrl+Shift+1	숫자 서식을 적용합니다.	45,000
Ctrl+Shift+2	시간 서식을 적용합니다.	12:00 AM
Ctrl+Shift+3	날짜 서식을 적용합니다.	2023-03-15
Ctrl+Shift+4	통화 서식을 적용합니다.	₩45,000
Ctrl+Shift+5	백분율 서식을 적용합니다.	4500000%

5 기타 작업 관련 단축키

01 Ctrl+Shift+L : 표 머리글에 필터를 지정하고, 동일한 단축키를 사용해 필터를 해제합니다. [Sheet4] 시트에서 B3셀을 선택하고 Ctrl+Shift+L을 누르면 각 필드마다 필터 단추(▾)가 생성됩니다. 방향키 →를 2번 눌러 D3셀로 이동한 후 Alt+↓를 누르면 '담당자'의 필터 목록을 열 수 있습니다.

Tip

필터 목록이 열린 상태에서 ↓ 방향키를 눌러 메뉴를 이동할 수 있고 Spacebar를 눌러 데이터 목록에 체크하거나 체크를 해제할 수 있습니다.

02 그 외 자주 사용하는 단축키

단축키	기능
Alt+N+V	피벗 테이블을 삽입합니다.
Alt+N+P	그림을 삽입합니다.
Alt+F1	현재 시트에 차트를 생성합니다.
F11	새로운 시트에 차트를 생성합니다.
Shift+F2	셀이 위치한 곳에 메모를 삽입합니다.
Shift+F3	함수 마법사를 실행합니다.
Ctrl+T	엑셀 표를 삽입합니다.

나만의 단축키 만들기

자주 사용하는 단축키는 외우기 쉬운 나만의 단축키로 만들 수 있습니다.

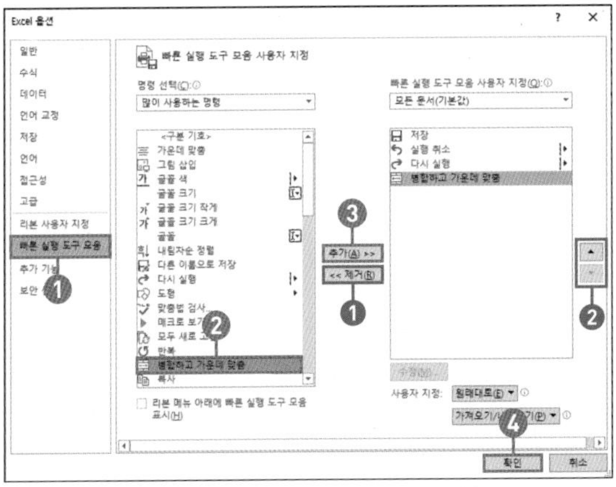

01 [파일] 탭-[옵션]을 선택하여 [Excel 옵션] 대화상자를 열고 [빠른 실행 도구 모음] 범주를 선택합니다. '명령 선택' 목록에서 원하는 기능을 선택하고 [추가]와 [확인]을 차례대로 클릭합니다.

❶ [제거] : '빠른 실행 도구 모음 사용자 지정' 목록에서 명령을 선택하고 [제거]를 클릭하여 제거할 수 있습니다.

❷ ▲, ▼ : '빠른 실행 도구 모음 사용자 지정' 목록에 나열된 도구의 순서를 변경할 수 있습니다.

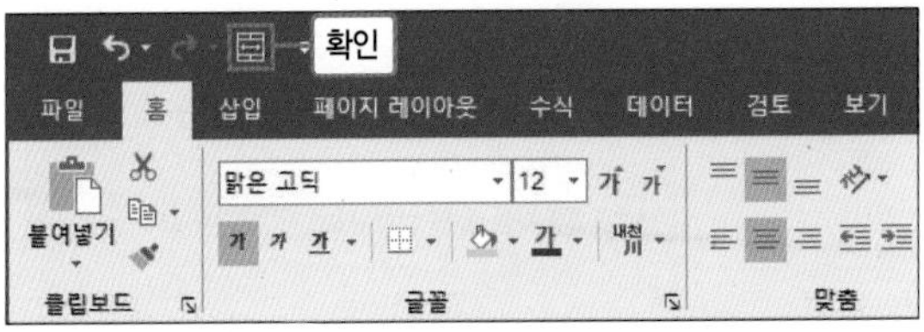

02 빠른 실행 도구 모음에 추가한 기능이 도구로 나타났는지 확인합니다.

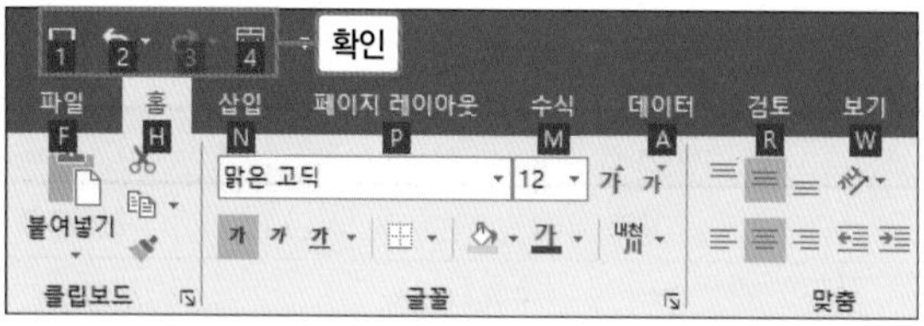

03 Alt를 누르면 빠른 실행 도구 모음 목록에 추가한 순서대로 단축키 1, 2, 3, 4를 확인할 수 있습니다. 이렇게 나만의 단축키는 Alt와 함께 사용할 수 있습니다.

잠깐만요 리본 메뉴의 단축키 확인 방법 익히기

단축키를 외우는 것이 너무 어려우면 리본 메뉴에 표시되는 단축키 가이드를 보고 천천히 익혀나가는 습관을 갖는 것이 좋습니다.

1 Alt를 누르면 리본 메뉴의 각 탭에 단축키가 나타나는데, 이것을 참고해서 순차적으로 단축키를 누릅니다. [데이터] 탭으로 이동하기 위해 A를 누르세요.

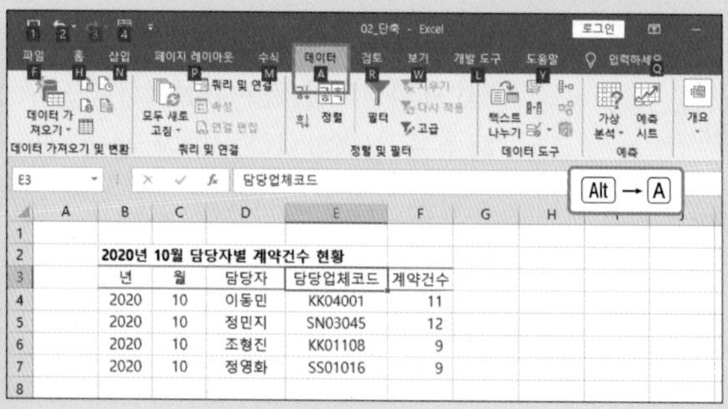

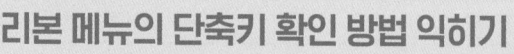

2 [데이터] 탭으로 이동하면서 [데이터] 탭의 모든 메뉴에 단축키가 표시되면 T를 눌러 [자동 필터]를 설정합니다. 자동 필터의 단축키는 Alt+A+T입니다.

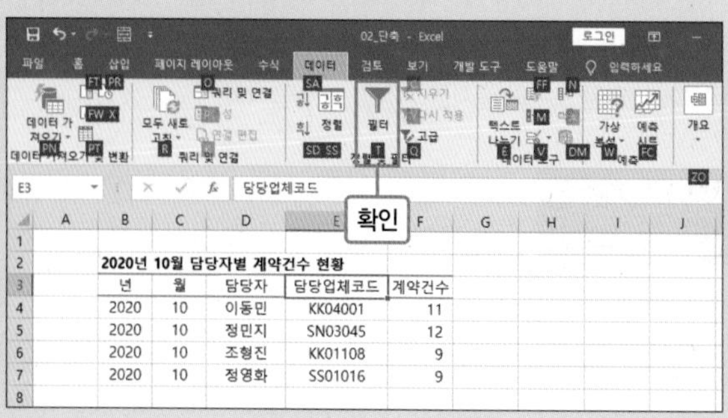

Tip

기능이 같지만 사용하는 단축키가 2개 이상일 수 있습니다.

예 자동 필터 : Ctrl+Shift+L 또는 Alt+A+T

03 표시 형식은 직접 입력하지 않기

표시 형식을 사용하면 데이터의 입력 시간을 단축시키고, 조건에 맞추어 데이터를 편집 및 수정하는 번거로움을 줄일 수 있습니다. 또한 숫자의 단위를 절삭해 표시해서 불필요한 계산 과정을 생략할 수도 있습니다. 저마다 고유의 문법을 가지고 원하는 값을 찾아내는 함수처럼 표시 형식도 기호의 규칙에 따라 조건을 지정하고 원하는 값을 표현할 수 있습니다.

실습파일 : 03_표시형식.xlsx

Bad!

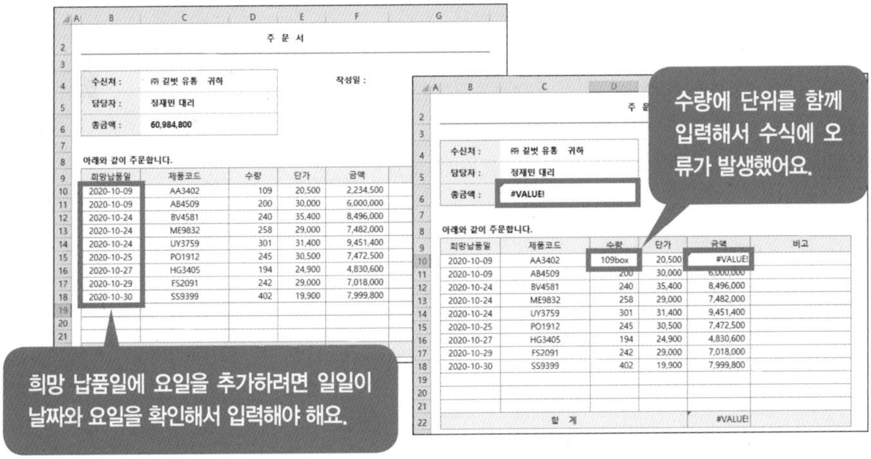
수량에 단위를 함께 입력해서 수식에 오류가 발생했어요.
희망 납품일에 요일을 추가하려면 일일이 날짜와 요일을 확인해서 입력해야 해요.

Good!

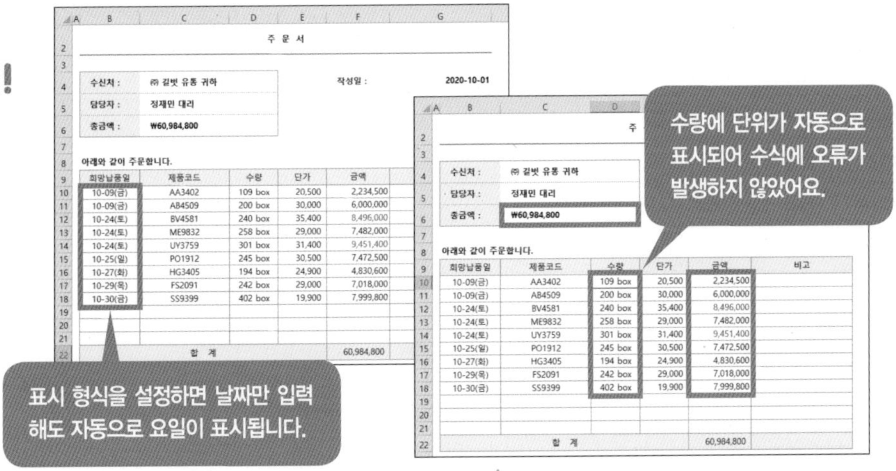
수량에 단위가 자동으로 표시되어 수식에 오류가 발생하지 않았어요.
표시 형식을 설정하면 날짜만 입력해도 자동으로 요일이 표시됩니다.

데이터 표시 형식 바로 알기

자신이 표현하려는 형식이 없을 경우 기호 규칙을 알면 원하는 표시 형식을 직접 만들어서 사용할 수 있습니다.

기호	설명	입력	적용된 표시 형식	미리 보기
#,##0	숫자의 세 자리마다 쉼표를 표시합니다.	45000	#,##0	45,000
#	숫자 표시 기호로, 유효하지 않은 0은 표현하지 않습니다.	045000	#	45000
,	숫자 자릿수 구분 기호로, 서식 뒤에 입력하면 단위를 절삭 표시합니다.	45000	#,	45
0	숫자의 자릿수를 표시하는 기호로, 입력된 숫자가 0보다 작으면 0으로 자릿수를 표시합니다.	45000	0000000	0045000
?	숫자의 자릿수를 표시하는 기호로, 입력된 숫자가 ?보다 작으면 공백으로 자릿수를 표시합니다.	45000	???????	(공백)(공백)45000
*	* 기호 다음에 입력된 데이터를 셀 너비만큼 반복해서 표시합니다.	45000	*4	44444444
@	입력된 데이터를 표시합니다.	길벗	@"출판사"	길벗출판사
;	항목 구분 기호로 사용하고 '양수 서식;음수 서식;0서식;문자 서식'의 4형식 구조 조건을 지정할 때 사용합니다.	−45000	#,##0;−#,##0.00;;@	−45,000.00
[조건]	'[조건1]서식;[조건2]서식;나머지 서식'의 구조로 조건 지정이 가능합니다.	45000	[>=40000]"▲"#;#	▲45000
[색상]	• [검정], [흰색], [빨강], [자홍], [녹색], [녹청], [파랑], [노랑]으로 색상을 표시합니다. • 이외 색상은 [색n]으로 1~56까지 색상을 표시합니다.	−45000	#;[빨강](#);−;	(45000)
yy	연도를 두 자리로 표시합니다.	2020−09−04	yy	20
yyyy	연도를 네 자리로 표시합니다.		yyyy	2020
m	월을 한 자리로 표시합니다.		m	9
mm	월을 두 자리로 표시합니다.		mm	09
mmm	월을 영문 세 글자로 표시합니다.		mmm	Sep
mmmm	월을 영문 전체로 표시합니다.		mmmm	September
mmmmm	월을 영문 대문자 한 글자로 표시합니다.		mmmmm	S
d	일을 한 자리로 표시합니다.		d	4
dd	일을 두 자리로 표시합니다.		dd	04
ddd	요일을 영문 세 글자로 표시합니다.		ddd	Fri
dddd	요일을 영문 전체로 표시합니다.		"["dddd"]"	[Friday]
aaa	요일을 한 글자로 표시합니다.		(aaa)	(금)
aaaa	요일을 전체 표시합니다.		aaaa	금요일

1 회사명 뒤에 자동으로 '귀하' 표시하기

수신처에 회사명만 입력하고 회사명 뒤에 자동으로 '귀하'를 표시해 볼게요.

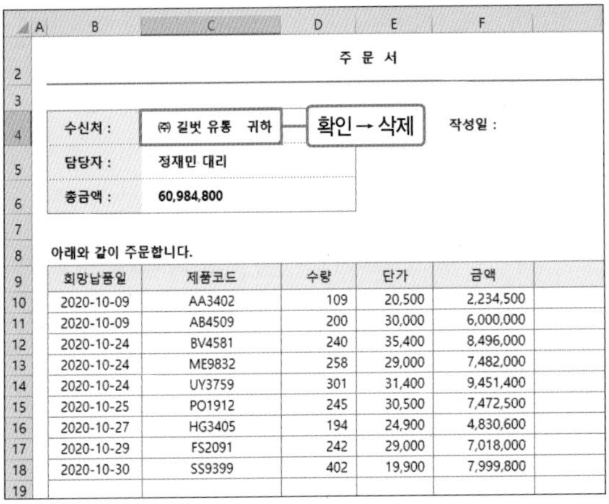

01 [Sheet1] 시트에서 C4셀에 '㈜길벗 유통 귀하'라고 입력되어 있습니다. C4셀의 내용을 Delete를 눌러 삭제하세요.

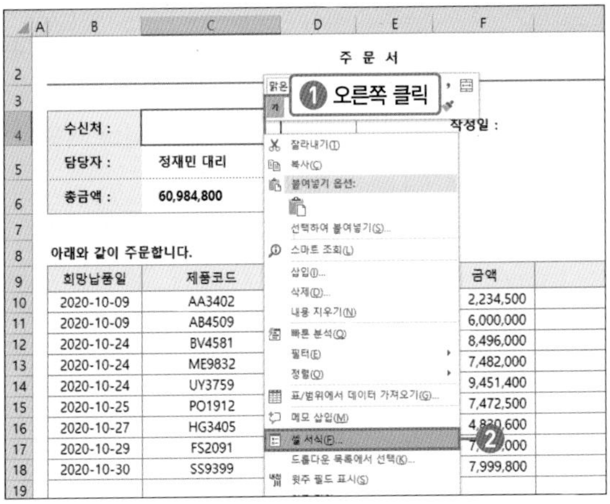

02 C4셀에서 마우스 오른쪽 단추를 클릭하고 [셀 서식]을 선택합니다.

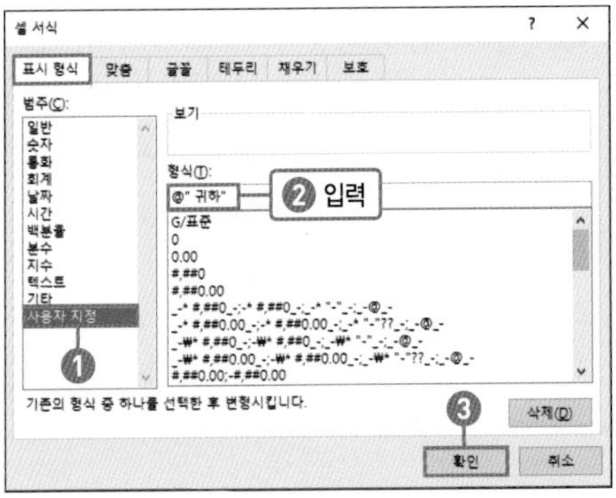

03 [셀 서식] 대화상자의 [표시 형식] 탭이 열리면 [사용자 지정] 범주를 선택하고 '형식'에 『@" 귀하"』를 입력한 후 [확인]을 클릭합니다.

Tip

가독성을 높이기 위해 '귀하' 앞에 한 칸 비우는 것이 좋습니다. 이렇게 하면 회사명 뒤에 한 칸 띄어쓰기되면서 '귀하'가 표시됩니다.

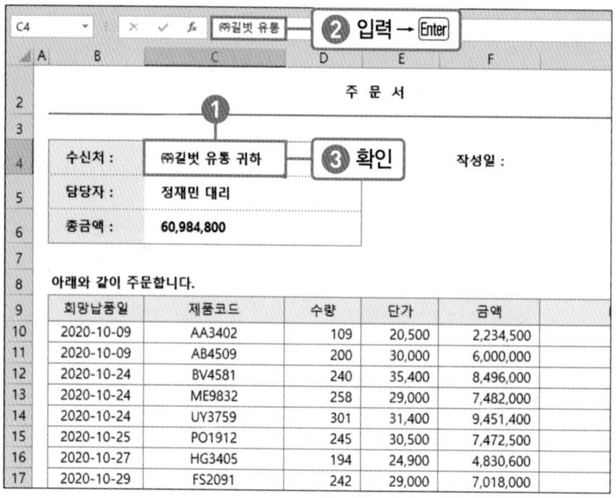

04 C4셀에 『㈜길벗 유통』을 입력하고 Enter를 누르면 회사명 뒤에 자동으로 '귀하'가 표시됩니다.

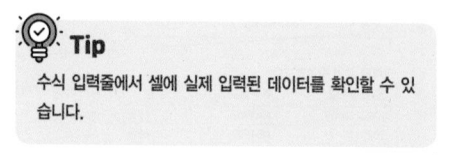

Tip
수식 입력줄에서 셀에 실제 입력된 데이터를 확인할 수 있습니다.

2 금액에 통화 기호 표시하기

C6셀에 표시된 금액에 통화 기호를 붙여보겠습니다.

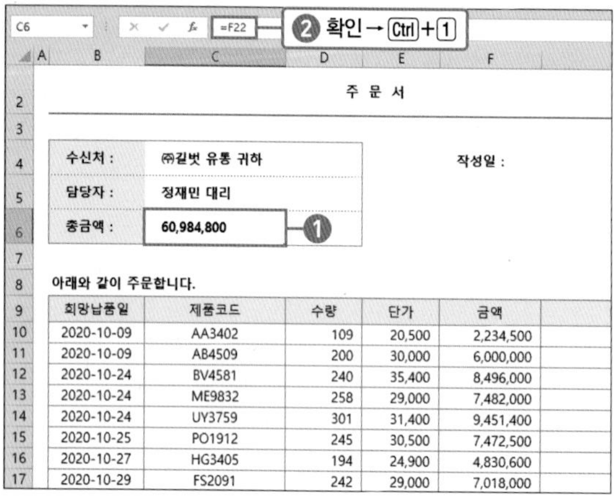

01 [Sheet2] 시트에서 C6셀을 선택하고 수식 입력줄을 살펴보면 C6셀은 F22셀 값을 참조하는 것을 알 수 있습니다. 단축키 Ctrl+1을 누르세요.

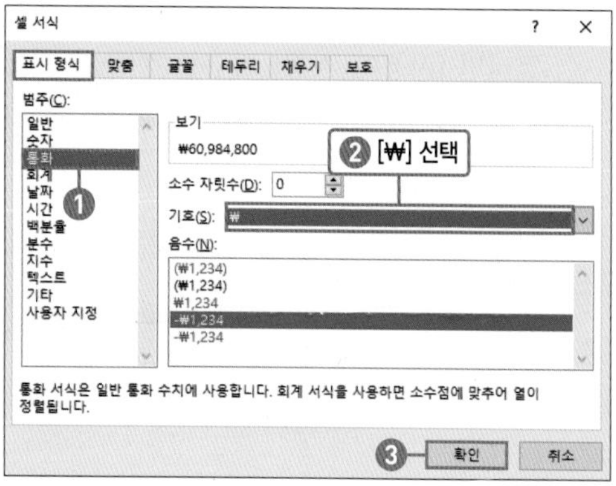

02 [셀 서식] 대화상자의 [표시 형식] 탭이 열리면 [통화] 범주의 '기호'에서 [₩]를 선택하고 [확인]을 클릭합니다.

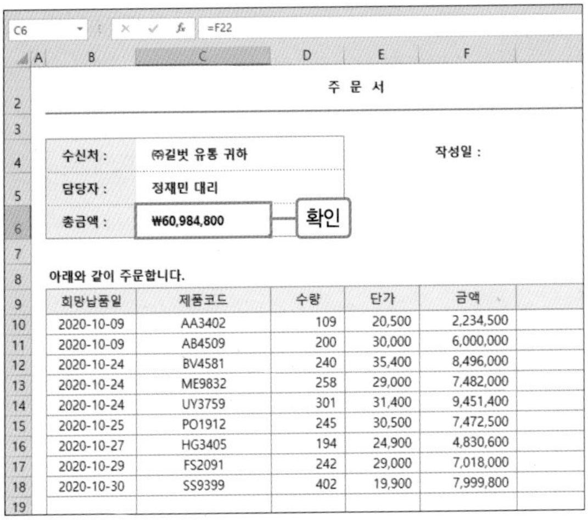

03 금액 앞에 통화 기호 ₩가 함께 표시되었는지 확인합니다.

3 입력된 날짜에 자동으로 요일 표시하기

희망 납품일을 '년-월-일' 형식이 아닌, 연도를 제외한 '월-일(요일)'로 표시해 보겠습니다.

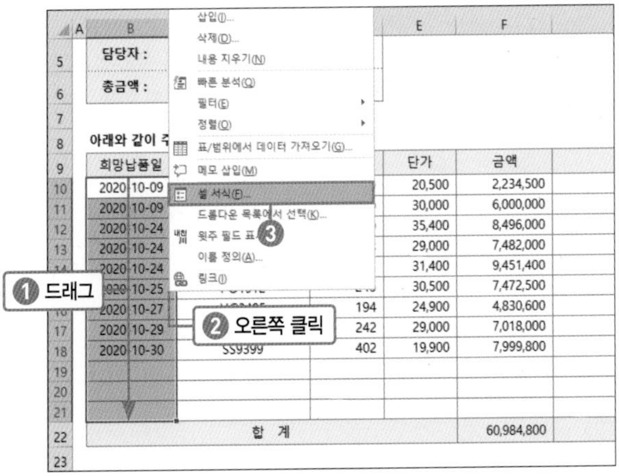

01 [Sheet3] 시트에서 B10:B21 범위를 선택하고 선택 영역에서 마우스 오른쪽 단추를 클릭한 후 [셀 서식]을 선택합니다.

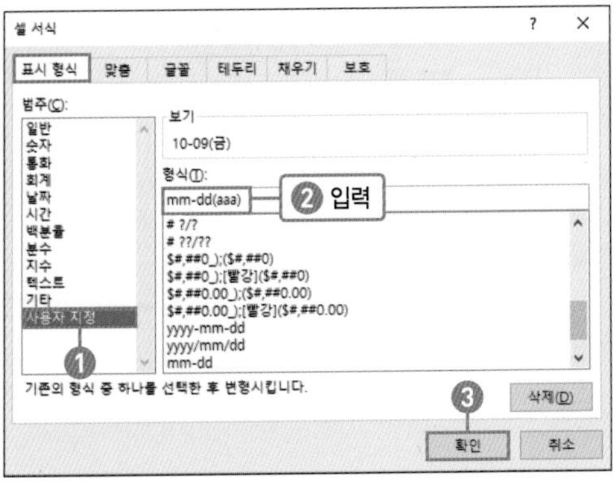

02 [셀 서식] 대화상자의 [표시 형식] 탭이 열리면 현재 선택되어 있는 날짜 형식을 확인할 수 있는데, [날짜] 범주의 형식에서 원하는 표시 형식을 찾아봅니다. 제공하는 표시 형식 중에서 찾는 형식이 없으면 [사용자 지정] 범주를 선택하고 '형식'에 『mm-dd(aaa)』를 입력한 후 [확인]을 클릭합니다.

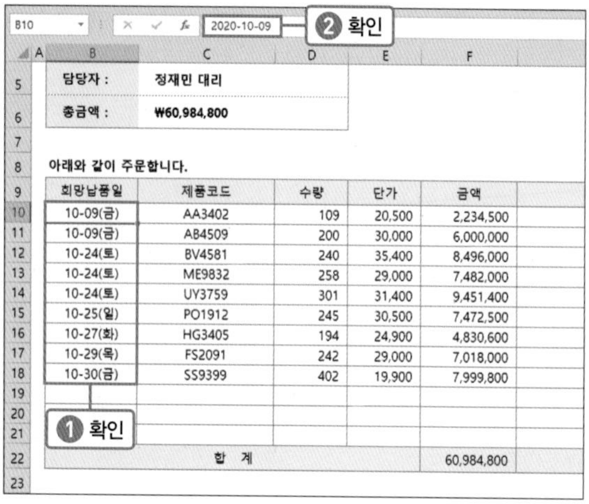

03 '희망납품일' 항목의 날짜 데이터가 지정한 형식으로 변경되었습니다. 수식 입력줄을 살펴보면 실제 입력된 값은 똑같지만, 셀에 표시된 형식은 지정된 기호에 맞춰 표시되는 것을 알 수 있습니다.

잠깐만요

숫자 계산식에서 문자를 사용했을 때 발생하는 오류

사칙연산을 이용해서 계산식을 입력할 경우 셀에 문자가 포함되어 있으면 오류가 발생하기 때문에 계산식에서 참조 값은 모두 숫자로 구성해야 합니다. 다음의 경우 '수량' 항목에 'box' 단위를 함께 입력했을 경우 어떤 오류가 발생하는지 살펴봅니다.

1 [Sheet3] 시트에서 '금액' 항목의 F10셀을 더블클릭하여 수식을 나타내고 '수량*단가'의 계산식 '=D10*E10'이 사용된 것을 확인합니다.

2 '수량' 항목의 D10셀에 입력되어 있는 숫자 뒤에 『box』를 입력하여 단위를 표시합니다. 그러면 D10셀을 참조하고 있는 모든 셀에 연속적으로 오류가 발생합니다.

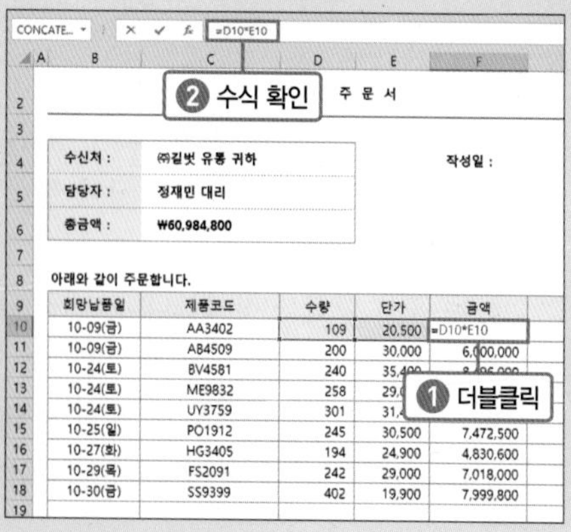

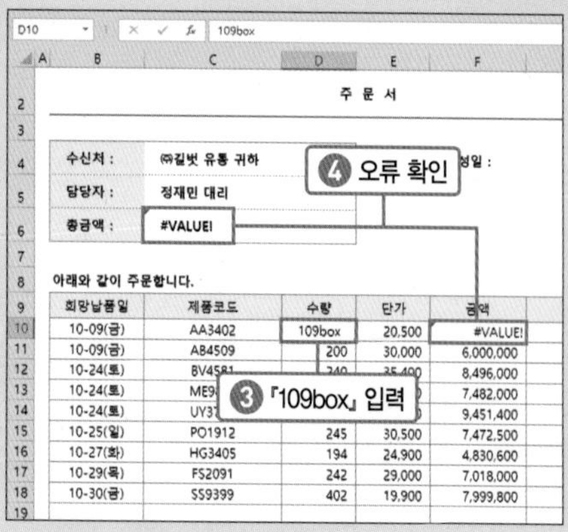

4 문자와 숫자 곱하기

수량에 단위를 함께 사용하려면 표시 형식을 이용하여 오류 없이 수량에 단위를 함께 나타낼 수 있습니다. 수량이 입력된 셀에 'box'라는 단위를 함께 입력해 보겠습니다.

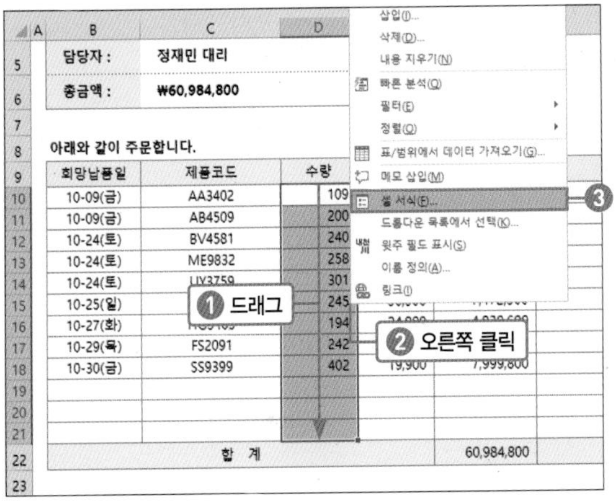

01 [Sheet4] 시트에서 D10:D21 범위를 선택하고 선택 영역에서 마우스 오른쪽 단추를 클릭한 후 [셀 서식]을 선택합니다.

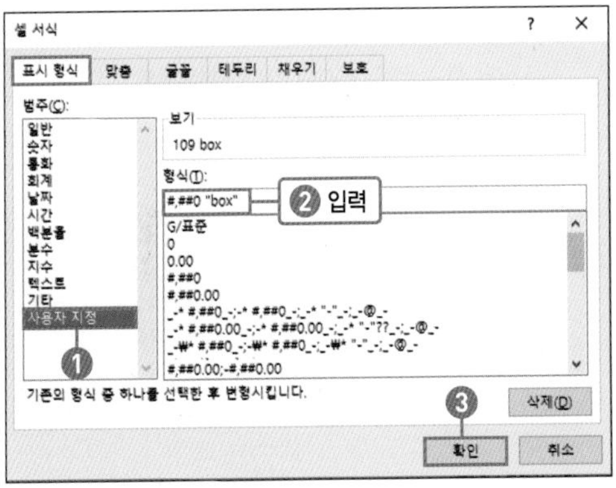

02 [셀 서식] 대화상자의 [표시 형식] 탭이 열리면 [사용자 지정] 범주를 선택하고 형식에 『#,##0 "box"』를 입력한 후 [확인]을 클릭합니다.

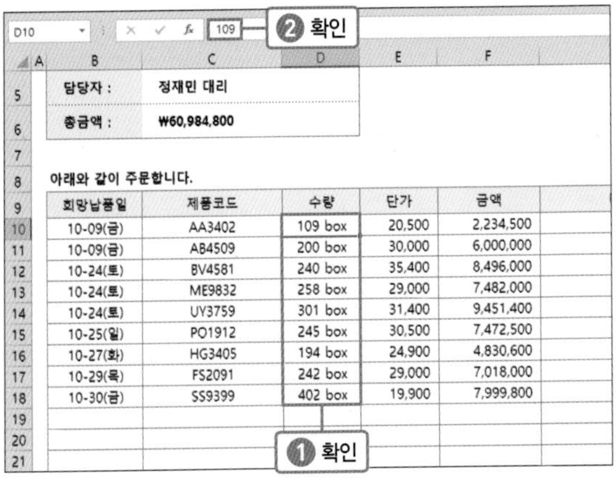

03 '수량' 항목에 단위와 함께 오류 없이 수량이 표시되었습니다.

5 일정 금액 이상의 숫자에 자동으로 빨간색 표시하기

F열에 입력된 금액 중 800만 원이 넘는 금액에 빨간색 표시를 해 보겠습니다.

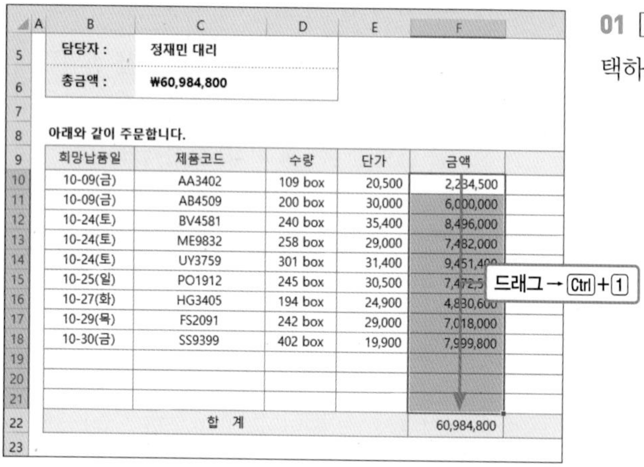

01 [Sheet5] 시트에서 F10:F21 범위를 선택하고 Ctrl+1을 누릅니다.

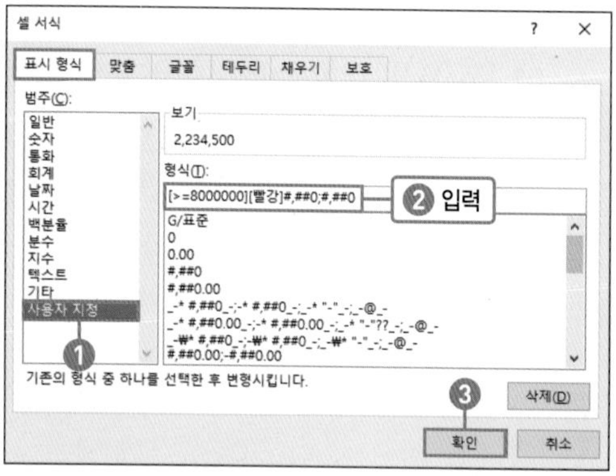

02 [셀 서식] 대화상자의 [표시 형식] 탭이 열리면 [사용자 지정] 범주를 선택하고 '형식'에 『[>=8000000][빨강]#,##0;#,##0』을 입력한 후 [확인]을 클릭하세요.

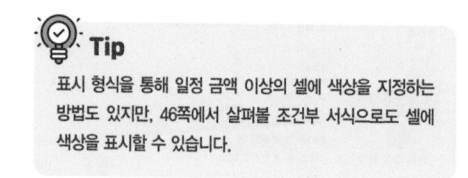

Tip
표시 형식을 통해 일정 금액 이상의 셀에 색상을 지정하는 방법도 있지만, 46쪽에서 살펴볼 조건부 서식으로도 셀에 색상을 표시할 수 있습니다.

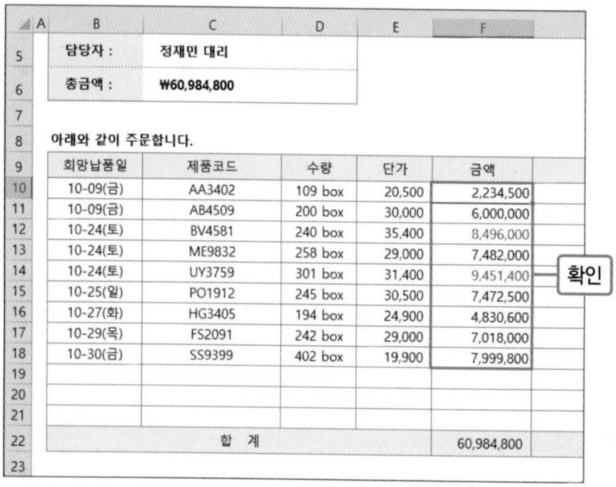

03 '금액' 항목에서 800만 원 이상인 금액이 빨간색으로 표시되었습니다.

04 중복 입력은 미리 확인하기

조건에 맞는 값을 계산해 원하는 데이터를 확인할 수 있는 방법은 수식으로만 가능한 방법이 아닙니다. 조건부 서식을 이용하면 조건에 맞는 셀을 찾아 결과를 서식으로 표현해 원하는 데이터를 확인할 수 있어서 매우 편리합니다.

실습파일 : 04_중복입력.xlsx

Bad!

VIP회원 대상 무료체험 신청자 (신청자 총 :14명)

순번	회원번호	회원명	연락처	주소	신청일
1	AJ2484	최성진	010-2345-****	서울시 성북구 성북동	09월 01일
2	BK1209	박우민	010-4092-****	경기도 가평군 청평면	09월 02일
3	AM5600	이재형	010-9400-****	서울시 강남구 신사동	09월 04일
4	JI8342	박용훈	010-2020-****	경기도 과천시 별양동	09월 08일
5	HY8110	김서현	010-4598-****	서울시 강북구 미아동	09월 09일
6	ER8342	윤정민	010-3875-****	서울시 도봉구 창동	09월 11일
7	UI9018	이다혜	010-5750-****	경기도 수원시 영통구 센트럴타운로	09월 13일
8	WQ1140	배용진	010-5716-****	대구 달서구 이곡동	09월 13일
9	AM5600	이재형	010-9400-****	서울시 강남구 신사동	09월 15일
10	TQ5207	김은경	010-7107-****	경기도 용인시 기흥구 구갈동	09월 16일
11	RS0914	박연정	010-3838-****	서울시 성북구 길음동	09월 18일
12	IO0904	태현		수지구 고기동	09월 19일
13	NB2912	김선		석동	09월 22일
14	CV9002	황민지		린동	09월 25일

중복 입력된 회원 번호를 곧바로 알 수 없어요.

Good!

VIP회원 대상 무료체험 신청자 (신청자 총 :14명)

순번	회원번호	회원명	연락처	주소	신청일
1	AJ2484	최성진	010-2345-****	서울시 성북구 성북동	09월 01일
2	BK1209	박우민	010-4092-****	경기도 가평군 청평면	09월 02일
3	AM5600	이재형	010-9400-****	서울시 강남구 신사동	09월 04일
4	JI8342	박용훈	010-2020-****	경기도 과천시 별양동	09월 08일
5	HY8110	김서현	010-4598-****	서울시 강북구 미아동	09월 09일
6	ER8342	윤정민	010-3875-****	서울시 도봉구 창동	09월 11일
7	UI9018	이다혜	010-5750-****	경기도 수원시 영통구 센트럴타운로	09월 13일
8	WQ1140	배용진	010-5716-****	대구 달서구 이곡동	09월 13일
9	AM5600	이재형	010-9400-****	서울시 강남구 신사동	09월 15일
10	TQ5207	김은경	010-7107-****	경기도 용인시 기흥구 구갈동	09월 16일
11	RS0914	박연정	010-3838-****	서울시 성북구 길음동	09월 18일
12	IO0904	최태현	010-2905-****	경기도 용인시 수지구 고기동	09월 19일
13	NB2912	김선호		석동	09월 22일
14	CV9002	황		린동	09월 25일

중복 입력된 회원 번호를 곧바로 구분할 수 있어요.

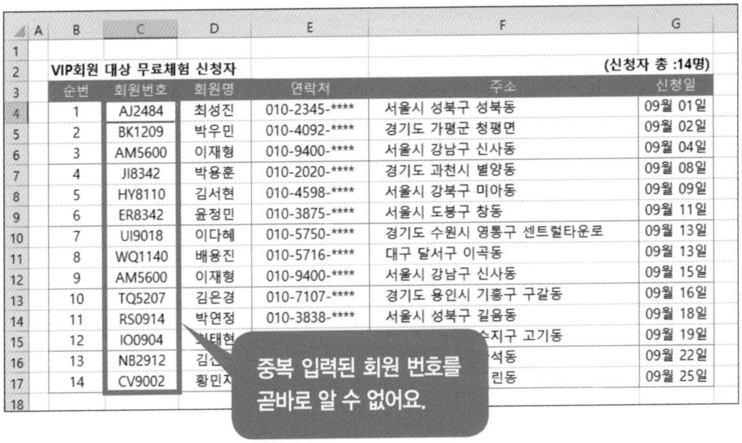

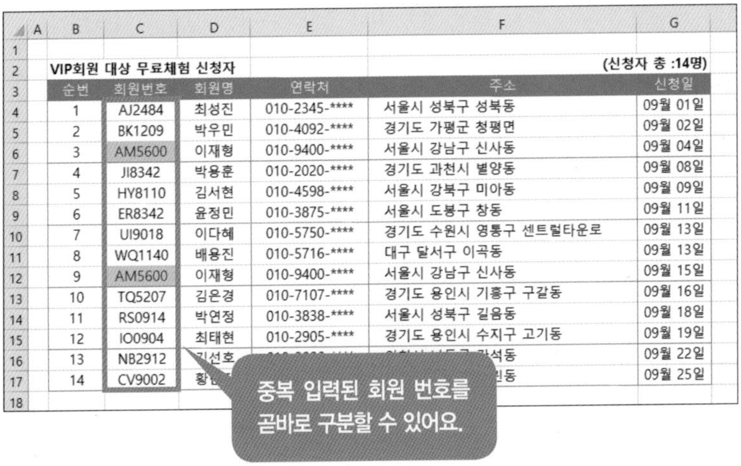

중복 값을 찾아주는 조건부 서식 바로 알기

조건부 서식은 말 그대로 조건에 맞는 셀에 설정한 서식을 표시하는 방법입니다. 중복된 값이라는 조건을 가지고 셀 서식을 통해 어떤 방법으로 서식을 표시할지 알아봅니다.

01 회원 번호로 중복 신청자가 있는지 확인하기 위해 [Sheet1] 시트에서 중복 값을 확인할 C4:C17 범위를 선택합니다. [홈] 탭-[스타일] 그룹에서 [조건부 서식]을 클릭하고 [셀 강조 규칙]-[중복 값]을 선택합니다.

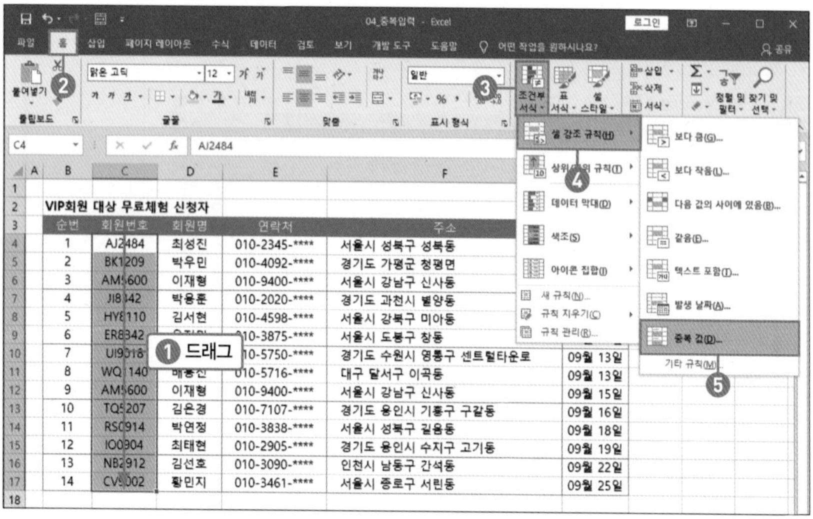

02 [중복 값] 대화상자가 열리면 '다음 값을 포함하는 셀의 서식 지정'에서는 [중복]을, '적용할 서식'에서는 [진한 빨강 텍스트가 있는 연한 빨강 채우기]를 선택하고 [확인]을 클릭합니다.

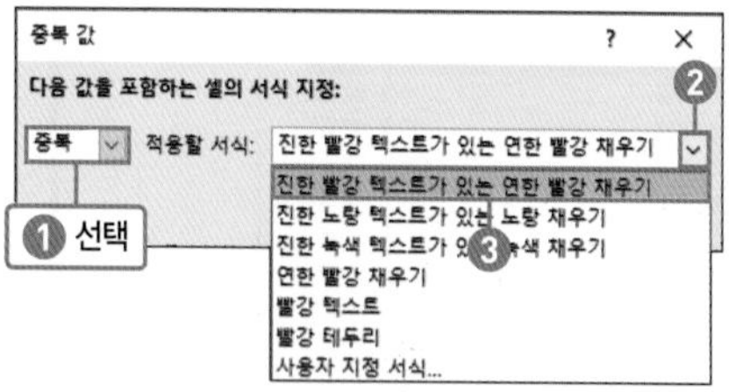

Tip

제공되는 서식 중 원하는 서식이 없으면 [사용자 지정 서식]을 선택하여 서식을 만들 수 있습니다.

03 C6셀과 C12셀의 회원 번호가 같아서 **02** 과정에서 지정한 서식이 표시되었습니다. '이재형' 회원이 9월 4일과 15일, 두 번 무료 체험을 신청했으므로 9월 15일에 중복 신청한 내역을 삭제해 볼게요. 12행 머리글을 클릭하여 12행 전체를 선택하고 선택 영역에서 마우스 오른쪽 단추를 클릭한 후 [삭제]를 선택합니다.

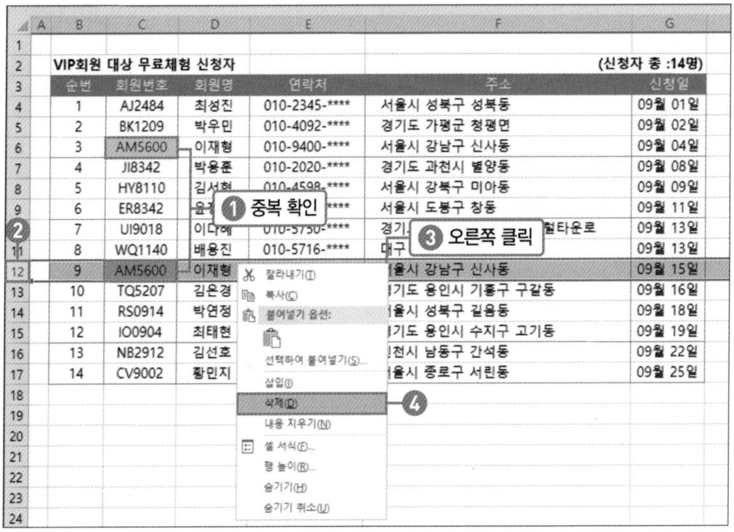
VIP회원 대상 무료체험 신청자 (신청자 총 :14명)

순번	회원번호	회원명	연락처	주소	신청일
1	AJ2484	최성진	010-2345-****	서울시 성북구 성북동	09월 01일
2	BK1209	박우민	010-4092-****	경기도 가평군 청평면	09월 02일
3	AM5600	이재형	010-9400-****	서울시 강남구 신사동	09월 04일
4	JI8342	박용준	010-2020-****	경기도 과천시 별양동	09월 08일
5	HY8110	김서현	010-4598-****	서울시 강북구 미아동	09월 09일
6	ER8342	윤정민	010-3875-****	서울시 도봉구 창동	09월 11일
7	UI9018	이다혜	010-5750-****	경기도 수원시 영통구 센트럴타운로	09월 13일
8	WQ1140	배용진	010-5716-****	대구 달서구 이곡동	09월 13일
9	AM5600	이재형		서울시 강남구 신사동	09월 15일
10	TQ5207	김은경		경기도 용인시 기흥구 구갈동	09월 16일
11	RS0914	박연정		서울시 성북구 길음동	09월 18일
12	IO0904	최태현		경기도 용인시 수지구 고기동	09월 19일
13	NB2912	김선호		인천시 남동구 간석동	09월 22일
14	CV9002	황민지		서울시 종로구 서린동	09월 25일

04 중복 데이터가 삭제되면서 C6셀에 표시되었던 조건부 서식이 표시되지 않습니다.

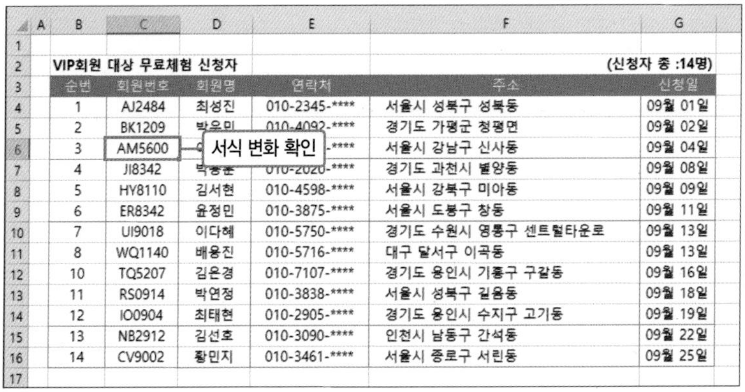
VIP회원 대상 무료체험 신청자 (신청자 총 :14명)

순번	회원번호	회원명	연락처	주소	신청일
1	AJ2484	최성진	010-2345-****	서울시 성북구 성북동	09월 01일
2	BK1209	박우민	010-4092-****	경기도 가평군 청평면	09월 02일
3	AM5600	이재형	-****	서울시 강남구 신사동	09월 04일
4	JI8342	박용준	010-2020-****	경기도 과천시 별양동	09월 08일
5	HY8110	김서현	010-4598-****	서울시 강북구 미아동	09월 09일
6	ER8342	윤정민	010-3875-****	서울시 도봉구 창동	09월 11일
7	UI9018	이다혜	010-5750-****	경기도 수원시 영통구 센트럴타운로	09월 13일
8	WQ1140	배용진	010-5716-****	대구 달서구 이곡동	09월 13일
10	TQ5207	김은경	010-7107-****	경기도 용인시 기흥구 구갈동	09월 16일
11	RS0914	박연정	010-3838-****	서울시 성북구 길음동	09월 18일
12	IO0904	최태현	010-2905-****	경기도 용인시 수지구 고기동	09월 19일
13	NB2912	김선호	010-3090-****	인천시 남동구 간석동	09월 22일
14	CV9002	황민지	010-3461-****	서울시 종로구 서린동	09월 25일

Tip

앞에서 살펴본 방법을 통해 중복 입력된 데이터를 찾아 확인할 수 있습니다. 하지만 데이터를 입력할 범위에 중복 값을 찾는 조건부 서식을 미리 지정해 두면 동일한 데이터가 입력되는 순간 셀에 표시된 서식을 통해 중복 입력이라는 것을 즉시 알고 사전에 차단할 수 있습니다.

05 입력 오류는 미리 차단하기

입력한 데이터의 표시 형식이 통일되지 않거나 오타가 발생한 자료는 신뢰도가 떨어집니다. 따라서 입력 오류가 발생하지 않도록 입력 가이드를 제시한다면 데이터를 좀 더 쉽게 관리할 수 있습니다. 유효성 검사 기능을 사용해 입력 오류를 사전에 차단해서 불필요한 수정 작업을 최소화할 수 있습니다.

실습파일 : 05_입력오류차단.xlsx

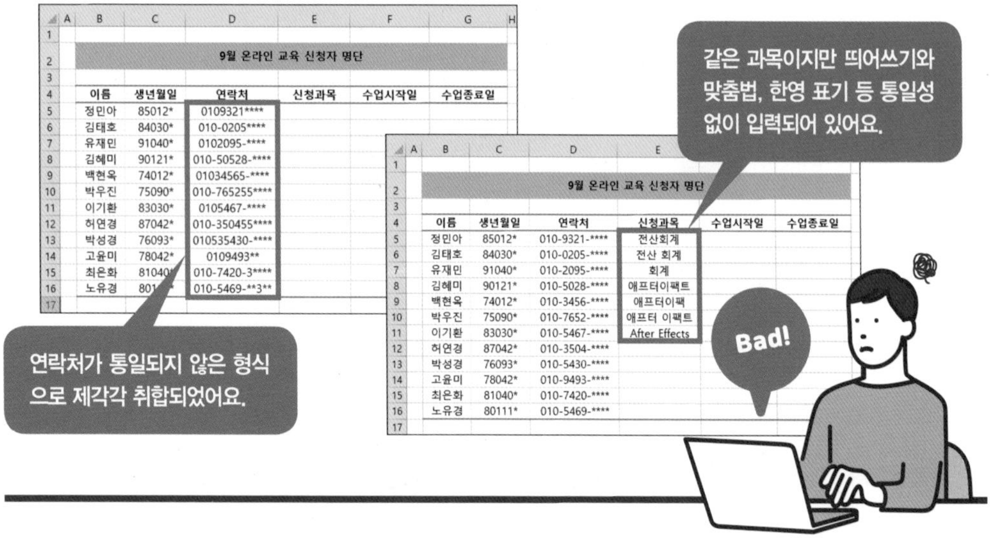
같은 과목이지만 띄어쓰기와 맞춤법, 한영 표기 등 통일성 없이 입력되어 있어요.
연락처가 통일되지 않은 형식으로 제각각 취합되었어요.
Bad!

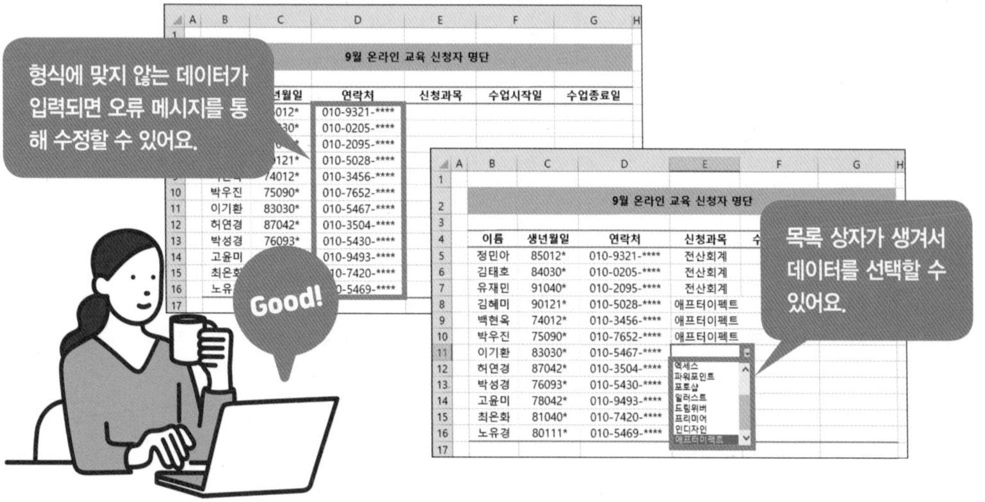
형식에 맞지 않는 데이터가 입력되면 오류 메시지를 통해 수정할 수 있어요.
목록 상자가 생겨서 데이터를 선택할 수 있어요.
Good!

'유효성 검사' 바로 알기

하나의 필드(열)에 통일된 하나의 표시 형식을 사용하는 것은 엑셀의 기본입니다. 그런데 여러 사람들이 함께 관리하는 자료이거나 다른 부서에서 받은 자료를 취합해야 한다면 입력하는 사용자에 따라 표시 형식이 달라질 수 있습니다. 예를 들어 핸드폰 번호의 경우에도 '01012345678'이나 '010-1234-5678'과 같이 서로 다르게 입력할 수 있습니다. 심지어 오타를 입력하는 사용자도 있을 것입니다. 이 경우 취합자는 자료를 다시 한번 검토하고 수정해야 해서 매우 번거로워집니다. '유효성 검사' 기능은 이것을 일일이 다시 수정할 필요가 없게 미리 입력 형식을 맞추어 주는 가이드 역할을 하므로 잘 익혀두는 것이 좋습니다.

1 입력 형식 지정하기

핸드폰 번호를 입력할 경우 하이픈을 제외하거나, 실수로 자릿수가 맞지 않게 입력할 수 있습니다. 이번에는 입력 형식을 미리 지정해서 잘못된 데이터가 입력되지 않도록 예방해 보겠습니다.

01 온라인 교육 신청자 명단의 연락처에 핸드폰 번호를 입력할 것인데, 하이픈을 포함해서 열세 자리의 숫자를 입력할 수 있도록 표시 형식을 지정해 볼게요. [Sheet1] 시트에서 연락처를 입력할 D5:D16 범위를 선택하고 [데이터] 탭-[데이터 도구] 그룹에서 [데이터 유효성 검사]를 클릭한 후 [데이터 유효성 검사]를 선택합니다.

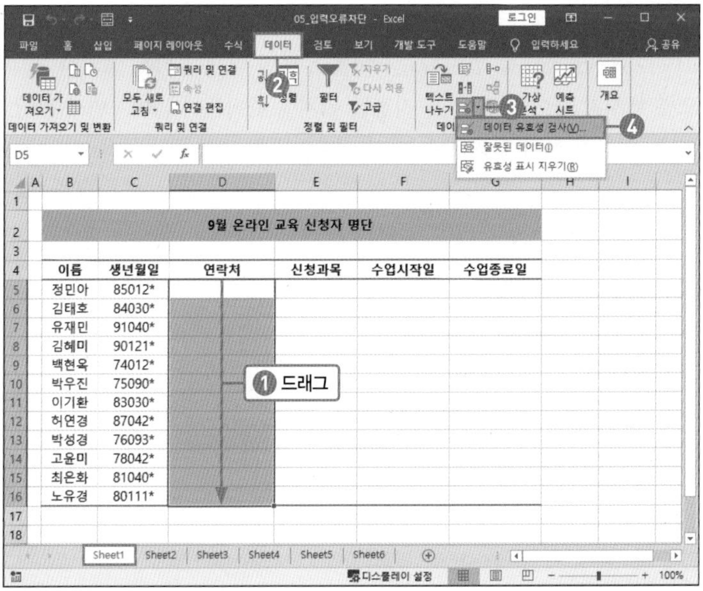

02 [데이터 유효성] 대화상자의 [설정] 탭이 열리면 '제한 대상'에서 [사용자 지정]을 선택하고 '수식'에 다음의 함수식을 입력한 후 [확인]을 클릭합니다.

: **함수식** :

=AND(MID(D5,4,1)="–",MID(D5,9,1)="–",LEN(D5)=13)

① **AND** : 조건을 모두 만족하는 경우

② **MID(D5,4,1)="–"** : D5셀의 네 번째 입력된 문자로부터 한 개의 문자가 하이픈(–)인 경우

③ **MID(D5,9,1)="–"** : D5셀의 아홉 번째 입력된 문자로부터 한 개의 문자가 하이픈(–)인 경우

④ **LEN(D5)=13** : D5셀에 입력된 총 문자의 길이가 열세 자리인 경우

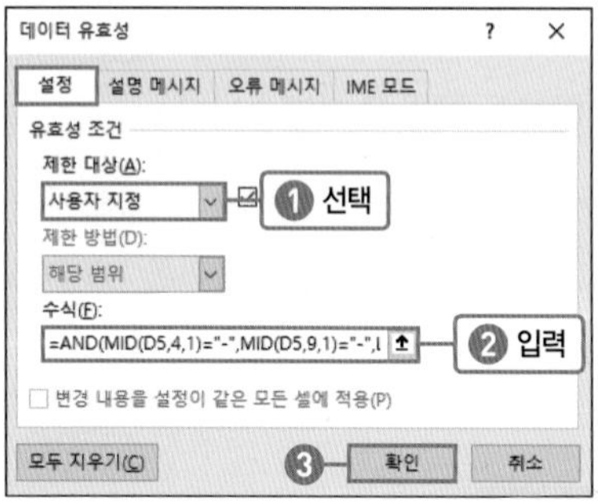

03 '연락처' 항목의 D5셀에 『010–1234–56789』를 입력하고 Enter를 누르면 열세 자리를 초과한 열네 자리 숫자를 입력했기 때문에 오류 메시지 창이 열립니다. 지정된 위치에 하이픈이 들어가면서 총 입력 길이가 열세 자리가 아니면 오류 메시지 창이 열리므로 [다시 시도]나 [취소]를 클릭해서 연락처를 새로 입력하세요.

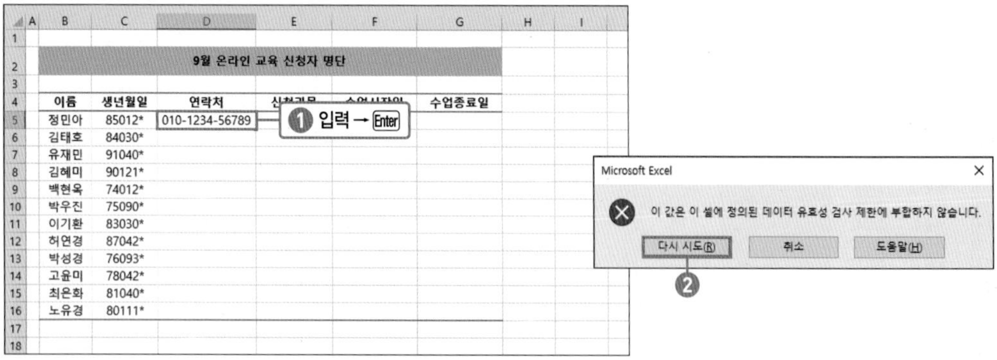

2 선택 목록 상자 지정하기

'신청 과목'에 목록을 지정하여 정해진 과목 이외의 데이터가 입력되지 않도록 지정할 수 있습니다. 선택 목록은 다음과 같이 두 가지 방법으로 지정할 수 있습니다.

방법 ❶ 목록의 선택 사항이 적고 변동이 없는 경우

선택 목록이 적으면 목록 상자의 목록을 직접 입력해서 지정할 수 있습니다.

01 [Sheet2] 시트에서 신청 과목을 입력할 E5:E16 범위를 선택하고 [데이터] 탭-[데이터 도구] 그룹에서 [데이터 유효성 검사]를 클릭한 후 [데이터 유효성 검사]를 선택합니다.

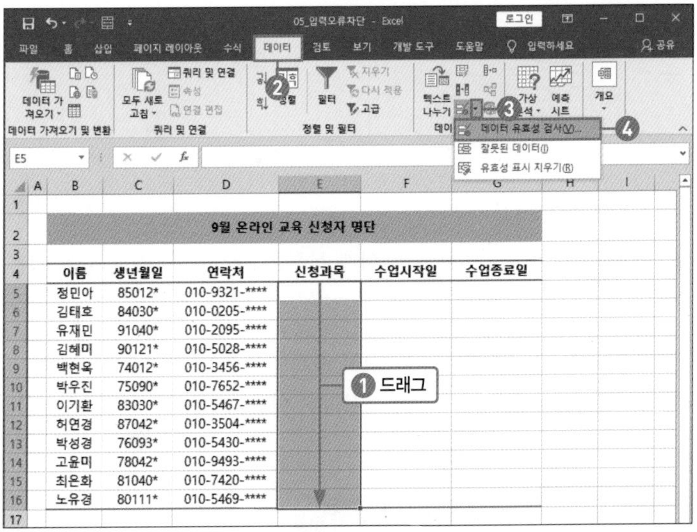

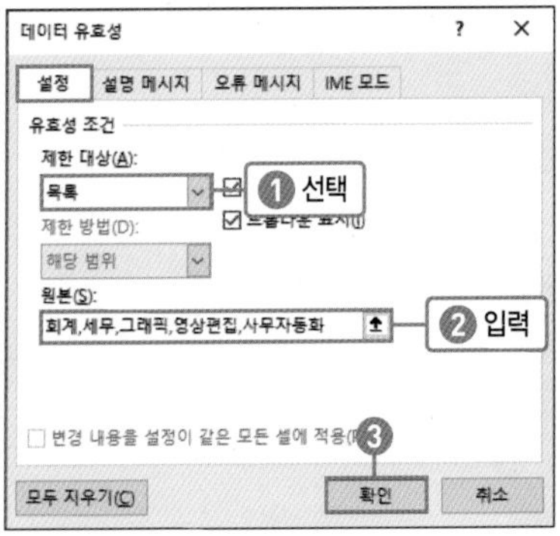

02 [데이터 유효성] 대화상자의 [설정] 탭이 열리면 '제한 대상'에서 [목록]을 선택하고 '원본'에 『회계,세무,그래픽,영상편집,사무자동화』를 입력한 후 [확인]을 클릭합니다.

03 '신청과목' 항목에 있는 셀을 선택하고 셀의 오른쪽에 목록 단추(▼)가 나타나면 클릭하고 원하는 과목을 선택하거나 키보드로 직접 입력할 수 있습니다. **02** 과정에서 지정한 '회계', '세무', '그래픽', '영상편집', '사무자동화' 외의 다른 과목을 입력하면 오류 메시지가 나타납니다.

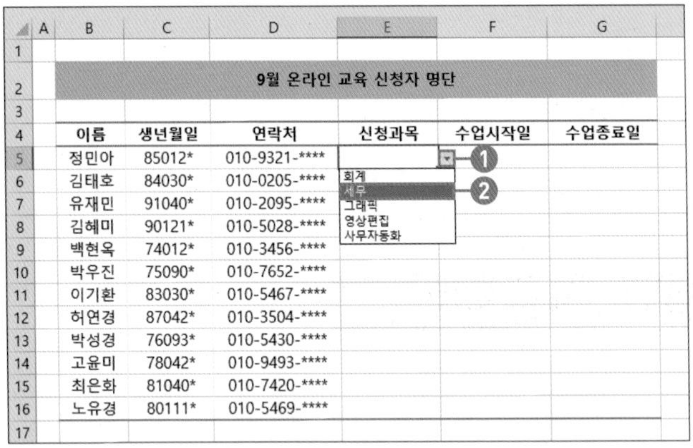

방법 ❷ 목록의 선택 사항이 많고 변동이 많은 경우

선택 목록이 많으면 참조 범위에 이름을 정의해 좀 더 빠르고 쉽게 목록을 관리할 수 있습니다. 이름 정의는 복잡한 셀 주소를 대신하는 기능입니다.

01 선택 목록으로 사용할 내용에 이름을 정의해 볼게요. [Sheet3] 시트에서 K4:K16 범위에 참조 테이블이 작성되어 있는데, K5:K16 범위를 선택하고 [수식] 탭–[정의된 이름] 그룹에서 [이름 정의]를 클릭합니다.

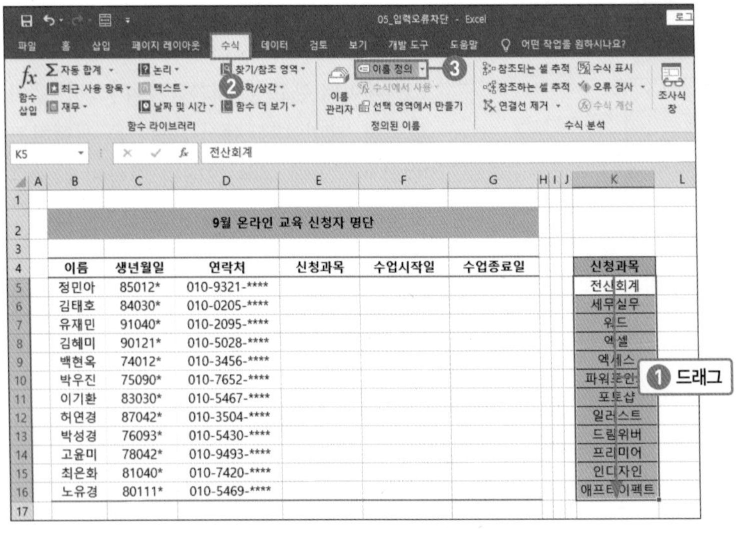

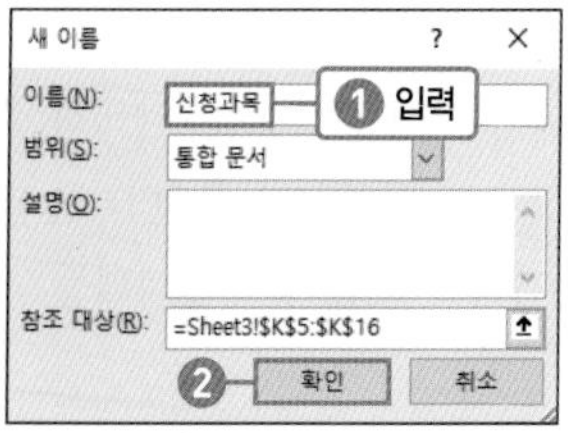

02 [새 이름] 대화상자가 열리면 '이름'에 『신청과목』을 입력하고 [확인]을 클릭합니다.

03 K5:K16 범위가 '신청과목'이라는 이름으로 정의되면서 수식 입력줄의 왼쪽에 있는 이름 상자에 정의한 이름이 나타납니다.

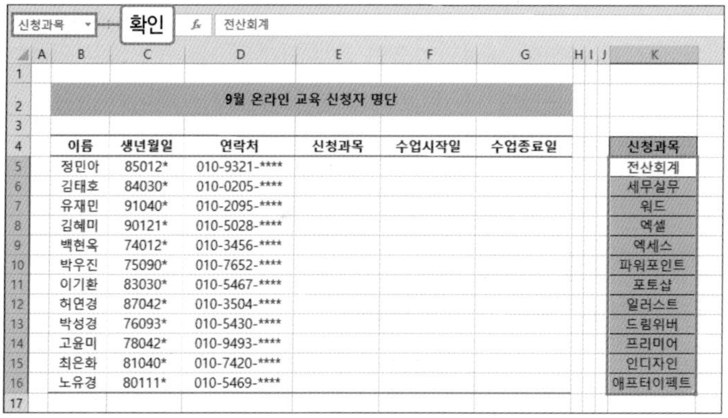

Tip

정의된 이름은 [수식] 탭-[정의된 이름] 그룹에서 [이름 관리자]를 클릭하여 [이름 관리자] 대화상자를 열고 확인할 수 있습니다. [이름 관리자] 대화상자에서는 정의된 이름이 어느 범위를 참조하고 있는지를 확인할 수 있고, 참조 범위를 변경하거나 추가 및 삭제도 가능합니다.

04 신청 과목을 입력할 E5:E16 범위를 선택하고 [데이터] 탭-[데이터 도구] 그룹에서 [데이터 유효성 검사]를 클릭한 후 [데이터 유효성 검사]를 선택합니다.

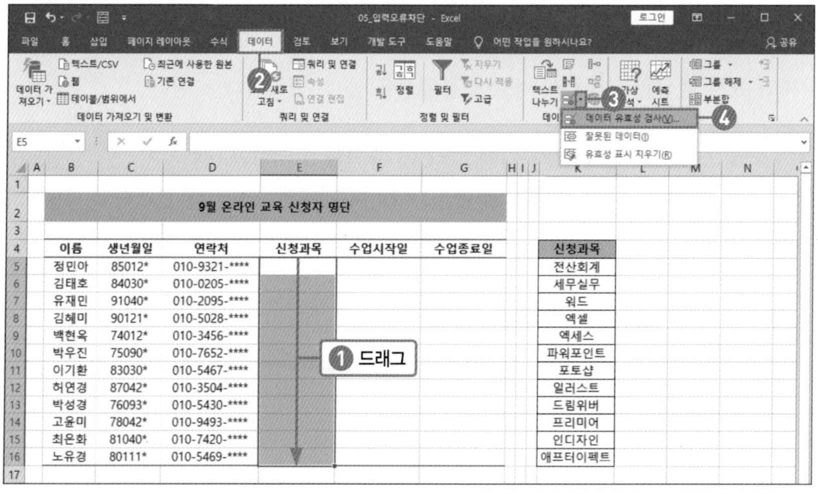

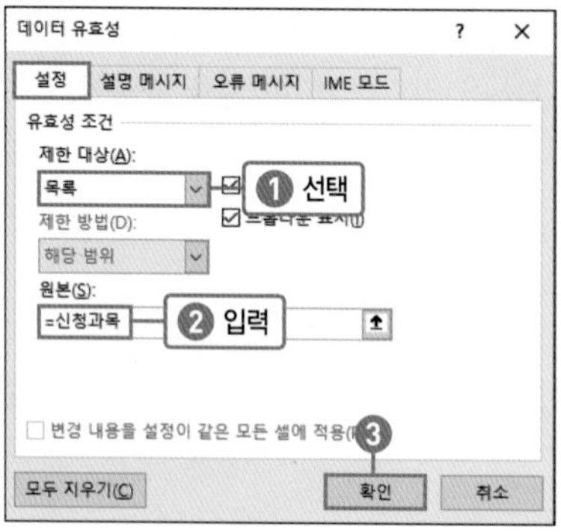

05 [데이터 유효성] 대화상자의 [설정] 탭이 열리면 '제한 대상'에서 [목록]을 선택하고 '원본'에 03 과정에서 정의한 이름인 『=신청과목』을 입력한 후 [확인]을 클릭합니다.

06 E5셀부터 E16셀까지 지정한 범위에 선택 목록이 생성되었으면 목록 단추(▾)를 클릭하고 원하는 과목을 선택하거나 키보드로 직접 입력할 수 있습니다. 선택 목록에 해당되지 않는 데이터를 입력하면 오류 메시지 창이 열리기 때문에 입력 오류를 방지할 수 있습니다.

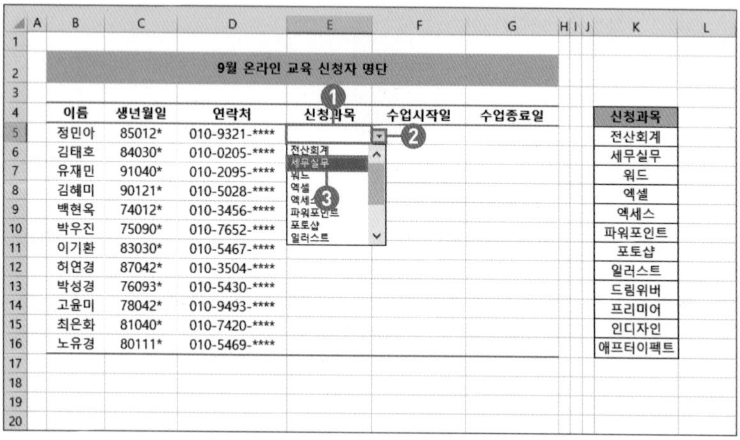

3 수업 시작 날짜 제한하기

지정한 기간 안에 날짜와 표시 형식을 설정하여 자료에 통일성을 줄 수 있습니다.

01 [Sheet4] 시트에서 수업 시작일을 설정하기 위해 F5:F16 범위를 선택하고 Alt+A+V+V를 누릅니다. [데이터 유효성] 대화상자의 [설정] 탭이 열리면 '제한 대상'에서 [날짜]를 선택하고 '시작 날짜'와 '끝 날짜'를 입력해 기간을 설정한 후 [확인]을 클릭하세요.

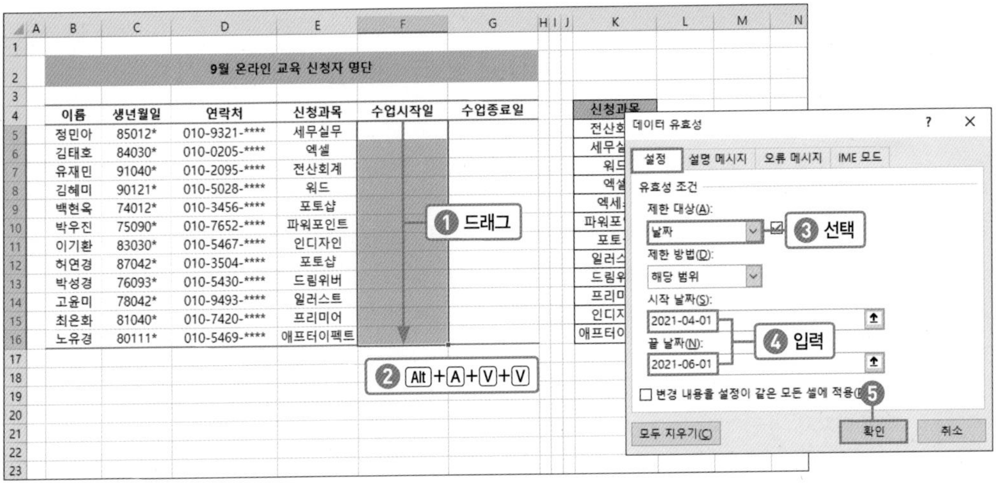

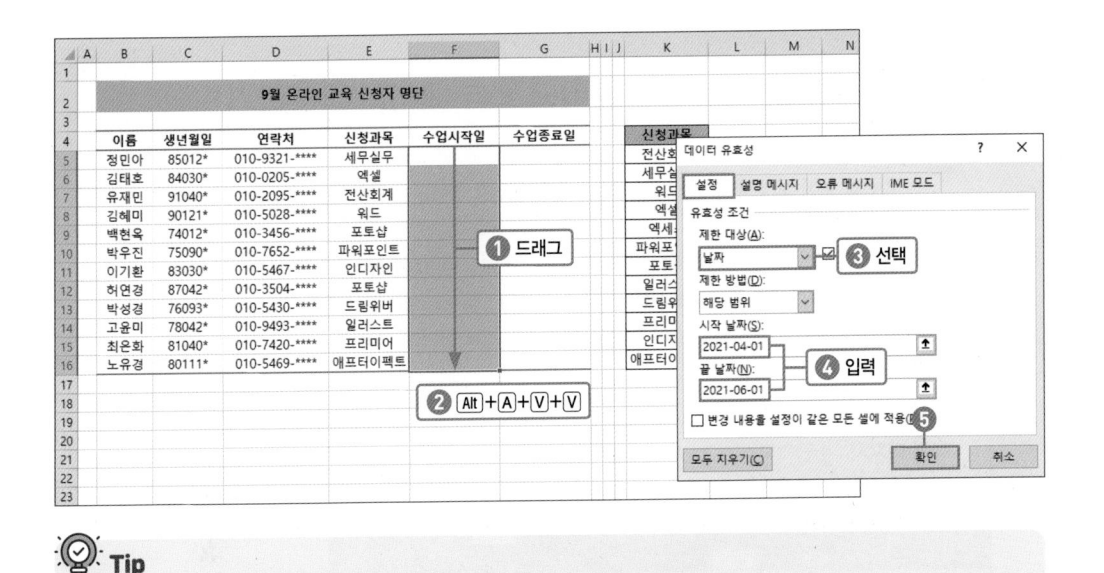

Tip
Alt+A → V → V는 [데이터] 탭-[데이터 도구] 그룹에서 [데이터 유효성 검사]를 클릭한 후 [데이터 유효성 검사]를 선택하는 단축키입니다.

02 01 과정에서 시작 날짜는 '2021-04-01'로, 끝 날짜는 '2021-06-01'로 지정했기 때문에 이 범위 밖의 날짜를 입력할 수 없습니다. F5셀에 『2021-03-01』을 입력하고 Enter를 누르면 정의된 유효성 검사 제한에 부합하지 않는다는 오류 메시지 창이 열립니다. [다시 시도]나 [취소]를 클릭해서 수업 시작일을 새로 입력하세요.

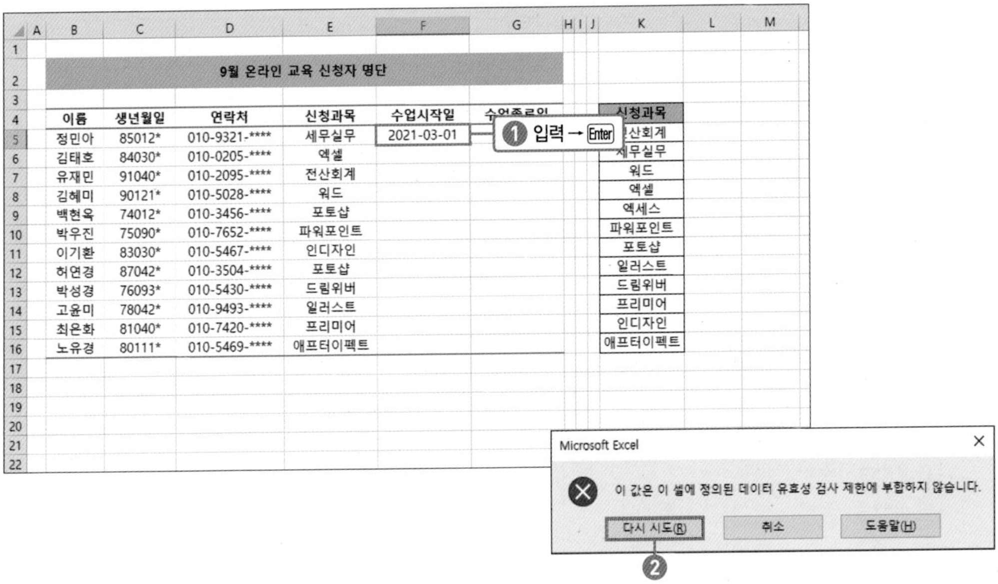

잠깐만요

셀에 설명 메시지 삽입하고 오류 메시지 설정하기

입력할 셀에 설명 메시지를 미리 삽입해 입력 범위를 안내하는 것이 좋습니다.

1 [Sheet5] 시트에서 F5:F16 범위를 선택하고 [데이터] 탭–[데이터 도구] 그룹에서 [데이터 유효성 검사]를 클릭한 후 [데이터 유효성 검사]를 선택합니다. [데이터 유효성] 대화상자가 열리면 [설명 메시지] 탭에서 '제목'과 '설명 메시지'에 다음과 같이 입력하고 [확인]을 클릭합니다.

- **제목** : 수업시작 희망일 입력
- **설명 메시지** : 수업시작일은 2021–04–01~2021–06–01로 제한합니다.

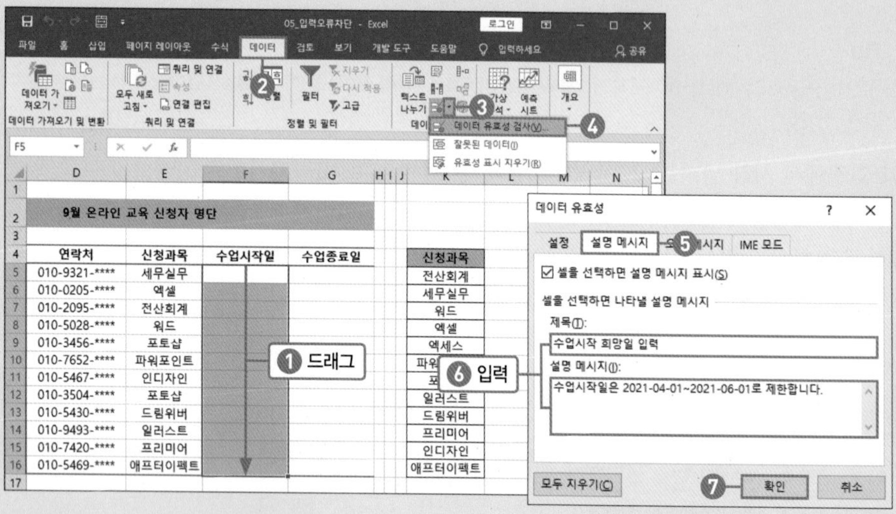

2 F5:F16 범위에 있는 셀을 선택하면 1 과정에서 입력한 안내 메시지가 나타납니다.

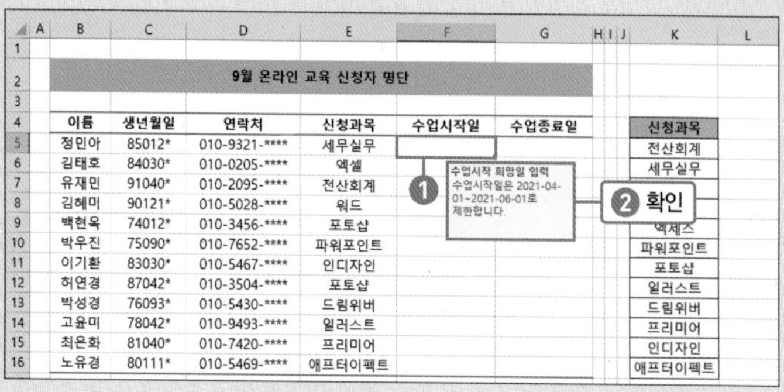

3 이와 같은 방법으로 오류 메시지 문구도 설정할 수 있습니다. [Sheet6] 시트에서 F5:F16 범위를 선택하고 Alt+A+V+V를 눌러 [데이터 유효성] 대화상자를 엽니다. [오류 메시지] 탭에서 '스타일'을 [경고]로 선택하고 '제목'과 '설명 메시지'에 다음과 같이 입력한 후 [확인]을 클릭합니다.

- **제목** : 날짜를 확인해 주세요.
- **설명 메시지** : 수업시작일은 2021-04-01~2021-06-01로 제한하고 있습니다.

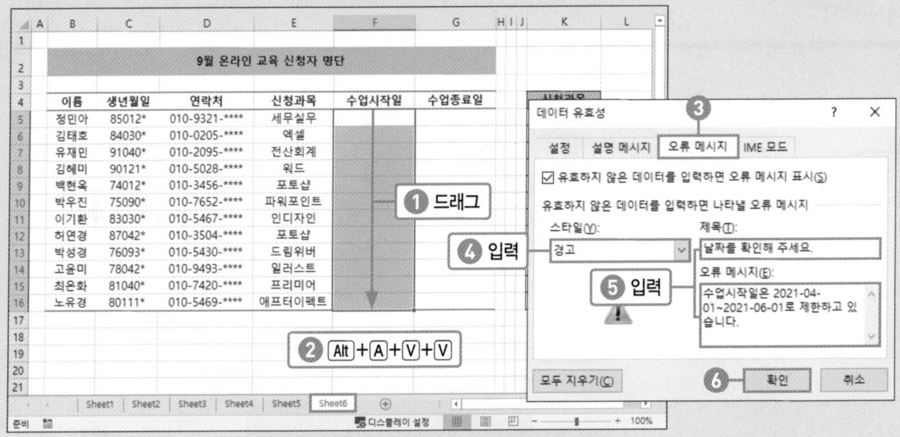

4 '수업시작일' 항목에 지정한 기간 이외의 날짜를 입력합니다. 3 과정에서 설정한 오류 메시지 창이 열리면 [아니요]를 클릭하세요.

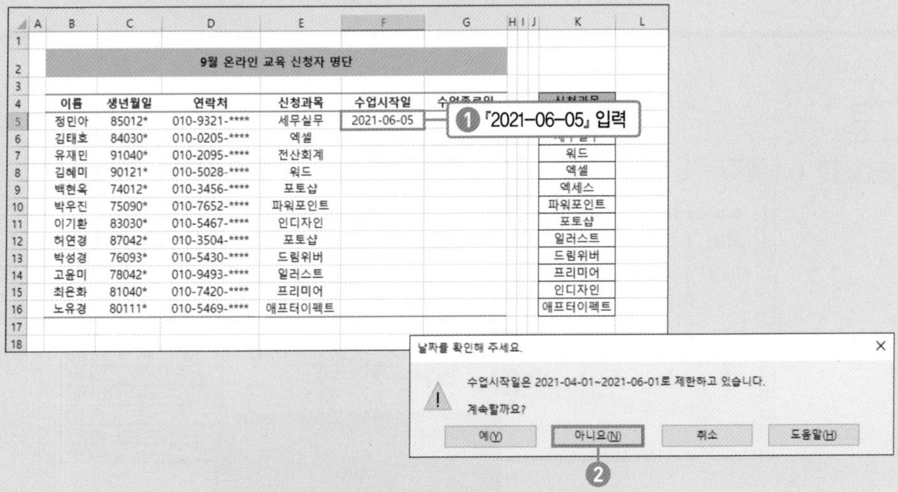

06 불필요한 띄어쓰기는 하지 않기

초보자들이 흔히 실수할 수 있는 것이 바로 띄어쓰기입니다. 공백도 하나의 문자로 인식되기 때문에 단순히 보기 좋게 만들기 위해 불필요한 공백을 입력해서는 안 됩니다. 이렇게 무분별하게 공백을 사용하면 어떤 문제점이 발생하는지 예제를 통해 살펴보고 올바른 공백 조절 방법에 대해 알아봅니다.

실습파일 : 06_띄어쓰기.xlsx

Bad!

각 셀마다 띄어쓰기해 목록의 너비를 맞추어 입력했어요.

메뉴구분	전달 매출액	매출액	증감액	순매출액	매출순위		주별 매출현황		금액
커 피	1,273,400		-1,273,400	-	3		1주	커피	389,220
스무디	1,162,600	1,301,600	139,000	715,880	2			스무디	390,480
스 콘	2,329,400		-2,329,400	-	3			스콘	722,820
케이크	1,440,500	1,331,000	-109,500	732,050	1			케이크	399,300
식 사	1,558,800	-	-1,558,800	-	3			식사	495,240
쿠 키	1,394,500		-1,394,500	-	3			쿠키	397,200
합계	9,159,200	2,632,600	6,526,600	1,447,930			2주	커피	324,350
								스무디	325,400
								스콘	602,350
								케이크	332,750
								식사	412,700

Su.Cafe9월 매...

띄어쓰기된 목록의 참조값을 찾을 수 없어 제대로 수식이 계산되지 않았어요.

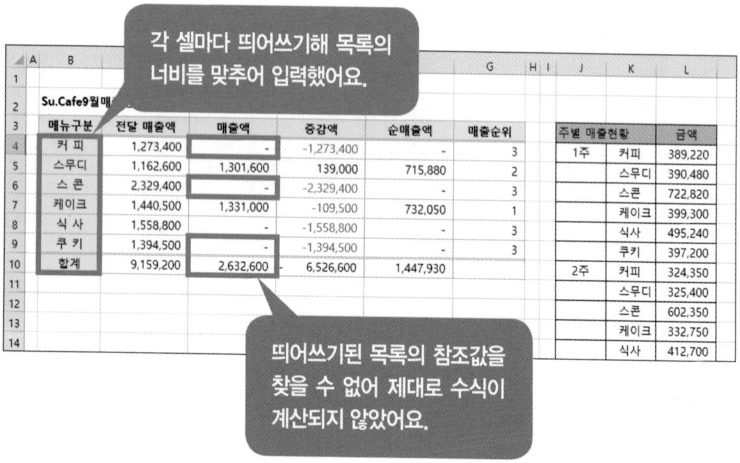

Good!

띄어쓰기를 입력하지 않아도 메뉴의 자간이 일정하게 맞추어져서 입력되었어요.

메뉴구분	전달 매출액	매출액	증감액	순매출액	매출순위		주별 매출현황		금액
커 피	1,273,400	1,297,400	24,000	713,570	6		1주	커피	389,220
스 무 디	1,162,600	1,301,600	139,000	715,880	5			스무디	390,480
스 콘	2,329,400	2,409,400	80,000	1,325,170	1			스콘	722,820
케 이 크	1,440,500	1,331,000	-109,500	732,050	3			케이크	399,300
식 사	1,558,800	1,650,800	92,000	907,940	2			식사	495,240
쿠 키	1,394,500	1,324,000	-70,500	728,200	4			쿠키	397,200
합 계	9,159,200	9,314,200	155,000	5,122,810			2주	커피	324,350
								스무디	325,400
								스콘	602,350
								케이크	332,750
								식사	412,700

Su.Cafe9월 매출...

글자 사이 공백이 있는 것 같지만 오류 없이 수식이 계산되었어요.

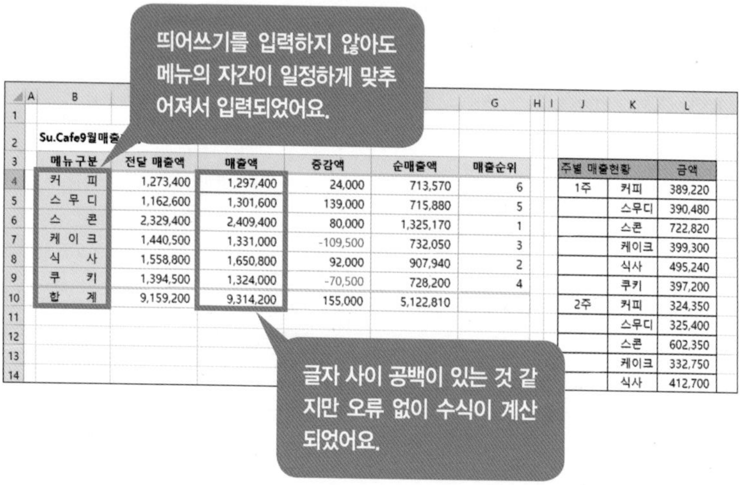

띄어쓰기로 글자 간격을 조절할 때의 문제점

목록에서 글자 간격이 일정하지 않은 경우 띄어쓰기를 하여 글자 사이의 간격을 조정할 수 있습니다. 하지만 이렇게 띄어쓰기로 공백을 만들 경우 어떤 문제점이 발생할 수 있는지 알아봅니다.

1 자간이 일정하지 않다

[Sheet1] 시트에서 B열의 '메뉴구분' 항목에 입력된 글자 중에서 B3셀에 있는 '메뉴구분' 글자의 길이가 제일 깁니다. 이 글자의 길이에 맞추어 두 글자로 이루어진 B4셀, B6셀, B8셀, B9셀, B10셀의 글자 사이에 띄어쓰기를 세 번씩 해 봅니다. 언뜻 보기에는 글자 간격을 맞춘 것 같지만, 마지막 글자에 기준선을 두고 보면 글자 간격이 깔끔하게 맞춰지지 않았습니다.

	B	C	D	E	F	G	H I	J	K	L
2	Su.Cafe9월매출현황									
3	메뉴구분	전달 매출액	매출액	증감액	순매출액	매출순위		주별 매출현황		금액
4	커 피	1,273,400						1주	커피	389,220
5	스무디	1,162,600							스무디	390,480
6	스 콘	2,329,400							스콘	722,820
7	케이크	1,440,500							케이크	399,300
8	식 사	1,558,800							식사	495,240
9	쿠 키	1,394,500							쿠키	397,200
10	합 계	9,159,200						2주	커피	324,350
11									스무디	325,400
12	띄어쓰기해도 자간이 깔끔하지 않아요.								스콘	602,350
13									케이크	332,750
14									식사	412,700
15									쿠키	331,000

2 수식에 오류가 발생한다

이렇게 공백이 입력된 목록의 값을 수식에서 참조 값으로 사용하면 전혀 다른 값으로 인식되어 계산 오류가 발생합니다.

01 조건에 맞는 데이터의 합을 구하는 SUMIF 함수를 사용하여 9월달 매출을 구하려고 합니다. K열에 입력된 메뉴명과 B열에 입력된 메뉴명이 일치할 경우 L열의 '금액' 항목의 합을 구할 것입니다. D4셀에 함수식 『=SUMIF($K$4:$K$27,B4,$L$4:$L$27)』을 입력하고 Enter를 누릅니다. D4셀에 커피의 매출액을 구했으면 D4셀의 자동 채우기 핸들을 더블클릭하여 D9셀까지 함수식을 복사합니다.

D4
=SUMIF($K$4:$K$27,B4,$L$4:$L$27)
② 입력 → Enter
Su.Cafe9월매출현황
메뉴구분 전달 매출액 매출액 증감액 순매출액 매출순위
커 피 1,273,400 -
스무디 1,162,600
스 콘 2,329,400
케이크 1,440,500
식 사 1,558,800
쿠 키 1,394,500
합 계 9,159,200
①
③ 더블클릭
주별 매출현황 금액
1주 커피 389,220
스무디 390,480
스콘 722,820
케이크 399,300
식사 495,240
쿠키 397,200
2주 커피 324,350
스무디 325,400

Tip
SUMIF 함수에 대해서는 232쪽을 참고하세요.

02 띄어쓰기하지 않은 D5셀과 D7셀에만 매출액이 계산되었습니다. K4셀에 '커피' 메뉴가 있지만 B4셀에는 '커　피'라고 입력되어 있어서 서로 다른 값으로 인식했기 때문에 매출액이 계산되지 않았습니다.

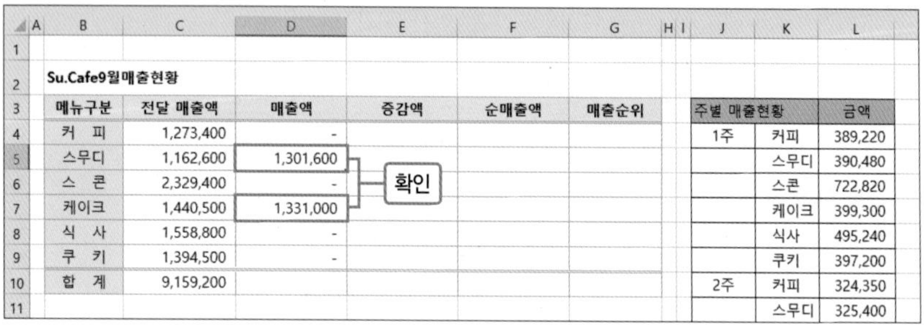

Solution

Q 너비 조절을 위해 띄어쓰기를 하면 안 되는 이유에 대해 잘 알아보았습니다. 띄어쓰기를 하지 않고 목록의 자간을 일정하게 조정하려면 어떤 방법이 있을까요?

A 셀 안의 문자에 임의로 불필요한 공백을 만들어서는 안 됩니다. 목록의 값을 일정한 너비로 맞추어 주는 균등 분할을 지정하거나, 들여쓰기와 내어쓰기를 이용해서 글자 간격을 조정하여 사용해야 합니다.

찾기 및 바꾸기로 공백 찾아 없애기

셀마다 이미 공백이 입력되어 있으면 공백을 찾아 지워야 합니다. 이 경우 공백을 일일이 찾아 하나하나 지우지 않고 특정 값을 찾거나 찾은 값을 다른 값으로 변경할 때 사용하는 '찾기 및 바꾸기' 기능을 이용하면 공백을 찾아 한 번에 없앨 수 있습니다.

01 [Sheet2] 시트에서 B4:B10 범위를 선택하고 [홈] 탭–[편집] 그룹에서 [찾기 및 선택]을 클릭한 후 [바꾸기]를 선택합니다.

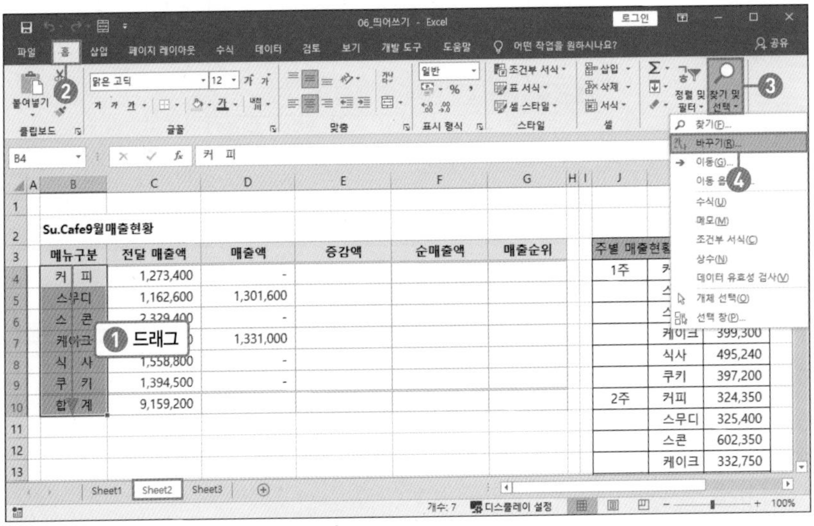

02 [찾기 및 바꾸기] 대화상자의 [바꾸기] 탭이 열리면 '찾을 내용'에는 공백 한 칸을 입력하고 '바꿀 내용'에는 아무 것도 입력하지 않은 상태에서 [모두 바꾸기]를 클릭합니다. 이렇게 바꿀 내용을 생략해서 찾을 문자를 삭제할 수 있습니다.

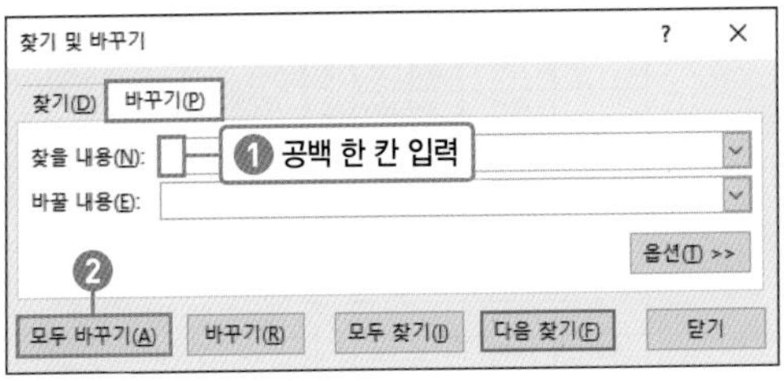

03 B4:B10 범위에 있는 공백이 삭제되면서 15개 항목이 바뀌었다는 메시지 창이 열리면 [확인]을 클릭합니다. [찾기 및 바꾸기] 대화상자로 되돌아오면 [닫기]를 클릭하세요. '메뉴구분' 항목의 공백이 삭제되면서 '매출액' 항목의 매출 값이 제대로 계산되었습니다.

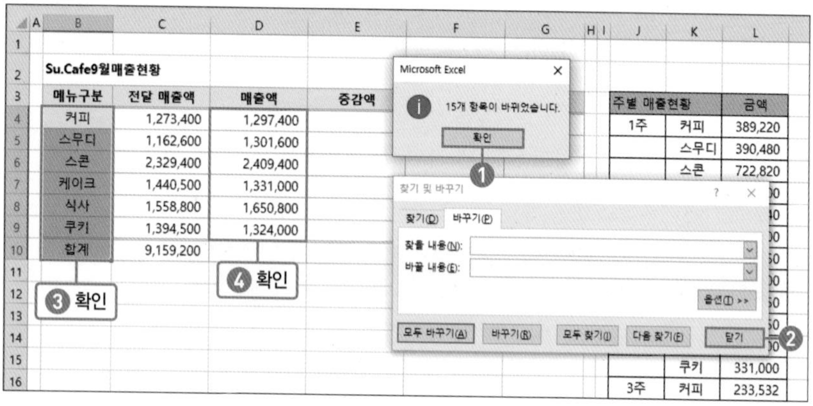

일정한 자간 조정을 위한 텍스트 맞춤 바로 알기

일부러 띄어쓰기를 하지 않아도 텍스트 맞춤으로 자간을 일정한 간격으로 조정할 수 있습니다.

01 [Sheet3] 시트에서 텍스트의 간격을 맞출 B3:B10 범위를 선택하고 선택 영역에서 마우스 오른쪽 단추를 클릭한 후 [셀 서식]을 선택합니다.

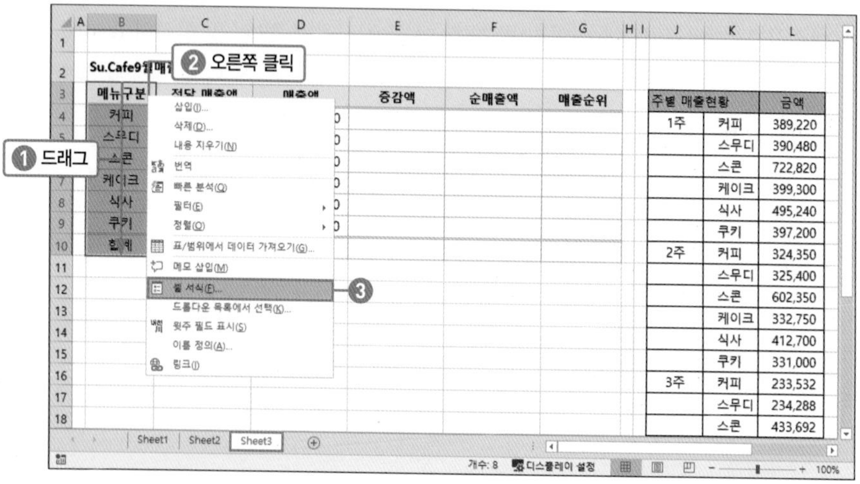

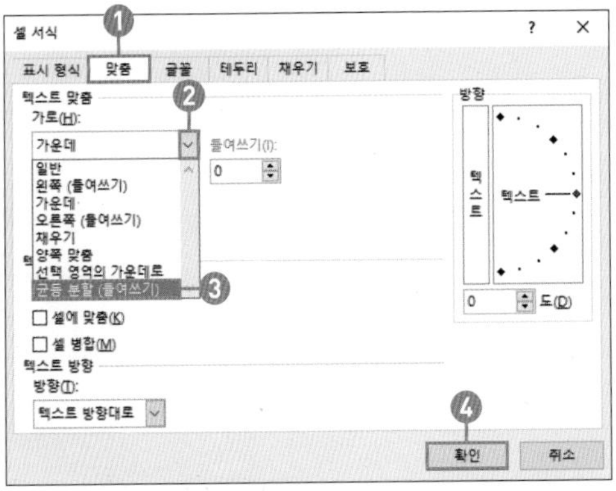

02 [셀 서식] 대화상자가 열리면 [맞춤] 탭을 선택하고 '텍스트 맞춤'의 '가로'에서 [균등 분할 (들여쓰기)]을 선택한 후 [확인]을 클릭합니다.

03 B3:B10 범위에 있는 텍스트가 B열 너비에 맞추어 일정한 간격으로 조정되었습니다. B열의 '메뉴구분' 항목의 너비에 텍스트가 너무 붙어있으므로 셀 양쪽으로 들여쓰기하여 공백을 지정해 볼게요. B3:B10 범위를 선택한 상태에서 [홈] 탭-[맞춤] 그룹의 [들여쓰기]를 클릭합니다.

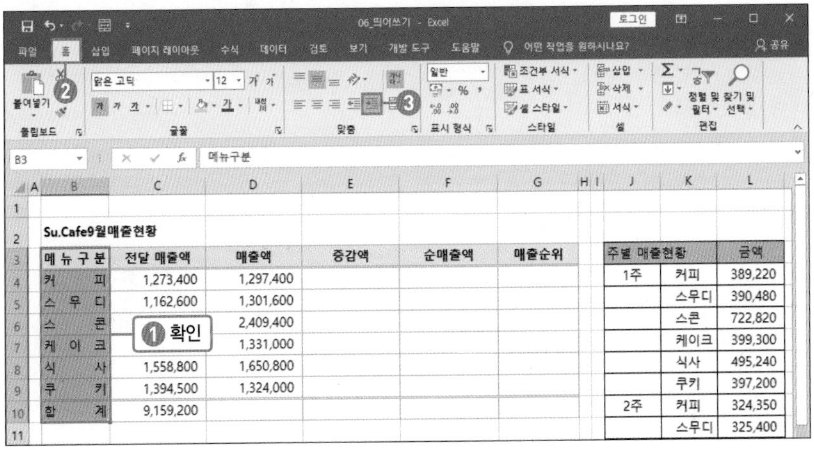

04 임의로 공백을 지정하지 않아도 일정하게 텍스트를 열 너비에 맞게 맞춤 정렬했습니다.

PART 02

잘못된 데이터 편집 습관은 자료의 신뢰도를 저하시키고 소중한 시간을 낭비하게 만듭니다. 엑셀 문서를 작성하면서 각 항목마다 요약 값을 일일이 계산하고 새로 입력된 데이터에 맞추어 표의 테두리를 직접 그리나요? 그렇다면 Part 02를 주목하세요! 편집 과정에서 발생할 수 있는 문제점에 대해 좀 더 스마트한 작업 방식을 제안합니다.

데이터/셀 편집

01 무조건 복사 & 붙여넣기하지 않기

복사 & 붙여넣기는 쉽게 사용할 수 있는 단순한 기능이지만, 다양한 붙여넣기 옵션이 있다는 것을 모르는 사용자가 많습니다. 단순히 내용을 복사해서 붙여넣을 뿐만 아니라 다양한 옵션을 제공하기 때문에 붙여넣기 옵션을 활용하면 훨씬 쉽고 빠르게 작업할 수 있습니다. 이번에는 단순히 붙여넣기만 했을 경우 발생하는 상황별 문제점을 살펴보면서 업무에 자주 사용하는 대표적인 붙여넣기 옵션에 대해서 알아봅니다.

실습파일 : 01_붙여넣기.xlsx

참조표의 서식까지 함께 복사되어 사용하던 표의 서식이 망가졌어요.

제이통상몰 9월 납품현황

제품	9월수량	단가	금액	할인율	최종판매가
지퍼원피스	465	50,000		10%	
물방울원피스	323	56,000		5%	
블랙원씨스	125	62,000		6%	
니트원피스	452	70,000		9%	
미니원피스	391	68,000		10%	
레드투피스	620	55,000		4%	
후드점퍼	432	90,000		6%	
니트점퍼	689	87,000		7%	
기본후드티	569	40,000		9%	
캐릭터후드티	154	43,000		10%	

제품별 판매수량

제품	7월수량	8월수량	9월수량
지퍼원피스	647	592	465
물방울원피스	453	479	323
블랙컨피스	245	310	125
니트원피스	245	200	452
미니원피스	432	309	
레드투피스	590	452	
후드점퍼	535	487	
니트점퍼	632	58	
기본후드티	609	58	
캐릭터후드티	109	301	

Bad!

사용하던 표의 서식을 유지한 상태에서 필요한 데이터만 붙여넣기했어요.

제이통상몰 9월 납품현황

제품	9월수량	단가	금액	할인율	최종판매가
지퍼원피스	465	50,000		10%	
물방울원피스	323	56,000		5%	
블랙원피스	125	62,000		6%	
니트원피스	452	70,000		9%	
미니원피스	391	68,000		10%	
레드투피스	620	55,000		4%	
후드점퍼	432	90,000		6%	
니트점퍼	689	87,000		7%	
기본후드티	569	40,000		9%	
캐릭터후드티	154	43,000		10%	

제품별 판매수량

제품	7월수량	8월수량	9월수량
지퍼원피스	647	592	465
물방울원피스	453	479	323
블랙원피스	245	310	125
니트원피스	245	200	452
미니원피스	432	309	391
레드투피스	590	452	620
후드점퍼	535	487	432
니트점퍼	632	588	689
기본후드티	609	583	569
캐릭터후드티	109	301	154

Good!

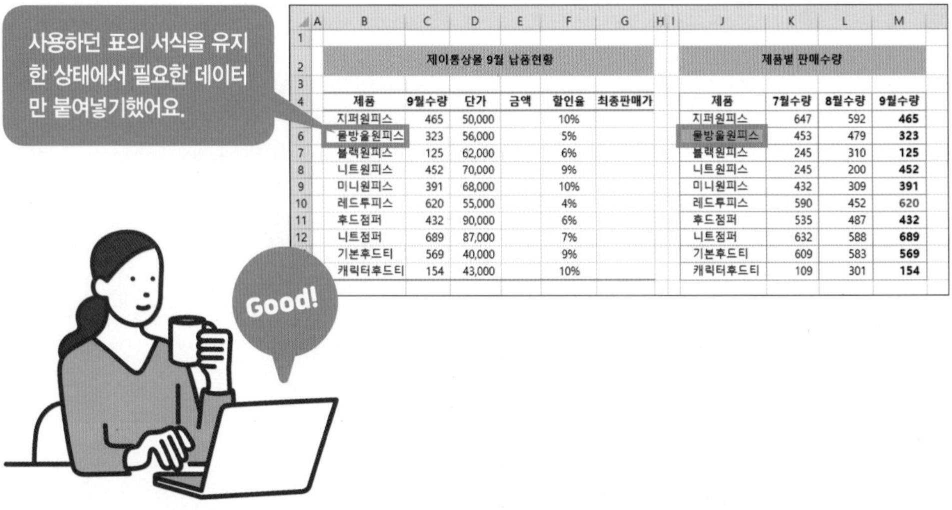

다양한 붙여넣기 옵션 바로 알기

'복사 & 붙여넣기'는 말 그대로 다른 자료나 다른 범위의 데이터를 복사한 후 원하는 위치로 가져오는 작업입니다. 수식 복사나 내용 복사와 같은 단순한 기능만 알고 있는 경우가 많은데, 데이터의 내용뿐만 아니라 수식, 서식에서 필요한 부분만 붙여넣을 수 있습니다.

1 원본 전체를 그대로 붙여넣고 싶을 때

일반 붙여넣기 기능으로는 원본의 내용과 수식, 서식은 붙여넣을 수 있지만, 열의 너비까지는 동일하게 유지할 수 없습니다. 따라서 데이터를 붙여넣은 후 열 너비를 따로 조정해야 해서 불편하므로 열 너비를 유지하면서 데이터를 붙여넣는 방법을 알아봅니다.

01 [Sheet1] 시트에서 표 전체 범위(B2: G14)를 선택하고 Ctrl+C를 눌러 복사합니다.

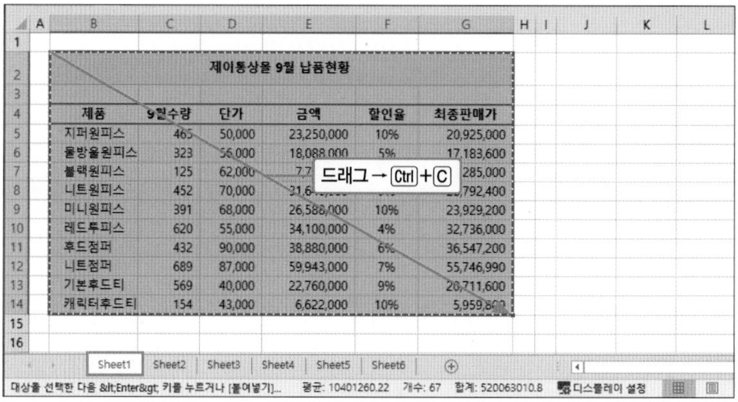

02 J2셀을 선택하고 Ctrl+V를 눌러 데이터를 붙여넣습니다. 내용을 포함한 수식과 서식이 복사되었지만, 기존 열의 너비가 그대로 유지되어 J열, M열, O열의 데이터가 모두 표시되지 않았습니다.

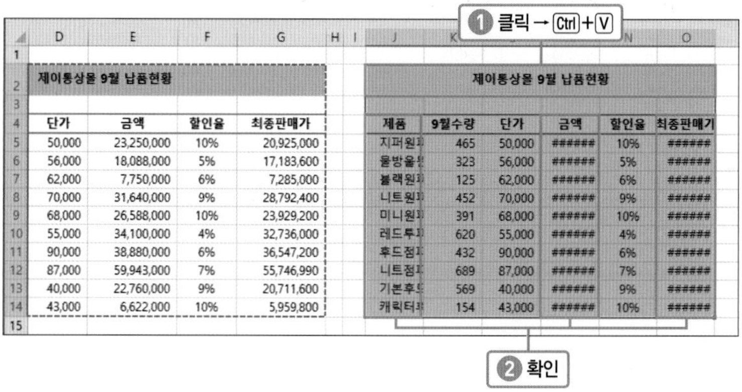

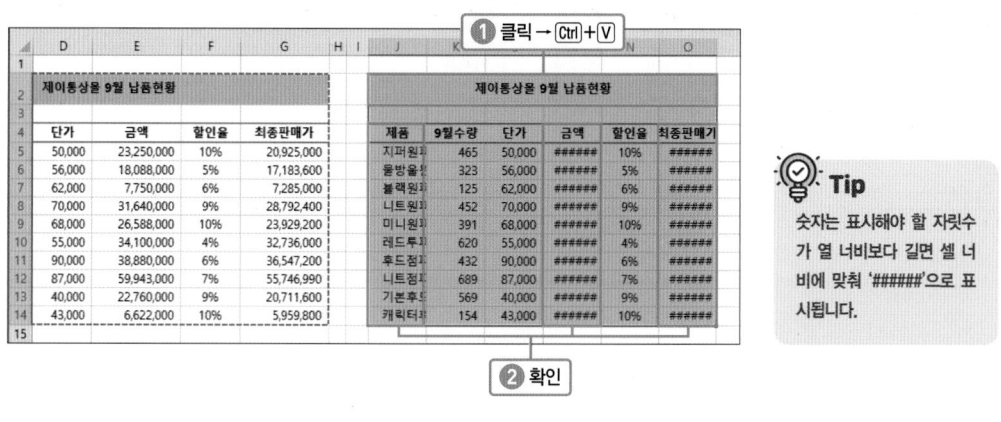

> **Tip**
> 숫자는 표시해야 할 자릿수가 열 너비보다 길면 셀 너비에 맞춰 '######'으로 표시됩니다.

03 붙여넣기 옵션을 사용하면 열 너비를 따로 조정할 필요 없이 한 번 클릭으로 열 너비까지 동일하게 붙여넣을 수 있습니다. 복사하려는 B2:G14 범위를 선택하고 Ctrl+C를 누릅니다. J2셀을 선택하고 마우스 오른쪽 단추를 클릭한 후 [선택하여 붙여넣기]–'붙여넣기'에서 [원본 열 너비 유지]를 클릭합니다.

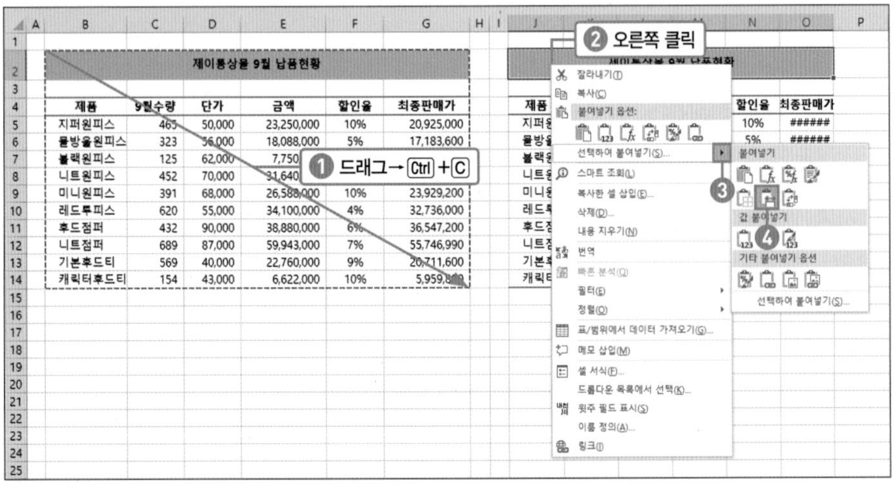

Tip

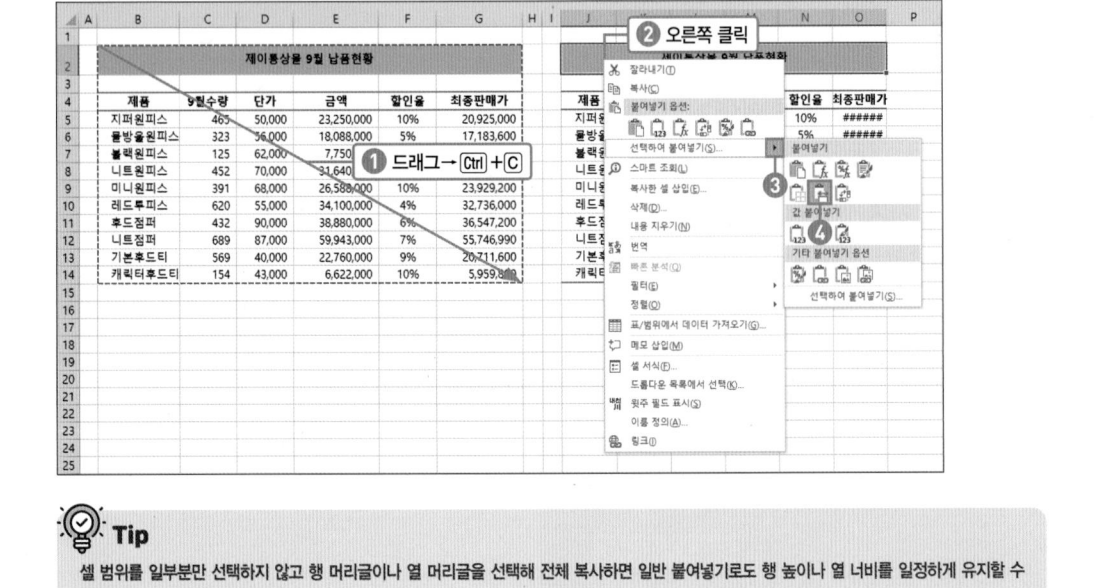

셀 범위를 일부분만 선택하지 않고 행 머리글이나 열 머리글을 선택해 전체 복사하면 일반 붙여넣기로도 행 높이나 열 너비를 일정하게 유지할 수 있습니다.

04 내용과 수식, 서식뿐만 아니라 열 너비까지 유지하면서 붙여넣기되었습니다.

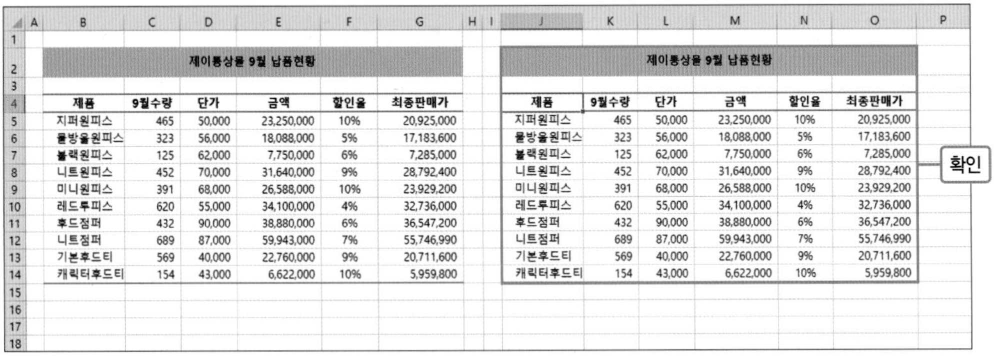

2 금액만 붙여넣고 싶을 때

계산식으로 이루어져 있는 셀을 붙여넣을 경우 일반 붙여넣기로는 오류가 발생합니다. 이 경우 '값 붙여넣기'를 이용하면 계산식을 제외하고 결과값만 붙여넣을 수 있습니다.

01 [Sheet2] 시트에서 왼쪽 표의 '최종판매가' 항목을 오른쪽 표에 붙여넣어 볼게요. G5:G14 범위를 선택하고 Ctrl+C를 눌러 복사한 후 K5셀에서 Ctrl+V를 눌러 붙여넣기합니다.

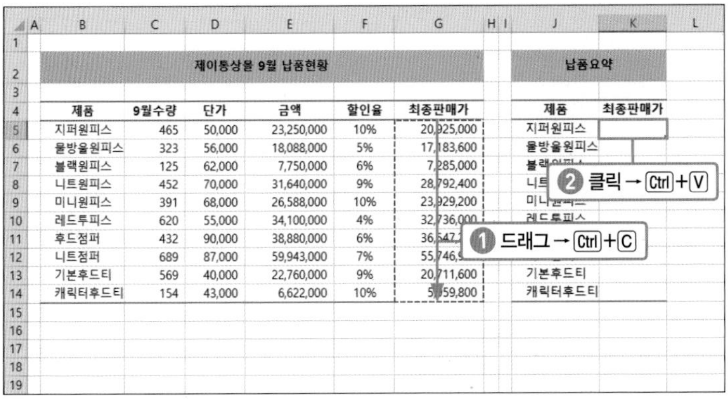

제이동상물 9월 납품현황

제품	9월수량	단가	금액	할인율	최종판매가
지퍼원피스	465	50,000	23,250,000	10%	20,925,000
물방울원피스	323	56,000	18,088,000	5%	17,183,600
블랙원피스	125	62,000	7,750,000	6%	7,285,000
니트원피스	452	70,000	31,640,000	9%	28,792,400
미니원피스	391	68,000	26,588,000	10%	23,929,200
레드투피스	620	55,000	34,100,000	4%	32,736,000
후드점퍼	432	90,000	38,880,000	6%	36,547,200
니트점퍼	689	87,000	59,943,000	7%	55,746,990
기본후드티	569	40,000	22,760,000	9%	20,711,600
캐릭터후드티	154	43,000	6,622,000	10%	5,959,800

납품요약

제품	최종판매가
지퍼원피스	
물방울원피스	
블랙원피스	
니트원피스	
미니원피스	
레드투피스	
후드점퍼	
니트점퍼	
기본후드티	
캐릭터후드티	

02 G열의 계산식이 상대 참조로 복사되어 K열의 '최종판매가' 항목에 오류가 발생했습니다.

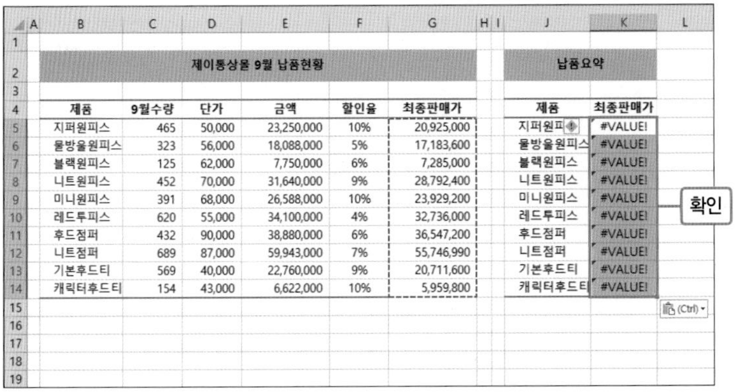

제이동상물 9월 납품현황

제품	9월수량	단가	금액	할인율	최종판매가
지퍼원피스	465	50,000	23,250,000	10%	20,925,000
물방울원피스	323	56,000	18,088,000	5%	17,183,600
블랙원피스	125	62,000	7,750,000	6%	7,285,000
니트원피스	452	70,000	31,640,000	9%	28,792,400
미니원피스	391	68,000	26,588,000	10%	23,929,200
레드투피스	620	55,000	34,100,000	4%	32,736,000
후드점퍼	432	90,000	38,880,000	6%	36,547,200
니트점퍼	689	87,000	59,943,000	7%	55,746,990
기본후드티	569	40,000	22,760,000	9%	20,711,600
캐릭터후드티	154	43,000	6,622,000	10%	5,959,800

납품요약

제품	최종판매가
지퍼원피스	#VALUE!
물방울원피스	#VALUE!
블랙원피스	#VALUE!
니트원피스	#VALUE!
미니원피스	#VALUE!
레드투피스	#VALUE!
후드점퍼	#VALUE!
니트점퍼	#VALUE!
기본후드티	#VALUE!
캐릭터후드티	#VALUE!

Tip

상대 참조는 계산 셀을 복사해서 붙여넣은 이동한 셀 위치에 따라 참조된 셀도 동일한 위치만큼 이동해서 계산되는 것을 말합니다. 셀 참조에 대해서는 209쪽을 참고하세요.

03 '최종판매가' 항목인 G5:G14 범위를 Ctrl+C를 눌러 복사합니다. K5셀에서 마우스 오른쪽 단추를 클릭하고 [선택하여 붙여넣기]-'값 붙여넣기'에서 [값](📋)을 클릭합니다.

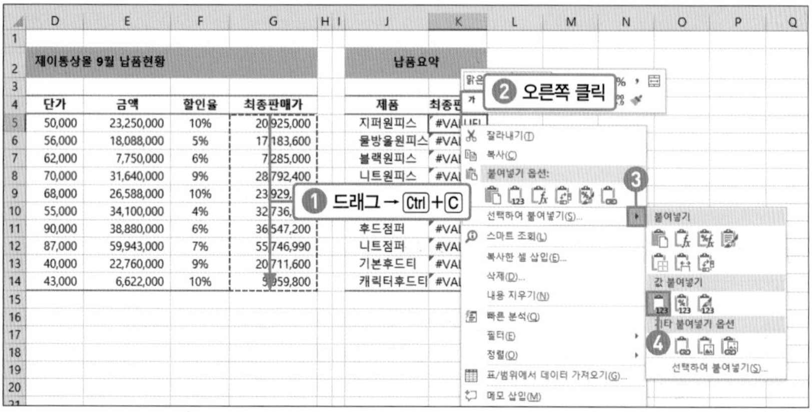

04 데이터의 계산식 없이 결과값만 붙여넣기되었습니다.

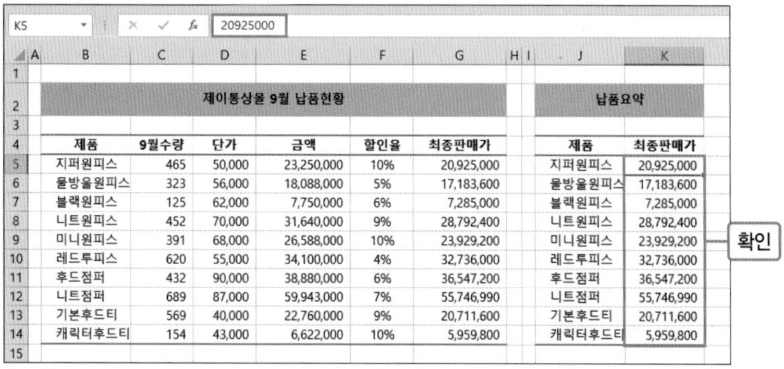

잠깐만요 데이터의 값만 붙여넣기

'값 붙여넣기'의 [값](📋)은 다른 데이터의 값을 복사해 현재 자료에 붙여넣는 경우에 유용하게 사용됩니다. 이 기능을 이용하면 현재 자료의 서식을 유지하면서 깔끔하게 데이터만 붙여넣을 수 있습니다.

1 [Sheet3] 시트의 오른쪽 표에서 J열의 '제품' 항목과 M열의 '9월수량' 항목을 왼쪽 표에 붙여넣으려고 합니다. '제품' 항목의 J5:J14 범위를 복사하여 B열의 '제품' 항목에 붙여넣기합니다. 이와 같은 방법으로 '9월수량' 항목의 M5:M14 범위도 복사해서 C열의 '9월수량' 항목에 붙여넣기합니다.

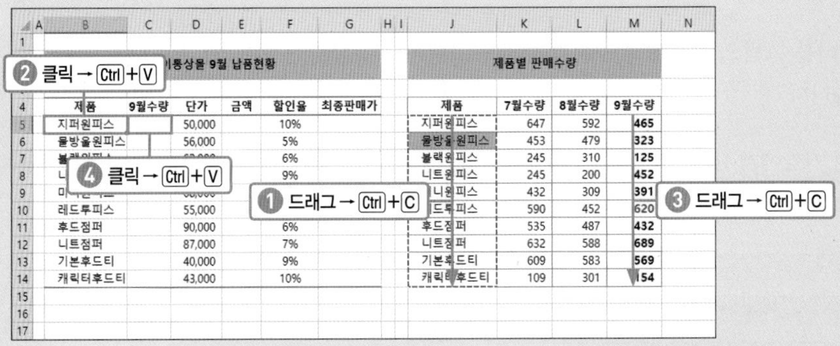

2 내용뿐만 아니라 복사한 표의 서식까지 함께 복사되어 기존 표의 서식이 변형되었습니다.

제품	9월수량	단가	금액	할인율	최종판매가		제품	7월수량	8월수량	9월수량
지퍼원피스	465	50,000		10%			지퍼원피스	647	592	465
물방울원피스	323	56,000		5%			물방울원피스	453	479	323
블랙원피스	125	62,000		6%			블랙원피스	245	310	125
니트원피스	452	70,000		9%			니트원피스	245	200	452
미니원피스	391	68,	확인	10%			미니원피스	432	309	391
레드투피스	620	55,		4%			레드투피스	590	452	620
후드점퍼	432	90,000		6%			후드점퍼	535	487	432
니트점퍼	689	87,000		7%			니트점퍼	632	588	689
기본후드티	569	40,000		9%			기본후드티	609	583	569
캐릭터후드티	154	43,000		10%			캐릭터후드티	109	301	154

제이통상몰 9월 납품현황 / 제품별 판매수량

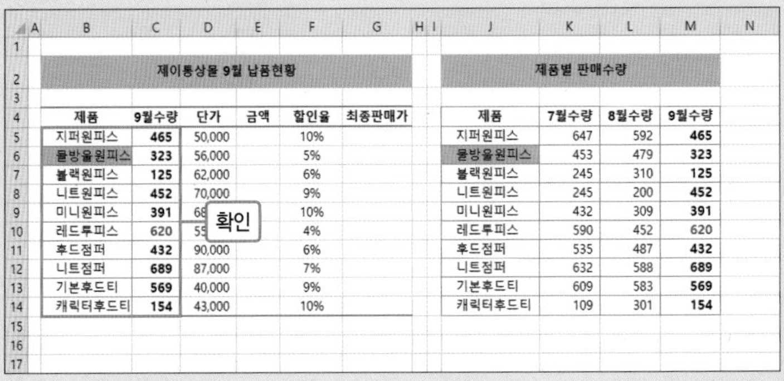

3 붙여넣기하려는 셀에서 마우스 오른쪽 단추를 클릭하고 [선택하여 붙여넣기]-'값 붙여넣기'에서 [값] (📋)을 클릭하면 기존 서식을 유지하면서 내용만 깔끔하게 붙여넣을 수 있습니다.

제품	9월수량	단가	금액	할인율	최종판매가		제품	7월수량	8월수량	9월수량
지퍼원피스	465	50,000		10%			지퍼원피스	647	592	465
물방울원피스	323	56,000		5%			물방울원피스	453	479	323
블랙원피스	125	62,000		6%			블랙원피스	245	310	125
니트원피스	452	70,000		9%			니트원피스	245	200	452
미니원피스	391	68,	확인	10%			미니원피스	432	309	391
레드투피스	620	55,		4%			레드투피스	590	452	620
후드점퍼	432	90,000		6%			후드점퍼	535	487	432
니트점퍼	689	87,000		7%			니트점퍼	632	588	689
기본후드티	569	40,000		9%			기본후드티	609	583	569
캐릭터후드티	154	43,000		10%			캐릭터후드티	109	301	154

제이통상몰 9월 납품현황 / 제품별 판매수량

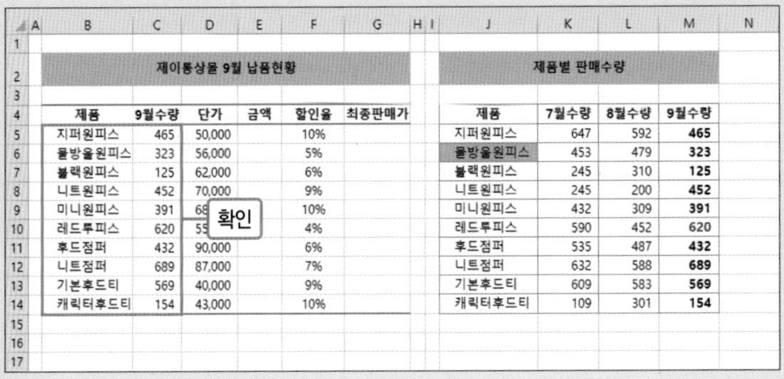

3 데이터를 이미지로 붙여넣고 싶을 때

복사한 데이터를 그림으로 붙여넣으면 캡처 프로그램을 사용하지 않아도 쉽고 편하게 이미지를 붙여넣을 수 있습니다.

01 [Sheet4] 시트에서 B2:G14 범위를 복사합니다. I2셀을 선택하고 마우스 오른쪽 단추를 클릭한 후 [선택하여 붙여넣기]-'기타 붙여넣기 옵션'에서 [그림(📋)]을 클릭합니다.

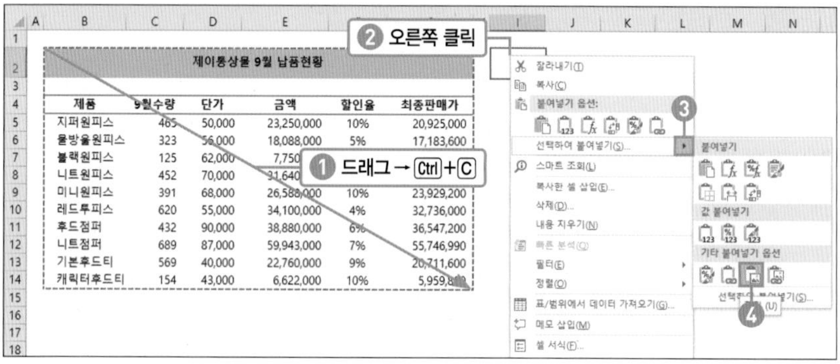

02 복사한 데이터를 이미지로 붙여넣었습니다.

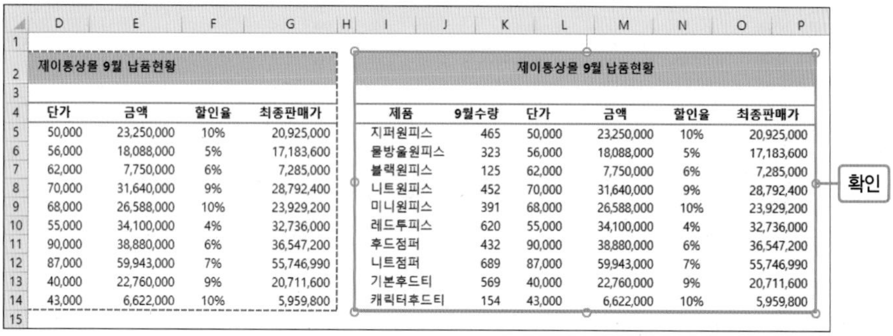

Tip

셀의 눈금선도 함께 복사되기 때문에 표를 복사하기 전에 [보기] 탭-[표시] 그룹에서 [눈금선]의 체크를 해제해야 눈금선 없이 깔끔하게 그림을 붙여넣을 수 있습니다.

4 열과 행의 내용의 위치를 바꿔서 붙여넣고 싶을 때

데이터의 열과 행 내용의 위치를 바꾸고 싶을 때 붙여넣기 옵션을 사용하면 내용을 새로 입력하지 않아도 됩니다.

01 [Sheet5] 시트에서 B4:E14 범위를 복사합니다. I4셀에서 마우스 오른쪽 단추를 클릭하고 [선택하여 붙여넣기]–'붙여넣기'에서 [행/열 바꿈](📋)을 클릭합니다.

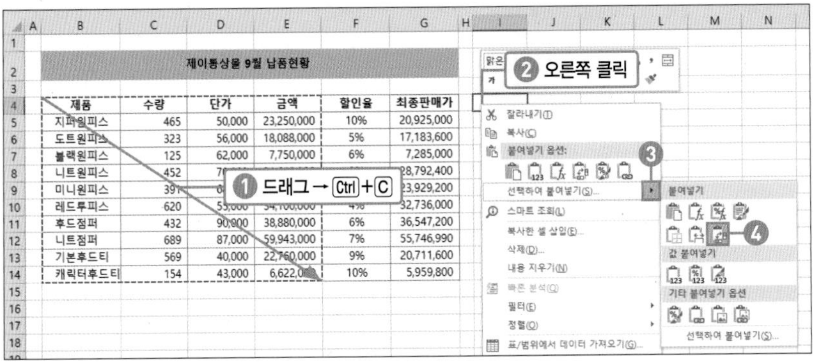

02 열과 행의 위치가 변경되었는지 확인합니다.

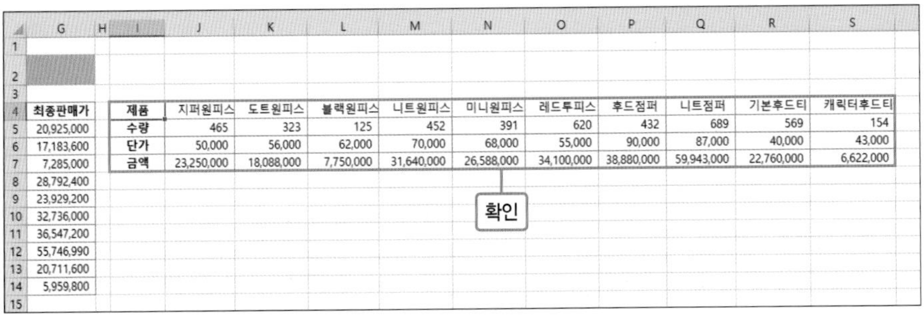

5 수식만 붙여넣고 싶을 때

값만 붙여넣기처럼 주변 셀의 서식을 유지하면서 수식만 복사할 수 있습니다.

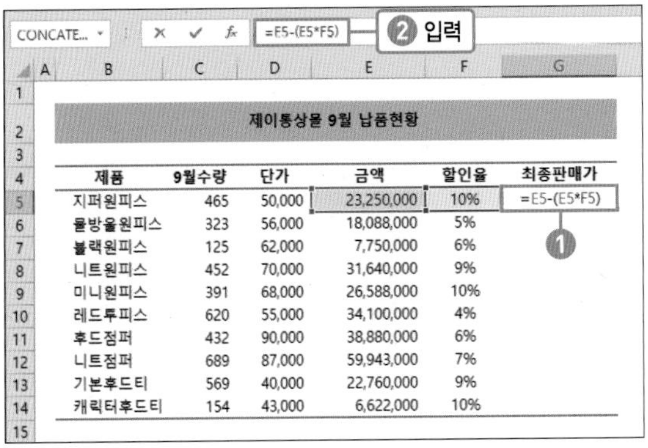

01 [Sheet6] 시트에서 '금액' 항목에 할인율을 제외하고 최종 판매가를 계산하려고 합니다. G5셀에 수식 『=E5–(E5*F5)』를 입력하고 Enter를 누릅니다.

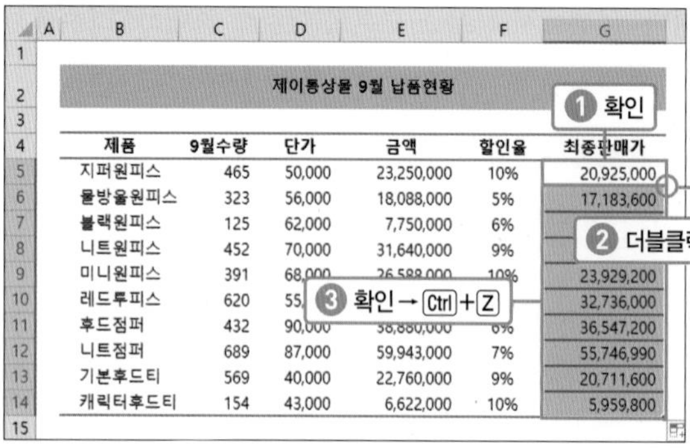

02 G5셀에 지퍼원피스의 최종 판매가를 구했으면 G5셀의 자동 채우기 핸들(+)을 더블클릭하여 G14셀까지 수식을 복사합니다. G5셀의 수식뿐만 아니라 테두리의 서식까지 적용되었으므로 Ctrl+Z를 눌러 실행을 취소하고 원래의 상태로 되돌아옵니다.

03 기존의 서식을 유지한 채 수식만 붙여넣기 위해 G5셀을 선택하고 복사합니다. G6:G14 범위를 선택한 후 마우스 오른쪽 단추를 클릭하고 [선택하여 붙여넣기]–'붙여넣기'에서 [수식](📋)을 클릭합니다.

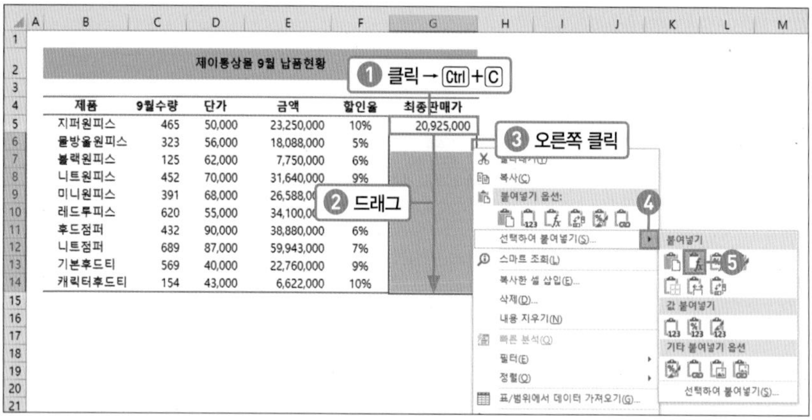

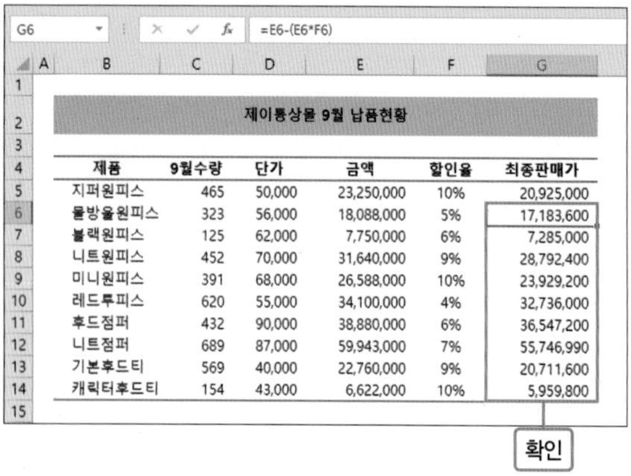

04 주변의 서식에 영향을 주지 않고 G6:G14 범위의 데이터에 수식만 붙여넣었습니다.

Tip

선택 영역에서 마우스 오른쪽 단추를 클릭하고 [선택하여 붙여넣기]를 선택하여 [선택하여 붙여넣기] 대화상자를 열면 앞에서 살펴본 붙여넣기 방법 외에 다양한 붙여넣기 옵션을 활용할 수 있습니다.

02 셀 병합하면 안 되는 이유 알기

셀 병합은 연결된 여러 개의 셀들을 하나의 셀로 합치는 기능으로, 제목에 많이 사용됩니다. 이번에는 셀 병합 기능을 사용했을 때 어떤 문제점이 발생할 수 있는지 예제를 통해 살펴보고 대체할 방법인 '텍스트 맞춤'에 대해 알아봅니다.

실습파일 : 02_셀병합.xlsx

Bad!

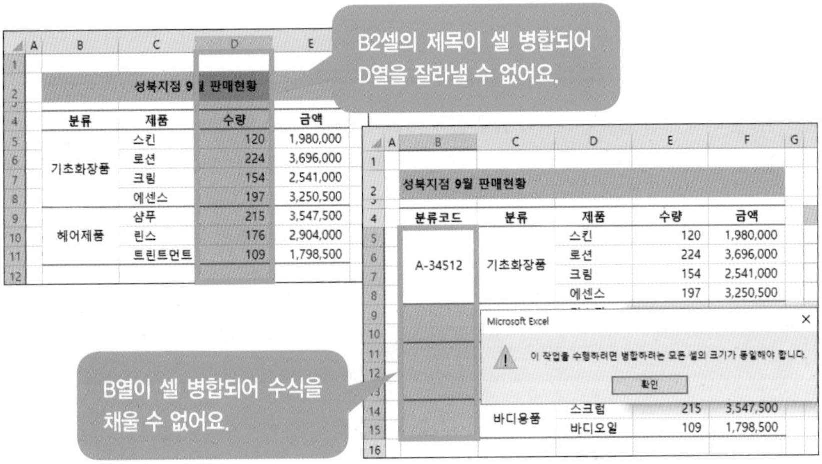
B2셀의 제목이 셀 병합되어 D열을 잘라낼 수 없어요.
B열이 셀 병합되어 수식을 채울 수 없어요.

Good!

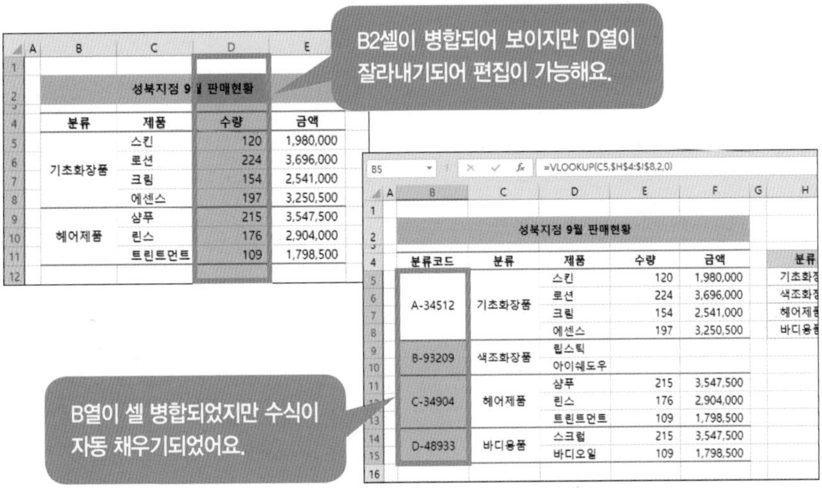
B2셀이 병합되어 보이지만 D열이 잘라내기되어 편집이 가능해요.
B열이 셀 병합되었지만 수식이 자동 채우기되었어요.

문제 상황

표 안에 셀이 병합되어 있어서 편집이 자유롭지 못하고 수식 계산에 오류가 발생합니다.

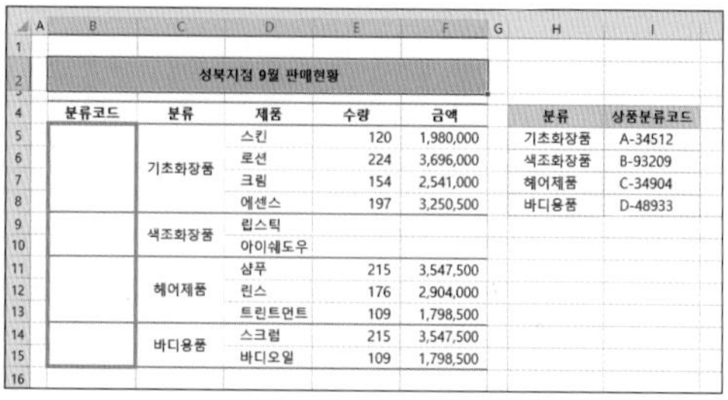

셀 병합 바로 알기

셀 병합은 연속된 여러 개의 셀들을 하나의 셀로 합치는 기능입니다. 제목 등 텍스트가 셀의 너비보다 길어서 셀을 넘어가는 경우에는 셀 병합을 사용하고, 표 안에 같은 데이터 항목이 있는 경우에는 하나의 셀로 병합하기도 합니다.

01 [Sheet1] 시트에서 제목과 '분류' 항목을 각각 하나의 셀로 병합해 볼게요. B2:E2 범위를 선택하고 [홈] 탭 – [맞춤] 그룹에서 [병합하고 가운데 맞춤]을 클릭합니다.

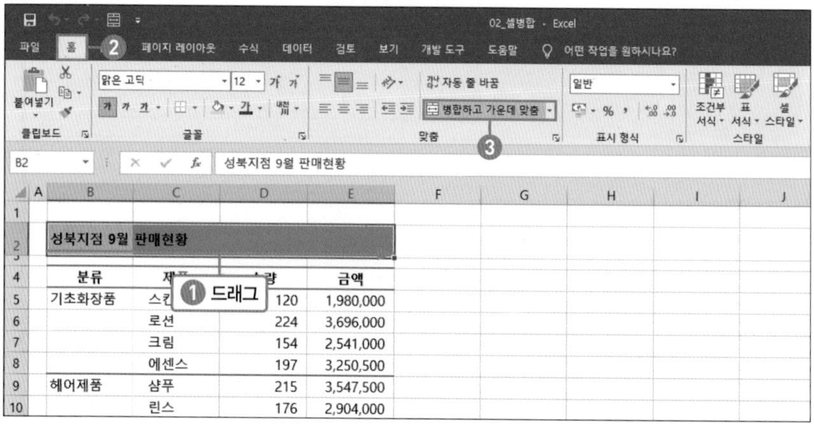

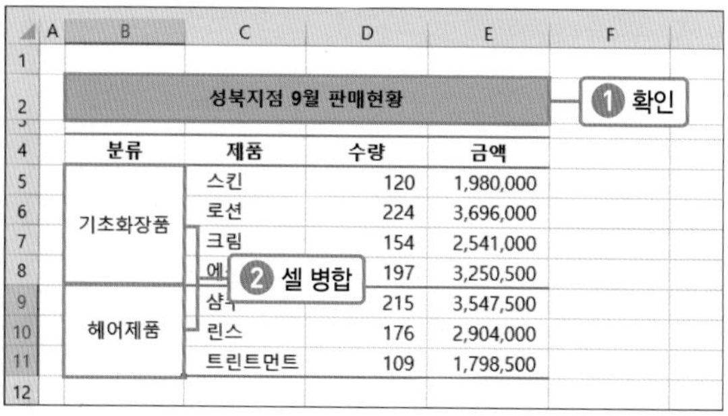

02 셀들이 하나로 합쳐지면서 제목이 가운데로 정렬되었습니다. 이와 같은 방법으로 '분류' 항목의 B5:B8 범위와 B9:B11 범위도 하나의 셀로 병합하세요. 셀 병합을 해제하려면 셀 병합한 방법과 동일하게 [병합하고 가운데 맞춤]을 클릭합니다.

셀 병합의 다섯 가지 문제점

분석하기 쉬운 데이터를 관리하려면 각 필드(열)의 값은 성격이 같은 데이터로 구성되어야 하며, 행 값이 일대일로 매칭되어야 합니다. 셀을 병합하면 이와 같은 구조가 깨지면서 어떤 문제점이 발생하는지 알아보겠습니다.

1 데이터를 정렬할 수 없다

데이터를 정렬하면 각 필드마다 순차적으로 나열할 수 있기 때문에 정리된 데이터를 쉽게 출력할 수 있습니다.

01 [Sheet2] 시트에서 판매 금액이 높은 순서대로 정렬하려고 합니다. 금액이 입력된 셀을 선택하고 마우스 오른쪽 단추를 클릭한 후 [정렬]–[숫자 내림차순 정렬]을 선택합니다.

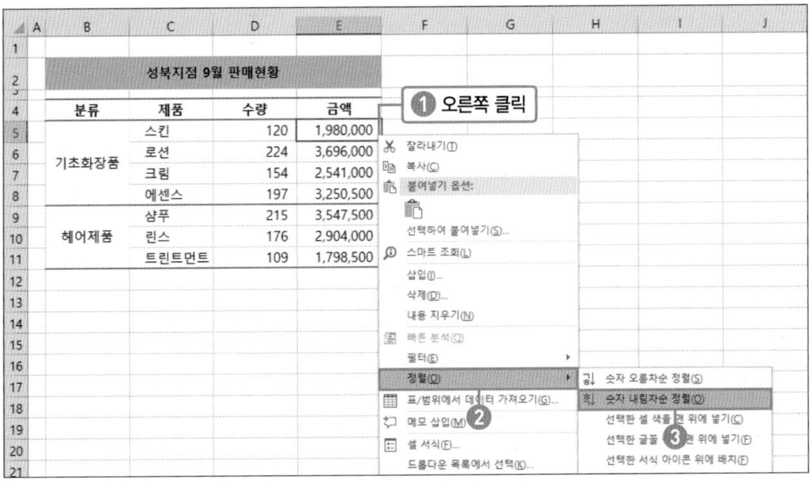

02 '분류' 항목의 셀들이 병합되어 있어서 셀 크기가 동일하지 않으므로 '금액' 항목의 숫자 데이터가 내림차순으로 정렬되지 않았습니다. 이 작업을 수행하려면 병합하려는 모든 셀의 크기가 동일해야 한다는 메시지 창이 열리면 [확인]을 클릭합니다.

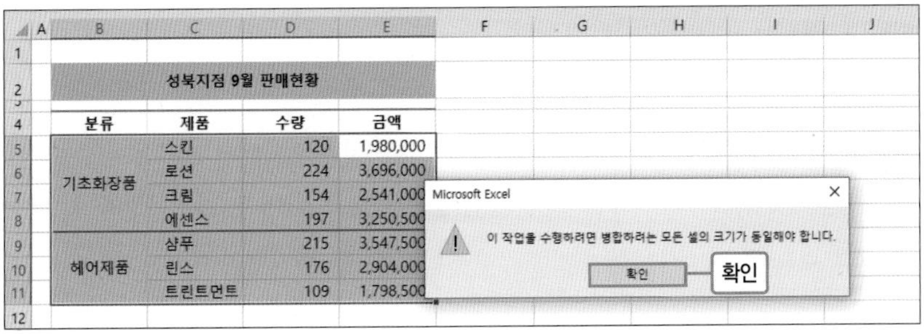

2 데이터가 제대로 필터링되지 않는다

데이터의 양이 많은 경우 필터를 이용하면 원하는 값만 빠르게 추출할 수 있습니다.

01 [Sheet2] 시트에서 '분류' 항목의 '기초화장품'만 필터링하여 데이터를 요약하려고 합니다. B4:E4 범위를 선택하고 [데이터] 탭-[정렬 및 필터] 그룹에서 [필터]를 클릭합니다.

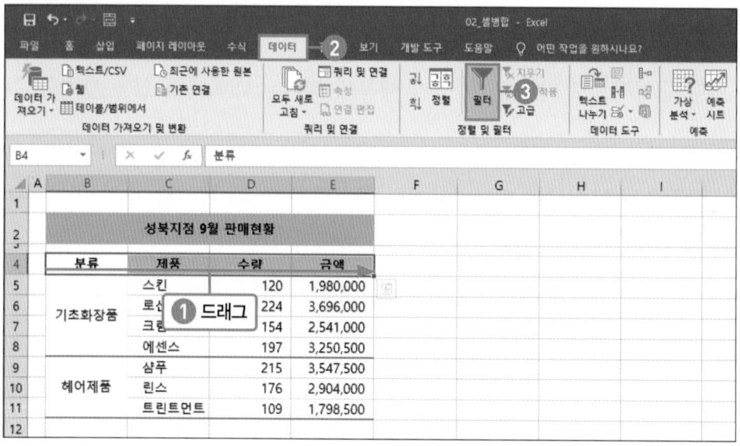

02 표의 각 필드에 화살표 모양의 필터 단추(▼)가 생겼으면 B4셀의 필터 단추를 클릭하고 [기초화장품]에만 체크한 후 [확인]을 클릭합니다.

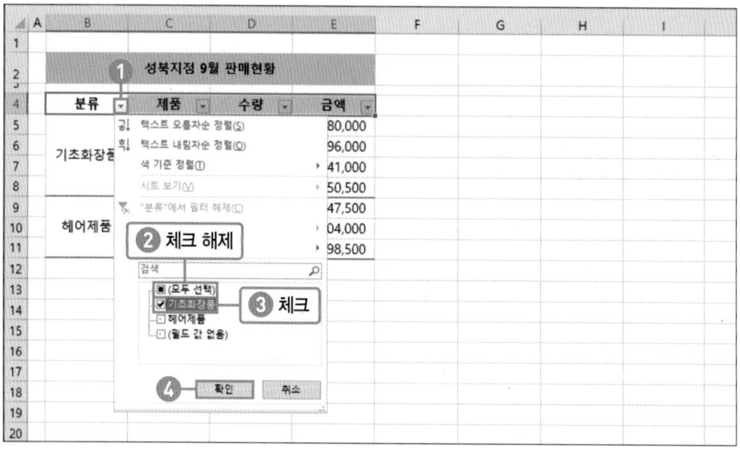

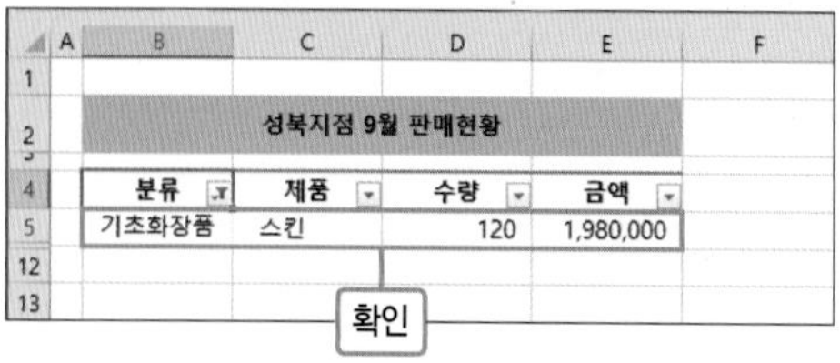

03 '기초화장품' 안에 첫 번째 데이터인 '스킨'만 출력되고 나머지 '기초화장품'으로 분류된 제품들은 출력되지 않았습니다.

3 서식을 자유롭게 편집할 수 없다

열의 순서를 변경하고 싶을 때 전체 열을 잘라내어 위치를 이동할 수 있습니다.

01 [Sheet3] 시트에서 표의 '수량' 항목과 '금액' 항목의 위치를 서로 변경하려고 합니다. D열 머리글을 클릭하여 '수량' 항목 전체를 선택하고 선택 영역에서 마우스 오른쪽 단추를 클릭한 후 [잘라내기]를 선택합니다. B2셀부터 E2셀까지 하나의 셀로 병합되어 있기 때문에 병합된 셀에서는 잘라낼 수 없다는 메시지 창이 열리면 [확인]을 클릭하세요.

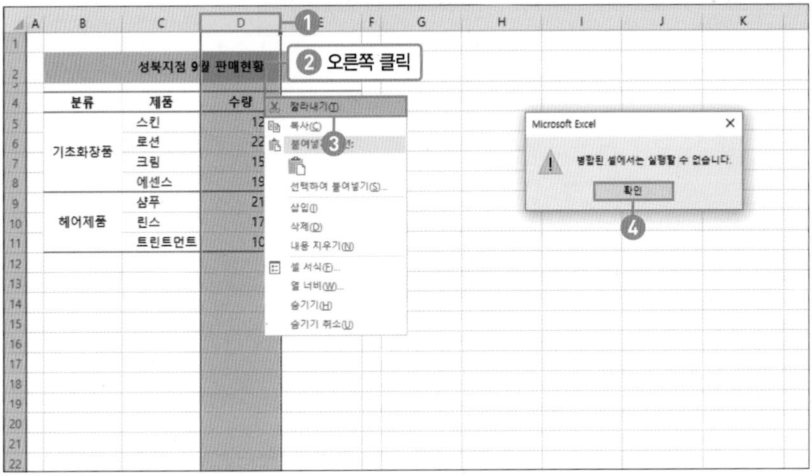

02 6행을 7행의 아래쪽으로 이동할 경우에도 편집이 어렵습니다. 6행 머리글을 클릭하여 6행 전체를 선택하고 선택 영역에서 마우스 오른쪽 단추를 클릭한 후 [잘라내기]를 선택합니다. '분류' 항목에 셀 병합이 되어 있기 때문에 병합된 셀에서는 잘라낼 수 없다는 메시지 창이 열리면 [확인]을 클릭하세요.

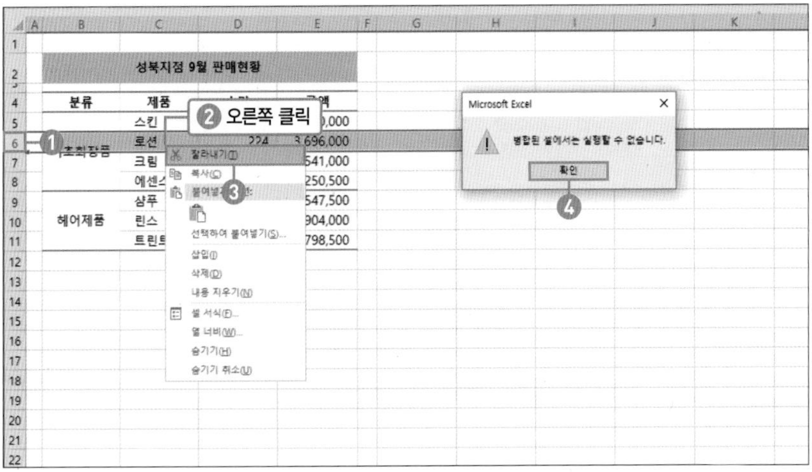

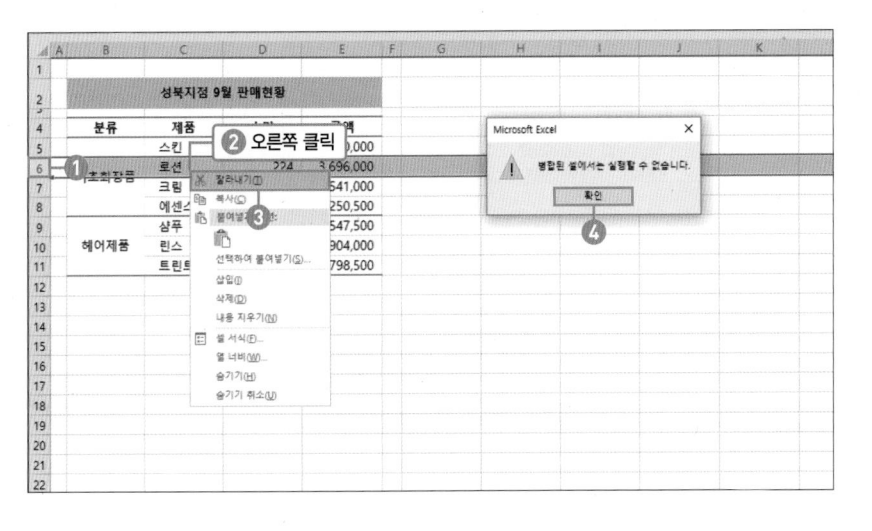

4 피벗 테이블을 활용할 수 없다

피벗 테이블은 많은 양의 데이터를 쉽고 빠르게, 다각도로 분석할 수 있는 도구입니다.

01 [Sheet3] 시트에서 B4:E11 범위를 선택하고 [삽입] 탭–[표] 그룹에서 [피벗 테이블]을 클릭합니다. [피벗 테이블 만들기] 대화상자가 열리면 피벗 테이블의 생성 위치를 [기존 워크시트]로 선택하고 '위치'에 커서를 올려놓은 후 G4셀을 선택하고 [확인]을 클릭합니다.

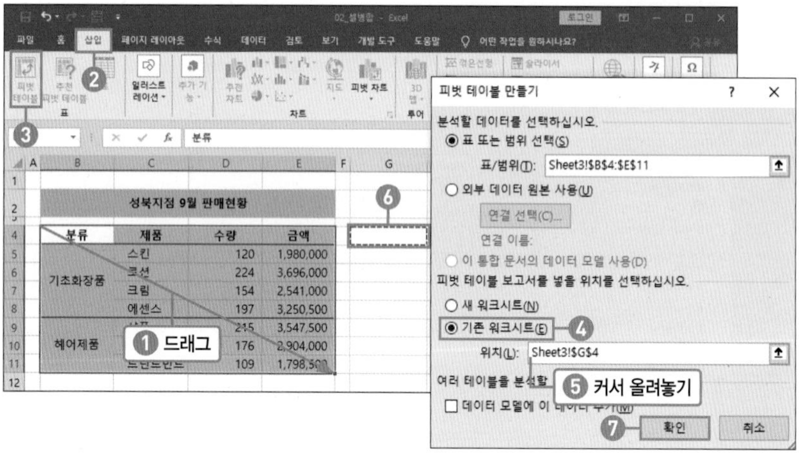

02 화면의 오른쪽에 [피벗 테이블 필드] 창이 열리면 [분류] 필드는 '행' 영역으로, [금액] 필드는 '값' 영역으로 드래그합니다. G4셀에 생성된 피벗 테이블을 확인하면 분류별 총 금액에 '기초화장품'과 '헤어제품' 항목에서 가장 먼저 입력된 제품을 제외하고 나머지 제품에 대해서는 '(비어 있음)'으로 구분되어 계산되었습니다.

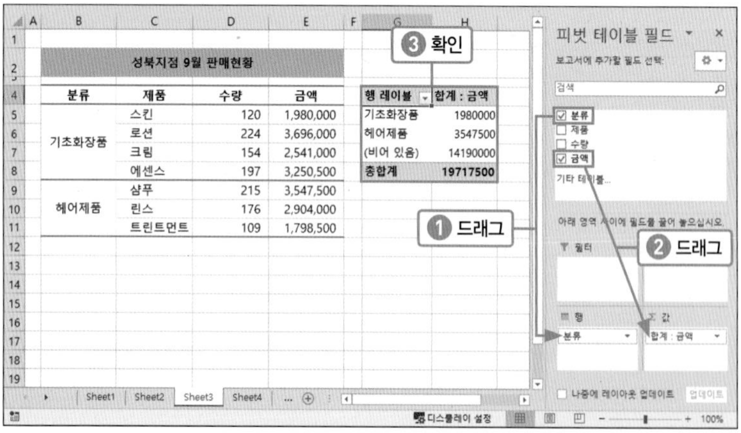

5 함수 출력에 오류가 발생한다

함수는 각각 고유의 문법을 가지고 있어서 문법에 맞추어 셀 주소를 입력해야 정확한 결과값을 구할 수 있습니다. 하지만 셀을 병합하면 셀 주소 때문에 원하는 결과값이 출력되지 않습니다.

01 [Sheet4] 시트에서 조건에 맞는 데이터의 합계를 구하는 SUMIF 함수를 사용하여 분류별 총 금액을 구하려고 합니다. I5셀에 함수식 『=SUMIF($B$5:$B$11,H5,$E$5:$E$11)』을 입력하고 Enter를 누른 후 I5셀의 자동 채우기 핸들을 더블클릭하여 I6셀에 함수식을 복사합니다.

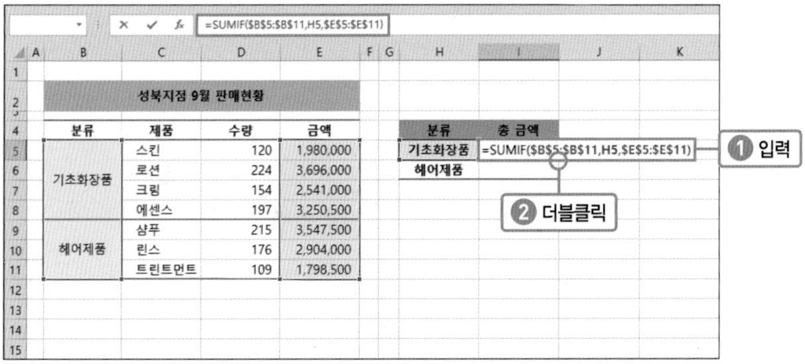
=SUMIF($B$5:$B$11,H5,$E$5:$E$11)
성북지점 9월 판매현황
분류
제품
수량
금액
기초화장품
스킨 120 1,980,000
로션 224 3,696,000
크림 154 2,541,000
에센스 197 3,250,500
헤어제품
샴푸 215 3,547,500
린스 176 2,904,000
트리트먼트 109 1,798,500
분류
총 금액
기초화장품
=SUMIF($B$5:$B$11,H5,$E$5:$E$11)
헤어제품
1 입력
2 더블클릭

Tip

SUMIF 함수에 대해서는 232쪽을 참고하세요.

02 80쪽에서 살펴본 피벗 테이블의 결과처럼 I5셀에는 '기초화장품' 중 '스킨' 금액만, I6셀에는 '헤어제품' 중 '샴푸' 금액만 출력되었습니다. 병합된 셀은 병합이 시작된 첫 번째 셀 주소만 인식하기 때문에 '분류' 항목에서 '기초화장품'의 셀 주소는 B5셀로, '헤어제품'의 셀 주소는 B9셀로 계산되어 SUMIF 함수를 사용할 때 해당 행인 5행과 9행의 값만 출력된 것입니다.

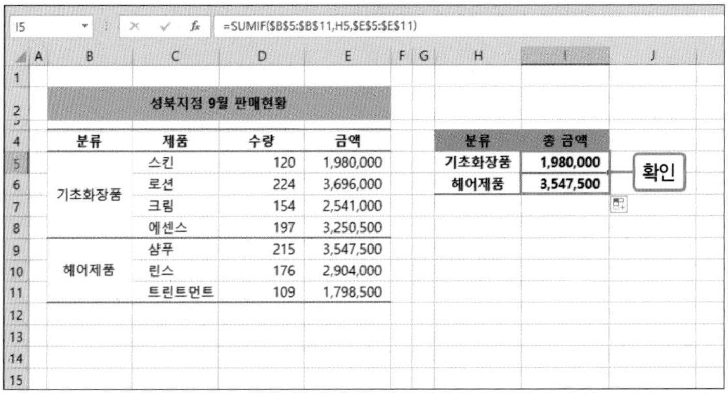
I5
=SUMIF($B$5:$B$11,H5,$E$5:$E$11)
성북지점 9월 판매현황
분류
제품
수량
금액
기초화장품
스킨 120 1,980,000
로션 224 3,696,000
크림 154 2,541,000
에센스 197 3,250,500
헤어제품
샴푸 215 3,547,500
린스 176 2,904,000
트리트먼트 109 1,798,500
분류
총 금액
기초화장품 1,980,000
헤어제품 3,547,500
확인

03 이번에는 반대로 참조 테이블의 데이터를 병합된 셀에 함수식을 이용해서 입력해 보겠습니다. [Sheet5] 시트에서 찾을 값과 일치하는 참조값을 불러오는 VLOOKUP 함수를 사용하여 '분류코드'를 구하려고 합니다.

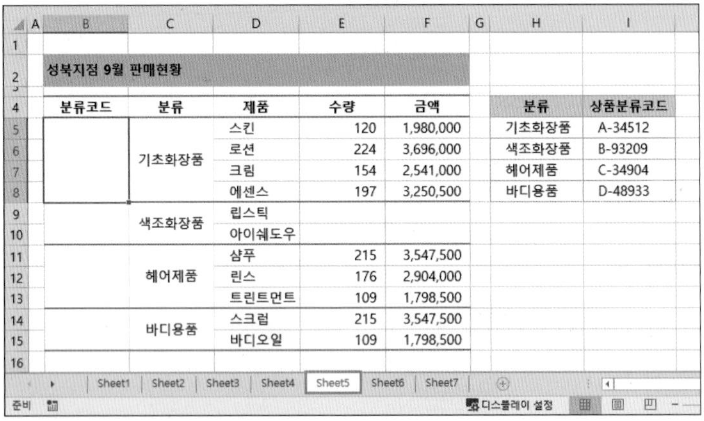

Tip

VLOOKUP 함수에 대해서는 225쪽을 참고하세요.

04 B5셀에 함수식 『=VLOOKUP(C5,$H$5:$I$8,2,0)』을 입력하고 Enter를 누른 후 B5셀의 자동 채우기 핸들을 더블클릭하여 B15셀까지 함수식을 복사합니다.

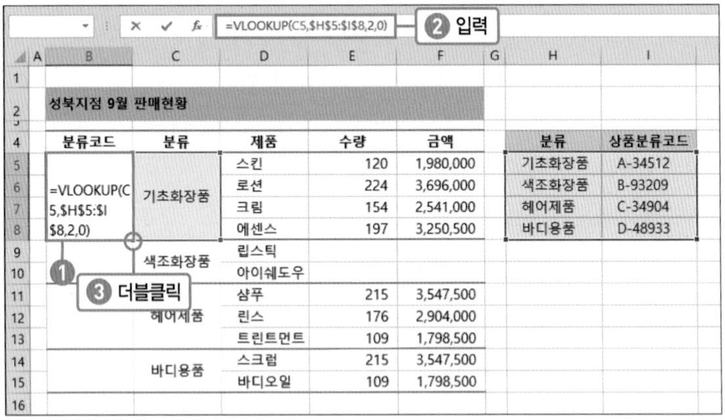

05 셀의 크기가 일정하지 않아 함수식을 복사할 수 없다는 메시지 창이 열리면 [확인]을 클릭합니다.

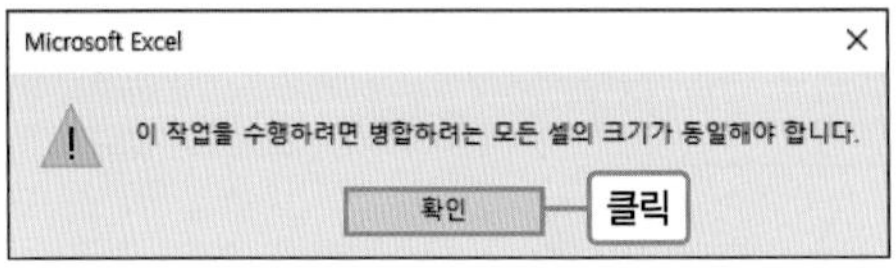

06 B5셀 값을 복사하여 B9셀에 붙여넣으면 함수식이 아닌 값이 붙여넣기됩니다.

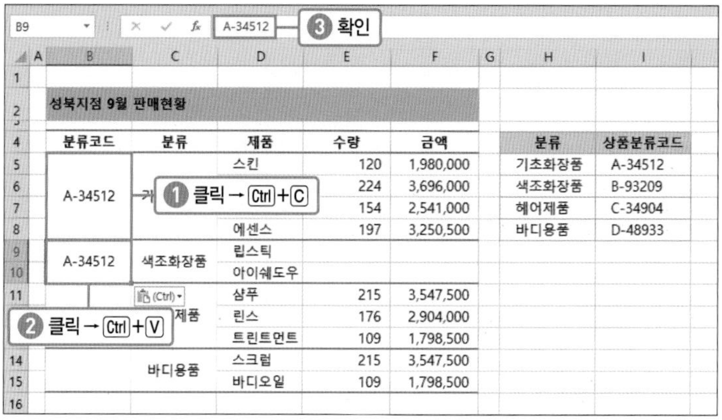

Solution

Q 셀 병합을 꼭 해야 한다면 대체할 수 있는 기능이 있나요?

A 앞의 예시에서도 다루었지만, 데이터가 입력되어 있는 표 안에서는 셀 병합을 하지 않는 것이 좋습니다. 꼭 필요하다면 '셀 병합' 대신 '텍스트 맞춤'을 사용하여 셀 병합과 같은 효과를 낼 수 있습니다.

셀 병합의 문제점 해결하기

앞에서 살펴본 셀 병합의 문제점은 '텍스트 맞춤'을 지정하거나 병합된 셀에 다른 방법으로 함수식을 채워서 해결할 수 있습니다.

해결 방법 ❶ 텍스트 맞춤 바로 알기

'셀 병합' 대신 '텍스트 맞춤'으로 제목을 표에 맞추어 중앙으로 이동할 수 있습니다.

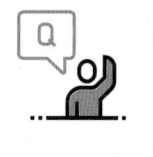

01 [Sheet6] 시트에서 B2:E2 범위를 선택하고 선택 영역에서 마우스 오른쪽 단추를 클릭한 후 [셀 서식]을 선택합니다.

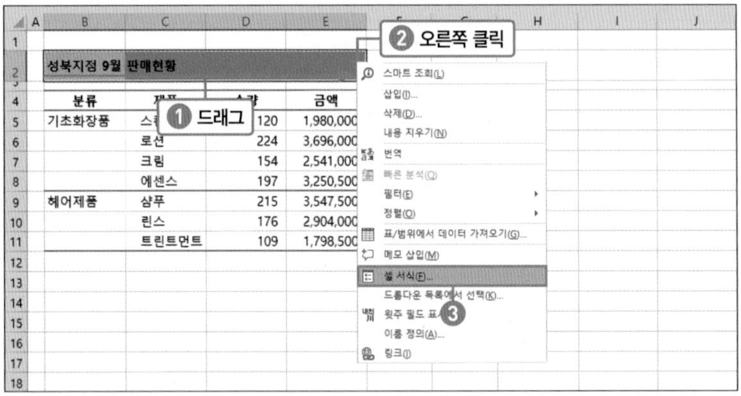

02 [셀 서식] 대화상자가 열리면 [맞춤] 탭을 선택하고 '텍스트 맞춤'의 '가로'에서 [선택 영역의 가운데로]를 선택한 후 [확인]을 클릭합니다.

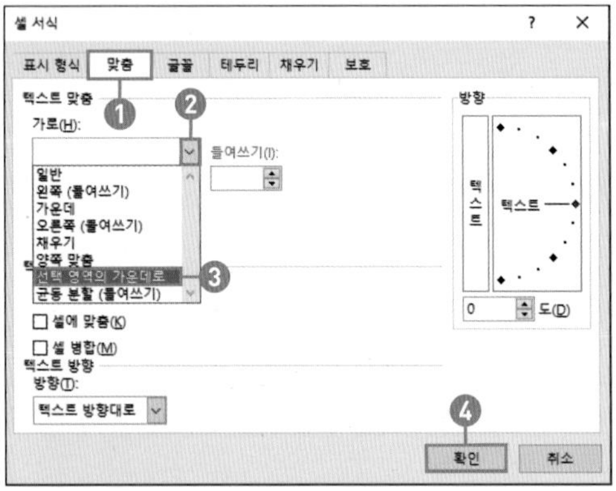

Tip

'세로'에는 '선택 영역의 가운데로' 기능이 없어서 열을 병합할 때만 적용됩니다.

03 셀을 병합하지 않아도 지정한 범위의 가운데에 제목이 위치했습니다.

분류	제품	수량	금액
기초화장품	스킨	120	1,980,000
	로션	224	3,696,000
	크림	154	2,541,000
	에센스	197	3,250,500
헤어제품	샴푸	215	3,547,500
	린스	176	2,904,000
	트린트먼트	109	1,798,500

Tip

셀이 병합되지 않은 상태여서 잘라내기가 가능해 자유롭게 편집할 수 있습니다.

[해결 방법 ②] **병합된 셀에 함수식 채우기**

병합된 셀에서는 함수식이 제대로 계산되지 않는 문제점을 81쪽에서 확인했습니다. 이번에는 병합된 셀에 어떤 방법으로 함수식을 채워서 계산할 수 있는지 살펴보겠습니다.

01 [Sheet7] 시트에서 B5:B15 범위를 선택하고 함수식 『=VLOOKUP(C5,$H$5:$I$8,2,0)』을 입력한 후 [Ctrl]+[Enter]를 누릅니다.

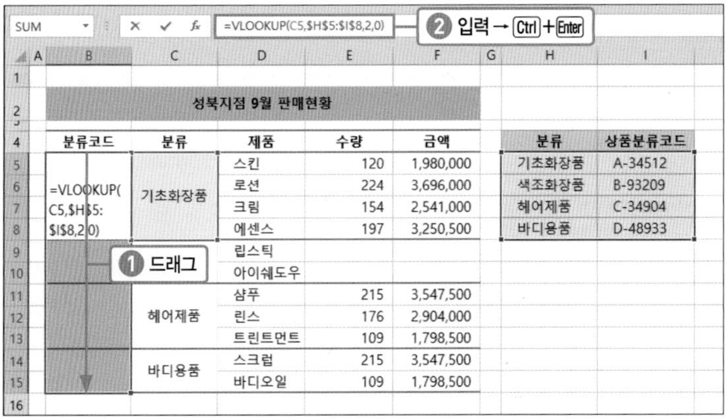

💡 **Tip**

[Ctrl]+[Enter]를 누르면 범위를 선택한 셀에 한꺼번에 함수식을 적용할 수 있습니다.

---

02 크기가 일정하지 않은 병합된 각 셀에 함수식이 채워지면서 상품 분류 코드가 표시되었습니다.

	B5	× ✓ fx	=VLOOKUP(C5,$H$5:$I$8,2,0)						
A	B	C	D	E	F	G	H	I	
1									
2		성북지점 9월 판매현황							
4	분류코드	분류	제품	수량	금액		분류	상품분류코드	
5	A-34512	기초화장품	스킨	120	1,980,000		기초화장품	A-34512	
6			로션	224	3,696,000		색조화장품	B-93209	
7			크림	154	2,541,000		헤어제품	C-34904	
8			에센스	197	3,250,500		바디용품	D-48933	
9	B-93209	색 [확인]	립스틱						
10			아이쉐도우						
11	C-34904	헤어제품	샴푸	215	3,547,500				
12			린스	176	2,904,000				
13			트린트먼트	109	1,798,500				
14	D-48933	바디용품	스크럽	215	3,547,500				
15			바디오일	109	1,798,500				
16									

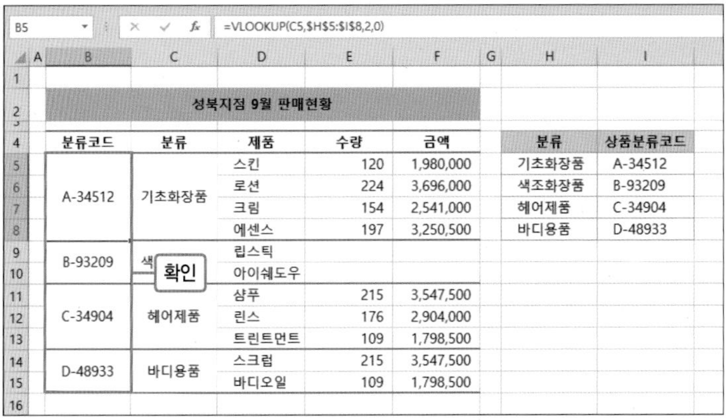

03 정렬 방법에 따라 가독성이 높아진다

데이터를 일정한 기준에 따라 나열하여 보여주는 방법으로 자료의 정보 전달력을 높일 수 있습니다. 단순히 작은 데이터부터 큰 데이터 순으로, 또는 반대의 순서로 정렬하는 것이 아니라 상황별로 사용할 수 있는 다양한 정렬 방식과 정렬 기준에 대해 알아봅니다.

실습파일 : 03_정렬방법.xlsx

Bad!

* ㈜동진 코스메틱 10월 매출현황

카테고리	당월판매수량	당월매출	매출비중(%)
facial mask	10,950	131,400,000	16.8%
Skin care	11,345	305,180,500	39.0%
Make up (Lip)	789	7,732,200	1.0%
Food	950	4,275,000	0.5%
Body	1,045	11,495,000	1.5%
Health	1,004	9,939,600	1.3%
skin care (Cleanser)	366	4,538,400	0.6%
Make up (face)	10,106	297,621,700	38.1%
hair dye	1,004	6,024,000	0.8%
Sun cream	199	2,427,800	
Extra	285	1,311,000	
합계	**38,043**	**781,945,200**	**10**

정보가 규칙 없이 나열되어 어느 카테고리의 당월 매출이 가장 높은지 쉽게 구분할 수 없어요.

Good!

* ㈜동진 코스메틱 10월 매출현황

카테고리	당월판매수량	당월매출	매출비중(%)
Skin care	11,345	305,180,500	39.0%
Make up (face)	10,106	297,621,700	38.1%
facial mask	10,950	131,400,000	16.8%
Body	1,045	11,495,000	1.5%
Health	1,004	9,939,600	1.3%
Make up (Lip)	789	7,732,200	1.0%
hair dye	1,004	6,024,000	0.8%
skin care (Cleanser)	366	4,538,400	0.6%
Food	950	4,275,000	0.5%
Sun cream	199	2,427,800	0.3%
Extra	285	1,311,000	
합계	**38,043**	**781,945,200**	

당월 매출이 큰 카테고리 순으로 나열되어 쉽게 데이터를 읽을 수 있어요.

정보 전달력을 높이는 정렬 방법 바로 알기

일정한 기준으로 나열되어 있는 자료는 그렇지 않은 자료에 비해 정보를 좀 더 쉽고 효과적으로 전달할 수 있습니다. 정렬 방식은 '오름차순 정렬'과 '내림차순 정렬'이 있고, 사용자가 직접 정렬 규칙을 만들어서 사용할 수도 있습니다. 오름차순의 경우 숫자는 1에서 10, 영문은 A에서 Z, 한글은 ㄱ에서 ㅎ 순으로 나열됩니다. 그리고 내림차순은 오름차순과 반대로 나열됩니다. 다만 숫자와 한글, 영문, 특수 문자가 하나의 목록에 포함되어 있는 경우에는 한글 → 영문 → 특수 문자 → 숫자의 순으로 내림차순 정렬됩니다.

1 매출이 가장 큰 제품 순으로 정렬하기

매출현황표에서 가장 중요한 1차적 정보는 매출입니다. 어느 카테고리의 매출이 많고 적은지를 내림차순으로 정렬해 보겠습니다.

01 [Sheet1] 시트에서 B3:E14 범위를 선택하고 [데이터] 탭–[정렬 및 필터] 그룹에서 [정렬]을 클릭합니다.

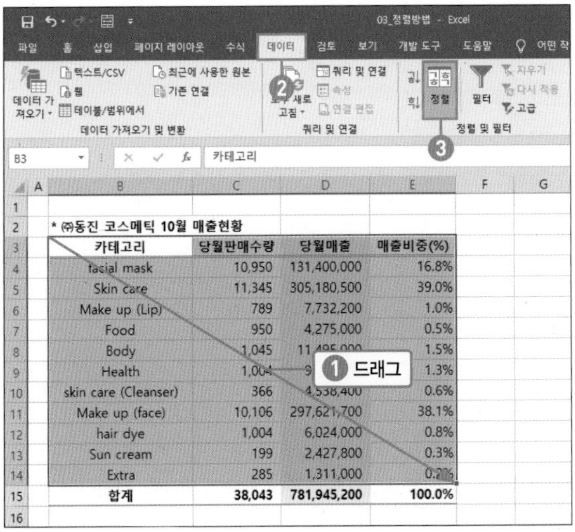

Tip

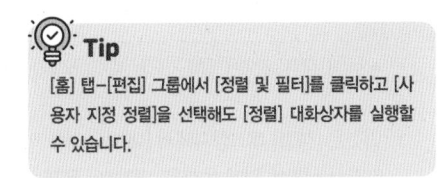

[홈] 탭–[편집] 그룹에서 [정렬 및 필터]를 클릭하고 [사용자 지정 정렬]을 선택해도 [정렬] 대화상자를 실행할 수 있습니다.

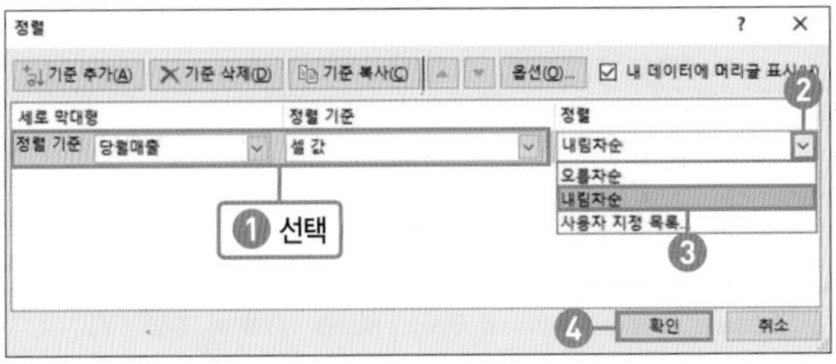

02 [정렬] 대화상자가 열리면 당월 매출이 높은 순으로 정렬하기 위해 '정렬 기준'은 [당월매출], [셀 값]을, '정렬'은 [내림차순]을 선택하고 [확인]을 클릭합니다.

	A	B	C	D	E	F
1						
2		* ㈜동진 코스메틱 10월 매출현황				
3		카테고리	당월판매수량	당월매출	매출비중(%)	
4		Skin care	11,345	305,180,500	39.0%	
5		Make up (face)	10,106	297,621,700	38.1%	
6		facial mask	10,950	131,400,000	16.8%	
7		Body	1,045	11,495,000	1.5%	
8		Health	1,004	9,939,600	확인 %	
9		Make up (Lip)	789	7,732,200	1.0%	
10		hair dye	1,004	6,024,000	0.8%	
11		skin care (Cleanser)	366	4,538,400	0.6%	
12		Food	950	4,275,000	0.5%	
13		Sun cream	199	2,427,800	0.3%	
14		Extra	285	1,311,000	0.2%	
15		합계	38,043	781,945,200	100.0%	
16						

03 '당월매출'의 값이 내림차순으로 정렬되면서 당월 매출이 가장 많고 적은 카테고리가 무엇인지 쉽게 확인할 수 있습니다.

잠깐 만요

데이터에 머리글 표시하기

정렬할 때 표의 제목 행이 정렬 범위 안에 함께 나열되는 경우가 있습니다.

	A	B	C	D	E
1					
2		* ㈜동진 코스메틱 10월 매출현황			
3		Body	1,045	11,495,000	1.5%
4		Extra	285	1,311,000	0.2%
5		facial mask	10,950	131,400,000	17.1%
6		Food	950	4,275,000	0.6%
7		hair dye	1,004	6,024,000	0.8%
8		Health	1,004	9,939,600	1.3%
9		Make up (face)	10,106	297,621,700	38.6%
10		Make up (Lip)	789	7,732,200	1.0%
11		Skin care	11,345	305,180,500	39.6%
12		skin care (Cleanser)	366	4,538,400	0.6%
13		Sun cream	199	2,427,800	0.3%
14		카테고리	당월판매수량	당월매출	매출비중(%)
15		합계	36,998	770,450,200	100.0%
16					

▲ [정렬] 대화상자에서 '정렬 기준'을 '열 B', '오름차순으로 지정한 경우

이것은 [정렬] 대화상자에서 [내 데이터에 머리글 표시]의 체크가 해제되었기 때문에 오류가 발생한 것입니다. 따라서 상황에 맞게 옵션을 선택해야 문제 없이 정렬할 수 있습니다.

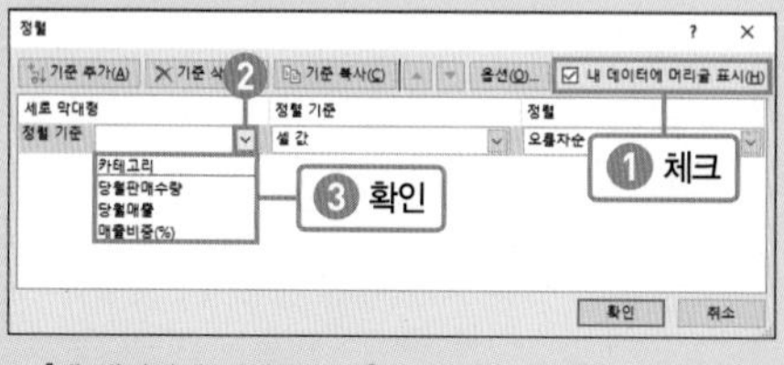

▲ [내 데이터에 머리글 표시]에 체크하여 '정렬 기준'에 입력된 머리글이 표시된 경우

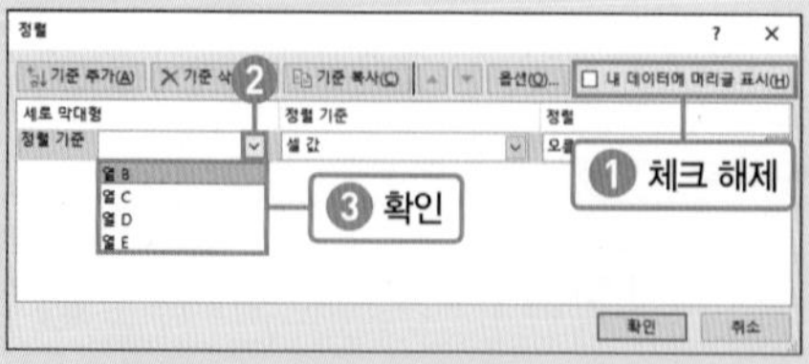

▲ [내 데이터에 머리글 표시]의 체크를 해제하여 '정렬 기준'에 입력된 범위의 열 주소가 표시된 경우

2 다양한 정렬 기준으로 정렬하기

이번에는 매출이 아니라 당월에 가장 많이 판매된 수량의 카테고리가 무엇인지 살펴보겠습니다. 만약 판매 수량이 같으면 '카테고리' 항목명을 A에서 Z 순으로 나열해 봅니다.

01 [Sheet2] 시트에서 B3:E14 범위를 선택하고 Alt+D+S를 누릅니다.

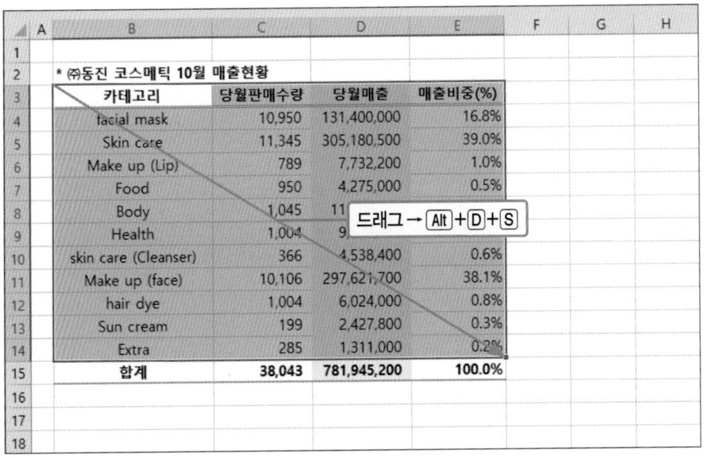

* ㈜동진 코스메틱 10월 매출현황
카테고리 | 당월판매수량 | 당월매출 | 매출비중(%)
facial mask | 10,950 | 131,400,000 | 16.8%
Skin care | 11,345 | 305,180,500 | 39.0%
Make up (Lip) | 789 | 7,732,200 | 1.0%
Food | 950 | 4,275,000 | 0.5%
Body | 1,045
Health | 1,004
skin care (Cleanser) | 366 | 4,538,400 | 0.6%
Make up (face) | 10,106 | 297,621,700 | 38.1%
hair dye | 1,004 | 6,024,000 | 0.8%
Sun cream | 199 | 2,427,800 | 0.3%
Extra | 285 | 1,311,000 | 0.2%
합계 | 38,043 | 781,945,200 | 100.0%
드래그 → Alt+D+S

Tip

Alt+D+S는 [데이터] 탭-[정렬 및 필터] 그룹에서 [정렬]을 클릭하는 단축키입니다.

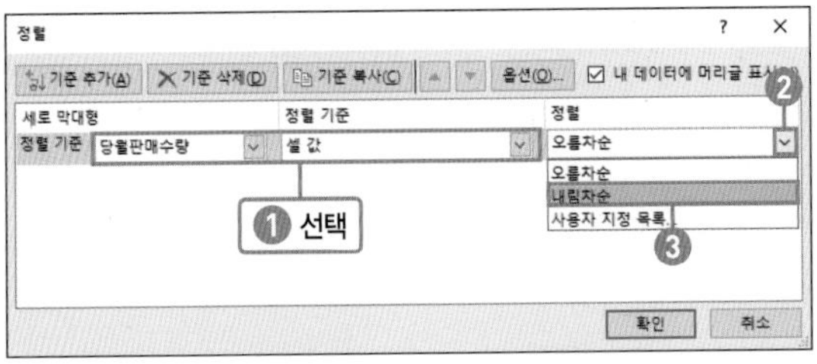

02 [정렬] 대화상자가 열리면 '정렬 기준'은 [당월판매수량], [셀 값]을, '정렬'은 [내림차순]을 지정합니다.

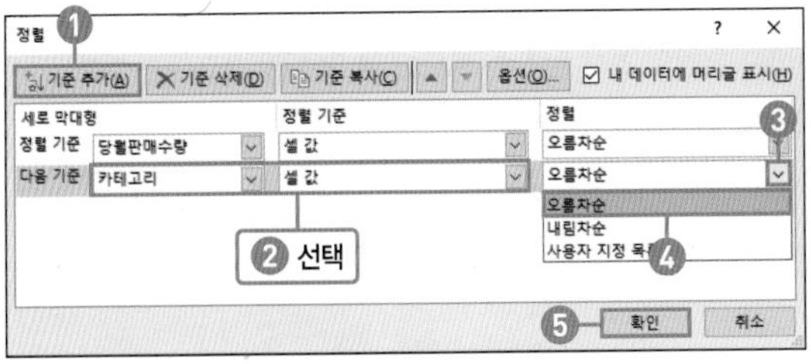

03 당월 판매 수량이 같으면 두 번째 정렬 규칙을 설정하기 위해 [기준 추가]를 클릭합니다. 다음 기준이 추가되면 두 번째 정렬 규칙은 [카테고리], [셀 값], [오름차순]으로 지정한 후 [확인]을 클릭합니다.

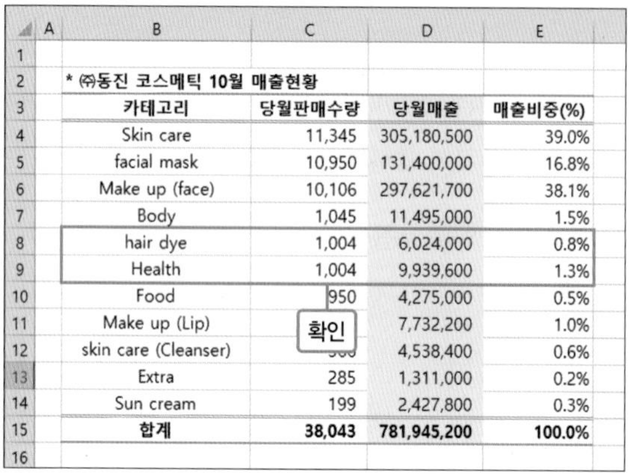
* ㈜동진 코스메틱 10월 매출현황
카테고리 | 당월판매수량 | 당월매출 | 매출비중(%)
Skin care | 11,345 | 305,180,500 | 39.0%
facial mask | 10,950 | 131,400,000 | 16.8%
Make up (face) | 10,106 | 297,621,700 | 38.1%
Body | 1,045 | 11,495,000 | 1.5%
hair dye | 1,004 | 6,024,000 | 0.8%
Health | 1,004 | 9,939,600 | 1.3%
Food | 950 | 4,275,000 | 0.5%
Make up (Lip) | 7,732,200 | 1.0%
skin care (Cleanser) | 4,538,400 | 0.6%
Extra | 285 | 1,311,000 | 0.2%
Sun cream | 199 | 2,427,800 | 0.3%
합계 | 38,043 | 781,945,200 | 100.0%
확인

04 '당월판매수량' 항목이 높은 순으로 정렬되었습니다. C8셀과 C9셀의 판매된 수량이 같지만, 두 번째 정렬 규칙에 따라 카테고리명 순으로 오름차순 정렬되었습니다.

잠깐 만요

영문자의 대소문자 구분해 정렬하기

영문자의 경우 같은 단어로 오름차순 정렬했을 때와 대소문자를 구분해서 오름차순 정렬을 했을 때 결과를 비교해 보면 다음과 같습니다.

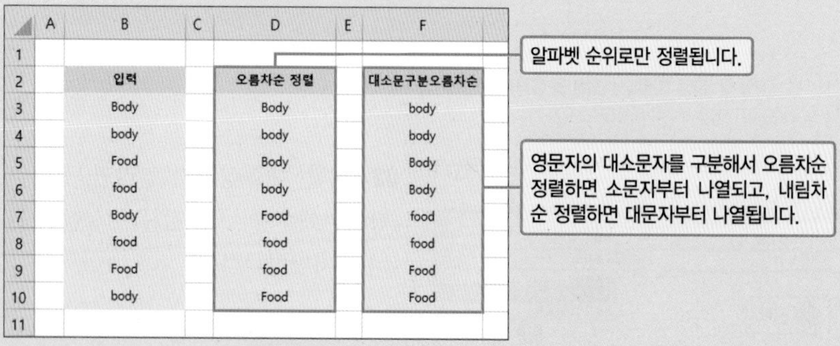

영문자를 정렬할 경우에는 기본적으로 대소문자를 구분하지 않고 나열됩니다. 그러므로 [정렬] 대화상자에서 [옵션]을 클릭하여 [정렬 옵션] 대화상자를 열고 [대/소문자 구분]에 체크한 후 [확인]을 클릭해야 영문자의 대소문자를 구분하여 나열할 수 있습니다. 그리고 데이터 정렬은 주로 리스트 형식의 열 필드를 기준으로 정렬하지만, [정렬 옵션] 대화상자에서 가로 방향인 행으로도 정렬할 수 있습니다.

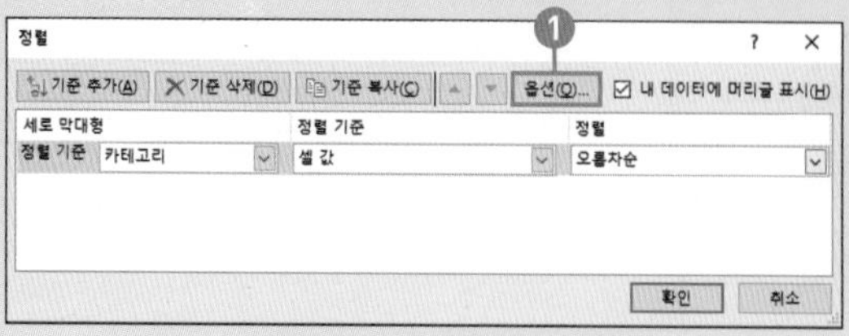

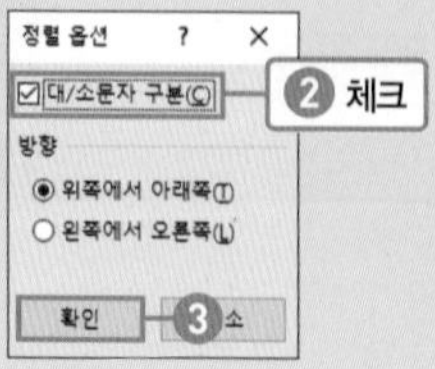

3 자신만의 정렬 규칙 만들기

카테고리의 목록을 자신이 원하는 순서대로 지정해서 나열할 수 있습니다. 이번에는 자신만의 정렬 규칙을 만들어 보겠습니다.

01 [Sheet3] 시트에서 B3:E15 범위를 선택하고 선택 영역에서 마우스 오른쪽 단추를 클릭한 후 [정렬]-[사용자 지정 정렬]을 선택합니다.

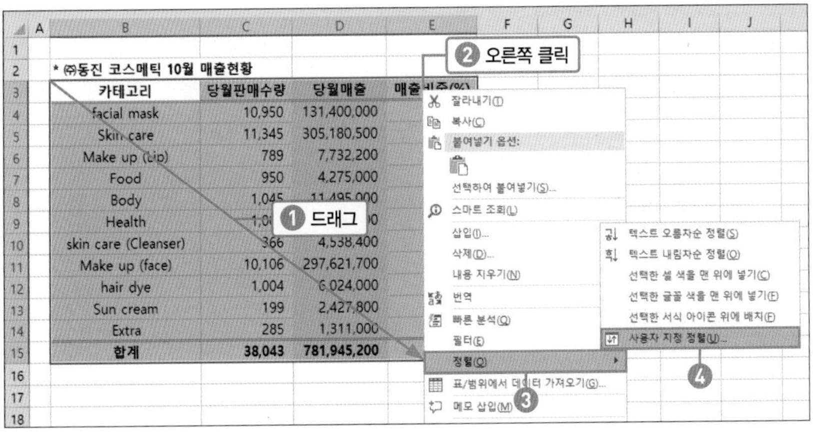

02 [정렬] 대화상자가 열리면 '정렬'에서 [사용자 지정 목록]을 선택합니다.

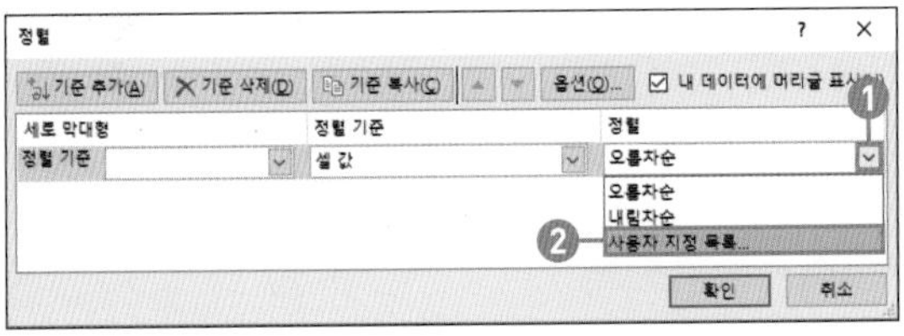

03 [사용자 지정 목록] 대화상자의 [사용자 지정 목록] 탭이 열리면 '목록 항목'에 나열하고 싶은 카테고리를 나열하고 싶은 순서대로 입력합니다. 입력할 때 Enter를 눌러 각 항목을 구분하면서 순차적으로 입력하고 [추가]를 클릭합니다. '사용자 지정 목록'에 입력한 목록이 추가되면 [확인]을 클릭합니다.

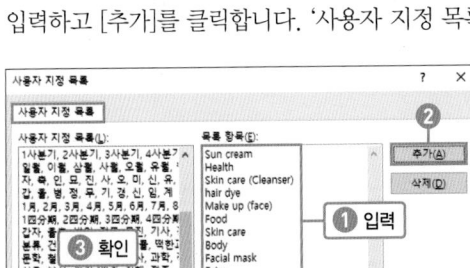

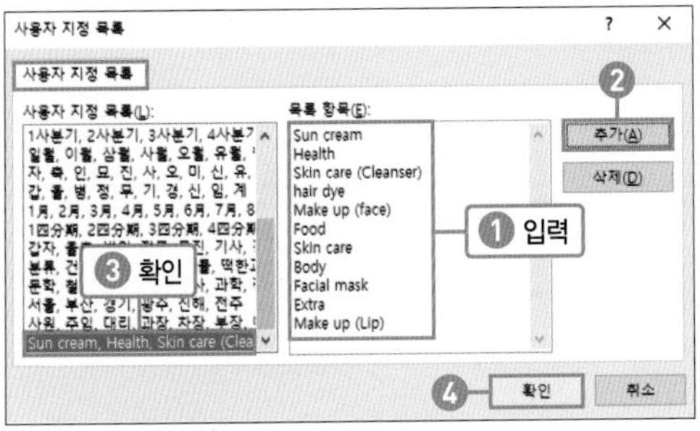

Tip

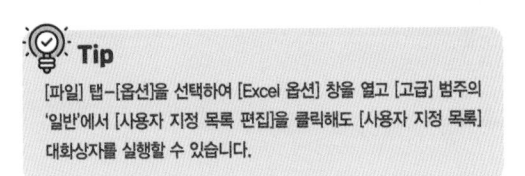

[파일] 탭-[옵션]을 선택하여 [Excel 옵션] 창을 열고 [고급] 범주의 '일반'에서 [사용자 지정 목록 편집]을 클릭해도 [사용자 지정 목록] 대화상자를 실행할 수 있습니다.

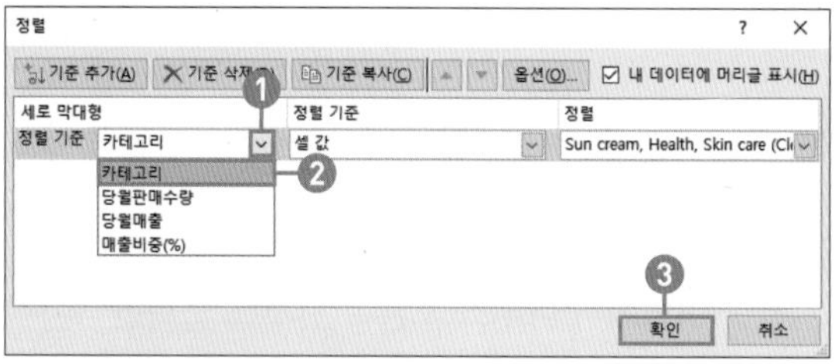

04 [정렬] 대화상자로 되돌아오면 '정렬 기준'에서 [카테고리]를 선택하고 [확인]을 클릭합니다.

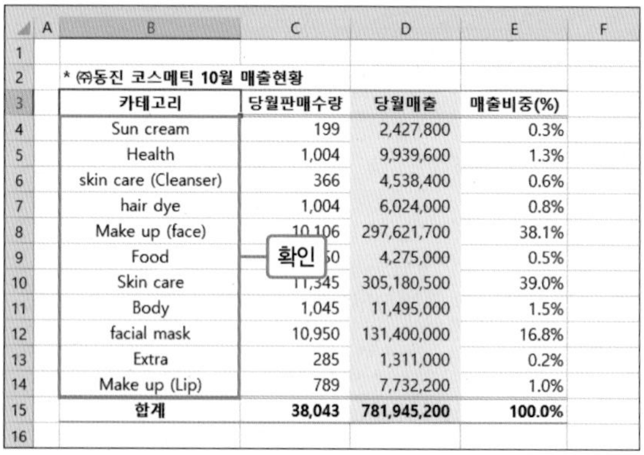

* ㈜동진 코스메틱 10월 매출현황

카테고리	당월판매수량	당월매출	매출비중(%)
Sun cream	199	2,427,800	0.3%
Health	1,004	9,939,600	1.3%
skin care (Cleanser)	366	4,538,400	0.6%
hair dye	1,004	6,024,000	0.8%
Make up (face)	10,106	297,621,700	38.1%
Food	[illegible]	4,275,000	0.5%
Skin care	11,345	305,180,500	39.0%
Body	1,045	11,495,000	1.5%
facial mask	10,950	131,400,000	16.8%
Extra	285	1,311,000	0.2%
Make up (Lip)	789	7,732,200	1.0%
합계	**38,043**	**781,945,200**	**100.0%**

05 '카테고리' 항목이 **03** 과정에서 지정한 목록 순으로 정렬되었는지 확인합니다. 이렇게 한 번 추가한 목록은 필요할 때마다 계속 사용할 수 있어요.

Tip

사용자 지정 목록에 추가한 항목은 정렬의 기준으로 선택해서 사용할 수도 있지만, 자동 채우기 입력도 가능합니다. 자동 채우기에 대해서는 19쪽을 참고하세요

Solution

Q 특정 카테고리의 매출이 부진해져서 해당 카테고리만 매출 상관없이 제일 먼저 나열하고, 그 다음으로 매출이 많이 발생한 카테고리 순으로 정렬하고 싶습니다. 특정 카테고리와 그렇지 않은 카테고리를 따로 범위를 나누어 정렬해야 할까요?

A 범위를 나누어 따로 정렬하지 않고도 정렬 기준을 추가한 후 원하는 규칙에 따라 한 번에 정렬할 수 있습니다.

다양한 정렬 기준 바로 알기

정렬은 값 이외에도 셀 색, 글꼴 색, 셀 아이콘으로 정렬 기준을 설정할 수 있습니다.

01 [Sheet4] 시트의 '카테고리' 항목에서 셀에 색이 채워진 'Food', 'Health', 'Sun cream'은 주요 마케팅 대상으로 매출을 추적 관리중인 카테고리입니다. 표의 데이터를 당월 매출이 가장 높은 순으로 나열하되, 셀에 색이 채워진 주요 카테고리는 매출과 상관없이 표의 맨 위에 나열해 볼게요.

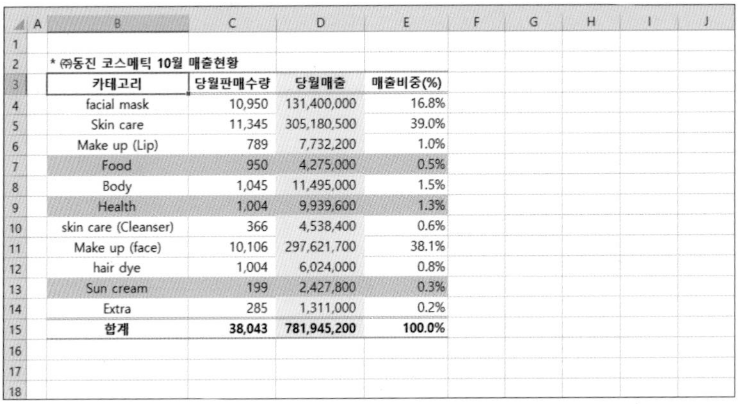

02 B3:E14 범위를 선택하고 [데이터] 탭-[정렬 및 필터] 그룹에서 [정렬]을 클릭합니다.

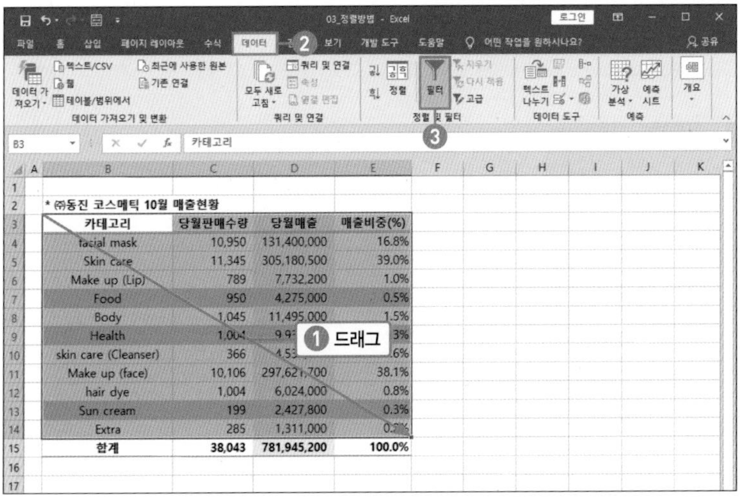

03 [정렬] 대화상자가 열리면 '정렬 기준'을 [당월매출], [셀 색]으로 선택합니다. '정렬 기준'을 [셀 색]으로 선택하면 다음의 표 범위 안에 사용된 색을 선택할 수 있습니다. '정렬'에서 표의 위쪽에 위치시킬 '하늘색'을 선택하고 [위에 표시]를 선택하여 첫 번째 정렬 기준을 지정합니다.

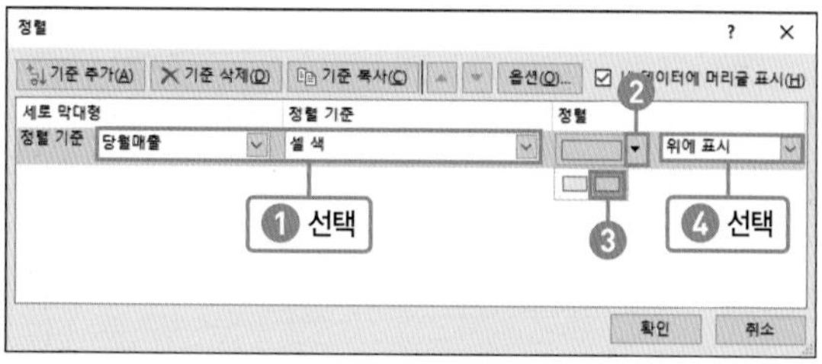

04 두 번째 조건인 매출이 큰 순으로 나열하기 위해 [기준 추가]를 클릭합니다. [당월매출], [셀 값], [내림차순]으로 지정하고 [확인]을 클릭합니다.

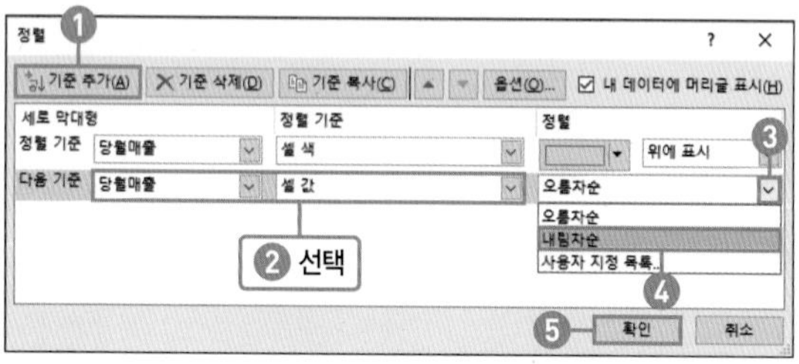

05 매출이 높은 순으로 나열되었지만, 첫 번째 정렬 기준 조건을 '하늘색' 셀 색으로 설정했기 때문에 셀 색에 맞추어 우선 나열되었습니다.

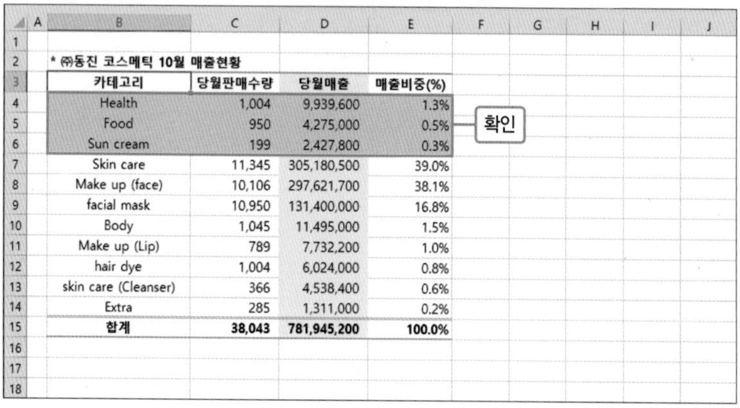

* ㈜동진 코스메틱 10월 매출현황

카테고리	당월판매수량	당월매출	매출비중(%)
Health	1,004	9,939,600	1.3%
Food	950	4,275,000	0.5%
Sun cream	199	2,427,800	0.3%
Skin care	11,345	305,180,500	39.0%
Make up (face)	10,106	297,621,700	38.1%
facial mask	10,950	131,400,000	16.8%
Body	1,045	11,495,000	1.5%
Make up (Lip)	789	7,732,200	1.0%
hair dye	1,004	6,024,000	0.8%
skin care (Cleanser)	366	4,538,400	0.6%
Extra	285	1,311,000	0.2%
합계	38,043	781,945,200	100.0%

04 필터링된 데이터의 문제점 살펴보기

데이터를 추출하는 방법 중에서 자동 필터는 원하는 데이터의 내용만 추출해서 보여주는 기능입니다. 자동 필터를 이용하면 항목별로 찾으려는 내용이 있거나 일부 특정 데이터를 수정할 목적으로 필터링해서 원하는 데이터만 쉽게 수정할 수 있어요. 자동 필터는 간단하게 사용할 수 있는 필터 기능입니다. 하지만 필터링된 상태에서 이것을 모르고 데이터를 편집하면 자료가 왜곡될 수 있으므로 주의해야 합니다.

실습파일 : 04_필터.xlsx

Bad!

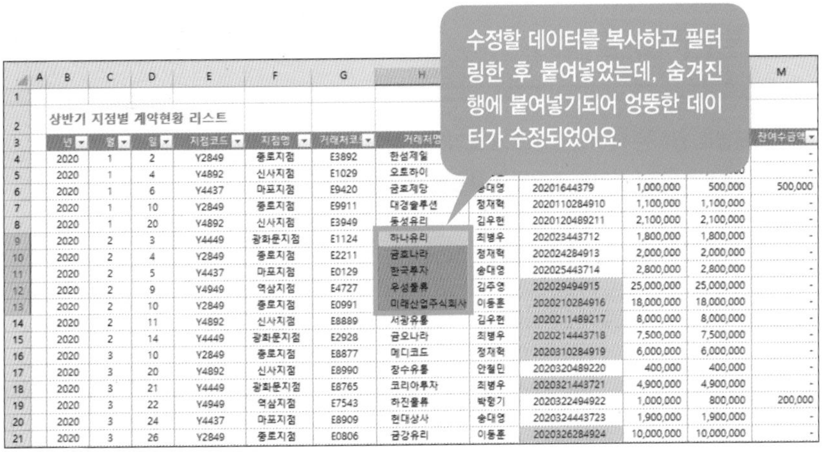
수정할 데이터를 복사하고 필터링한 후 붙여넣었는데, 숨겨진 행에 붙여넣기되어 엉뚱한 데이터가 수정되었어요.

상반기 지점별 계약현황 리스트

년	월	일	지점코드	지점명	거래처코드	거래처명	담당자	계약번호	계약금	수금액	잔여수금액
2020	1	2	Y2849	종로지점	E3892	한섬제일					-
2020	1	4	Y4892	신사지점	E1029	오토하이					-
2020	1	6	Y4437	마포지점	E9420	금호제당	송대영	20201644379	1,000,000	500,000	500,000
2020	1	10	Y2849	종로지점	E9911	대경솔루션	정재혁	2020110284910	1,100,000	1,100,000	-
2020	1	20	Y4892	신사지점	E3949	동성유리	김우현	2020120489211	2,100,000	2,100,000	-
2020	2	3	Y4449	광화문지점	E1124	하나유리	최병우	202023443712	1,800,000	1,800,000	-
2020	2	4	Y2849	종로지점	E2211	금오나라	정재혁	202024284913	2,000,000	2,000,000	-
2020	2	5	Y4437	마포지점	E0129	한국투자	송대영	202025443714	2,800,000	2,800,000	-
2020	2	9	Y4949	역삼지점	E4727	우성물류	김주영	202029494915	25,000,000	25,000,000	-
2020	2	10	Y2849	종로지점	E0991	미래산업주식회사	이동훈	2020210284916	18,000,000	18,000,000	-
2020	2	11	Y4892	신사지점	E8889	서광유통	김우현	2020211489217	8,000,000	8,000,000	-
2020	2	14	Y4449	광화문지점	E2928	금오나라	최병우	2020214443718	7,500,000	7,500,000	-
2020	3	10	Y2849	종로지점	E8877	메디코드	정재혁	2020310284919	6,000,000	6,000,000	-
2020	3	20	Y4892	신사지점	E8990	장수유통	안철민	2020320489220	400,000	400,000	-
2020	3	21	Y4449	광화문지점	E8765	코리아투자	최병우	2020321443721	4,900,000	4,900,000	-
2020	3	22	Y4949	역삼지점	E7543	하진물류	박형기	2020322494922	1,000,000	800,000	200,000
2020	3	24	Y4437	마포지점	E8909	현대상사	송대영	2020324443723	1,900,000	1,900,000	-
2020	3	26	Y2849	종로지점	E0806	금강유리	이동훈	2020326284924	10,000,000	10,000,000	-

Good!

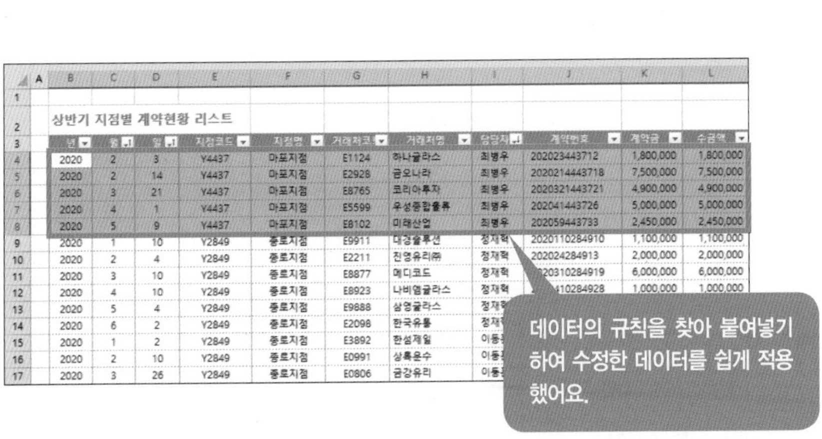
데이터의 규칙을 찾아 붙여넣기하여 수정한 데이터를 쉽게 적용했어요.

상반기 지점별 계약현황 리스트

년	월	일	지점코드	지점명	거래처코드	거래처명	담당자	계약번호	계약금	수금액
2020	2	3	Y4437	마포지점	E1124	하나글라스	최병우	202023443712	1,800,000	1,800,000
2020	2	14	Y4437	마포지점	E2928	금오나라	최병우	2020214443718	7,500,000	7,500,000
2020	3	21	Y4437	마포지점	E8765	코리아투자	최병우	2020321443721	4,900,000	4,900,000
2020	4	1	Y4437	마포지점	E5599	우성종합물류	최병우	202041443726	5,000,000	5,000,000
2020	5	9	Y4437	마포지점	E8102	미래산업	최병우	202059443733	2,450,000	2,450,000
2020	1	10	Y2849	종로지점	E9911	대경솔루션	정재혁	2020110284910	1,100,000	1,100,000
2020	2	4	Y2849	종로지점	E2211	진영유리㈜	정재혁	202024284913	2,000,000	2,000,000
2020	3	10	Y2849	종로지점	E8877	메디코드	정재혁	2020310284919	6,000,000	6,000,000
2020	4	10	Y2849	종로지점	E8923	나비엠글라스	정재혁	2020410284928	1,000,000	1,000,000
2020	5	4	Y2849	종로지점	E9888	삼영글라스	정재혁			
2020	6	2	Y2849	종로지점	E2098	한국유통	정재혁			
2020	1	2	Y2849	종로지점	E3892	한섬제일	이동훈			
2020	2	10	Y2849	종로지점	E0991	상록운수	이동훈			
2020	3	26	Y2849	종로지점	E0806	금강유리	이동훈			

문제 상황

특정 담당자의 관리 거래처명을 변경해 달라는 요청을 받았기 때문에 담당자를 필터링한 후 거래처명을 수정해야 합니다.

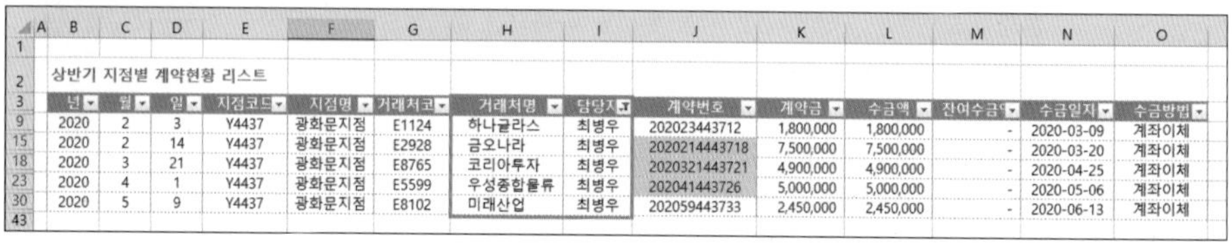

'자동 필터' 바로 알기

자동 필터는 항목별로 원하는 데이터만 빠르게 요약해서 보거나 추출하는 기능으로, 원하는 값뿐만 아니라 다양한 조건으로 필터링이 가능하고 필터 조건을 중첩해서 사용할 수 있습니다.

1 선택한 셀 값으로 필터링하기

지점과 담당자별로 선택한 항목에 대한 데이터만 추출해 보겠습니다.

01 [계약현황] 시트에서 표 안에 있는 셀을 선택하고 [데이터] 탭–[정렬 및 필터] 그룹에서 [필터]를 클릭합니다. 표의 각 항목에 필터 단추(▼)가 생겼으면 F3셀의 '지점명' 항목의 필터 단추를 클릭하고 입력 상자에 『종로』를 입력하여 '종로'가 포함된 목록만 표시한 후 [확인]을 클릭하세요.

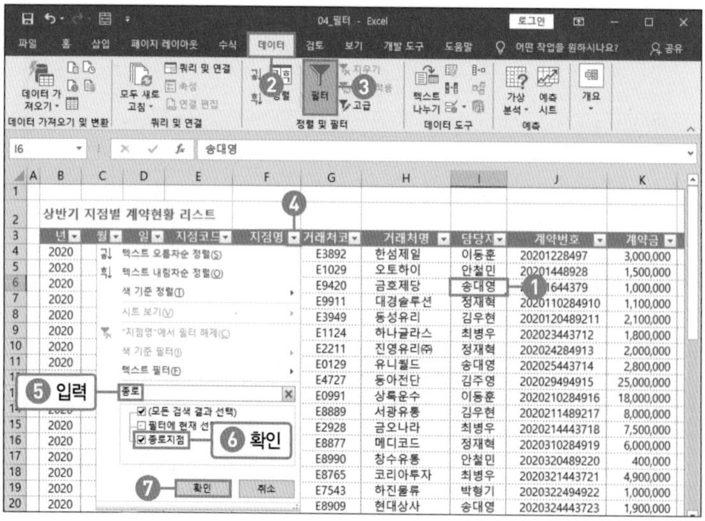

Tip

자동 필터 적용을 취소하려면 [데이터] 탭–[정렬 및 필터] 그룹에서 [필터]를 클릭하여 선택을 해제하세요. 필터의 텍스트 검색 기능은 엑셀 2010 버전부터 가능하고 이전 버전에서는 [텍스트 필터]–[포함]으로 검색할 수 있어요.

02 '종로지점'만 필터링되면서 이외의 데이터는 모두 숨겨졌습니다. 필터가 적용된 '지점명' 항목에는 필터 단추의 모양도 [필터 적용 단추]으로 바뀌었어요.

03 이번에는 '종로지점' 항목에서 '정재혁' 담당자의 데이터만 추출해 볼게요. 종로 지점에 필터가 적용된 상태에서 I3셀의 '담당자' 필터 단추(▼)를 클릭합니다. 종로 지점의 담당자 목록이 요약되어 나타나면 [이동훈]의 체크를 해제하여 [정재혁]에만 체크한 후 [확인]을 클릭하세요.

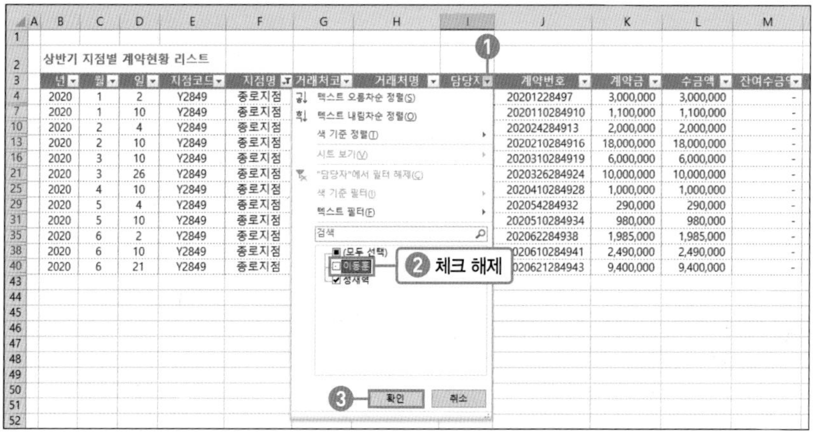

04 '종로지점'의 담당자 '정재혁'의 계약 내용만 추출되었습니다.

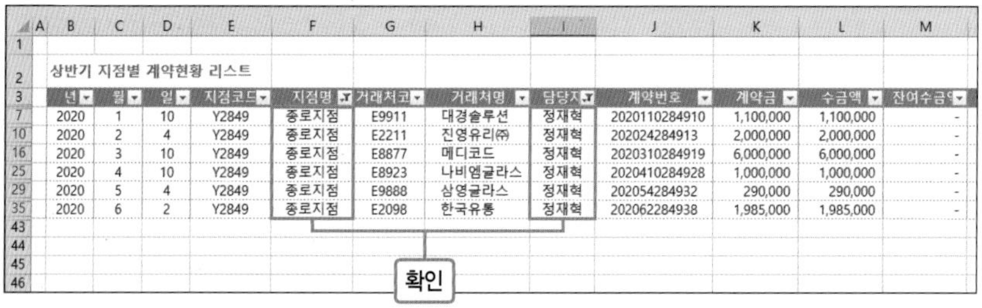

잠깐만요

필터가 적용된 조건 해제하기

조건이 선택되어 있는 필드의 필터 단추를 클릭하여 필터 조건을 해제할 수 있습니다.

1 '종로지점'의 담당자 '정재혁'의 계약 내용만 추출된 상태에서 '담당자' 항목의 필터 조건을 해제해 보겠습니다. [계약현황2] 시트에서 '담당자' 항목의 필터 단추(▾)를 클릭하고 ["담당자"에서 필터 해제]를 선택합니다.

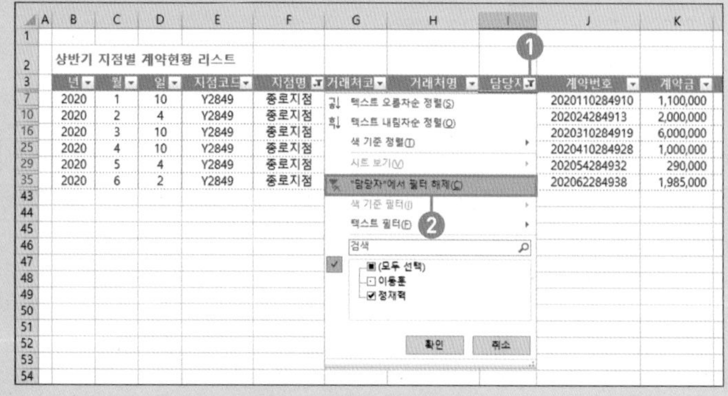

2 '담당자' 항목의 필터가 해제되고 '지점명' 항목에만 필터가 적용되었습니다. 이렇게 필터링된 항목의 조건을 부분적으로 해제할 수 있지만, 조건이 선택되어 있는 필드가 많으면 필터를 하나씩 해제하는 것이 너무 불편합니다. 이 경우에는 [데이터] 탭–[정렬 및 필터] 그룹에서 [지우기]를 클릭하여 필터링된 조건을 한 번에 해제할 수 있습니다.

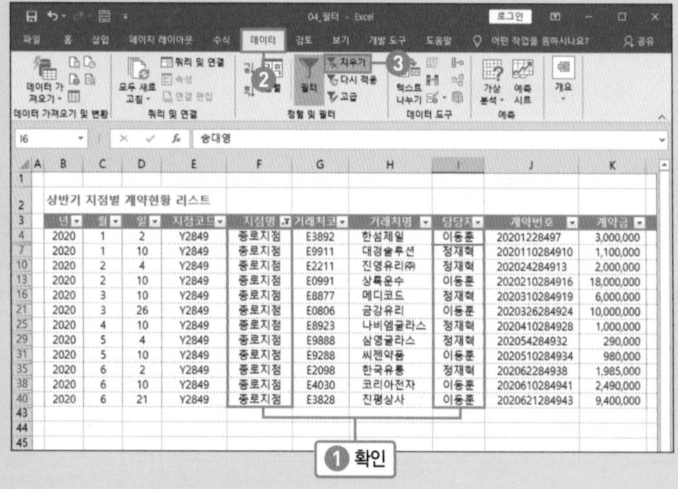

2 일정 값 이상의 숫자만 필터링하기

이번에는 계약 금액이 1천 만 원 이상인 데이터만 추출해 보겠습니다.

01 [계약현황3] 시트에서 K3셀의 '계약금' 항목의 필터 단추(▼)를 클릭합니다. 모든 계약금 목록이 표시되면 [숫자 필터]–[크거나 같음]을 선택합니다.

02 [사용자 지정 자동 필터] 대화상자가 열리면 '계약금'에서 [>=]를 선택하고 입력 상자에 『10000000』을 입력한 후 [확인]을 클릭합니다.

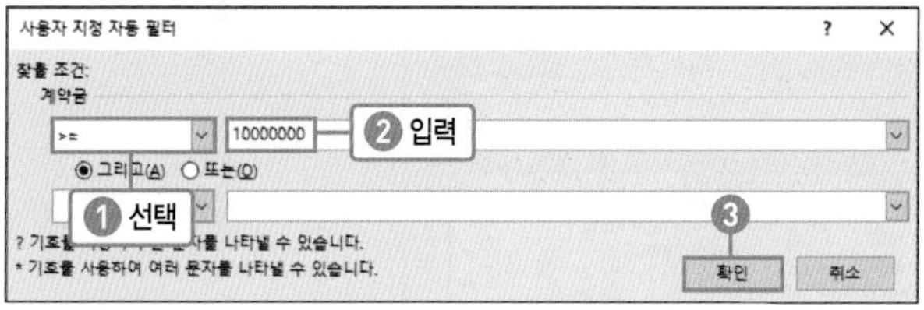

03 계약금이 '10,000,000' 이상인 데이터만 추출되었습니다.

	A	B	C	D	E	F	G	H	I	J	K	L	M	
1														
2		상반기 지점별 계약현황 리스트												
3		년	월	일	지점코드	지점명	거래처코	거래처명	담당자	계약번호	계약금	수금액	잔여수금	
12		2020	2	9	Y4949	역삼지점	E4727	동아전단	김주영	2020029494915	25,000,000	25,000,000		20
13		2020	2	10	Y2849	종로지점	E0991	상록운수	이동훈	2020210284916	18,000,000	18,000,000		20
21		2020	2	26	Y2849	종로지점	E0806	금강유리	이동훈	2020326284924	10,000,000	10,000,000		20
37		2020	6	5	Y4892	신사지점	E2091	현대글라스	김우현	202065489240	22,000,000	22,000,000		20
42		2020	6	28	Y4949	역삼지점	E0630	아이디어엠엠	박형기	2020628494945	10,000,000	5,000,000	5,000,000	20
43														
44														
45														
46														
47														
48														

확인

3 평균 초과 데이터만 필터링해 색 채우기

숫자 필터 조건은 이상, 이하, 초과, 미만, 상위 % 등 다양한 조건으로 필터링할 수 있습니다. 이 중에서 상반기 총 계약금의 평균을 초과하는 데이터만 추출한 후 '계약번호' 항목의 셀에만 색을 채워보겠습니다.

01 [계약현황4] 시트에서 K4:K42 범위를 선택합니다. 상태 표시줄에서 상반기의 계약금 평균을 확인하면 '4,790,590'인 것을 알 수 있습니다.

02 K3셀의 '계약금' 항목의 필터 단추(▼)를 클릭하고 [숫자 필터]-[평균 초과]를 선택합니다.

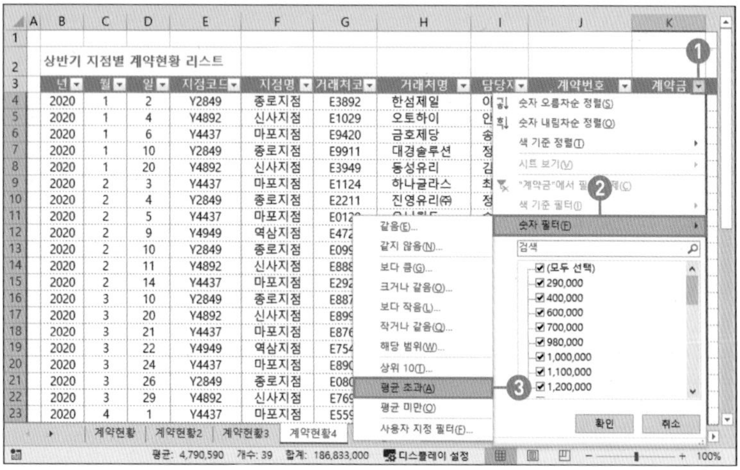

03 평균 금액인 '4,790,590'을 초과하는 계약금만 추출되었으면 '계약번호' 항목의 J12:J42 범위를 선택합니다. [홈] 탭-[글꼴] 그룹에서 [채우기 색]의 목록 단추(▾)를 클릭한 후 원하는 색상을 선택합니다.

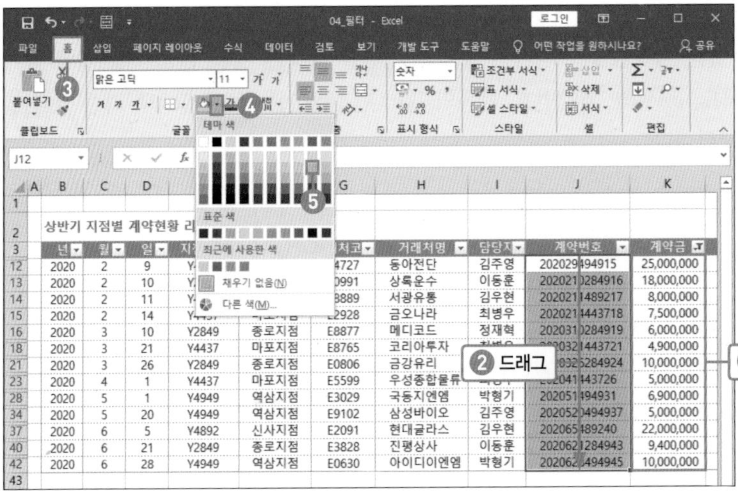

04 [데이터] 탭-[정렬 및 필터] 그룹에서 [지우기]를 클릭하여 필터 조건을 해지합니다. 필터링된 셀에만 셀 색이 채워졌기 때문에 채우기 색을 보고 평균 계약금을 초과하는 계약 번호를 확인할 수 있습니다.

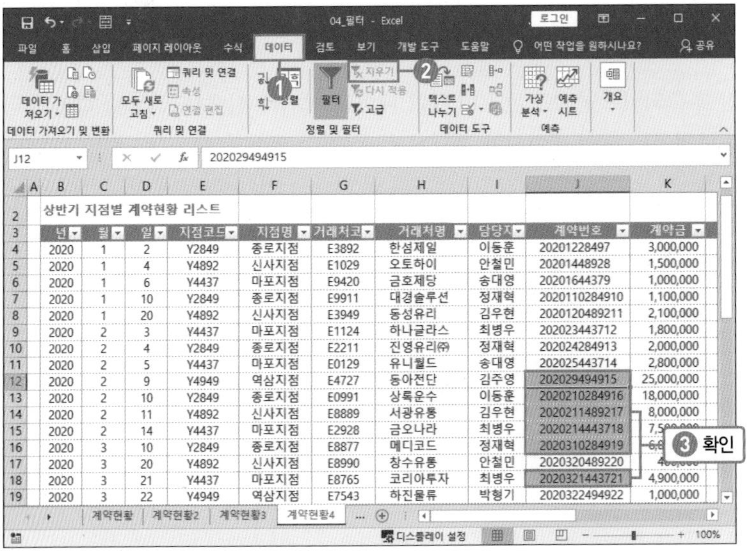

4 색상 기준으로 필터링하기

적용할 필터 조건을 셀 색으로 추출해 보고 평균 계약금을 초과하는 데이터를 [관리대상계약] 시트에 복사해 보겠습니다.

01 [계약현황5] 시트에는 평균 계약금을 초과하는 계약번호의 셀에 색을 채워져 있는데, 셀에 색이 있는 데이터만 추출해 볼게요. J3셀의 '계약번호' 항목의 필터 단추(▾)를 클릭하고 [색 기준 필터]를 선택한 후 채우기 색을 선택합니다.

02 선택한 색상의 데이터만 추출되었으면 추출된 B12:O42 데이터 범위를 선택하고 Ctrl+C를 눌러 내용을 복사합니다. 그러면 보여지는 행의 데이터만 복사된 것을 알 수 있어요.

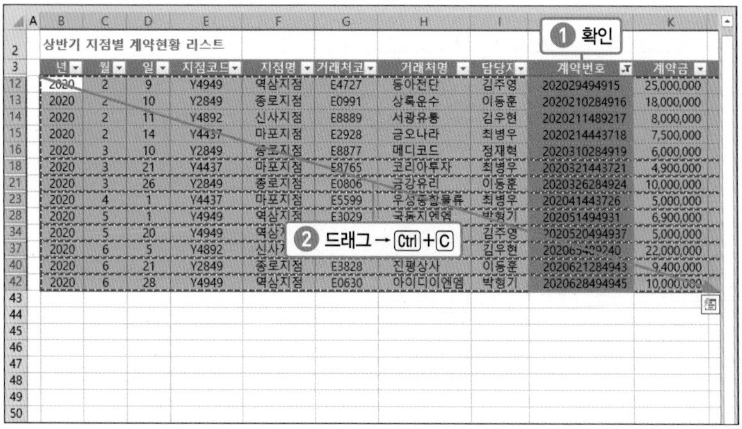

03 [관리대상계약] 시트에서 B4셀을 선택하고 Ctrl+V를 누르면 숨겨진 행을 제외하고 필터링된 데이터만 붙여넣기되었습니다.

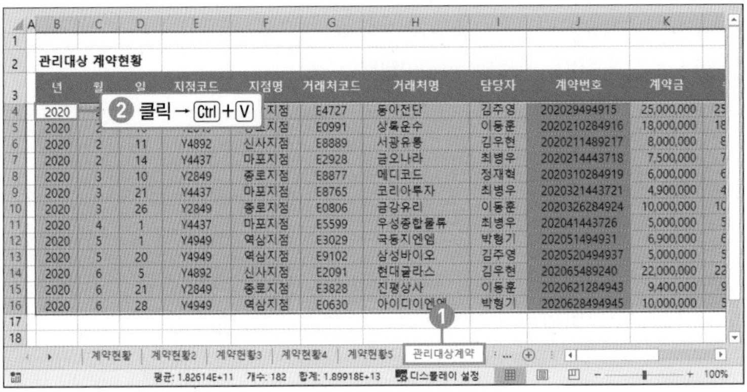

자동 필터링된 데이터를 편집할 때의 주의 사항

자동 필터에 조건을 적용하여 원하는 데이터만 빠르게 추출할 수 있지만, 이렇게 추출한 데이터는 수정 및 편집할 때도 쉽게 사용할 수 있습니다. 자동 필터링하여 원하는 데이터를 수정하고 편집 과정에서 발생할 수 있는 주의 사항에 대해 알아봅니다.

1 필터링된 데이터 수정하기

담당자 '최병우'의 소속 지점을 '광화문지점'으로 수정해 보겠습니다.

01 [계약현황6] 시트에서 I3셀의 '담당자' 필터 단추(▼)를 클릭하고 입력 상자에 『최병우』를 입력한 후 [확인]을 클릭합니다.

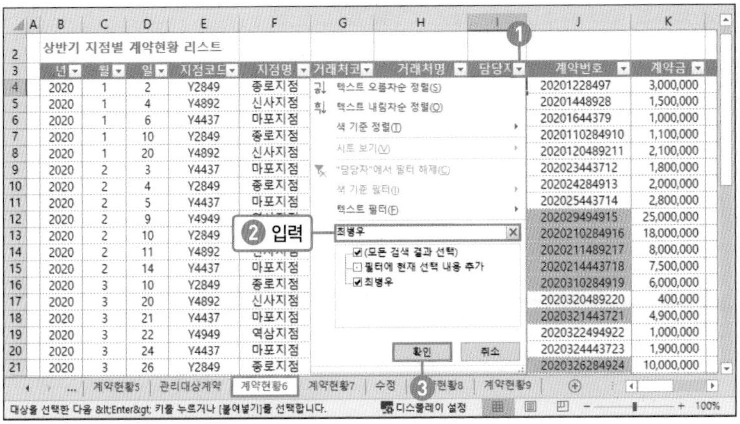

02 '최병우'의 소속 지점이 '마포지점'인 것을 알 수 있습니다.

03 E9셀에는 『Y4449』를, F9셀에는 『광화문지점』을 입력하고 E9:F9 범위를 선택합니다. F9셀의 자동 채우기 핸들을 더블클릭하여 E30:F30 범위까지 자동으로 데이터를 채웁니다.

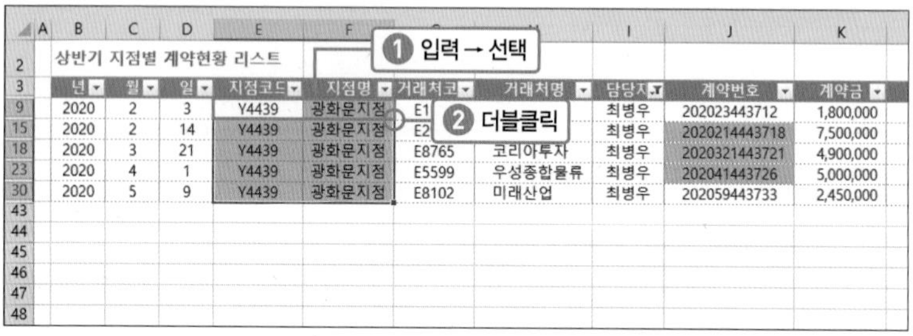

04 [데이터] 탭-[정렬 및 필터] 그룹에서 [지우기]를 클릭하여 필터 조건을 해지합니다. 그러면 숨겨진 행은 제외하고 필터링되어 있던 '최병우'의 지점만 내용이 수정된 것을 확인할 수 있습니다.

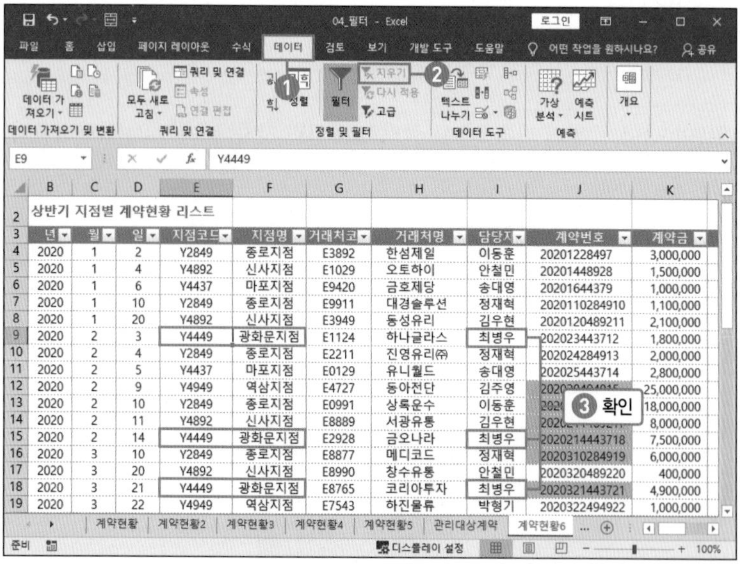

2 필터링된 데이터 붙여넣기

담당자 '최병우'가 관리하는 '거래처명'을 수정해 달라는 요청을 받았습니다. [수정] 시트의 변경된 거래처명을 [계약현황7] 시트에 적용하려고 합니다.

01 [수정] 시트에서 수정된 거래처명을 쉽게 구분하기 위해 '거래처명' 항목의 H4:H8 범위를 선택합니다. [홈] 탭-[글꼴] 그룹에서 [채우기 색]의 목록 단추(▾)를 클릭하고 원하는 색상을 선택하여 셀의 색을 채운 후 Ctrl+C를 눌러 데이터를 복사합니다.

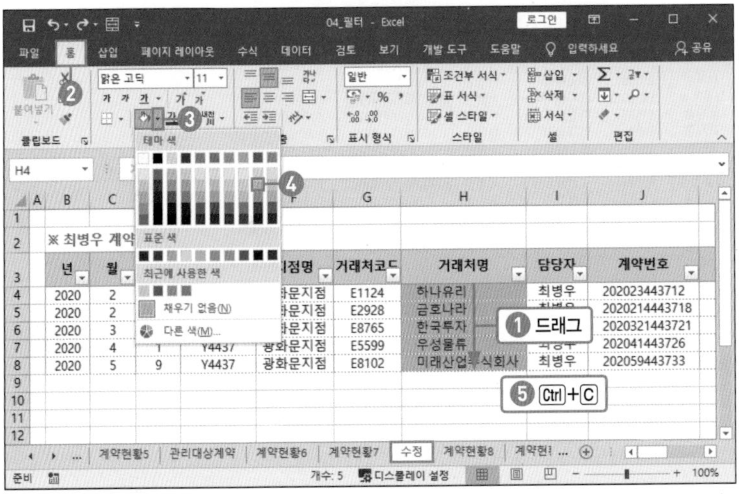

02 다시 [계약현황7] 시트로 이동해서 H9셀을 선택하고 Ctrl+V를 눌러 데이터를 붙여넣습니다. H9셀을 제외하고 데이터가 수정되지 않았으므로 필터를 해제하여 데이터를 확인해 볼게요. '담당자' 필터 단추(▼)를 클릭하고 ["담당자"에서 필터 해제]를 선택합니다.

03 H9셀을 시작으로 숨겨진 행에 순차적으로 데이터가 붙여넣기되면서 다른 담당자의 거래처명이 수정되었습니다.

상반기 지점별 계약현황 리스트

	년	월	일	지점코드	지점명	거래처코	거래처명	담당자	계약번호	계약금
4	2020	1	2	Y2849	종로지점	E3892	한섬제일	이동훈	20201228497	3,000,000
5	2020	1	4	Y4892	신사지점	E1029	오토하이	안철민	20201448928	1,500,000
6	2020	1	6	Y4437	마포지점	E9420	금호제당	송대영	20201644379	1,000,000
7	2020	1	10	Y2849	종로지점	E9911	대경솔루션	정재혁	2020110284910	1,100,000
8	2020	1	20	Y4892	신사지점	E3949	동성유리	김우현	2020120489211	2,100,000
9	2020	2	3	Y4449	광화문지점	E1124	하나유리	최병우	202023443712	1,800,000
10	2020	2	4	Y2849	종로지점	E2211	금호나라	정재혁	202024284913	2,000,000
11	2020	2	5	Y4437	마포지점	E0129	한국투자	송대영	202025443714	2,800,000
12	2020	2	9	Y4949	역삼지점	E4727	우성물류	김주영	202029494915	25,000,000
13	2020	2	10	Y2849	종로지점	E0991	미래산업주식	이동훈	2020210284916	18,000,000
14	2020	2	11	Y4892	신사지점	E8889	서광유통	김우현	2020211489217	8,000,000
15	2020	2	14	Y4449	광화문지점	E2928	[illegible]	최병우	2020214443718	7,500,000
16	2020	3	10	Y2849	종로지점	E8877	[illegible]	정재혁	2020310284919	6,000,000
17	2020	3	20	Y4892	신사지점	E8990	[illegible]	안철민	2020320489220	400,000
18	2020	3	21	Y4449	광화문지점	E8765	코리아투자	최병우	2020321443721	4,900,000
19	2020	3	22	Y4949	역삼지점	E7543	하진물류	박형기	2020322494922	1,000,000
20	2020	3	24	Y4437	마포지점	E8909	현대상사	송대영	2020324443723	1,900,000
21	2020	3	26	Y2849	종로지점	E0806	금강유리	이동훈	2020326284924	10,000,000
22	2020	3	29	Y4892	신사지점	E7696	신화전기	김우현	2020329489225	1,900,000
23	2020	4	1	Y4449	광화문지점	E5599	우성종합물류	최병우	202041443726	5,000,000
24	2020	4	2	Y4949	역삼지점	E5659	동양전지	김주영	202042494927	3,000,000
25	2020	4	10	Y2849	종로지점	E8923	나비엠글라스	정재혁	2020410284928	1,000,000
26	2020	4	11	Y4437	마포지점	E2207	강서상사	송대영	2020411443729	1,200,000

확인

Tip

필터가 적용되어 있는 상태에서 연속된 다른 데이터를 붙여넣으면 보여지는 행에만 데이터가 붙여넣어지지 않고 숨겨진 행에도 순차적으로 붙여넣기되어 자료가 왜곡될 수 있으니 주의하세요.

Solution

Q 수정해야 할 데이터가 많아 '찾아 바꾸기' 기능을 사용하면 시간이 너무 오래 걸리고 정확도도 떨어집니다. 많은 양의 데이터 중 일부 내용을 쉽게 바꿀 수 있는 방법이 있나요?

A 이번 예제에서는 [수정] 시트와 [계약현황7] 시트의 구성이 같기 때문에 수정할 데이터를 필터링하여 행을 전부 삭제한 후 새로운 내용을 붙여넣기하여 간단하게 편집할 수 있습니다. 하지만 표의 구성이 다른 경우에는 함수나 정렬을 통해 수정할 셀에만 내용을 적용할 수 있습니다.

필터링된 상태에서 데이터 붙여넣기가 안 된다면?

앞에서 살펴본 것처럼 필터링된 상태에서 다른 범위의 데이터를 붙여넣는 경우 숨겨진 행에도 데이터가 붙여넣기되어 자료에 오류가 발생합니다. 수정할 데이터가 적으면 '찾아 바꾸기' 기능을 사용할 수 있지만, 그렇지 않다면 수많은 데이터 중 일부 내용을 어떤 방법으로 변경할 수 있는지 알아보겠습니다.

1 데이터의 규칙 찾아 편집하기

01 [수정] 시트의 내용을 보고 [계약현황8] 시트의 담당자 '최병우'의 거래처명을 변경하려고 합니다. [수정] 시트의 데이터에서 규칙을 찾아보면 데이터가 날짜 순으로 정렬된 것을 알 수 있습니다.

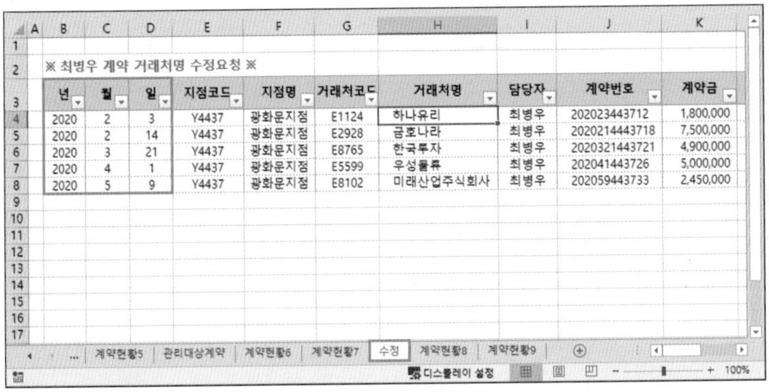

02 [계약현황8] 시트의 데이터를 선택한 후 [수정] 시트와 같게 정렬하여 규칙을 적용해 볼게요. [계약현황8] 시트에서 표 안의 셀을 선택하고 Alt+D+S를 누릅니다.

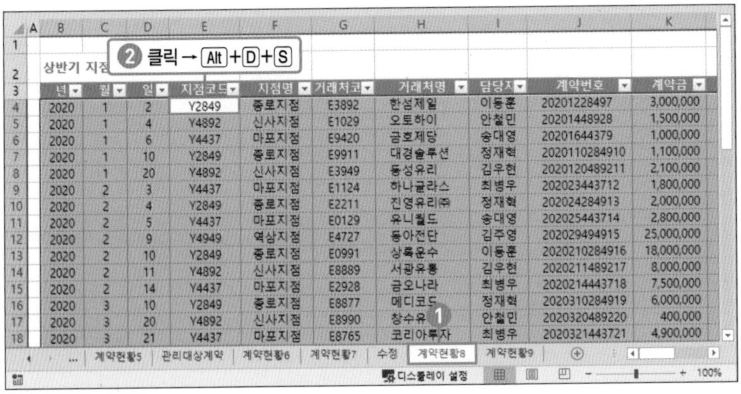

Tip

Alt+D+S는 [데이터] 탭–[정렬 및 필터] 그룹에서 [정렬]을 클릭하는 단축키입니다.

03 [정렬] 대화상자가 열리면 '정렬 기준'을 [담당자], [내림차순]으로 선택합니다.

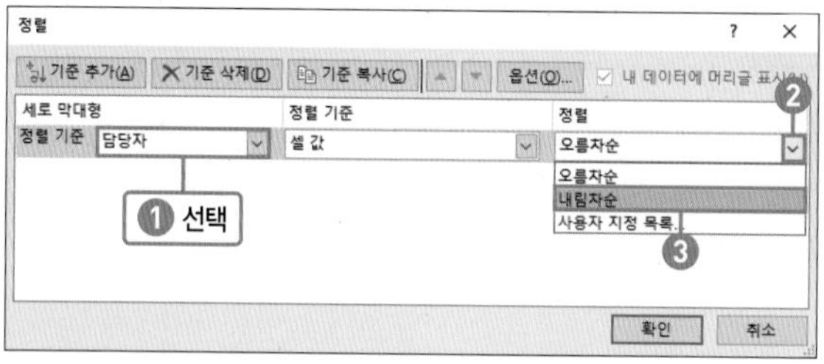

04 다음 정렬 기준을 설정하기 위해 [기준 추가]를 클릭하고 '월'을 '오름차순'으로 지정합니다. 다시 [기준 추가]를 클릭하여 '일'을 '오름차순'으로 지정하고 [확인]을 클릭합니다.

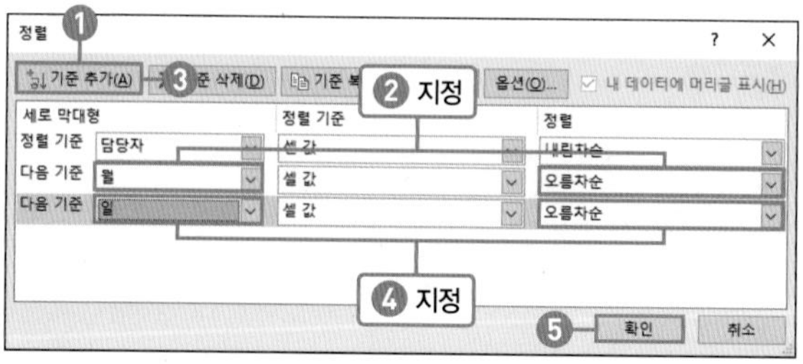

05 담당자 '최병우'의 거래처가 날짜 순을 기준으로 정렬되었습니다.

년	월	일	지점코드	지점명	거래처코드	거래처명	담당자	계약번호	계약금
2020	2	3	Y4437	마포지점	E1124	하나글라스	최병우	202023443712	1,800,000
2020	2	14	Y4437	마포지점	E2928	금오나라	최병우	2020214443718	7,500,000
2020	3	21	Y4437	마포지점	E8765	코리아투자	최병우	2020321443721	4,900,000
2020	4	1	Y4437	마포지점	E5599	우성종합물류	최병우	202041443726	5,000,000
2020	5	9	Y4437	마포지점	E8102	미래산업	최병우	202059443733	2,450,000
2020	1	10	Y2849	종로지점	E9911	대경솔루션	정재혁	2020110284910	1,100,000
2020	2	4	Y2849	종로지점	E22[illegible]	[illegible]영유리㈜	정재혁	202024284913	2,000,000
2020	3	10	Y2849	종로지점	E88[illegible]	[illegible]디코드	정재혁	2020310284919	6,000,000
2020	4	10	Y2849	종로지점	E89[illegible]	[illegible]비엠글라스	정재혁	2020410284928	1,000,000
2020	5	4	Y2849	종로지점	E9888	삼영글라스	정재혁	202054284932	290,000
2020	6	2	Y2849	종로지점	E2098	한국유통	정재혁	202062284938	1,985,000
2020	1	2	Y2849	종로지점	E3892	한섬제일	이동훈	20201228497	3,000,000
2020	2	10	Y2849	종로지점	E0991	상록운수	이동훈	2020210284916	18,000,000
2020	3	26	Y2849	종로지점	E0806	금강유리	이동훈	2020326284924	10,000,000
2020	5	10	Y2849	종로지점	E9288	씨젠약품	이동훈	2020510284934	980,000
2020	6	10	Y2849	종로지점	E4030	코리아전자	이동훈	2020610284941	2,490,000
2020	6	21	Y2849	종로지점	E3828	진평상사	이동훈	2020621284943	9,400,000
2020	1	4	Y4892	신사지점	E1029	오토하이	안철민	20201448928	1,500,000
2020	3	20	Y4892	신사지점	E8990	창수유통	안철민	2020320489220	400,000
2020	4	19	Y4892	신사지점	E7972	트윈테크	안철민	2020419489230	600,000
2020	6	11	Y4892	신사지점	E0111	엘지물류	안철민	2020611489242	4,500,000
2020	6	22	Y4892	신사지점	E0128	미래유통	안철민	2020622489244	4,238,000

06 [수정] 시트를 선택하고 B4:O8 범위의 내용을 복사합니다.

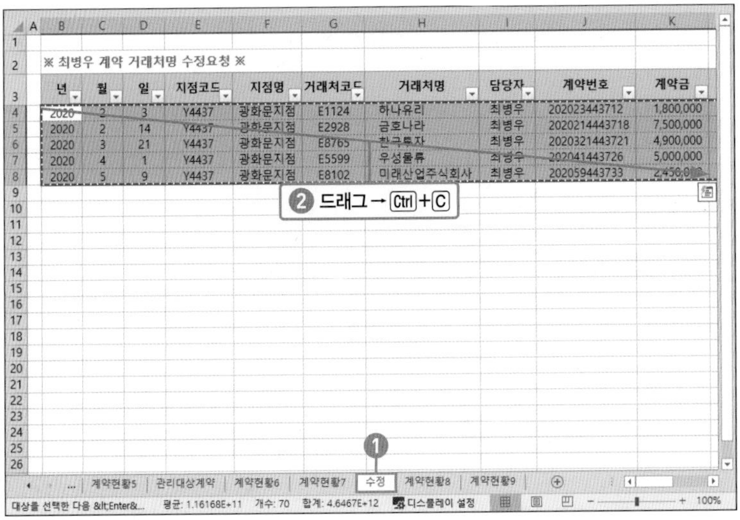

07 [계약현황8] 시트로 되돌아온 후 B4셀에 복사한 데이터를 붙여넣습니다.

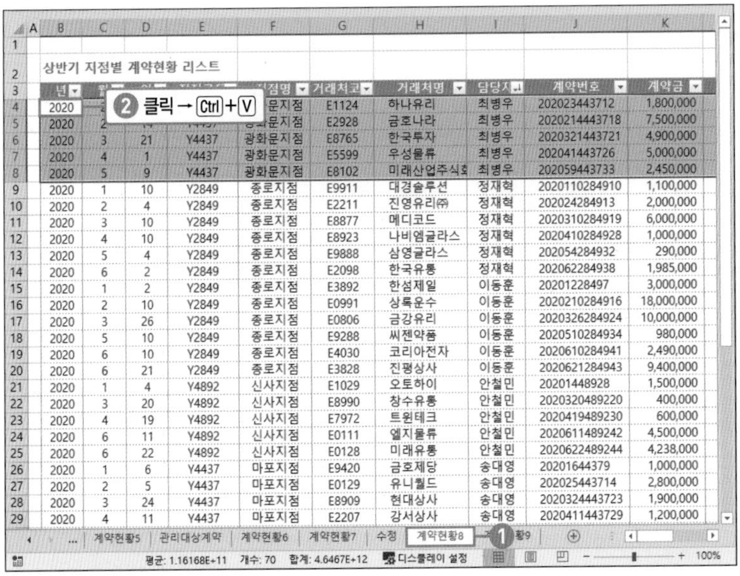

2 고유의 키 값 찾아 편집하기

01 [수정] 시트의 데이터에서 고유의 키 값을 찾아봅니다. 거래처명이 변경되었지만, 거래처 코드는 기존과 같다는 것을 알 수 있습니다.

02 조건에 맞는 값을 찾아주는 VLOOKUP 함수를 이용하여 거래처 코드와 일치하는 거래처명을 찾아볼게요. [계약현황9] 시트에서 P4셀에 함수식 『=IFERROR(VLOOKUP(G4,수정!$G$4:$H$8,2,0)," ")』을 입력하고 Enter를 누릅니다. 결과값을 구했으면 P4셀의 자동 채우기 핸들을 더블클릭하여 나머지 셀에도 함수식을 복사하세요.

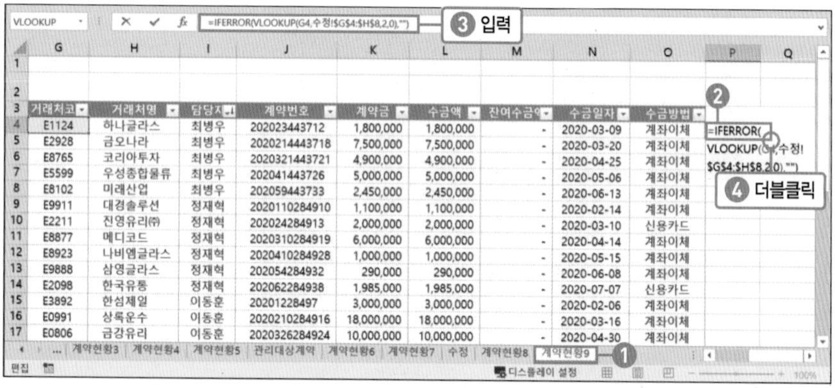

: **함수식** :

=IFERROR(VLOOKUP(G4,수정!$G$4:$H$8,2,0)," ")

① IFERROR ② VLOOKUP ①

① **IFERROR :** 찾는 값이 없어서 오류가 발생했을 경우 공백("")을 표현합니다.

② **VLOOKUP :** 계약번호와 일치하는 거래처명을 찾습니다.

03 [수정] 시트에서 변경된 다섯 곳의 거래처명이 P열에 나타납니다.

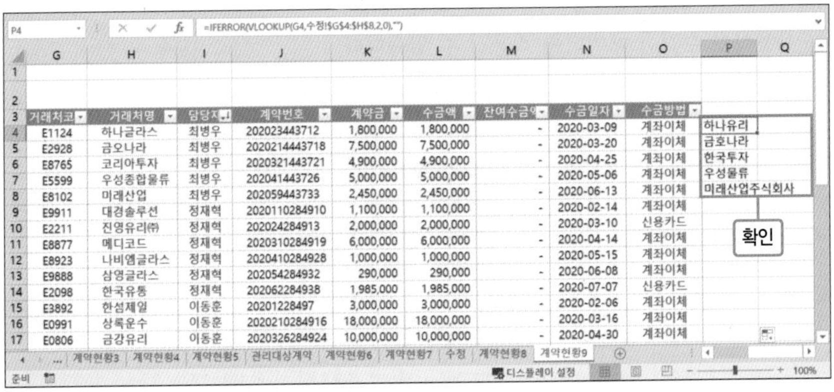

Tip

P4셀에만 결과값이 나타나면 P4셀의 자동 채우기 핸들을 더블클릭하여 변경된 다섯 곳의 거래처명을 모두 표시하세요.

04 앞에서 데이터를 정렬했기 때문에 변경된 거래처를 순차적으로 찾을 수 있었지만, 변경된 데이터의 위치가 일정하지 않다면 일일이 해당 부분만 찾아 변경해야 합니다. 하지만 이 과정이 번거롭기 때문에 함수를 수정하여 전체 거래처명을 나타내야 합니다. 찾는 값이 없어서 오류가 발생하는 경우에는 공백(" ")이 아닌 [계약현황9] 시트의 거래처명이 그대로 나타나도록 P4셀의 함수식을 『=IFERROR(VLOOKUP(G4,수정!$G$4:$H$8,2,0),**H4**)』로 수정합니다. P4셀에 결과값이 나타나면 P4셀의 자동 채우기 핸들을 더블클릭하여 나머지 셀에도 함수식을 복사하세요.

: 함수식 :

=IFERROR(VLOOKUP(G4,수정!$G$4:$H$8,2,0),H4)

① ①

① **IFERROR :** 찾는 값이 없어서 오류가 발생했을 경우에 '계약현황'의 거래처명을 표시합니다.

05 P열의 데이터가 모두 선택된 상태에서 복사하고 H열의 '거래처명' 항목에 [값]( ) 붙여넣기로 데이터를 붙여넣기한 후 P열을 삭제합니다. 이와 같은 방법으로 나머지 지점 코드와 지점명도 VLOOKUP 함수를 사용하여 수정한 데이터를 적용할 수 있습니다.

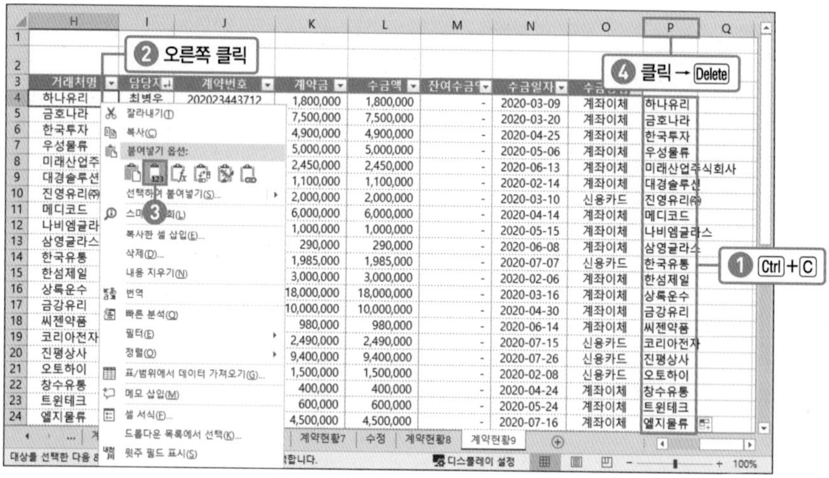

103쪽의 '1 필터링된 데이터 수정하기'에서 다룬 지점을 수정해 자동 채우기한 경우에는 숨겨진 행을 제외하고 보이는 행에만 데이터가 붙여넣기되어 문제가 되지 않습니다. 하지만 105쪽의 '2 필터링된 데이터 붙여넣기'에서는 수정한 데이터를 붙여넣었을 때 숨겨진 행에도 순차적으로 붙여넣기되어 자료에 오류가 발생했습니다. 이것은 무슨 차이일까요? 바로 복사한 대상이 단일 셀인지, 연속된 범위를 갖는지에 따라 결과가 다르기 때문입니다. 복사된 단일 셀은 필터링된 상태에서 숨겨진 행에 영향을 주지 않지만, 복사된 연속 범위는 숨겨진 행에도 적용된다는 점을 꼭 기억하세요.

05 합계 요약 항목은 만들지 않기

데이터의 내용이 많을 경우 요약된 값을 확인하기 쉽도록 같은 성격의 항목을 분류하여 합계나 평균 등 항목별 소계를 추가하기도 합니다. 일일이 소계를 추가하지 않아도 부분합 기능을 사용하면 원하는 항목을 쉽고 빠르게 요약할 수 있지만, 부분합 기능은 필요에 따라 일회성으로만 사용하기를 권합니다. 이번에는 부분합 기능의 장단점과 문제점에 대해 알아봅니다.

실습파일 : 05_부분합.xlsx

Bad!

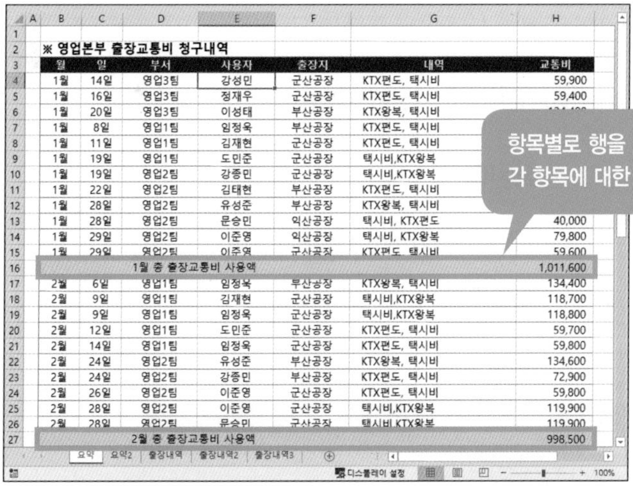

	월	일	부서	사용자	출장지	내역	교통비
2	※ 영업본부 출장교통비 청구내역						
4	1월	14일	영업3팀	강성민	군산공장	KTX편도, 택시비	59,900
5	1월	16일	영업3팀	정재우	군산공장	KTX편도, 택시비	59,400
6	1월	20일	영업3팀	이성태	부산공장	KTX왕복, 택시비	
7	1월	8일	영업1팀	임정욱	부산공장	KTX편도, 택시비	
8	1월	11일	영업1팀	김재현	군산공장	KTX편도, 택시비	
9	1월	19일	영업1팀	도민준	군산공장	택시비,KTX왕복	
10	1월	19일	영업2팀	강종민	군산공장	택시비,KTX왕복	
11	1월	22일	영업2팀	김태현	부산공장	KTX편도, 택시비	
12	1월	28일	영업2팀	유성준	부산공장	KTX왕복, 택시비	
13	1월	28일	영업2팀	문승민	익산공장	택시비, KTX편도	40,000
14	1월	29일	영업2팀	이준영	익산공장	택시비, KTX왕복	79,800
15	1월	29일	영업2팀	이준영	군산공장	KTX편도, 택시비	59,600
16	1월 중 출장교통비 사용액						1,011,600
17	2월	6일	영업1팀	임정욱	부산공장	KTX왕복, 택시비	134,400
18	2월	9일	영업1팀	김재현	군산공장	택시비,KTX왕복	118,700
19	2월	9일	영업1팀	임정욱	군산공장	택시비,KTX왕복	118,800
20	2월	12일	영업1팀	도민준	군산공장	KTX편도, 택시비	59,700
21	2월	14일	영업1팀	임정욱	군산공장	KTX편도, 택시비	59,800
22	2월	24일	영업2팀	유성준	부산공장	KTX왕복, 택시비	134,600
23	2월	24일	영업2팀	강종민	부산공장	KTX편도, 택시비	72,900
24	2월	26일	영업2팀	이준영	군산공장	KTX편도, 택시비	59,800
25	2월	28일	영업2팀	이준영	군산공장	택시비,KTX왕복	119,900
26	2월	28일	영업2팀	문승민	군산공장	택시비,KTX왕복	119,900
27	2월 중 출장교통비 사용액						998,500

출장내역3
디스플레이 설정

항목별로 행을 삽입하여 구분한 후 각 항목에 대한 소계를 계산했어요.

Good!

	월	일	부서	사용자	출장지	내역	교통비
2	※ 영업본부 출장교통비 청구내역						
16	1월 요약						1,011,600
17	2월	6일	영업1팀	임정욱	부산공장	KTX왕복, 택시비	134,400
18	2월	9일	영업1팀	김재현	군산공장	택시비,KTX왕복	118,700
19	2월	9일	영업1팀	임정욱	군산공장	택시비,KTX왕복	118,800
20	2월	12일	영업1팀	도민준	군산공장	KTX편도, 택시비	59,700
21	2월	14일	영업1팀	임정욱	군산공장	KTX편도, 택시비	59,800
22	2월	24일	영업2팀	유성준	부산공장	KTX왕복, 택시비	134,600
23	2월	24일	영업2팀	강종민	부산공장	KTX편도, 택시비	72,900
24	2월	26일	영업2팀	이준영	군산공장	KTX편도, 택시비	59,800
25	2월	28일	영업2팀	이준영	군산공장	택시비,KTX왕복	119,900
26	2월	28일	영업2팀	문승민	군산공장	택시비,KTX왕복	119,900
27	2월 요약						998,500
39	3월 요약						
48	4월 요약						
52	5월 요약						
53	총합계						

정렬과 부분합을 적용하여 원하는 항목에 대한 소계를 빠르게 계산할 수 있어요.

문제 상황

월별로 출장비 내역을 한눈에 파악하기 위해 내역서 중간에 월별 합계를 요약해 넣었습니다. 필요에 따라 부서나 출장지별로도 사용 금액의 요약 정보를 확인하려고 합니다.

필드 형식이 다른 경우에 발생하는 문제점

쉽게 분석할 수 있는 데이터를 구성하려면 각 필드를 같은 성격의 데이터로 채워야 합니다. 하지만 소계 값을 계산하기 위해 항목을 임의로 구분할 경우에는 어떤 문제점이 생기는지 알아봅니다.

1 원하지 않는 데이터가 조회된다

앞에서 살펴본 자동 필터를 적용하여 원하는 데이터만 빠르게 조회해 보겠습니다.

01 [요약] 시트에서 표에 있는 셀을 선택하고 [데이터] 탭-[정렬 및 필터] 그룹에서 [필터]를 클릭하여 머리글에 필터를 적용합니다.

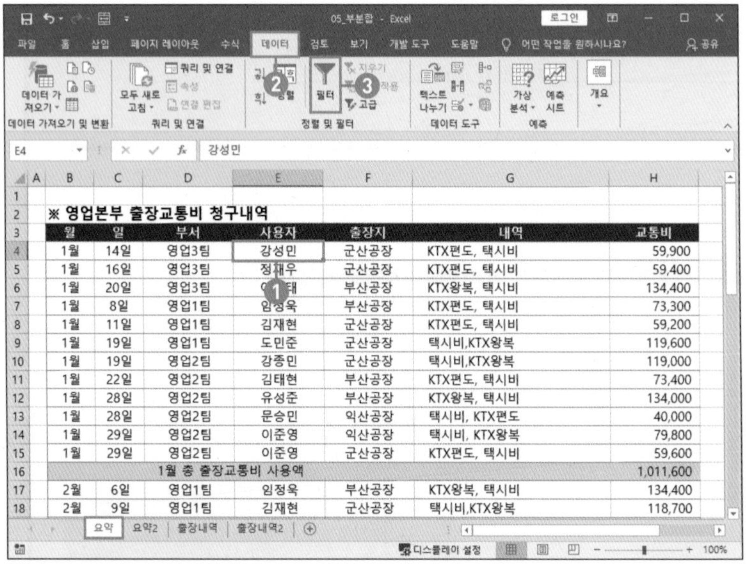

02 '월' 항목의 필터 단추(▼)를 클릭하면 각 월의 목록뿐만 아니라 소계 구분을 위해 입력한 데이터가 함께 나타나는 것을 확인할 수 있습니다.

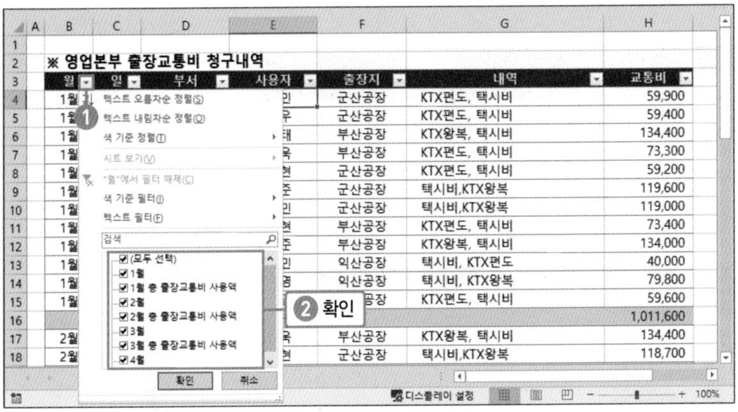

03 이번에는 '부서' 항목의 필터 단추(▼)를 클릭하고 부서 입력이 누락된 데이터를 확인하기 위해 [(필드 값 없음)]에만 체크하고 [확인]을 클릭합니다.

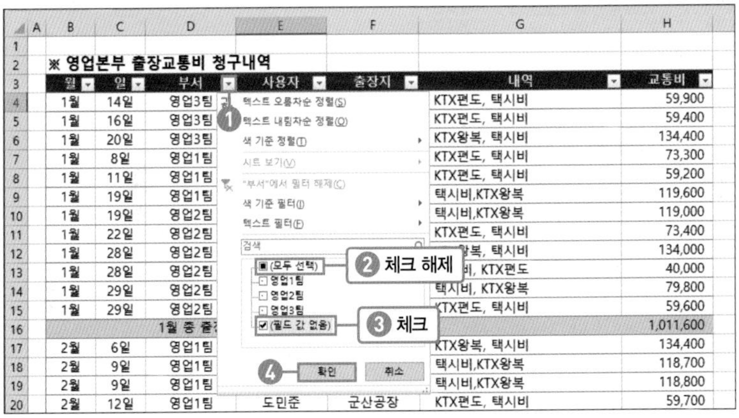

04 입력이 누락되어 필드에 값이 없는 데이터가 필터링되지 않고 각 월의 총 출장 교통비 사용액이 목록에 나타났습니다.

05 이번에는 교통비를 가장 많이 사용한 출장건을 확인해 볼게요. [데이터] 탭–[정렬 및 필터] 그룹에서 [지우기]를 클릭하여 원래의 데이터 목록으로 되돌아온 후 '교통비' 항목의 필터 단추(▼)를 클릭하고 [숫자 필터]–[상위 10]을 선택합니다.

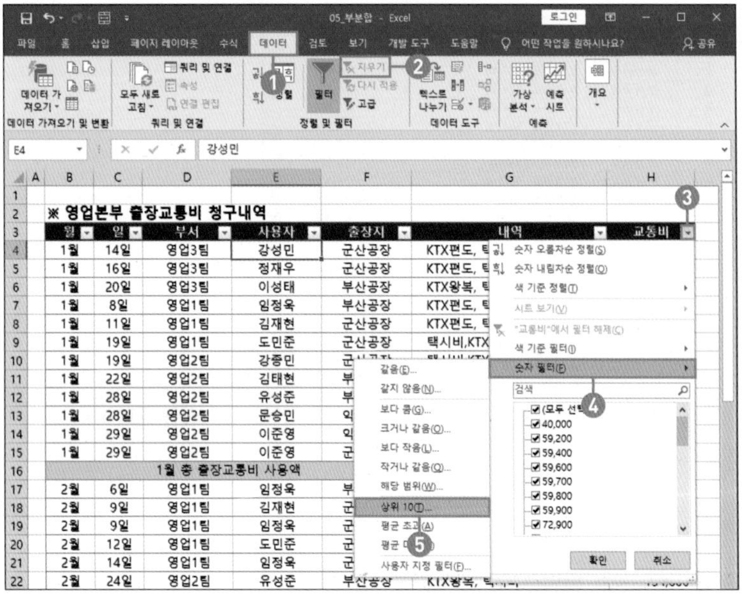

06 [상위 10 자동 필터] 대화상자가 열리면 교통비 사용액이 가장 큰 세 건의 출장 내역을 확인하기 위해 '표시'의 숫자 레벨을 '3'으로 조절하고 [확인]을 클릭합니다.

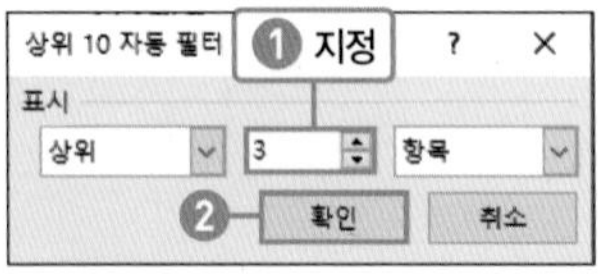

07 H열의 '교통비' 항목에 입력된 숫자 중 가장 큰 3개의 데이터가 필터링되면서 월별 총 출장비가 조회되었습니다. 하지만 교통비를 가장 많이 사용한 출장건이 아니라 월별 총 출장비가 많은 월 순으로 조회되었습니다. 이와 같이 의도와는 다른 데이터가 필터링될 수 있습니다.

2 데이터를 다각도로 분석하기가 어렵다

부서, 사용자, 출장지 등 다양한 시각으로 데이터를 분석하기 위해 피벗 테이블을 생성해 봅니다.

01 [요약2] 시트에서 표에 있는 셀을 선택하고 [삽입] 탭-[표] 그룹에서 [피벗 테이블]을 클릭합니다. [피벗 테이블 만들기] 대화상자가 열리면 피벗 테이블을 넣을 위치를 [새 워크시트]로 선택하고 [확인]을 클릭합니다.

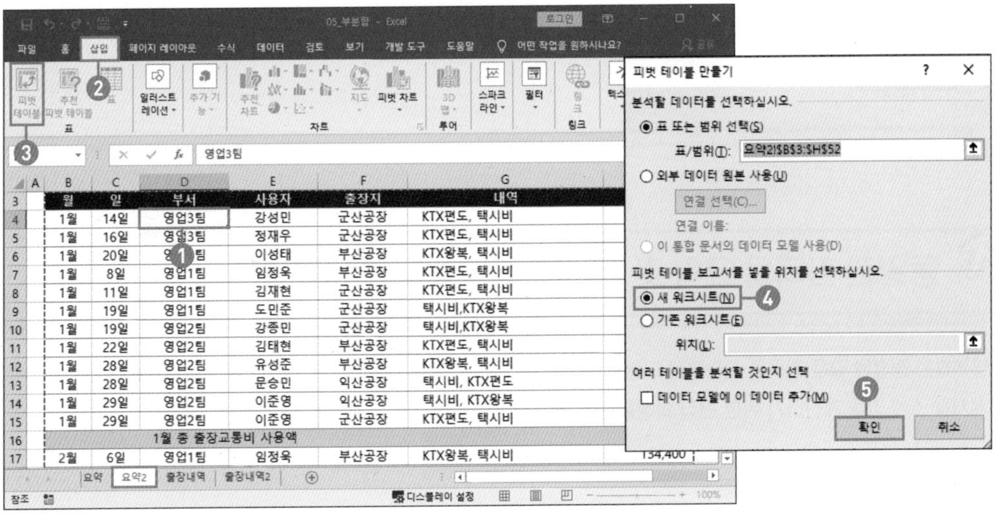

02 새로운 워크시트에 피벗 테이블 보고서가 생성되면 [월] 필드는 '열' 영역으로, [부서] 필드는 '행' 영역으로, [교통비] 필드는 '값' 영역으로 드래그합니다. 그런데 [월] 필드에는 월과 함께 소계를 구분하기 위해 입력한 데이터가 함께 나타나고, 부서에는 '(비어 있음)'으로 소계 값이 나타나 총 합계에 오류가 발생했습니다. 이것은 피벗 테이블을 만들기 위한 올바른 자료 구성이 아닙니다.

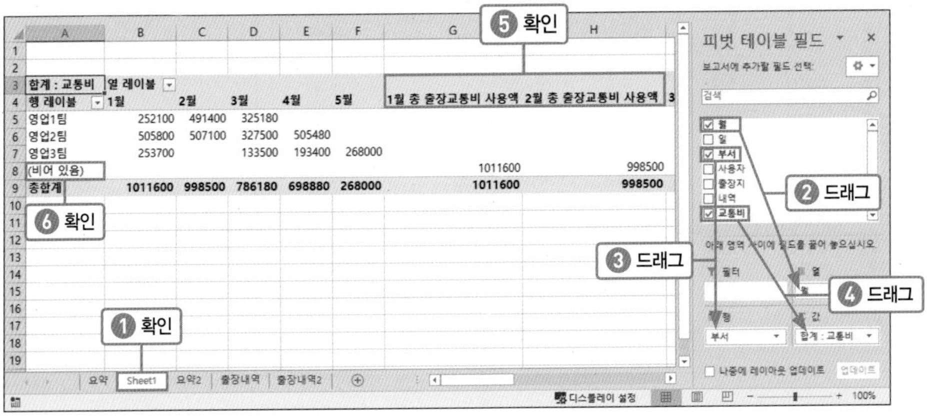

Solution

Q
1개의 열에는 성격이 같은 데이터만 입력해야 하는 이유에 대해 알아보았습니다. 하지만 불가피하게 데이터의 중간에 소계를 계산해서 넣어야 한다면 좀 더 쉽게 구성할 수 있는 방법이 있나요?

A
항목을 구분하고 행을 삽입하여 소계 값을 계산해야 하는 번거로운 과정을 거치지 않고 부분합을 사용하면 쉽고 빠르게 데이터를 요약 및 계산할 수 있습니다.

동일한 항목을 요약 및 계산해 주는 부분합 바로 알기

부분합은 정렬된 같은 항목을 자동으로 구분한 후 원하는 계산 방식을 적용하여 요약해서 보여줍니다. 앞에서 살펴본 예제처럼 소계 값을 계산하기 위한 편집 과정을 거칠 필요가 없습니다.

1 부분합 설정하기

01 [요약] 시트처럼 요약할 항목을 일일이 나누어 계산하는 작업은 매우 번거롭습니다. 이번에는 [출장내역] 시트를 선택하여 부분합을 적용해 빠르게 계산할 수 있는 방법을 알아보겠습니다.

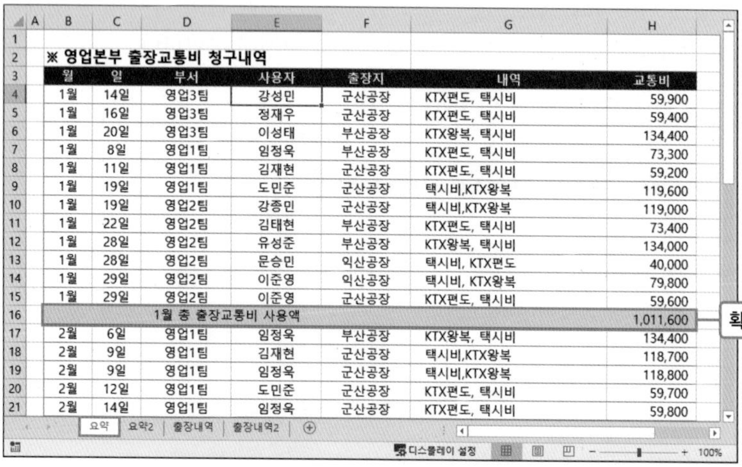

※ 영업본부 출장교통비 청구내역

월	일	부서	사용자	출장지	내역	교통비
1월	14일	영업3팀	강성민	군산공장	KTX편도, 택시비	59,900
1월	16일	영업3팀	정재우	군산공장	KTX편도, 택시비	59,400
1월	20일	영업3팀	이성태	부산공장	KTX왕복, 택시비	134,400
1월	8일	영업1팀	임정욱	부산공장	KTX편도, 택시비	73,300
1월	11일	영업1팀	김재현	군산공장	KTX편도, 택시비	59,200
1월	19일	영업1팀	도민준	군산공장	택시비,KTX왕복	119,600
1월	19일	영업2팀	강종민	군산공장	택시비,KTX왕복	119,000
1월	22일	영업2팀	김태현	부산공장	KTX편도, 택시비	73,400
1월	28일	영업2팀	유성준	부산공장	KTX왕복, 택시비	134,000
1월	28일	영업2팀	문승민	익산공장	택시비, KTX편도	40,000
1월	29일	영업2팀	이준영	익산공장	택시비, KTX왕복	79,800
1월	29일	영업2팀	이준영	군산공장	KTX편도, 택시비	59,600
1월 총 출장교통비 사용액						1,011,600
2월	6일	영업1팀	임정욱	부산공장	KTX왕복, 택시비	134,400
2월	9일	영업1팀	김재현	군산공장	택시비,KTX왕복	118,700
2월	9일	영업1팀	임정욱	군산공장	택시비,KTX왕복	118,800
2월	12일	영업1팀	도민준	군산공장	KTX편도, 택시비	59,700
2월	14일	영업1팀	임정욱	군산공장	KTX편도, 택시비	59,800

02 부분합을 적용하기 전에는 항상 부분합을 구할 항목을 정렬해야 합니다. 정렬하지 않은 상태에서 부분합을 적용하면 원하는 항목끼리의 그룹이 만들어지지 않습니다. [출장내역] 시트에는 월별로 오름차순 정렬되어 있으므로 정렬 과정은 생략하고 부분합을 적용할 범위 B3:H47을 선택한 후 [데이터] 탭-[개요] 그룹에서 [부분합]을 클릭합니다.

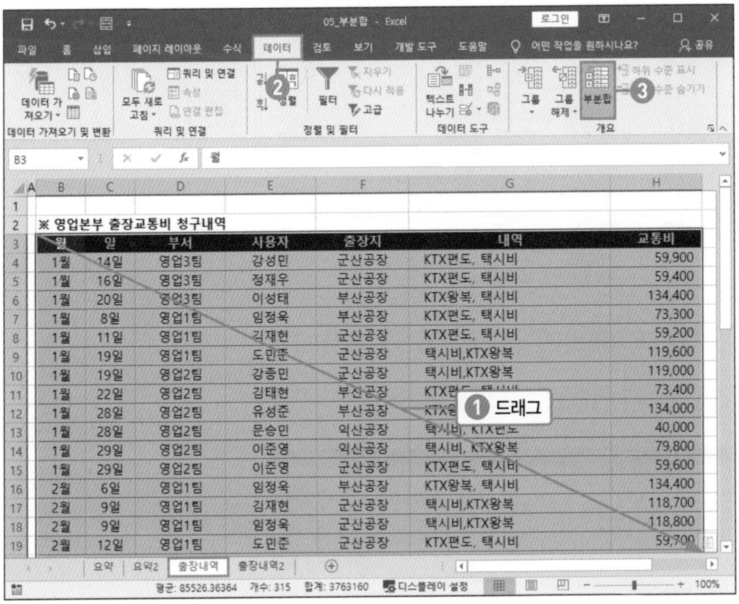

03 [부분합] 대화상자가 열리면 '그룹화할 항목'에서 [월]을 선택합니다. 교통비의 합계를 구하기 위하여 '사용할 함수'에서는 [합계]를 선택하고 '부분합 계산 항목'에서는 [교통비]에 체크한 후 [확인]을 클릭합니다.

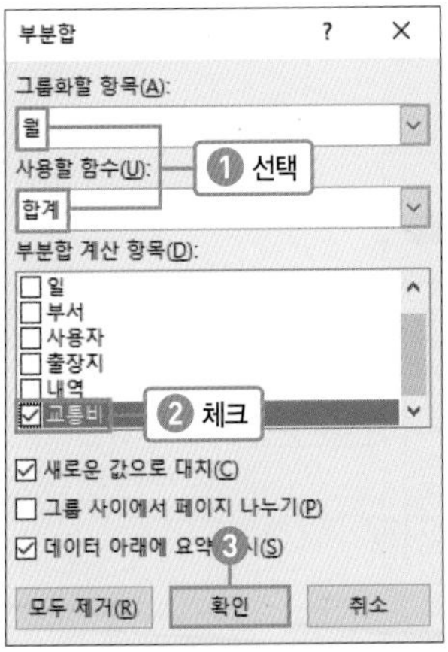

Tip

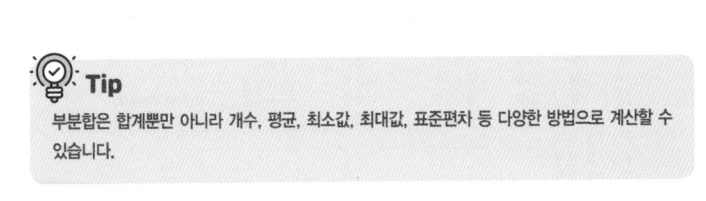

부분합은 합계뿐만 아니라 개수, 평균, 최소값, 최대값, 표준편차 등 다양한 방법으로 계산할 수 있습니다.

04 행 머리글에 그룹과 윤곽 기호와 윤곽 번호가 나타나면서 각 월별로 교통비의 합계가 계산되었습니다.

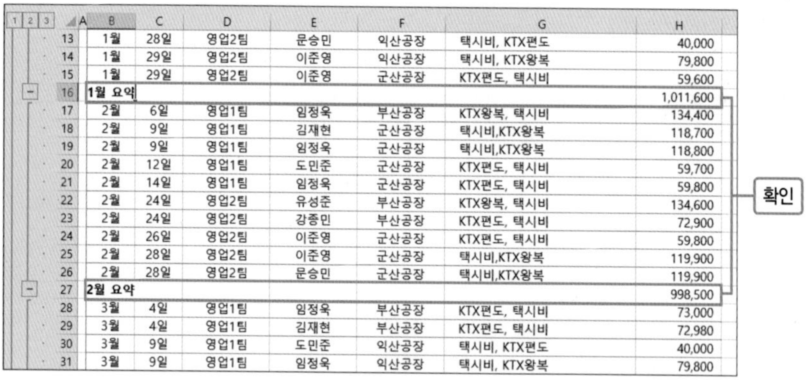

05 윤곽 번호 [2]를 클릭하면 월마다 교통비 합계가 요약되어 나타납니다.

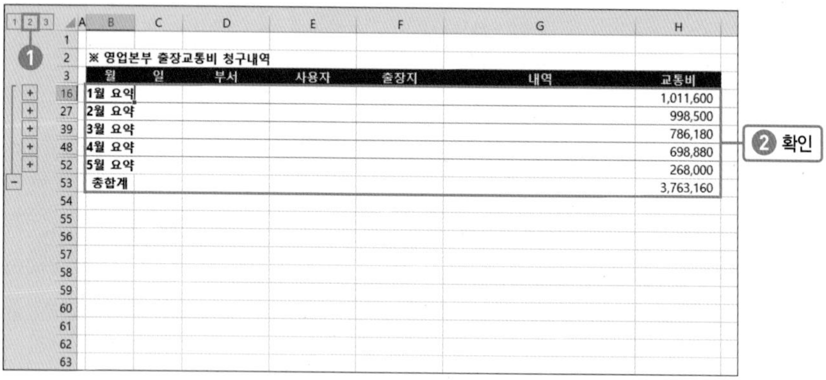

06 그룹화된 27행의 윤곽 기호 [+]를 클릭하여 2월달의 출장비 내역을 확장해서 확인합니다.

07 윤곽 번호 [1]을 클릭하여 교통비의 총 합계가 나타나는지 확인합니다.

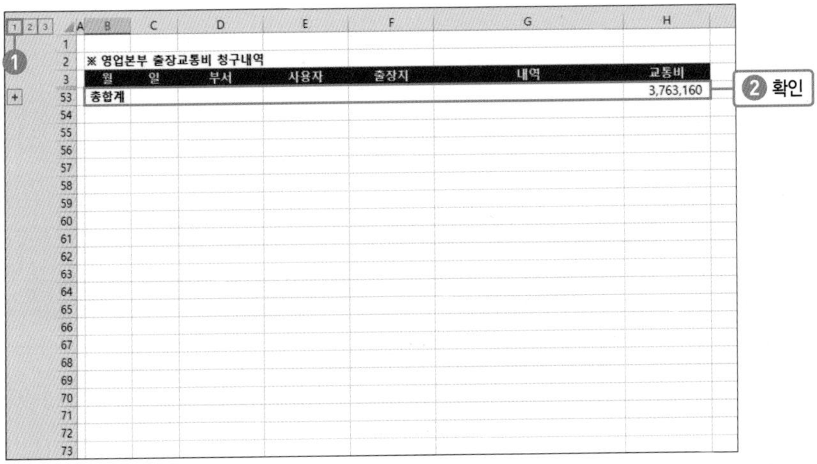

Tip

윤곽 번호 [1], [2], [3]에 따라 순차적으로 내용이 확장 및 축소됩니다. 그리고 일부 윤곽선의 [+]와 [-]를 클릭하여 원하는 내용만 확장 및 축소할 수 있습니다.

2 부분합 제거하기

01 [출장내역2] 시트에서 부분합이 적용된 셀을 선택하고 [데이터] 탭–[개요] 그룹에서 [부분합]을 클릭합니다.

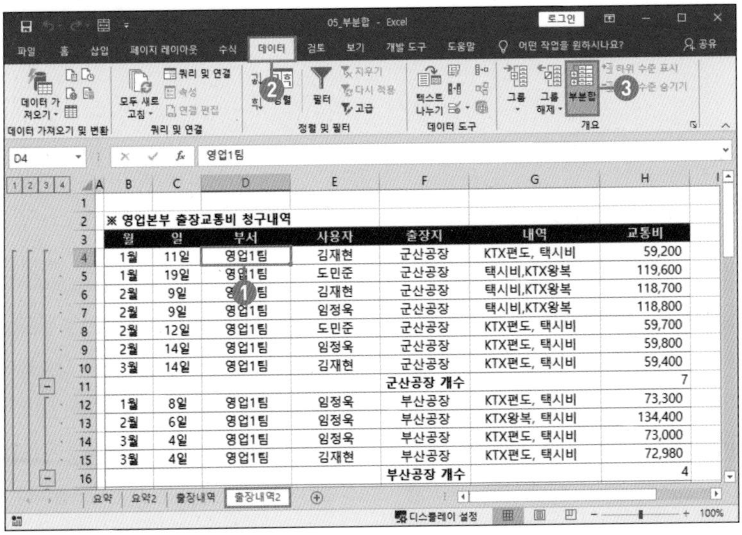

02 [부분합] 대화상자가 열리면 [모두 제거]를 클릭하여 부분합을 제거합니다.

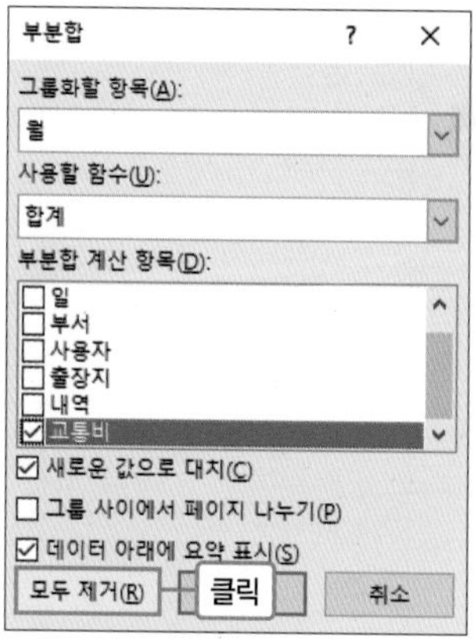

Tip

[부분합] 대화상자에서 '그룹화할 항목'과 '사용할 함수', '부분합 계산 항목'을 지정하고 [새로운 값으로 대치]의 체크를 해제하면 기존 부분합된 내용에 이중으로 부분합을 적용할 수 있습니다. 부분합이 적용되어 있는 상태에서 [새로운 값으로 대치]에 체크하면 기존 부분합된 내용이 사라지면서 새로운 부분합 내용으로 대체됩니다.

다시 보기

부분합을 적용해도 필드의 데이터가 같지 않을 때의 문제점이 해결되지는 않습니다. 부분합은 원하는 항목을 쉽고 빠르게 다양한 방식으로 계산해서 요약된 값을 얻는다는 장점이 있지만, 어떤 상황에서는 이러한 기능이 불필요한 요소로 작용할 수 있습니다. 문제를 해결하기 위해 여러 각도에서 요약된 값이 필요하다면 부분합 대신 피벗 테이블을 활용하는 것이 좀 더 효율적입니다. 부분합보다 무조건 피벗 테이블을 사용하는 것이 아니라 상황과 필요에 따라 적절한 작업 패턴을 갖는 것이 중요합니다.

06 삭제 우선순위 알고 중복된 항목 제거하기

실수로, 또는 상황에 따라 특정 항목을 기준으로 중복된 데이터를 삭제해야 하는 경우에는 '중복된 항목 제거' 기능을 사용합니다. 이 기능은 매우 간단하고 편리하지만 삭제되는 우선순위를 정확하게 알고 있어야 원하는 데이터를 문제없이 삭제할 수 있습니다.

실습파일 : 06_중복제거.xlsx

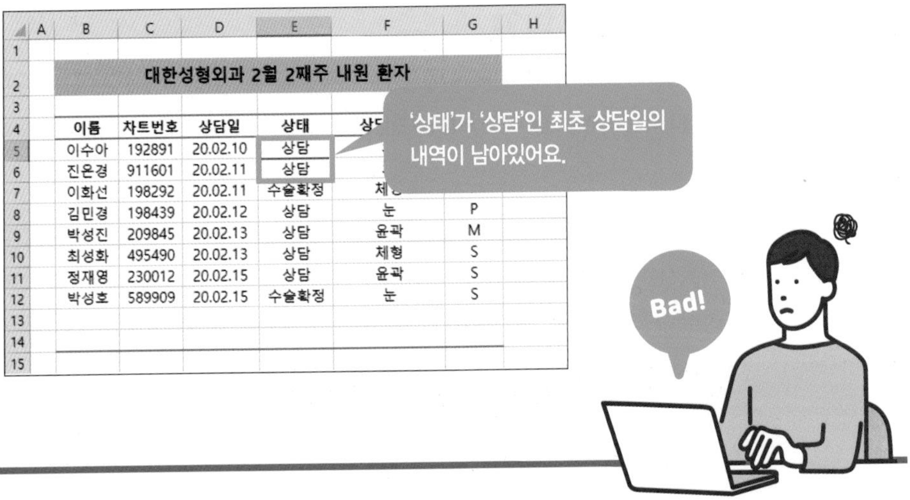

대한성형외과 2월 2째주 내원 환자

이름	차트번호	상담일	상태	상드	
이수아	192891	20.02.10	상담	[illegible]	[illegible]
진온경	911601	20.02.11	상담	[illegible]	[illegible]
이화선	198292	20.02.11	수술확정	체형	[illegible]
김민경	198439	20.02.12	상담	눈	P
박성진	209845	20.02.13	상담	윤곽	M
최성화	495490	20.02.13	상담	체형	S
정재영	230012	20.02.15	상담	윤곽	S
박성호	589909	20.02.15	수술확정	눈	S

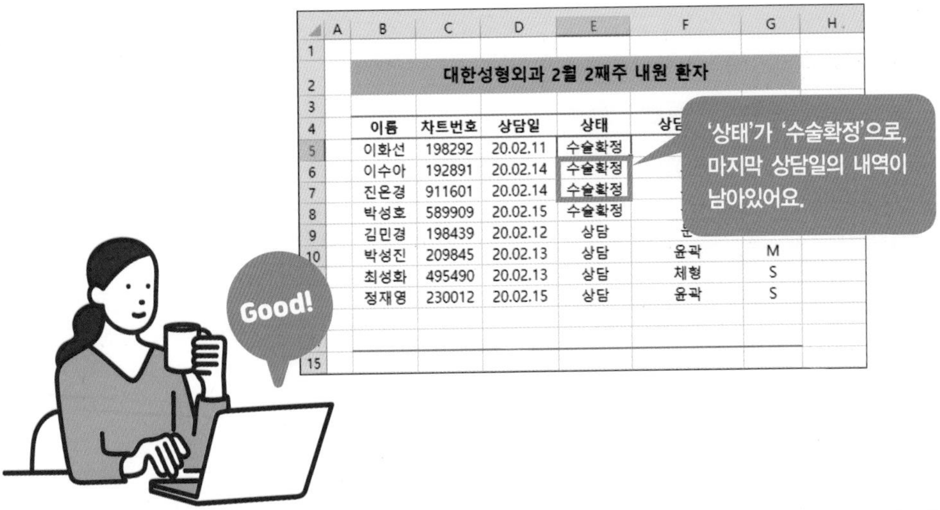

대한성형외과 2월 2째주 내원 환자

이름	차트번호	상담일	상태	상드	
이화선	198292	20.02.11	수술확정	[illegible]	[illegible]
이수아	192891	20.02.14	수술확정	[illegible]	[illegible]
진온경	911601	20.02.14	수술확정	[illegible]	[illegible]
박성호	589909	20.02.15	수술확정	[illegible]	[illegible]
김민경	198439	20.02.12	상담	[illegible]	[illegible]
박성진	209845	20.02.13	상담	윤곽	M
최성화	495490	20.02.13	상담	체형	S
정재영	230012	20.02.15	상담	윤곽	S

문제 상황

병원의 내원 환자 명단으로, 중복된 환자의 데이터가 입력되어 있어서 중복 환자의 마지막 상담일자의 내역만 남기고 나머지 상담일의 내역을 지우려고 합니다.

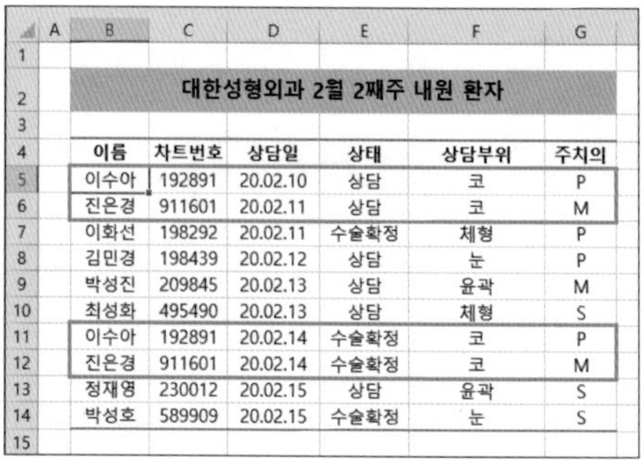

대한성형외과 2월 2째주 내원 환자

이름	차트번호	상담일	상태	상담부위	주치의
이수아	192891	20.02.10	상담	코	P
진은경	911601	20.02.11	상담	코	M
이화선	198292	20.02.11	수술확정	체형	P
김민경	198439	20.02.12	상담	눈	P
박성진	209845	20.02.13	상담	윤곽	M
최성화	495490	20.02.13	상담	체형	S
이수아	192891	20.02.14	수술확정	코	P
진은경	911601	20.02.14	수술확정	코	M
정재영	230012	20.02.15	상담	윤곽	S
박성호	589909	20.02.15	수술확정	눈	S

'중복된 항목 제거' 바로 알기

'중복된 항목 제거'는 동일한 데이터를 삭제할 경우에도 사용하지만, 많은 데이터 목록 중 고유의 목록을 추출할 때도 활용할 수 있습니다.

01 [Sheet1] 시트에서 5행과 11행, 6행과 12행에 같은 환자가 입력되어 있어서 중복된 데이터를 삭제해 볼게요. B4:G14 범위를 선택하고 [데이터] 탭-[데이터 도구] 그룹에서 [중복된 항목 제거]를 클릭합니다.

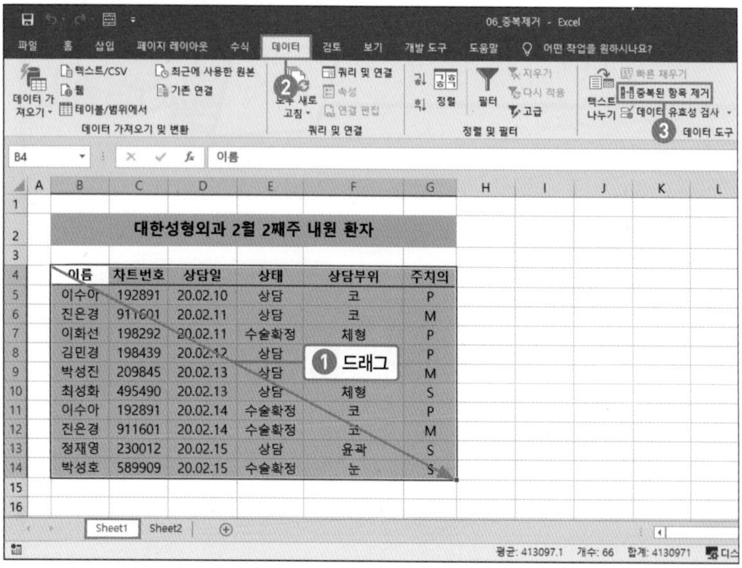

02 [중복 값 제거] 대화상자가 열리면 [모두 선택 취소]를 클릭하여 전체 항목의 체크를 해지합니다. 다시 [이름]에만 체크하고 [확인]을 클릭합니다.

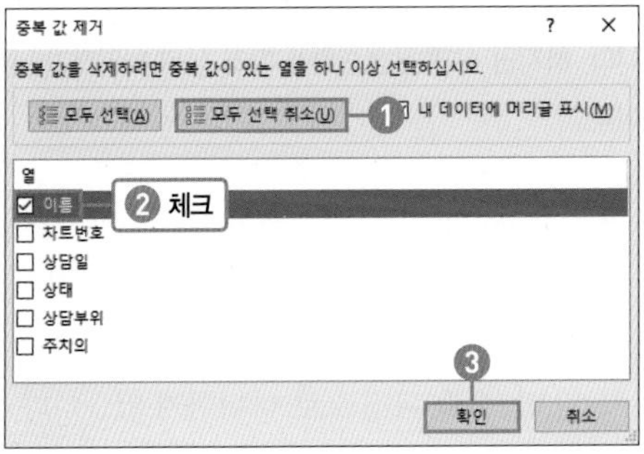

03 2개의 중복된 값이 검색되어 제거했다는 메시지 창이 열리면 [확인]을 클릭합니다.

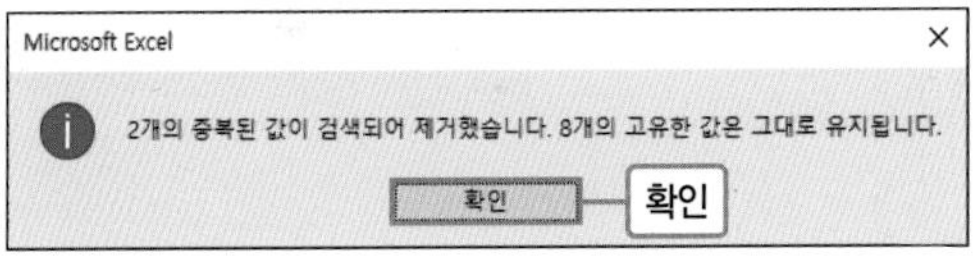

04 범위를 선택한 데이터 안에서 중복된 '이름'을 기준으로 행 전체가 삭제되었습니다.

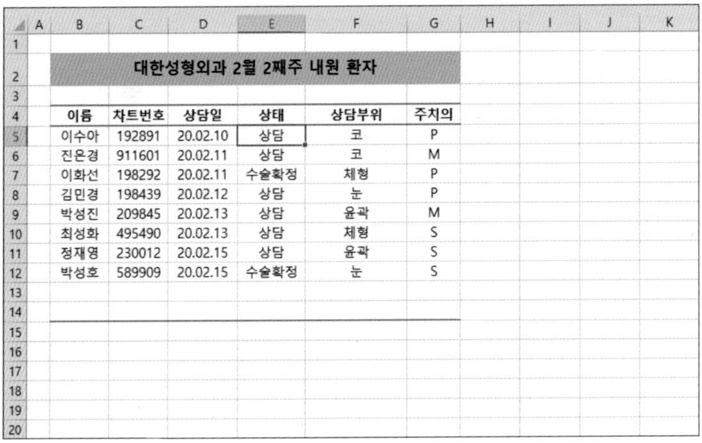

'중복된 항목 제거'의 함정

'중복된 항목 제거' 기능을 사용하여 환자의 이름을 삭제할 수 있습니다. 하지만 삭제 우선순위에 따라 상위 데이터가 남고 아래쪽 행에 입력된 중요한 데이터가 제거되었다는 문제가 있습니다.

이름	차트번호	상담일	상태	상담부위	주치의
이수아	192891	20.02.10	상담	코	P
진은경	911601	20.02.11	상담	코	M
이화선	198292	20.02.11	수술확정	체형	P
김민경	198439	20.02.12	상담	눈	P
박성진	209845	20.02.13	상담	윤곽	M
최성화	495490	20.02.13	상담	체형	S
이수아	192891	20.02.14	수술확정	코	P
진은경	911601	20.02.14	수술확정	코	M
정재영	230012	20.02.15	상담	윤곽	S
박성호	589909	20.02.15	수술확정	눈	S

(표 제목: 대한성형외과 2월 2째주 내원 환자)

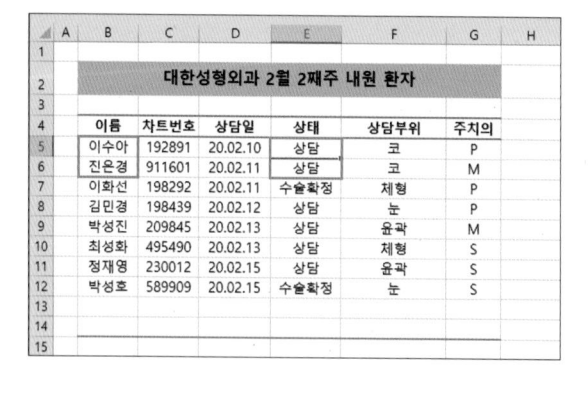

01 [Sheet1] 시트에서 중복 입력된 환자의 데이터를 다시 살펴보면 '이수아', '진은경'의 이름이 중복되어 있고, '상태' 필드의 내용이 '상담'과 '수술 확정'으로 나뉘어져 있습니다.

이름	차트번호	상담일	상태	상담부위	주치의
이수아	192891	20.02.10	상담	코	P
진은경	911601	20.02.11	상담	코	M
이화선	198292	20.02.11	수술확정	체형	P
김민경	198439	20.02.12	상담	눈	P
박성진	209845	20.02.13	상담	윤곽	M
최성화	495490	20.02.13	상담	체형	S
정재영	230012	20.02.15	상담	윤곽	S
박성호	589909	20.02.15	수술확정	눈	S

(표 제목: 대한성형외과 2월 2째주 내원 환자)

02 최종 상태인 '수술 확정' 데이터를 남기고, '상담' 상태인 데이터를 삭제하려고 했지만, 나중에 입력된 '수술확정' 데이터가 삭제되었습니다. 같은 데이터의 경우 정렬된 순서대로 나중에 입력된 데이터가 삭제되기 때문에 이러한 문제가 발생했습니다.

Solution

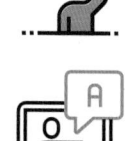

Q 아래쪽 행에 입력된 데이터를 남기려면 어떤 방법으로 중복된 데이터를 삭제해야 하나요?

A '중복된 항목 제거'에는 삭제되는 우선순위를 설정할 수 있는 기능이 없습니다. 따라서 이 경우에는 중복된 항목을 삭제하기 전에 정렬해서 데이터의 위치를 변경해야 합니다.

중복된 항목 제거하기 전에 정렬은 필수!

중복된 데이터를 삭제하려면 삭제되는 우선순위를 정확하게 알고 정렬을 사용하여 데이터의 위치를 미리 변경해야 합니다.

01 중복 입력된 환자 중에서 최종 상태인 '수술확정' 데이터만 남기고 '상담' 상태 데이터를 삭제해 볼게요. [Sheet2] 시트에서 B4:G14 범위를 선택하고 [데이터] 탭–[정렬 및 필터] 그룹에서 [정렬]을 클릭합니다.

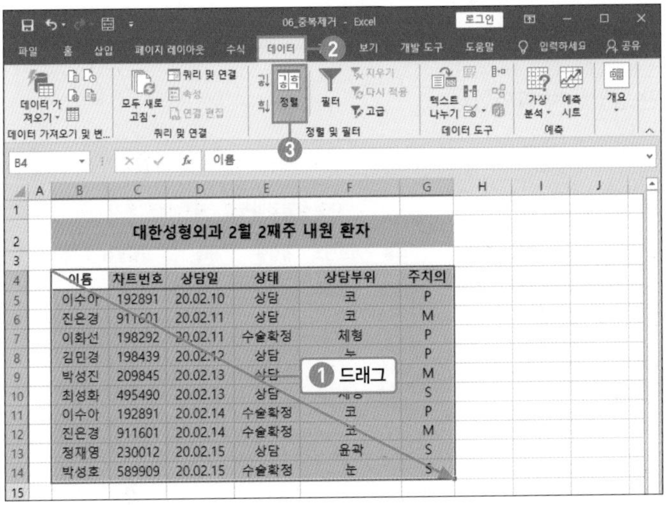

02 [정렬] 대화상자가 열리면 '정렬 기준'을 [상태], [셀 값], [내림차순]으로 선택하고 [확인]을 클릭합니다.

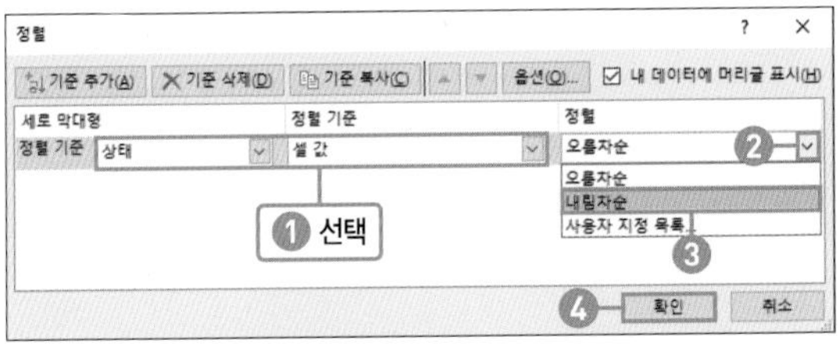

03 '상태' 필드의 내용이 내림차순으로 정렬되면서 '수술확정'이 상위에 정렬되었습니다. B4:G14 범위를 선택한 상태에서 Alt+A+M을 누릅니다.

Tip

Alt+A+M은 [데이터] 탭–[데이터 도구] 그룹에서 [중복된 항목 제거]를 클릭하는 단축키입니다.

04 [중복 값 제거] 대화상자가 열리면 [모두 선택 취소]를 클릭하고 [이름]에만 체크한 후 [확인]을 클릭합니다. 2개의 중복된 값이 검색되어 제거했다는 메시지 창이 열리면 [확인]을 클릭합니다.

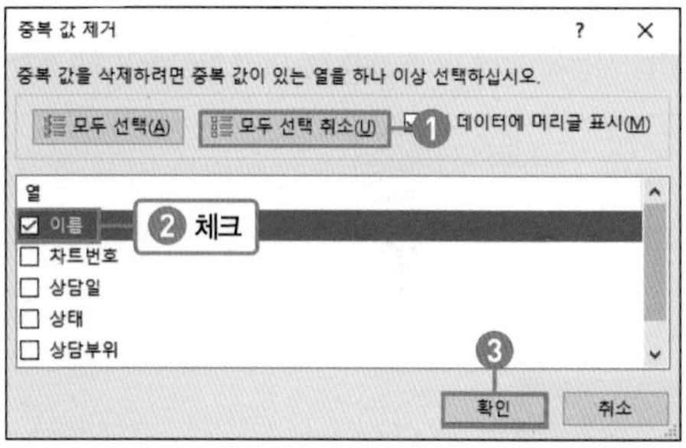

05 최종 상태인 '수술확정' 데이터만 남았는지 확인합니다.

대한성형외과 2월 2째주 내원 환자

이름	차트번호	상담일	상태	상담부위	주치의
이화선	198292	20.02.11	수술확정	체형	P
이수아	192891	20.02.14	수술확정	코	P
진은경	911601	20.02.14	수술확정	코	M
박성호	589909	20.02.15	수술확정	눈	S
김민경	198439	20.02.12	상담	눈	P
박성진	209845	20.02.13	상담	윤곽	M
최성화	495490	20.02.13	상담	체형	S
정재영	230012	20.02.15	상담	윤곽	S

▲ 정렬한 후 중복 제거한 경우

대한성형외과 2월 2째주 내원 환자

이름	차트번호	상담일	상태	상담부위	주치의
이수아	192891	20.02.10	상담	코	P
진은경	911601	20.02.11	상담	코	M
이화선	198292	20.02.11	수술확정	체형	P
김민경	198439	20.02.12	상담	눈	P
박성진	209845	20.02.13	상담	윤곽	M
최성화	495490	20.02.13	상담	체형	S
정재영	230012	20.02.15	상담	윤곽	S
박성호	589909	20.02.15	수술확정	눈	S

▲ 정렬하지 않고 중복 제거한 경우

다시 보기

'중복된 항목 제거'는 매우 간단하고 편리한 기능입니다. 하지만 중복된 항목을 무조건 제거할 경우에는 우선순위에 있는 데이터가 삭제될 수 있습니다. 그러므로 자료의 흐름에 따라 데이터의 우선순위를 파악하고 데이터가 잘못 삭제되지 않도록 적절하게 정렬하여 편집한 후 중복된 항목을 제거해야 합니다.

07 주말 날짜는 직접 빨간색으로 표시하지 않기

매월 날짜가 변하는 경우 주말인 요일만 일일이 찾아 빨간색으로 바꿀 필요가 없습니다. 직접 원하는 값을 찾아 셀에 서식을 적용할 수 있지만, 데이터를 찾는 시간이 걸리고 데이터의 정확도도 떨어질 수 밖에 없습니다. 신속하고 정확하게 데이터를 관리하려면 조건부 서식을 이용해 변화하는 셀 값에 따라 지정한 서식이 적용되도록 규칙을 설정해서 사용해야 합니다. 이번에는 원하는 조건을 만들고 조건이 충족될 경우 지정한 서식이 표시되는 조건부 서식에 대해 알아봅니다.

실습파일 : 07_주말.xlsx

Bad!

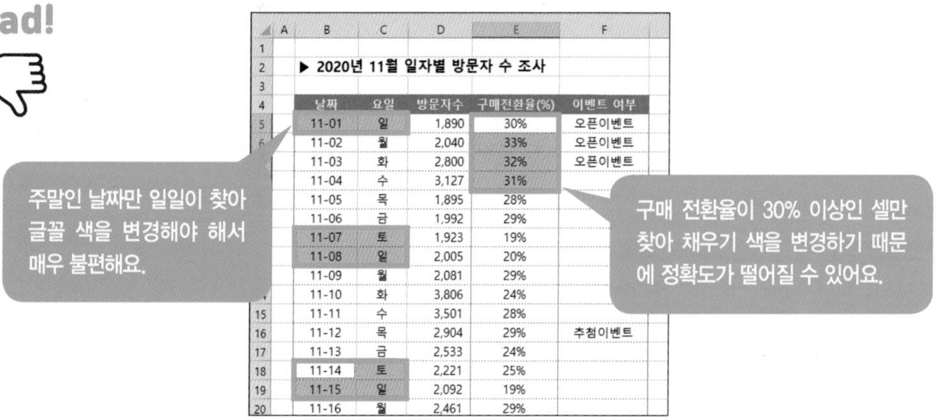
▶ 2020년 11월 일자별 방문자 수 조사
주말인 날짜만 일일이 찾아 글꼴 색을 변경해야 해서 매우 불편해요.
구매 전환율이 30% 이상인 셀만 찾아 채우기 색을 변경하기 때문에 정확도가 떨어질 수 있어요.

Good!

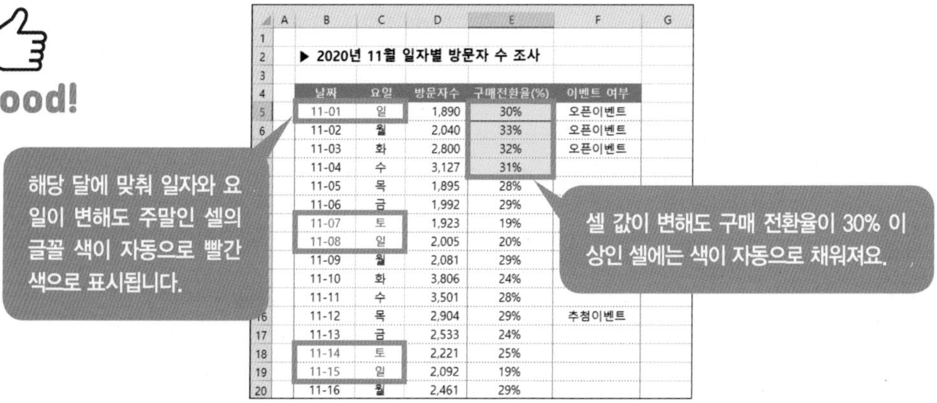
▶ 2020년 11월 일자별 방문자 수 조사
해당 달에 맞춰 일자와 요일이 변해도 주말인 셀의 글꼴 색이 자동으로 빨간색으로 표시됩니다.
셀 값이 변해도 구매 전환율이 30% 이상인 셀에는 색이 자동으로 채워져요.

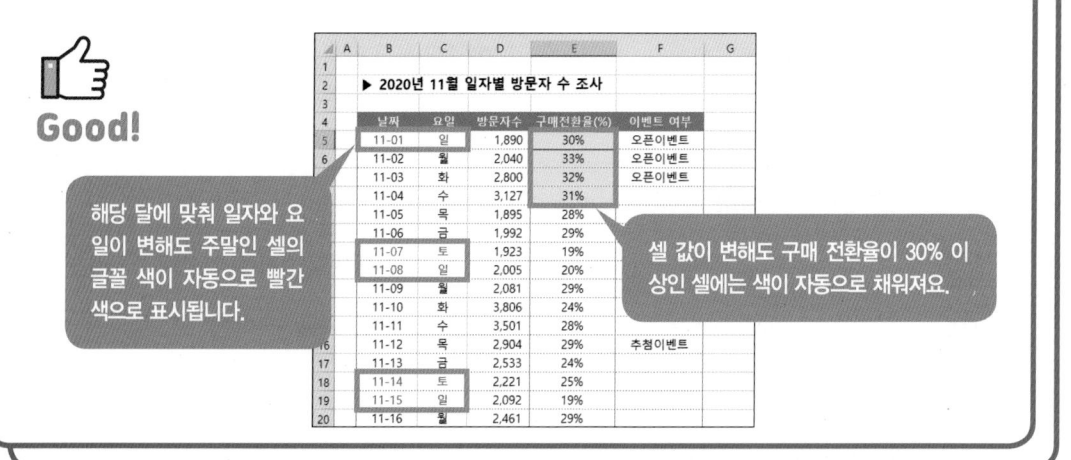

'조건부 서식' 바로 알기

조건부 서식은 특정 문자나 숫자 등 셀 값에 따라 지정된 조건이 충족되면 셀에 서식을 적용해 주는 기능으로, 일일이 특정 값을 찾아 셀에 서식을 수정하는 번거로움을 없앨 수 있습니다. 제공되는 규칙 이외의 조건을 만들고 싶으면 새 규칙에 수식을 입력해서 원하는 조건을 만들 수 있습니다.

1 주말 날짜에만 빨간색 표시하기

일자별 방문자 수를 조사한 표에서 주말 날짜에만 글자 색을 빨간색으로 변경해 보겠습니다.

01 [Sheet1] 시트에서 B5:C34 범위를 선택하고 [홈] 탭–[스타일] 그룹에서 [조건부 서식]을 클릭한 후 [새 규칙]을 선택합니다.

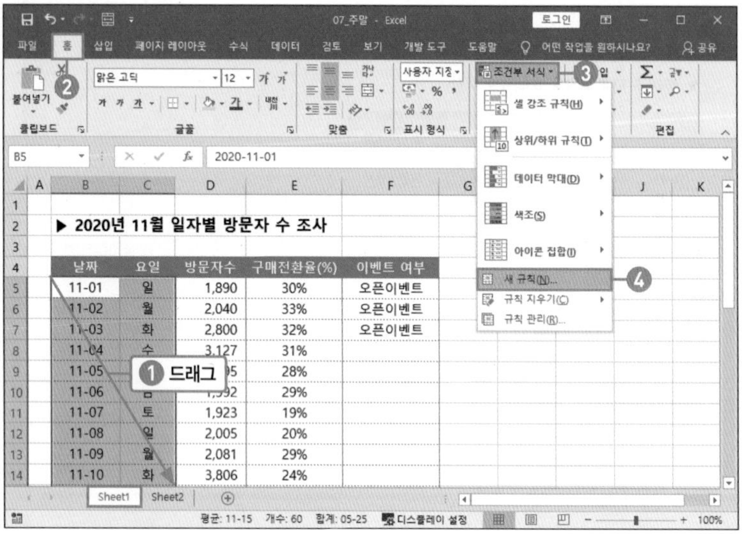

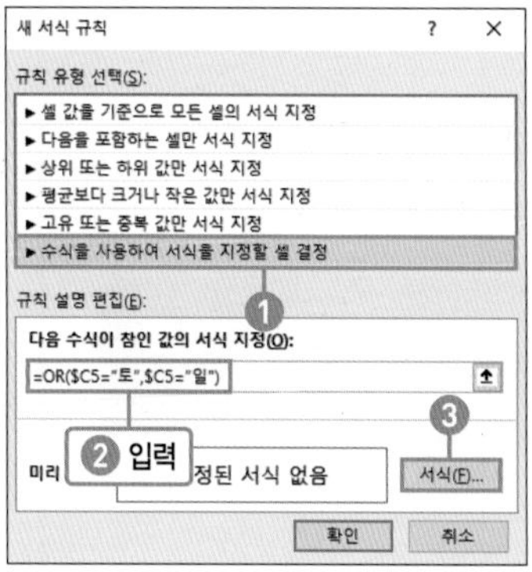

02 [새 서식 규칙] 대화상자가 열리면 '규칙 유형 선택'에서 [수식을 사용하여 서식을 지정할 셀 결정]을 선택합니다. '다음 수식이 참인 값의 서식 지정'에 수식 『=OR($C5="토",$C5="일")』을 입력하고 수식이 참일 경우 표시될 서식을 지정하기 위해 [서식]을 클릭합니다.

03 [셀 서식] 대화상자가 열리면 [글꼴] 탭을 선택하고 '색'에서 '표준 색'의 [빨강]을 선택한 후 [확인]을 클릭합니다.

: **함수식** :

=OR($C5="토",$C5="일")
① ②

① **OR :** 두 가지 조건 중 하나의 조건만 충족해도 됩니다. 예 셀 값이 '토'이거나 '일'인 경우

② **$C5 :** C열은 절대값으로 고정하되, 행은 상대 참조를 적용합니다.

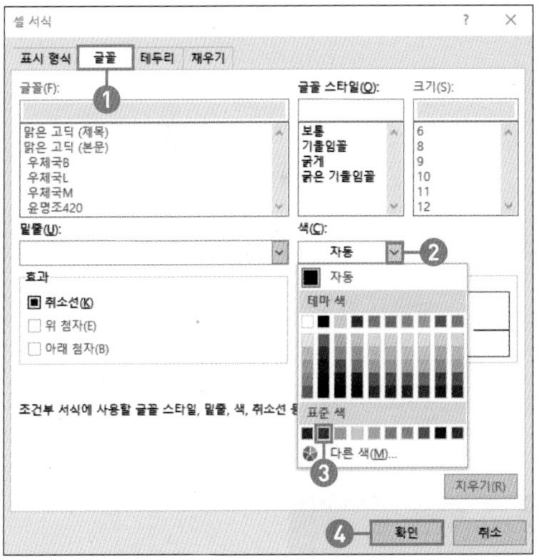

04 [새 서식 규칙] 대화상자로 되돌아오면 '미리 보기'에서 지정한 서식을 확인하고 [확인]을 클릭합니다.

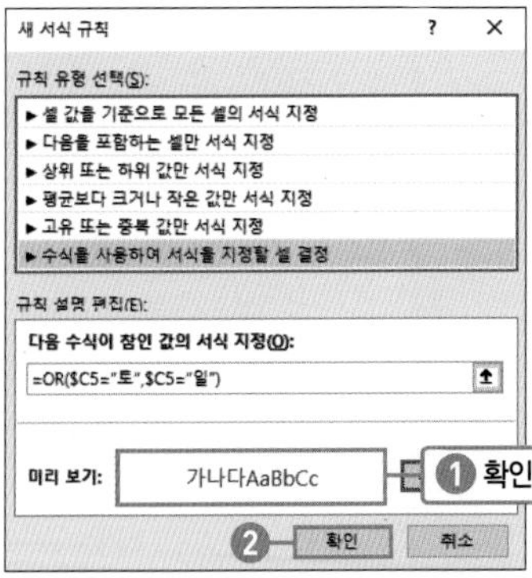

05 주말인 요일에 글자의 색이 빨간색으로 표시되었는지 확인합니다.

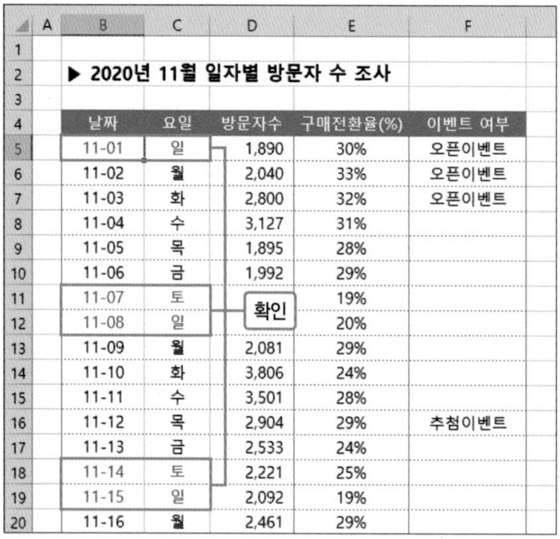

2 구매 전환율이 30% 이상인 셀을 녹색으로 채우기

'구매전환율(%)' 항목에서 수치 값이 30% 이상인 경우에는 녹색으로 셀을 채워보겠습니다.

01 [Sheet2] 시트에서 E5:E34 범위를 선택하고 [홈] 탭–[스타일] 그룹에서 [조건부 서식]을 클릭한 후 [새 규칙]을 선택합니다.

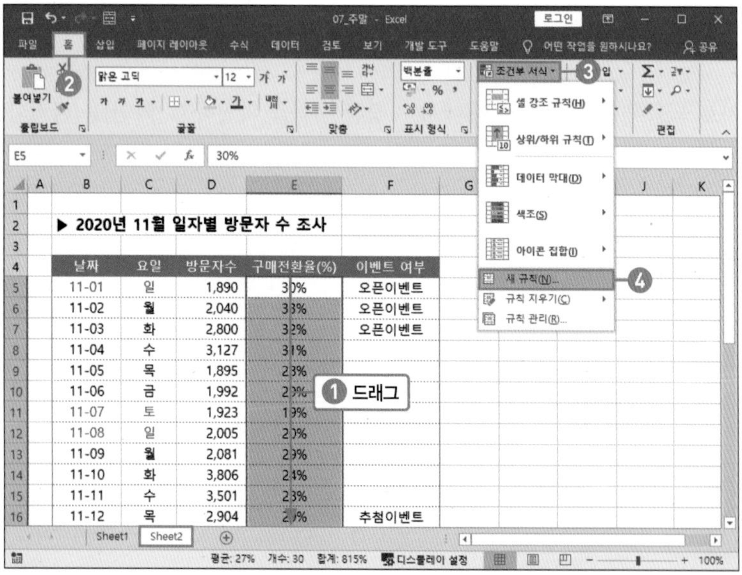

02 [새 서식 규칙] 대화상자가 열리면 '규칙 유형 선택'에서 [다음을 포함하는 셀만 서식 지정]을 선택합니다. 셀 값이 입력한 숫자의 이상 되어야 하기 때문에 '규칙 설명 편집'의 '다음을 포함하는 셀만 서식 지정'에서 크거나 같음 기호인 [>=]를 선택합니다.

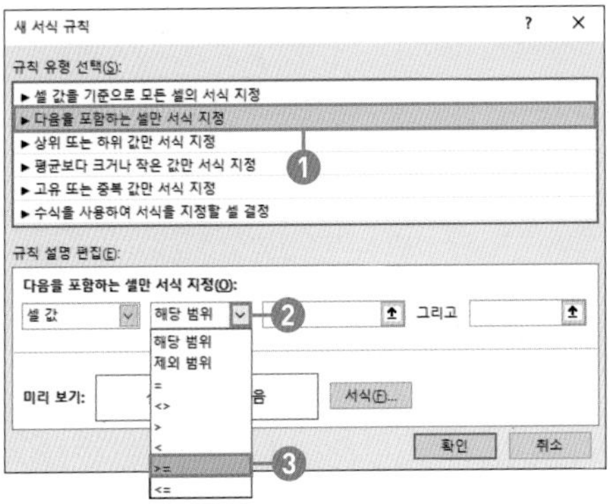

03 입력 상자에 『0.3』을 입력하고 셀 값이 30% 이상일 경우에 적용할 서식을 지정하기 위해 [서식]을 클릭합니다.

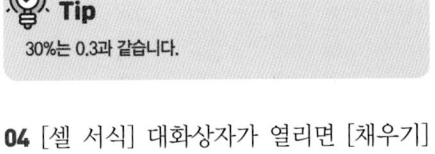

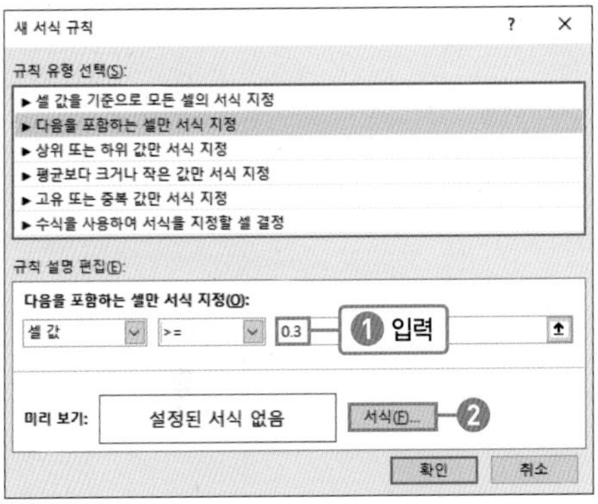

Tip

30%는 0.3과 같습니다.

04 [셀 서식] 대화상자가 열리면 [채우기] 탭에서 '배경색'을 선택하고 [확인]을 클릭합니다.

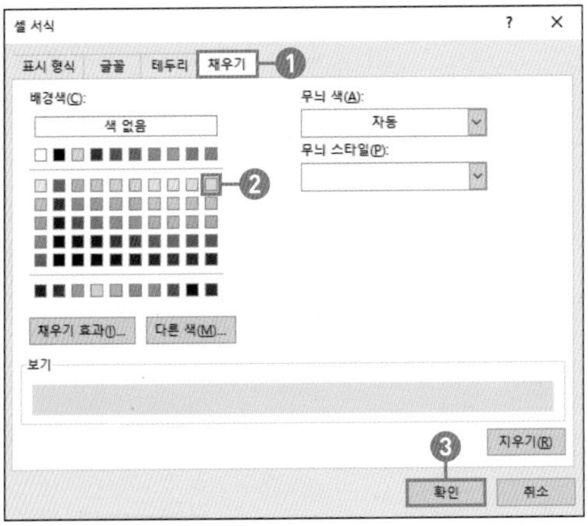

05 [새 서식 규칙] 대화상자로 되돌아오면 '미리 보기'에서 지정한 서식을 확인하고 [확인]을 클릭합니다.

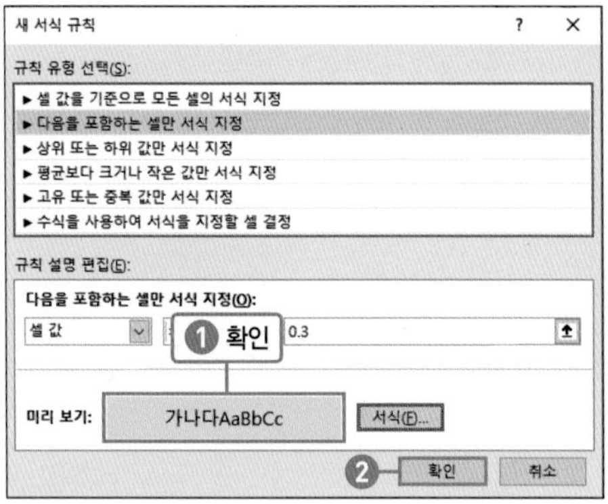

06 '구매전환율(%)' 항목에서 구매 전환율이 30% 이상인 셀의 배경색이 지정한 색으로 표시되었는지 확인합니다.

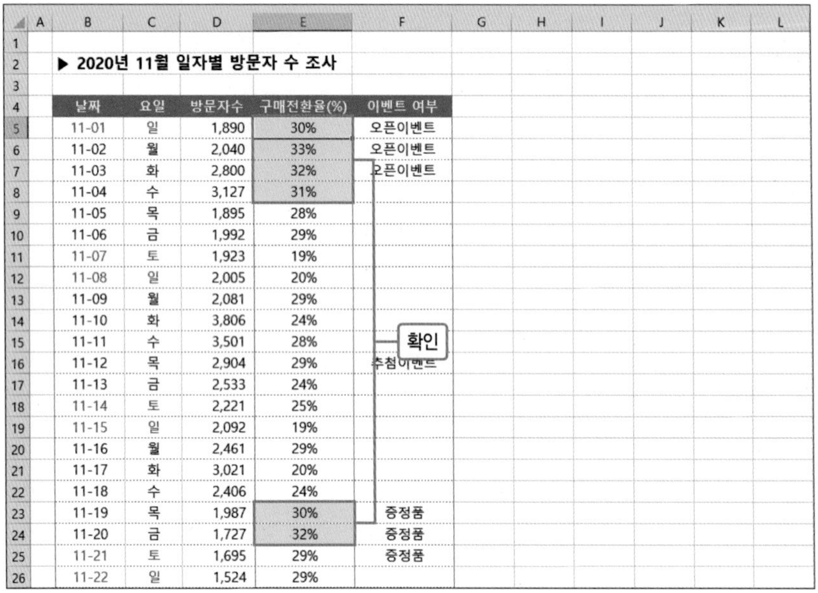

▶ 2020년 11월 일자별 방문자 수 조사

날짜	요일	방문자수	구매전환율(%)	이벤트 여부
11-01	일	1,890	30%	오픈이벤트
11-02	월	2,040	33%	오픈이벤트
11-03	화	2,800	32%	오픈이벤트
11-04	수	3,127	31%	
11-05	목	1,895	28%	
11-06	금	1,992	29%	
11-07	토	1,923	19%	
11-08	일	2,005	20%	
11-09	월	2,081	29%	
11-10	화	3,806	24%	
11-11	수	3,501	28%	
11-12	목	2,904	29%	추첨이벤트
11-13	금	2,533	24%	
11-14	토	2,221	25%	
11-15	일	2,092	19%	
11-16	월	2,461	29%	
11-17	화	3,021	20%	
11-18	수	2,406	24%	
11-19	목	1,987	30%	증정품
11-20	금	1,727	32%	증정품
11-21	토	1,695	29%	증정품
11-22	일	1,524	29%	

08 표 내용 추가해도 다시 선을 그릴 필요가 없다

표에 내용을 추가하면 셀 서식을 이용하여 표의 테두리를 내용에 맞추어 추가하는 경우가 많습니다. 반대로 표 안의 내용을 삭제하면 만들어져 있던 서식을 내용에 맞추어 지우기도 합니다. 이번에는 이런 편집 작업을 하지 않고 표의 내용에 맞추어 자동으로 표의 범위가 늘어나고 줄어드는 방법에 대해 알아봅니다.

실습파일 : 08_표.xlsx

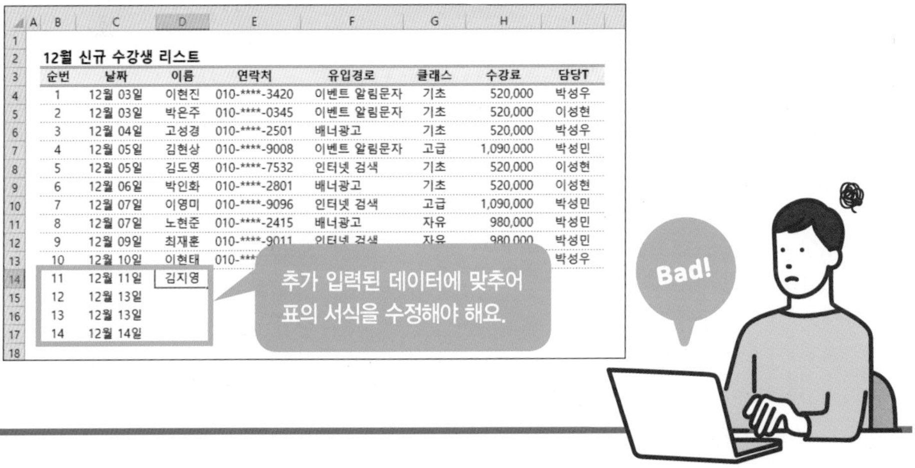

12월 신규 수강생 리스트

순번	날짜	이름	연락처	유입경로	클래스	수강료	담당T
1	12월 03일	이현진	010-****-3420	이벤트 알림문자	기초	520,000	박성우
2	12월 03일	박은주	010-****-0345	이벤트 알림문자	기초	520,000	이성현
3	12월 04일	고성경	010-****-2501	배너광고	기초	520,000	박성우
4	12월 05일	김현상	010-****-9008	이벤트 알림문자	고급	1,090,000	박성민
5	12월 05일	김도영	010-****-7532	인터넷 검색	기초	520,000	이성현
6	12월 06일	박인화	010-****-2801	배너광고	기초	520,000	이성현
7	12월 07일	이영미	010-****-9096	인터넷 검색	고급	1,090,000	박성민
8	12월 07일	노현준	010-****-2415	배너광고	자유	980,000	박성민
9	12월 09일	최재훈	010-****-9011	인터넷 검색	자유	980,000	박성민
10	12월 10일	이현태	010-***				박성우
11	12월 11일	김지영					
12	12월 13일						
13	12월 13일						
14	12월 14일						

추가 입력된 데이터에 맞추어 표의 서식을 수정해야 해요.
Bad!

12월 신규 수강생 리스트

순번	날짜	이름	연락처	유입경로	클래스	수강료	담당T
1	12월 03일	이현진	010-****-3420	이벤트 알림문자	기초	520,000	박성우
2	12월 03일	박은주	010-****-0345	이벤트 알림문자	기초	520,000	이성현
3	12월 04일	고성경	010-****-2501	배너광고	기초	520,000	박성우
4	12월 05일	김현상	010-****-9008	이벤트 알림문자	고급	1,090,000	박성민
5	12월 05일	김도영	010-****-7532	인터넷 검색	기초	520,000	이성현
6	12월 06일	박인화	010-****-2801	배너광고	기초	520,000	이성현
7	12월 07일	이영미	010-****-9096	인터넷 검색	고급	1,090,000	박성민
8	12월 07일	노현준	010-****-2415	배너광고	자유	980,000	박성민
9	12월 09일	최재훈	010-****-9011	인터넷 검색	자유	980,000	박성민
10	12월 10일	이현태	010-****-4402	인터넷 검색	기초	520,000	박성우
11							
12							
13							
14							
15							
16							
17							
18							

데이터를 입력하면 내용에 맞추어 표의 서식이 자동으로 표시됩니다.
Good!

서식 복사보다 조건부 서식 활용하기

데이터를 새로 입력할 때마다 셀 서식을 이용해서 테두리를 그리는 작업이 매번 불편할 수 있습니다. 이 경우에는 [붙여넣기 옵션] 단추(📋)를 이용하여 서식만 복사하여 붙여넣는 방법을 사용하면 좀 더 쉽게 테두리를 그릴 수 있습니다. 하지만 조건부 서식을 활용하여 자동화된 양식으로 만들어서 사용하면 좀 더 편리합니다. 표 내용에 맞추어 자동으로 셀에 테두리가 추가되고 지워질 수 있도록 규칙을 설정하여 편집하는 시간을 좀 더 효율적으로 단축시켜 보겠습니다.

01 [Sheet1] 시트에서 B4:I30 범위를 선택하고 [홈] 탭–[스타일] 그룹에서 [조건부 서식]을 클릭한 후 [새 규칙]을 선택합니다.

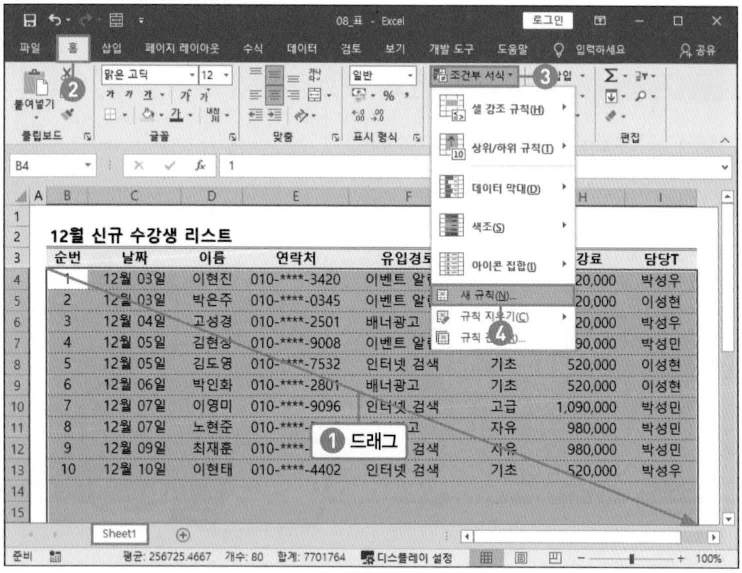

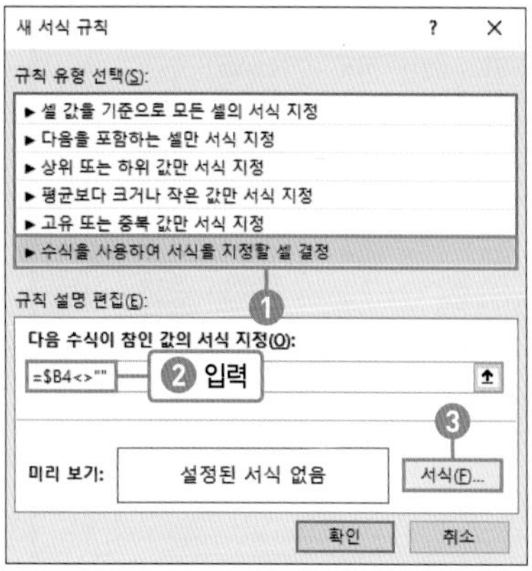

02 [새 서식 규칙] 대화상자가 열리면 '규칙 유형 선택'에서 [수식을 사용하여 서식을 지정할 셀 결정]을 선택합니다. 데이터가 입력되는 첫 번째 위치인 B열에 내용을 입력할 경우 지정한 범위의 행 전체에 서식을 지정하기 위해 '다음 수식이 참인 값의 서식 지정'에 『=$B4〈 〉""』를 입력하고 [서식]을 클릭합니다.

03 [셀 서식] 대화상자가 열리면 [테두리] 탭에서 '선'의 '스타일'을 선택하고 '테두리'의 위치를 [아래](⊞)로 선택한 후 [확인]을 클릭합니다. [새 서식 규칙] 대화상자로 되돌아오면 [확인]을 클릭합니다.

: **수식** :
=$B4〈〉"" → $B4셀이 공백이 아닐 경우

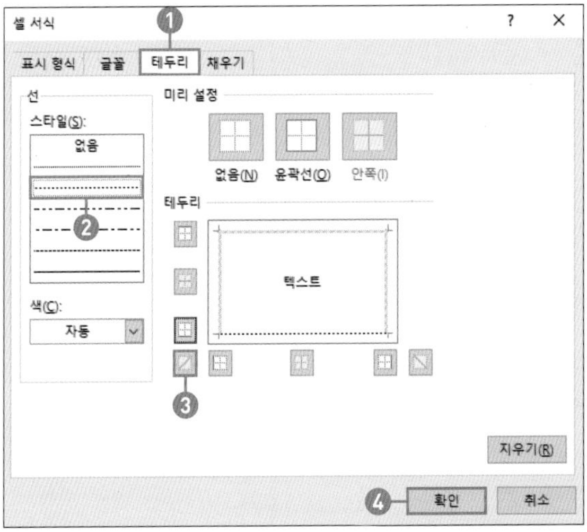

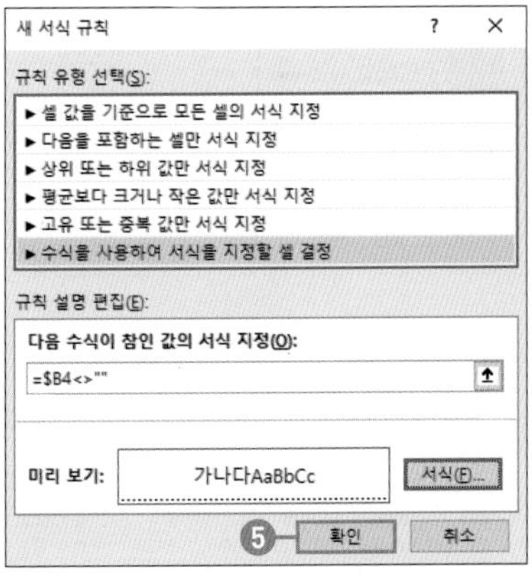

04 B14셀에 『11』을 입력하고 아래쪽 행에도 연속으로 숫자 데이터를 입력합니다. B열에 데이터가 입력되는 순간 해당 행에 조건부 서식이 적용되어 내용에 맞춰 **03** 과정에서 지정한 표의 서식이 표시되었습니다.

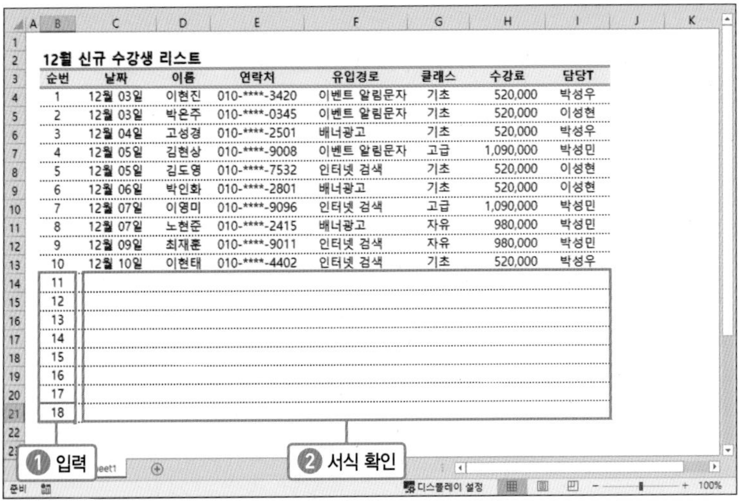

12월 신규 수강생 리스트

순번	날짜	이름	연락처	유입경로	클래스	수강료	담당T
1	12월 03일	이현진	010-****-3420	이벤트 알림문자	기초	520,000	박성우
2	12월 03일	박은주	010-****-0345	이벤트 알림문자	기초	520,000	이성현
3	12월 04일	고성경	010-****-2501	배너광고	기초	520,000	박성우
4	12월 05일	김현상	010-****-9008	이벤트 알림문자	고급	1,090,000	박성민
5	12월 05일	김도영	010-****-7532	인터넷 검색	기초	520,000	이성현
6	12월 06일	박인화	010-****-2801	배너광고	기초	520,000	이성현
7	12월 07일	이영미	010-****-9096	인터넷 검색	고급	1,090,000	박성민
8	12월 07일	노현준	010-****-2415	배너광고	자유	980,000	박성민
9	12월 09일	최재훈	010-****-9011	인터넷 검색	자유	980,000	박성민
10	12월 10일	이현태	010-****-4402	인터넷 검색	기초	520,000	박성우
11							
12							
13							
14							
15							
16							
17							
18							

05 이번에는 B15:B21 범위를 선택하고 Delete를 눌러 지웁니다.

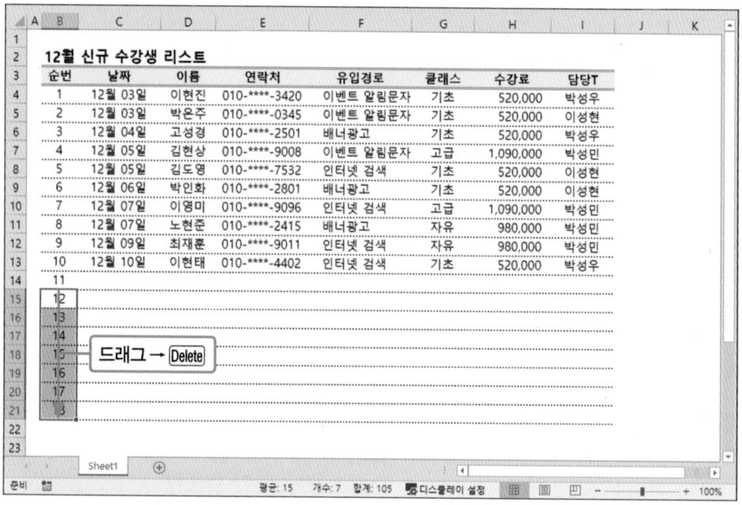

06 표 안에 내용이 삭제되면서 표의 서식도 자동으로 사라졌습니다.

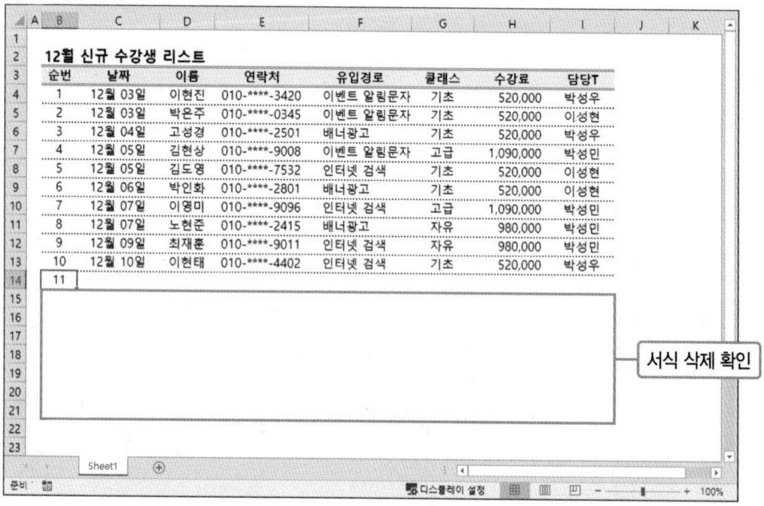

다시 보기

조건부 서식의 규칙을 적용하면 서식을 복사해서 붙여넣기하거나, 셀 서식을 이용해서 일일이 선을 추가하는 불필요한 편집 과정을 줄일 수 있습니다. 자동화된 양식을 만들려면 함수를 사용하는 것만큼 조건부 서식을 잘 활용하는 것도 매우 중요합니다.

09 페이지마다 제목 행 복사해서 넣지 않기

자료를 인쇄할 때 넘어가는 페이지마다 표의 제목 행을 복사해서 붙여넣는 경우가 있는데, 이것은 올바른 편집 방법이 아닙니다. 이번에는 모든 페이지에 표의 제목 행을 자동으로 표시해서 인쇄하는 방법과 주의 사항에 대해 알아봅니다.

실습파일 : 09_인쇄.xlsx

Bad!

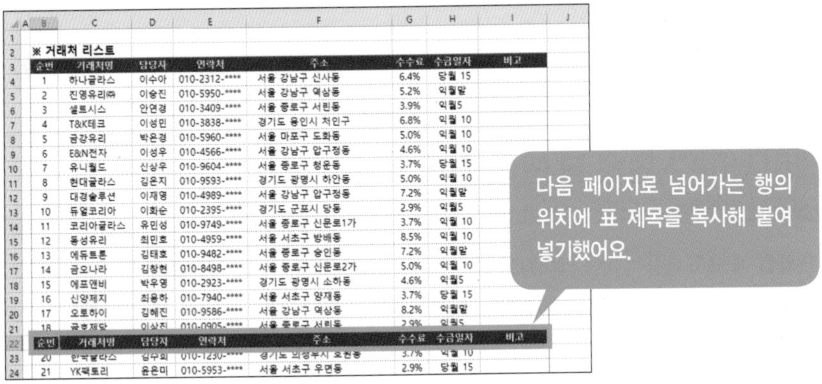
다음 페이지로 넘어가는 행의 위치에 표 제목을 복사해 붙여넣기했어요.

Good!

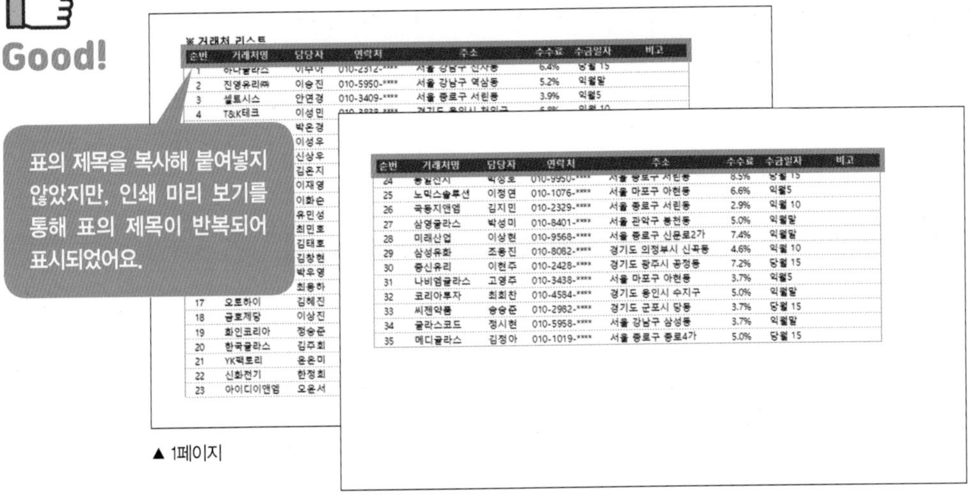
표의 제목을 복사해 붙여넣지 않았지만, 인쇄 미리 보기를 통해 표의 제목이 반복되어 표시되었어요.

▲ 1페이지

▲ 2페이지

문제 상황

거래처 리스트를 만들어서 인쇄하려고 합니다. 인쇄 미리 보기를 통해 출력물을 확인해 보니 리스트 내용이 길어서 페이지가 넘어가고, 넘어간 페이지에는 표의 제목이 보이지 않습니다.

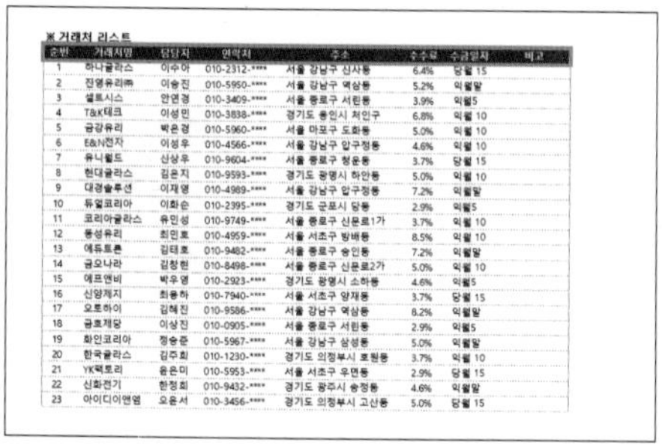

▲ 1페이지

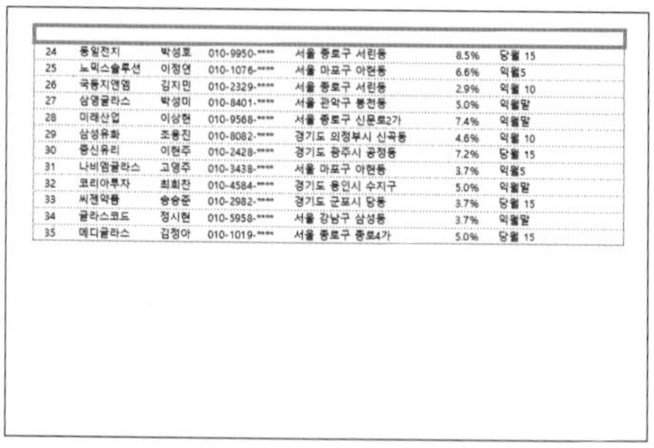

▲ 2페이지

페이지마다 제목 행 반복 인쇄하기

자료를 인쇄할 때 표의 내용이 다음 페이지로 넘어가면 첫 페이지에서는 표의 제목을 볼 수 있지만, 다음 페이지에 인쇄된 표에서는 제목이 보이지 않아 자료를 읽기가 불편합니다. 이 경우 각 페이지마다 표시할 행을 반복 설정해서 사용할 수 있습니다.

01 [거래처리스트] 시트에서 표의 제목인 3행을 모든 페이지에 반복해서 표시해 볼게요. [페이지 레이아웃] 탭-[페이지 설정] 그룹에서 [인쇄 제목]을 클릭합니다.

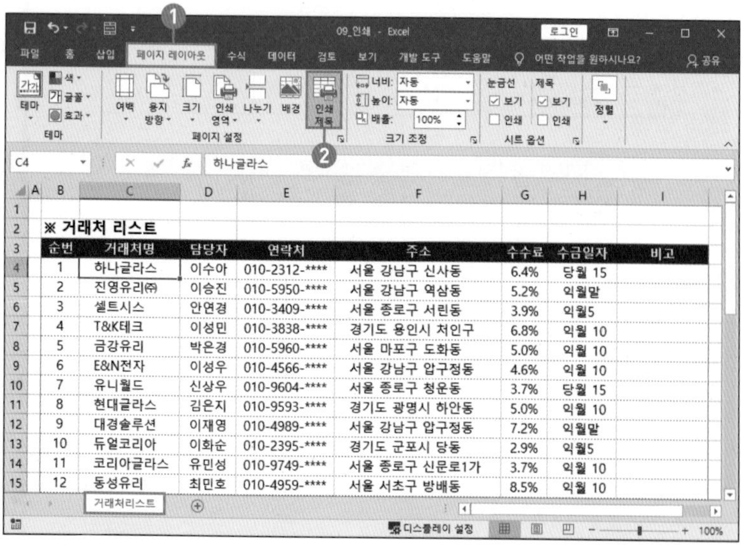

02 [페이지 설정] 대화상자가 열리면 [시트] 탭에서 '인쇄 제목'의 '반복할 행'에 커서를 올려놓고 3행 머리글을 클릭합니다. '반복할 행'에 3행의 주소가 입력되면 [인쇄 미리 보기]를 클릭합니다.

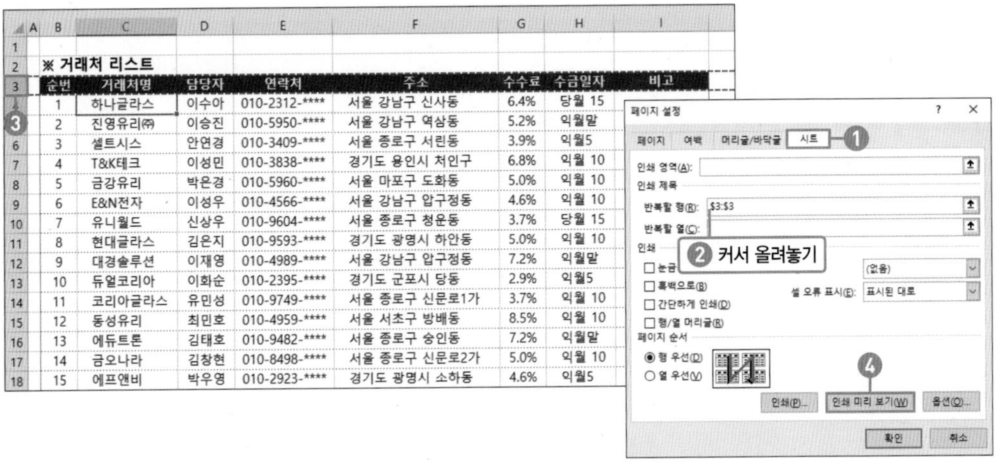

03 인쇄 미리 보기 화면이 열리면 화면을 스크롤하거나 [이전 페이지] 단추(◀), [다음 페이지] 단추(▶)를 클릭하여 표의 제목 행이 반복되어 표시되는지 확인합니다.

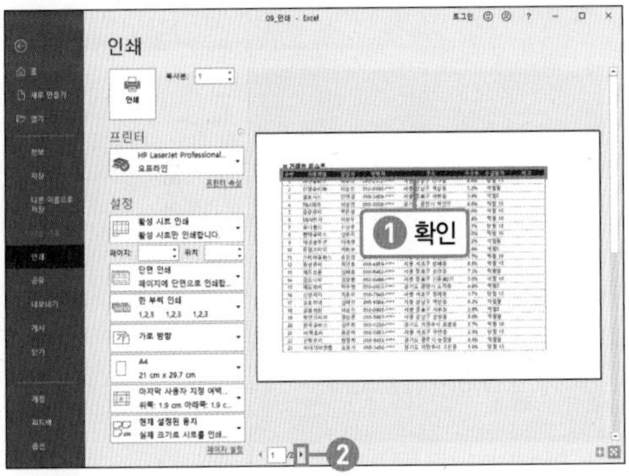

▲ 1페이지

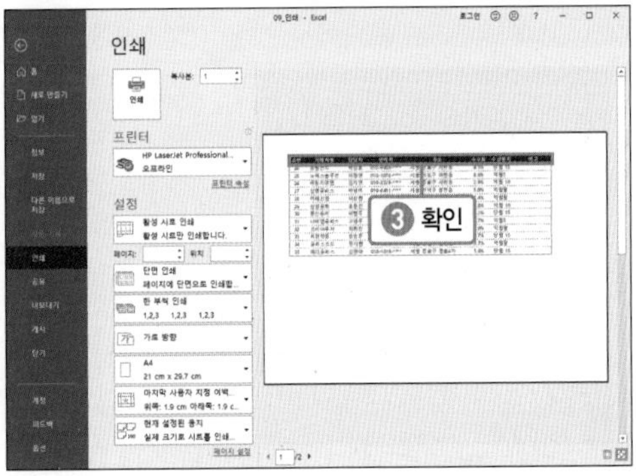

▲ 2페이지

다시 보기

표의 내용이 다음 페이지로 넘어갈 경우 반복할 행을 설정하여 쉽게 인쇄할 수 있습니다. 만약 표가 데이터의 중간 지점에 위치한 경우에 반복할 행을 설정하면 표가 위치한 이후의 페이지부터 마지막 페이지까지 반복 행을 표시합니다. 표가 끝나고 다른 내용으로 데이터가 채워진 페이지에도 행이 반복되어 표시되므로 상황에 맞추어 주의해서 사용해야 합니다.

PART 03

Part 03에서는 데이터베이스의 구조에 대해 살펴보고, 정보의 중요도에 따라 단계적으로 데이터를 요약하거나 시트를 숨겨보겠습니다. 그리고 일부 데이터 범위에만 잠금 기능을 적용하여 다른 사용자가 함부로 데이터를 수정할 수 없도록 보안을 유지해 보겠습니다. 또한 Raw 데이터를 관리하고, 이 과정에서 반드시 알아야 할 사항이 무엇인지도 살펴봅니다.

데이터 작업

01 불필요한 숫자 0은 표시하지 않기

숫자가 많은 경우 불필요한 숫자인 0을 보이지 않게 해서 상대적으로 나머지 숫자에 집중하게 하는 것도 전달력을 높이는 방법 중 하나입니다. 숫자 0을 숨기기 위해 일일이 0을 지우거나, 셀 서식을 이용해 숫자가 보이지 않게 서식을 지정할 필요가 없습니다. 이번에는 클릭 한 번으로 쉽게 숫자 0이 표시되지 않도록 지정해 봅니다.

실습파일 : 01_숫자.xlsx

Bad!

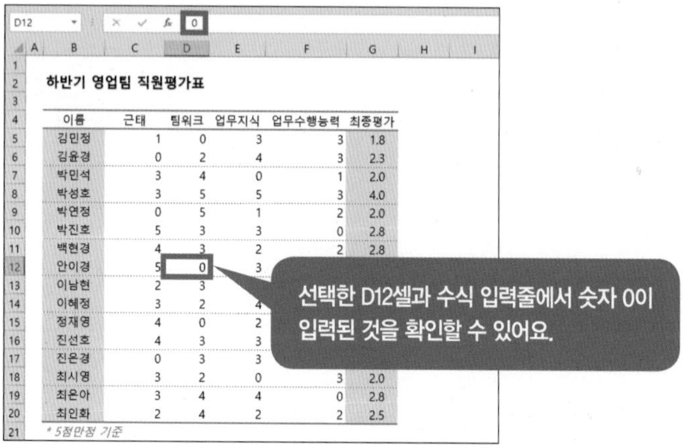

Good!

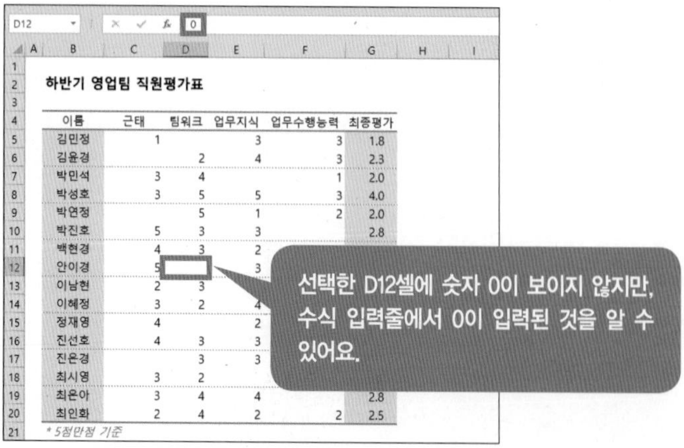

불필요한 숫자 숨기기

수많은 숫자로 이루어진 표에서 숫자 0이 보이지 않게 해서 표를 좀 더 깔끔하게 작성해 보겠습니다.

1 셀 서식 이용하기

01 셀 서식을 이용하여 특정 값을 숨겨볼게요. [Sheet1] 시트에서 C5:F20 범위를 선택하고 [홈] 탭–[스타일] 그룹에서 [조건부 서식]을 클릭한 후 [새 규칙]을 선택합니다.

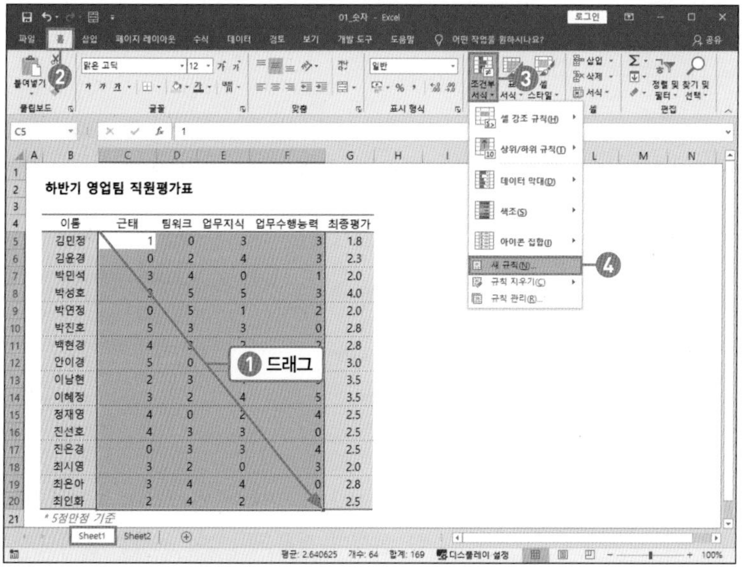

02 [새 서식 규칙] 대화상자가 열리면 '규칙 유형 선택'에서 [다음을 포함하는 셀만 서식 지정]을 선택합니다. '규칙 설명 편집'의 '다음을 포함하는 셀만 서식 지정'에서 [=]를 선택하고 입력 상자에 숫자 『0』을 입력한 후 셀 값이 0인 경우에 적용할 서식을 지정하기 위해 [서식]을 클릭합니다.

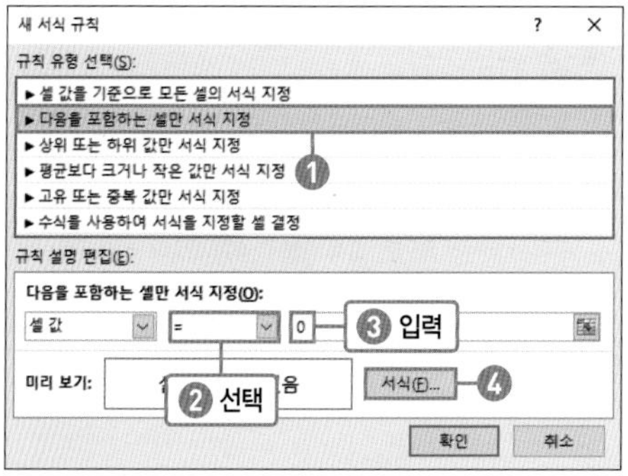

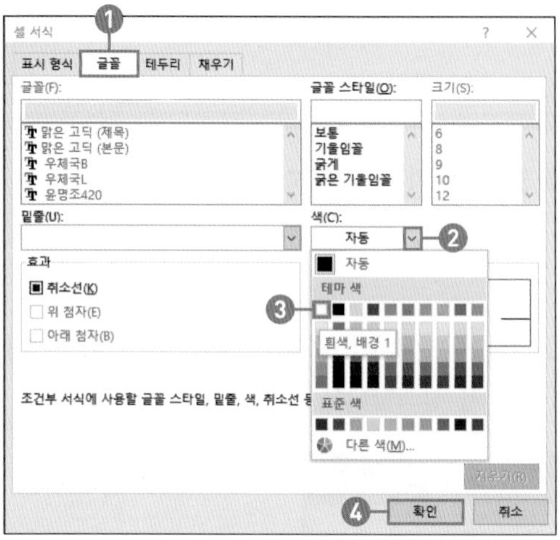

03 [셀 서식] 대화상자가 열리면 [글꼴] 탭을 선택하고 '색'에서 '테마 색'의 [흰색, 배경 1]을 선택한 후 [확인]을 클릭합니다.

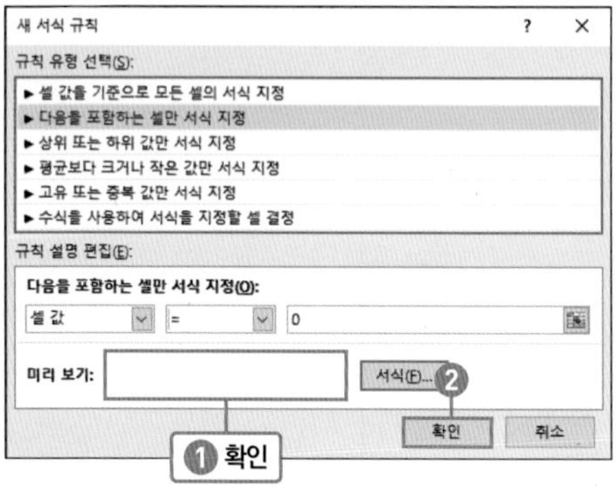

04 [새 서식 규칙] 대화상자로 되돌아오면 '미리 보기'에서 지정한 색을 확인하고 [확인]을 클릭합니다.

05 숫자 0이 있던 셀에 03 과정에서 지정한 흰색이 적용되어 0이 보이지 않습니다. 하지만 수식 입력줄에서는 숫자 0을 확인할 수 있습니다.

Tip

예제에서는 셀의 바탕색이 적용되어 있지 않기 때문에 셀 값에 흰색을 적용해 값을 보이지 않게 했지만, 이 방법은 추천하지 않습니다. 셀 배경색에 맞춰 글꼴 색을 동일하게 맞추어서 숫자가 보이지 않게 하는 눈속임이기 때문입니다.

2 표시 옵션 이용하기

01 [Sheet2] 시트에서 [파일] 탭-[옵션]을 선택하여 [Excel 옵션] 대화상자를 열고 [고급] 범주를 선택합니다. '이 워크시트의 표시 옵션'에서 [0 값이 있는 셀에 0 표시]의 체크를 해제하고 [확인]을 클릭합니다.

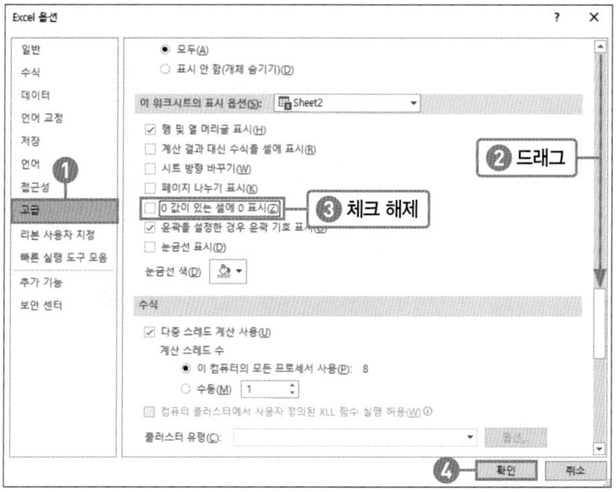

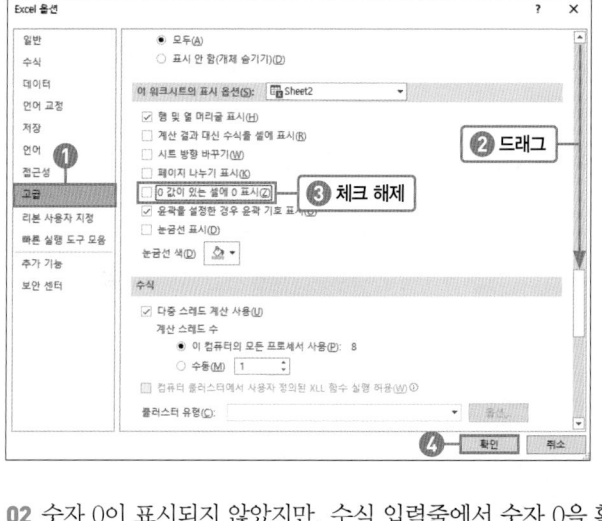

02 숫자 0이 표시되지 않았지만, 수식 입력줄에서 숫자 0을 확인할 수 있습니다.

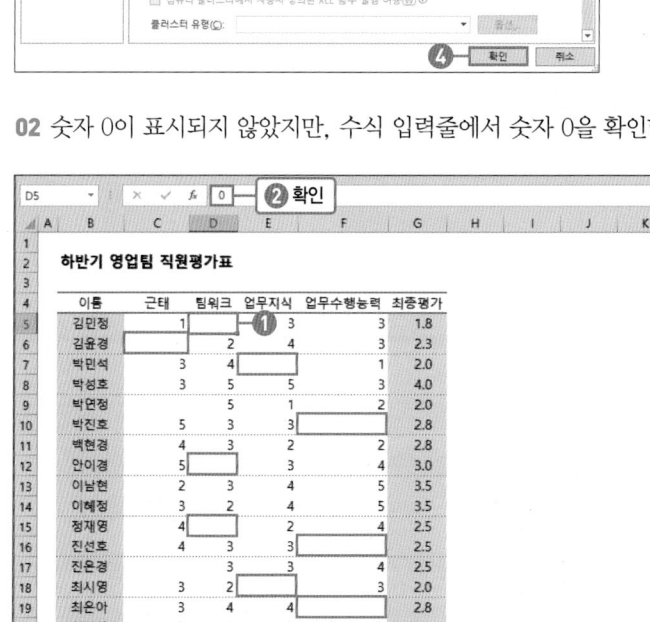

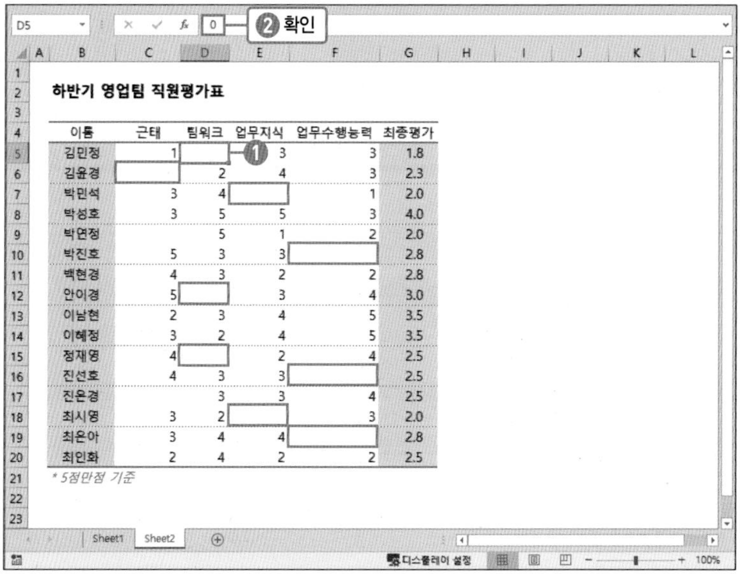

02 행과 열은 숨기지 않기

데이터 양이 많은 경우 '숨기기' 기능을 이용하여 중요도가 낮거나 필요 없는 데이터의 열과 행을 보이지 않게 할 수 있습니다. 이 기능을 이용하면 데이터를 삭제하지 않고도 원하는 데이터만 화면에 나타낼 수 있습니다. 이번에는 '숨기기' 기능이 무엇인지와 상황에 따라 어떠한 문제점이 있는지 살펴보고 대체 방법으로 '그룹' 기능을 활용해 보면서 이들 기능의 쓰임새와 차이점을 살펴봅니다.

실습파일 : 02_숨기기.xlsx

Bad!

	A	B	C	D	E	H	I	J
1								
2		상품별 재고현황						
3								
4		제품코드	제품명	사이즈	색상	현 재고수량	총재고금액	부족여부
5		BE9212	베이직셔츠	S	화이트	430	13,760,000	부족
6		CE2391	베이직셔츠	M	블랙	231	9,240,000	부족
8		VB5389	블라우스	L	레드	303	18,180,000	
9		MU8129	블라우스	S	블랙	472	21,712,000	
11		NQ8900	커플셔츠	S	화이트	551	39,121,000	
12		ED3475	커플셔츠	M	화이트	349	18,148,000	부족
13		GO9828	커플셔츠	M	레드	199	12,537,000	부족
15		현재 총 재고 현황				[illegible]	[illegible]	
16								

숨겨진 행과 열이 많아 어느 행과 열에 원하는 데이터가 숨겨졌는지 알 수 없어 전체 숨기기를 취소합니다. 이 경우 행/열마다 다시 숨기기를 적용해야 해서 불편해요.

Good!

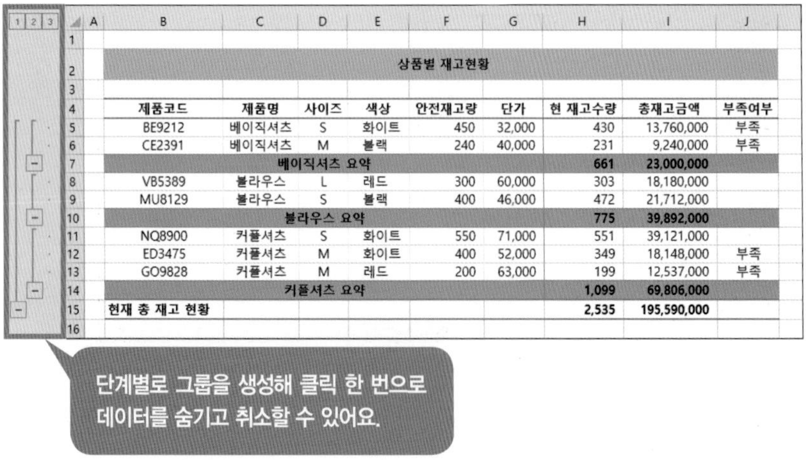

	A	B	C	D	E	F	G	H	I	J
1										
2		상품별 재고현황								
3										
4		제품코드	제품명	사이즈	색상	안전재고량	단가	현 재고수량	총재고금액	부족여부
5		BE9212	베이직셔츠	S	화이트	450	32,000	430	13,760,000	부족
6		CE2391	베이직셔츠	M	블랙	240	40,000	231	9,240,000	부족
7		베이직셔츠 요약						661	23,000,000	
8		VB5389	블라우스	L	레드	300	60,000	303	18,180,000	
9		MU8129	블라우스	S	블랙	400	46,000	472	21,712,000	
10		블라우스 요약						775	39,892,000	
11		NQ8900	커플셔츠	S	화이트	550	71,000	551	39,121,000	
12		ED3475	커플셔츠	M	화이트	400	52,000	349	18,148,000	부족
13		GO9828	커플셔츠	M	레드	200	63,000	199	12,537,000	부족
14		커플셔츠 요약						1,099	69,806,000	
15		현재 총 재고 현황						2,535	195,590,000	
16										

단계별로 그룹을 생성해 클릭 한 번으로 데이터를 숨기고 취소할 수 있어요.

'숨기기' 기능 바로 알기

'숨기기' 기능을 통해 화면에 특정 열이나 행이 보이지 않게 할 수 있습니다. 원하는 정보를 숨긴 상태로 데이터를 제공하거나 출력할 때 '숨기기' 기능이 매우 유용합니다.

01 [Sheet1] 시트에서 F열과 G열의 데이터를 숨겨볼게요. F열 머리글부터 G열 머리글까지 드래그하여 선택하고 선택 영역에서 마우스 오른쪽 단추를 클릭한 후 [숨기기]를 선택합니다.

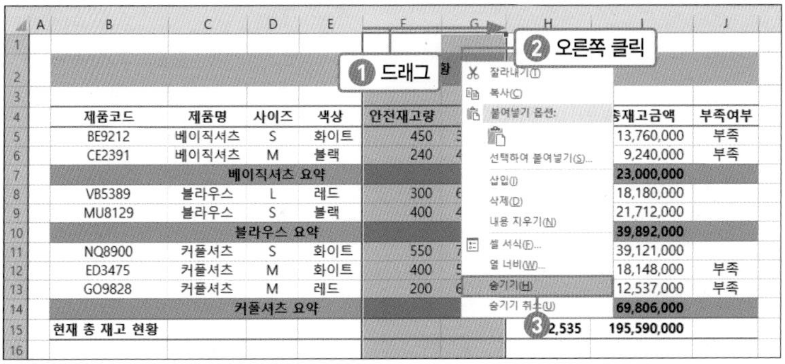

Tip

숨기려고 하는 열이 연속된 범위가 아니면 Ctrl을 누른 상태에서 떨어져 있는 여러 개의 열을 선택할 수 있습니다.

02 F열과 G열이 숨겨지면서 E열과 H열 사이에 이중 경계선이 생겼는데, 이것을 경계선을 보고 E열과 H열 사이에 열이 숨겨진 것을 알 수 있습니다. 이와 같은 방법으로 7행, 10행, 14행의 데이터를 숨깁니다.

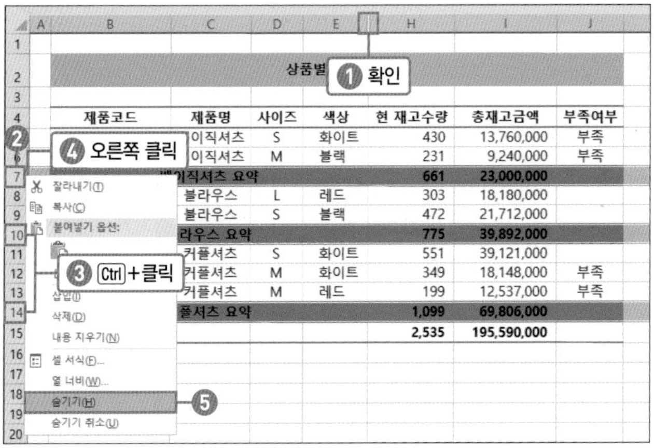

03 숨겨진 행에도 행 번호 사이에 이중 경계선이 생겼으면 행 숨기기를 취소해 볼게요. 여러 범위에 행이 숨겨져 있으면 왼쪽 위에 있는 [전체 선택] 단추(◢)를 클릭하여 셀 전체를 선택하고 행 머리글에서 마우스 오른쪽 단추를 클릭한 후 [숨기기 취소]를 선택합니다.

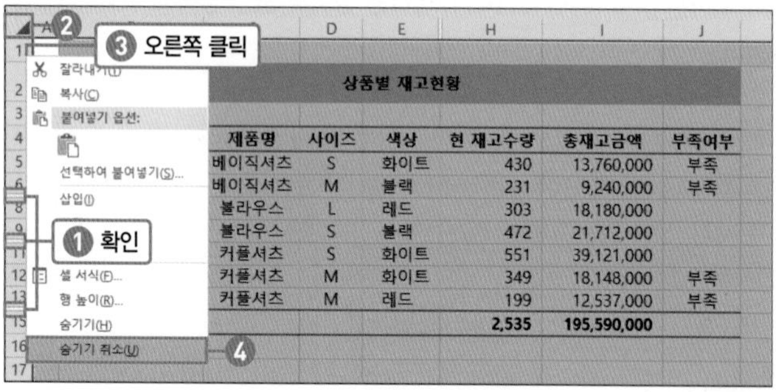

Tip

필요한 행의 경계 부분을 드래그하여 부분적으로 숨기기를 취소할 수도 있습니다.

04 숨겨졌던 모든 행이 한 번에 표시되었습니다.

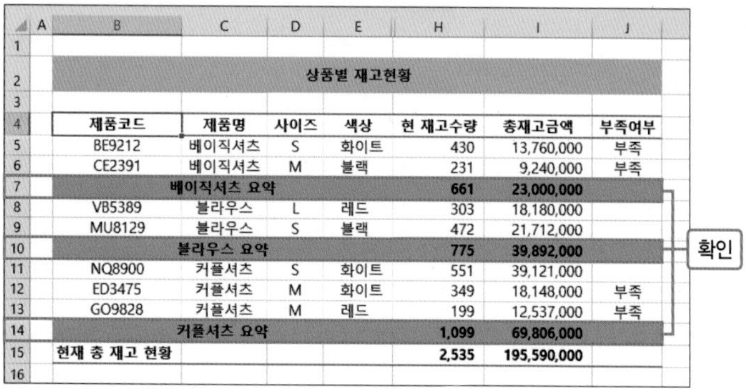

Solution

Q 숨겨진 열이나 행이 많으면 원하는 데이터가 어느 위치에 숨겨졌는지 알 수 없어서 불편합니다. 그래서 여기저기 숨겨진 열과 행을 하나씩 숨기기 취소하여 열어보거나 전체를 숨기기 취소해 열어본 후 또다시 숨겨야 하는데, 좀 더 편리한 방법이 있나요?

A 숨기기를 취소하기 전에는 찾는 정보가 어느 위치에 숨어있는지 알 수 없어서 일일이 열이나 행을 열어 확인하고 다시 숨겨야 합니다. 이러한 불편함을 대체하기 위해 숨기려는 데이터에 그룹을 적용해 한 번에 숨기는 방법이 있습니다.

'그룹' 기능 이용해 데이터 한 번에 숨기기

'그룹' 기능은 필요한 열이나 행을 그룹 단위로 묶어서 데이터를 숨기거나 요약하는 기능입니다. 그룹을 단계적으로 생성하여 축소 및 확장하는 방법으로 내용을 쉽게 확인할 수 있습니다.

1 그룹 생성하기

01 [Sheet2] 시트에서 7행, 10행, 14행을 제외하고 나머지 행에 그룹을 적용해 제품별 요약 행만 표시해 볼게요. 그룹화할 5행과 6행 머리글을 선택하고 [데이터] 탭–[개요] 그룹에서 [그룹]을 클릭합니다.

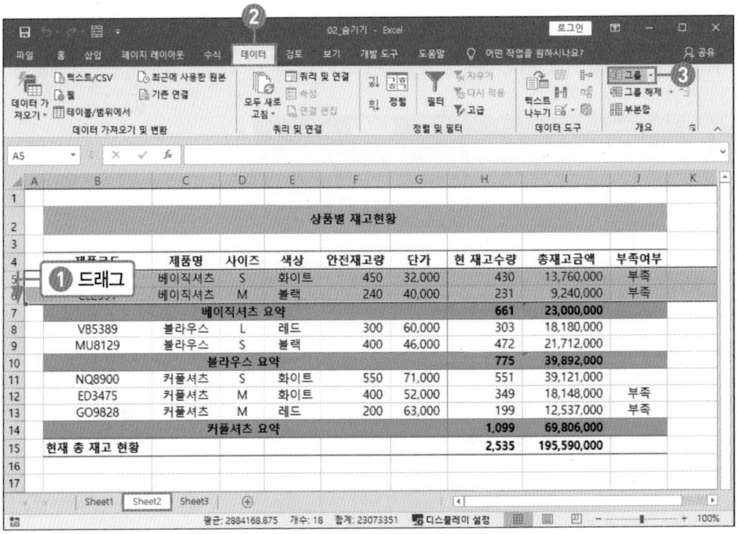

02 5행과 6행을 그룹으로 묶었으면 이와 같은 방법으로 8~9행과 11~13행도 그룹화합니다. 행 머리글에 윤곽선이 생성되면 윤곽 기호 ⊟를 클릭하여 원하는 위치의 그룹을 축소해서 내용을 숨길 수 있습니다.

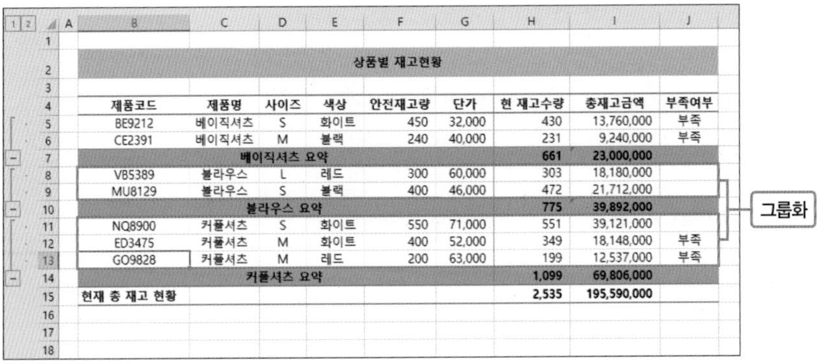

03 윤곽 번호 1을 클릭하면 모든 그룹이 한 번에 축소되면서 그룹화된 데이터가 보이지 않게 됩니다. 반대로 윤곽 번호 2를 클릭하면 모든 그룹이 확장되어 전체 내용을 확인할 수 있습니다.

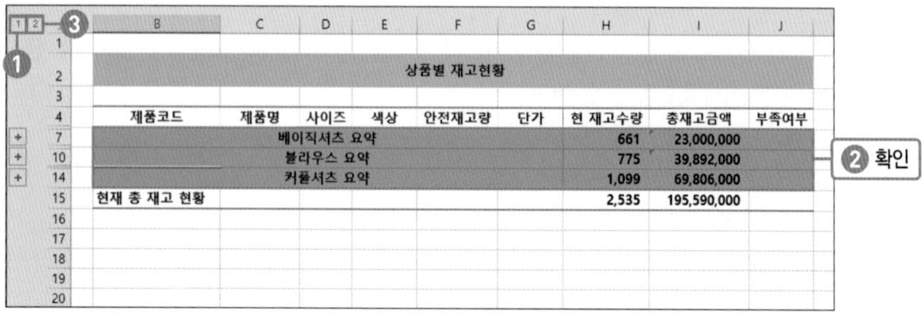

04 이렇게 생성된 그룹에 상위 그룹을 생성해 볼게요. 15행의 '현재 총 재고 현황'만 표시하기 위해 5~14행까지 선택하고 [데이터] 탭-[개요] 그룹에서 [그룹]을 클릭합니다.

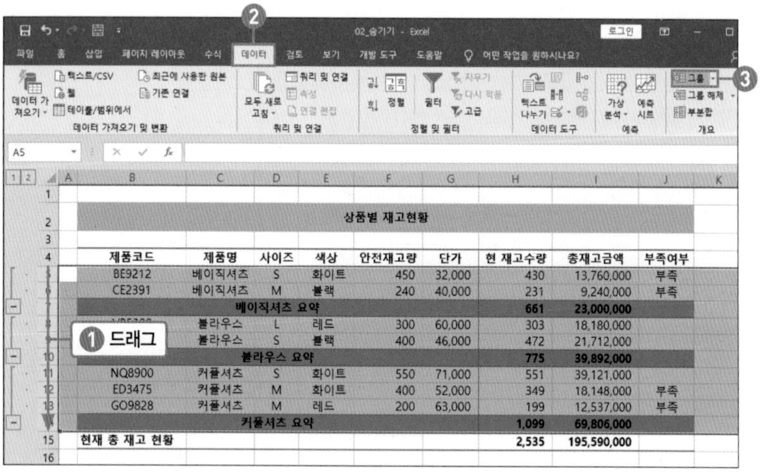

05 윤곽선과 그룹의 윤곽 번호가 추가되면서 상위 그룹이 생성된 것을 확인할 수 있습니다.

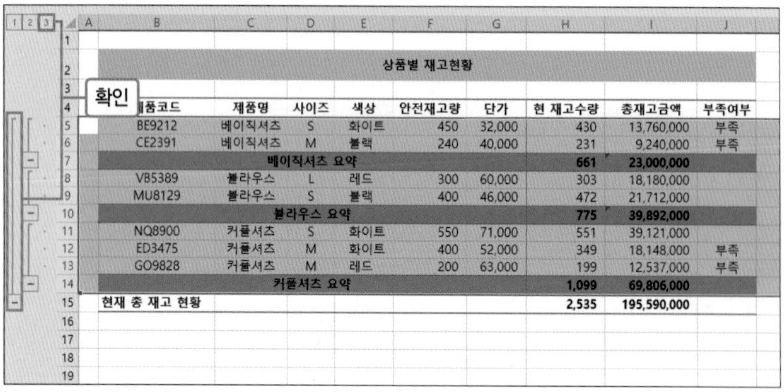

06 윤곽 번호 [1]을 클릭하면 그룹이 축소되어 5~14행까지의 모든 내용이 보이지 않습니다. 이렇게 그룹을 생성해 숨기기 기능을 대신할 수 있습니다.

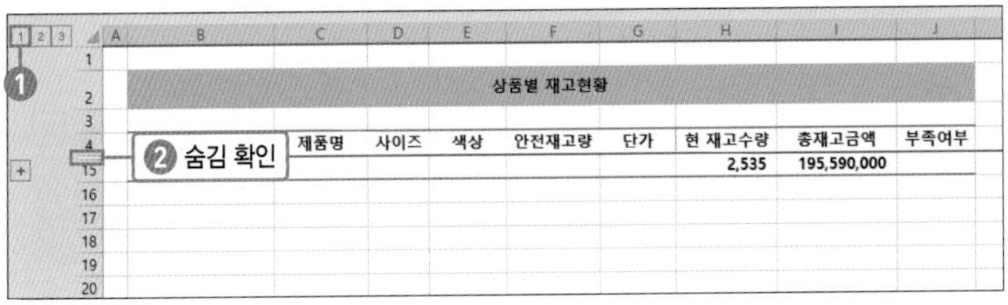

2 그룹 해제하기

01 [Sheet3] 시트에서 5~14행 범위를 선택합니다. [데이터] 탭–[개요] 그룹에서 [그룹 해제]를 클릭합니다.

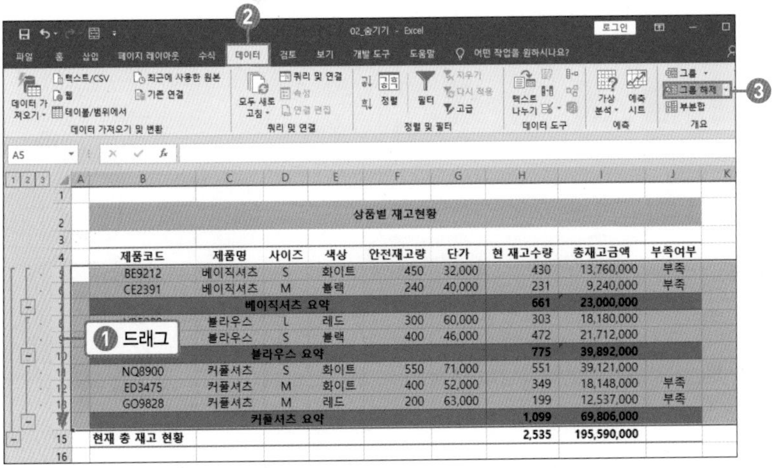

02 마지막에 지정한 상위 그룹이 해제되었습니다. 해제할 부분의 범위를 선택하여 부분적으로 해제할 수도 있습니다.

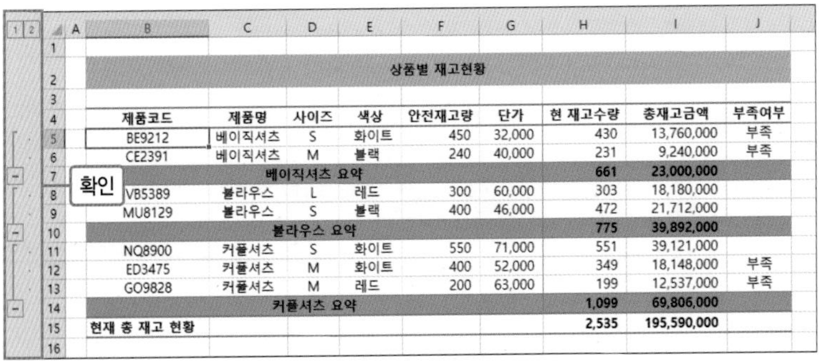

03 수식은 숨기고 보호하기

편집 과정에서 실수로 수식에 오류가 발생하거나 자료를 여러 사람들과 공유해서 사용하는 경우, 또는 자료를 전달하는 상황에서 수정 가능한 상태로 자료가 전달된다면 자신도 모르게 데이터가 왜곡되어 있을 수 있습니다. 이번에는 입력과 편집 기능에 제한을 두는 방법에 대해 알아봅니다.

실습파일 : 03_보호.xlsx

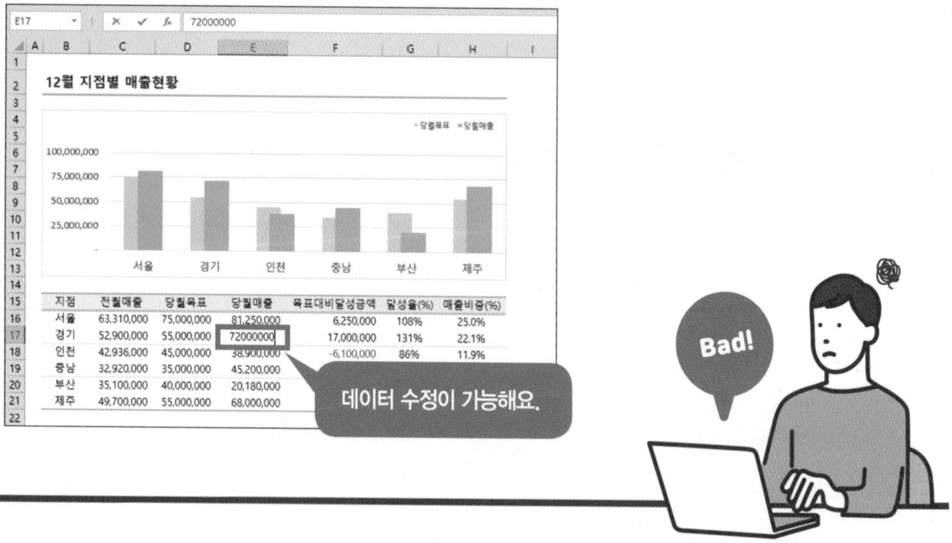

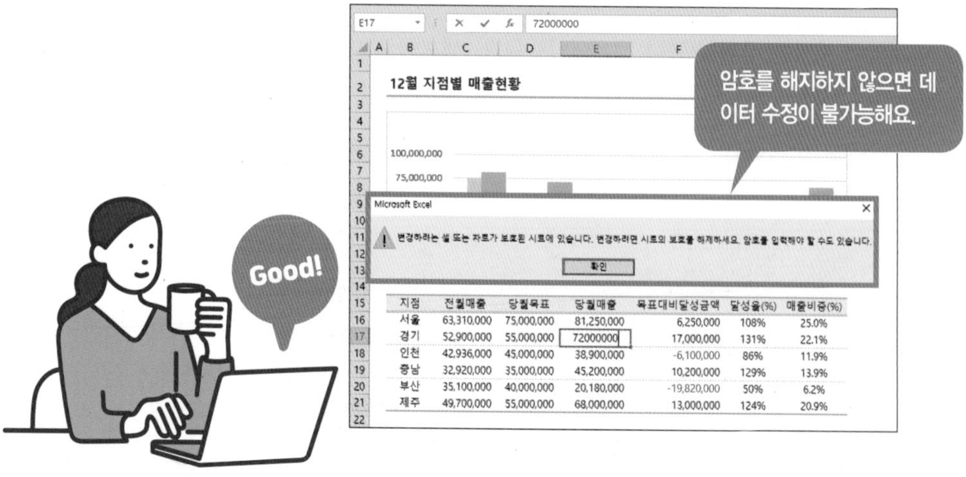

데이터를 지키는 '시트 보호' 바로 알기

시트 보호는 암호를 설정하여 데이터의 입력과 편집에 제한을 두는 기능으로, 암호를 해지하지 않으면 데이터를 마음대로 편집할 수 없습니다.

1 시트 보호하기

01 [Sheet1] 시트에서 [검토] 탭–[보호] 그룹의 [시트 보호]를 클릭합니다.

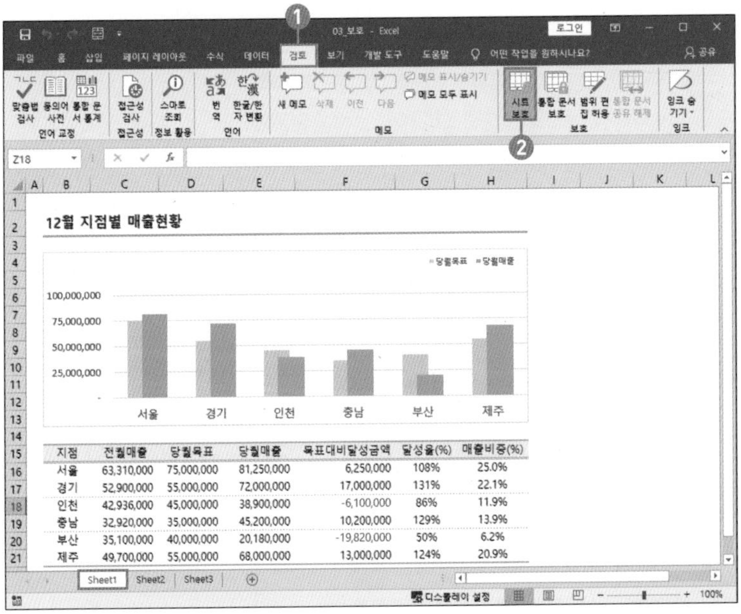

02 [시트 보호] 대화상자가 열리면 시트를 보호하기 위한 암호 『1234』를 입력하고 [확인]을 클릭합니다.

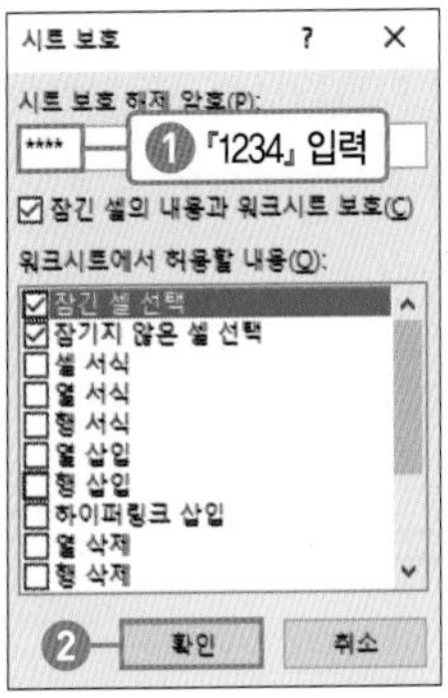

Tip

기본적으로 '워크시트에서 허용할 내용'의 [잠긴 셀]과 [잠기지 않은 셀 선택]에 체크되어 있습니다. 시트 보호를 적용했지만 허용할 내용에 체크하여 부분적으로 편집이 가능하게 할 수 있습니다.

03 [암호 확인] 대화상자가 열리면 다시 한번 암호 『1234』를 입력하고 [확인]을 클릭합니다.

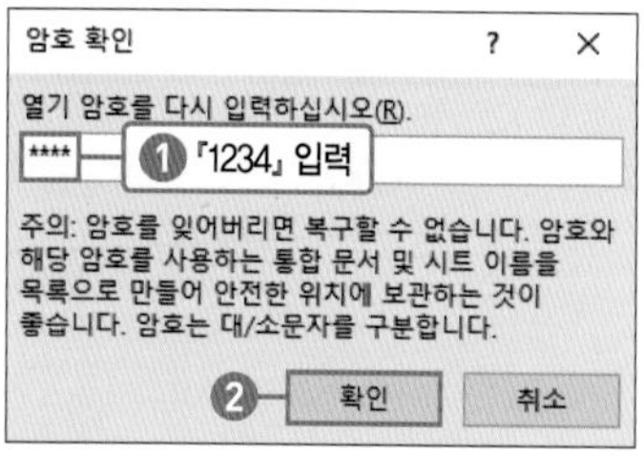

04 E17셀을 선택하고 새로운 숫자를 입력합니다. 변경하려는 셀이나 차트가 보호된 시트에 있으므로 시트 보호를 해제하라는 경고 메시지 창이 열리면 [확인]을 클릭합니다.

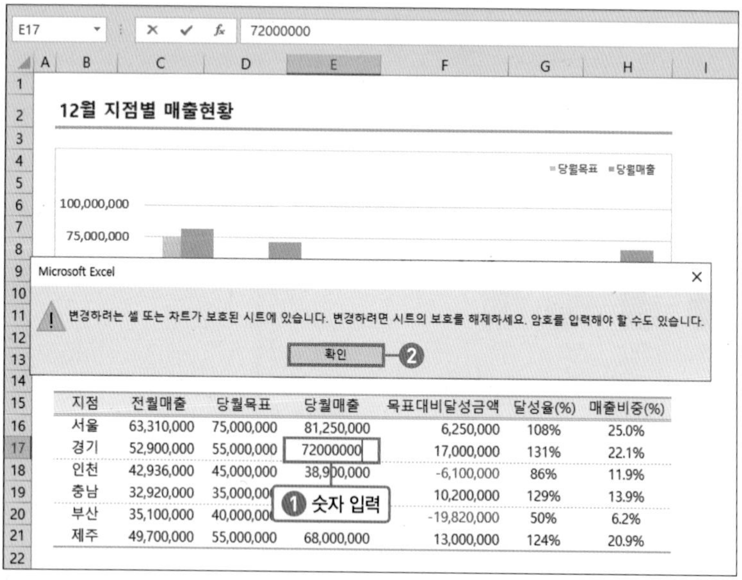

지점	전월매출	당월목표	당월매출	목표대비달성금액	달성율(%)	매출비중(%)
서울	63,310,000	75,000,000	81,250,000	6,250,000	108%	25.0%
경기	52,900,000	55,000,000	72000000	17,000,000	131%	22.1%
인천	42,936,000	45,000,000	38,900,000	-6,100,000	86%	11.9%
충남	32,920,000	35,000,000		10,200,000	129%	13.9%
부산	35,100,000	40,000,000		-19,820,000	50%	6.2%
제주	49,700,000	55,000,000	68,000,000	13,000,000	124%	20.9%

2 시트 보호 해제하기

01 보호가 적용되어 있는 시트는 [검토] 탭-[보호] 그룹에서 [시트 보호] 대신 [시트 보호 해제]라고 표시되어 메뉴를 보고도 알 수 있습니다. [Sheet2] 시트에서 [검토] 탭-[보호] 그룹의 [시트 보호 해제]를 클릭합니다.

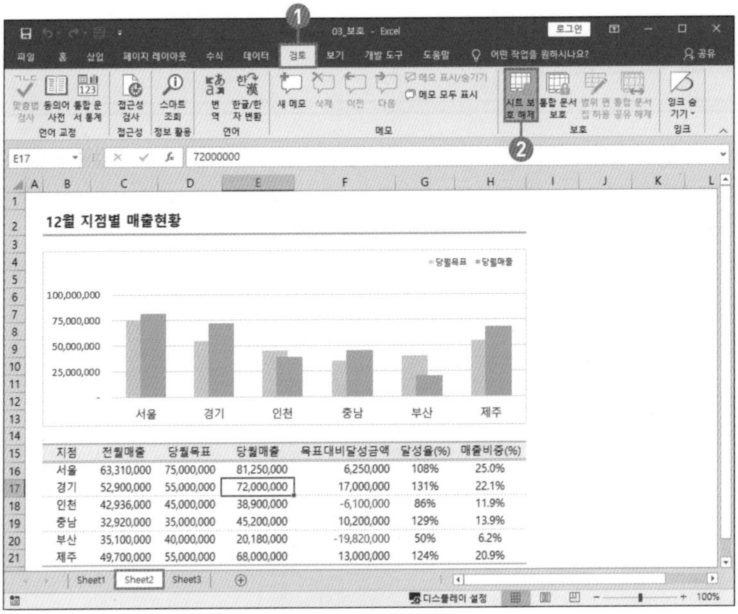

Tip

▲ 시트 보호가 적용되지 않은 경우의 메뉴

▲ 시트 보호가 적용된 경우의 메뉴

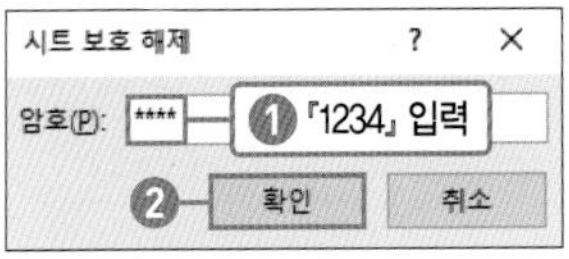

02 [시트 보호 해제] 대화상자가 열리면 암호 『1234』를 입력하고 [확인]을 클릭합니다.

Solution

Q 자료를 각 지점으로 전달하여 매출을 직접 입력하게 해서 자료를 취합하려고 합니다. 일부의 셀에만 입력할 수 있도록 하고 나머지 셀은 수정하지 못하게 하고 싶은데, 원하는 범위에만 시트 보호를 적용할 수 있나요?

A 네, 가능합니다. 원하는 범위에서만 수정할 수 있게 하여 발생 가능한 문제 상황을 줄일 수 있습니다.

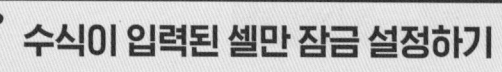

수식이 입력된 셀만 잠금 설정하기

수식이 입력되어 있는 셀이 실수로 수정 및 삭제되거나 편집 과정에서 참조 범위가 변하면 계산에 오류가 발생할 수 있습니다. 수식이 입력된 셀에 시트 보호를 적용하여 수식이 망가지지 않도록 보호하는 방법에 대해 알아봅니다.

01 시트 보호가 해제되어 있는 [Sheet3] 시트에서 [전체 선택] 단추(◪)를 클릭하여 시트의 셀 전체를 선택합니다. 선택 영역에서 마우스 오른쪽 단추를 클릭한 후 [셀 서식]을 선택합니다.

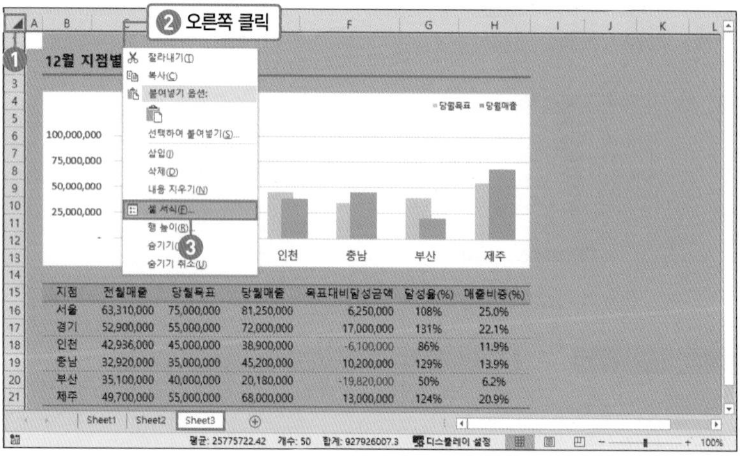

02 [셀 서식] 대화상자가 열리면 [보호] 탭에서 [잠금]의 체크를 해제하고 [확인]을 클릭합니다.

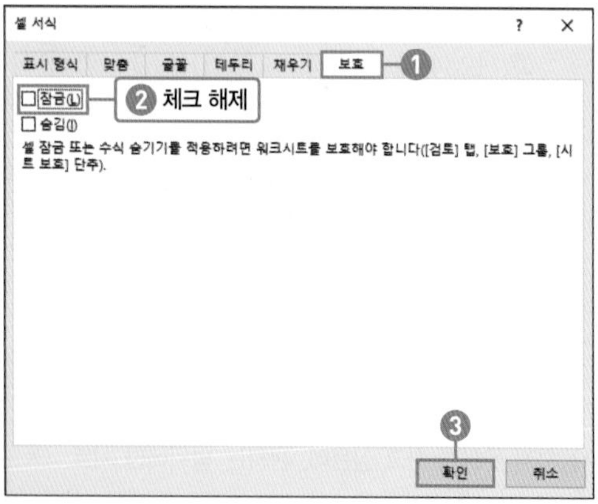

Tip

[시트 보호]를 설정하면 [셀 서식]의 잠금이 체크되어 있는 부분만 시트 보호 기능이 적용됩니다. 따라서 먼저 전체 셀의 잠금을 해지하고 수식이 입력된 일부 셀만 다시 [잠금]에 체크합니다.

03 수식이 입력되어 있는 F16:H21 범위를 선택하고 Ctrl+1을 누릅니다.

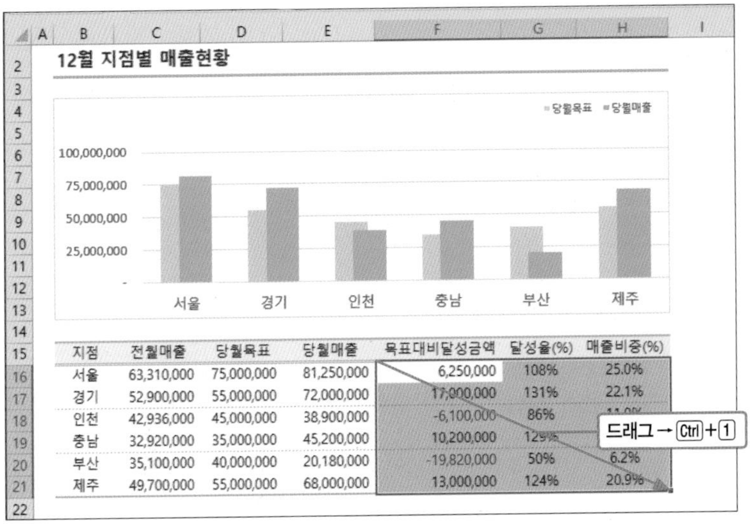

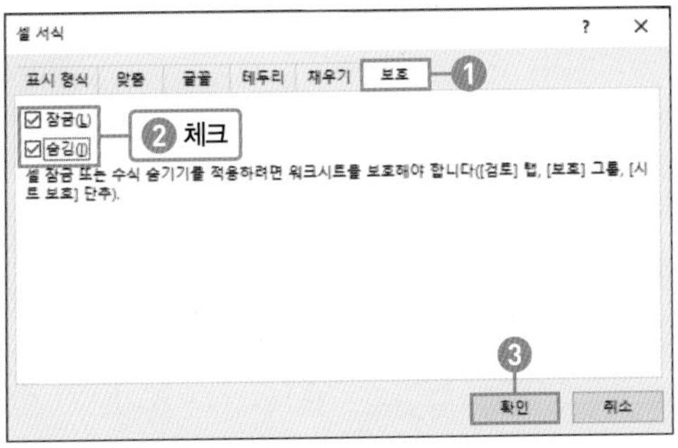

04 [셀 서식] 대화상자가 열리면 [보호] 탭에서 [잠금]과 [숨김]에 체크하고 [확인]을 클릭합니다.

Tip

[숨김]에 체크하면 해당 셀의 내용이나 수식이 수식 입력줄에 나타나지 않아 셀에 사용된 계산식을 확인할 수 없습니다.

05 [검토] 탭–[보호] 그룹에서 [시트 보호]를 클릭합니다.

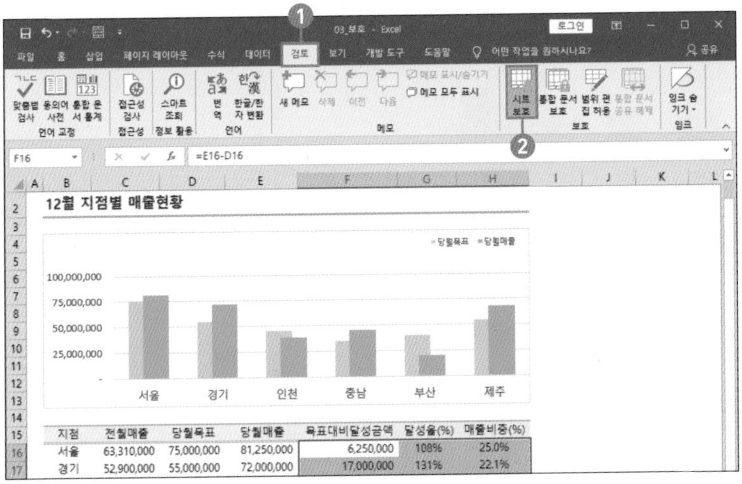

06 [시트 보호] 대화상자가 열리면 암호『1234』를 입력하고 [확인]을 클릭합니다.

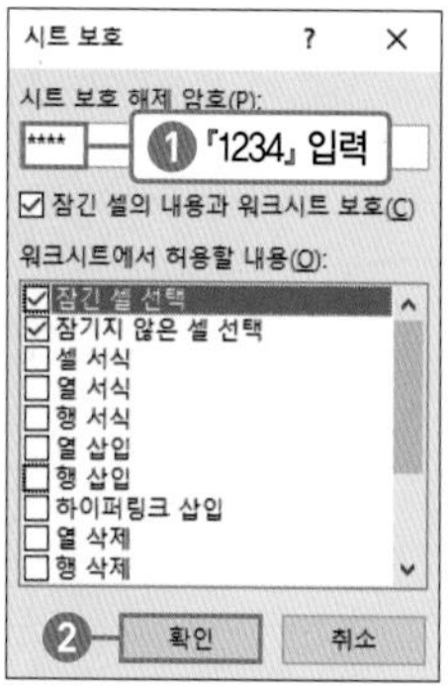

07 [암호 확인] 대화상자가 열리면 다시 한번 암호『1234』를 입력하고 [확인]을 클릭하여 F16:H21 범위에만 잠금을 설정합니다.

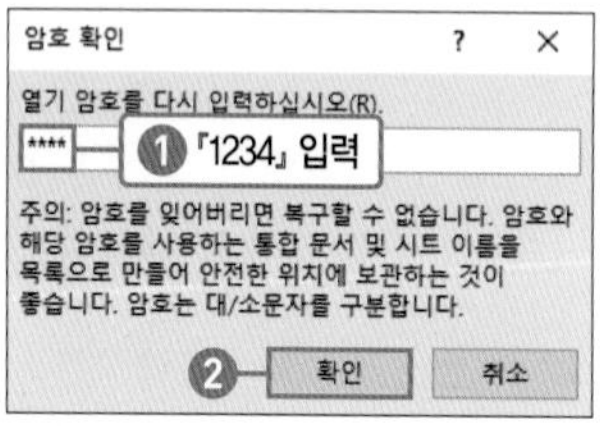

08 F16:H21 범위를 제외하고 나머지 셀은 편집 가능한 상태가 되었습니다. E17셀에 매출을『6000000』으로 수정 입력하면 제한없이 데이터가 수정되는 것을 확인할 수 있어요.

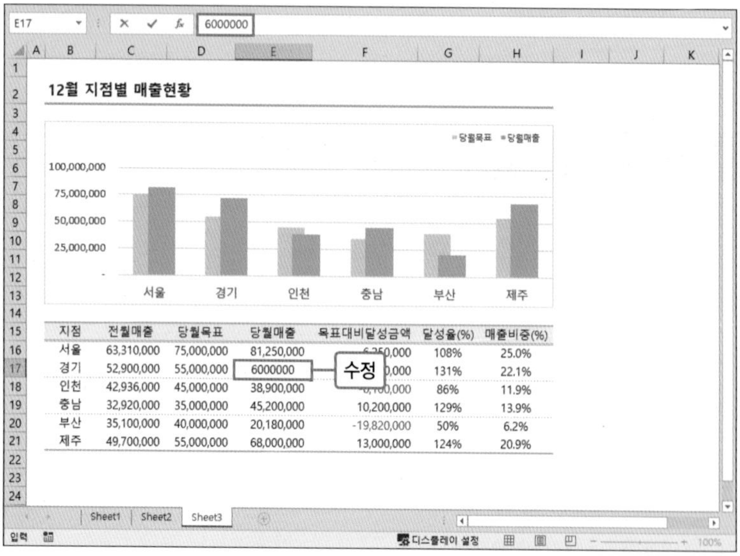

09 G17셀에 달성률을 『109%』로 수정해서 입력합니다. **04** 과정의 [셀 서식] 대화상자의 [보호] 탭에서 [잠금]과 [숨김]에 체크했기 때문에 G17셀을 선택해도 사용된 계산식이 수식 입력줄에 나타나지 않습니다.

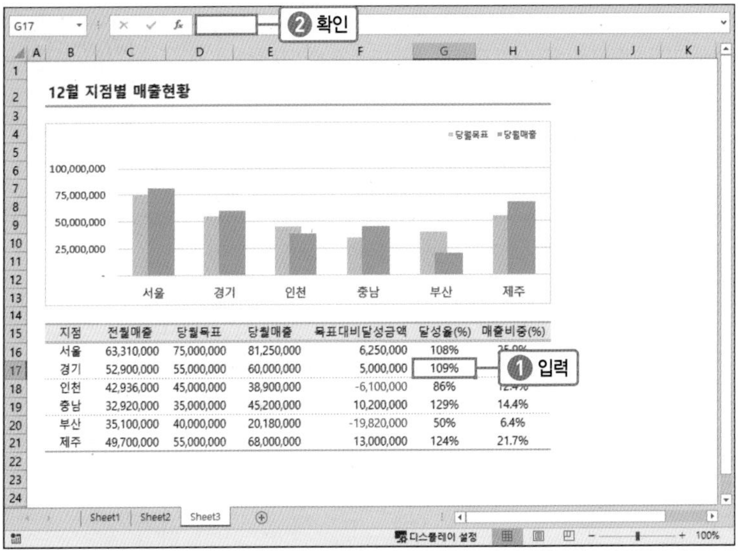

10 보호된 셀이어서 시트의 보호를 해제하라는 경고 메시지 창이 열리면 [확인]을 클릭합니다.

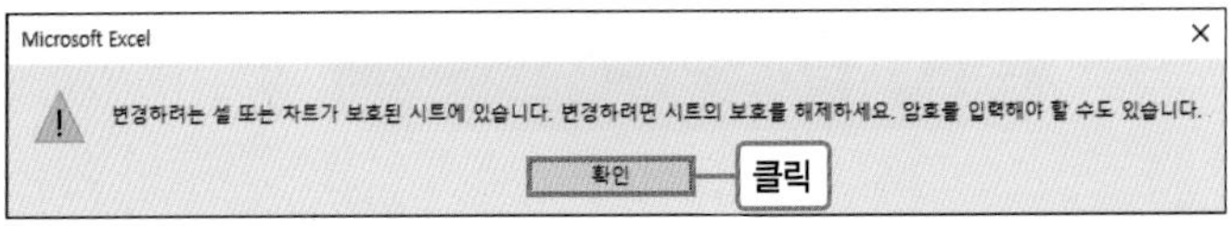

04 숨긴 시트는 누구나 볼 수 있다

파일을 관리하면서 불필요한 작업 과정이 담긴 시트나 활용 빈도가 낮은 시트는 숨기기 기능으로 숨겼다가 필요할 때 언제든지 숨기기 취소로 시트를 열어볼 수 있습니다. 하지만 보안이 요구되는 중요한 데이터라면 어떨까요? 이번에는 숨기기 기능의 장점과 단점에 대해 알아봅니다.

실습파일 : 04_시트.xlsx

Bad!

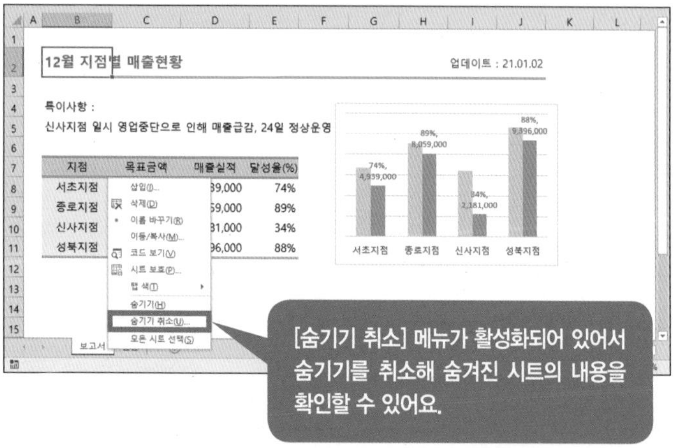

Good!

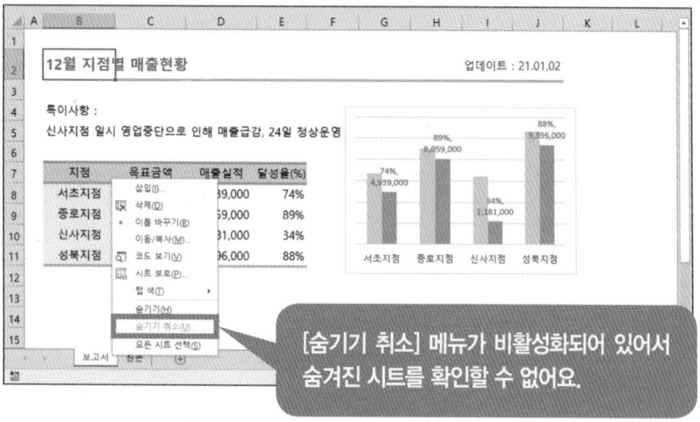

시트 숨기기 바로 알기

작업 과정이 담겨 있거나 다양한 이유로 시트를 숨겨 보이지 않게 하고 싶은 경우에는 '시트 숨기기' 기능으로 깔끔하게 정리하여 사용할 수 있습니다.

01 [원본] 시트의 데이터를 참고하여 [보고서] 시트를 작성했는데, [원본] 시트를 숨기려고 합니다. 숨길 [원본] 시트를 선택하고 마우스 오른쪽 단추를 클릭한 후 [숨기기]를 선택합니다.

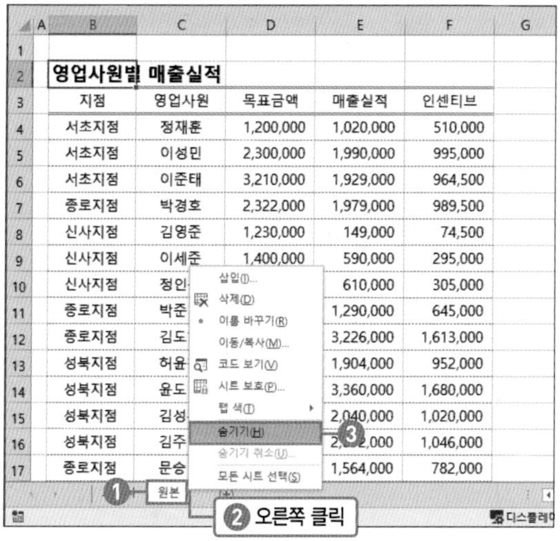

> **Tip**
>
> 여러 개의 시트를 숨기려면 숨길 첫 번째 시트를 선택하고 Shift 를 누른 상태에서 숨길 마지막 시트를 선택하여 한 번에 선택할 수 있습니다. 연속되지 않은 떨어진 여러 개의 시트를 선택할 경우에는 Ctrl 을 누른 상태에서 숨기려는 시트를 차례대로 선택합니다.

02 [원본] 시트가 숨겨져서 보이지 않습니다.

지점	목표금액	매출실적	달성율(%)
서초지점	6,710,000	4,939,000	74%
종로지점	9,051,800	8,059,000	89%
신사지점	6,452,000	2,181,000	34%
성북지점	10,690,000	9,396,000	88%

12월 지점별 매출현황 업데이트 : 21.01.02

특이사항 :
신사지점 일시 영업중단으로 인해 매출급감, 24일 정상운영

숨기기 확인

보고서

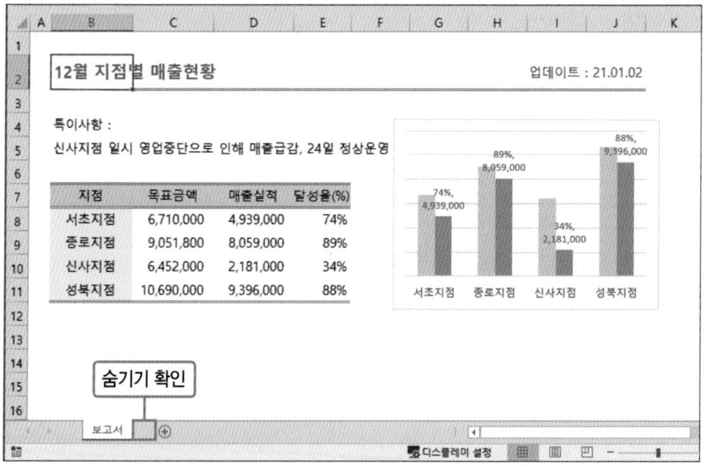

03 [보고서] 시트 탭에서 마우스 오른쪽 단추를 클릭하면 [숨기기 취소]가 활성화되어 있습니다. 이것을 보고 숨겨진 시트가 있는지 알 수 있는데, [숨기기 취소]를 선택합니다. [숨기기 취소] 대화상자가 열리면서 숨겨진 시트 목록이 나타나면 숨기기 취소할 [원본] 시트를 선택하고 [확인]을 클릭합니다.

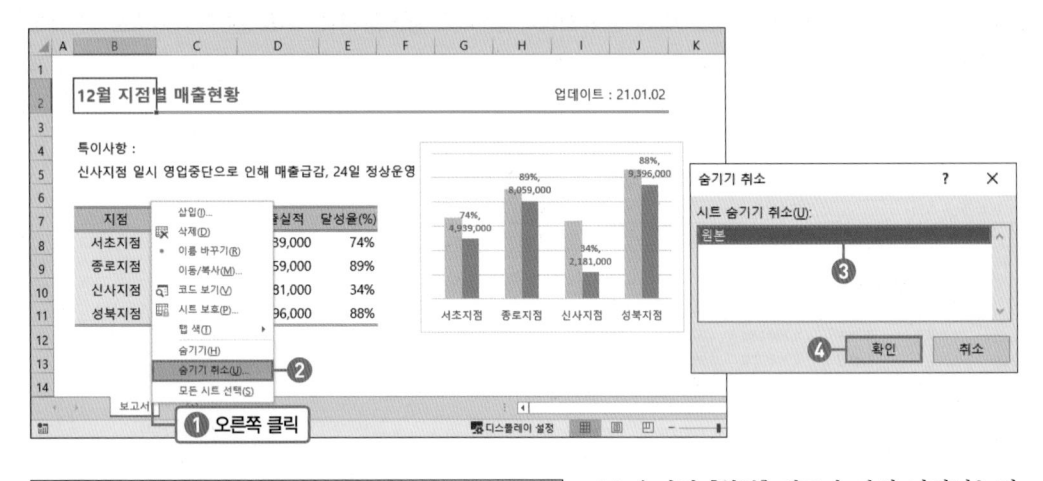

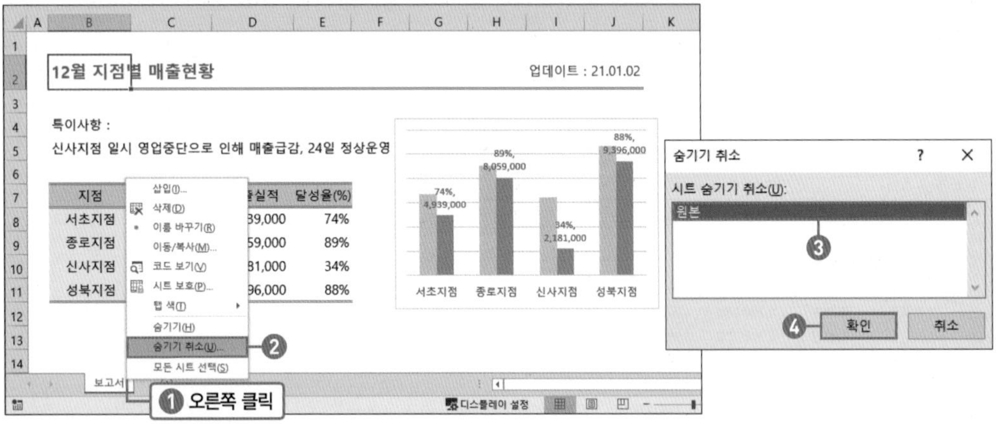

04 숨겨진 [원본] 시트가 다시 나타났는지 확인합니다.

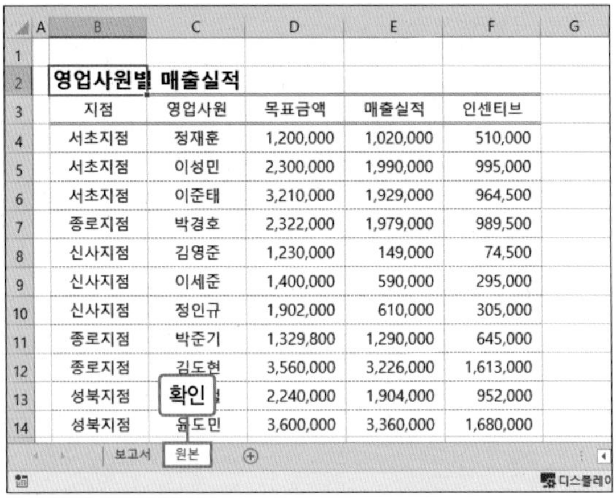
영업사원별 매출실적

지점	영업사원	목표금액	매출실적	인센티브
서초지점	정재훈	1,200,000	1,020,000	510,000
서초지점	이성민	2,300,000	1,990,000	995,000
서초지점	이준태	3,210,000	1,929,000	964,500
종로지점	박경호	2,322,000	1,979,000	989,500
신사지점	김영준	1,230,000	149,000	74,500
신사지점	이세준	1,400,000	590,000	295,000
신사지점	정인규	1,902,000	610,000	305,000
종로지점	박준기	1,329,800	1,290,000	645,000
종로지점	김도현	3,560,000	3,226,000	1,613,000
성북지점	[illegible]	2,240,000	1,904,000	952,000
성북지점	윤도민	3,600,000	3,360,000	1,680,000

Solution

Q. 숨겨진 시트를 다른 사용자가 숨기기를 취소할 수 없게 하는 방법이 있나요?

A. '통합 문서 보호'를 사용하여 시트 보호처럼 암호화하여 시트를 숨길 수 있습니다. 하지만 '통합 문서 보호'는 시트의 이동이나 이름 변경, 삭제, 새로운 시트 삽입 등 많은 제약이 발생합니다. 이 밖에도 [숨기기 취소] 메뉴를 비활성화해서 숨기기 취소를 사용할 수 없게 하는 방법이 있습니다.

숨기기 취소를 비활성화하는 방법

숨겨진 시트가 없는 경우 [숨기기 취소] 메뉴는 비활성화되어 있습니다. 반대로 시트가 숨겨져 있는 경우 시트에서 마우스 오른쪽 단추를 클릭하면 [숨기기 취소]가 활성화되어 있어서 이것을 보고 시트가 숨겨진 것을 알 수 있습니다. 시트를 숨기고 [숨기기 취소]를 비활성화하여 선택할 수 없게 하는 방법을 알아봅니다.

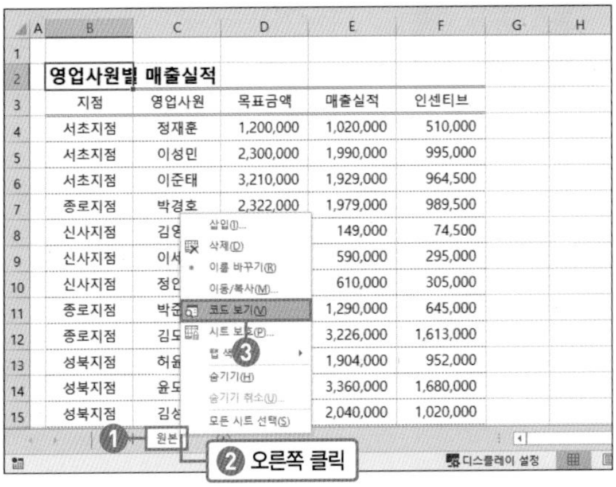

01 숨길 [원본] 시트를 선택하고 마우스 오른쪽 단추를 클릭한 후 [코드 보기]를 클릭합니다.

02 VBA 창이 열리면 [프로젝트] 창에서 숨기기할 [원본] 시트를 선택합니다. [속성] 창의 'Visible' 속성에서 [2 – xlSheetVeryHidden]을 선택하고 VBA 창을 닫습니다.

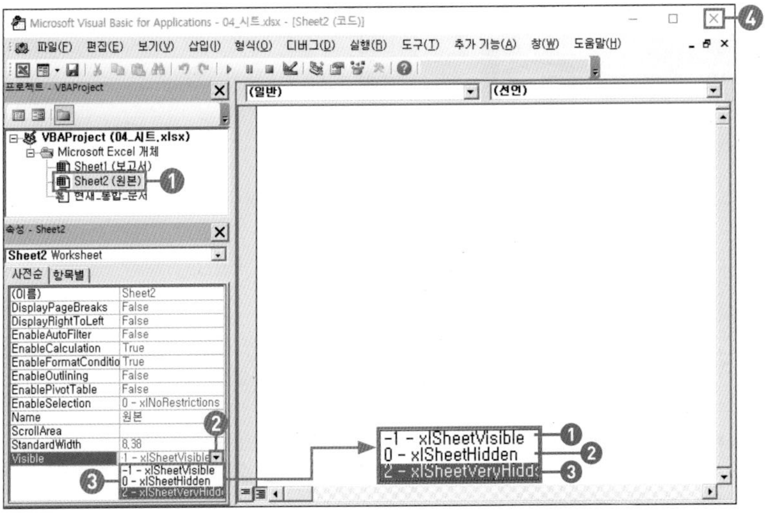

❶ –1 – xlSheetVisible : 시트를 나타냅니다.

❷ 0 – xlSheetHidden : 엑셀의 워크시트 숨기기 기능과 같습니다.

❸ 2 – xlSheetveryHidden : 시트를 숨기지만 숨기기를 취소할 수 없습니다.

03 [원본] 시트가 숨겨졌는지 확인합니다.

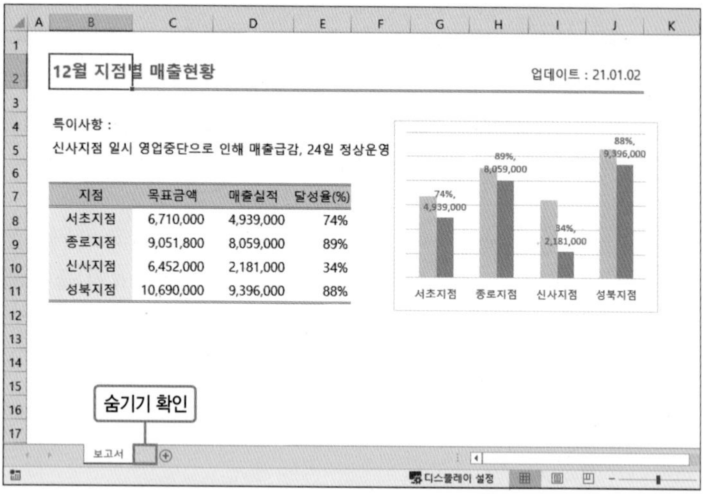

04 [보고서] 시트에서 마우스 오른쪽 단추를 클릭합니다. [원본] 시트가 숨겨졌지만 [숨기기 취소]가 비활성화되어 있어서 선택되지 않습니다.

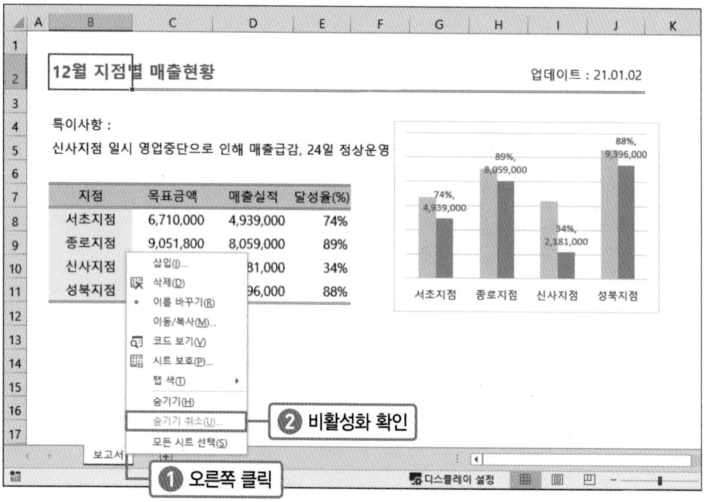

Tip

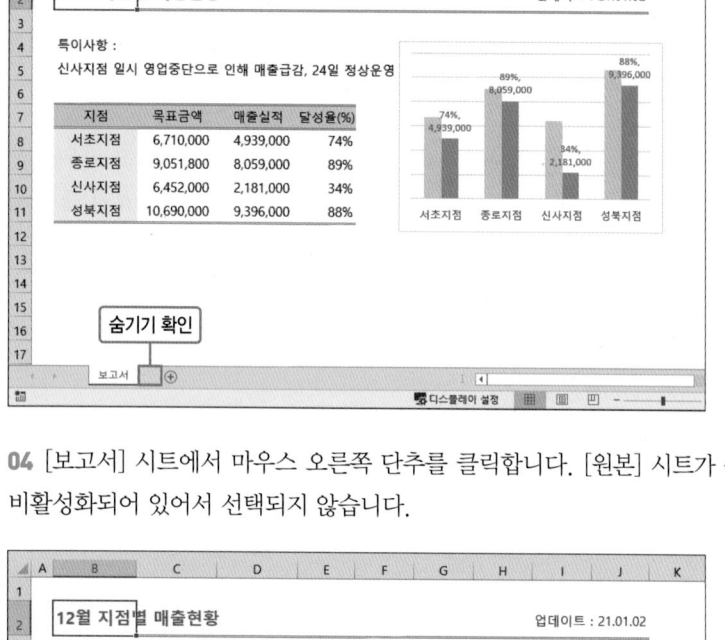

숨겨진 시트가 없으면 숨기기 취소는 비활성화되어 선택할 수 없습니다. 그래서 이 상태를 보고 숨겨진 시트가 있을 것이라고 생각하지 못하는 것뿐입니다. 물론 앞에서 알아본 과정을 통해 방법을 알고 있다면 이것도 숨겨진 시트의 데이터를 완벽하게 지킬 수 있는 방법은 아닙니다. 보안이 중요한 자료라면 절대로 '시트 숨기기' 기능을 사용하지 않아야 합니다.

잠깐만요 숨기기가 취소되지 않는 시트 다시 표시하기

숨기기가 취소되지 않는 시트를 다시 나타내고 싶은 경우에는 어떻게 해야 할까요?

1 [보고서] 시트에서 마우스 오른쪽 단추를 클릭하고 [코드 보기]를 선택합니다.

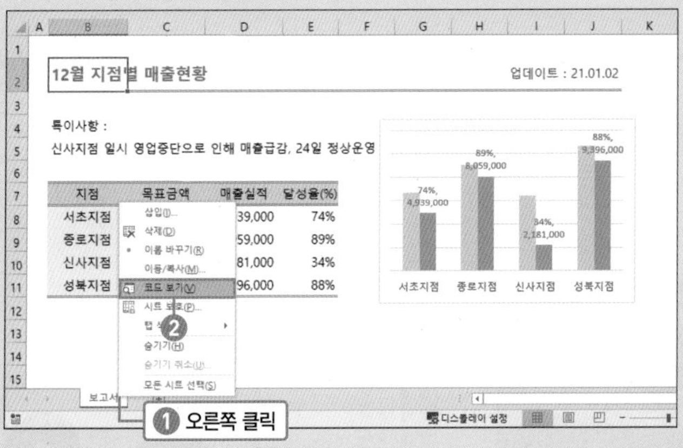

2 VBA 창이 열리면 [프로젝트] 창에서 숨기기를 취소할 [원본] 시트를 선택합니다. [속성] 창의 'Visible' 속성에서 [-1 – xlSheetVisible]로 선택하고 VBA 창을 닫습니다. 그러면 숨겨진 [원본] 시트가 다시 나타납니다.

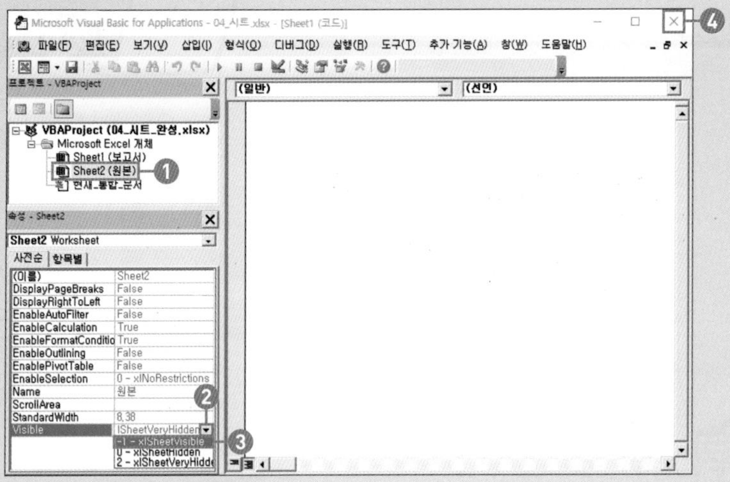

05 가로 형식의 데이터는 분석하기 어렵다

분석하기 쉬운 데이터를 만들기 위해서는 세로 형식의 데이터 구조가 필요합니다. 수많은 정보를 담고 있는 데이터 속에서 나에게 필요한 정보만 추출하여 자유자재로 분석하고 빠르게 데이터에 대응하기 위한 데이터의 정보 수집 방법과 가공 방법에 대해 알아봅니다.

실습파일 : 05_가로.xlsx

피벗 테이블을 적용하기에 적합한 원본 데이터의 구조가 아니어서 데이터 조회에 제약이 있어요.
Bad!

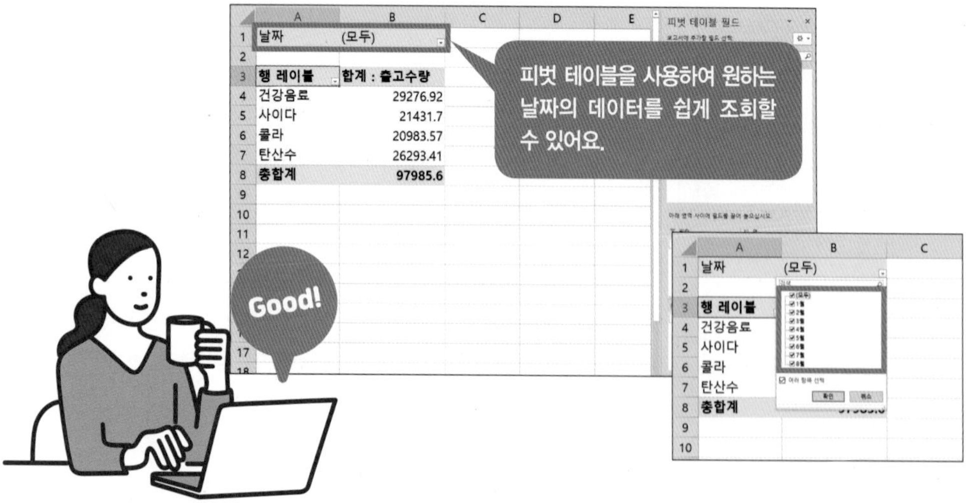

피벗 테이블을 사용하여 원하는 날짜의 데이터를 쉽게 조회할 수 있어요.
Good!

데이터의 구조 바로 알기

가로형? 세로형? 무슨 뜻인지 전혀 감이 오지 않죠? 데이터를 분석하려면 데이터의 구조가 세로형, 즉 리스트 형식으로 이루어져 있어야 합니다. 하나의 필드(열)에는 같은 항목들의 정보가 입력되고, 이 필드들이 모여 하나의 테이블을 이룹니다. 어떠한 형태로 RAW 데이터의 구조를 잡아야 분석 도구인 피벗 테이블과 수식, 자동 필터 등을 어려움없이 활용할 수 있는지 알아보겠습니다.

다음은 각 거래처별로 1년 동안의 제품별 출고 현황을 정리한 자료입니다. 이렇게 가공된 자료는 데이터의 수집과 편집에 시간이 걸릴 뿐만 아니라 분석하기 좋은 데이터 형식이 아닙니다. 그렇다면 이 자료는 과연 무엇이 잘못된 것일까요?

2020년 L물류 출고현황

업데이트 : 2020년 9월4일

거래처	제품명	용량(ml)	1월	2월	3월	4월	5월	6월	7월	8월	9월	10월	11월	12월	합계
제이통상	콜라	400	203	230	301	320	298	287	210	200					2,049
	콜라	750	323	385	331	368	357	390	309	310					2,773
	사이다	500	410	400	390	376	375	353	330	310					2,944
	사이다	1000	220	290	296	265	200	256	278	289					2,094
	탄산수	375	230	240	298	299	310	248	245	300					2,170
	탄산수	500	440	439	400	490	309	310	387	376					3,151
	건강음료	375	230	2,729	265	265	289	209	287	276					4,550
	건강음료	500	401	398	376	376	367	389	376	401					3,084
진영물류	콜라	400	309	309	387	376	365	310	380	398					2,834
	콜라	750	302	398	387	367	357	309	387	376					2,883
	사이다	500	120	190	298	306	387	376	344	367					2,388
	사이다	1000	340	350	305	400	500	450	520	487					3,352
	탄산수	375	320	398	367	367	478	399	497	449					3,275
	탄산수	500	500	509	559	592	501	600	620	640					4,521
	건강음료	375	320	340	309	333	334	345	398	400					2,779
	건강음료	500	501	543	509	543	555	543	600	609					4,403
호남상사	콜라	400	173	196	256	272	253	244	179	170					1,742
	콜라	750	275	327	281	313	303	332	263	264					2,357
	사이다	500	349	340	332	320	319	300	281	264					2,502
	사이다	1000	187	247	252	225	170	218	236	246					1,780
	탄산수	375	196	204	253	254	264	211	208	255					1,845
	탄산수	500	374	373	340	417	263	264	329	320					2,678
	건강음료	375	196	2,320	225	225	246	178	244	235					3,868
	건강음료	500	341	338	320	320	312	331	320	341					2,621
신진유통	콜라	400	343	343	430	417	405	344	422	442					3,146
	콜라	750	335	442	430	407	396	343	430	417					3,200
	사이다	500	133	211	331	340	430	417	382	407					2,651
	사이다	1000	377	389	339	444	555	500	577	541					3,721
	탄산수	375	355	442	407	407	531	443	552	498					3,635
	탄산수	500	555	565	620	657	556	666	688	710					5,018
	건강음료	375	355	377	343	370	371	383	442	444					3,085
	건강음료	500	556	603	565	603	616	603	666	676					4,887

출고현황 | 출고현황2 | 출고현황3

▲ [출고현황] 시트

데이터 구조의 문제점 알아보기

기존 데이터로 분석 도구인 피벗 테이블을 만들 때 어떠한 문제점이 있는지 살펴보고 해결 방법에 대해 알아보겠습니다.

문제점 ❶ 월이 가로 형식으로 구성되어 있다

같은 내용으로 이루어져 있어야 할 월에 대한 필드가 각각의 필드로 풀려서 작성되어 있습니다. 이 경우에는 '월'을 '제품명'처럼 하나의 '월' 필드로 만들어서 '1월', '2월', '3월'과 같이 리스트 형식으로 입력해야 합니다.

01 [출고현황] 시트에서 B4:Q36 범위를 선택하고 [삽입] 탭-[표] 그룹에서 [피벗 테이블]을 클릭합니다.

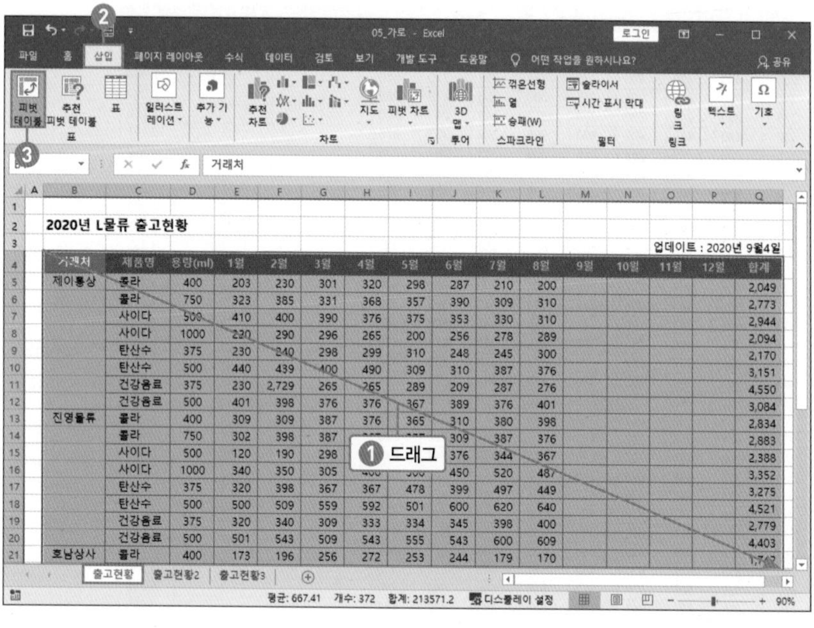

Tip

Alt+N+V를 눌러도 [피벗 테이블 만들기] 대화상자를 열 수 있습니다.

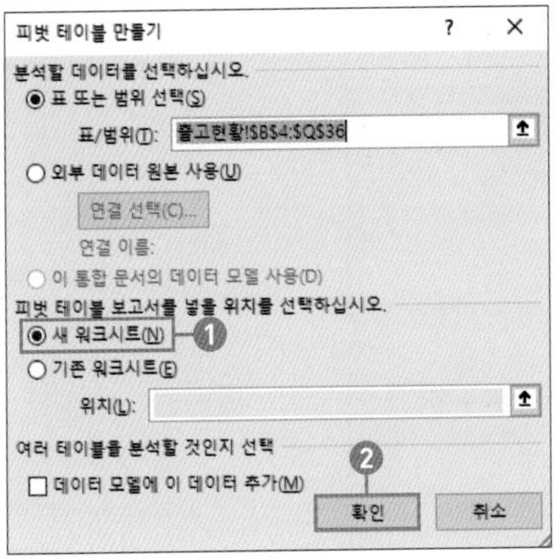

02 [피벗 테이블 만들기] 대화상자가 열리면 피벗 테이블 보고서를 넣을 위치에서 [새 워크시트]를 선택하고 [확인]을 클릭합니다.

03 새로운 워크시트의 왼쪽에는 빈 피벗 테이블 보고서가 표시되고 오른쪽에는 [피벗 테이블 필드] 창이 나타납니다. 제품명을 기준으로 월별 출고 현황을 살펴보기 위해 [거래처] 필드는 '행' 영역으로, [1월] 필드부터 [5월] 필드까지는 '값' 영역으로 드래그합니다. 값에 위치한 각 '1월', '2월' 등의 필드가 지금처럼 단독으로 움직일 수도 있지만, '필터' 영역에서 월별로 자료를 선택하려면 이 자료를 활용할 수 없습니다.

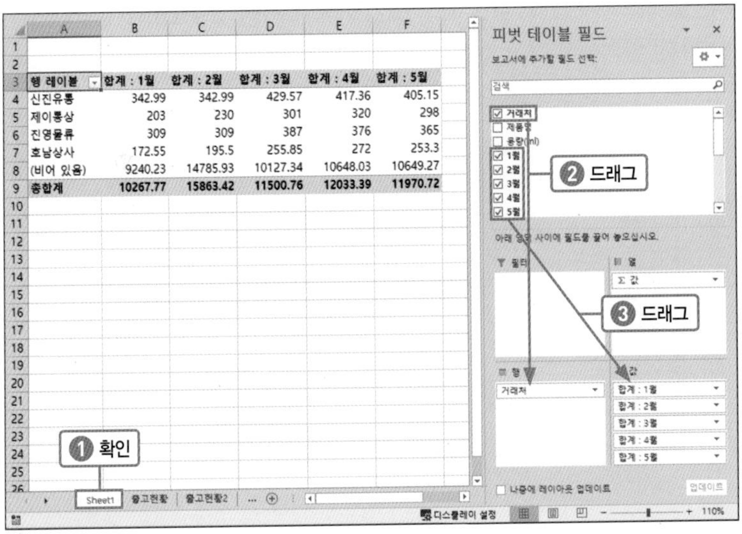

Tip
월별로 계산되어진 숫자의 표시 형식이 제각각입니다. 피벗 테이블의 표시 형식을 변경하는 방법에 대해서는 299쪽을 참고하세요

04 '값' 영역에 있는 각각의 월 필드를 '필터' 영역으로 드래그합니다.

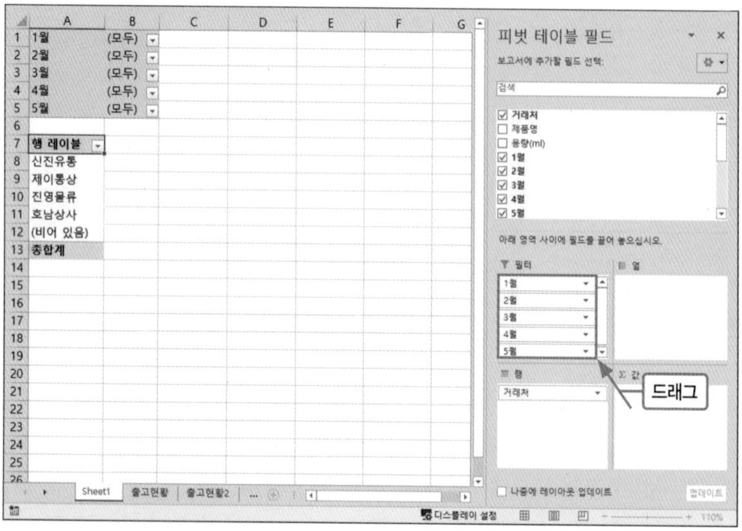

05 '필터' 영역에 각 월이 위치했지만, '값' 영역에 출고 실적을 표현해 줄 값에 대한 필드가 없습니다. 이미 '필터' 영역에 위치한 각 '월' 필드가 계산될 값을 담고 있기 때문에 목록 단추(▼)를 클릭하면 선택 목록에 값이 나타납니다. '필터' 영역에서 보고 싶은 월을 선택하면 값 영역에 거래처의 출고 실적이 나타나야 올바른 데이터입니다.

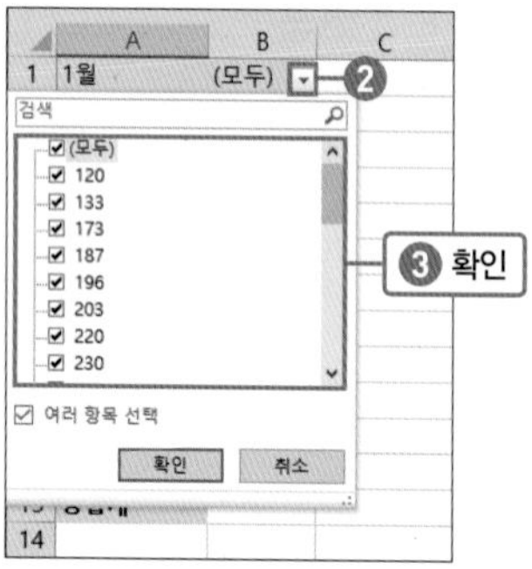

문제점 ❷ 필드에 빈 셀이 있다

01 앞의 실습에서 [피벗 테이블 필드] 창의 [거래처] 필드가 '행' 영역에 있는 상태에서 '필터' 영역에 있는 [1월] 필드부터 [5월] 필드를 '값' 영역으로 드래그합니다. 그러면 A12셀에 '(비어 있음)'이 계산되었습니다.

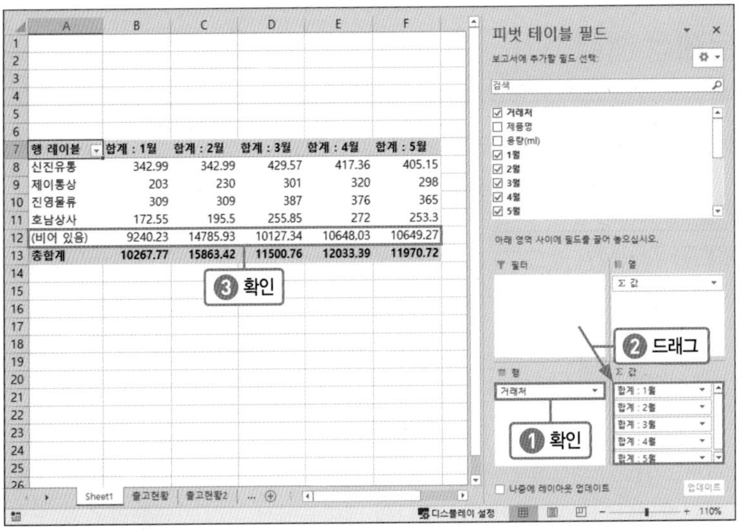

02 [출고현황] 시트에서 원본 데이터의 '거래처' 항목 중 빈 셀들이 피벗 테이블에 '(비어 있음)'으로 요약되어 나타난 것입니다. 네 곳의 거래처의 출고 수량은 거래처명이 입력된 행의 데이터 값만 출력되었습니다. 테이블을 구성하는 모든 필드의 데이터는 일대일로 매칭되어 계산되므로 빈 셀 없이 데이터를 입력하는 것이 중요합니다.

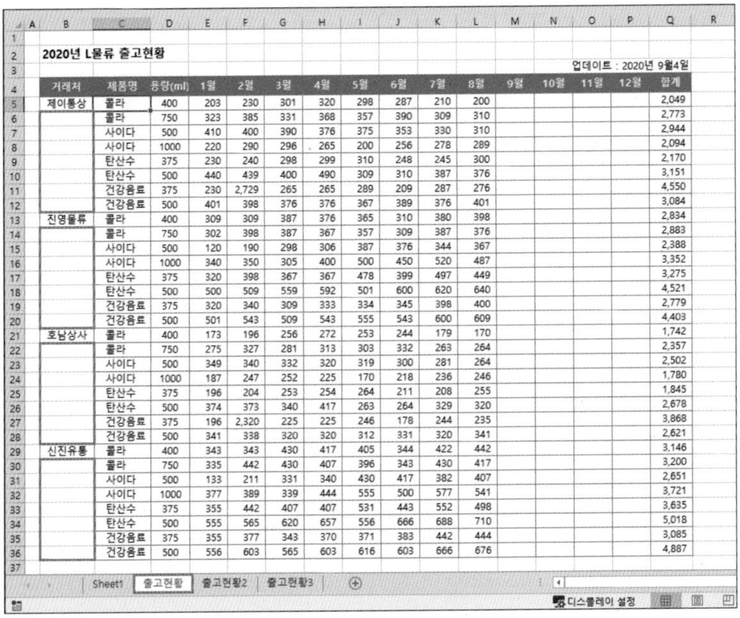

데이터 구조의 문제점 해결하기

문제가 된 부분을 재구성하여 올바른 분석 자료를 출력할 수 있는 방법을 알아보겠습니다.

[출고현황2] 시트에서는 각 월 필드 대신 E열에 '날짜' 필드를 생성하고 목록에는 해당 월을 입력했습니다. F열에는 '출고수량' 필드를 생성해서 출고 수량을 입력하고 '거래처' 목록도 빈 셀 없이 입력했습니다.

언뜻 보면 변경 전 데이터가 거래처별로 1년 동안의 합계를 바로 볼 수도 있고, 더 쉬워 보입니다. 하지만 이렇게 구성된 자료는 분석을 위한 RAW 데이터가 아니라 한 가지 시각만 갖는 거래처별 제품 출고 현황 정리표에 불과합니다. 기존 구성으로는 제품별로 가장 많이 출고된 거래처를 분석하기 위해 또 한 번 가공해야 해서 불편합니다. RAW 데이터는 하나의 테이블에서 여러 카테고리로 행과 열의 위치를 자유자재로 변경하여 다양한 자료를 뽑아낼 수 있어야 합니다.

2020년 L물류 출고현황

거래처	제품명	용량(ml)	날짜	출고수량
제이통상	콜라	400	1월	203
제이통상	콜라	750	1월	323
제이통상	사이다	500	1월	410
제이통상	사이다	1000	1월	220
제이통상	탄산수	375	1월	230
제이통상	탄산수	500	1월	440
제이통상	건강음료	375	1월	230
제이통상	건강음료	500	1월	401
호남상사	콜라	400	1월	309
호남상사	콜라	750	1월	302
호남상사	사이다	500	1월	120
호남상사	사이다	1000	1월	340
호남상사	탄산수	375	1월	320
호남상사	탄산수	500	1월	500
호남상사	건강음료	375	1월	320
호남상사	건강음료	500	1월	501
신진유통	콜라	400	1월	173
신진유통	콜라	750	1월	275
신진유통	사이다	500	1월	349
신진유통	사이다	1000	1월	187
신진유통	탄산수	375	1월	196
신진유통	탄산수	500	1월	374
신진유통	건강음료	375	1월	196
신진유통	건강음료	500	1월	341
동아상사	콜라	400	1월	343
동아상사	콜라	750	1월	335
동아상사	사이다	500	1월	133
동아상사	사이다	1000	1월	377
동아상사	탄산수	375	1월	355

날짜	거래처	출고수량
2월	제이통상	

▲ [출고현황2] 시트

1 피벗 테이블 이용해 분석 자료 만들기

새로 구성한 자료로 피벗 테이블을 활용하여 다각도로 분석 자료를 만들 수 있습니다.

01 [출고현황2] 시트에서 B4:F260 범위를 선택하고 [삽입] 탭–[표] 그룹에서 [피벗 테이블]을 클릭합니다.

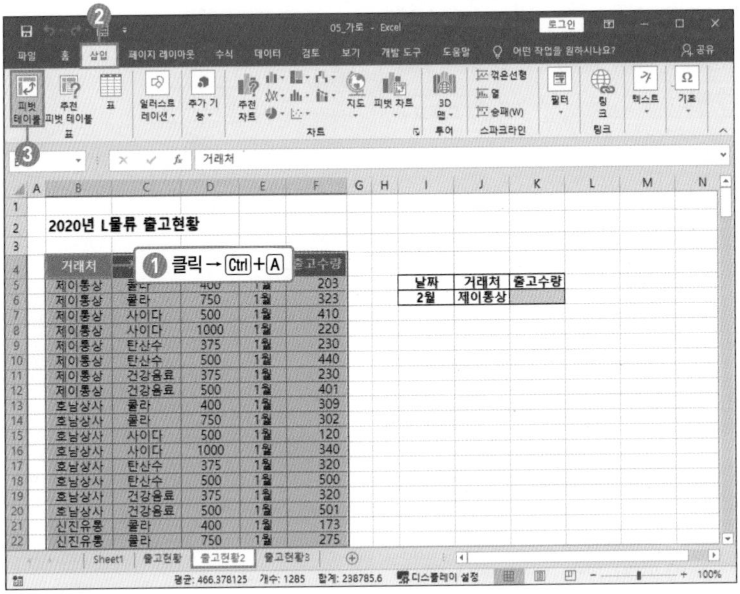

02 [피벗 테이블 만들기] 대화상자가 열리면 피벗 테이블 보고서를 넣을 위치에서 [새 워크시트]를 선택하고 [확인]을 클릭합니다.

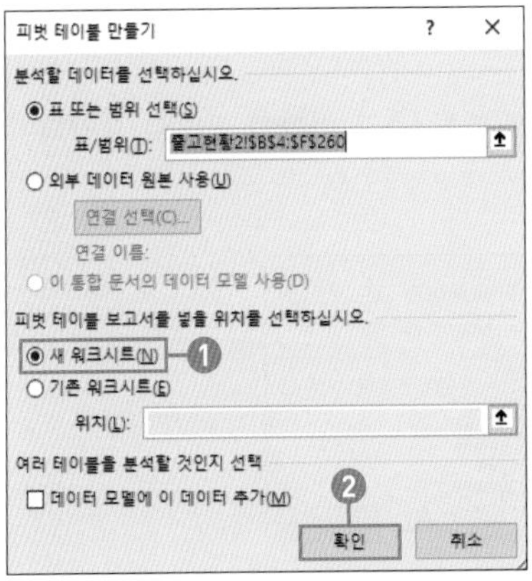

03 새로운 워크시트에 빈 피벗 테이블 보고서가 생성되었으면 [피벗 테이블 필드] 창에서 [거래처] 필드는 '행' 영역으로, [날짜] 필드는 '열' 영역으로, [출고수량] 필드는 '값' 영역으로 드래그합니다. 그러면 거래처별, 월별 출고 수량이 손쉽게 요약되어 나타납니다.

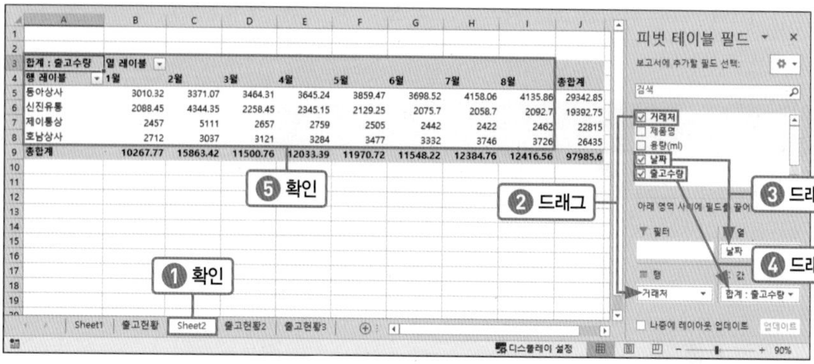

04 '행' 영역에서 [거래처] 필드를 선택하고 [필드 제거]를 선택하거나 영역의 밖으로 드래그하여 레이아웃에서 제외합니다.

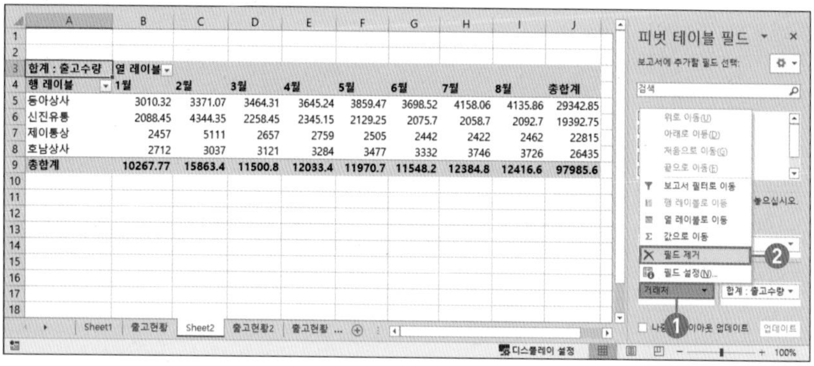

05 [제품명] 필드를 '행' 영역으로 드래그하여 위치시키면 제품에 따른 출고 현황이 곧바로 요약되어 나타납니다.

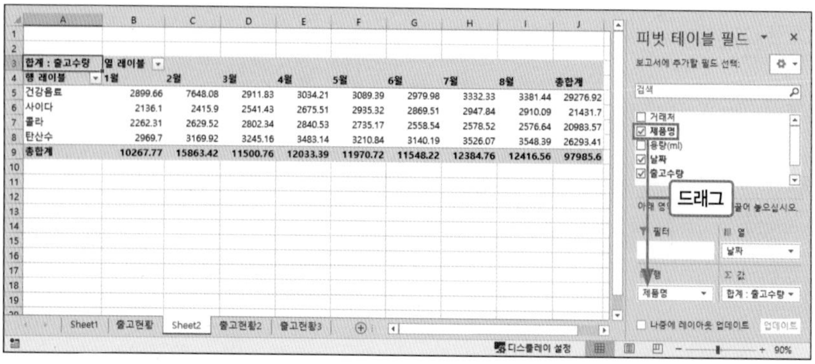

06 '열' 영역에 있는 [날짜] 필드를 '필터' 영역으로 드래그하여 이동합니다. '날짜'의 목록 단추(▾)를 클릭하고 원하는 날짜를 선택한 후 [확인]을 클릭하세요.

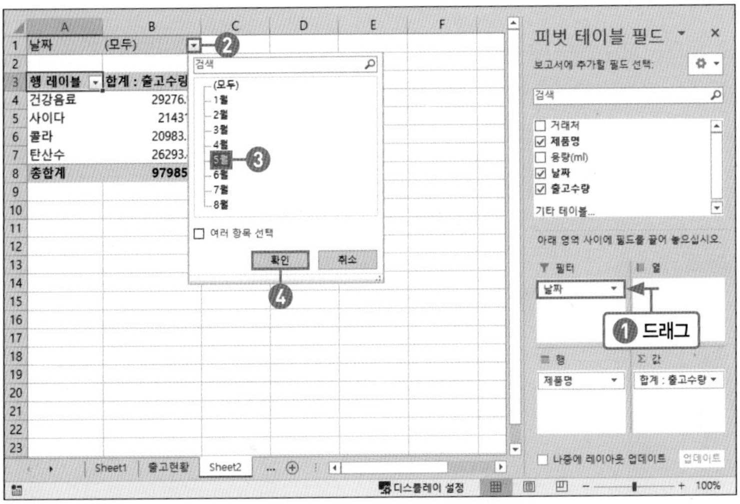

07 해당 월의 제품별 출고 수량을 조회할 수 있습니다.

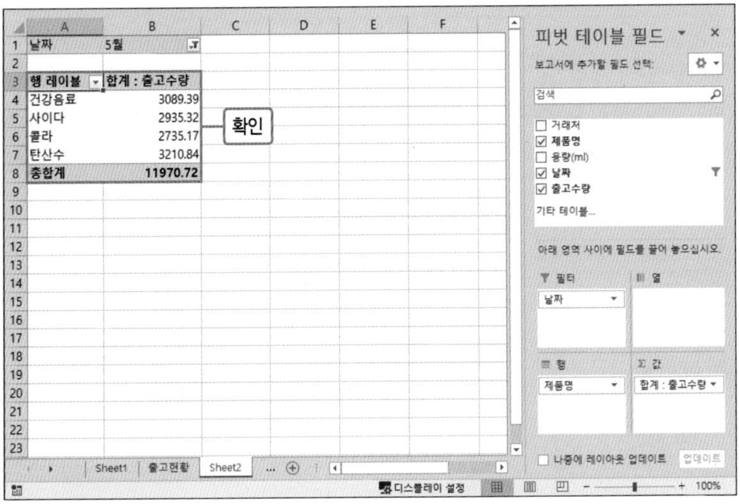

2 함수 이용해 분석 자료 만들기

목록 형식의 데이터는 피벗 테이블을 분석할 때 외에 함수 계산에도 쉽게 사용할 수 있습니다.

01 [출고현황3] 시트에서 SUMIFS 함수를 사용하여 I6셀과 J6셀의 조건과 일치하는 출고 수량을 구하려고 합니다. K6셀에 함수식 『=SUMIFS($F:$F,$E:$E,$I$6,$B:$B,$J$6)』을 입력합니다.

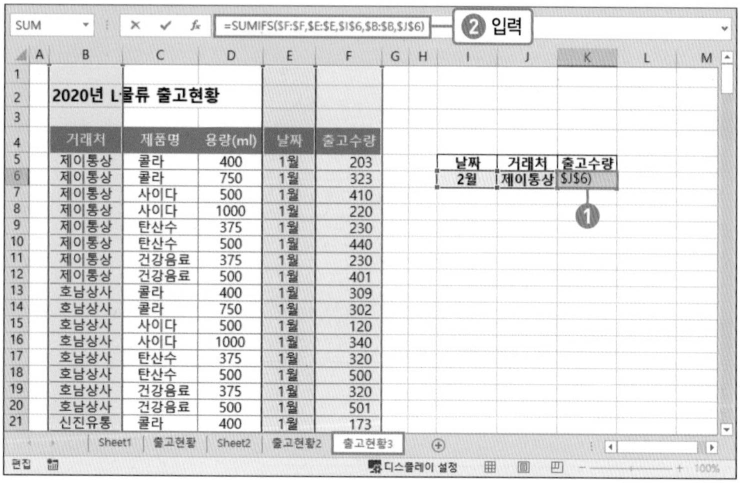

02 K6셀에 2월달 거래처 '제이통상'에 대한 총 출고 수량의 값이 계산되었습니다. I6셀의 '날짜'와 J6셀의 '거래처'에 찾으려는 값을 입력하면 출고 수량은 자동으로 출력됩니다. '날짜'에는 『1월』을, '거래처'에는 『신진유통』을 입력하면 K6셀의 '출고수량'에 1월달 신진유통의 총 출고 수량이 자동으로 계산됩니다.

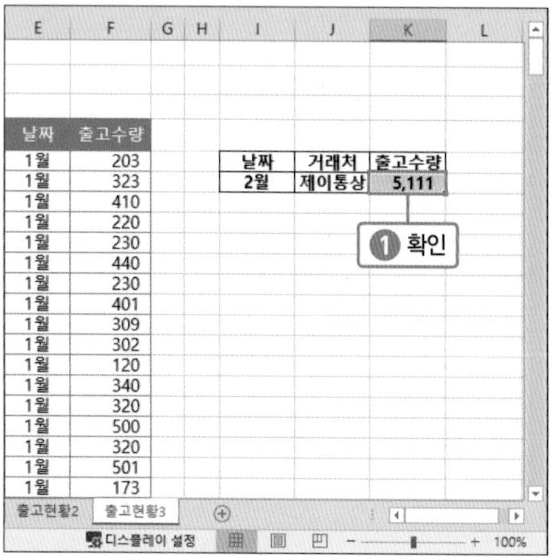

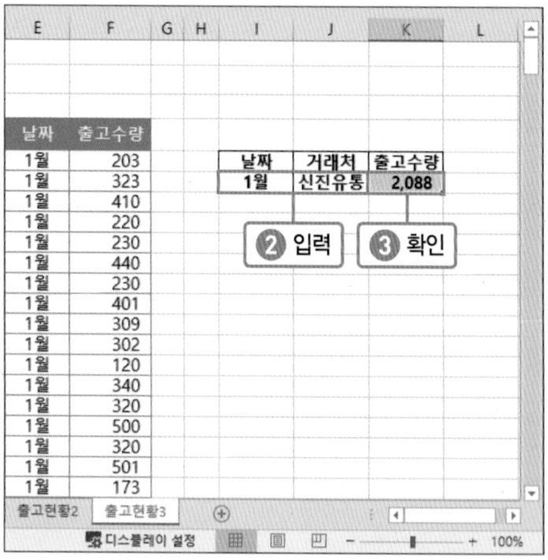

06 데이터 범위는 일일이 변경하지 않기

함수를 사용하다 보면 참조 범위의 셀에 데이터가 추가되어 그만큼 범위를 다시 변경해야 하는 경우가 있습니다. 피벗 테이블을 사용하는 경우에도 마찬가지로 원본 데이터에 내용이 추가되면 범위를 다시 변경해야 해서 번거롭습니다. 이번에는 일일이 범위를 변경하지 않고 데이터 내용에 따라 알아서 자동으로 범위를 참조하는 방법에 대해 알아봅니다.

실습파일 : 06_표.xlsx

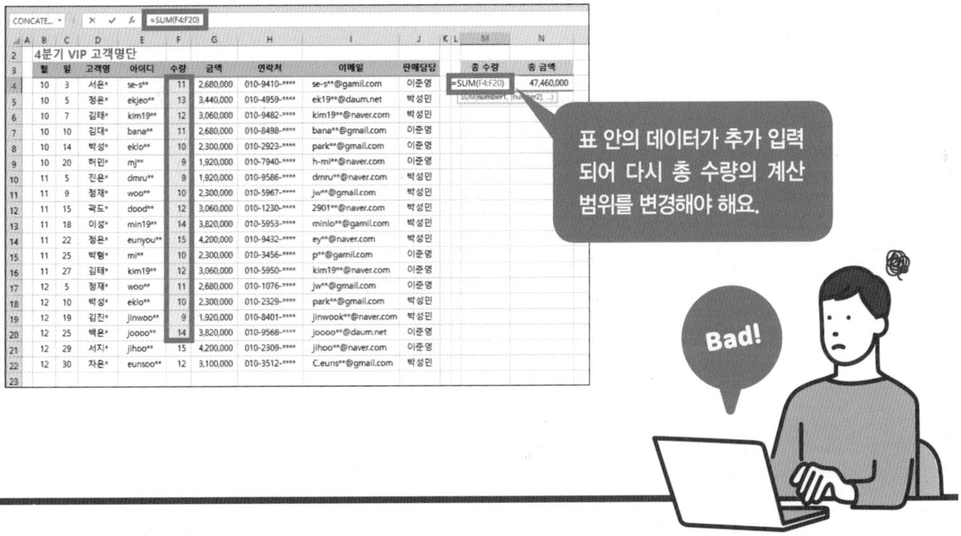
=SUM(F4:F20)
4분기 VIP 고객명단
데이터가 추가 입력된 부분까지 자동으로 합계 범위가 변경됩니다.
표 안의 데이터가 추가 입력되어 다시 총 수량의 계산 범위를 변경해야 해요.
Bad!

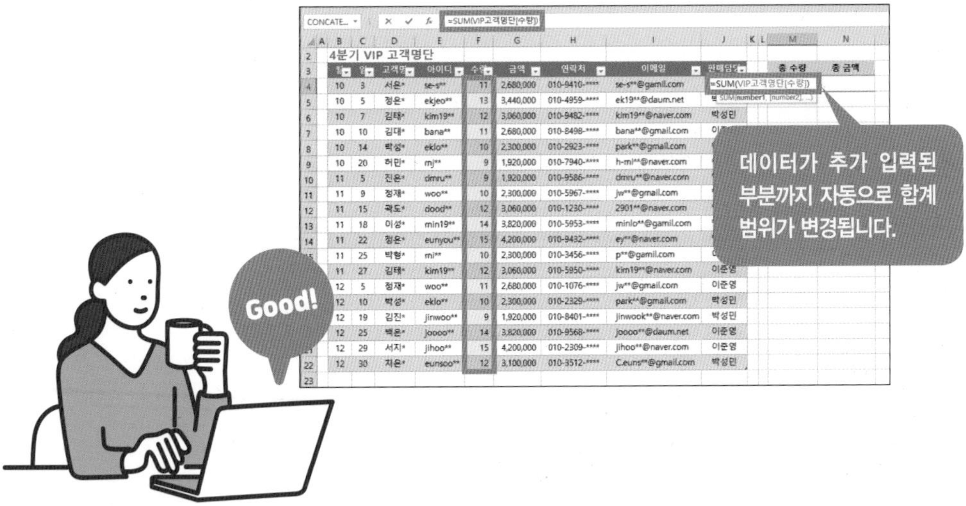

추가된 데이터에 맞추어 참조 범위 변경하기

분석과 계산을 위해 피벗 테이블이나 수식을 사용하다 보면 추가되는 데이터에 맞추어 참조 범위를 일일이 변경해야 해서 불편합니다. 미리 범위를 넓게 지정해도 어느새 범위 이상으로 데이터가 쌓이고, 이것을 발견하지 못한 채 잘못 계산된 데이터를 사용하게 되는 문제가 발생할 수 있습니다.

1 함수의 참조 범위 수정하기

왼쪽에 있는 4분기 VIP 고객명단 표를 참고해서 오른쪽에 총 수량과 총 금액을 계산해 봅니다.

01 [4분기] 시트에서 M4셀에 함수식 『=SUM(F4:F20)』을 입력합니다.

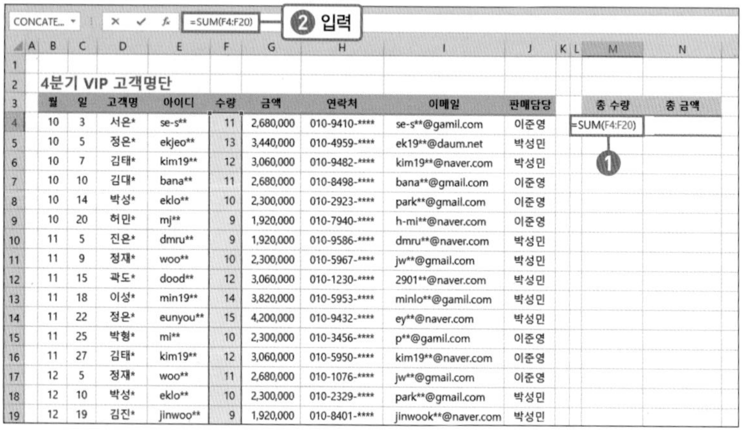

02 M4셀에 총 수량을 구했으면 M4셀의 자동 채우기 핸들을 오른쪽으로 드래그하여 N4셀에 함수식 『=SUM(G4:G20)』을 적용합니다.

03 N4셀에 총금액을 구했으면 21행과 22행에 두 건의 누락된 고객 명단 데이터를 추가 입력합니다.

04 M4셀을 선택하고 F2를 눌러 수정 상태로 변환해 봅니다. 데이터가 추가로 입력되었지만, 합계의 범위는 변함이 없습니다. 총 수량과 총 금액을 구하려면 다시 범위를 수정해야 합니다.

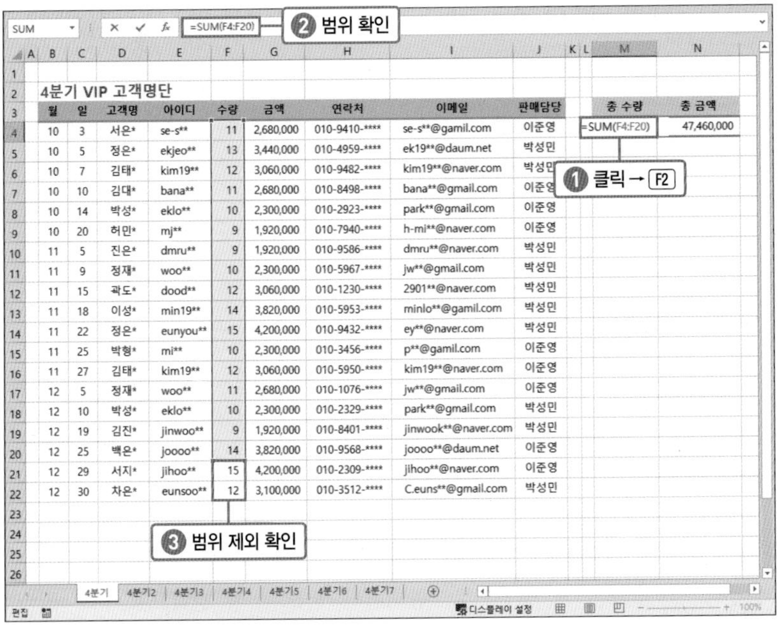

2 피벗 테이블의 원본 데이터 수정하기

01 [4분기2] 시트에서 B3:J20 범위를 선택하고 피벗 테이블 생성 단축키 Alt+N+V를 누릅니다.

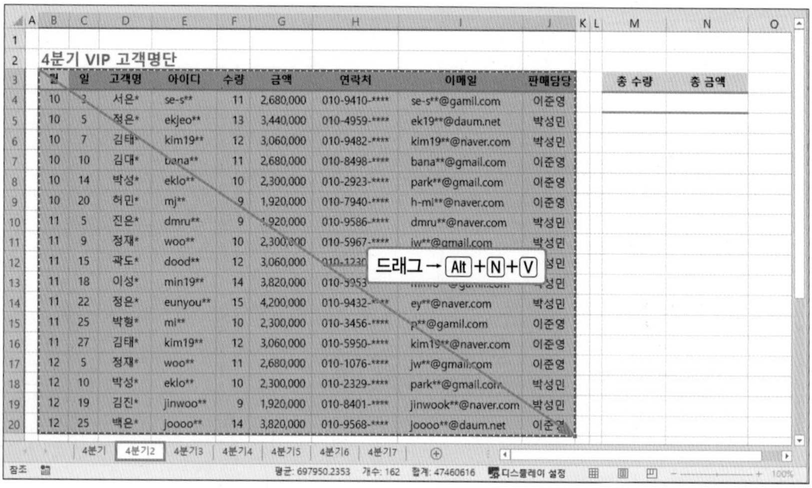

Tip

Alt+N+V는 [삽입] 탭-[표] 그룹에서 [피벗 테이블]을 클릭하는 단축키입니다.

02 [피벗 테이블 만들기] 대화상자가 열리면 피벗 테이블을 넣을 위치를 [새 워크시트]로 선택하고 [확인]을 클릭합니다.

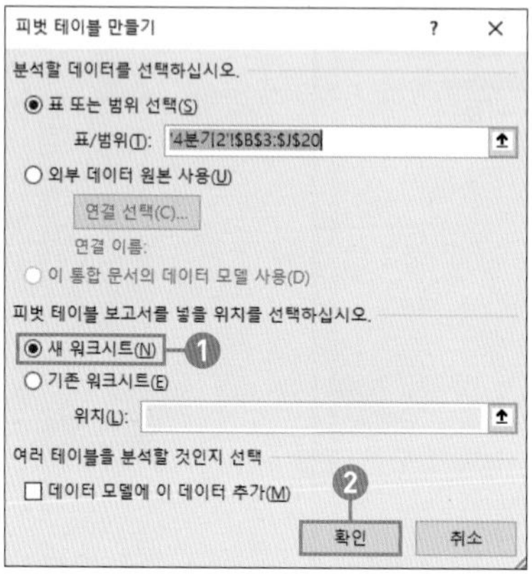

03 새로운 시트에 피벗 테이블 보고서가 나타나면 판매 담당자별로 관리 고객의 인원을 알아보기 위해 [피벗 테이블 필드] 창에서 [월] 필드는 '열' 영역으로, [판매담당] 필드는 '행' 영역으로, [고객명] 필드는 '값' 영역으로 이동하세요. 그러면 4분기 총 '박성민' 직원의 담당 고객 인원은 9명이고 '이준영' 직원의 담당 고객 인원은 8명인 것을 알 수 있습니다.

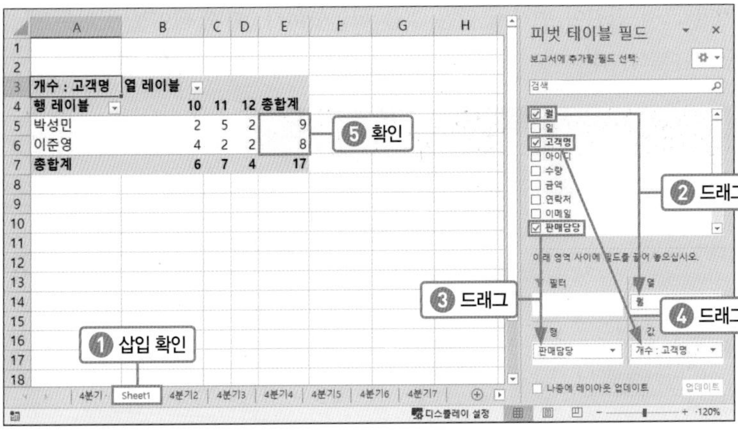

04 [4분기2] 시트로 되돌아와서 다시 고객 명단을 추가 입력합니다.

05 [Sheet1] 시트로 되돌아온 후 피벗 테이블에 있는 셀에서 마우스 오른쪽 단추를 클릭하고 [새로 고침]을 선택해서 원본 데이터를 갱신합니다.

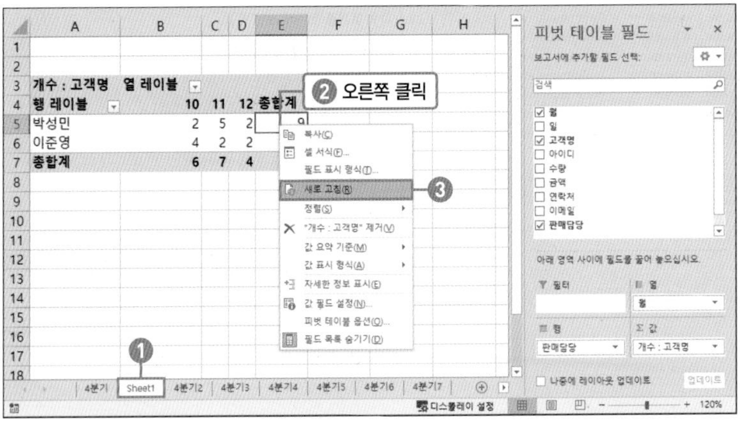

06 데이터를 새로 고침했지만 고객 인원이 변하지 않은 것을 확인합니다. 피벗 테이블에 있는 셀을 선택하고 [피벗 테이블 도구]의 [분석] 탭–[데이터] 그룹에서 [데이터 원본 변경]을 클릭합니다.

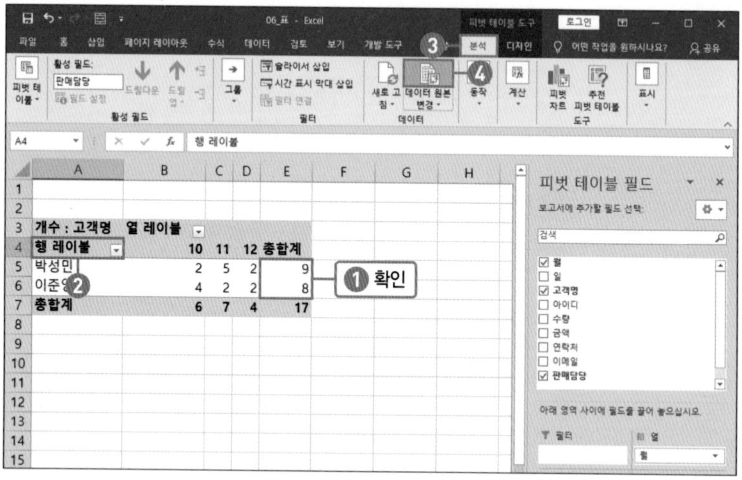

07 [피벗 테이블 데이터 원본 변경] 대화상자가 열리면서 피벗 테이블이 참조하고 있는 데이터의 범위를 확인할 수 있습니다. 내용을 추가로 입력했지만 범위는 그대로이므로 범위를 다시 변경해야 합니다.

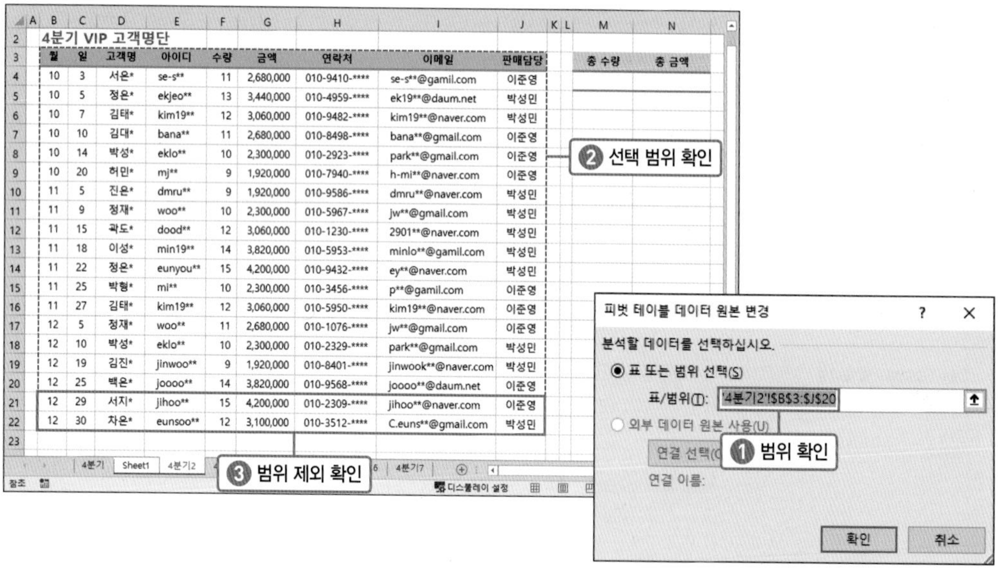

스스로 범위를 설정하는 똑똑한 엑셀 표 작성하기

테두리를 그려서 만드는 일반 표가 아니라 엑셀에서 제공하는 엑셀 표를 만들고 사용하는 방법에 대해 알아봅니다.

1 엑셀 표 만들기

01 [4분기3] 시트에서 B3:J20 범위를 선택하고 엑셀 표를 적용하기 위해 [삽입] 탭–[표] 그룹에서 [표]를 클릭합니다. [표 만들기] 대화상자가 열리면 [확인]을 클릭합니다.

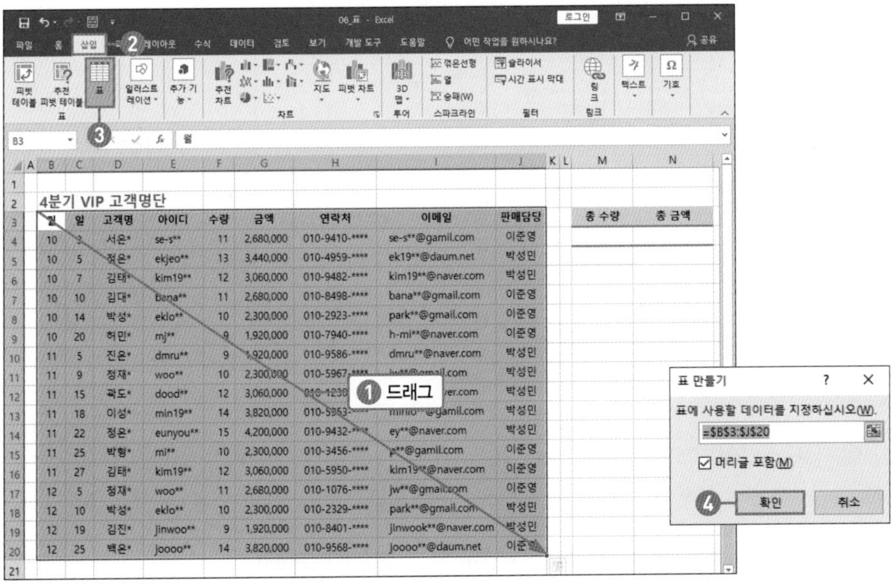

02 엑셀 표가 생성되었는지 확인합니다.

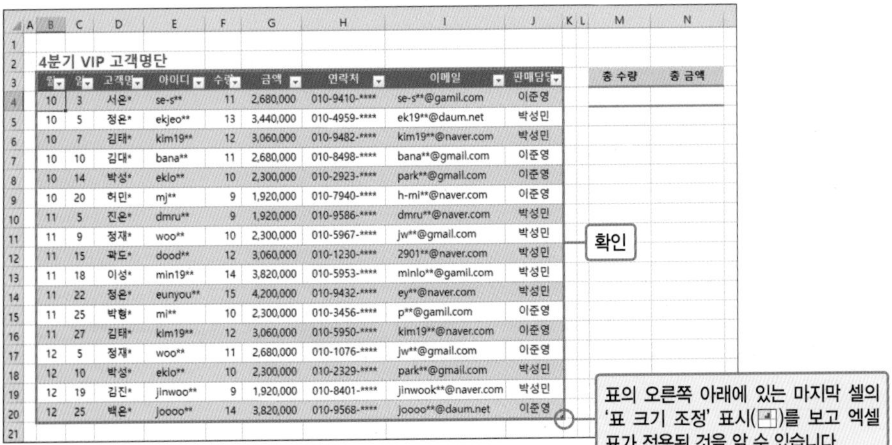

확인
표의 오른쪽 아래에 있는 마지막 셀의 '표 크기 조정' 표시를 보고 엑셀 표가 적용된 것을 알 수 있습니다.

2 엑셀 표 디자인하기

01 엑셀 표에는 서식을 직접 꾸미지 않아도 엑셀에서 제공하는 다양한 스타일을 적용할 수 있습니다. 엑셀 표를 선택하면 [표 도구]의 [디자인] 탭이 나타나고 선택 셀이 표 밖에 위치해 있으면 [디자인] 탭이 보이지 않습니다.

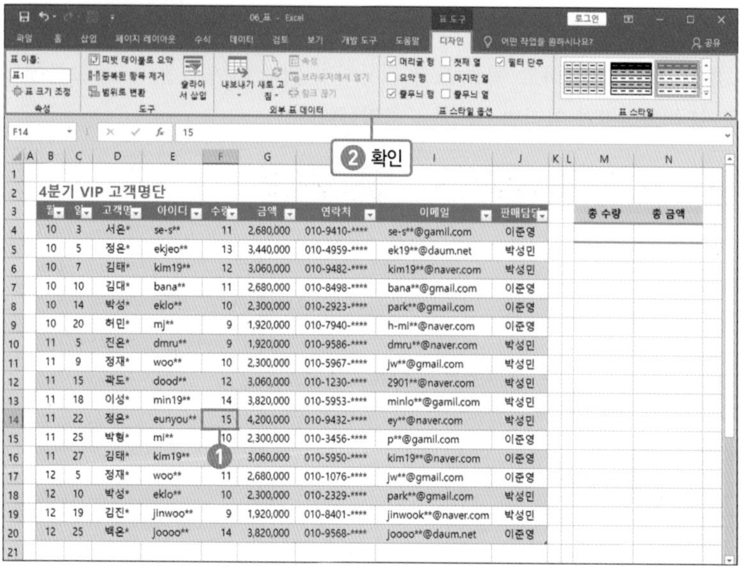

02 [디자인] 탭–[표 스타일] 그룹에서 [자세히] 단추(⊡)를 클릭하여 다양한 표 스타일을 적용할 수 있습니다. 원하는 스타일에 마우스 포인터를 올려놓으면 적용할 스타일을 미리 볼 수 있습니다.

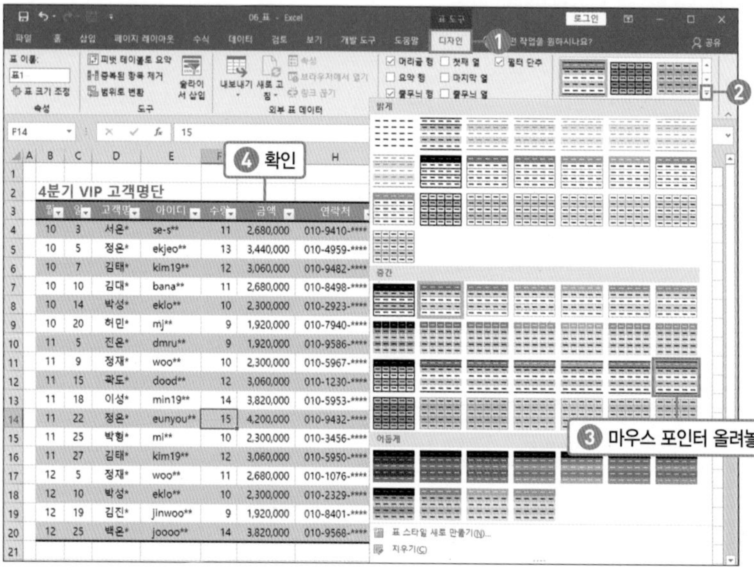

3 엑셀 표 이름 지정하기

표를 생성하면 기본적으로 모든 표에는 '표1', '표2'와 같은 방식으로 표 이름이 붙지만, [표 도구]의 [디자인] 탭–[속성] 그룹의 '표 이름'에서 표 이름을 변경할 수 있습니다. '표 이름'의 입력 상자에 『VIP고객명단』을 입력하고 Enter를 누르세요.

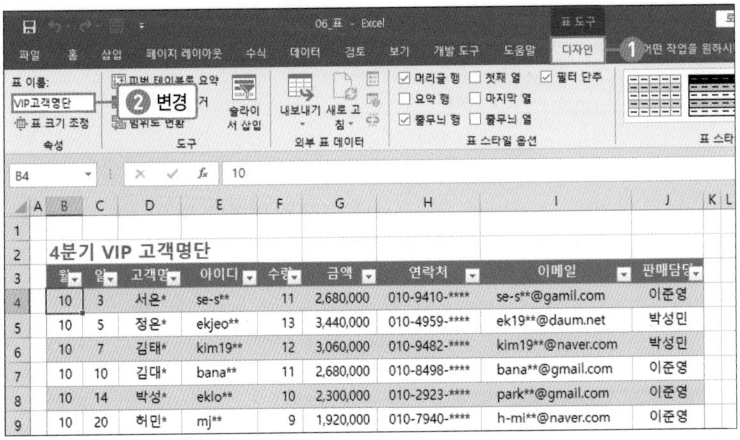

> **Tip**
> 엑셀 표의 이름은 셀 주소로 나타낼 수 없는 동적 참조 범위를 대신해서 사용합니다. 동적 참조 범위에 대해서는 315쪽을 참고하세요.

4 엑셀 표에서 수식의 구조 알기

01 엑셀 표에서 수식을 사용할 경우 일반 셀 주소 대신 필드명으로 수식을 입력합니다. M6셀을 선택하고 6행의 '김태*' 고객의 '수량*금액'의 수식을 입력하려고 합니다. M6셀에 『=』를 입력하고 ← 방향키를 눌러 F6셀로 이동하거나 F6셀을 마우스로 선택합니다. 그러면 셀 주소인 F6 대신 '표 이름[@필드명]'의 형태로 표시되는 것을 알 수 있습니다.

02 이어서 곱하기 『*』를 입력하고 ← 방향키를 여러 번 눌러 G6셀로 이동하는 방법으로 함수식 '=VIP고객명단[@수량]*VIP고객명단[@금액]'을 완성합니다.

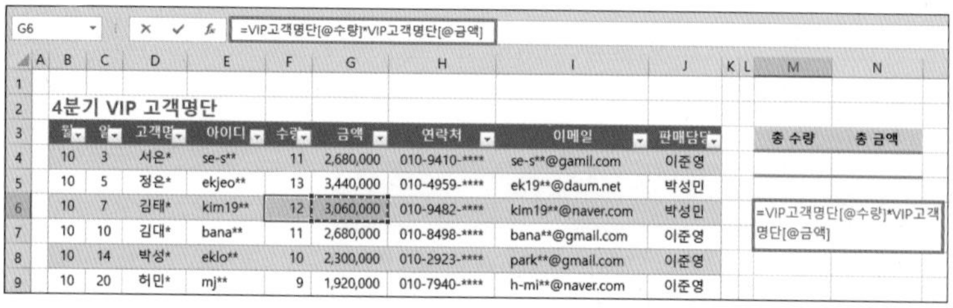

03 참조하는 표 범위를 벗어난 M6셀에서 수식을 입력해 '표 이름[@필드명]*표 이름[@필드명]'으로 표 이름까지 함께 표시되었습니다. 하지만 같은 엑셀 표 안에서 수식을 입력할 경우에는 표 이름을 생략하고 '[@필드명]*[@필드명]'으로 입력됩니다.

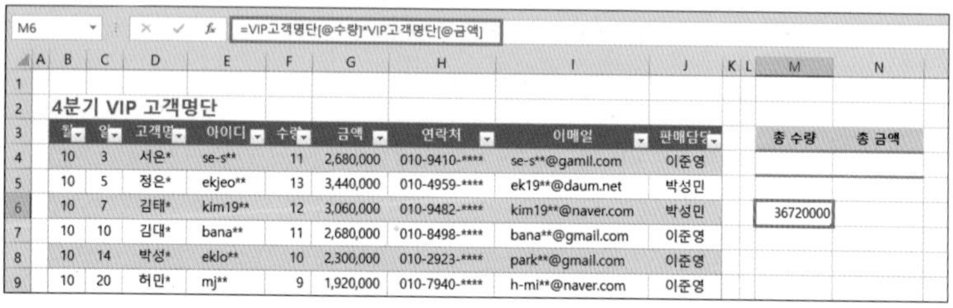

잠깐만요 '[필드명]'과 '[@필드명]'의 차이 이해하기

'표 이름[필드명]'과 '표 이름[@필드명]'의 차이는 무엇일까요? [필드명]은 열 지정자로 열 전체를 참조하고 [@필드명]은 필드에 해당하는 셀을 참조할 때 표시합니다.

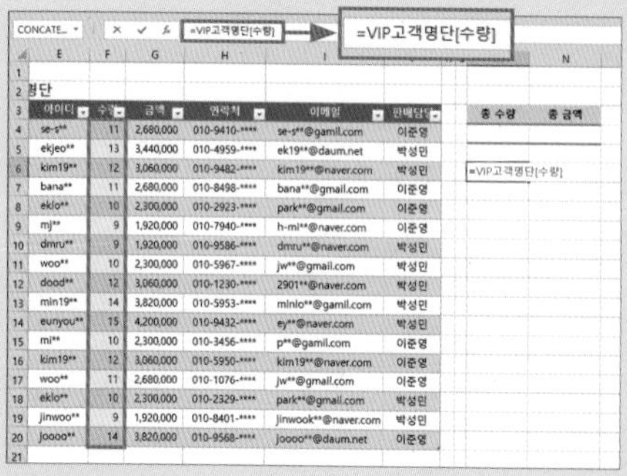

▲ [필드명]을 사용해 열 전체를 참조하는 경우

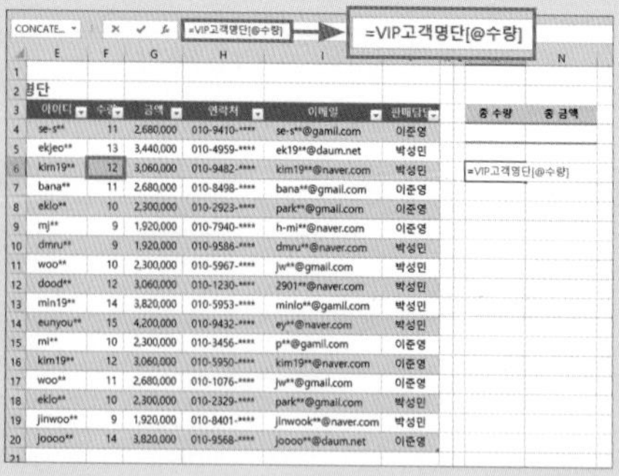

▲ [@필드명]을 사용해 필드에 해당하는 셀을 참조하는 경우

반드시 엑셀 표를 사용해야 하는 이유

1 변경되는 내용에 맞추어 자동으로 참조 범위가 변경된다

앞의 과정에서 살펴본 일반 표의 경우 수식이나 피벗을 사용할 때 추가된 데이터에 따른 참조 범위를 변경해야 해서 불편합니다. 하지만 엑셀 표에서는 동적 범위를 참고하여 이러한 불편함을 해결해 줍니다.

01 [4분기4] 시트에서 M4셀에 『=SUM(』을 입력하고 F3셀의 '수량' 필드에 마우스 포인터를 올려놓습니다. 마우스 포인터가 ⬇ 모양으로 변경되는 것을 확인하고 클릭합니다.

02 '수량' 전체 열이 지정되었으면 『)』를 입력하여 함수식의 작성을 끝내고 Enter를 누릅니다.

03 M4셀에 총 수량이 계산되었는지 확인합니다. N4셀에도 함수식 『=SUM(VIP고객명단2[금액])』을 입력하여 총 금액을 계산합니다.

04 N4셀에 총 금액이 계산되었으면 21행과 22행에 추가로 고객 명단을 입력합니다.

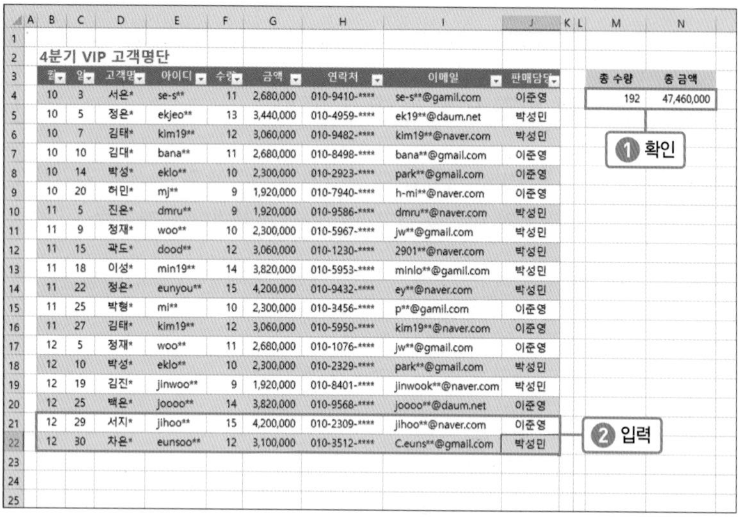

05 M4셀을 선택하고 F2를 눌러 계산된 범위를 확인해 보면 추가 입력한 데이터에 맞추어 표 범위가 자동으로 확장되면서 미리 계산해 둔 총 수량과 총 금액도 함께 변경되었습니다.

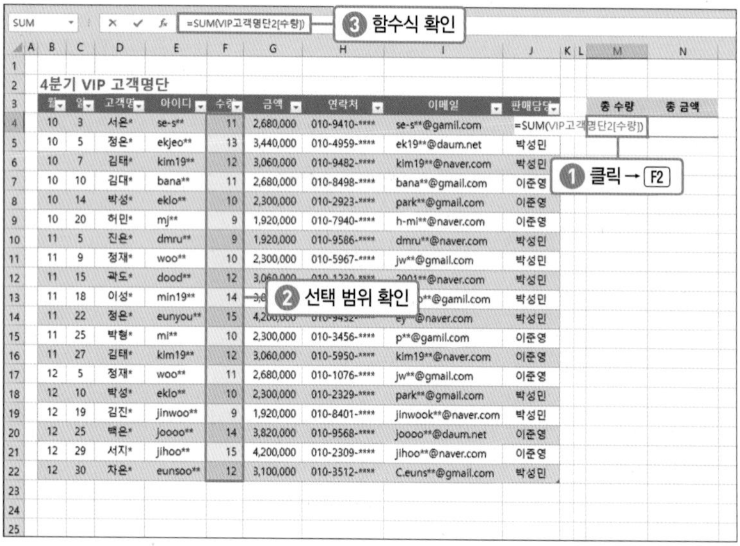

Tip

엑셀 표의 동적 참조 범위 기능을 통해 수식의 참조 범위를 일일이 변경하지 않아도 되므로 매우 편리합니다.

2 자동 채우기를 하지 않아도 자동으로 수식이 채워진다

보통 수식을 입력한 후에는 다른 셀에도 수식을 채우기 위해 자동 채우기 핸들(+)을 더블클릭하거나 수식을 복사해서 붙여넣기합니다. 하지만 엑셀 표는 이런 과정 없이 한 번의 수식 입력만으로도 해당 필드의 전체에 수식을 적용합니다.

01 [4분기5] 시트에서 K3셀에 『VAT포함』을 입력하여 표 머리글을 작성하고 Enter를 누릅니다. 입력한 내용에 맞추어 자동으로 표 범위가 확장되면 K4셀에 『=[@금액]*1.1』을 입력하고 Enter를 누릅니다.

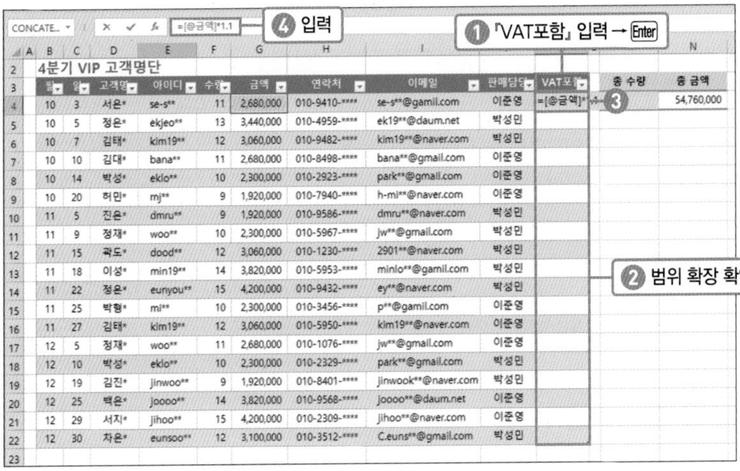

02 수식 자동 채우기를 하지 않았지만 K열에 수식이 한 번에 적용되었습니다. 다른 행에 새로운 데이터를 추가 입력해도 K열에는 자동으로 수식이 채워져서 편리합니다.

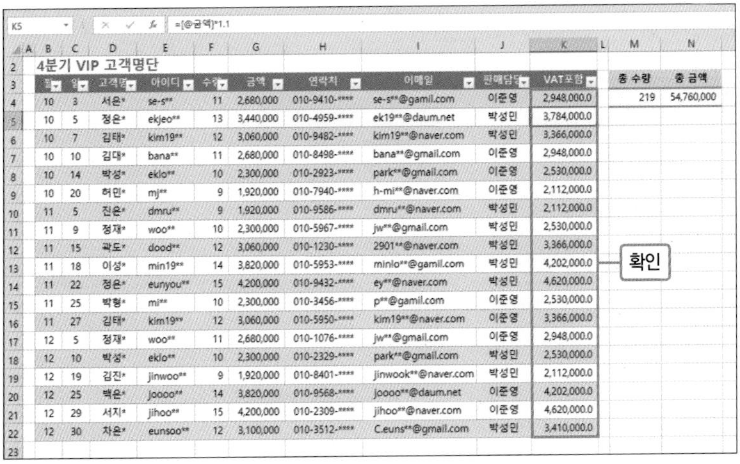

3 틀 고정을 하지 않아도 된다

데이터의 양이 많아서 화면이 스크롤될 경우에는 표의 머리글이 보이지 않습니다. 이 경우에는 틀 고정을 하여 표 머리글의 셀이 화면에서 움직이지 않도록 고정시켜 주어야 합니다. 하지만 엑셀 표 기능을 사용하면 스크롤된 화면에서도 자동으로 표의 머리글을 확인할 수 있습니다.

[4분기6] 시트에서 표에 있는 셀을 선택한 상태에서 화면을 스크롤해 아래쪽으로 이동하면 열 머리글에 'A', 'B', 'C' 대신 표의 머리글이 나타납니다. 선택한 셀이 엑셀 표 범위가 아닌 곳에 위치하면 엑셀 표의 머리글이 보이지 않습니다.

4 데이터를 요약해서 계산할 수 있다

'요약' 행을 추가하면 합계, 평균, 개수 등 수식을 입력하지 않고 원하는 값을 선택하여 확인할 수 있습니다.

01 표에 있는 셀을 선택하고 [표 도구]의 [디자인] 탭-[표 스타일 옵션] 그룹에서 [요약 행]에 체크합니다. 그러면 엑셀 표의 아래쪽에 '요약' 행이 추가되었습니다.

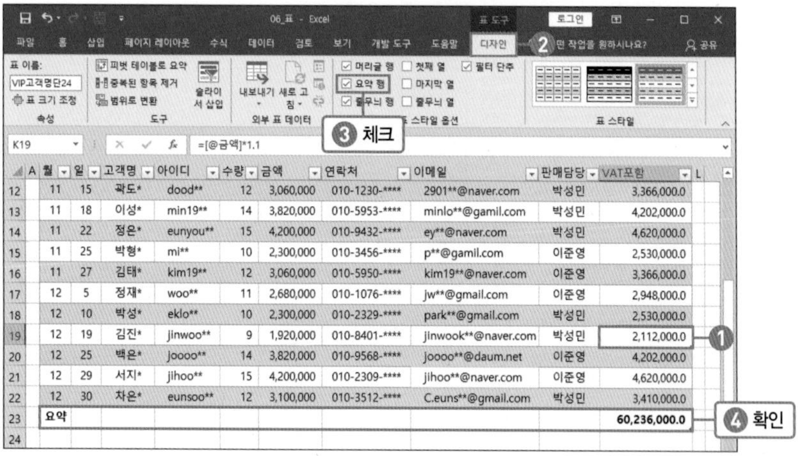

02 K23셀을 클릭하고 오른쪽에 표시된 목록 단추(▾)를 클릭한 후 필터 목록에서 원하는 계산 방식을 선택하여 결과값을 확인할 수 있습니다. 원하는 요약 값을 선택하면 수식 입력줄에 SUBTOTAL 함수가 나타나는데, SUBTOTAL 함수의 옵션 번호를 직접 입력하여 원하는 값을 확인할 수 있습니다.

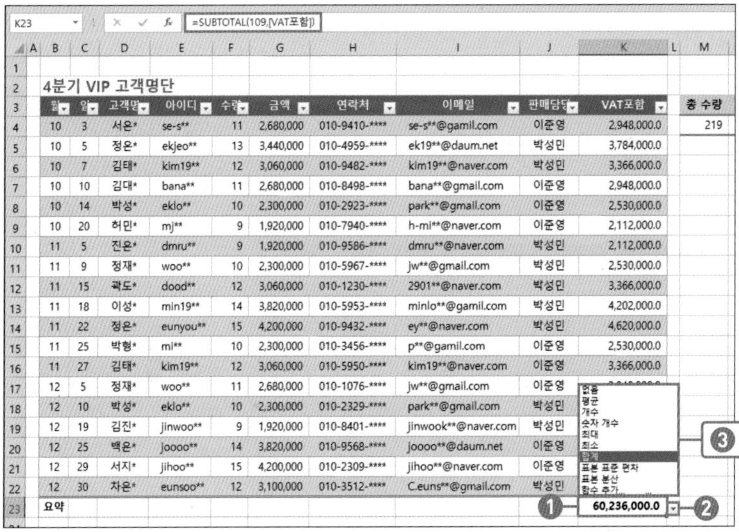

Tip

SUBTOTAL 함수에 대해서는 247쪽을 참고하세요.

03 수량의 최대값을 확인해 볼게요. F23셀을 선택하고 목록 단추(▾)를 클릭한 후 [최대]를 선택하면 전체 수량 중 가장 큰 값인 '15'가 나타납니다.

5 필터 기능을 따로 설정하지 않아도 된다

엑셀 표에는 기본적으로 필터 단추(▾)가 함께 생성되어 따로 표에 필터 기능을 설정하지 않아도 됩니다. 만약 자동 필터를 표시하고 싶지 않으면 [표 도구]의 [디자인] 탭-[표 스타일 옵션] 그룹에서 [필터 단추]의 체크를 해제하세요.

01 [4분기7] 시트에서 '이준영' 직원의 판매 실적을 확인해 볼게요. J3셀의 '판매담당'의 필터 단추(▾)를 클릭하고 [이준영]에만 체크한 상태에서 [확인]을 클릭합니다.

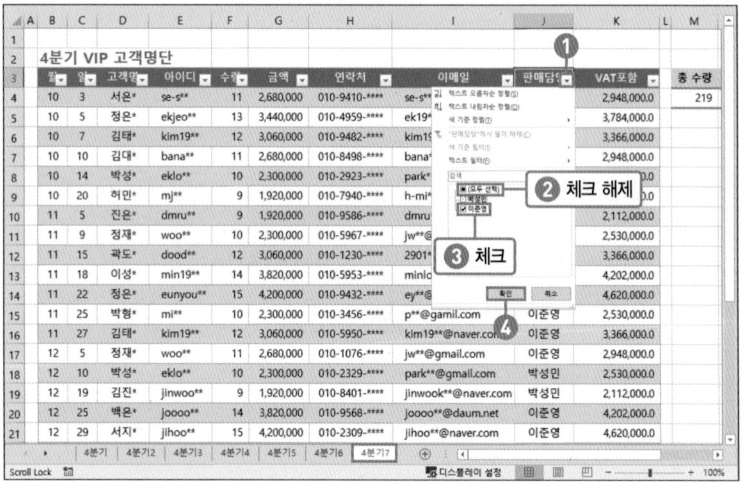

02 '이준영'의 해당 데이터만 요약되어 나타났는지 확인합니다.

07 파일 용량을 줄여주는 확장자 사용하기

앞에서는 월별로 파일을 나누거나 시트를 나누어 사용하면 안 되는 이유에 대해 알아보았습니다. 하나의 파일에 수년 동안의 자료를 관리한다면 파일 용량이 커져서 데이터 처리 속도가 느려질 수 있습니다. 이 경우에는 확장자만 바꾸어서 저장해도 용량을 절반 이상 줄일 수 있습니다.

실습파일 : 07_고객정보.xlsx

Bad!

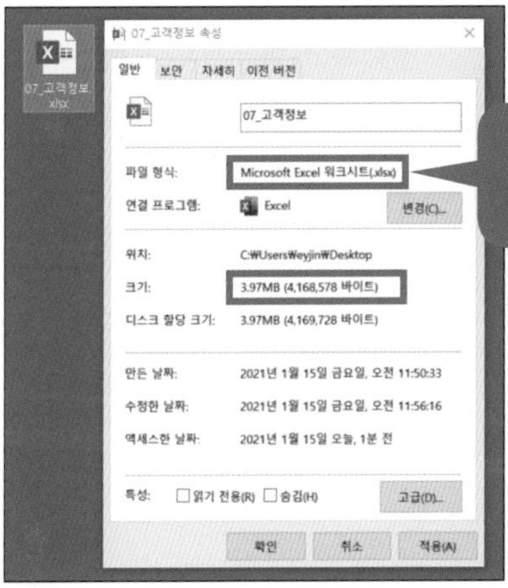

파일 형식은 통합 문서, 확장자는 xlsx, 파일 크기는 3.97MB입니다.

Good!

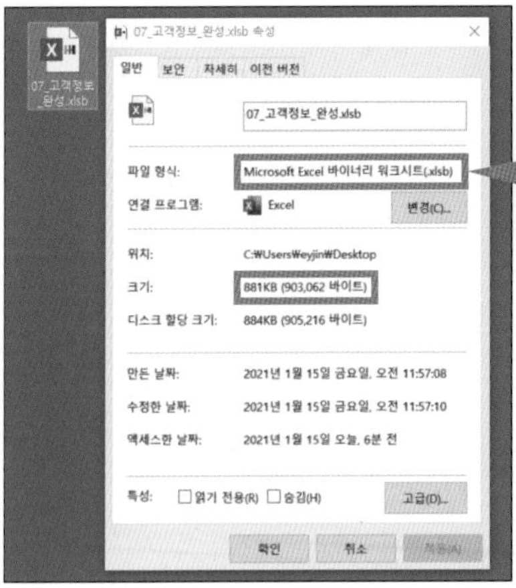

파일 형식은 바이너리 통합 문서, 확장자는 xlsb, 파일 크기는 881KB입니다.

이진법 형식의 바이너리 통합 문서(XLSB) 바로 알기

이진 파일 형식의 바이너리 통합 문서의 확장자는 XLSB입니다. 일반적으로 사용하는 통합 문서(XLSX)보다 용량이 작고 데이터를 빠르게 처리할 수 있다는 것이 가장 큰 장점입니다. 파일마다 다르지만 10~80%까지 용량의 크기를 줄일 수 있으며, 매크로나 VBA를 지원하기 때문에 별도로 확장자를 바꾸어 사용하지 않아도 됩니다. 단 XML 형식을 지원하지 않기 때문에 웹 버전의 소프트웨어에서는 제대로 호환되지 않는다는 문제점이 있습니다. 그리고 엑셀 2003 이하의 버전에서는 바이너리 통합 문서(XLSB)를 지원하지 않는다는 점에 유의해야 합니다.

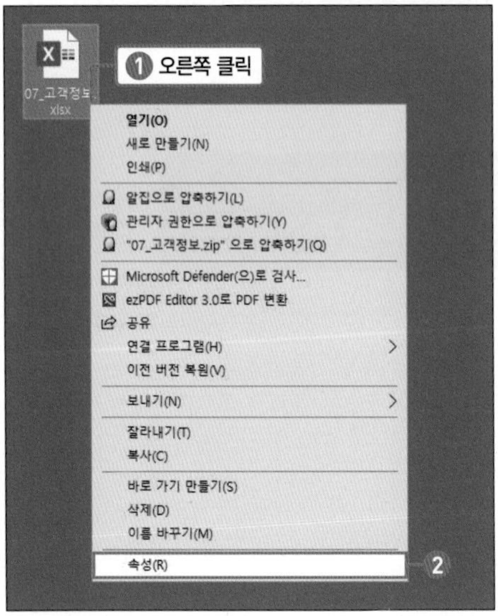

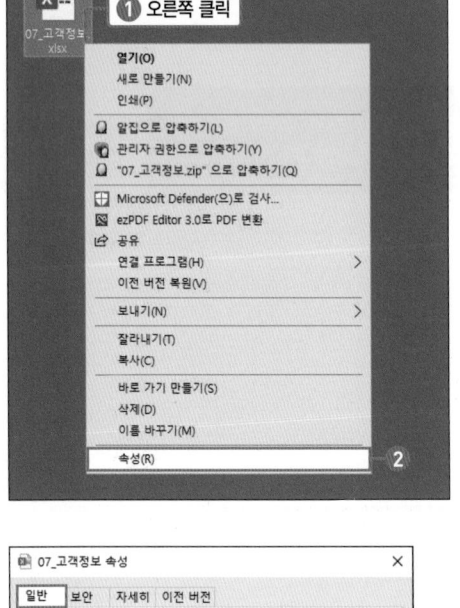

01 현재 관리하고 있는 파일의 크기를 확인해 볼게요. 실습파일 '07_고객정보.xlsx'를 선택하고 마우스 오른쪽 단추를 클릭한 후 [속성]을 선택합니다.

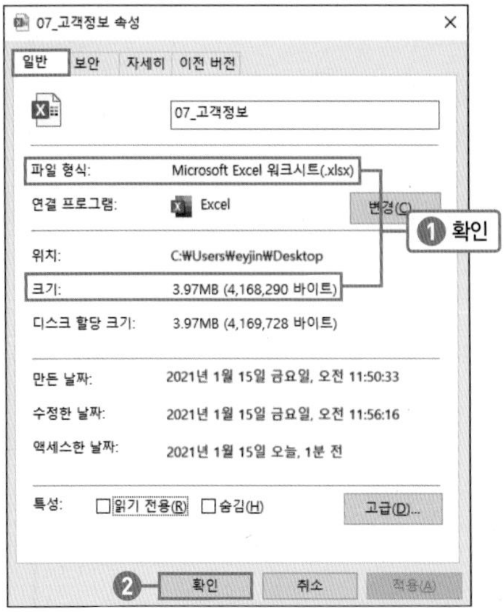

02 [고객 정보 속성] 창이 열리면 [일반] 탭에서 확장자는 XLSX이고, 파일 크기는 3.97MB인 것을 확인한 후 [확인]을 클릭합니다.

03 실습파일 '07_고객정보.xlsx'를 열고 [파일] 탭-[다른 이름으로 저장]을 선택합니다. [다른 이름으로 저장] 대화상자가 열리면 '파일 이름'에 파일 이름을 입력하고 '파일 형식'에서 [Excel 바이너리 통합 문서 (*.x1sb)]를 선택한 후 [저장]을 클릭합니다.

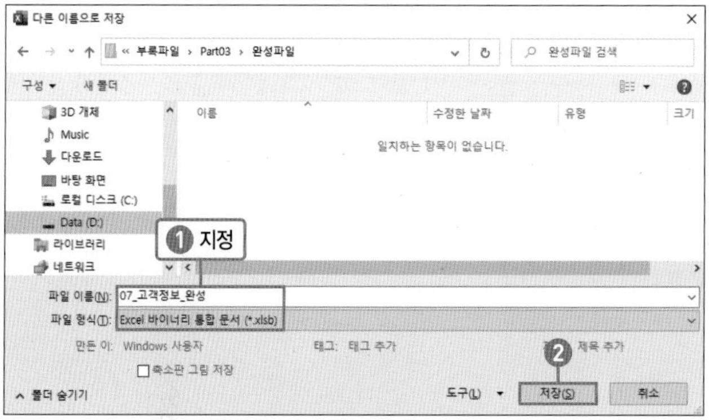

04 새로 저장한 바이너리 파일의 아이콘 모양이 달라졌습니다. 바이너리 파일을 선택하고 마우스 오른쪽 단추를 클릭한 후 [속성]을 선택합니다. [고객 정보 속성] 창이 열리면 [일반] 탭에서 확장자는 XLSB이고 파일 크기는 881KB로, 약 75% 이상 파일 크기가 줄어든 것을 확인할 수 있습니다.

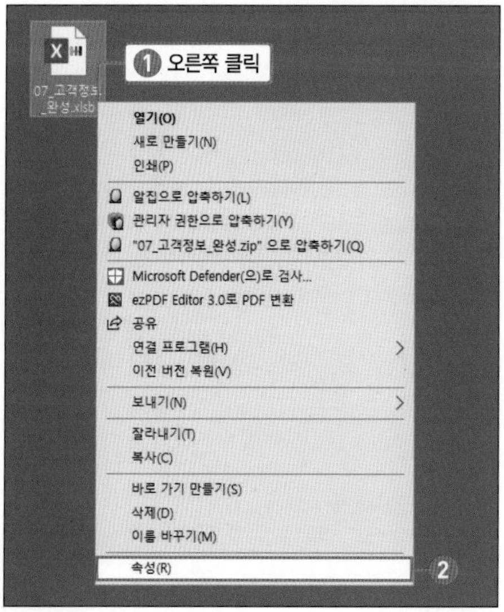

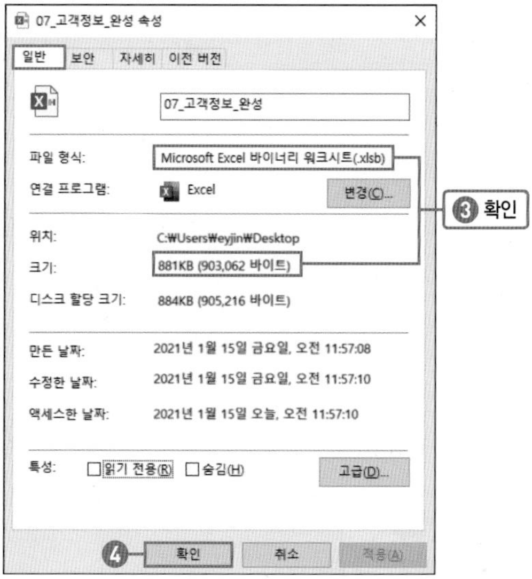

Tip

통합 문서의 아이콘 모양은 이고 바이너리 파일의 아이콘 모양은 입니다.

PART 04

기업의 채용 공고에 'VLOOKUP 함수 사용 가능자 우대'라는 가산점 항목이 생길 정도로 엑셀에서 함수는 함부로 무시할 수 없는 매우 중요한 기능입니다. 수많은 함수를 알고 있어도 막상 어느 함수를 사용해야 할지 판단이 쉽지 않은 초보자들을 위해 Part 04에서는 실무에서 가장 많이 사용하는 함수들을 비교해 봄으로써 사용자가 좀 더 나은 판단을 할 수 있도록 도와줍니다.

함수식 계산

01 함수 제대로 활용하기

엑셀에서는 총 480여 가지의 함수를 제공하고 있는데, 이렇게 수많은 함수를 모두 익히고 사용할 수는 없습니다. 상황에 따라 함수를 응용해서 사용하지 못한다면 아무리 함수의 종류를 많이 알고 있어도 소용 없습니다. 각 함수마다 정해진 규칙이 있고, 이 규칙을 어떠한 상황에 어떻게 응용해서 활용할 수 있는지가 매우 중요합니다. 이번에는 함수가 무엇인지 개념을 이해하고 실전에 응용해서 사용할 수 있는 방법을 알아봅니다.

실습파일 : 01_함수.xlsx

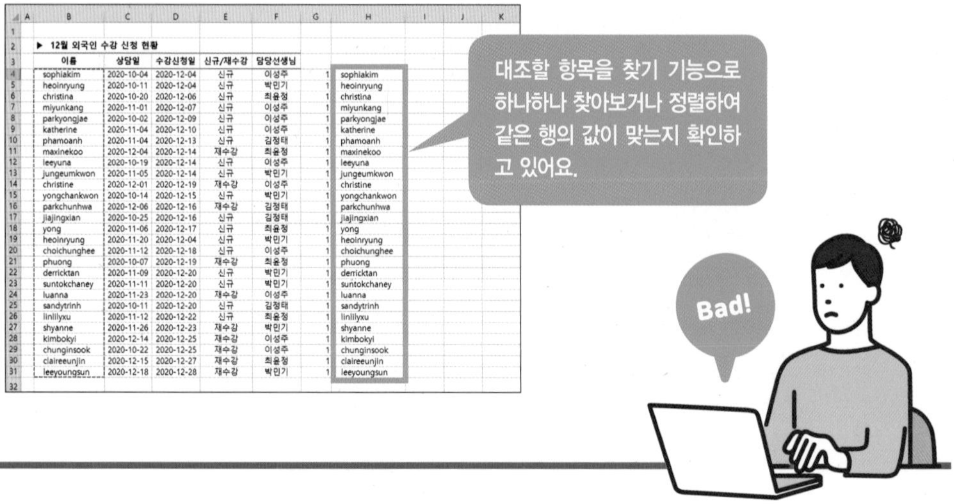
대조할 항목을 찾기 기능으로 하나하나 찾아보거나 정렬하여 같은 행의 값이 맞는지 확인하고 있어요.
Bad!

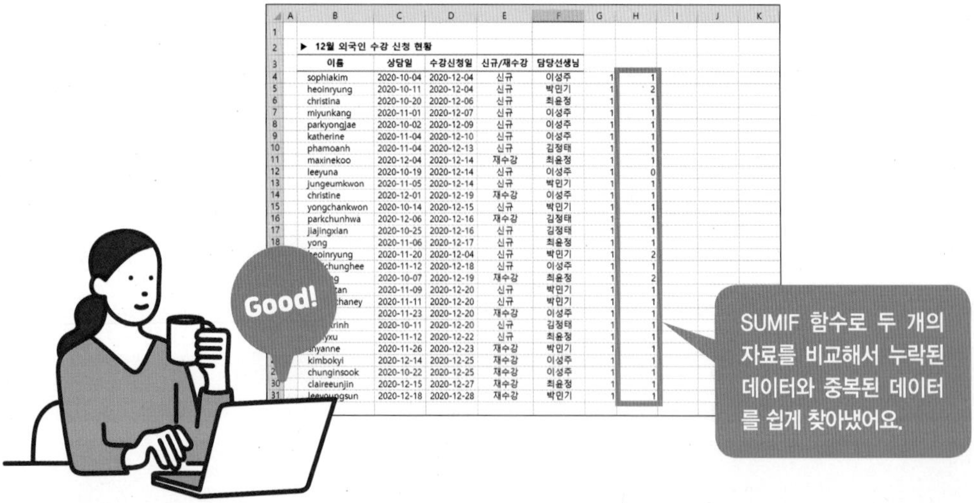
Good!
SUMIF 함수로 두 개의 자료를 비교해서 누락된 데이터와 중복된 데이터를 쉽게 찾아냈어요.

함수의 구성 바로 알기

함수는 복잡한 계산을 쉽고 편리하게 할 수 있도록 정해진 규칙에 인수 값을 지정하여 완성된 결과값을 얻습니다. 함수는 수식임을 나타내는 등호(=)로 시작하고 '함수명'과 '인수'로 구성되어 있습니다. 대부분의 함수는 정해진 구성 형식의 인수를 갖습니다. 하지만 종류에 따라 가변적 인수로 구성되거나 인수를 사용하지 않는 함수도 있습니다. 그리고 셀 주소, 참조 범위, 숫자, 문자, 문자열 연산자, 산술 연산자, 비교 연산자를 인수에 사용할 수 있습니다.

: 함수의 구성 :

=함수명(인수 1,인수 2,인수 3,…)

다양한 함수의 사용 방법 바로 알기

함수는 수식 입력줄이나 셀에 직접 입력하는 방법과 함수 마법사를 사용하는 방법이 있습니다. 사용하려는 해당 함수의 인수 구성을 알고 있다면 직접 인수를 입력해서 사용하는 것이 좋습니다. 하지만 함수를 처음 사용한다면 함수 마법사의 가이드를 참고해서 쉽게 사용할 수 있습니다.

1 함수 마법사 사용하기

합계를 구하는 SUM 함수를 사용하여 총 배송 건수를 계산하려고 합니다.

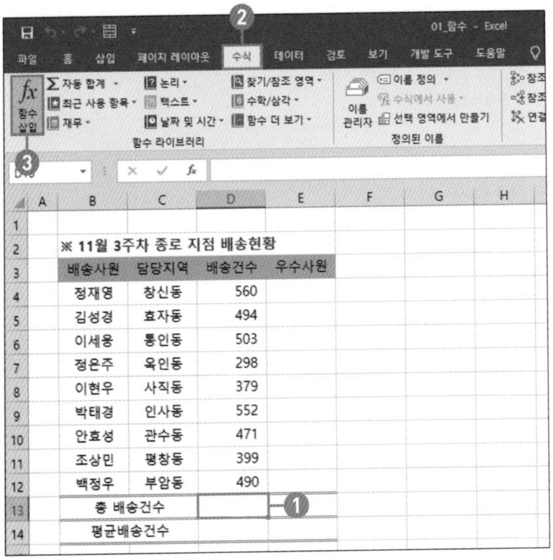

01 [배송건수] 시트에서 D13셀을 선택하고 [수식] 탭–[함수 라이브러리] 그룹에서 [함수 삽입]을 클릭합니다.

02 [함수 마법사] 대화상자가 열리면 '함수 검색'에 『SUM』을 입력하고 [검색]을 클릭합니다. '함수 선택' 목록에서 [SUM]을 선택하고 [확인]을 클릭합니다.

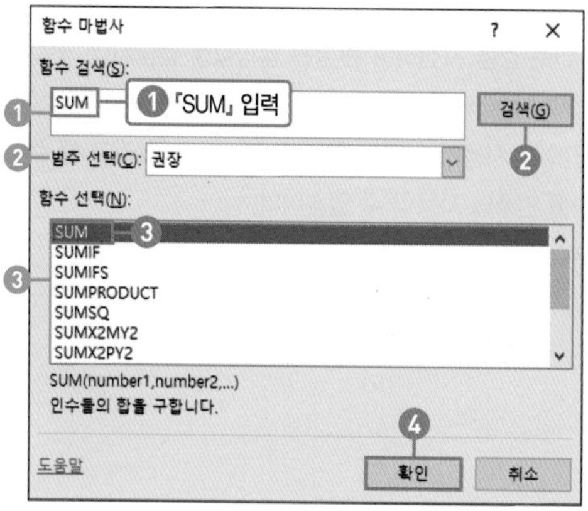

❶ 함수명을 알고 있으면 직접 입력하여 검색할 수 있습니다.
❷ 각 범주별로 구분된 함수를 찾아볼 수 있습니다.
❸ 선택한 범주에 해당하는 함수가 A~Z 순으로 나열되어 있습니다.

03 SUM 함수의 [함수 인수] 대화상자가 열리면 'Number1'의 입력 상자에 커서를 올려놓고 D4:D12 범위를 선택합니다. 'Number1'의 입력 상자에 셀 범위가 자동으로 입력되면 [확인]을 클릭합니다.

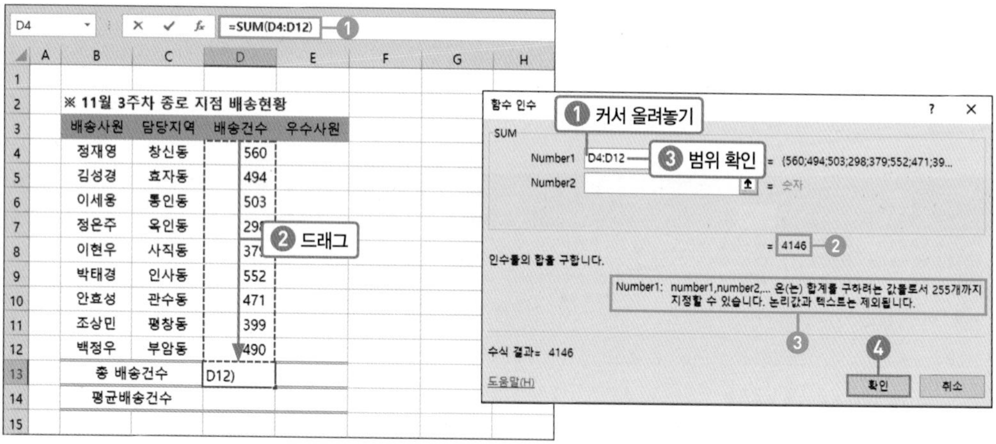

❶ 셀과 수식 입력줄에 함수식이 자동으로 입력됩니다.
❷ 수식 결과값을 미리 확인할 수 있습니다.
❸ 해당 함수에 대한 설명을 확인할 수 있습니다.

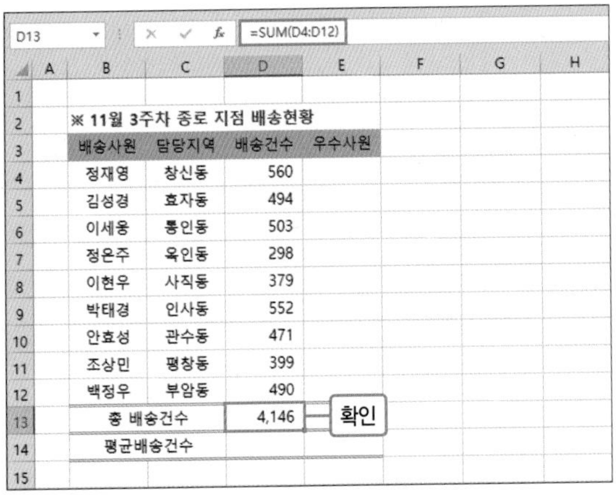

04 D13셀에 함수식을 직접 입력하지 않고 SUM 함수의 함수 마법사를 사용하여 쉽게 합계를 구했습니다.

2 함수명 입력 후 함수 삽입 사용하기

[배송건수] 시트에서 D13셀에 『=SUM(』을 입력하고 수식 입력줄의 왼쪽에 있는 [함수 삽입] 단추(fx)를 클릭합니다. SUM 함수의 [함수 인수] 대화상자가 열리면 함수식을 작성하세요.

3 함수 라이브러리 사용하기

[배송건수] 시트에서 D13셀을 선택하고 [수식] 탭-[함수 라이브러리] 그룹에서 [수학/삼각]을 클릭한 후 [SUM]을 선택합니다. SUM 함수의 [함수 인수] 대화상자가 열리면 함수식을 작성하세요.

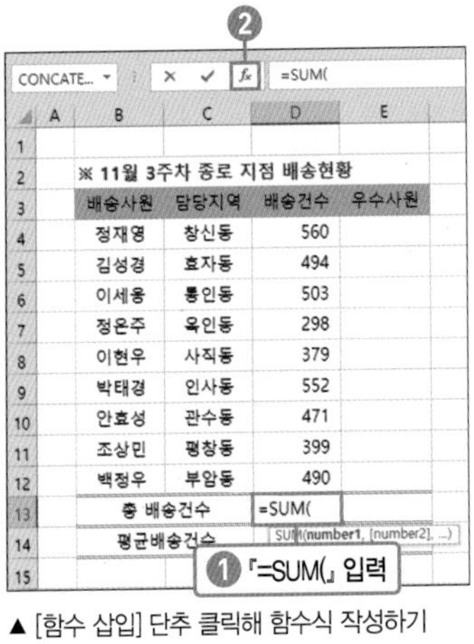

▲ [함수 삽입] 단추 클릭해 함수식 작성하기

▲ 함수 라이브러리 사용해 함수식 작성하기

4 직접 함수 입력하기

평균을 구하는 AVERAGE 함수를 사용하여 평균 배송 건수를 계산해 보려고 합니다.

01 [배송건수2] 시트에서 D14셀을 선택하고 해당 셀에 수식을 바로 입력하거나 수식 입력줄에 입력할 수 있는데, 여기서는 수식 입력줄에 함수명 『=AVERAGE(』를 입력하세요. 그러면 수식 입력줄의 아래쪽에 함수의 구성 인수에 대한 안내 표시가 나오는데, 이것을 참고해서 쉽게 함수식을 입력할 수 있습니다.

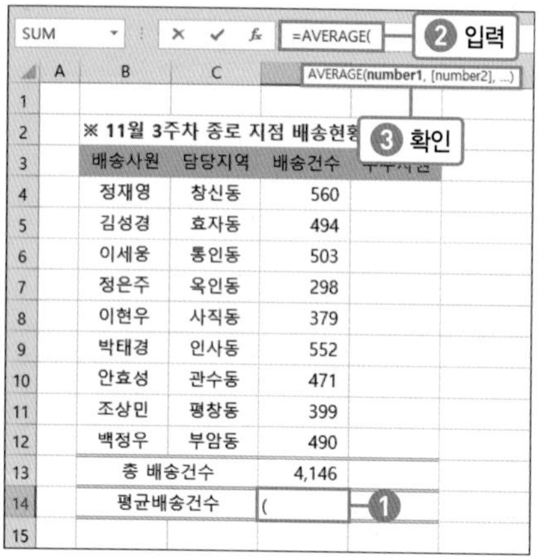

02 평균을 구할 범위의 셀 주소를 직접 입력하거나 마우스로 해당 범위를 드래그해서 함수식 『=AVERAGE(D4:D12)』를 완성하고 Enter를 누릅니다. D14셀에 AVERAGE 함수를 사용하여 평균 배송 건수를 구했습니다.

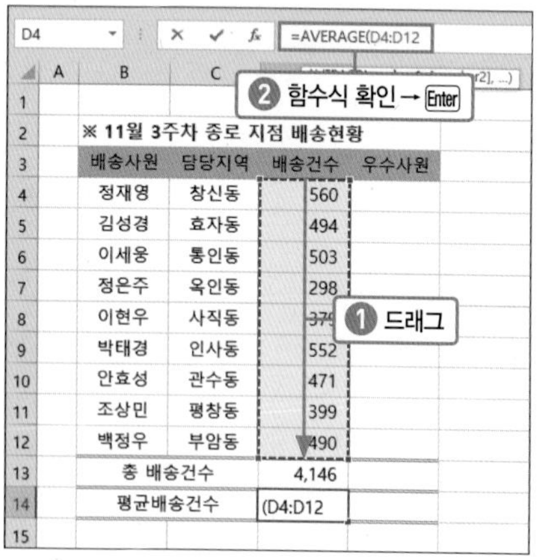

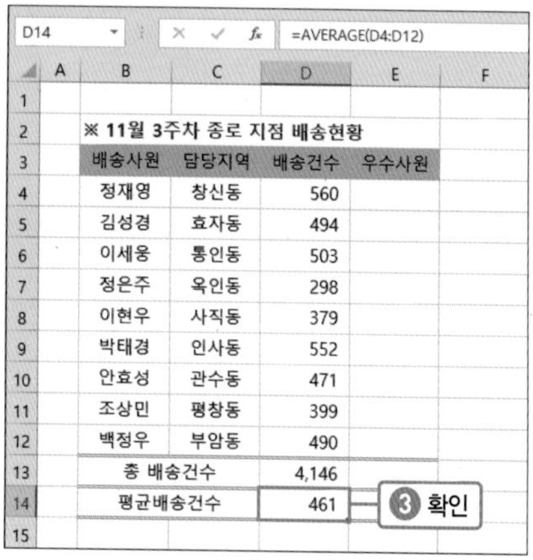

함수로 데이터 누락과 중복 데이터 찾기

함수의 종류를 많이 알면 좋지만, 수많은 함수를 모두 익힐 수는 없습니다. 때로는 내가 원하는 값을 구하는 함수가 없을 수도 있으므로 자주 사용하는 몇 가지 함수만으로도 상황과 필요에 따라 응용해서 사용하는 것이 중요합니다.

[12월수강생] 시트와 수납팀에서 받은 [수납팀] 시트를 서로 비교하여 누락되거나 중복된 수강생이 있는지 대조 작업을 하려고 합니다. 이 경우 누락 및 중복된 데이터를 찾아주는 함수가 있을까요? 조건부 서식이나 중복된 항목 제거 기능으로 이중 입력된 데이터를 찾거나 삭제할 수 있습니다. 하지만 누락 및 중복된 값을 찾아주는 함수는 아쉽게도 없습니다.

조건에 맞는 합계를 구하는 SUMIF 함수를 사용하여 서로의 자료에서 누락된 데이터와 이중 입력된 데이터가 무엇인지 찾아보겠습니다. 조건에 맞는 합을 구하는 함수로 어떻게 누락된 데이터와 중복 입력된 데이터를 찾을 수 있는지 궁금하죠? 바로 조건에 맞는 합계를 만들어 주는 것입니다.

Tip
조건부 서식과 중복된 항목 제거 기능에 대해서는 46쪽과 124쪽을, SUMIF 함수에 대해서는 232쪽을 참고하세요.

01 [12월수강생] 시트와 [수납팀] 시트에서 표의 오른쪽에 숫자 '1'을 채웁니다. 찾을 조건에 맞는 합계를 구하기 위해서 숫자 '1'을 채우는 것입니다.

▶ 12월 외국인 수강 신청 현황

이름	상담일	수강신청일	신규/재수강	담당선생님	
sophiakim	2020-10-04	2020-12-04	신규	이성주	1
heoinryung	2020-10-11	2020-12-04	신규	박민기	1
christina	2020-10-20	2020-12-06	신규	최윤정	1
miyunkang	2020-11-01	2020-12-07	신규	이성주	1
parkyongjae	2020-10-02	2020-12-09	신규	이성주	1
katherine	2020-11-04	2020-12-10	신규	이성주	1
phamoanh	2020-11-04	2020-12-13	신규	김정태	1
maxinekoo	2020-12-04	2020-12-14	재수강	최윤정	1
leeyuna	2020-10-19	2020-12-14	신규	이성주	1
jungeumkwon	2020-11-05	2020-12-14	신규	박민기	1
christine	2020-12-01	2020-12-19	재수강	이성주	1
yongchankwon	2020-10-14	2020-12-15	신규	박민기	1
parkchunhwa	2020-12-06	2020-12-16	재수강	김정태	1
jiajingxian	2020-10-25	2020-12-16	신규	김정태	1
yong	2020-11-06	2020-12-17	신규	최윤정	1
heoinryung	2020-11-20	2020-12-04	신규	박민기	1
choichunghee	2020-11-12	2020-12-18	신규	이성주	1
phuong	2020-10-07	2020-12-19	재수강	최윤정	1
derricktan	2020-11-09	2020-12-20	신규	박민기	1
suntokchaney	2020-11-11	2020-12-20	신규	박민기	1
luanna	2020-11-23	2020-12-20	재수강	이성주	1
sandytrinh	2020-10-11	2020-12-20	신규	김정태	1
linlilyxu	2020-11-12	2020-12-22	신규	최윤정	1
shyanne	2020-11-26	2020-12-23	재수강	박민기	1
kimbokyi	2020-12-14	2020-12-25	재수강	이성주	1
chunginsook	2020-10-22	2020-12-25	재수강	이성주	1
claireeunjin	2020-12-15	2020-12-27	재수강	최윤정	1
leeyoungsun	2020-12-18	2020-12-28	재수강	박민기	1

❶ 입력

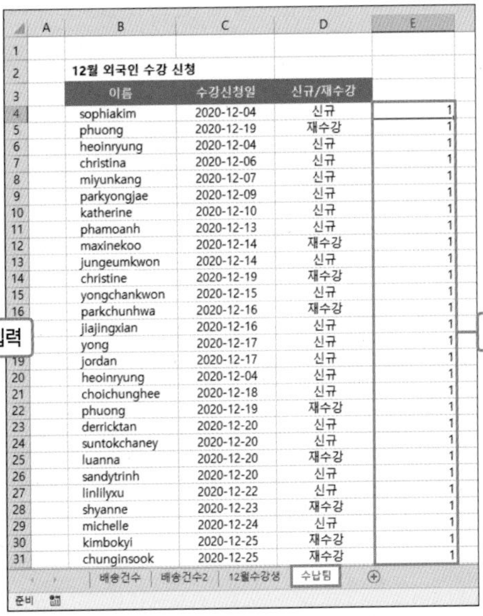

12월 외국인 수강 신청

이름	수강신청일	신규/재수강	
sophiakim	2020-12-04	신규	1
phuong	2020-12-19	재수강	1
heoinryung	2020-12-04	신규	1
christina	2020-12-06	신규	1
miyunkang	2020-12-07	신규	1
parkyongjae	2020-12-09	신규	1
katherine	2020-12-10	신규	1
phamoanh	2020-12-13	신규	1
maxinekoo	2020-12-14	재수강	1
jungeumkwon	2020-12-14	신규	1
christine	2020-12-19	재수강	1
yongchankwon	2020-12-15	신규	1
parkchunhwa	2020-12-16	재수강	1
jiajingxian	2020-12-16	신규	1
yong	2020-12-17	신규	1
jordan	2020-12-17	신규	1
heoinryung	2020-12-04	신규	1
choichunghee	2020-12-18	신규	1
phuong	2020-12-19	재수강	1
derricktan	2020-12-20	신규	1
suntokchaney	2020-12-20	신규	1
luanna	2020-12-20	재수강	1
sandytrinh	2020-12-20	신규	1
linlilyxu	2020-12-22	신규	1
shyanne	2020-12-23	재수강	1
michelle	2020-12-24	신규	1
kimbokyi	2020-12-25	재수강	1
chunginsook	2020-12-25	재수강	1

❷ 입력

02 [12월 수강생] 시트에서 H4셀을 선택하고 수납팀 자료와 이름이 같은 사람은 표의 옆에 입력된 숫자 '1'의 합계를 나타내도록 함수식 『=SUMIF(수납팀!B:B,'12월수강생'!B:B,수납팀!E:E)』를 입력합니다.

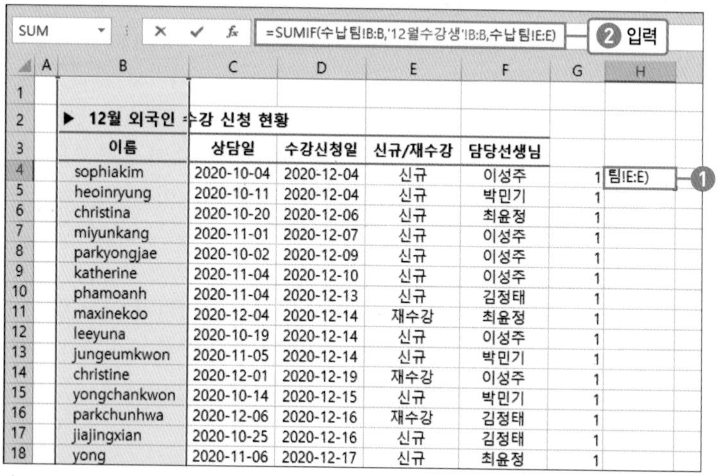

	A	B	C	D	E	F	G	H
3		이름	상담일	수강신청일	신규/재수강	담당선생님		
4		sophiakim	2020-10-04	2020-12-04	신규	이성주	1	팀!E:E)
5		heoinryung	2020-10-11	2020-12-04	신규	박민기	1	
6		christina	2020-10-20	2020-12-06	신규	최윤정	1	
7		miyunkang	2020-11-01	2020-12-07	신규	이성주	1	
8		parkyongjae	2020-10-02	2020-12-09	신규	이성주	1	
9		katherine	2020-11-04	2020-12-10	신규	이성주	1	
10		phamoanh	2020-11-04	2020-12-13	신규	김정태	1	
11		maxinekoo	2020-12-04	2020-12-14	재수강	최윤정	1	
12		leeyuna	2020-10-19	2020-12-14	신규	이성주	1	
13		jungeumkwon	2020-11-05	2020-12-14	신규	박민기	1	
14		christine	2020-12-01	2020-12-19	재수강	이성주	1	
15		yongchankwon	2020-10-14	2020-12-15	신규	박민기	1	
16		parkchunhwa	2020-12-06	2020-12-16	재수강	김정태	1	
17		jiajingxian	2020-10-25	2020-12-16	신규	김정태	1	
18		yong	2020-11-06	2020-12-17	신규	최윤정	1	

Tip

다른 워크시트의 셀을 참조할 때 셀 주소는 '워크시트명!셀 주소' 형식을 사용합니다. 시트 이름이 숫자로 시작하거나 공백이 포함된 경우에는 "워크시트명'!셀 주소' 형식으로 시트명에 작은따옴표를 붙입니다.

03 H4셀에 결과값 '1'을 구했으면 H4셀의 자동 채우기 핸들을 더블클릭하여 H31셀까지 함수식을 복사합니다. 그러면 H열에 결과값이 '0', '1', '2'로 나뉘어서 계산되는데, 결과값이 '0'이면 수납팀 자료에 같은 이름이 없는 경우이고, '1'이면 같은 이름의 수강생이 한 명 있다는 뜻이며, '2'이면 수납팀 자료에 같은 이름이 이중으로 입력되었다는 의미입니다.

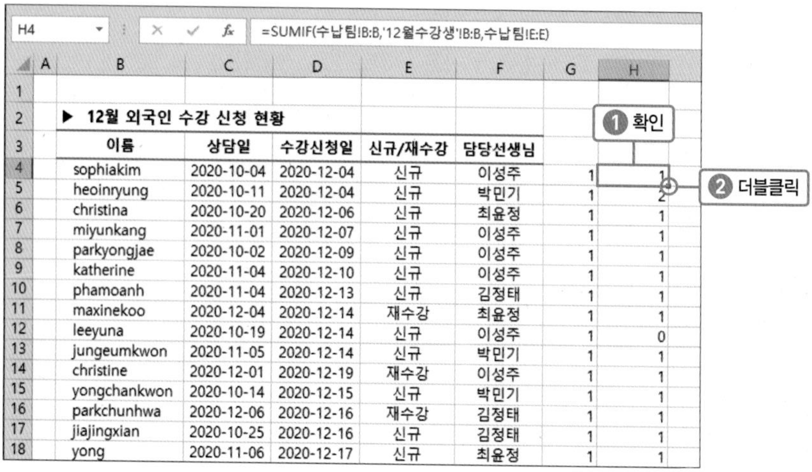

	A	B	C	D	E	F	G	H
3		이름	상담일	수강신청일	신규/재수강	담당선생님		
4		sophiakim	2020-10-04	2020-12-04	신규	이성주	1	1
5		heoinryung	2020-10-11	2020-12-04	신규	박민기	1	2
6		christina	2020-10-20	2020-12-06	신규	최윤정	1	1
7		miyunkang	2020-11-01	2020-12-07	신규	이성주	1	1
8		parkyongjae	2020-10-02	2020-12-09	신규	이성주	1	1
9		katherine	2020-11-04	2020-12-10	신규	이성주	1	1
10		phamoanh	2020-11-04	2020-12-13	신규	김정태	1	1
11		maxinekoo	2020-12-04	2020-12-14	재수강	최윤정	1	1
12		leeyuna	2020-10-19	2020-12-14	신규	이성주	1	0
13		jungeumkwon	2020-11-05	2020-12-14	신규	박민기	1	1
14		christine	2020-12-01	2020-12-19	재수강	이성주	1	1
15		yongchankwon	2020-10-14	2020-12-15	신규	박민기	1	1
16		parkchunhwa	2020-12-06	2020-12-16	재수강	김정태	1	1
17		jiajingxian	2020-10-25	2020-12-16	신규	김정태	1	1
18		yong	2020-11-06	2020-12-17	신규	최윤정	1	1

04 이와 같은 방법으로 [수납팀] 시트의 F4셀에도 함수식 『=SUMIF('12월수강생'!B:B,수납팀!B:B,'12월수강생'!G:G)』를 입력하여 누락된 자료와 이중 입력된 자료를 찾아봅니다.

SUMIF 함수는 조건에 맞는 합계를 구하는 함수로, 합계의 기준이 될 수 있는 숫자 '1'을 채워 합계의 결과값을 표시합니다. 결과값을 보고 누락된 데이터가 있는지, 같은 데이터가 중복되어 있는지를 알 수 있습니다.

02 무조건 자동 채우기하지 않기

수식을 사용하다 보면 일일이 참조 범위를 조정하지 않고도 복사한 셀을 따라 참조 셀이 상대적으로 함께 변경되어 손쉽게 계산할 수 있습니다. 하지만 이것이 모든 상황에 적용되는 것은 아닙니다. 셀의 참조 유형을 알면 필요에 따라 수식을 새로 입력하지 않고도 기존 수식을 복사해 사용해서 빠르고 간편하게 원하는 값을 얻을 수 있습니다. 이번에는 셀 참조의 유형을 이해하고 상황에 따라 어떤 유형의 셀 참조 방식을 사용해야 하는지 알아봅니다.

실습파일 : 02_참조.xlsx

Bad!

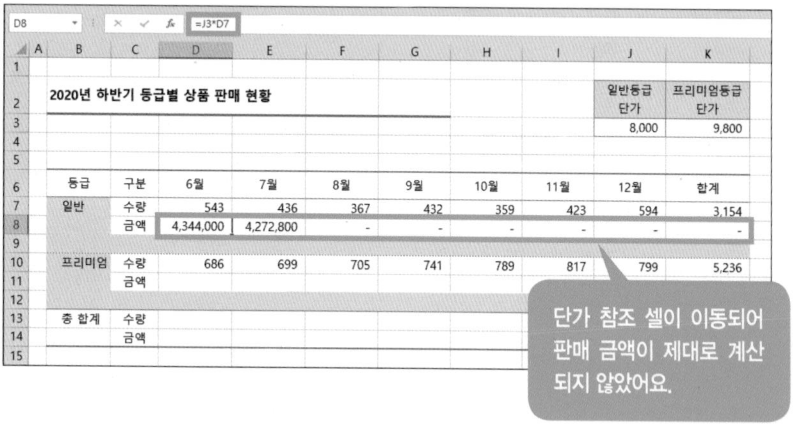

D8
=J3*D7
2020년 하반기 등급별 상품 판매 현황
일반등급 단가 8,000
프리미엄등급 단가 9,800
등급 구분 6월 7월 8월 9월 10월 11월 12월 합계
일반 수량 543 436 367 432 359 423 594 3,154
금액 4,344,000 4,272,800 - - - - - -
프리미엄 수량 686 699 705 741 789 817 799 5,236
금액
총 합계 수량
금액
단가 참조 셀이 이동되어 판매 금액이 제대로 계산되지 않았어요.

Good!

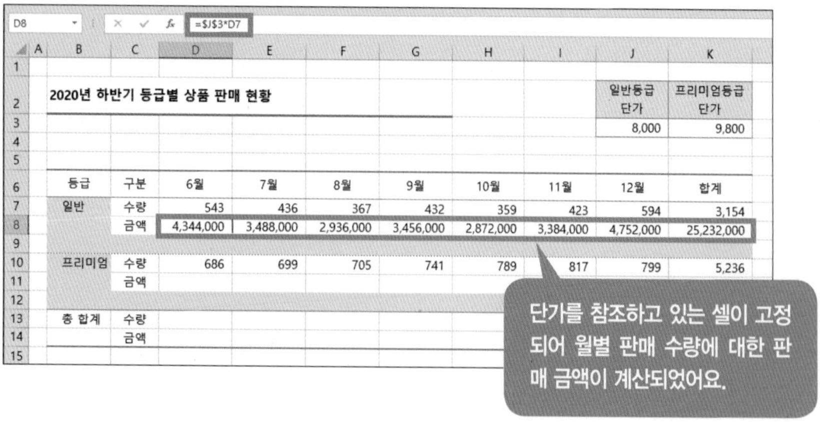

D8
=$J$3*D7
2020년 하반기 등급별 상품 판매 현황
일반등급 단가 8,000
프리미엄등급 단가 9,800
등급 구분 6월 7월 8월 9월 10월 11월 12월 합계
일반 수량 543 436 367 432 359 423 594 3,154
금액 4,344,000 3,488,000 2,936,000 3,456,000 2,872,000 3,384,000 4,752,000 25,232,000
프리미엄 수량 686 699 705 741 789 817 799 5,236
금액
총 합계 수량
금액
단가를 참조하고 있는 셀이 고정되어 월별 판매 수량에 대한 판매 금액이 계산되었어요.

셀 참조 유형 바로 알기

1 상대 참조

상대 참조는 입력된 수식을 붙여넣는 셀의 방향에 따라 참조되는 셀의 주소로, 지정한 방향만큼 함께 이동하는 참조 방식입니다. 사용 예 A1, B1, A2, B2

01 [Sheet1] 시트에서 등급별 상품 판매현황표의 13행과 14행에 총 수량과 총 금액을 구해볼게요. '일반' 등급의 수량과 '프리미엄' 등급의 수량 합계를 계산하기 위해 D13셀에 수식 『=D7+D10』을 입력합니다.

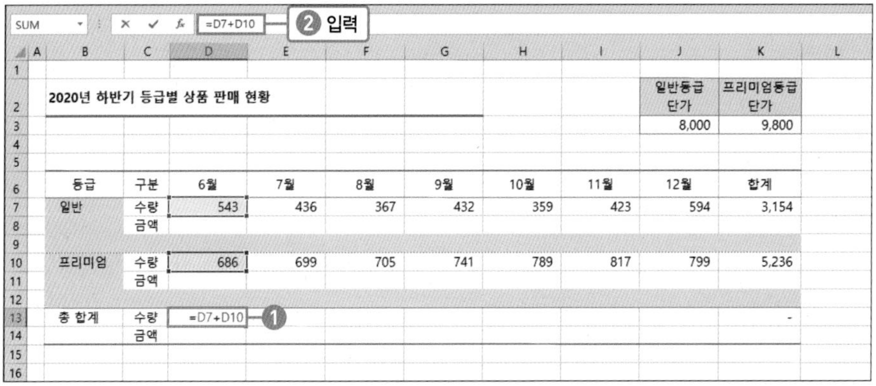

02 D13셀에 6월의 총 합계 수량을 구했으면 D13셀의 자동 채우기 핸들(+)을 J13셀까지 드래그합니다. D13:J13 범위에 수식이 복사되어 총 수량이 계산되었습니다.

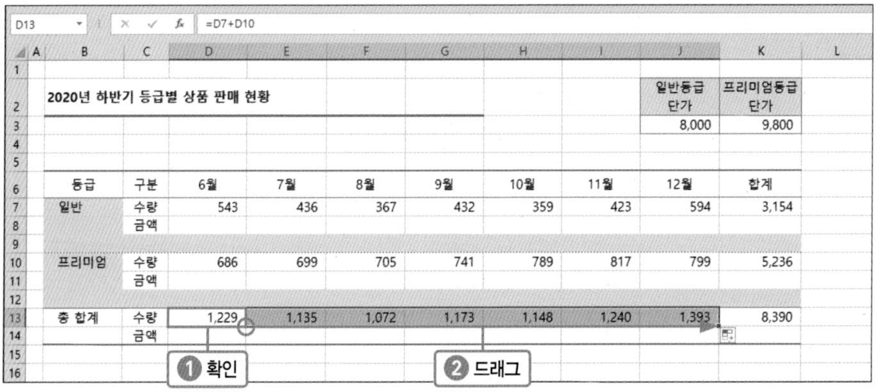

03 H13셀을 선택하고 [F2]를 눌러 참조된 셀을 확인합니다. D13셀에 사용된 수식의 참조 셀이 복사된 방향의 셀만큼 함께 이동되어 계산되었습니다.

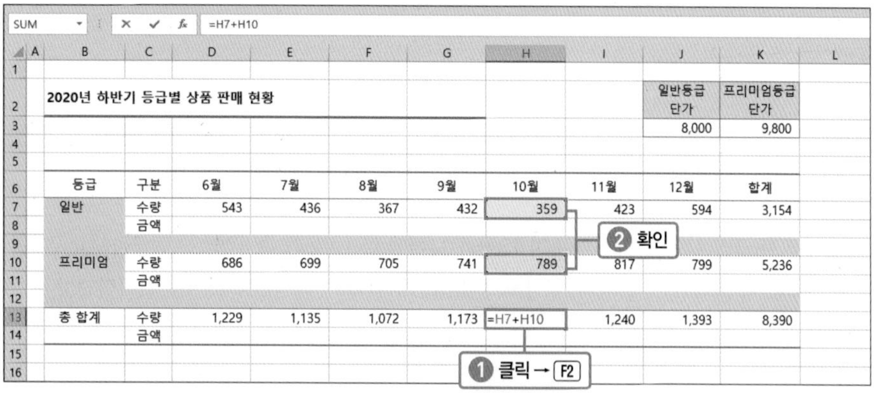

Tip

[F2]를 누르면 셀에 커서가 표시되면서 편집 가능한 상태가 됩니다. 수식을 사용한 경우 해당 단축키를 누르면 화면에 참조 셀의 위치가 표시되어 좀 더 쉽게 해당 셀의 수식이 어느 셀을 참조하는지 쉽게 확인할 수 있습니다.

04 이번에는 D13:K13 범위를 선택하고 K13셀의 자동 채우기 핸들을 더블클릭하거나 14행으로 드래그하여 수식을 복사합니다.

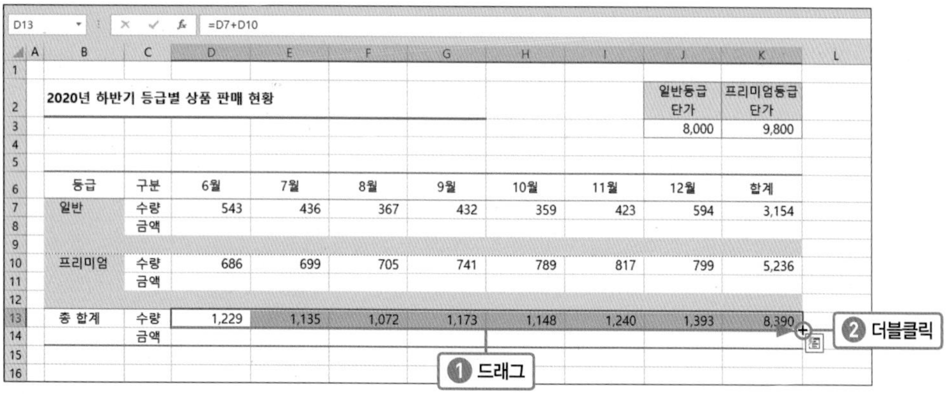

05 14행의 '금액' 항목의 경우 참조 셀인 등급별 금액이 비워져 있어서 총 금액이 나타나지 않았습니다. D14셀을 선택하고 F2를 누르면 13행에 사용된 수식의 참조 셀이 복사된 아래쪽 방향으로 함께 이동해서 '일반' 등급의 금액(D8셀)과 '프리미엄' 등급의 금액(D11셀)을 참조하는 것을 알 수 있습니다.

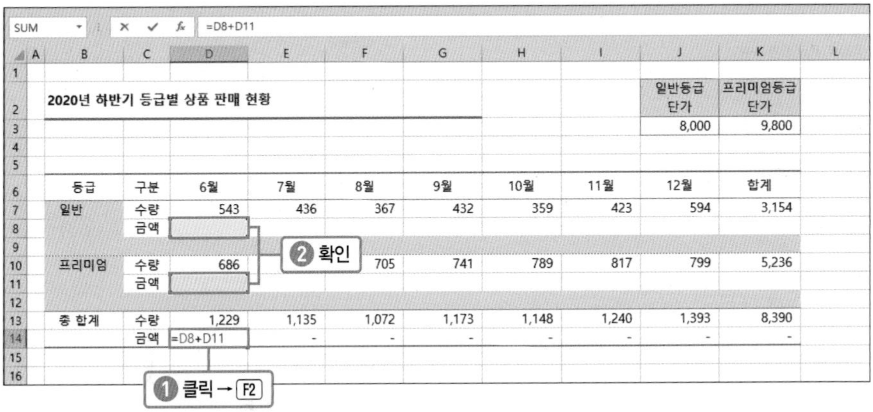

2 절대 참조

수식을 다른 방향으로 이동해서 복사해도 참조 셀이 함께 이동되지 않도록 고정해 두는 것이 절대 참조입니다. 절대 참조의 셀 주소는 고정할 열과 행 앞에 $ 기호를 사용해서 표현합니다.

사용 예 $A$1, $B$1, $A$2, $B$2

01 [Sheet2] 시트에서 단가표(J2:K3)를 참고해서 D8셀과 D11셀에 수량을 곱하여 금액을 계산하려고 합니다. D8셀에 수식 『=**$J$3***D7』을 입력합니다.

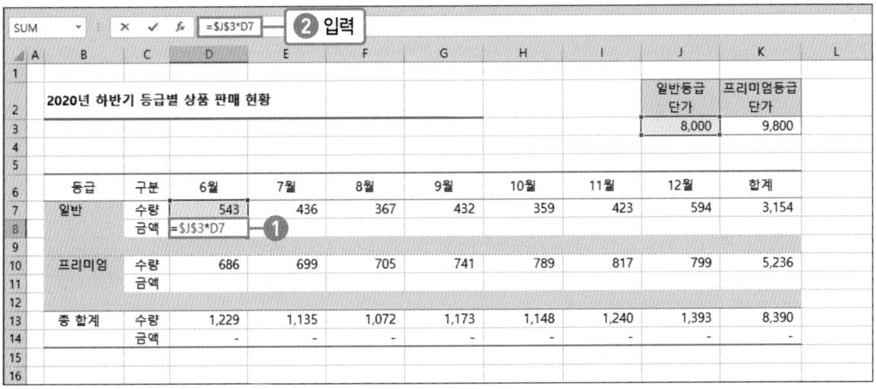

02 D8셀에 '일반' 등급의 6월 금액을 구했으면 D8셀의 자동 채우기 핸들을 K8셀까지 드래그하여 수식을 복사해서 나머지 셀에도 '일반' 등급의 판매 금액을 계산합니다.

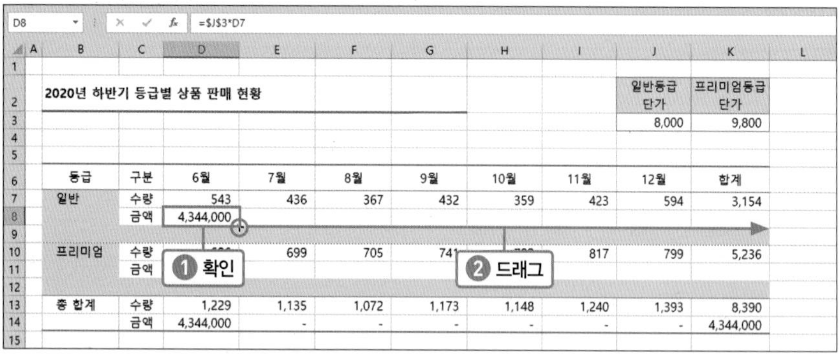

03 H8셀을 선택하고 F2를 눌러 참조된 셀을 확인합니다. D8셀에 사용된 수식의 참조 셀 중 D7셀의 수량을 참조하는 셀은 복사된 방향의 셀만큼 함께 이동되었지만, 절대 참조로 입력한 단가($J$3셀)는 위치가 고정되어 있습니다.

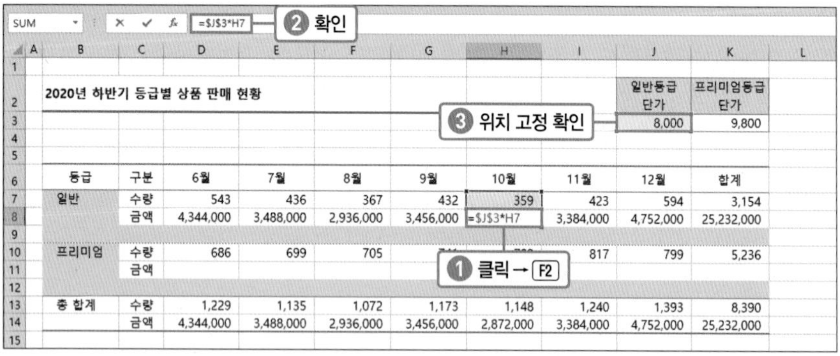

04 이와 같은 방법으로 D11:K11 범위에 '프리미엄' 등급의 판매 금액을 계산해 볼게요. D11셀에 수식 『=$K$3*D10』을 입력하고 D11셀의 자동 채우기 핸들을 K11셀까지 드래그하여 수식을 복사합니다.

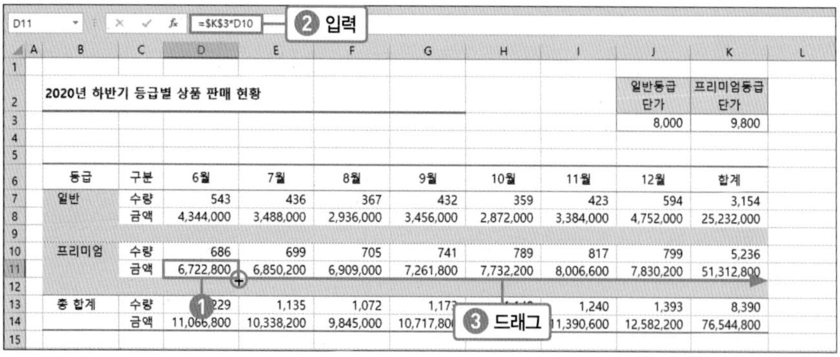

05 G11셀을 선택하고 F2를 눌러 수정 상태로 변환해서 참조된 셀을 확인합니다. 해당 월의 수량을 참조하는 D10셀은 상대 참조로 수식이 복사된 방향의 셀만큼 함께 이동되었지만, '프리미엄' 등급의 단가를 참조하는 $K$3셀은 절대 참조로 입력되었기 때문에 위치가 변함없이 고정되어 있습니다.

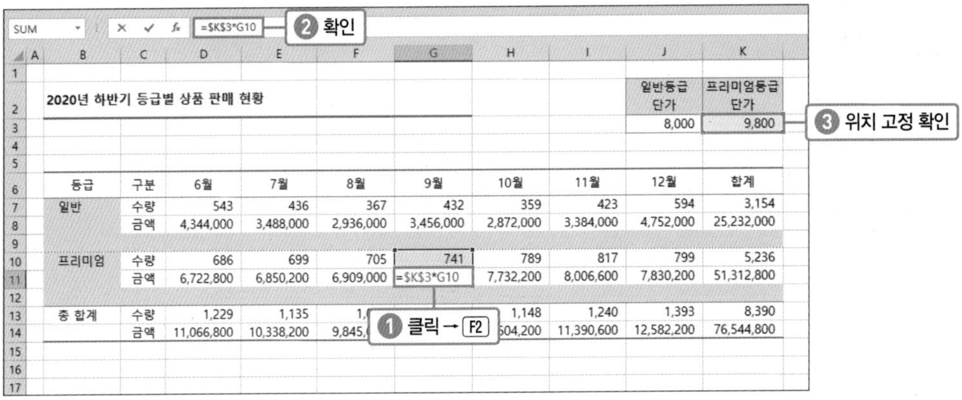

3 혼합 참조

혼합 참조는 상대 참조와 절대 참조가 혼합된 참조 유형으로, 열 주소나 행 주소만 이동되지 않도록 고정해 두는 참조 형식입니다. 혼합 참조의 셀 주소는 고정할 열이나 행 앞에 $ 기호를 사용해서 표현합니다. **사용 예** $A1, $B1, A$2, B$2

01 [Sheet3] 시트에서 D9셀에 '일반' 등급의 수량에 총 수량의 합계를 나누어서 비율을 계산해 볼게요. 이때 9행의 수식을 12행에도 복사해서 사용할 것이기 때문에 열은 월에 따라 이동하되 총 수량의 합계(13행)는 고정되어야 하므로 혼합 참조를 사용하여 D9셀에 수식 『=D7/D$13』을 입력합니다. D9셀에 6월의 '일반' 등급 판매 수량의 비율을 구했으면 D9셀의 자동 채우기 핸들을 K9셀까지 드래그하여 수식을 복사합니다.

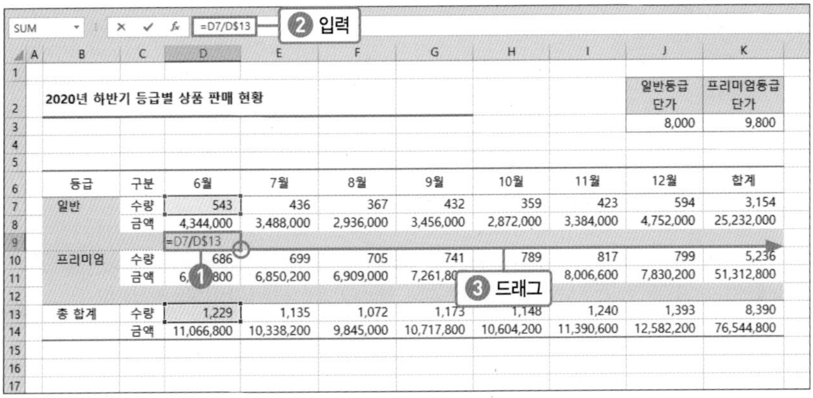

02 '일반' 등급의 판매 수량의 비율을 계산했으면 I9셀을 선택하고 F2를 눌러 참조된 수식을 확인합니다.

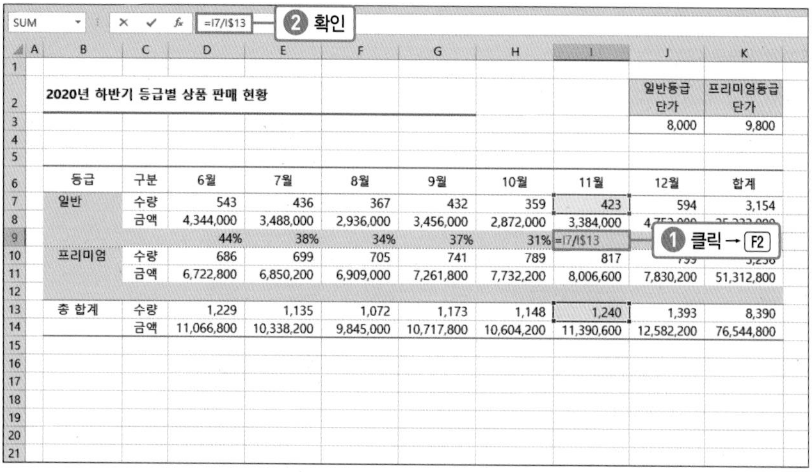

03 이번에는 '프리미엄' 등급의 판매 수량 비율을 구하기 위해 D9:K9 범위의 수식을 복사합니다. D12셀을 선택하고 마우스 오른쪽 단추를 클릭한 후 '붙여넣기 옵션'에서 [수식](📋)을 클릭합니다.

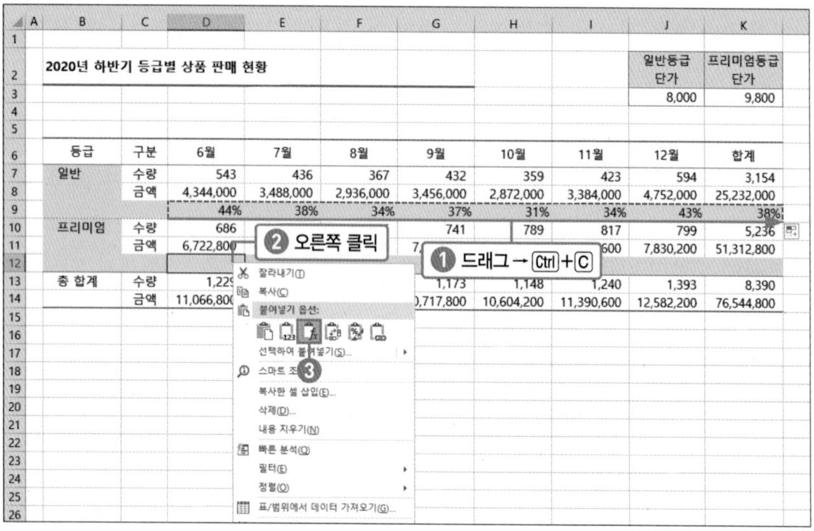

Tip

9행과 12행에 사용한 서식이 다르기 때문에 Ctrl+V로 붙여넣기하면 서식까지 함께 복사되어 서식을 다시 수정해야 합니다. 이 경우에는 '붙여넣기 옵션'에서 [수식](📋)을 클릭하여 기존 서식을 유지하면서 수식만 붙여넣을 수 있습니다. '붙여넣기 옵션'에 대해서는 67쪽을 참고하세요.

04 9행에 사용한 수식에 '일반' 등급의 '수량'(7행)은 상대 참조로 수식이 붙여넣기된 셀의 개수와 방향만큼 함께 이동되어 '프리미엄'의 '수량'(10행)을 참조합니다. 하지만 총 합계는 행을 고정하는 혼합 참조가 사용되어 월 이동에 따른 열은 이동되었지만 행은 이동되지 않았습니다. I12셀을 선택하고 F2 를 눌러 참조된 수식을 확인해 보세요.

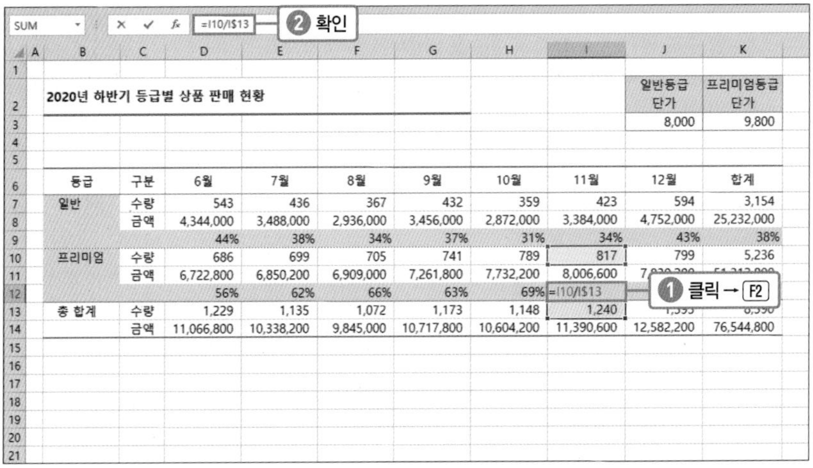

등급	구분	6월	7월	8월	9월	10월	11월	12월	합계
일반	수량	543	436	367	432	359	423	594	3,154
	금액	4,344,000	3,488,000	2,936,000	3,456,000	2,872,000	3,384,000	4,752,000	25,232,000
		44%	38%	34%	37%	31%	34%	43%	38%
프리미엄	수량	686	699	705	741	789	817	799	5,236
	금액	6,722,800	6,850,200	6,909,000	7,261,800	7,732,200	8,006,600	[illegible]	[illegible]
		56%	62%	66%	63%	69%	=I10/I$13		
총 합계	수량	1,229	1,135	1,072	1,173	1,148	1,240	[illegible]	[illegible]
	금액	11,066,800	10,338,200	9,845,000	10,717,800	10,604,200	11,390,600	12,582,200	76,544,800

2020년 하반기 등급별 상품 판매 현황	일반등급 단가	프리미엄등급 단가
	8,000	9,800

잠깐만요

상대 참조, 절대 참조, 혼합 참조의 관계

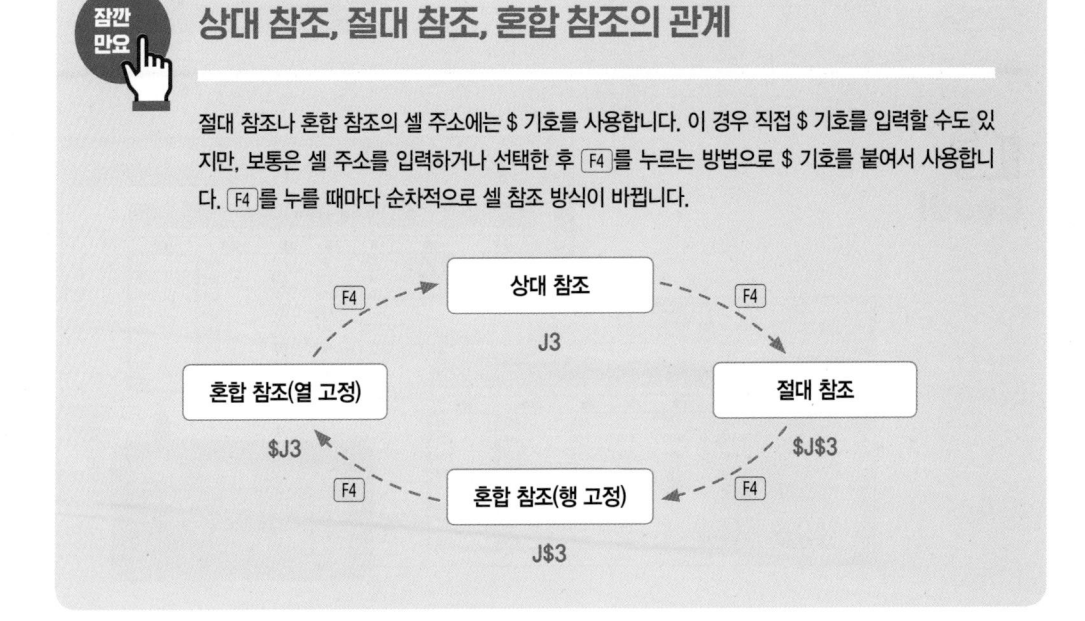

절대 참조나 혼합 참조의 셀 주소에는 $ 기호를 사용합니다. 이 경우 직접 $ 기호를 입력할 수도 있지만, 보통은 셀 주소를 입력하거나 선택한 후 F4 를 누르는 방법으로 $ 기호를 붙여서 사용합니다. F4 를 누를 때마다 순차적으로 셀 참조 방식이 바뀝니다.

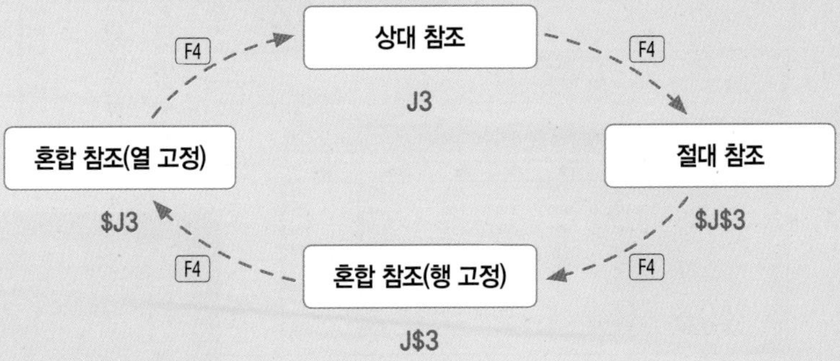

03 나누기 3과 Avg.3은 다르다

AVERAGE 함수는 평균값을 계산할 때 사용하는 함수로, 엑셀을 시작할 때 배우는 가장 기초 함수입니다. 평균은 나눗셈의 사칙연산을 사용하여 계산할 수도 있지만, AVERAGE 함수를 이용하면 좀 더 빠르고 편리하게 평균값을 얻을 수 있습니다. 이번에는 AVERAGE 함수를 사용했을 때와 사칙연산을 사용하여 계산한 경우를 비교해 보고 AVERAGE 함수를 사용할 때의 주의 사항에 대해 알아봅니다.

실습파일 : 03_AVG.xlsx

Bad!

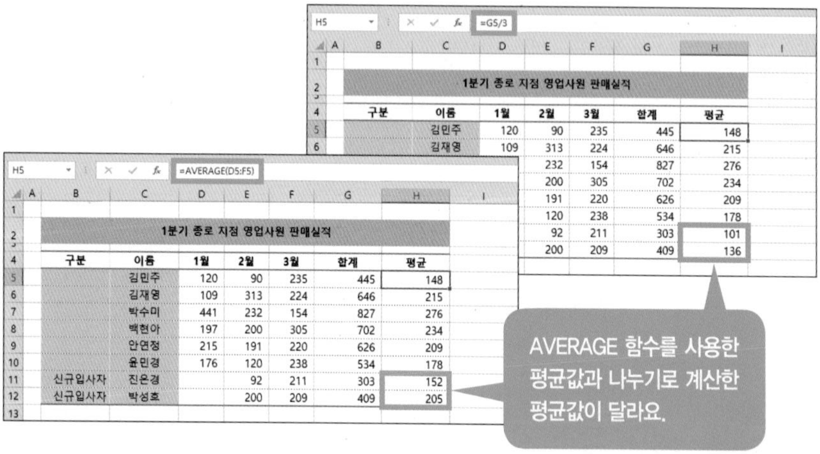

Good!

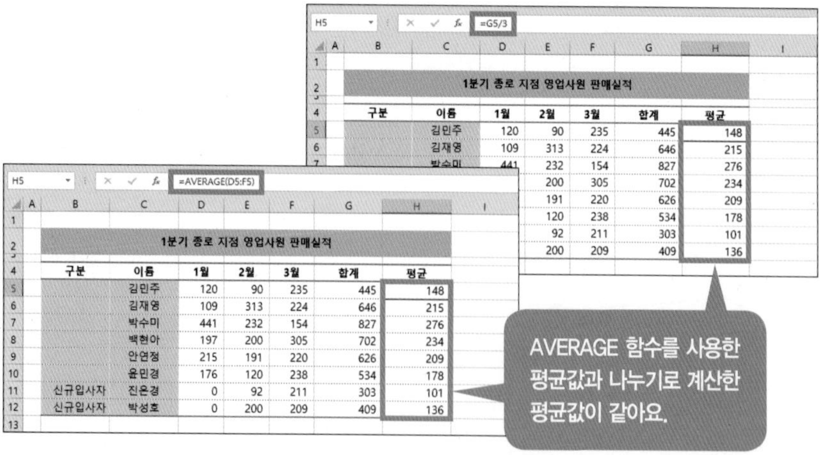

AVERAGE 함수 바로 알기

AVERAGE 함수는 참조 범위의 평균을 출력하는 함수로, 인수 구성이 매우 간단합니다.

: **함수의 구성** : =AVERAGE(참조 범위)

01 AVERAGE 함수를 사용하여 영업사원별로 석 달간의 평균 판매실적을 구해볼게요. [Sheet1] 시트에서 1~3월까지의 평균을 구하기 위해 G5셀에 함수식 『=AVERAGE(C5:E5)』를 입력합니다. G5셀에 '김민주'의 1분기 판매실적 평균을 구했으면 G5셀의 자동 채우기 핸들을 더블클릭하여 G12셀까지 수식을 복사합니다.

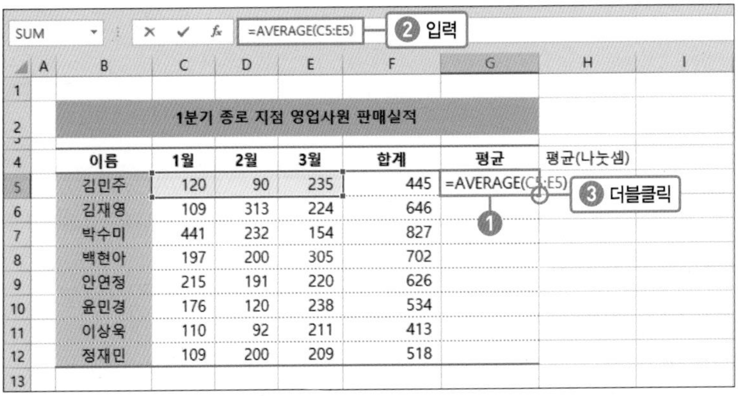

이름	1월	2월	3월	합계	평균	평균(나눗셈)
김민주	120	90	235	445	=AVERAGE(C5:E5)	
김재영	109	313	224	646		
박수미	441	232	154	827		
백현아	197	200	305	702		
안연정	215	191	220	626		
윤민경	176	120	238	534		
이상욱	110	92	211	413		
정재민	109	200	209	518		

02 사칙연산을 이용하여 평균을 구한 경우와 비교해 보기 위해 1분기 실적의 합계를 3으로 나누어 평균을 계산해 볼게요. H5셀에 『=F5/3』을 입력하고 H5셀의 자동 채우기 핸들을 더블클릭하여 H12셀까지 수식을 복사합니다.

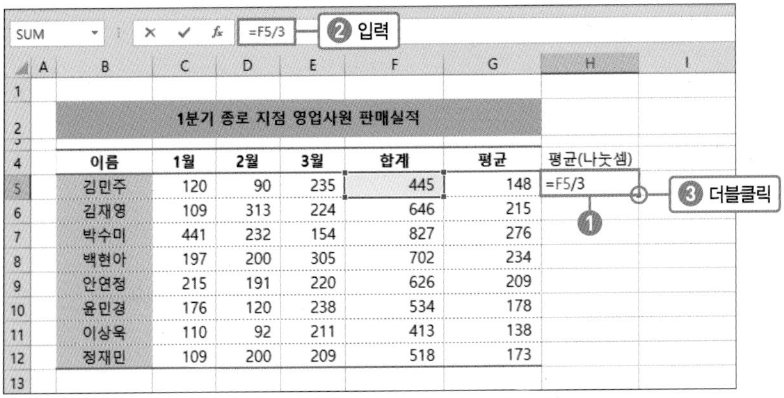

이름	1월	2월	3월	합계	평균	평균(나눗셈)
김민주	120	90	235	445	148	=F5/3
김재영	109	313	224	646	215	
박수미	441	232	154	827	276	
백현아	197	200	305	702	234	
안연정	215	191	220	626	209	
윤민경	176	120	238	534	178	
이상욱	110	92	211	413	138	
정재민	109	200	209	518	173	

03 평균값이 동일하게 계산되었는지 확인합니다.

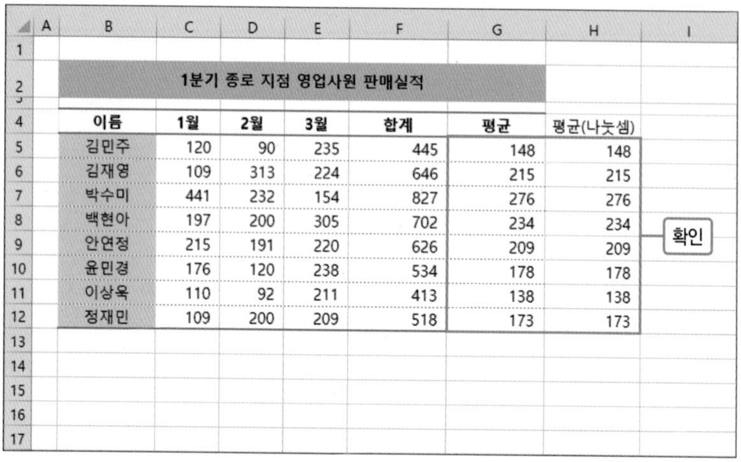

이름	1월	2월	3월	합계	평균	평균(나눗셈)
김민주	120	90	235	445	148	148
김재영	109	313	224	646	215	215
박수미	441	232	154	827	276	276
백현아	197	200	305	702	234	234
안연정	215	191	220	626	209	209
윤민경	176	120	238	534	178	178
이상욱	110	92	211	413	138	138
정재민	109	200	209	518	173	173

AVERAGE 함수의 함정

AVERAGE 함수는 쉽고 간편하게 사용할 수 있지만, 상황에 따라 사칙연산으로 평균을 계산했을 때와 다른 결과값이 출력될 수 있습니다. 이번에는 어떤 경우에 결과값이 달라지는지 알아보겠습니다.

01 [Sheet2] 시트에서 2월에 추가된 신규 입사자인 '진은경'과 '박성호'는 1월 실적이 없는 상황입니다. 이번에도 AVERAGE 함수와 사칙연산을 사용하여 평균값을 구하기 위해 H5셀에 『=AVERAGE(D5:F5)』를 입력합니다.

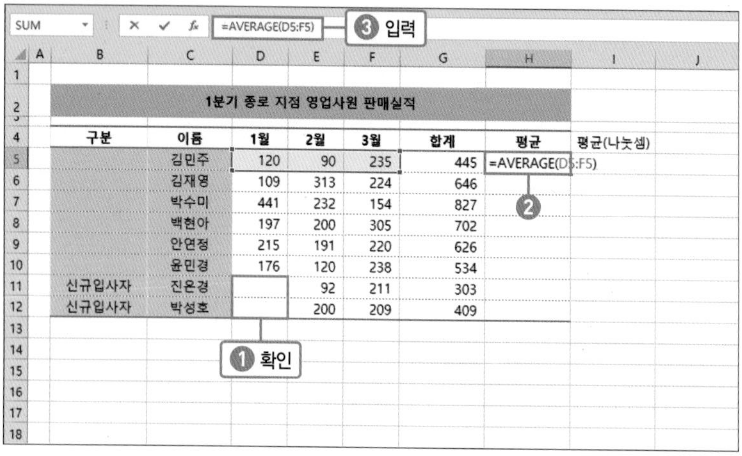

구분	이름	1월	2월	3월	합계	평균	평균(나눗셈)
	김민주	120	90	235	445	=AVERAGE(D5:F5)	
	김재영	109	313	224	646		
	박수미	441	232	154	827		
	백현아	197	200	305	702		
	안연정	215	191	220	626		
	윤민경	176	120	238	534		
신규입사자	진은경		92	211	303		
신규입사자	박성호		200	209	409		

02 H5셀에 '김민주'의 1분기 판매실적 평균을 구했으면 I5셀에 『=G5/3』을 입력합니다.

SUM | × ✓ fx | =G5/3

	A	B	C	D	E	F	G	H	I	J
1										
2		1분기 종로 지점 영업사원 판매실적								
4		구분	이름	1월	2월	3월	합계	평균	평균(나눗셈)	
5			김민주	120	90	235	445	148	=G5/3	
6			김재영	109	313	224	646			
7			박수미	441	232	154	827			
8			백현아	197	200	305	702			
9			안연정	215	191	220	626			
10			윤민경	176	120	238	534			

③ 입력 ② ① 확인

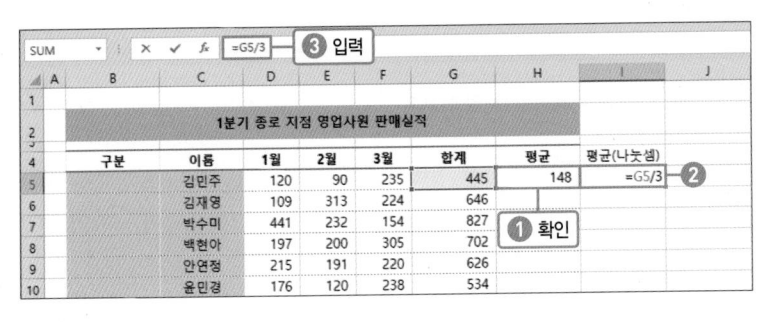

03 H5셀과 I5셀의 자동 채우기 핸들을 각각 더블클릭한 후 각 항목의 평균 결과값을 확인해 봅니다. 신규 입사자의 평균값이 AVERAGE 함수로 구했을 때와 나눗셈을 사용하여 구했을 때 다르게 출력되었습니다.

	A	B	C	D	E	F	G	H	I	J
1										
2		1분기 종로 지점 영업사원 판매실적								
4		구분	이름	1월	2월	3월	합계	평균	평균(나눗셈)	
5			김민주	120	90	235	445	148	148	
6			김재영	109	313	224	646	215	215	
7			박수미	441	232	154	827	276	276	
8			백현아	197	200	305	702	234	234	
9			안연정	215	191	220	626	209	209	
10			윤민경	176	120	238	534	178	178	
11		신규입사자	진은경		92	211	303	152	101	
12		신규입사자	박성호		200	209	409	205	136	
13										

확인

이렇게 평균값에 차이가 발생하는 이유는 바로 1월 실적이 빈 셀이기 때문입니다. AVERAGE 함수는 1~3월까지 참조 범위로 설정해도 빈 셀의 값은 나누지 않습니다. 즉 값이 있는 셀의 개수인 2로 나누어 평균값을 계산했기 때문에 사칙연산을 이용한 평균값과 결과가 다른 것입니다.

Solution

Q **평균을 구할 때 AVERAGE 함수보다 사칙연산을 이용하는 것이 좋은가요?**

A 아닙니다. 문제는 빈 셀입니다. 빈 셀을 빈 셀이 아닌 셀처럼 만들어 주면 평균값을 구할 때 문제가 없습니다.

빈 셀에 숫자 '0' 입력해 계산 오류 해결하기

빈 셀 때문에 발생한 계산 오류는 빈 셀에 값을 넣어 해결할 수 있습니다.

[Sheet3] 시트에서 빈 셀인 D11셀과 D12셀에 숫자 '0'을 입력합니다. 그러면 AVERAGE 함수를 사용했을 때 나누기 3으로 계산되어 AVERAGE 함수로 구한 평균값과 사칙연산을 이용하여 구한 평균값이 같아집니다.

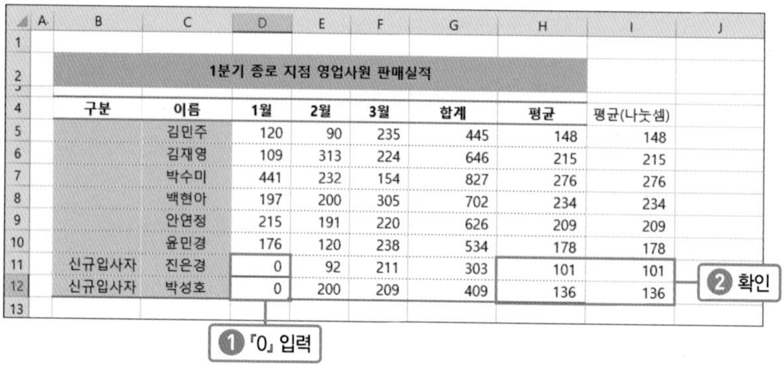

표의 모든 빈 셀에 숫자 '0' 한 번에 채우기

빈 셀이 많아 일일이 숫자 '0'을 채울 수 없다면 표의 모든 빈 셀에 숫자 '0'을 한 번에 채울 수 있습니다.

01 [Sheet4] 시트에서 숫자 '0'을 입력하려는 D5:F12 범위를 선택합니다. [홈] 탭-[편집] 그룹에서 [찾기 및 선택]을 클릭하고 [이동 옵션]을 선택합니다.

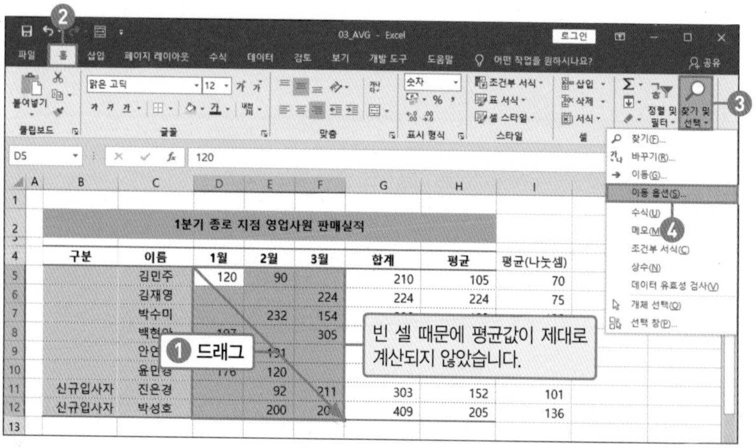

02 [이동 옵션] 대화상자가 열리면 '종류'에서 [빈 셀]을 선택하고 [확인]을 클릭합니다.

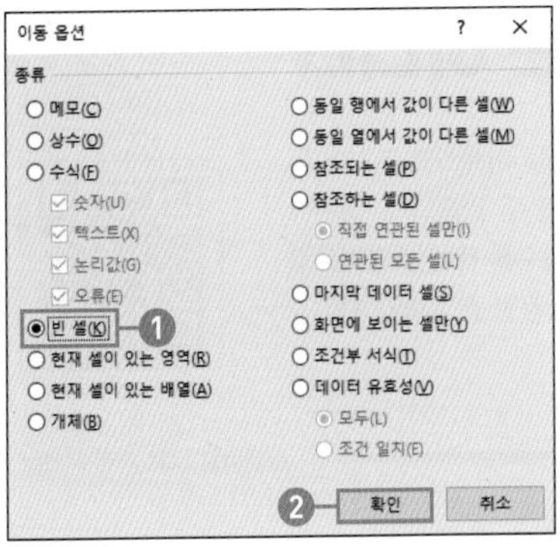

03 지정한 범위 안에서 빈 셀만 선택되었으면 숫자 『0』을 입력한 후 Ctrl+Enter를 누릅니다. 선택된 빈 셀에 숫자 '0'이 한 번에 입력되면서 평균값도 제대로 계산되었습니다.

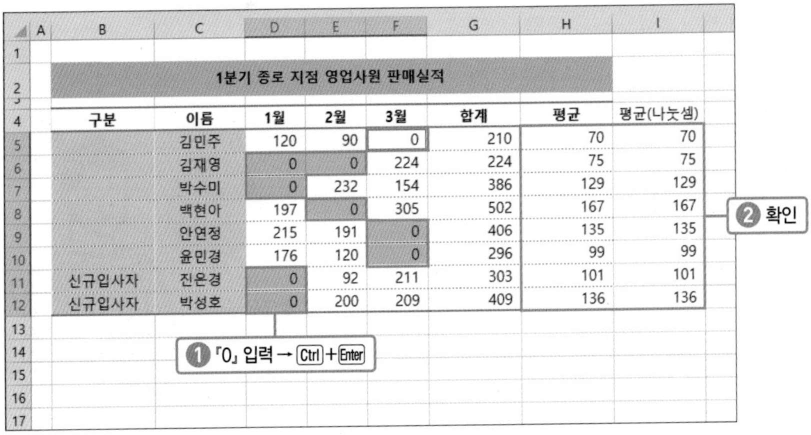

1분기 종로 지점 영업사원 판매실적

구분	이름	1월	2월	3월	합계	평균	평균(나눗셈)
	김민주	120	90	0	210	70	70
	김재영	0	0	224	224	75	75
	박수미	0	232	154	386	129	129
	백현아	197	0	305	502	167	167
	안연정	215	191	0	406	135	135
	윤민경	176	120	0	296	99	99
신규입사자	진은경	0	92	211	303	101	101
신규입사자	박성호	0	200	209	409	136	136

다시 보기

값이 0인 것과 값이 없는 것은 완전히 다른 개념입니다. AVERAGE 함수는 쉽고 간단하게 사용할 수 있지만, 수많은 사용자들이 이렇게 중요한 개념을 놓친 채 엑셀 함수를 사용하고 있습니다. 이번에는 AVERAGE 함수의 사용 예제를 통하여 0 값과 빈 셀의 차이에 대해 알아보았습니다. 하지만 이 외에도 꺾은선형 그래프를 작성할 때 0이 아닌 빈 셀인 경우 선이 중간에 끊기는 등 예상치 못한 오류가 발생할 수 있습니다. 그러므로 숫자 0과 빈 셀은 개념이 서로 다르다는 것을 반드시 기억하고 상황에 따라 적절하게 편집하여 사용하는 것이 중요합니다.

04 IF 함수가 만능 함수는 아니다

논리 함수의 가장 기본이 되는 IF 함수의 기본 개념을 이해하고 조건이 두 가지 이상일 경우 중첩 함수를 사용하여 응용해 볼 수 있습니다. 이번에는 상황에 따른 IF 함수의 문제점을 알아보고, IF 함수를 대체할 방법으로 VLOOKUP 함수를 사용해 보면서 이들 함수의 상황별 쓰임새와 차이점을 알아봅니다.

실습파일 : 04_IF함수.xlsx

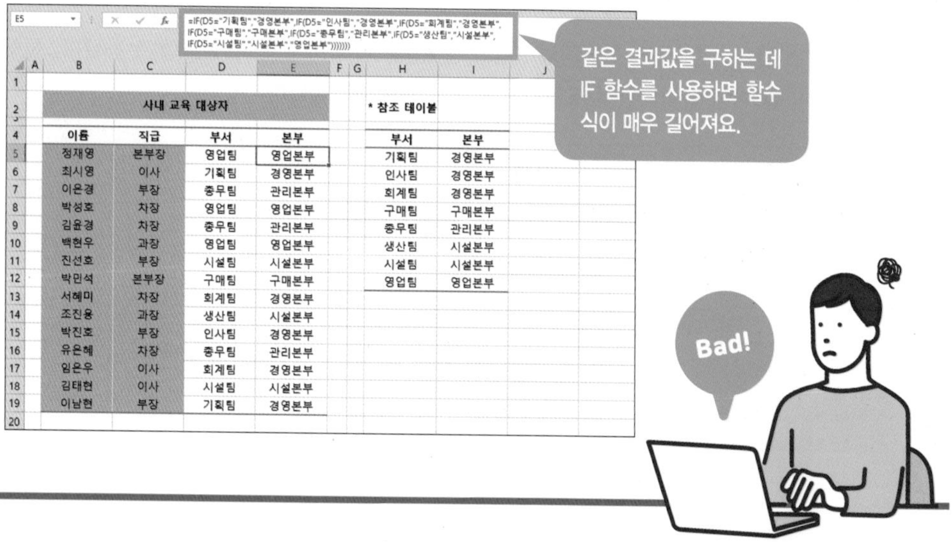
=IF(D5="기획팀","경영본부",IF(D5="인사팀","경영본부",IF(D5="회계팀","경영본부",IF(D5="구매팀","구매본부",IF(D5="총무팀","관리본부",IF(D5="생산팀","시설본부",IF(D5="시설팀","시설본부","영업본부")))))))
사내 교육 대상자
* 참조 테이블
같은 결과값을 구하는 데 IF 함수를 사용하면 함수식이 매우 길어져요.
Bad!

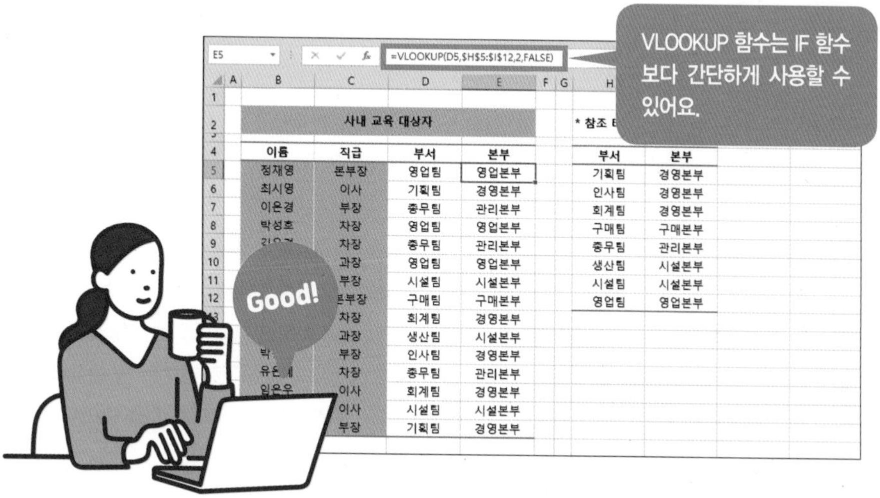
=VLOOKUP(D5,$H$5:$I$12,2,FALSE)
사내 교육 대상자
VLOOKUP 함수는 IF 함수보다 간단하게 사용할 수 있어요.
Good!

IF 함수 바로 알기

IF 함수는 의미 그대로 '만약 ~라면'이라는 조건에 따른 결과값을 출력하는 함수로, '조건을 충족할 경우에는 A 값을, 조건을 충족하지 못할 경우에는 B 값을 출력한다.'라는 문법을 가지고 있습니다.

: IF 함수의 형식 :

=IF(조건,조건을 충족할 경우의 결과값 또는 계산식,조건을 충족하지 못할 경우의 결과값 또는 계산식)

01 IF 함수를 이용하여 '부서'를 '본부'로 나누려고 합니다. 우선 '영업팀'인 경우에는 '영업본부'로, 영업팀'을 제외한 나머지 팀의 경우에는 '경영본부'로 분류할 것입니다. 다음은 '영업팀'이라는 조건을 충족한 함수식으로, 조건을 충족할 경우에는 '영업본부'로, 조건이 충족하지 않을 경우에는 '경영본부'로 출력되어야 합니다. [Sheet1] 시트에서 결과값을 출력하려고 하는 E5셀에 다음의 함수식을 입력합니다.

=IF(D5="영업팀","영업본부","경영본부")

조건 / 조건을 충족할 경우 / 조건을 충족하지 않을 경우

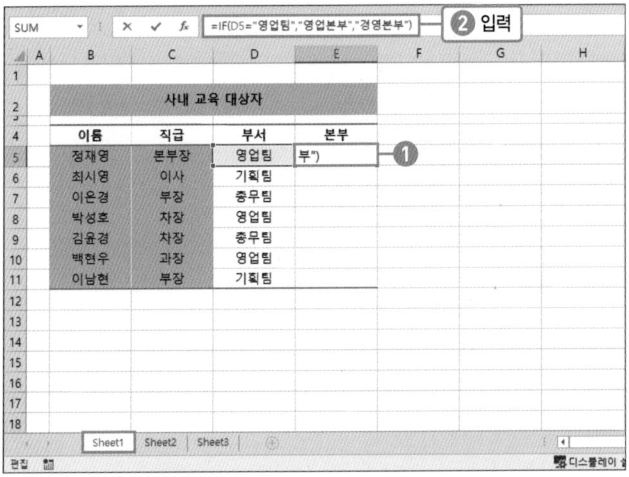

SUM
=IF(D5="영업팀","영업본부","경영본부")
2 입력
사내 교육 대상자
이름
직급
부서
본부
정재영
본부장
영업팀
부")
1
최시영
이사
기획팀
이은경
부장
총무팀
박성호
차장
영업팀
김윤경
차장
총무팀
백현우
과장
영업팀
이남현
부장
기획팀
Sheet1
Sheet2
Sheet3

Tip

조건이나 출력값의 형식이 문자일 경우에는 큰따옴표("")를 함께 써줍니다.

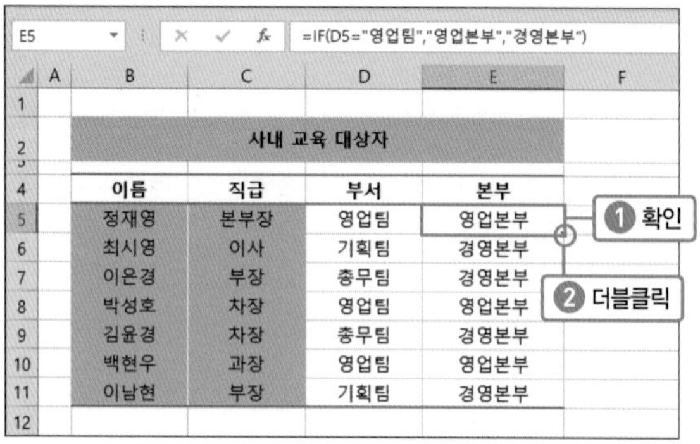

02 E5셀에 '정재영'의 해당 본부를 구했으면 E5셀의 자동 채우기 핸들을 더블클릭하여 E11셀까지 함수식을 복사합니다. 그러면 '영업팀'을 제외한 나머지 부서가 '경영본부'로 출력되었습니다.

IF 함수 응용하기

조건이 두 가지 이상일 경우에는 IF 함수의 세 번째 인수 자리에 IF문을 중첩하여 사용할 수 있습니다.

: 조건이 두 가지 이상일 경우 IF 함수의 형식 :

=IF(조건 1,조건 1을 충족할 경우의 결과값 또는 계산식,조건을 충족하지 못할 경우의 결과값 또는 계산식,IF(조건 2,조건 2를 충족할 경우의 결과값 또는 계산식,조건을 충족하지 못할 경우의 결과값 또는 계산식))

01 부서가 '영업팀'이면 '영업본부'로, '기획팀'이면 '경영본부'로, 나머지 부서는 '관리본부'로 분류할 것입니다. 이 경우 '영업팀'이라는 '조건 1'을 충족하지 않으면 추가 조건을 하나 더 생각해야 합니다. '조건 2'는 '기획팀'인 경우로, '조건 2'가 충족되면 '경영본부'로, 이 모든 조건을 충족하지 않으면 '관리본부'로 출력됩니다. [Sheet2] 시트에서 E5셀에 다음의 함수식을 입력합니다.

=IF(D5="영업팀","영업본부",IF(D5="기획팀","경영본부","관리본부"))

조건 1 / 조건 1을 충족할 경우 / 조건 2 / 조건 2를 충족할 경우 / 조건을 충족하지 않을 경우

02 E5셀에 '정재영'의 해당 본부를 구했으면 E5셀의 자동 채우기 핸들을 더블클릭하여 E11셀까지 함수식을 복사합니다. '조건 1'과 '조건 2'를 모두 충족하지 못한 '총무팀'의 출력값이 '경영본부'에서 '관리본부'로 값이 변한 것을 알 수 있습니다.

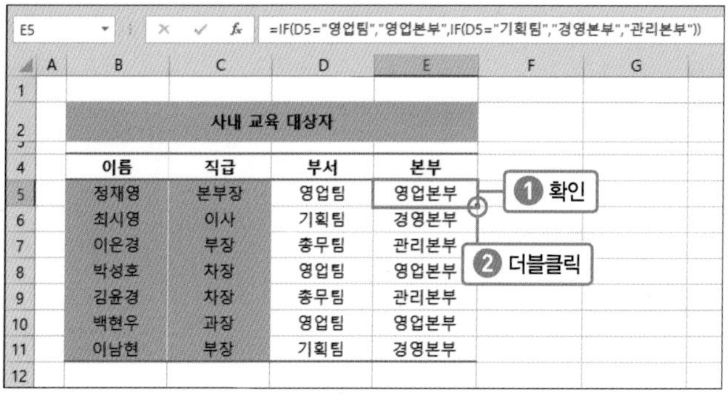

Solution

Q 조건에 맞는 값을 찾는 방법으로 IF 함수를 추가하여 사용하는 중첩 함수에 대해 배웠습니다. 그렇다면 열 가지 이상의 조건에 맞는 값을 찾으려면 IF 함수를 열 번 이상 입력해야 하나요?

A 다중의 조건이 있다면 IF 함수를 출력값만큼 중첩하여 사용할 수 있습니다. 하지만 조건의 참조값이 많아질 경우에는 함수가 너무 복잡해집니다. 이러한 문제점은 VLOOKUP 함수로 대체하여 해결할 수도 있고, 훨씬 많은 값을 참조하여 결과값을 구할 수도 있습니다.

IF 함수를 대체할 VLOOKUP 함수 바로 알기

VLOOKUP 함수는 다른 테이블의 정보를 참조하여 결과값을 찾는 참조 함수로, 엑셀에서 가장 많이 사용합니다.

VLOOKUP 함수의 형식 : =VLOOKUP(찾을 값,참조 범위,참조 범위의 기준 축으로부터의 열 번호,옵션)

옵션

- **TRUE 또는 숫자 1 :** 근사값 찾기
- **FALSE 또는 숫자 0 :** 정확히 일치하는 값 찾기

01 VLOOKUP 함수를 사용하려면 먼저 참조 테이블을 구성해야 합니다. [Sheet3] 시트의 H열에는 부서가, I열에는 H열에 입력한 부서와 일대일 매칭으로 각 부서별로 분류할 본부가 입력되어 있어서 왼쪽에 있는 '사내 교육 대상자' 표에 부서별 본부를 쉽게 계산할 수 있습니다.

	이름	직급	부서	본부		부서	본부
5	정재영	본부장	영업팀			기획팀	경영본부
6	최시영	이사	기획팀			인사팀	경영본부
7	이은경	부장	총무팀			회계팀	경영본부
8	박성호	차장	영업팀			구매팀	구매본부
9	김윤경	차장	총무팀			총무팀	관리본부
10	백현우	과장	영업팀			생산팀	시설본부
11	진선호	부장	시설팀			시설팀	시설본부
12	박민석	본부장	구매팀			영업팀	영업본부
13	서혜미	차장	회계팀				
14	조진용	과장	생산팀				
15	박진호	부장	인사팀				
16	유은혜	차장	총무팀				
17	임은우	이사	회계팀				
18	김태현	이사	시설팀				

Tip

열 번호는 참조 범위의 기준 축인 H열로부터 오른쪽 방향으로만 가능하므로 불러오려는 데이터가 기준 축으로부터 오른쪽 방향의 열에 있어야 합니다. 즉 열 번호에 마이너스를 입력할 수 없으므로 이것에 주의해서 참조 테이블을 구성해야 합니다.

02 E5셀에 다음 함수식을 입력합니다. H5셀부터 I12셀을 절대 참조하여 찾을 값의 셀이 변해도 참조 범위는 움직이지 못하도록 셀 범위를 고정합니다.

=VLOOKUP(D5,$H$5:$I$12,2,FALSE)

찾을 값 / 참조 범위 / 열 번호 / 옵션

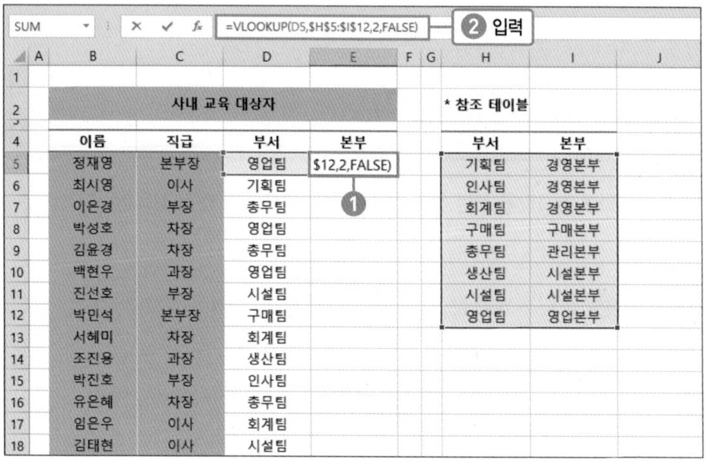

03 E5셀에 '정재영'의 해당 본부를 구했으면 E5셀의 자동 채우기 핸들을 더블클릭하여 E19셀까지 함수식을 복사합니다. 조건이 많지만, IF 함수를 중첩해서 사용한 경우보다 비교적 간단하게 계산되었습니다.

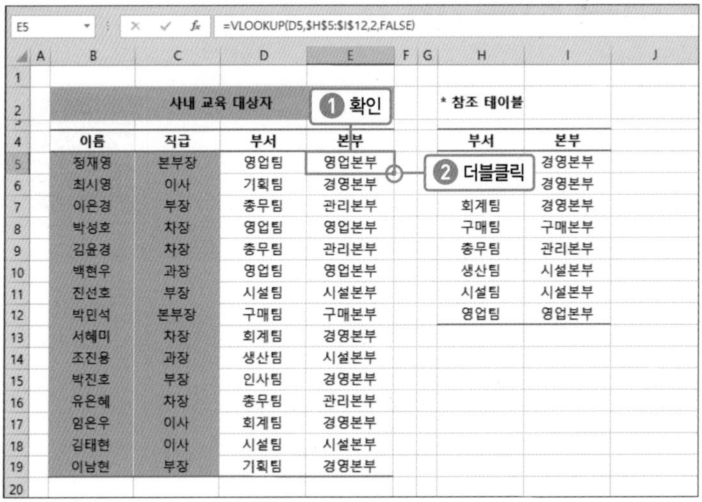

Tip

참조 범위가 추가될 수도 있으므로 고정된 참조 범위인 $H$5:$I$12 대신 처음부터 전체 열인 $H:$I로 참조 범위를 입력해도 됩니다.

다시 보기

IF 함수는 엑셀 함수 중에서 가장 기본이 되는 논리 함수로, 활용도가 매우 높은 함수입니다. 앞의 예제에서는 IF 함수의 조건이 참조값을 찾는다는 전제였기 때문에 VLOOKUP 함수와 비교해서 적용할 수 있었습니다. 이렇게 상황에 따라 적용할 수 있는 두 함수의 공통점과 차이점에 대하여 다루어 보았습니다. IF 함수와 VLOOKUP 함수는 조건뿐만 아니라 참조하는 결과값을 찾을 수 있다는 공통점이 있지만, 조건과 참조에 따른 결과값을 출력하는 방법에는 차이가 있습니다.

05 VLOOKUP 함수만 조건에 맞는 값을 찾는 것은 아니다

앞에서 조건에 맞는 값을 찾을 때 사용하는 VLOOKUP 함수에 대해 알아보았습니다. 이번에는 상황에 따른 VLOOKUP 함수를 사용할 때의 주의사항에 대해 알아보고 이것을 대체할 SUMIF 함수를 사용해서 두 함수의 공통점과 차이점에 대해 알아봅니다.

실습파일 : 05_SUMIF함수.xlsx

Bad!

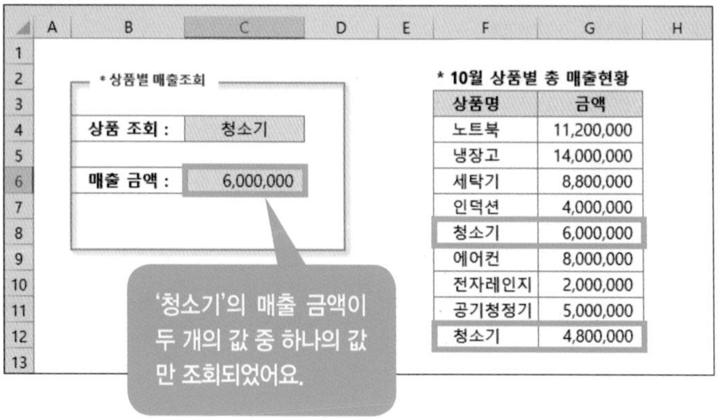

Good!

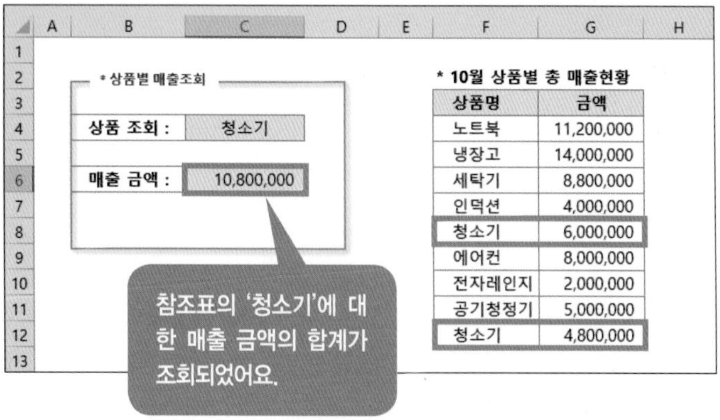

조건에 맞는 값을 찾는 VLOOKUP 함수 사용 시 주의 사항

VLOOKUP 함수는 조건에 맞는 값을 찾는 함수입니다. 참조 값은 텍스트나 숫자 모두 가능하기 때문에 초보자들은 조건에 맞는 참조 값이 숫자일 경우 값이 더해져서 계산된다고 착각하는 경우가 많습니다. VLOOKUP 함수를 사용할 때 찾는 값이 중복되면 행 순번이 낮은 참조 값이 출력된다는 것을 알고 상황에 맞게 주의해서 사용해야 합니다.

01 [Sheet1] 시트의 오른쪽에 있는 '10월 상품별 단가현황' 표를 참고하여 C4셀에 상품명을 입력하면 C6셀에 판매단가가 자동으로 조회되도록 작성해 볼게요. 결과값을 나타낼 C6셀에 함수식 『=VLOOKUP(C4,G4:H12,2,0)』을 입력합니다.

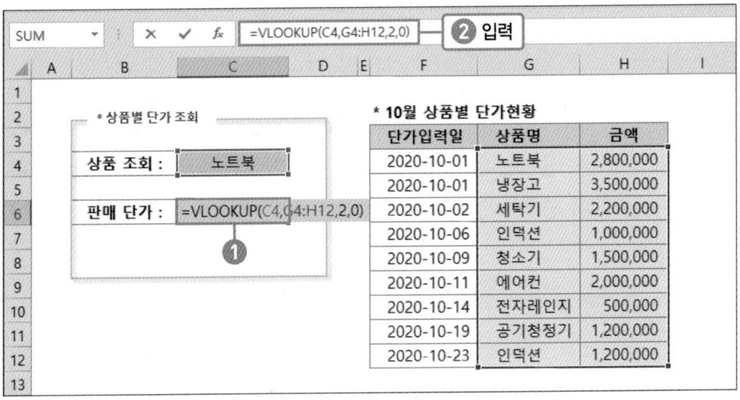

02 C4셀에 입력된 상품명을 찾아 판매단가가 조회되었는지 확인합니다.

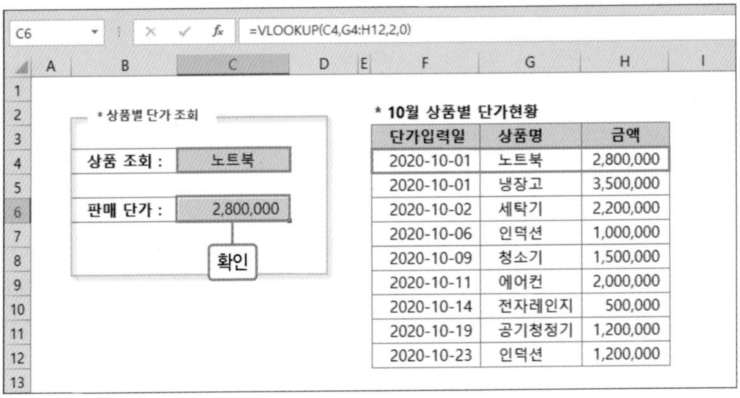

03 C4셀에 다른 상품을 입력해서 판매단가를 조회해 볼게요. C4셀에 『에어컨』을 입력하면 C6셀에 에어컨의 단가가 조회됩니다.

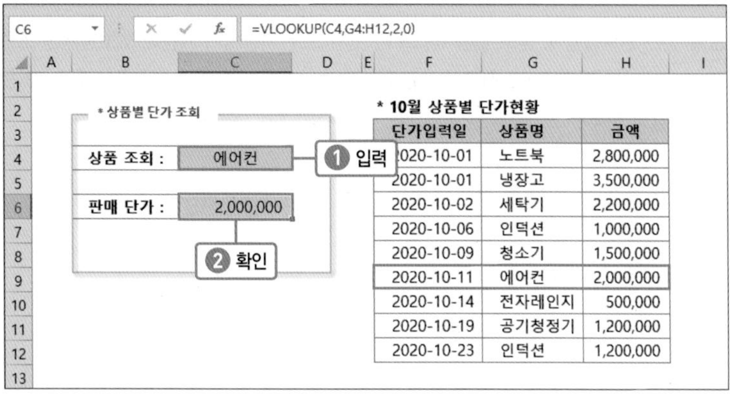

04 다시 한번 상품 조회에 『인덕션』을 입력하면 C6셀에 인덕션의 단가가 조회되었습니다. 하지만 '10월 상품별 단가현황' 표를 자세히 보면 '인덕션'의 입력 날짜가 다르게 두 번 입력되어 있습니다. VLOOKUP 함수를 사용할 경우 찾는 값이 중복이면 행 번호가 낮은 값이 우선순위가 되어 결과값이 표시됩니다.

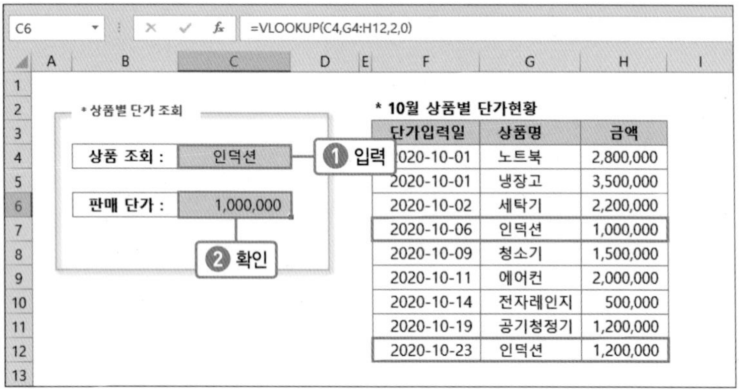

05 '10월 상품별 단가현황' 표에서 F열의 '단가입력일' 항목의 데이터를 살펴보면 나중에 입력된 날짜의 단가를 최종 단가로 조회해야 할 경우에는 '단가입력일' 항목을 기준으로 '내림차순 정렬'하여 제대로 된 값이 조회될 수 있도록 편집해야 합니다. '10월 상품별 단가현황' 표의 F3:H12 범위를 선택하고 [데이터] 탭-[정렬 및 필터] 그룹에서 [정렬]을 클릭합니다.

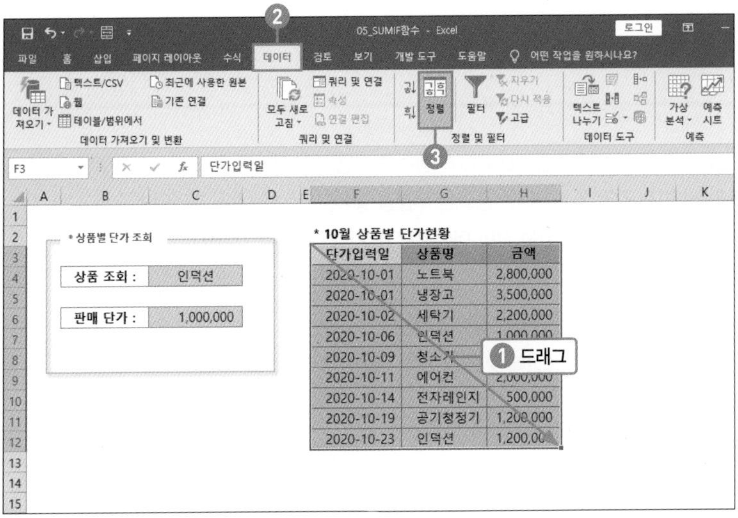

06 [정렬] 대화상자가 열리면 '정렬 기준'을 [단가입력일], [셀 값], [내림차순]으로 선택하고 [확인]을 클릭합니다.

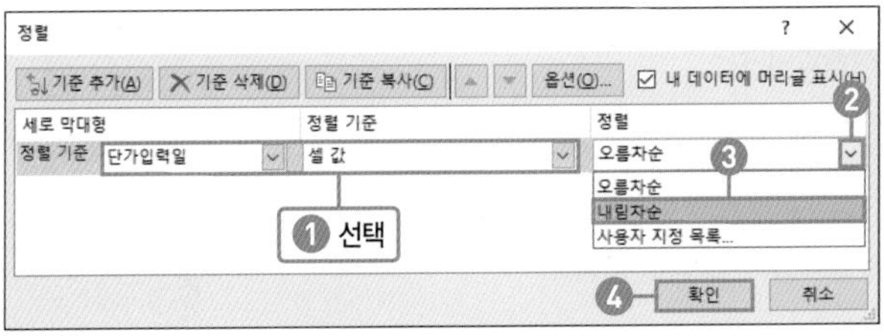

07 데이터가 내림차순으로 정렬되면서 '인덕션' 상품의 '판매 단가'(C6셀)가 나중에 입력된 최종 단가로 변경되었습니다.

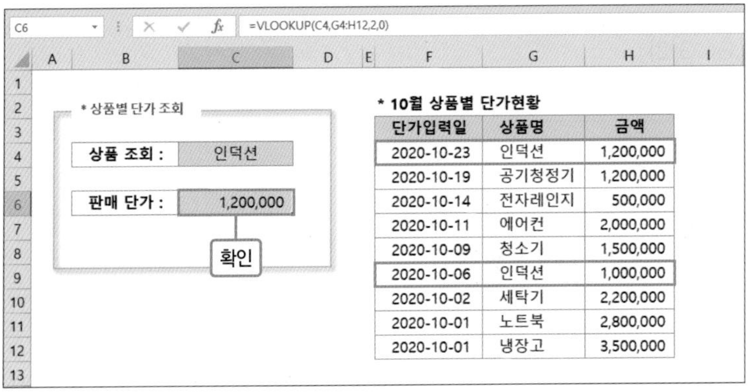

Solution

Q

조건에 맞는 값을 찾을 때는 무조건 VLOOKUP 함수를 사용하면 된다고 생각했는데, 입력된 우선순위에 따라 첫 번째 값만 조회된다는 중요한 부분을 놓치고 있었습니다. 그러면 찾으려고 하는 값이 숫자일 경우에는 조건에 맞는 값이 더해져서 계산되는 방법이 있나요?

A

조건에 맞는 값의 합계를 구하는 SUMIF 함수를 사용할 수 있습니다. 찾는 참조 값이 숫자이고 합계를 계산하고 싶은 경우에는 조건에 맞는 합계를 구하는 함수인 SUMIF 함수나 SUMIFS 함수를 사용할 수 있습니다.

조건에 맞는 값의 합계를 구하는 SUMIF 함수 바로 알기

SUMIF 함수는 조건에 맞는 값의 합계를 구할 때 사용합니다.

: **SUMIF 함수의 형식** :

=SUMIF(찾을 조건 범위,조건 또는 조건 문자열,합계를 구할 참조 범위)

01 [Sheet2] 시트에서 C4셀에 상품을 입력하면 C6셀에 상품의 매출이 자동으로 조회되도록 지정해 보겠습니다. [Sheet2] 시트에서 결과값을 나타낼 C6셀에 다음의 함수식을 입력합니다.

=SUMIF(F4:F12,C4,G4:G12)

F4:F12 - 찾을 조건 범위, C4 - 조건, G4:G12 - 합계를 구할 범위

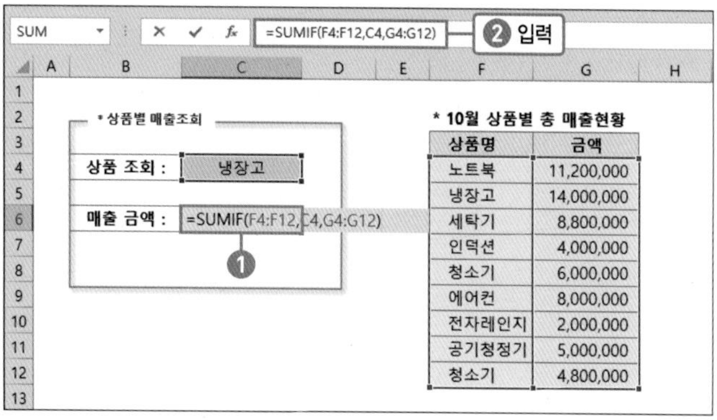

02 C4셀에 입력된 상품명을 찾아 C6셀에 매출 금액이 조회되었습니다.

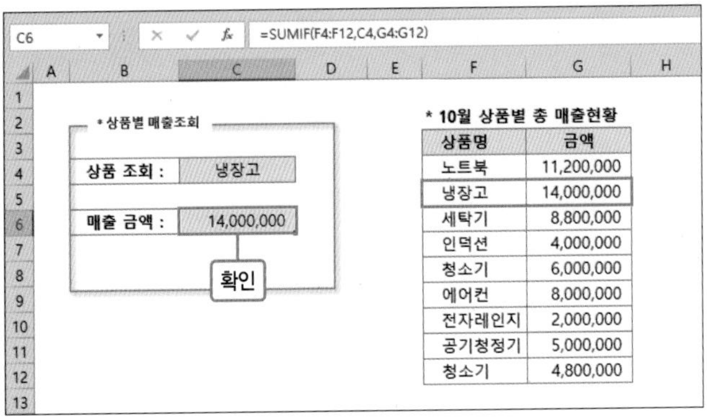

03 C4셀에 『공기청정기』를 입력하고 '10월 상품별 총 매출현황' 표를 참고하여 공기청정기의 매출 금액이 조회되었는지 확인합니다. 이 경우 VLOOKUP 함수를 사용해도 같은 결과값을 얻을 수 있습니다.

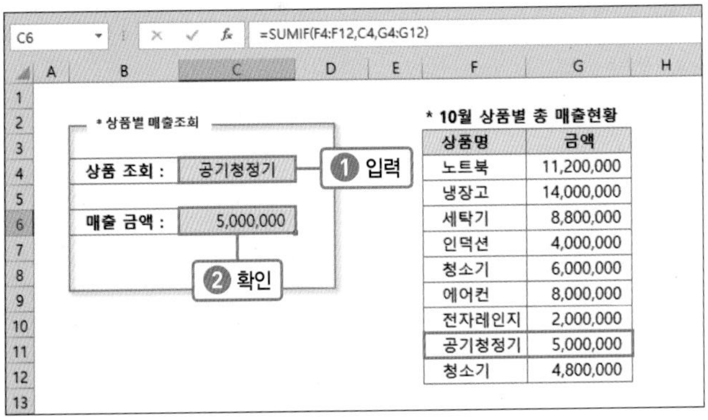

Tip

이 함수식을 VLOOKUP 함수로 작성하면 '=VLOOKUP(C4,F4:G12,2,FALSE)'입니다.

04 이번에는 C4셀에 『청소기』를 입력하면 '10월 상품별 총 매출현황' 표에 '청소기'가 중복 입력되어 있어서 청소기 금액의 합계가 조회됩니다. 이 경우 VLOOKUP 함수를 사용하면 '청소기'의 첫 번째 값인 '6,000,000'이 조회됩니다.

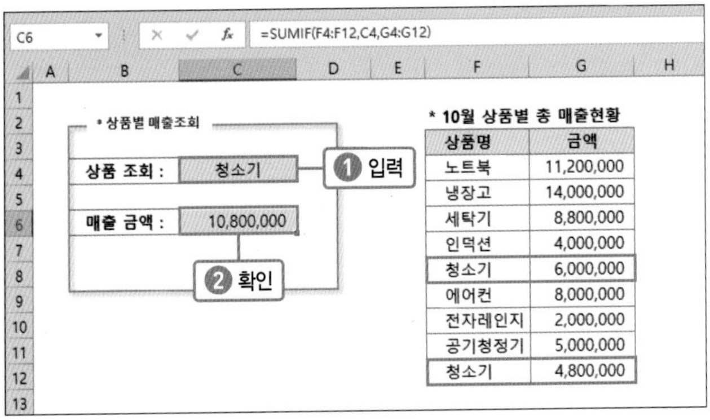

잠깐 만요

SUMIF 함수와 SUMIFS 함수의 차이 살펴보기

조건이 여러 개일 경우에는 1개의 조건부터 127가지의 조건의 합을 구할 수 있는 SUMIFS 함수를 사용할 수 있습니다. SUMIF 함수는 조건을 지정한 후에 참조 범위를 지정하지만, SUMIFS 함수는 반대로 참조 범위를 지정하고 조건을 지정합니다.

: SUMIFS 함수의 형식 :

=SUMIFS(합계를 구할 참조 범위,찾을 조건 범위 1,조건 1 또는 조건 문자열 1,찾을 조건 범위 2,조건 2 또는 조건 문자열 2,…,찾을 조건 범위 127,조건 127 또는 조건 문자열 127)

1 '10월 상품별 총 매출현황' 표를 참고하여 왼쪽에 입력한 상품과 색상에 대해 매출 금액을 조회하려고 합니다. [Sheet3] 시트에서 결과값을 나타낼 C11셀에 함수식 『=SUMIFS(H4:H12,F4:F12,C4,G4:G12,C6)』을 입력합니다.

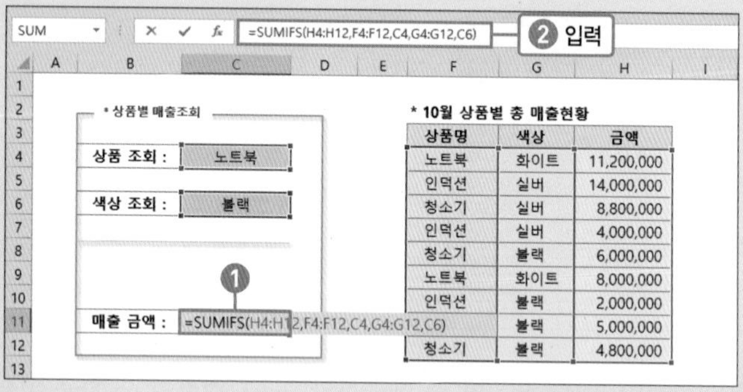

2 C11셀에 '노트북'과 '블랙'의 조건에 맞는 금액이 조회되었는지 확인합니다.

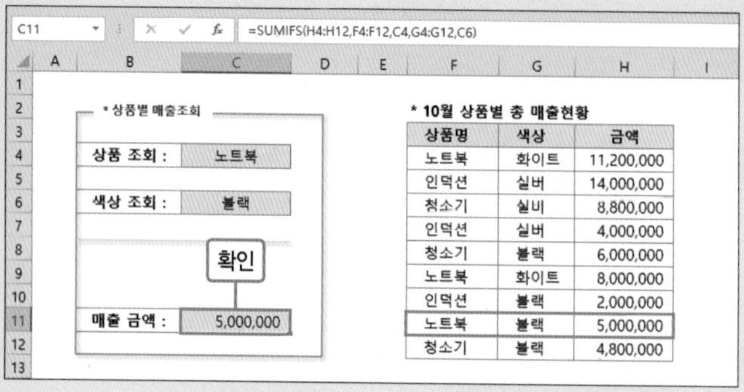

3 C6셀에 색상을 '화이트'로 바꿔서 입력합니다. '노트북'과 '화이트'의 데이터가 중복되어 두 가지 조건의 합계가 조회되었습니다.

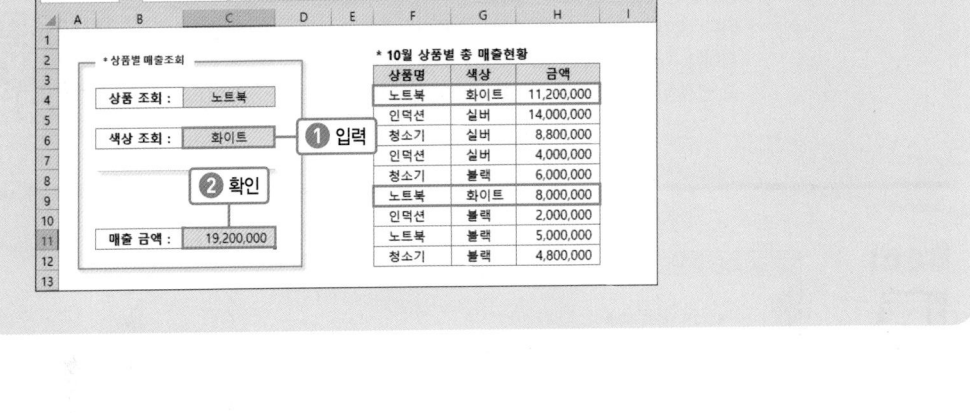

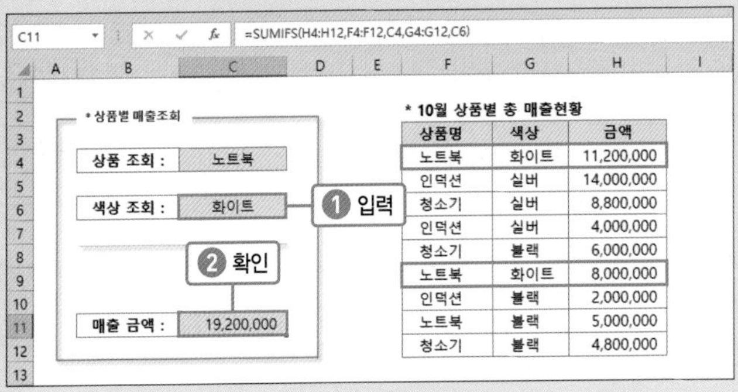

다시 보기

참조 범위에 동일한 값이 있을 경우에는 행 번호가 낮은 값을 반환하므로 필요할 때마다 상황에 맞추어 우선 정렬로 1차 편집한 후 VLOOKUP 함수를 사용해야 원하는 결과값을 찾을 수 있습니다. VLOOKUP 함수와 SUMIF 함수는 조건에 맞는 값을 찾아준다는 공통점이 있습니다. 하지만 이렇게 참조 범위에 동일한 값이 있는 경우 VLOOKUP 함수는 행 번호가 낮은 값을, SUMIF 함수는 참조 범위의 값을 더해 출력한다는 차이가 있습니다. 그리고 VLOOKUP 함수는 텍스트와 숫자에 상관없이 조건에 맞는 값을 찾을 수 있지만, SUMIF 함수는 숫자만 찾을 수 있다는 것이 다릅니다.

06 주민등록번호 모두 노출하지 않기

입력된 문자열을 변경하는 방법으로 흔히 '찾기 및 바꾸기' 기능을 사용합니다. 찾기 및 바꾸기는 특정 문자를 원하는 값으로 변경한다는 한계가 있습니다. 다양한 텍스트 함수를 사용하여 원하는 위치의 문자열을 출력하고 변경 및 대체 표현할 수 있는 방법에 대해 알아봅니다.

실습파일 : 06_REPLACE함수.xlsx

Bad!

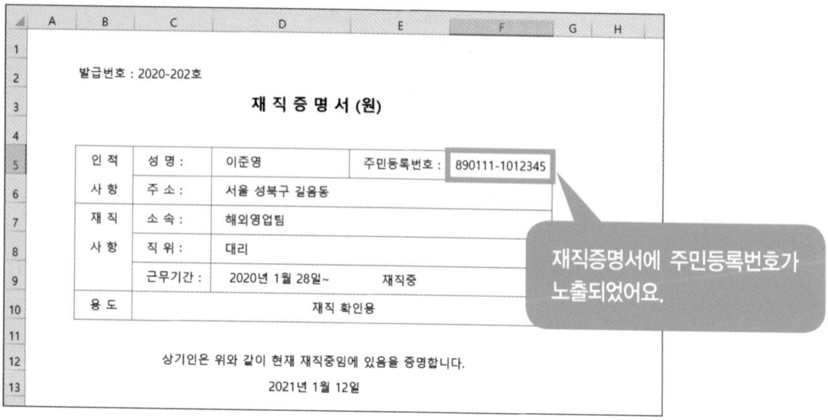

Good!

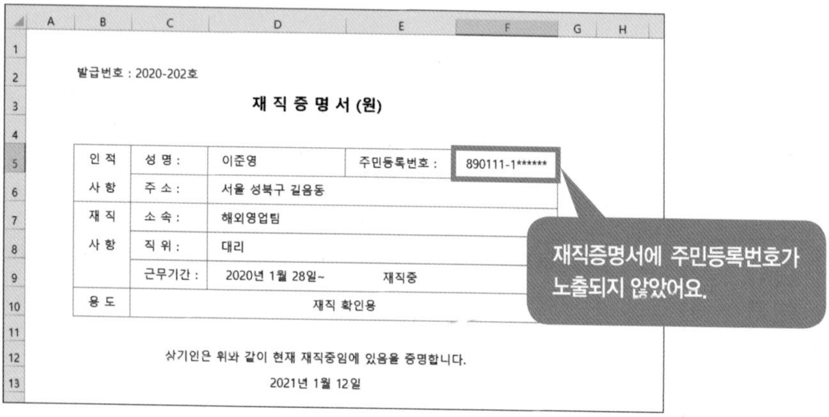

문제 상황

[직원현황] 시트의 데이터를 [재직증명서] 시트에 VLOOKUP 함수를 사용하여 직원 이름을 기입하면 나머지 정보가 자동으로 조회되도록 시트를 구성했습니다. 주민등록번호를 전부 노출하지 않고 뒤의 여섯 자리 숫자는 별표(*)로 표시하려고 합니다.

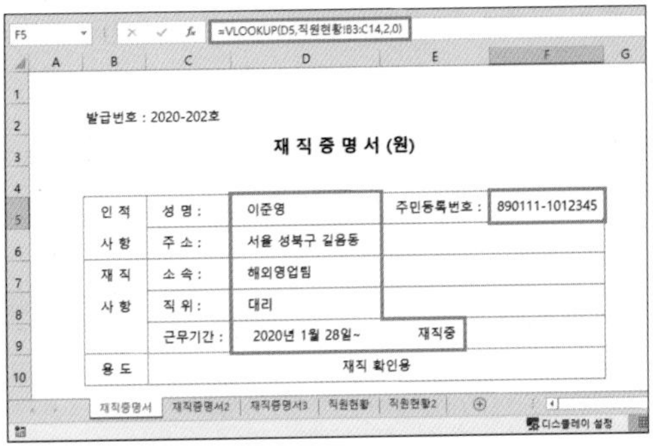

지정한 위치의 문자를 새 문자열로 바꾸는 REPLACE 함수 바로 알기

문자의 시작 위치와 변경할 문자의 개수를 지정하여 새로운 문자열로 변경할 수 있습니다.

: REPLACE 함수의 형식 :

=REPLACE(대상 셀 또는 문자열,문자의 시작 위치,변경할 문자 개수,변경할 셀 또는 문자열)

01 [직원현황] 시트에서 D4셀에 다음의 함수식을 입력합니다.

=REPLACE(C4,9,6,"******")

- 대상 셀: C4
- 시작 위치: 9
- 시작 위치로부터의 문자 개수: 6
- 변경할 문자열: "******"

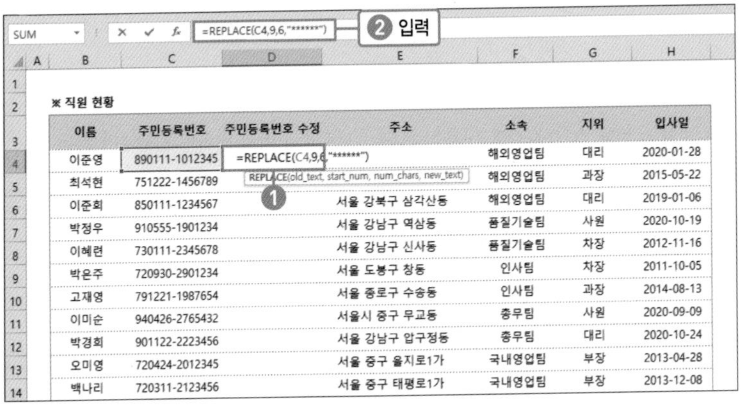

02 D4셀에 '이준영'의 수정한 주민등록번호를 구했으면 D4셀의 자동 채우기 핸들을 더블클릭하여 D14셀까지 함수식을 복사합니다. 그러면 주민등록번호의 아홉 번째 자리수부터 여섯 개의 숫자가 별표(*)로 표시됩니다.

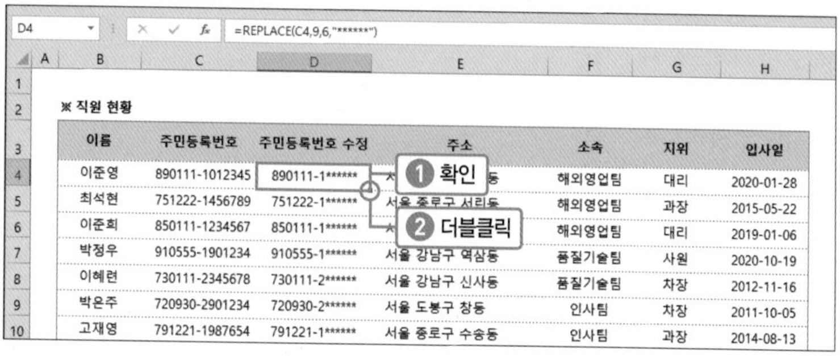

=REPLACE(C4,9,6,"******")
※ 직원 현황
이름
주민등록번호
주민등록번호 수정
주소
소속
지위
입사일
이준영 890111-1012345 890111-1****** 해외영업팀 대리 2020-01-28
최석현 751222-1456789 751222-1****** 해외영업팀 과장 2015-05-22
이준희 850111-1234567 850111-1****** 해외영업팀 대리 2019-01-06
박정우 910555-1901234 910555-1****** 서울 강남구 역삼동 품질기술팀 사원 2020-10-19
이혜련 730111-2345678 730111-2****** 서울 강남구 신사동 품질기술팀 차장 2012-11-16
박은주 720930-2901234 720930-2****** 서울 도봉구 창동 인사팀 차장 2011-10-05
고재영 791221-1987654 791221-1****** 서울 종로구 수송동 인사팀 과장 2014-08-13
1 확인
2 더블클릭

03 [재직증명서] 시트로 이동해서 F5셀에 함수식 『=VLOOKUP(D5,**직원현황!B3:D14**,3,0)』을 입력하면 새로 계산한 열의 주민등록번호 값이 출력됩니다. 이것은 앞에서 입력한 VLOOKUP 함수의 참조 범위를 새로 추가한 열의 범위로 변경한 함수식입니다.

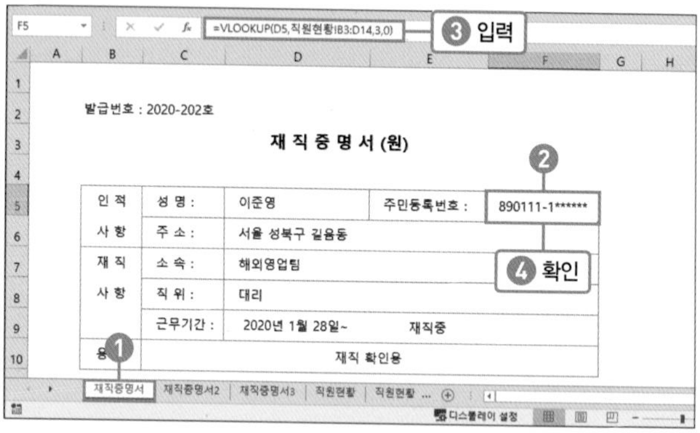

Solution

Q [직원현황] 시트의 표에 열을 추가하지 않고 [재직증명서] 시트에서 바로 원하는 값을 표시하는 방법이 있을까요?

A 예, MID 함수와 REPT 함수를 함께 사용해서 원하는 값을 바로 표시할 수 있습니다.

특정 위치의 문자를 출력하는 MID 함수 바로 알기

MID 함수는 대상 값이나 셀에 시작 위치와 문자의 개수를 지정하여 원하는 문자만 출력할 수 있습니다.

: MID 함수의 형식 :

=MID(대상 셀 또는 문자열,문자의 시작 위치,출력할 문자의 개수)

1 단독으로 MID 함수 사용하기

[직원현황2] 시트에서 C열에 입력된 주민등록번호의 앞 여덟 자리를 MID 함수를 사용하여 출력해 볼게요. D4셀에 다음의 함수식을 입력하고 D4셀의 자동 채우기 핸들을 D14셀까지 드래그하여 함수식을 복사합니다.

문자의 시작 위치

=MID(C4,1,8)

대상 셀 시작 위치로부터 출력할 문자의 개수

2 MID 함수 적용하기

01 [재직증명서2] 시트에서 F5셀에 다음의 함수식을 입력합니다. VLOOKUP 함수를 사용하여 가져온 값을 구하고 MID 함수로 원하는 위치로부터의 개수를 출력하는 함수식입니다.

시작 위치로부터 출력할 문자의 개수

=MID(VLOOKUP(D5,직원현황2!B3:C14,2,0),1,8)

대상 셀 / 문자의 시작 위치

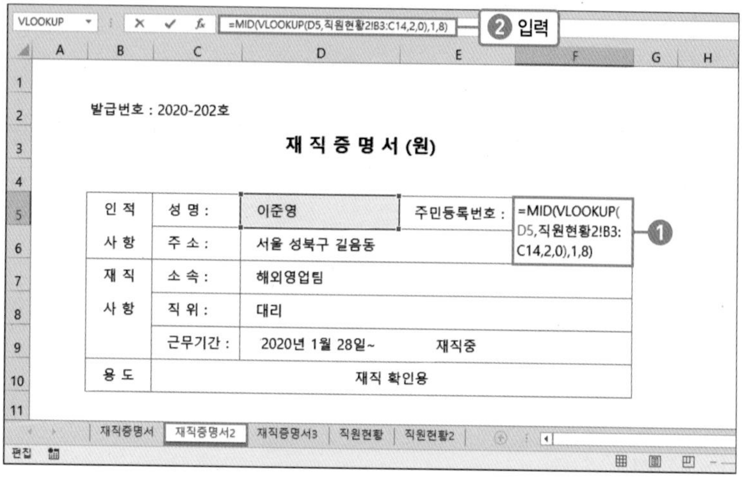

02 F5셀에 주민등록번호의 앞 여덟 자리가 출력되었습니다.

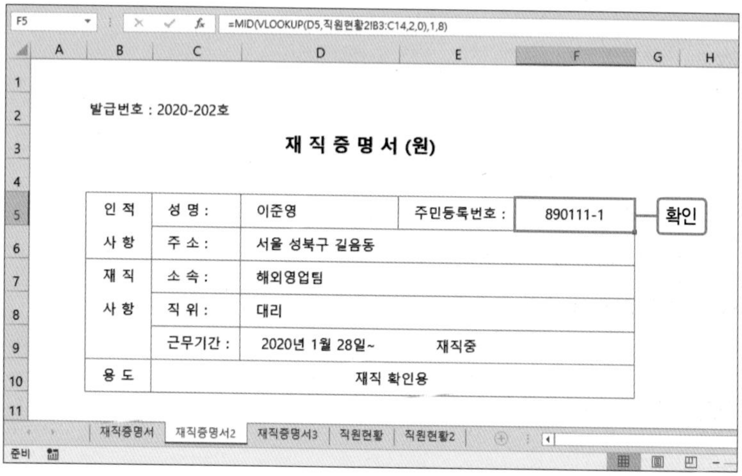

잠깐만요 LEFT 함수로 왼쪽 기준 원하는 개수만큼 문자열 출력하기

이번에는 MID 함수 대신 왼쪽을 기준으로 원하는 개수만큼 문자열을 출력하는 LEFT 함수로 대체해서 결과값을 구해보겠습니다.

: **LEFT 함수의 형식** :

=LEFT(대상 셀 또는 값,왼쪽으로부터 나타낼 문자 개수)

=LEFT(VLOOKUP(D5,직원현황!B3:C14,2,0),8)

대상 셀 — VLOOKUP(D5,직원현황!B3:C14,2,0)

왼쪽으로부터 나타낼 문자의 개수 — 8

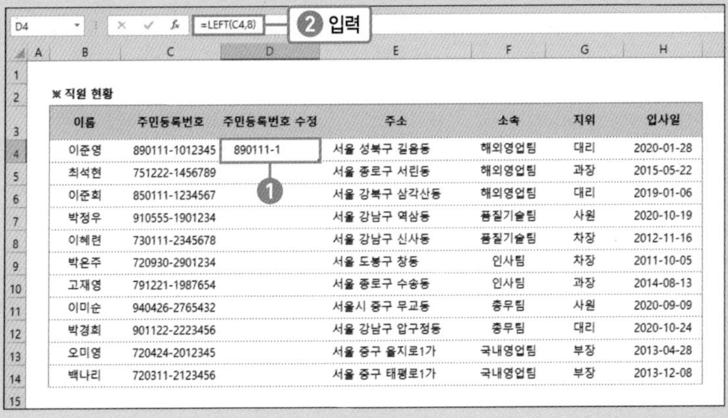

D4 =LEFT(C4,8) ❷ 입력

※ 직원 현황

이름	주민등록번호	주민등록번호 수정	주소	소속	지위	입사일
이준영	890111-1012345	890111-1 ❶	서울 성북구 길음동	해외영업팀	대리	2020-01-28
최석현	751222-1456789		서울 종로구 서린동	해외영업팀	과장	2015-05-22
이준희	850111-1234567		서울 강북구 삼각산동	해외영업팀	대리	2019-01-06
박정우	910555-1901234		서울 강남구 역삼동	품질기술팀	사원	2020-10-19
이혜련	730111-2345678		서울 강남구 신사동	품질기술팀	차장	2012-11-16
박은주	720930-2901234		서울 도봉구 창동	인사팀	차장	2011-10-05
고재영	791221-1987654		서울 종로구 수송동	인사팀	과장	2014-08-13
이미순	940426-2765432		서울시 중구 무교동	총무팀	사원	2020-09-09
박경희	901122-2223456		서울 강남구 압구정동	총무팀	대리	2020-10-24
오미영	720424-2012345		서울 중구 을지로1가	국내영업팀	부장	2013-04-28
백나리	720311-2123456		서울 중구 태평로1가	국내영업팀	부장	2013-12-08

▲ [직원현황] 시트에서 LEFT 함수를 단독으로 사용하는 경우

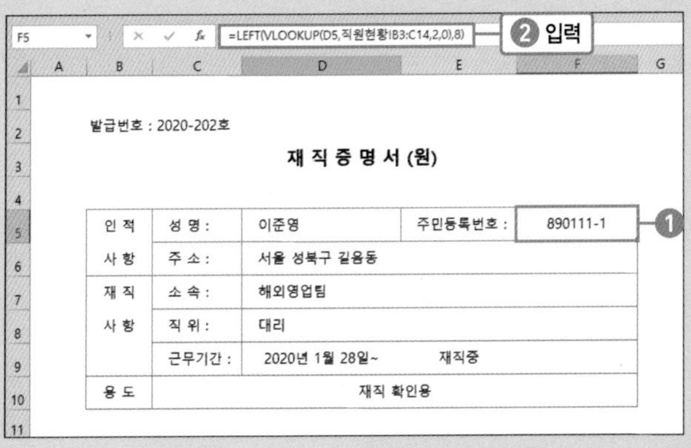

F5 =LEFT(VLOOKUP(D5,직원현황!B3:C14,2,0),8) ❷ 입력

발급번호 : 2020-202호

재 직 증 명 서 (원)

인 적 사 항	성 명 :	이준영	주민등록번호 :	890111-1 ❶
	주 소 :	서울 성북구 길음동		
재 직 사 항	소 속 :	해외영업팀		
	직 위 :	대리		
	근무기간 :	2020년 1월 28일~	재직중	
용 도	재직 확인용			

▲ [재직증명서] 시트에서 MID 함수를 LEFT 함수로 대체해서 사용한 경우

문자를 원하는 개수만큼 출력하는 REPT 함수 바로 알기

REPT 함수는 대상 셀이나 특정 문자를 원하는 개수만큼 출력하는 함수입니다.

REPT 함수의 형식 : =REPT(대상 셀 또는 문자열,반복 출력할 문자의 개수)

01 [재직증명서3] 시트의 F5셀에 주민등록번호의 뒤에 있는 여섯 자리 숫자를 별표(*)로 표현해 볼게요. 왼쪽의 함수식을 입력하고 오른쪽의 함수식을 연결하여 입력합니다.

=REPT("*",6)
- "*": 나타낼 문자
- 6: 반복 출력할 문자의 개수

=MID(VLOOKUP(D5,직원현황!B3:C14,2,0),1,8)&REPT("*",6)
- VLOOKUP(D5,직원현황!B3:C14,2,0): 대상 셀
- 1: 시작 위치
- 8: 출력할 문자의 개수
- &: 연결 기호
- "*": 나타낼 문자
- 6: 반복 출력할 문자의 개수

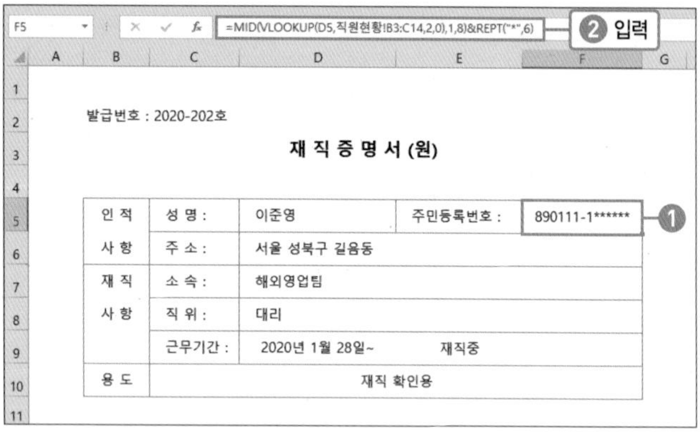

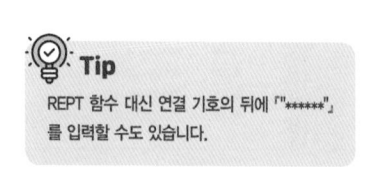

Tip
REPT 함수 대신 연결 기호의 뒤에 『"******"』를 입력할 수도 있습니다.

02 D5셀에 『최석현』을 입력하면 해당 사원에 대해 주민등록번호의 앞자리와 그 외의 정보가 조회됩니다.

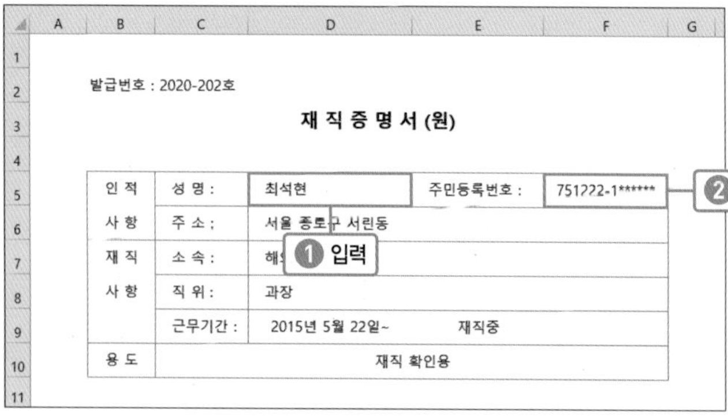

07 화면에 보이는 데이터만 계산하기

SUM 함수는 가장 기초적인 함수로, 합계를 구할 때 사용합니다. 하지만 상황에 따라 합계를 구하는 SUM 함수가 원하는 방식대로 계산되지 않을 수 있습니다. 이것은 무슨 뜻일까요? 이번에는 SUM 함수에 어떠한 문제가 발생할 수 있는지 살펴보고 이 문제에 대체할 방법에 대해 알아봅니다.

실습파일 : 07_SUBTOTAL함수.xlsx

Bad!

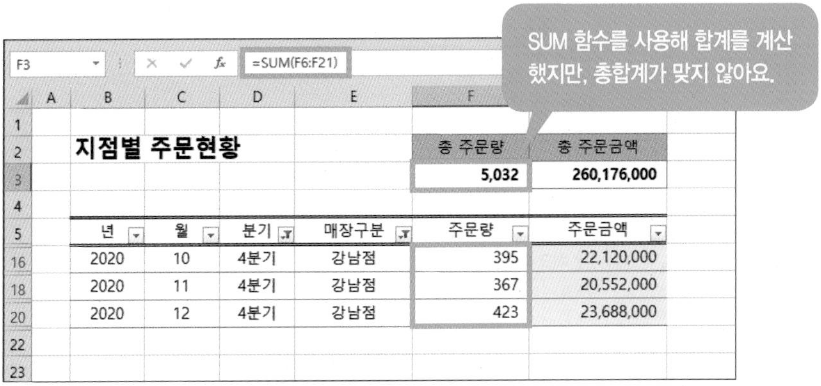

F3
=SUM(F6:F21)
SUM 함수를 사용해 합계를 계산했지만, 총합계가 맞지 않아요.
지점별 주문현황
총 주문량
총 주문금액
5,032
260,176,000
년 월 분기 매장구분 주문량 주문금액
2020 10 4분기 강남점 395 22,120,000
2020 11 4분기 강남점 367 20,552,000
2020 12 4분기 강남점 423 23,688,000

Good!

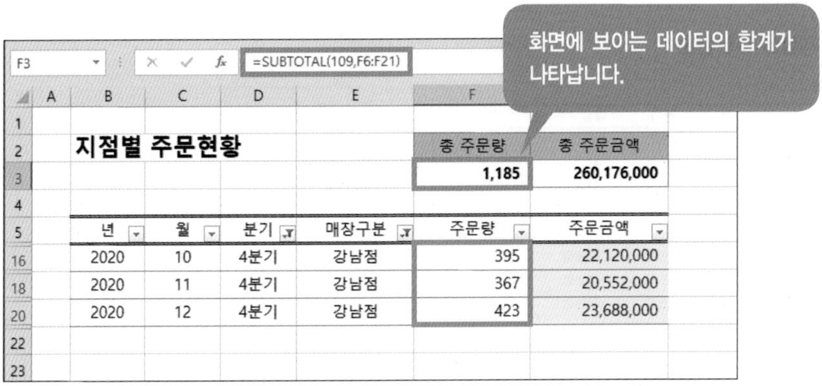

F3
=SUBTOTAL(109,F6:F21)
화면에 보이는 데이터의 합계가 나타납니다.
지점별 주문현황
총 주문량
총 주문금액
1,185
260,176,000
년 월 분기 매장구분 주문량 주문금액
2020 10 4분기 강남점 395 22,120,000
2020 11 4분기 강남점 367 20,552,000
2020 12 4분기 강남점 423 23,688,000

계산할 때 숨겨진 데이터 주의하기

필터 기능은 필요한 데이터만 빠르게 집계할 수 있다는 장점이 있습니다. 이렇게 화면에만 보이는 데이터의 합계를 확인하기 위해 SUM 함수를 사용하면 총 주문량과 총 주문금액의 결괏값이 어떻게 나오는지 확인해 보겠습니다.

01 [Sheet1] 시트의 지점별 주문현황표에서 '매장구분' 항목의 필터 단추(▾)를 클릭하여 [강남점]에만 체크하고 [확인]을 클릭합니다.

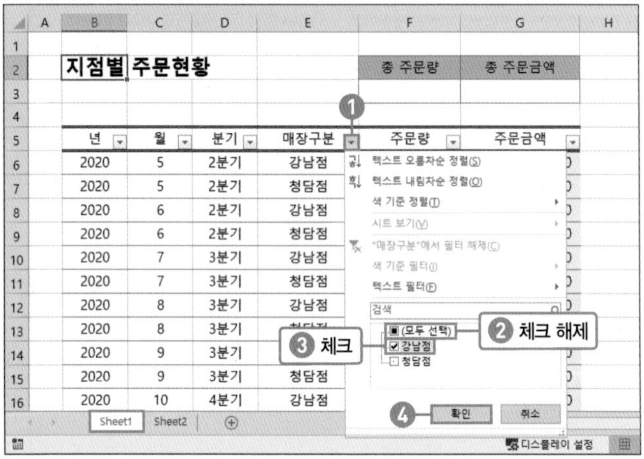

02 '강남점' 데이터만 필터링되었으면 총 주문량을 계산하기 위해 F3셀에 『=SUM(』을 입력하고 화면에 보이는 필터링된 데이터를 드래그하여 범위를 지정합니다. 『)』를 입력하고 Enter를 누릅니다.

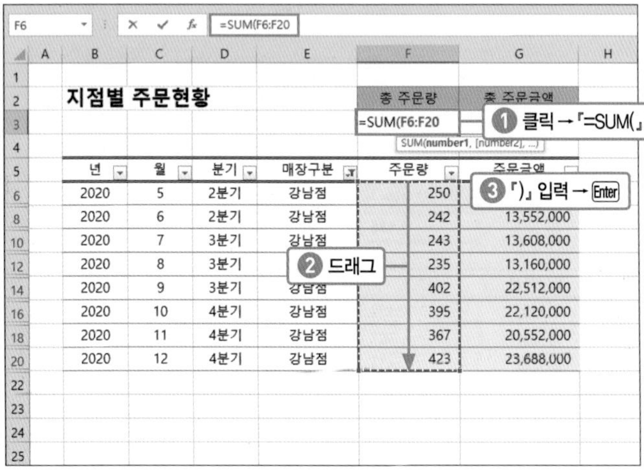

03 F3셀에 총 주문량을 계산했으면 G3셀에도 F3셀의 함수식을 복사하여 총 주문금액을 계산합니다. '강남점'의 '주문량'을 드래그한 후 상태 표시줄에 표시된 합계와 확인합니다. 상태 표시줄의 합계는 '2,557'로, SUM 함수를 사용하여 계산한 결과값인 '4,646'과 큰 차이가 있습니다.

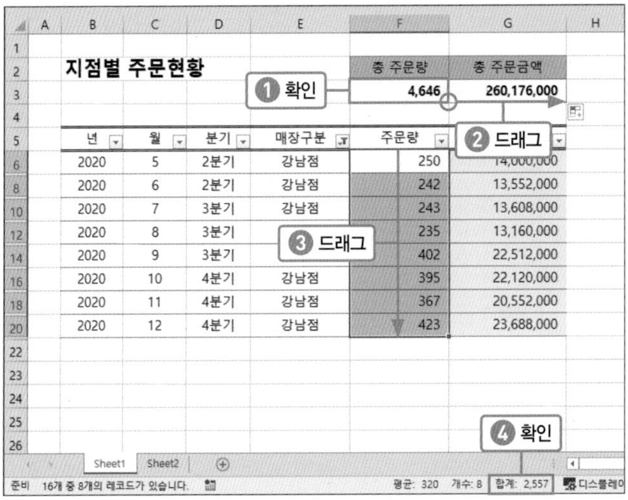

Tip

셀을 드래그하여 범위를 지정하면 작업 표시줄에 평균과 데이터가 입력된 셀의 개수, 합계가 나타납니다. 따라서 별도의 계산을 하지 않고도 쉽게 평균, 개수, 합계를 확인할 수 있습니다.

04 SUM 함수가 계산된 범위를 확인하기 위해 '매장구분' 항목의 필터 단추(▼)를 클릭하고 ["매장구분"에서 필터 해제]를 선택합니다.

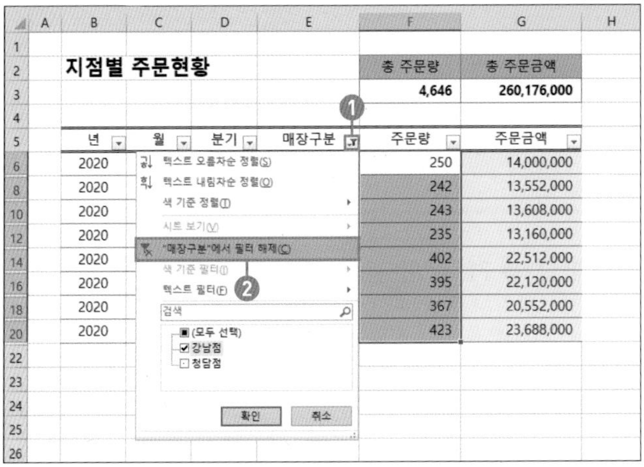

05 필터가 해제되면서 전체 데이터 목록이 나타나면 처음 '강남점'이 입력되어 있는 6행부터 마지막 '강남점'이 입력되어 있는 20행까지 '주문량'을 드래그한 후 상태 표시줄에서 합계를 확인합니다. SUM 함수로 계산된 결과값은 숨겨진 행의 주문량도 함께 계산된 것을 알 수 있습니다.

	A	B	C	D	E	F	G	H
1								
2		지점별 주문현황				총 주문량	총 주문금액	
3						4,646	260,176,000	
4								
5		년	월	분기	매장구분	주문량	주문금액	
6		2020	5	2분기	강남점	250	14,000,000	
7		2020	5	2분기	청담점	222	12,432,000	
8		2020	6	2분기	강남점	242	13,552,000	
9		2020	6	2분기	청담점	239	13,384,000	
10		2020	7	3분기	강남점	243	13,608,000	
11		2020	7	3분기	청담점	295	16,520,000	
12		2020	8	3분기	강남점	[illegible]	[illegible]	
13		2020	8	3분기	청담점	[illegible]	[illegible]	
14		2020	9	3분기	강남점	402	22,512,000	
15		2020	9	3분기	청담점	298	16,688,000	
16		2020	10	4분기	강남점	395	22,120,000	
17		2020	10	4분기	청담점	343	19,208,000	
18		2020	11	4분기	강남점	367	20,552,000	
19		2020	11	4분기	청담점	402	22,512,000	
20		2020	12	4분기	강남점	423	23,688,000	
21		2020	12	4분기	청담점		21,616,000	

Solution

Q 필터링된 화면에 보이는 데이터만 합계를 구할 수 있는 방법이 있나요?

A 화면에 보이는 데이터만 합계를 계산할 수 있습니다. 우리가 알고 있는 합계를 구하는 SUM 함수가 아닌 SUBTOTAL 함수를 사용해 문제를 해결할 수 있습니다.

화면에 보이는 데이터만 계산하는 SUBTOTAL 함수 바로 알기

SUBTOTAL 함수는 화면에 보이는 데이터만 계산하고 합계 이외의 옵션 번호를 지정하여 다양하게 계산할 수 있습니다. 자동 필터나 그룹 숨기기 기능으로 숨겨진 데이터는 제외하고 계산하는 방법에 대해 알아봅니다.

: **SUBTOTAL 함수의 형식** : =SUBTOTAL(옵션 번호,참조 범위)

옵션 번호		함수명	계산
자동 필터 계산	그룹, 숨기기, 자동 필터 계산		
1	101	AVERAVE	평균
2	102	COUNT	숫자가 입력된 셀 개수
3	103	COUNTA	입력된 셀 개수
4	104	MAX	최대값
5	105	MIN	최소값
6	106	PRODUCT	곱하기
7	107	STDEV	표준 편차(표본)
8	108	STDEVP	표준 편차(전체)
9	109	SUM	합계
10	110	VAR	분산(표본)
11	111	VARP	분산(전체)

잠깐 만요

SUBTOTAL 함수에서 옵션 번호 활용하기

SUBTOTAL 함수를 사용할 때 수많은 옵션을 모두 외울 필요는 없습니다. 함수식을 입력할 때 『=SUBTOTAL(』만 입력하면 옵션 목록이 나타나 필요한 옵션 번호를 선택해서 사용할 수 있습니다.

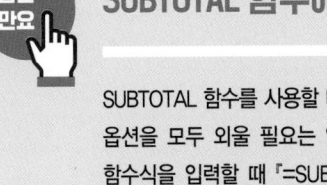

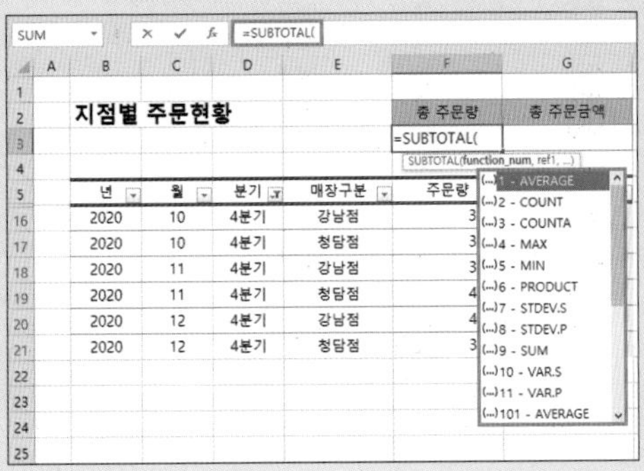

01 [Sheet2] 시트에서 F3셀에 다음의 함수식을 입력하여 F3셀에 총 주문량을 구합니다. F3셀의 자동 채우기 핸들을 G3셀까지 드래그하여 함수식을 복사해서 '총 주문금액'을 계산합니다.

=SUBTOTAL(9,F6:F21)

옵션 번호 참조 범위

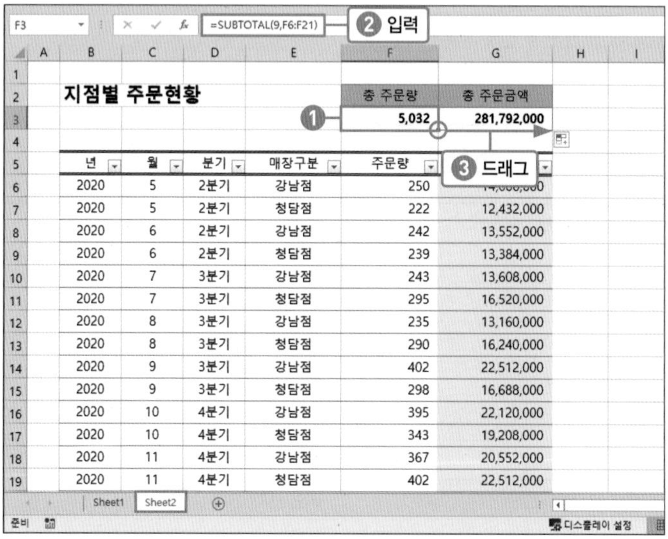

02 '매장구분' 항목의 필터 단추(▼)를 클릭하고 [강남점]에만 체크한 상태에서 [확인]을 클릭합니다.

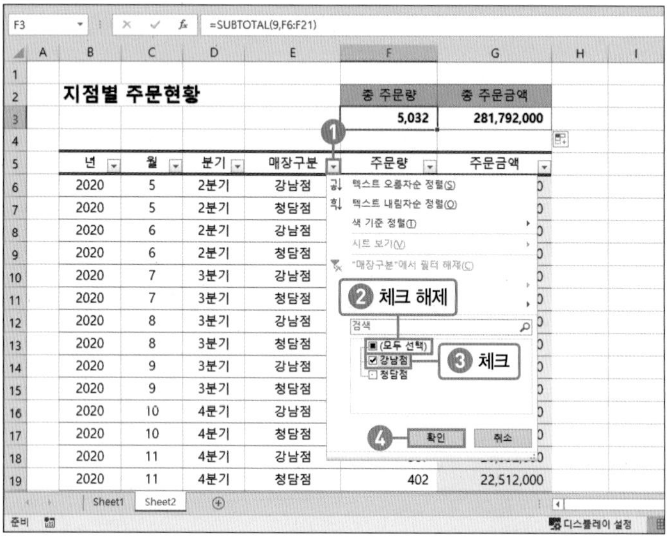

03 '강남점'만 필터링되면서 '총 주문량'과 '총 주문금액'의 합계가 다시 계산되었습니다.

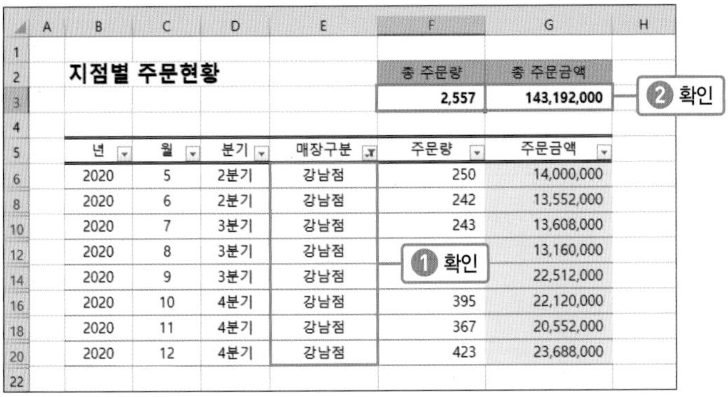

04 화면에 보이는 강남점의 '주문금액' 항목의 데이터를 드래그하여 상태 표시줄에 표시된 합계와 비교해 봅니다. 그러면 화면에 보이는 데이터의 합계만 계산된 것을 확인할 수 있어요.

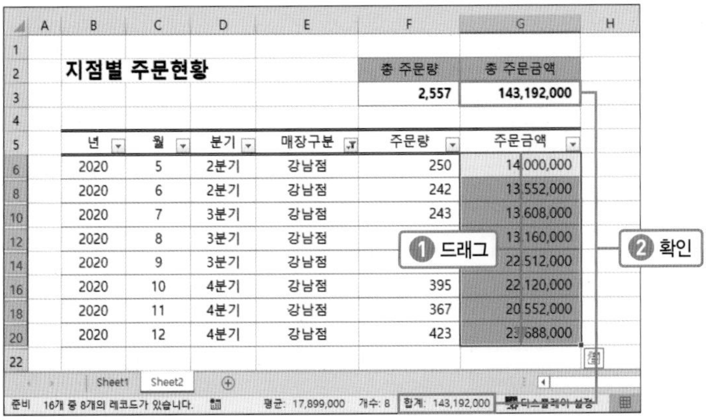

05 이번에는 '매장구분' 항목의 필터 단추()를 클릭하고 ["매장구분"에서 필터 해제]를 선택하여 필터를 해제합니다.

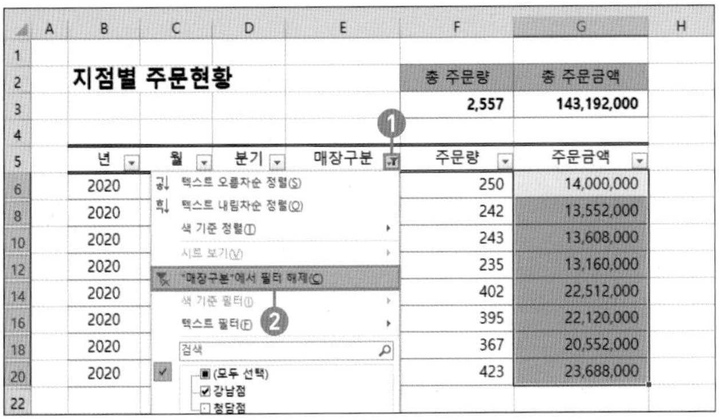

06 6~15행까지 2분기와 3분기의 데이터 행을 범위로 선택하고 선택 영역에서 마우스 오른쪽 단추를 클릭한 후 [숨기기]를 선택합니다.

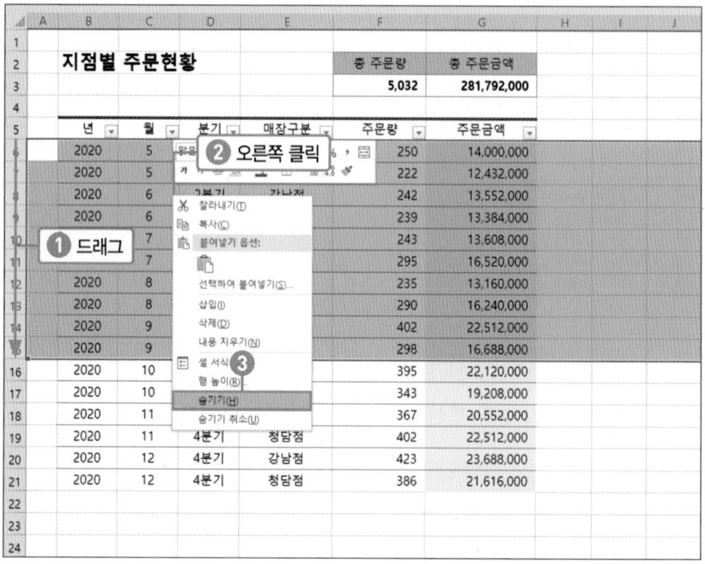

07 선택한 6~15행까지 행이 숨겨졌지만 F3셀과 G3셀 함수식의 옵션 번호가 '9'로 입력되어 있기 때문에 '총 주문량'과 '총 주문금액'이 제대로 계산되지 않았습니다. 필터를 적용해 행을 숨겨진 경우에는 옵션 번호를 '9'로 사용하지만 그룹이나 숨기기 기능으로 숨겨진 행은 적용되지 않습니다.

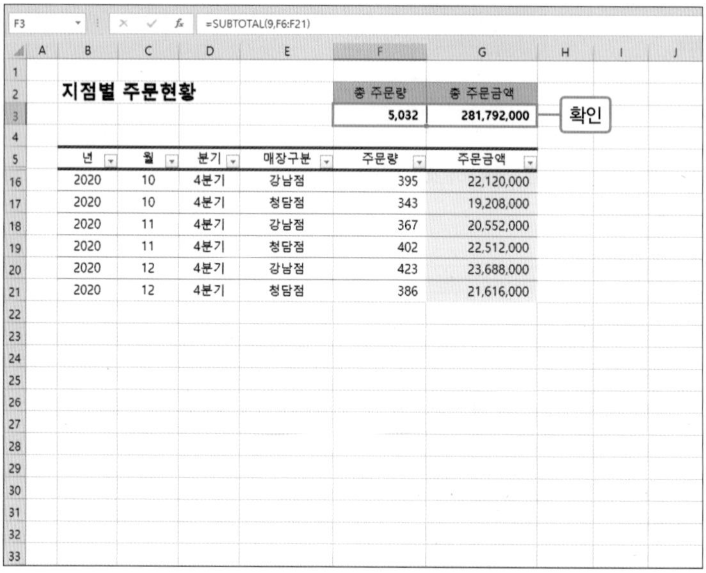

08 그룹이나 숨기기 기능으로 숨겨진 행을 계산에서 제외하려면 옵션 번호를 '109'로 사용해야 하므로 F3셀의 함수식에서 옵션 번호를 『=SUBTOTAL(109,F6:F21)』로 수정합니다. F3셀의 자동 채우기 핸들을 G3셀까지 드래그하여 함수식을 복사해서 '총 주문금액'을 다시 계산합니다.

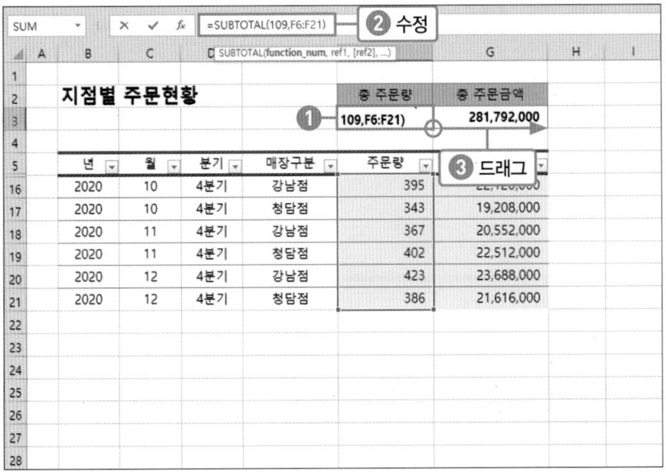

09 숨기기된 행의 데이터를 제외하고 화면에 보이는 데이터의 합계만 계산되었습니다.

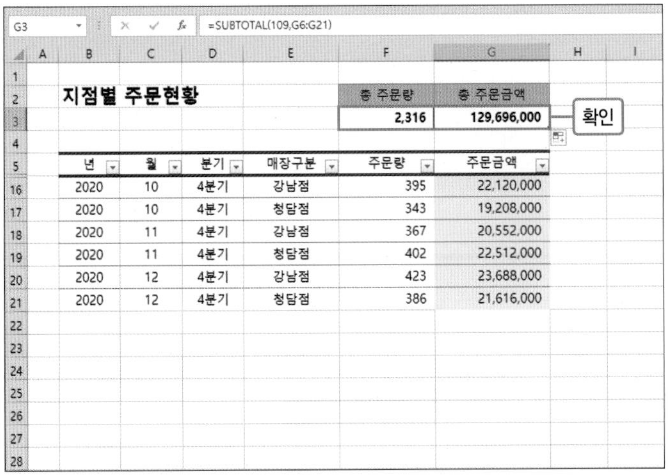

자동 필터의 계산 옵션 번호인 '9'를 사용했을 경우 그룹이나 숨기기 기능을 할 경우 적용되지 않는 것을 위의 과정에서 알아보았습니다. 하지만 필터가 적용되어 있는 상태에서 임의적인 데이터 숨기기는 계산에 반영됩니다.

08 순차적으로 증가하는 데이터를 함수로 채우기

데이터에 순차적으로 증가하는 일련번호나 날짜를 입력할 때 흔히 데이터 자동 채우기 방법을 사용합니다. 이번에는 함수를 사용하여 일정한 패턴을 가진 데이터를 채울 수 있는 다양한 방법에 대해 알아봅니다.

실습파일 : 08_COUNT함수.xlsx

Bad!

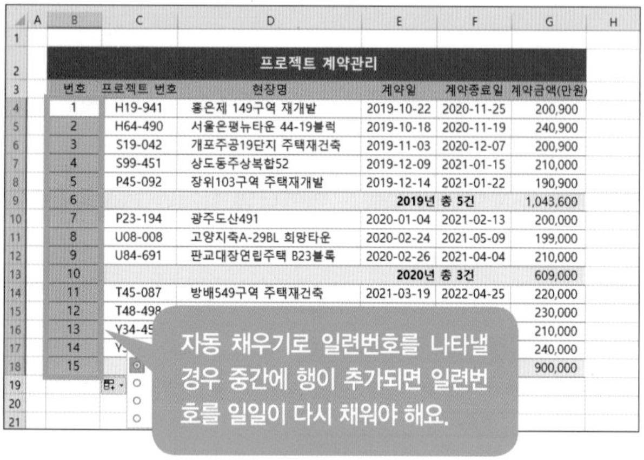
자동 채우기로 일련번호를 나타낼 경우 중간에 행이 추가되면 일련번호를 일일이 다시 채워야 해요.

Good!

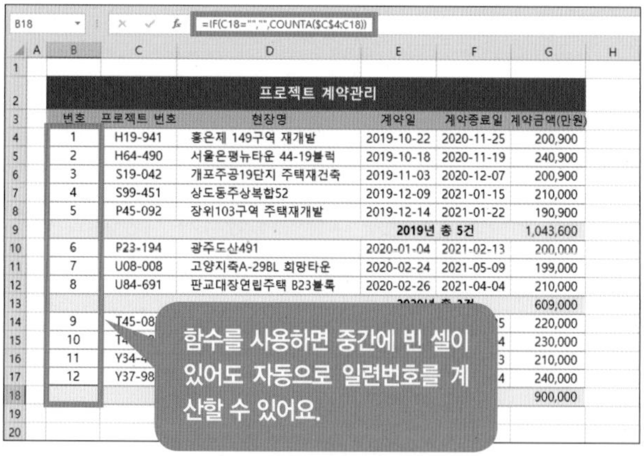
=IF(C18="","",COUNTA($C$4:C18))
함수를 사용하면 중간에 빈 셀이 있어도 자동으로 일련번호를 계산할 수 있어요.

함수 사용해 순차적으로 증가하는 숫자 계산하기

행 번호를 나타내는 ROW 함수와 데이터가 입력되어 있는 셀의 개수를 구하는 COUNTA 함수를 사용하여 순차적으로 증가하는 숫자를 계산해 보겠습니다.

1 ROW 함수 사용하기

ROW 함수는 참조 셀의 행 번호를 나타내는 함수로, 인수 구성이 매우 간단합니다. ROW 함수는 가로 안에 참조 셀을 지정하지 않으면 현재 셀 위치의 행 번호를 출력합니다.

ROW 함수의 형식 : =ROW(참조 셀)

01 [Sheet1] 시트에서 B4셀에 함수식 『=ROW()』를 입력합니다.

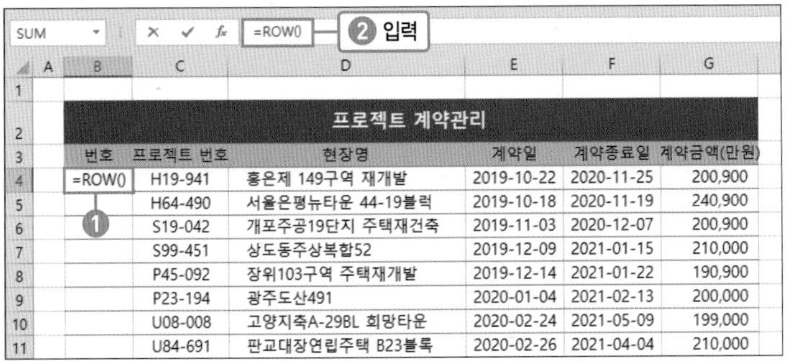

번호	프로젝트 번호	현장명	계약일	계약종료일	계약금액(만원)
=ROW()	H19-941	홍은제 149구역 재개발	2019-10-22	2020-11-25	200,900
	H64-490	서울은평뉴타운 44-19블럭	2019-10-18	2020-11-19	240,900
	S19-042	개포주공19단지 주택재건축	2019-11-03	2020-12-07	200,900
	S99-451	상도동주상복합52	2019-12-09	2021-01-15	210,000
	P45-092	장위103구역 주택재개발	2019-12-14	2021-01-22	190,900
	P23-194	광주도산491	2020-01-04	2021-02-13	200,000
	U08-008	고양지축A-29BL 희망타운	2020-02-24	2021-05-09	199,000
	U84-691	판교대장연립주택 B23블록	2020-02-26	2021-04-04	210,000

02 B4셀에 현재 위치의 행 번호가 출력되었습니다. 계산된 행 번호에 '−3'을 계산해서 첫 번째 행 번호 '1'을 시작으로 숫자가 증감되어 계산될 수 있도록 함수식을 『=ROW()−3』과 같이 수정합니다.

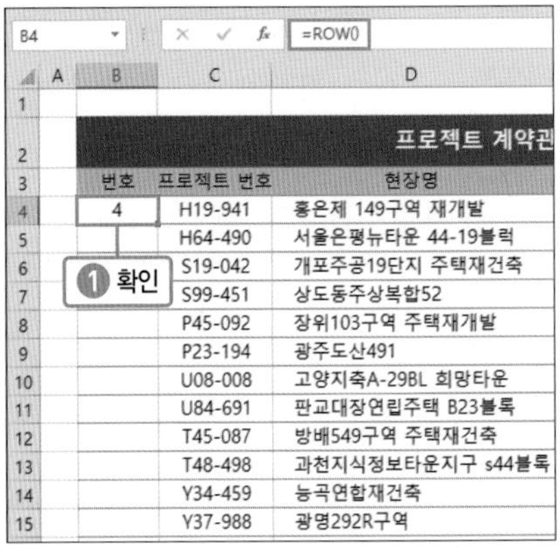

번호	프로젝트 번호	현장명
4	H19-941	홍은제 149구역 재개발
	H64-490	서울은평뉴타운 44-19블럭
	S19-042	개포주공19단지 주택재건축
	S99-451	상도동주상복합52
	P45-092	장위103구역 주택재개발
	P23-194	광주도산491
	U08-008	고양지축A-29BL 희망타운
	U84-691	판교대장연립주택 B23블록
	T45-087	방배549구역 주택재건축
	T48-498	과천지식정보타운지구 s44블록
	Y34-459	능곡연합재건축
	Y37-988	광명292R구역

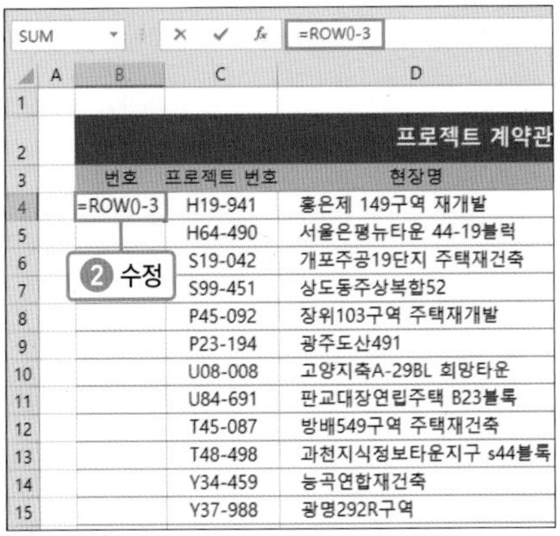

번호	프로젝트 번호	현장명
=ROW()-3	H19-941	홍은제 149구역 재개발
	H64-490	서울은평뉴타운 44-19블럭
	S19-042	개포주공19단지 주택재건축
	S99-451	상도동주상복합52
	P45-092	장위103구역 주택재개발
	P23-194	광주도산491
	U08-008	고양지축A-29BL 희망타운
	U84-691	판교대장연립주택 B23블록
	T45-087	방배549구역 주택재건축
	T48-498	과천지식정보타운지구 s44블록
	Y34-459	능곡연합재건축
	Y37-988	광명292R구역

03 현재 행의 번호인 '4'에서 '−3'이 계산되어 결과값 '1'이 나타났습니다. B4셀의 자동 채우기 핸들을 더블클릭하여 B15셀까지 일련번호를 계산합니다.

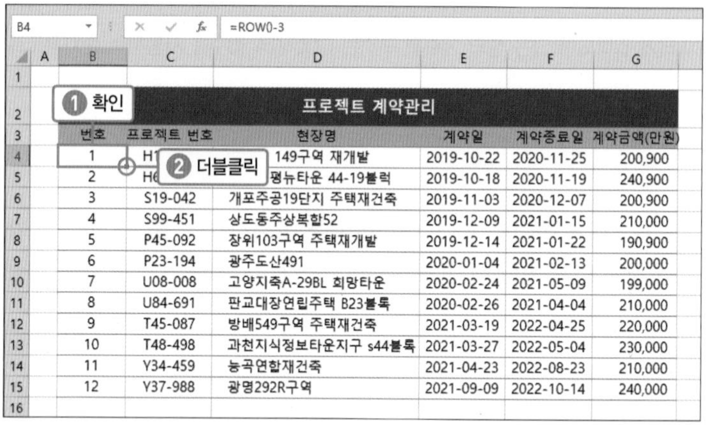

Tip

B4셀에 사용된 함수식인 '=ROW()−3'이 아니라 '=ROW(B1)'을 입력해도 됩니다.

잠깐 만요

COLUMN 함수로 열 번호 표시하기

행 번호가 아닌 열 번호를 나타내려면 COLUMN 함수를 사용합니다. COLUMN 함수는 ROW 함수와 성격이 같은 함수로, A열을 '1'로 출력합니다. 그리고 ROW 함수나 COLUMN 함수는 자동으로 변환되는 달력 형식의 자료를 만들 때 많이 사용됩니다.

: COLUMN 함수의 형식 :

=COLUMN(참조 셀)

1 새로운 워크시트에서 B2셀에 다음의 함수식을 입력합니다.

=COLUMN(A1) & "월"

(A1: 참조 셀, &: 연결 기호, "월": 문자열)

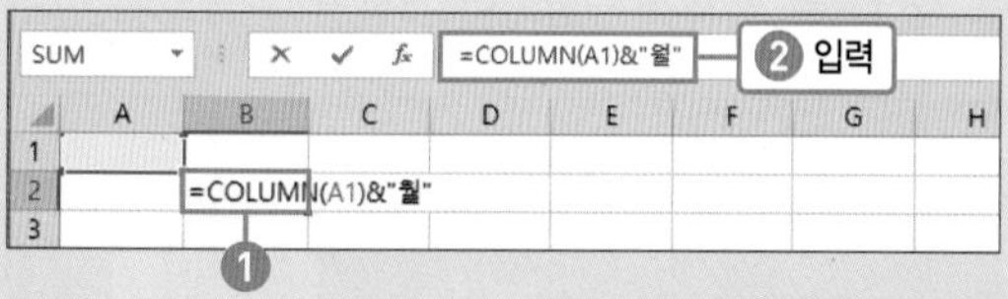

2 B2셀의 자동 채우기 핸들을 H2셀까지 드래그하여 '1월'부터 '7월'까지 순차적으로 데이터를 채웁니다.

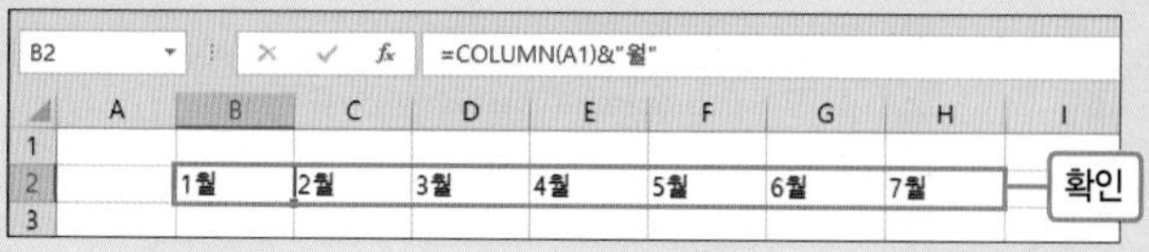

2 COUNTA 함수 사용하기

COUNTA 함수는 문자나 숫자, 특수 문자가 입력되어 있는 셀의 개수를 구하는 함수로, 지정 범위 안에서 비어 있지 않은 셀의 개수를 계산합니다.

: **COUNTA 함수의 형식** : =COUNTA(참조 범위)

01 [Sheet2] 시트에서 C열의 내용에 따라 일련번호를 구하기 위해 B4셀에 다음의 함수식을 입력합니다.

> **=COUNTA($C$4:C4)**
> 참조 범위

02 B4셀에 결과값 '1'이 나타나면 B4셀의 자동 채우기 핸들을 더블클릭하여 B15셀까지 함수식을 복사합니다. B열에 데이터가 입력되어 있는 C열의 셀 개수가 순차적으로 계산되었습니다.

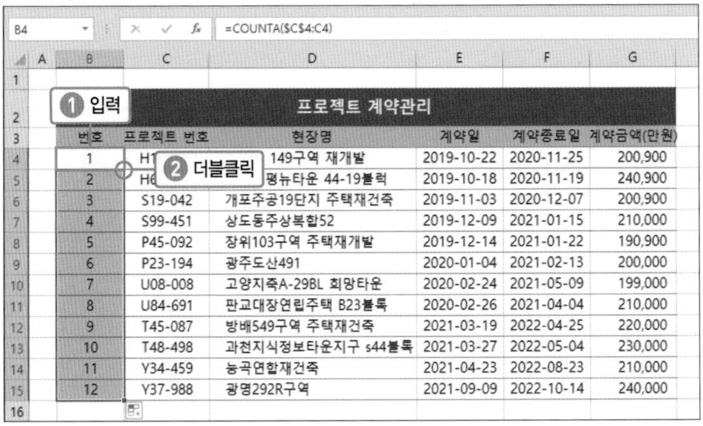

잠깐만요 셀의 개수를 구하는 함수 알기

COUNTA 함수 이외에 다양한 조건으로 셀의 개수를 구하는 함수는 다음과 같습니다.

함수명	용도	함수식
COUNT	숫자가 입력된 셀의 개수	=COUNT(참조 범위)
COUNTA	문자나 숫자, 특수 문자가 입력된 셀의 개수	=COUNTA(참조 범위)
COUNTBLANK	빈 셀의 개수	=COUNTBLANK(참조 범위)
COUNTIF	조건에 맞는 셀의 개수	=COUNTIF(참조 범위,조건)
COUNTIFS	두 가지 이상 조건에 맞는 셀의 개수	=COUNTIFS(참조 범위,조건 1,참조 범위,조건 2,…)

다음 화면의 '각 함수의 사용 예시'에서는 '세미나 참석여부' 표를 참고하여 각 함수를 사용했을 때의 문법과 출력값을 나타냈습니다.

[세미나 참석여부]

번호	이름	성별	참석여부	불참횟수
1	이성환	남	참석	3
2	조규진	남		2
3	정현호	남	참석	1
4	진은경	여	참석	2
5	박성호	남	참석	3
6	정재우	남		5
7	서지혜	여	참석	6
8	박재민	남		4
9	이기범	남	참석	1

각 함수의 사용 예시

함수	문법	출력값
COUNT	=COUNT(E4:E12)	-
COUNTA	=COUNTA(E4:E12)	6
COUNTBLANK	=COUNTBLANK(E4:E12)	3
COUNTIF	=COUNTIF(D4:D12,"여")	2
COUNTIFS	=COUNTIFS(D4:D12,"여",F4:F12,">=5")	1

Solution

Q 함수를 사용하여 일련번호를 나타낼 경우 중간에 비어진 셀에는 일련번호가 나타나지 않게 할 수 있나요?

A 이런 경우에는 조건문 IF 함수를 중첩해서 사용할 수 있습니다. '셀에 내용이 없을 경우'라는 조건을 전제로 함수식을 작성할 수 있습니다.

빈 셀 제외하고 일련번호 계산하기

COUNTA 함수를 사용하여 일련번호를 계산한 경우 참조 범위 안에 빈 셀이 있다면 빈 셀을 제외한 셀의 개수가 표시됩니다. 빈 셀일 경우에 셀의 개수가 표시되지 않도록 조건문을 함께 사용하는 방법에 대해 알아봅니다.

01 [Sheet3] 시트에서 B4셀에 함수식 『=COUNTA($C$4:C4)』를 입력하고 Enter를 누릅니다.

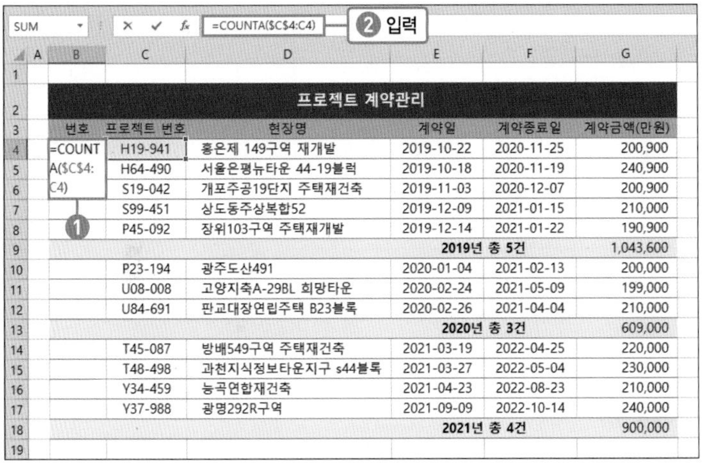

02 B4셀에 일련번호를 구했으면 B4셀의 자동 채우기 핸들을 B18셀까지 드래그합니다. [자동 채우기 옵션] 단추(⊞)를 클릭하고 [서식 없이 채우기]를 선택하여 현재의 서식을 유지한 상태에서 일련번호만 채웁니다.

03 빈 행으로 남아야 하는 B9셀, B13셀, B18셀에도 일련번호가 채워진 것을 확인합니다.

B9 =COUNTA($C$4:C9)

	번호	프로젝트 번호	현장명	계약일	계약종료일	계약금액(만원)
4	1	H19-941	홍은제 149구역 재개발	2019-10-22	2020-11-25	200,900
5	2	H64-490	서울은평뉴타운 44-19블럭	2019-10-18	2020-11-19	240,900
6	3	S19-042	개포주공19단지 주택재건축	2019-11-03	2020-12-07	200,900
7	4	S99-451	상도동주상복합52	2019-12-09	2021-01-15	210,000
8	5	P45-092	장위103구역 주택재개발	2019-12-14	2021-01-22	190,900
9	5				2019년 총 5건	1,043,600
10	6	P23-194	광주도산491	2020-01-04	2021-02-13	200,000
11	7	U08-008	고양지축A-29BL 희망타운	2020-02-24	2021-05-09	199,000
12	8	U84-691	판교대장연립주택 B23블록	2020-02-26	2021-04-04	210,000
13	8				2020년 총 3건	609,000
14	9	T45-087	방배549구역 주택재건축	2021-03-19	2022-04-25	220,000
15	10	T48-498	과천지식정보타운지구 s44블록	2021-03-27	2022-05-04	230,000
16	11	Y34-459	능곡연합재건축	2021-04-23	2022-08-23	210,000
17	12	Y37-988	광명292R구역	2021-09-09	2022-10-14	240,000
18	12				2021년 총 4건	900,000

04 B4셀을 선택하고 조건문을 사용하여 작성되어 있는 함수식을 다음과 같이 수정합니다.

조건을 충족하지 않을 경우

=IF(C4="","",COUNTA($C$4:C4))

조건　조건을 충족할 경우

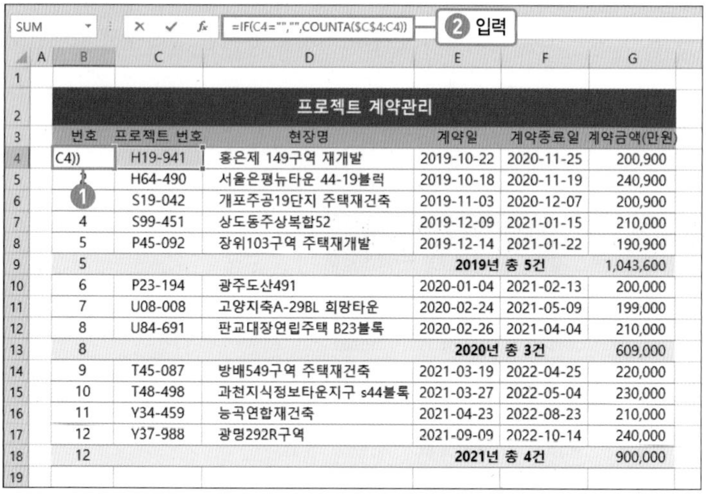

SUM =IF(C4="","",COUNTA($C$4:C4))

	번호	프로젝트 번호	현장명	계약일	계약종료일	계약금액(만원)
4	C4))	H19-941	홍은제 149구역 재개발	2019-10-22	2020-11-25	200,900
5		H64-490	서울은평뉴타운 44-19블럭	2019-10-18	2020-11-19	240,900
6		S19-042	개포주공19단지 주택재건축	2019-11-03	2020-12-07	200,900
7	4	S99-451	상도동주상복합52	2019-12-09	2021-01-15	210,000
8	5	P45-092	장위103구역 주택재개발	2019-12-14	2021-01-22	190,900
9	5				2019년 총 5건	1,043,600
10	6	P23-194	광주도산491	2020-01-04	2021-02-13	200,000
11	7	U08-008	고양지축A-29BL 희망타운	2020-02-24	2021-05-09	199,000
12	8	U84-691	판교대장연립주택 B23블록	2020-02-26	2021-04-04	210,000
13	8				2020년 총 3건	609,000
14	9	T45-087	방배549구역 주택재건축	2021-03-19	2022-04-25	220,000
15	10	T48-498	과천지식정보타운지구 s44블록	2021-03-27	2022-05-04	230,000
16	11	Y34-459	능곡연합재건축	2021-04-23	2022-08-23	210,000
17	12	Y37-988	광명292R구역	2021-09-09	2022-10-14	240,000
18	12				2021년 총 4건	900,000

05 서식을 유지하면서 함수식만 붙여넣기 위해 B4셀을 복사합니다. B5:B18 범위를 선택하고 마우스 오른쪽 단추를 클릭한 후 '붙여넣기 옵션'에서 [수식]( )을 클릭합니다.

06 빈 셀인 B9셀, B13셀, B18셀을 제외하고 순차적으로 일련번호가 계산되었는지 확인합니다.

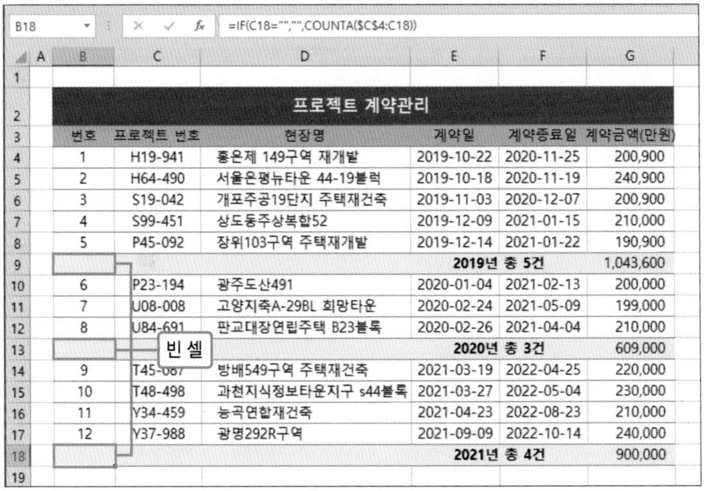

09 데이터의 규칙 찾아 계산하기

주민등록번호의 뒷자리에서 첫 번째 자릿수는 성별을 구분하는 숫자입니다. 조건문으로 성별을 구분하기 전에 성별 기준이 되는 특정 위치의 데이터를 추출하는 방법을 익히고, 발생할 수 있는 문제점과 해결 방법을 알아봅니다.

실습파일 : 09_IS함수.xlsx

Bad!

[성북지사 회원 정보]

등록번호	이름	생년월일	성별	연락처	주소	가입일
84982	정재현	800128-1*		010-2301-4444	서울특별시 강남구 신사동	2020-09-19
59091	이성훈	850402-1*		010-5490-0000	서울특별시 성북구 성북동	2020-04-19
34098	진은경	940106-2*		010-2301-2222	서울특별시 강남구 역삼동	2020-10-09
34582	최현민	760309-1*		010-9683-3333	경기도 용인시 수지구 죽전동	2020-09-14
76098	권범일	910308-1*		010-2395-5555	서울특별시 마포구 도화동	2020-09-04
74322	서태윤	880510-1*		010-2596-9999	서울특별시 강남구 청담동	2020-10-08
43264	권승민	921022-1*		010-3582-7777	경기도 용인시 수지구 신봉동	2020-09-24
80954	서정수	880208-1*		010-0359-6666	서울특별시 종로구 창성동	2020-04-11

주민등록번호의 뒤에 있는 첫 번째 자릿수를 보고 성별을 입력해요.

Good!

[전체 회원 정보]

등록번호	이름	생년월일	성별	연락처	주소	가입일
84982	정재현	800128-1*	남	010-2301-4444	서울특별시 강남구 신사동	2020-09-19
24106	luanna	810204-6*	여	010-2498-5643	서울특별시 마포구 신공덕동	2020-07-22
59091	이성훈	850402-1*	남	010-5490-0000	서울특별시 성북구 성북동	2020-04-19
34098	진은경	940106-2*	여	010-2301-2222	서울특별시 강남구 역삼동	2020-10-09
78714	jackson	010409-7*	남	010-4335-6764	서울특별시 용산구 이촌동	2020-06-30
49201	백현옥	010505-4*	여	010-4698-0682	서울특별시 서초구 방배동	2020-10-12
63098	jordan	880508-5*	남	010-9682-0904	서울특별시 종로구 서린동	2020-10-24
34582	최현민	760309-1*	남	010-9683-3333	경기도 용인시 수지구 죽전동	2020-09-14
38491	강성우	001128-3*	남	010-2495-4303	서울특별시 종로구 평창동	2020-10-20
76098	권범일	910308-1*	남	010-2395-5555	서울특별시 마포구 도화동	2020-09-04
74322	서태윤	880510-1*	남	010-2596-9999	서울특별시 강남구 청담동	2020-10-08
35012	suntokchaney	910203-6*	여	010-23		15
43264	권승민	921022-1*	남	010-35		24
80954	서정수	880208-1*	남	010-0		11
45941	kumpaeyi	001023-8*	여	010-67		12

함수를 사용해 1900년대생과 2000년대생, 내국인, 외국인의 성별을 구분할 수 있어요.

원하는 개수만큼 문자열을 나타내는 RIGHT, LEFT 함수 바로 알기

총 아홉 자리로 입력된 '생년월일' 항목 중에서 여덟 번째에 있는 하나의 데이터만 출력하려면 MID 함수를 사용할 수 있습니다. 하지만 이번에는 RIGHT 함수와 LEFT 함수를 사용하여 원하는 위치의 데이터를 출력해 보겠습니다.

1 RIGHT 함수 사용하기

RIGHT 함수는 오른쪽을 기준으로 원하는 수만큼 문자열을 출력하는 텍스트 함수입니다.

: RIGHT 함수의 형식 :
=RIGHT(대상 셀 또는 문자열,나타낼 문자 수)

01 [성북지사] 시트에서 E4셀에 다음의 함수식을 입력합니다.

=RIGHT(D4,4)
대상 셀 오른쪽으로부터 나타낼 문자 수

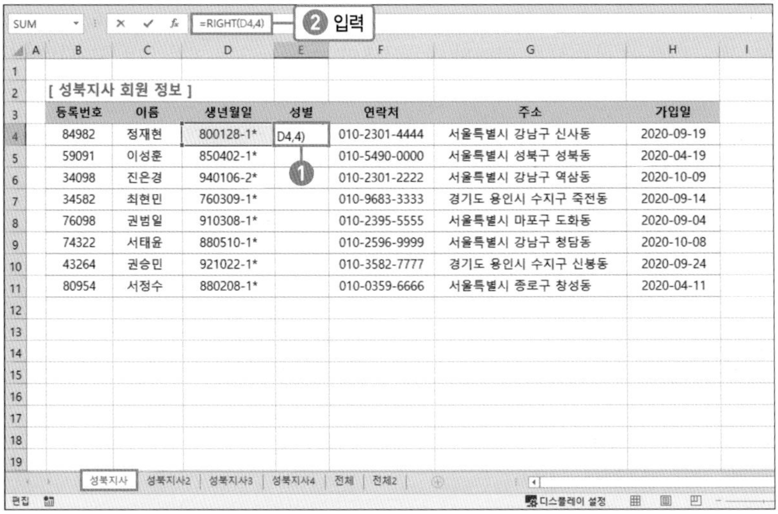

02 E4셀에 '생년월일' 항목에 입력된 데이터의 오른쪽을 기준으로 지정한 네 글자가 출력되었습니다. E4셀의 자동 채우기 핸들을 더블클릭하여 E11셀까지 함수식을 복사합니다.

2 LEFT 함수 사용하기

LEFT 함수는 왼쪽을 기준으로 원하는 수만큼 문자열을 출력하는 텍스트 함수입니다.

: LEFT 함수의 형식 :
=LEFT(대상 셀 또는 문자열,나타낼 문자 수)

[성북지사2] 시트에서 E4셀에 다음의 함수식을 입력한 후 E4셀의 자동 채우기 핸들을 더블클릭하여 E11셀까지 함수식을 복사합니다. '생년월일' 항목에 입력된 데이터의 왼쪽을 기준으로 지정한 네 글자가 출력되었습니다.

=LEFT(D4,4)
대상 셀 왼쪽으로부터 나타낼 문자의 수

3 RIGHT, LEFT 함수 중첩 사용하기

생년월일 데이터에서 여덟 번째 숫자만 추출하려면 RIGHT 함수와 LEFT 함수로는 불가능합니다. 각 방향의 기준으로부터 데이터를 출력하기 때문에 중간 데이터를 출력하려면 보통 MID 함수를 사용합니다. 하지만 RIGHT 함수와 LEFT 함수를 중첩 사용하여 MID 함수와 같은 출력값을 얻을 수 있습니다.

01 [성북지사3] 시트에서 E4셀에 함수식 『=RIGHT(D4,2)』를 입력하고 E4셀의 자동 채우기 핸들을 E11셀까지 드래그하여 함수식을 복사합니다. 그러면 D열의 '생년월일' 항목의 데이터에서 오른쪽의 두 자리 데이터가 출력되었습니다.

02 출력된 두 자리 글자 중에서 다시 왼쪽을 기준으로 한 자릿수를 출력하기 위해 다음과 같이 LEFT 함수를 중첩 입력합니다. E4셀의 자동 채우기 핸들을 더블클릭하여 E11셀까지 함수식을 복사하면 중간에 위치하면서 성별을 구분할 수 있는 기준 데이터가 출력되었습니다.

> **=LEFT(RIGHT(D4,2),1)**
>
> RIGHT(D4,2): 대상 셀 / 1: 왼쪽으로부터 나타낼 문자 수

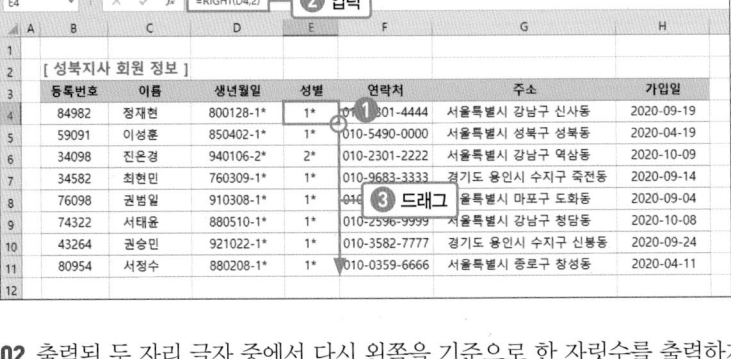

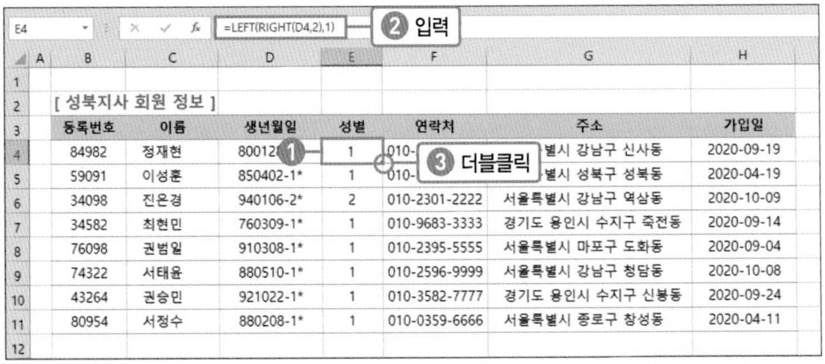

조건문에서 IF 함수 중첩 사용해 성별 구하기

앞의 과정을 통해 얻은 결과값을 가지고 조건문 IF 함수를 다시 한번 중첩 입력해서 성별을 구분해 보겠습니다.

[성북지사4] 시트에서 E4셀에 다음의 IF 함수를 중첩 입력합니다. E4셀에 '정재현'의 성별을 구했으면 E6셀의 자동 채우기 핸들을 더블클릭하여 E11셀까지 다른 직원들의 성별도 계산합니다.

=IF(LEFT(RIGHT(D4,2),1)="1","남","여")

조건 / 조건을 충족할 경우 / 조건을 충족하지 않을 경우

Solution

Q 회원 정보에 외국인이 있는 경우에는 성별을 구분하는 숫자가 달라집니다. 그러면 IF 함수를 또 중첩해서 사용하거나 참조표를 만들어 VLOOKUP 함수를 사용해야 하나요?

A 아닙니다. 회원 정보에 2000년대 생이나 외국인이 있는 경우, 또는 외국인이 2000년대 생일 경우에는 IF 함수를 중첩하여 사용하기에는 경우의 수가 너무 많습니다. 이 데이터에는 홀수일 경우에는 '남'으로, 짝수일 경우 '여'로 구분되는 규칙이 있어 홀수와 짝수를 구분하는 ISODD 함수나 ISEVEN 함수를 사용해 함수식을 간단하게 작성할 수 있습니다.

홀수와 짝수를 구분하는 함수 바로 알기

홀수와 짝수를 판단할 때는 ISODD 함수와 ISEVEN 함수를 사용합니다. 인수가 참일 경우에는 TRUE를, 인수가 거짓일 경우에는 FALSE를 출력하기 때문에 보통 단독으로 사용하기보다는 다른 함수와 중첩해서 사용합니다.

1 홀수를 판단하는 ISODD 함수

ISODD 함수는 대상 셀이나 숫자가 홀수이면 TRUE를 출력하는 함수입니다.

: **ISODD 함수의 형식** : =ISODD(대상 셀 또는 숫자)

01 [전체] 시트에서 E열의 '성별' 항목에는 E4셀에 작성된 함수식 『=LEFT(RIGHT(D4,2),1)』처럼 함수식이 작성되어 있어서 '성별'을 구분할 수 있는 기준값이 계산되어 있습니다.

=LEFT(RIGHT(D4,2),1)

대상 셀 — 왼쪽으로부터 나타낼 문자의 수

[전체 회원 정보]

등록번호	이름	생년월일	성별	연락처	주소	가입일
84982	정재현	800128-1*	1	010-2301-4444	서울특별시 강남구 신사동	2020-09-19
24106	luanna	810204-6*	6	010-2498-5643	서울특별시 마포구 신공덕동	2020-07-22
59091	이성훈	850402-1*	1	010-5490-0000	서울특별시 성북구 성북동	2020-04-19
34098	진은경	940106-2*	2	010-2301-2222	서울특별시 강남구 역삼동	2020-10-09
78714	jackson	010409-7*	7	010-4335-6764	서울특별시 용산구 이촌동	2020-06-30
49201	백현욱	010505-4*	4	010-4698-0682	서울특별시 서초구 방배동	2020-10-12
63098	jordan	880508-5*	5	010-9682-0904	서울특별시 종로구 서린동	2020-10-24
34582	최현민	760309-1*	1	010-9683-3333	경기도 용인시 수지구 죽전동	2020-09-14
38491	강성우	001128-3*	3	010-2495-4303	서울특별시 종로구 평창동	2020-10-20
76098	권범일	910308-1*	1	010-2395-5555	서울특별시 마포구 도화동	2020-09-04
74322	서태윤	880510-1*	1	010-2596-9999	서울특별시 강남구 청담동	2020-10-08
35012	suntokchaney	910203-6*	6	010-2340-0482	서울특별시 용산구 이태원동	2020-05-15
43264	권승민	921022-1*	1	010-3582-7777	경기도 용인시 수지구 신봉동	2020-09-24
80954	서정수	880208-1*	1	010-0359-6666	서울특별시 종로구 창성동	2020-04-11
45941	kumpaeyi	001023-8*	8	010-6775-0596	서울특별시 중구 무교동	2020-06-12

주민등록번호 뒷자리 중 첫 번째 숫자	구분	주민등록번호 뒷자리 중 첫 번째 숫자	구분
1	19** 년대 출생한 남자	2	19**년대 출생한 여자
3	20**년대 출생한 남자	4	20**년대 출생한 여자
5	19**년대 출생한 외국인 남자	6	19**년대 출생한 외국인 여자
7	20**년대 출생한 외국인 남자	8	20**년대 출생한 외국인 여자

02 E4셀의 성별 데이터가 홀수인지 판단하기 위해 E4셀에 『=ISODD(LEFT(RIGHT(D4,2),1))』과 같이 함수를 중첩 입력합니다. E4셀에 'TRUE'를 구했으면 E4셀의 자동 채우기 핸들을 E18셀까지 드래그하여 함수식을 복사합니다. 대상 셀이 홀수이면 'TRUE'가, 짝수이면 'FALSE'가 출력되었습니다.

=ISODD(LEFT(RIGHT(D4,2),1))
대상 셀

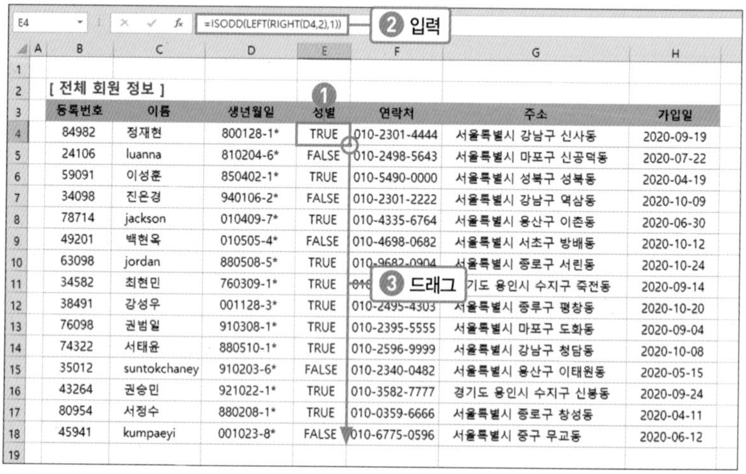

[전체 회원 정보]

등록번호	이름	생년월일	성별	연락처	주소	가입일
84982	정재현	800128-1*	TRUE	010-2301-4444	서울특별시 강남구 신사동	2020-09-19
24106	luanna	810204-6*	FALSE	010-2498-5643	서울특별시 마포구 신공덕동	2020-07-22
59091	이성훈	850402-1*	TRUE	010-5490-0000	서울특별시 성북구 성북동	2020-04-19
34098	진은경	940106-2*	FALSE	010-2301-2222	서울특별시 강남구 역삼동	2020-10-09
78714	jackson	010409-7*	TRUE	010-4335-6764	서울특별시 용산구 이촌동	2020-06-30
49201	백현욱	010505-4*	FALSE	010-4698-0682	서울특별시 서초구 방배동	2020-10-12
63098	jordan	880508-5*	TRUE	010-9682-0904	서울특별시 종로구 서린동	2020-10-24
34582	최현민	760309-1*	TRUE	010	기도 용인시 수지구 죽전동	2020-09-14
38491	강성우	001128-3*	TRUE	010-2495-4303	서울특별시 종루구 평창동	2020-10-20
76098	권범일	910308-1*	TRUE	010-2395-5555	서울특별시 마포구 도화동	2020-09-04
74322	서태윤	880510-1*	TRUE	010-2596-9999	서울특별시 강남구 청담동	2020-10-08
35012	suntokchaney	910203-6*	FALSE	010-2340-0482	서울특별시 용산구 이태원동	2020-05-15
43264	권승민	921022-1*	TRUE	010-3582-7777	경기도 용인시 수지구 신봉동	2020-09-24
80954	서정수	880208-1*	TRUE	010-0359-6666	서울특별시 종로구 창성동	2020-04-11
45941	kumpaeyi	001023-8*	FALSE	010-6775-0596	서울특별시 중구 무교동	2020-06-12

2 짝수를 판단하는 ISEVEN 함수

ISEVEN 함수는 대상 셀이나 숫자가 짝수이면 TRUE를 출력하는 함수입니다.

: **ISEVEN 함수의 형식** : =ISEVEN(대상 셀 또는 숫자)

01 ISEVEN 함수는 ISODD 함수와 문법은 같지만, 결과값이 반대입니다. [전체2] 시트에서 E4셀에 ISODD 함수 대신 ISEVEN 함수로 변경하여 함수식 『=**ISEVEN**(LEFT(RIGHT(D4,2),1))』을 입력하세요.

=ISEVEN(LEFT(RIGHT(D4,2),1))

대상 셀

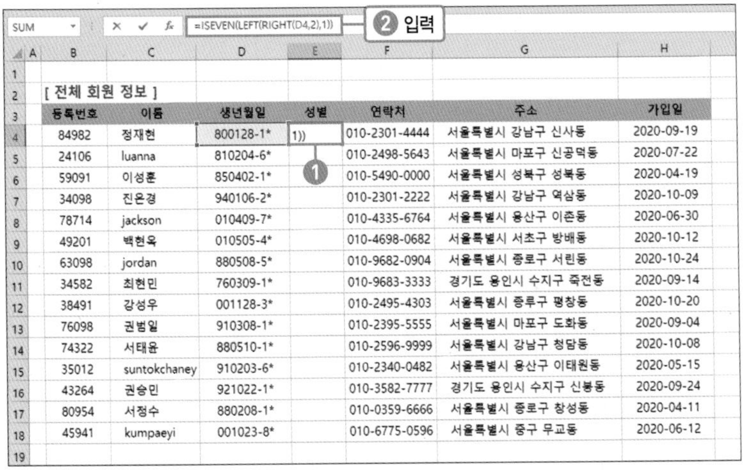

등록번호	이름	생년월일	성별	연락처	주소	가입일
84982	정재현	800128-1*	1))	010-2301-4444	서울특별시 강남구 신사동	2020-09-19
24106	luanna	810204-6*		010-2498-5643	서울특별시 마포구 신공덕동	2020-07-22
59091	이성훈	850402-1*		010-5490-0000	서울특별시 성북구 성북동	2020-04-19
34098	진은경	940106-2*		010-2301-2222	서울특별시 강남구 역삼동	2020-10-09
78714	jackson	010409-7*		010-4335-6764	서울특별시 용산구 이촌동	2020-06-30
49201	백현욱	010505-4*		010-4698-0682	서울특별시 서초구 방배동	2020-10-12
63098	jordan	880508-5*		010-9682-0904	서울특별시 종로구 서린동	2020-10-24
34582	최현민	760309-1*		010-9683-3333	경기도 용인시 수지구 죽전동	2020-09-14
38491	강성우	001128-3*		010-2495-4303	서울특별시 종루구 평창동	2020-10-20
76098	권범일	910308-1*		010-2395-5555	서울특별시 마포구 도화동	2020-09-04
74322	서태윤	880510-1*		010-2596-9999	서울특별시 강남구 청담동	2020-10-08
35012	suntokchaney	910203-6*		010-2340-0482	서울특별시 용산구 이태원동	2020-05-15
43264	권승민	921022-1*		010-3582-7777	경기도 용인시 수지구 신봉동	2020-09-24
80954	서정수	880208-1*		010-0359-6666	서울특별시 종로구 창성동	2020-04-11
45941	kumpaeyi	001023-8*		010-6775-0596	서울특별시 중구 무교동	2020-06-12

02 E4셀에 '정재현'의 FALSE 값을 구했으면 E4셀의 자동 채우기 핸들을 E18셀까지 드래그하여 함수식을 복사합니다. 그러면 대상 셀이 짝수인 경우에는 'TRUE'가, 홀수인 경우에는 'FALSE'가 출력되었습니다.

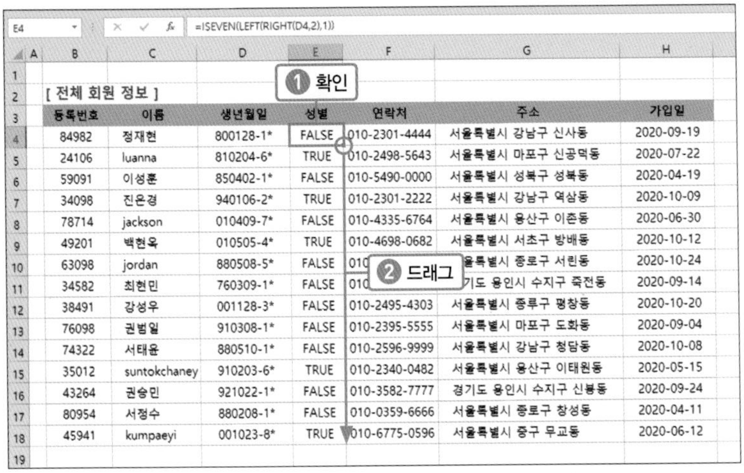

등록번호	이름	생년월일	성별	연락처	주소	가입일
84982	정재현	800128-1*	FALSE	010-2301-4444	서울특별시 강남구 신사동	2020-09-19
24106	luanna	810204-6*	TRUE	010-2498-5643	서울특별시 마포구 신공덕동	2020-07-22
59091	이성훈	850402-1*	FALSE	010-5490-0000	서울특별시 성북구 성북동	2020-04-19
34098	진은경	940106-2*	TRUE	010-2301-2222	서울특별시 강남구 역삼동	2020-10-09
78714	jackson	010409-7*	FALSE	010-4335-6764	서울특별시 용산구 이촌동	2020-06-30
49201	백현욱	010505-4*	TRUE	010-4698-0682	서울특별시 서초구 방배동	2020-10-12
63098	jordan	880508-5*	FALSE	010	울특별시 종로구 서린동	2020-10-24
34582	최현민	760309-1*	FALSE	010	기도 용인시 수지구 죽전동	2020-09-14
38491	강성우	001128-3*	FALSE	010-2495-4303	서울특별시 종루구 평창동	2020-10-20
76098	권범일	910308-1*	FALSE	010-2395-5555	서울특별시 마포구 도화동	2020-09-04
74322	서태윤	880510-1*	FALSE	010-2596-9999	서울특별시 강남구 청담동	2020-10-08
35012	suntokchaney	910203-6*	TRUE	010-2340-0482	서울특별시 용산구 이태원동	2020-05-15
43264	권승민	921022-1*	FALSE	010-3582-7777	경기도 용인시 수지구 신봉동	2020-09-24
80954	서정수	880208-1*	FALSE	010-0359-6666	서울특별시 종로구 창성동	2020-04-11
45941	kumpaeyi	001023-8*	TRUE	010-6775-0596	서울특별시 중구 무교동	2020-06-12

03 이렇게 홀수와 짝수가 판단되면 E4셀에 다음과 같이 조건문 IF 함수를 중첩 입력하여 함수식을 완성하고 나머지 셀에 함수식을 복사합니다. '성별' 항목에 다양한 성별 구분 조건을 참조하여 성별이 출력되었습니다.

> =IF(ISEVEN(LEFT(RIGHT(D4,2),1)),"여","남")
>
> ISEVEN(LEFT(RIGHT(D4,2),1)): 조건 / "여": 조건을 충족할 경우 / "남": 조건을 충족하지 않을 경우

10 표에서 행/열 교차 조건에 맞는 값 찾기

표 안의 교차되는 값을 찾을 때는 보통 INDEX 함수를 사용합니다. 이번에는 INDEX 함수의 장점과 단점에 대해 알아보고 단점을 대체할 방법을 살펴보면서 INDEX 함수의 활용도를 높여보겠습니다.

실습파일 : 10_INDEX함수.xlsx

Bad!

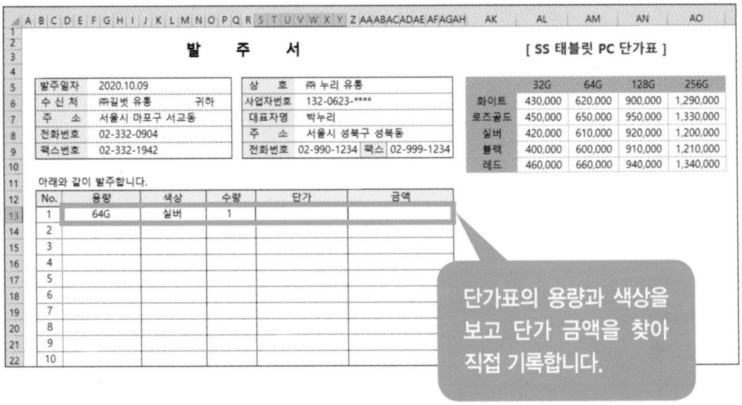

Good!

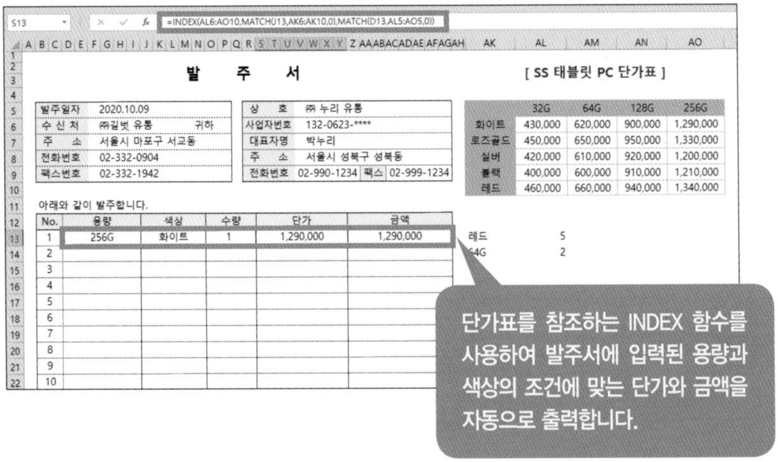
=INDEX(AL6:AO10,MATCH(I13,AK6:AK10,0),MATCH(D13,AL5:AO5,0))
발 주 서
[SS 태블릿 PC 단가표]
아래와 같이 발주합니다.
단가표의 용량과 색상을 보고 단가 금액을 찾아 직접 기록합니다.
단가표를 참조하는 INDEX 함수를 사용하여 발주서에 입력된 용량과 색상의 조건에 맞는 단가와 금액을 자동으로 출력합니다.

표의 교차 값을 찾아주는 INDEX 함수 바로 알기

INDEX 함수는 행과 열의 교차되는 지점에 있는 값을 출력해 주는 함수로, 두 가지 이상의 조건에 일치하는 값을 찾을 수 있습니다.

: INDEX 함수의 형식 :

=INDEX(참조 범위,행 번호,열 번호)

01 오른쪽 단가표를 참조하여 왼쪽 발주서의 용량과 색상에 맞는 단가를 찾아보겠습니다. [발주서] 시트에서 '64G' 용량의 '실버' 색상의 단가를 찾기 위해 S13셀에 다음의 함수식을 입력하면 참조 범위의 세 번째 행인 '실버'와 두 번째 열인 '64G'의 교차되는 값이 출력됩니다.

행 번호

=INDEX(AL6:AO10,3,2)

참조 범위 열 번호

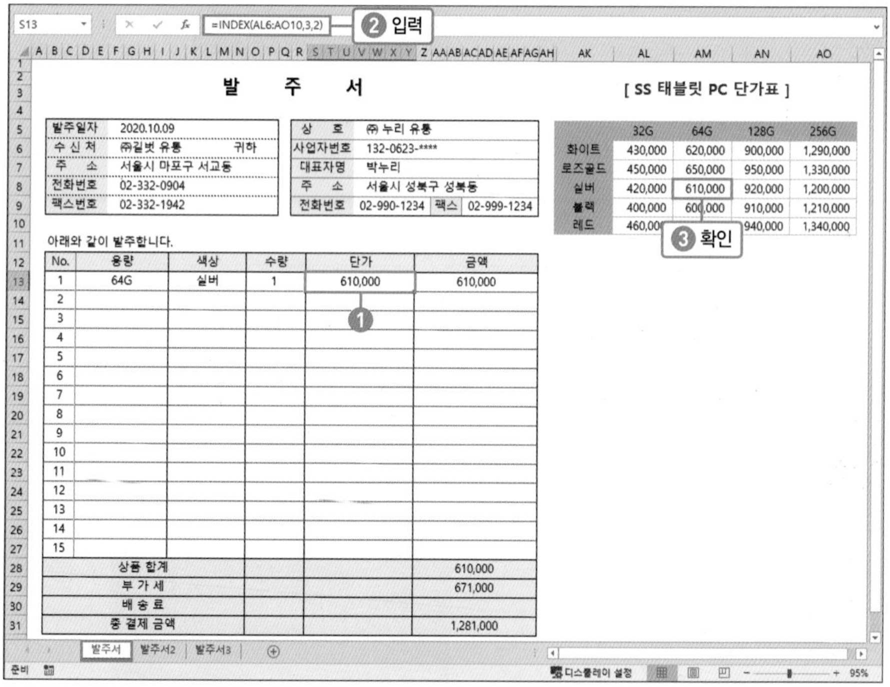

02 이번에는 '64G' 용량의 '레드' 색상의 단가를 찾기 위해 J13셀에 『레드』를 입력합니다. 색상은 변경되었지만 단가는 여전히 3행의 2열을 교차 셀을 참조하고 있습니다.

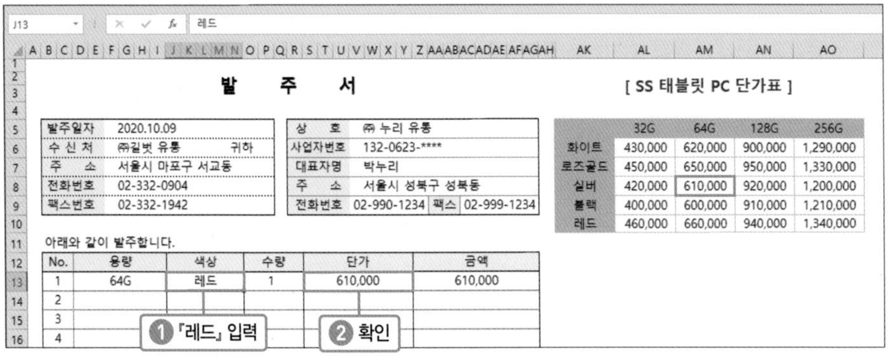

03 '64G' 용량의 '레드' 색과 교차되는 값을 찾기 위해 S13셀에 함수식을 『=INDEX(AL6:AO10,5,2)』와 같이 수정해서 입력합니다.

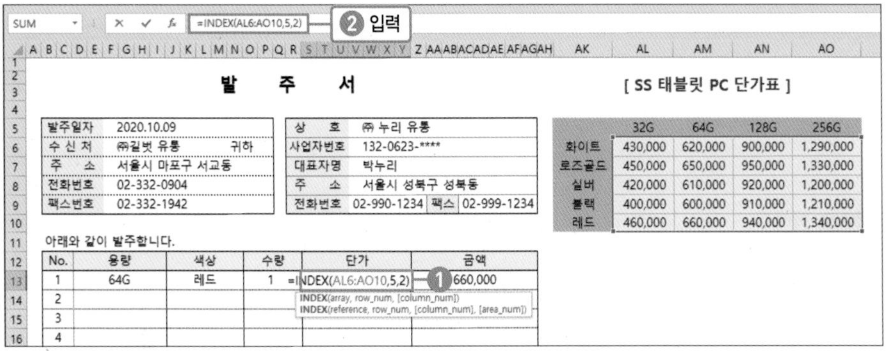

04 S13셀에 참조 범위의 다섯 번째 행인 '레드'와 두 번째 열인 '64G'의 교차되는 값이 출력되었습니다.

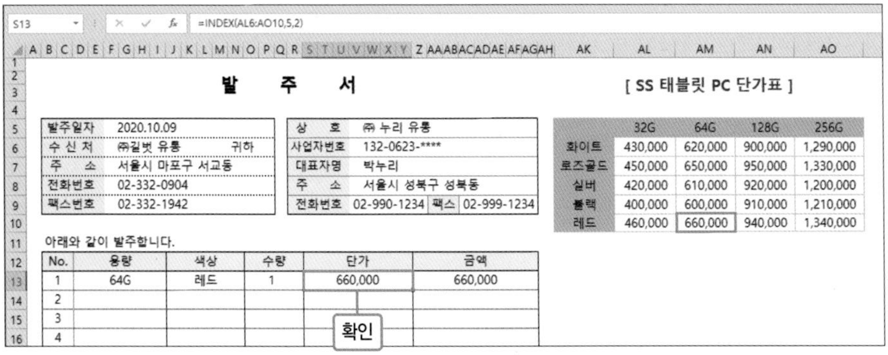

Solution

Q

'용량'과 '색상'에 맞춰 행 번호와 열 번호를 변경해야 한다면 함수식을 사용하는 것은 의미가 없어 보입니다. 상황에 따라 함수식을 변경하지 않고 단가를 쉽게 찾는 방법이 있나요?

A

INDEX 함수는 두 가지 조건에 맞는 값을 찾을 수 있는 장점이 있지만, 행 번호와 열 번호를 필요에 따라 매번 지정해야 해서 불편합니다. 그래서 보통 INDEX 함수는 단독으로 사용하지 않고 행 번호와 열 번호를 자동으로 찾아주는 MATCH 함수를 함께 사용합니다.

조건에 맞는 행/열 번호를 찾아주는 MATCH 함수 바로 알기

MATCH 함수는 지정한 범위 중에서 찾을 값이 몇 번째 위치하는지 행/열 번호를 찾아주는 함수로, INDEX 함수의 행 번호와 열 번호를 입력하는 위치에 대신 사용할 수 있습니다.

: MATCH 함수의 형식 :

=MATCH(찾을 값,찾을 범위,찾기 옵션)

옵션

- **0** : 일치하는 값
- **−1** : 내림차순으로 정렬된 범위 중 찾을 값보다 큰 범위 안에서 가장 작은 값
- **1 또는 생략** : 오름차순으로 정렬된 범위 중 찾을 값보다 작은 범위 안에서 가장 큰 값

01 [발주서2] 시트에서 '레드' 색상이 몇 번째 행에 위치하는지 MATCH 함수를 사용하여 알아볼게요. AK13셀에는 『레드』를, AL13셀에는 함수식 『=MATCH(AK13,AK6:AK10,0)』을 입력합니다.

=MATCH(AK13,AK6:AK10,0)

찾을 값 / 참조 범위 / 찾기 옵션

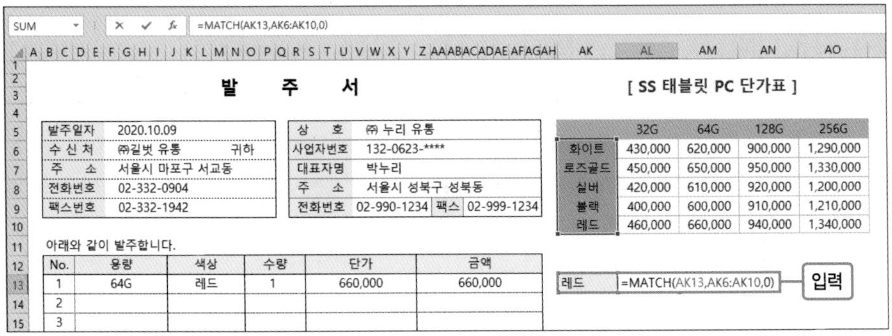

02 AL13셀에 '5'가 표시되면서 참조 범위 중 '레드'는 단가표에서 다섯 번째 행에 위치한 것을 알 수 있습니다. 이번에는 '64G'가 몇 번째 열에 위치하는지 알아보기 위해 AK14셀에는 『64G』를, AL14셀에는 함수식 『=MATCH(AK14,AL5:AO5,0)』을 입력합니다.

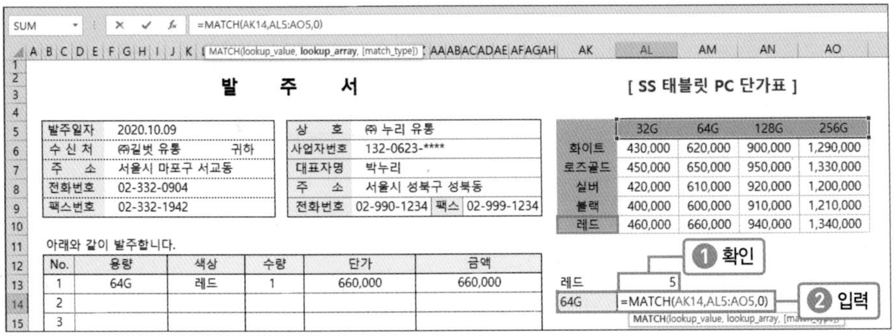

03 AL14셀에 '2'가 표시되면서 참조 범위 중 '64G'는 단가표에서 두 번째 열에 위치한 것을 알 수 있습니다.

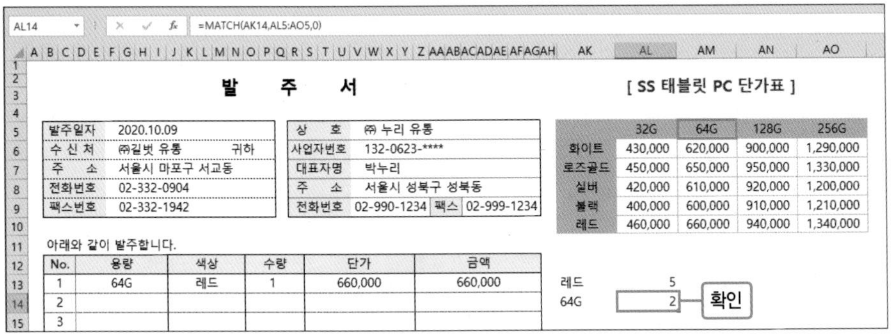

환상의 짝꿍! INDEX 함수와 MATCH 함수 함께 사용하기

INDEX 함수와 MATCH 함수는 단독으로 사용하는 것보다 다른 함수와 중첩해서 사용하는 함수입니다. 특히 이들 함수는 인터넷 검색 창에 연관 검색어로 나올 만큼 항상 따라다니는 조합입니다. 이번에는 앞에서 살펴본 INDEX 함수의 행/열 번호를 입력하는 부분에 MATCH 함수를 대입해 사용해 보겠습니다.

01 [발주서3] 시트에서 S13셀에 INDEX 함수의 행/열 번호 대신 MATCH 함수를 대입해 다음과 같이 함수식을 입력합니다.

=INDEX(AL6:AO10,MATCH(J13,AK6:AK10,0),MATCH(D13,AL5:AO5,0))

참조 범위 / 행 번호 / 열 번호

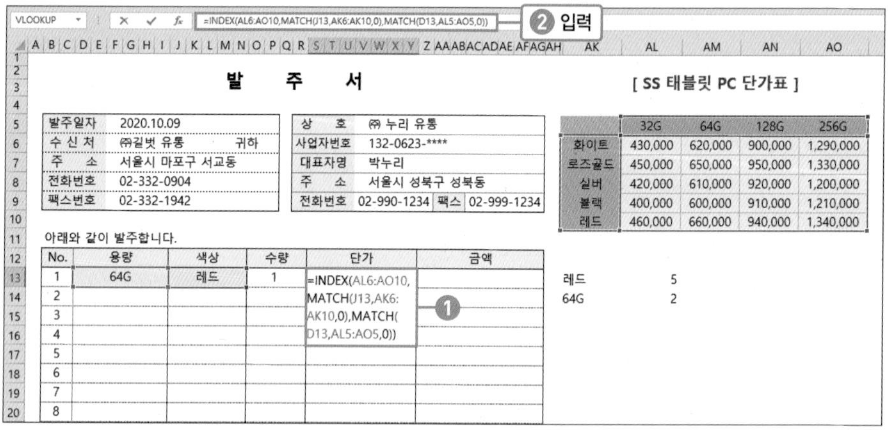

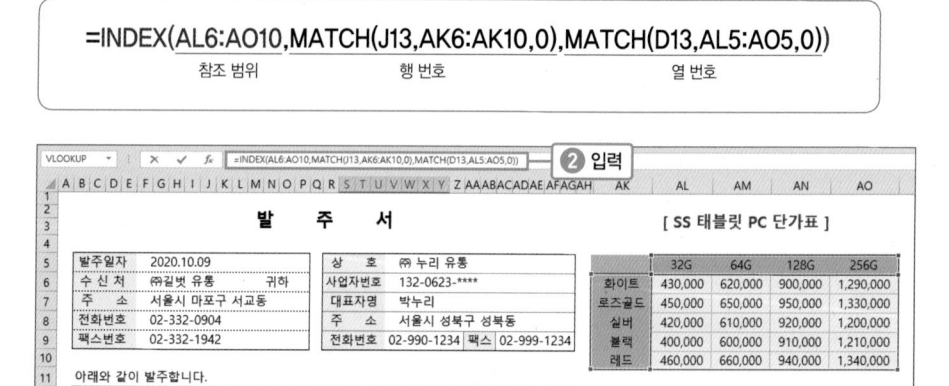

02 S13셀에 '64G'의 '레드' 색상의 단가가 출력되었습니다.

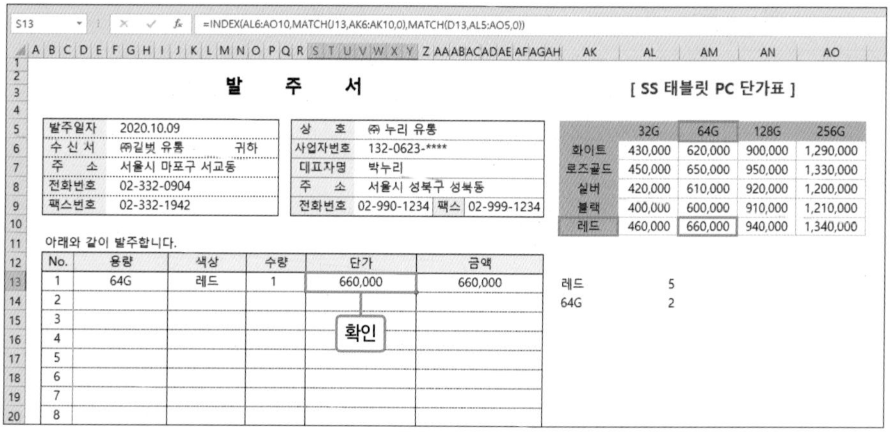

03 D13셀에는 용량『256G』를, J13셀에는『화이트』색을 입력하고 입력한 조건에 맞게 S13셀에 교차값이 출력되었는지 확인합니다.

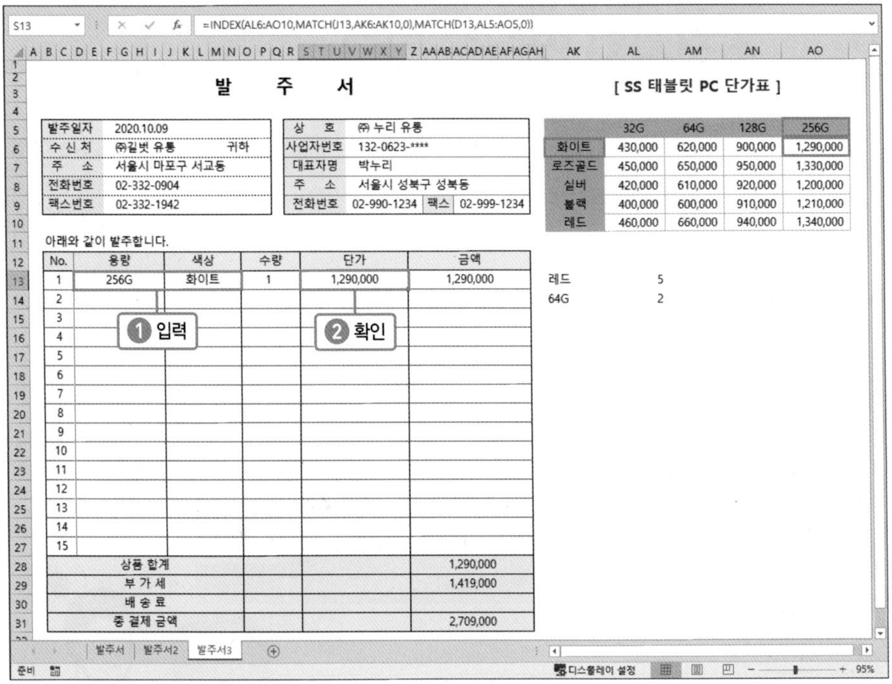

Tip

함수식을 자동 채우기하여 사용할 경우에는 참조되는 단가표의 범위는 절대 참조 형태로 변경해서 사용합니다.

11

매월 합계 범위를 조정하지 않아도 된다

계산식의 참조 범위가 자주 변하는 경우 매번 참조 범위를 새롭게 지정해야 해서 불편합니다. 이번에는 이렇게 자주 변하는 참조 범위를 새로 지정해 주지 않고 자동으로 범위가 변경되면서 계산되는 방법에 대해 알아봅니다.

실습파일 : 11_OFFSET함수.xlsx

> 실적 보고를 위해 매월 해당 달에 맞춰 연간 계획의 합계 범위를 일일이 조정해야 해요.

Bad!

		1월	2월	3월	4월	5월	6월	7월	8월	9월	10월	11월	12월	누계	전체
OEM 1	년간계획	3,061	859	1,937	2,071	2,499	1,789	2,134	3,158	3,178	1,837	2,016	2,554	=SUM(E6:I6)	
	월 계획	2,899	1,002	1,900	2,100	2,500									
	월 실적	1,800	987	1,994	2,001	2,398								9,180	9,180
	달성율(%)	62%	99%	105%	95%	96%								88%	88%
	영업사원수	13	13	13	13	13									
	관리지점수	112	103	120	117	116									

5월 OEM 세일즈1팀 현황 (단위: 9LC / KRW)

> 매월 합계 범위를 변경하지 않아도 제목에 해당 월을 입력하면 자동으로 해당 월에 맞춰 범위가 변경됩니다.

Good!

=SUM(OFFSET(E6,0,0,1,B2))

		1월	2월	3월	4월	5월	6월	7월	8월	9월	10월	11월	12월	누계	전체
OEM 1	년간계획	3,061	859	1,937	2,071	2,499	1,789	2,134	3,158	3,178	1,837	2,016	2,554	=SUM(OFFSET E6,0,0,1,)	
	월 계획	2,899	1,002	1,900	2,100	2,500									
	월 실적	1,800	987	1,994	2,001	2,398									
	달성율(%)	62%	99%	105%	95%	96%								88%	88%
	영업사원수	13	13	13	13	13									
	관리지점수	112	103	120	117	116									

6월 OEM 세일즈1팀 현황 (단위: 9LC / KRW)

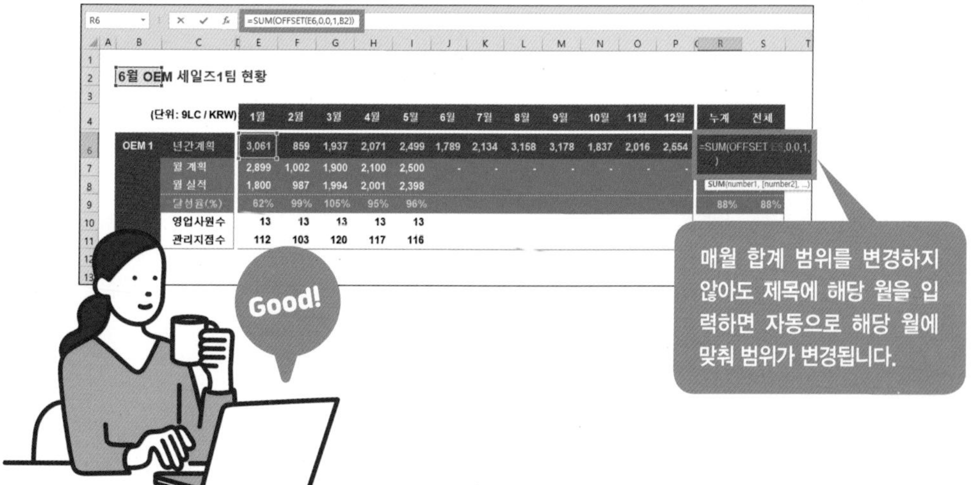

동적 참조 범위를 만드는 OFFSET 함수 바로 알기

OFFSET 함수는 기준 셀로부터 원하는 셀의 행과 열 방향으로 이동 개수를 지정하여 셀의 값을 출력하거나 범위를 지정할 수 있는 함수입니다.

: OFFSET 함수의 형식 :

=OFFSET(기준 셀,이동할 행 방향의 셀 개수,이동할 열 방향의 셀 개수,출력할 행 개수,출력할 열 개수)

- **출력할 행 개수,출력할 열 개수** : 옵션으로 생략 가능

01 [Sheet1] 시트에서 B2셀의 기준 셀로부터 D4셀의 숫자 '5'를 출력하기 위해 G2셀에 다음의 함수식을 입력합니다. 참고로 이동할 행과 열 개수는 기준 셀을 0으로 시작하고 출력할 행과 열의 개수는 위치한 셀을 1부터 시작합니다.

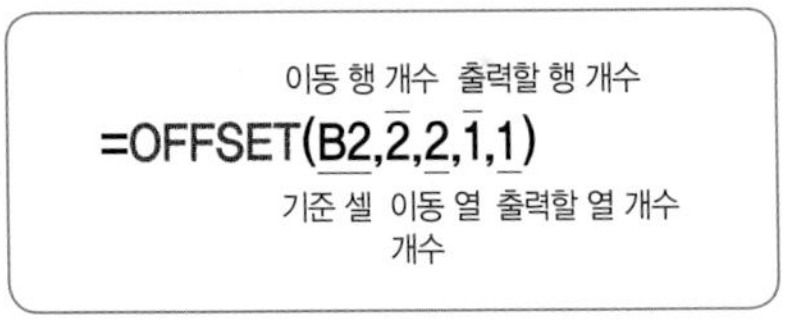

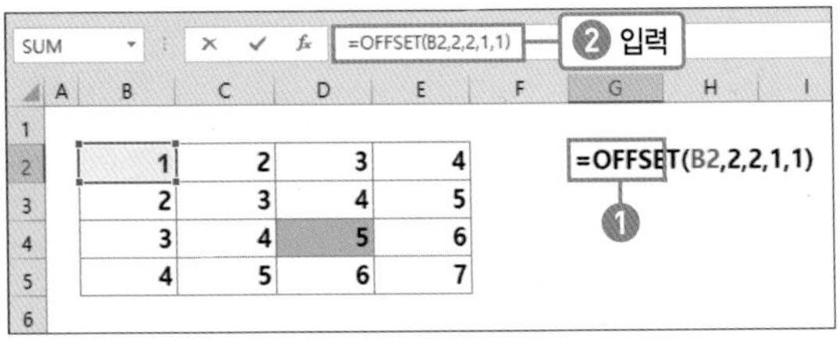

Tip

이동 행과 열 개수에 양수를 입력하면 아래쪽, 오른쪽 방향으로 이동하고, 음수를 입력하면 위쪽, 왼쪽 방향으로 이동합니다.

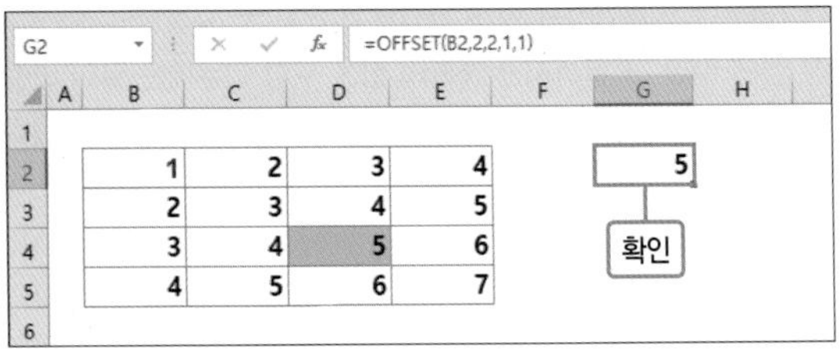

02 G2셀에 D4셀의 값이 출력되었는지 확인합니다.

잠깐 만요

OFFSET 함수와 AVERAGE 함수 중첩 사용하기

OFFSET 함수는 단독으로 사용하지 않고 주로 중첩해서 사용합니다. 이번에는 평균을 구하는 AVERAGE 함수를 함께 사용하여 참조 범위의 평균을 구해보겠습니다.

1 [Sheet2] 시트에서 G3셀에 C3:D4 범위의 평균을 구하기 위해 함수식 『=AVERAGE(OFFSET(B2,1,1,2,2))』를 입력합니다.

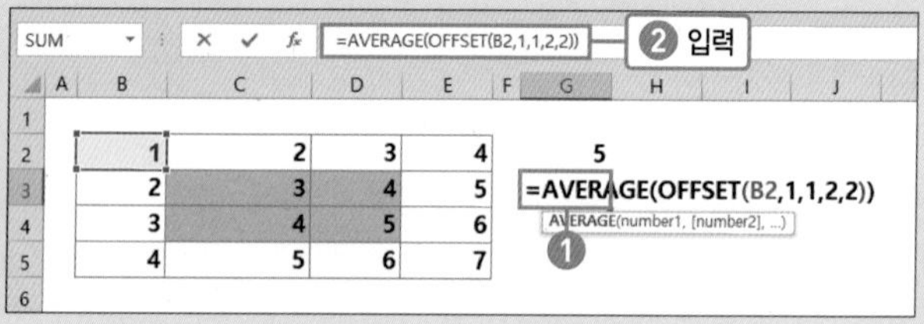

2 G3셀에 빨간색 셀 범위의 평균값이 계산되었습니다.

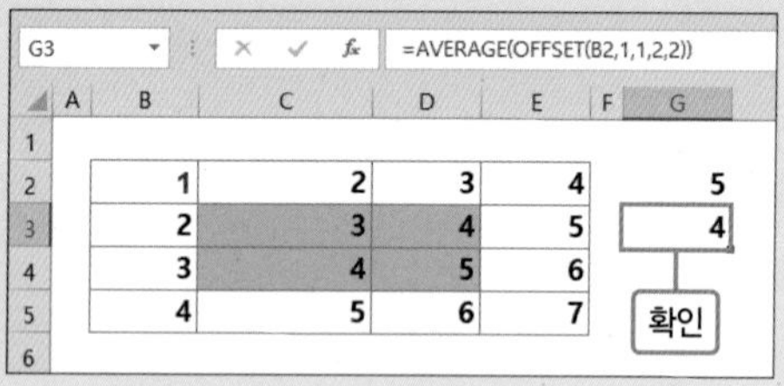

OFFSET 함수 응용해 자동 합계 범위 만들기

단순하게 월별 누계를 계산한다면 SUM 함수를 사용하여 1월부터 12월까지의 합계 범위를 지정할 수 있습니다. 하지만 예제의 자료처럼 1년 치의 연간 계획 데이터가 있고, 특정 월에 맞춰 그 달까지만 계획의 합을 구할 경우에는 달이 바뀔 때마다 범위를 조정해야 해서 불편합니다. 이 경우에는 제목에 월만 입력하는 방법으로 보고서의 제목을 바꾸면서 해당 월까지의 계획 누계를 계산할 수 있습니다.

01 [Sheet3] 시트에서 R7셀과 R8셀의 경우 SUM 함수를 사용해 1월부터 12월까지 누계 범위를 잡아서 지정해도 문제가 없습니다.

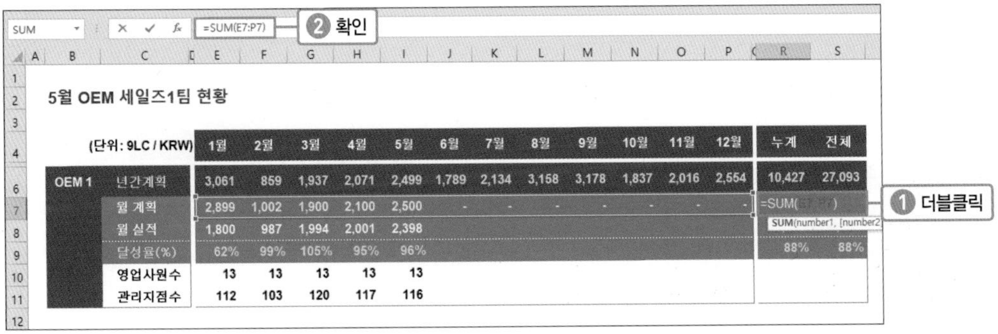

02 하지만 R6셀에 동일한 계산식을 적용하면 12월까지 연간 계획 누계가 계산되기 때문에 데이터가 잘못 계산됩니다. 그래서 합계 범위를 다음과 같이 매달 조정해야 합니다.

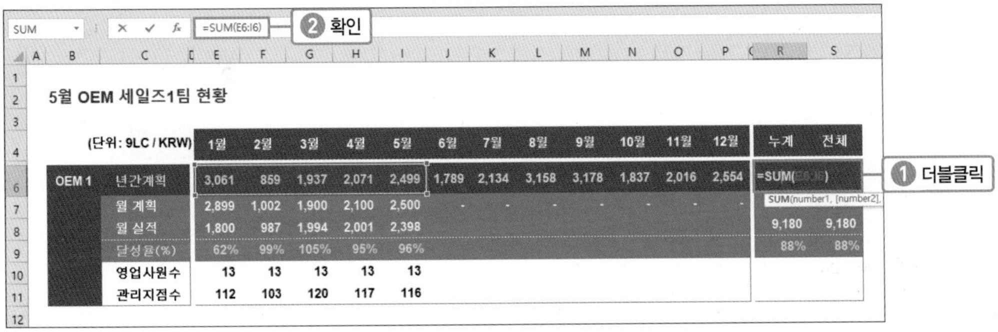

03 OFFSET 함수와 SUM 함수를 사용하여 특정 월에 맞춰 자동으로 범위가 지정되어 계산될 수 있도록 R6셀의 함수식을 『=SUM(OFFSET(E6,0,0,1,B2))』로 수정합니다.

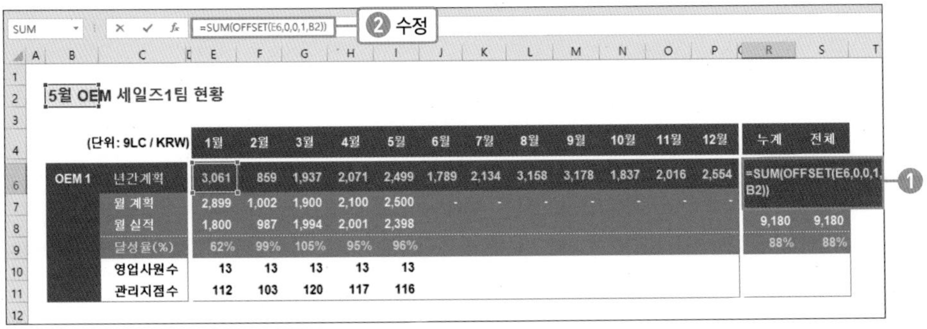

04 B2셀에는 숫자 '5'가 입력되어 있어서 OFFSET 함수의 마지막 인수인 출력할 열에 '5'가 참조되어 5월까지의 합계인 '10,427'이 계산되었습니다.

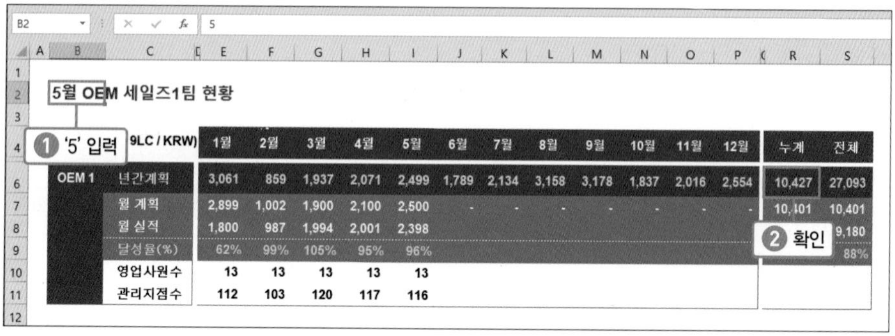

05 B2셀에 『6』을 입력합니다. 그러면 제목이 '6월 OEM 세일즈 1팀 현황'으로 변하면서 동시에 누적 R6셀 값도 1월부터 6월까지의 합계인 '12,216'이 계산되었습니다.

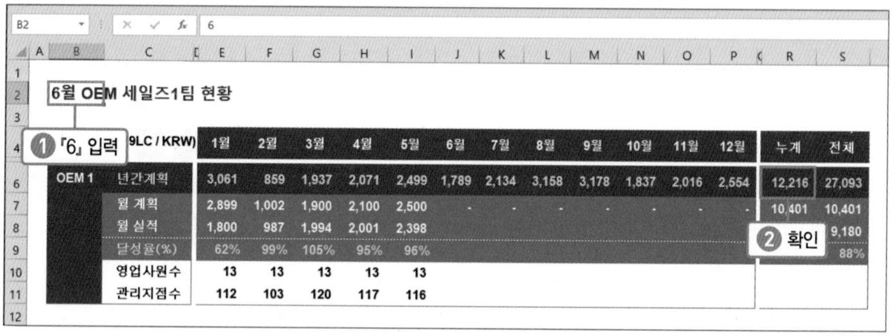

Tip

B2셀의 값은 '6'이지만, 표시 형식이 지정되어 있어서 숫자만 입력해도 자동으로 텍스트가 함께 표시되는 것입니다. OFFSET 함수에서 인수에는 문자를 사용할 수 없으므로 실제 셀 값과 표시 형식으로 표현된 부분에 대한 차이를 알아야 합니다.

다시 보기

제목 셀에 특정 월을 입력하는 것만으로 제목이 바뀌고 누계 범위가 조정되어 계산되었습니다. 참조 범위가 상황에 따라 변한다면 매번 번거롭게 조정하지 마세요. 대신 OFFSET 함수로 동적 참조 범위를 만들어서 사용하면 좀 더 빠르고 정확한 데이터를 관리할 수 있습니다.

12 수식 오류가 보이지 않게 하기

함수식이나 수식을 사용하다 보면 여러 가지 원인으로 다양한 오류가 발생할 수 있습니다. 이번에는 각 오류의 종류에 대해 알아보고 오류의 원인까지 살펴보면서 문제를 좀 더 쉽게 해결해 봅니다.

실습파일 : 12_수식오류.xlsx

Bad!

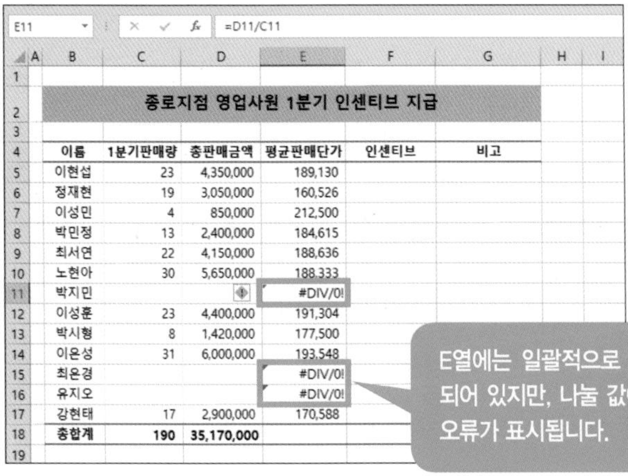
E11 =D11/C11

종로지점 영업사원 1분기 인센티브 지급

이름	1분기판매량	총판매금액	평균판매단가	인센티브	비고
이현섭	23	4,350,000	189,130		
정재현	19	3,050,000	160,526		
이성민	4	850,000	212,500		
박민정	13	2,400,000	184,615		
최서연	22	4,150,000	188,636		
노현아	30	5,650,000	188,333		
박지민			#DIV/0!		
이성훈	23	4,400,000	191,304		
박시형	8	1,420,000	177,500		
이온성	31	6,000,000	193,548		
최온경			#DIV/0!		
유지오			#DIV/0!		
강현태	17	2,900,000	170,588		
총합계	190	35,170,000			

E열에는 일괄적으로 나누기 계산되어 있지만, 나눌 값이 없어 셀에 오류가 표시됩니다.

Good!

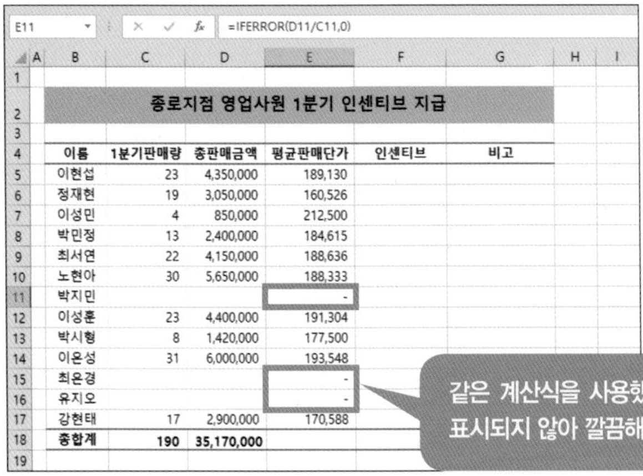
E11 =IFERROR(D11/C11,0)

종로지점 영업사원 1분기 인센티브 지급

이름	1분기판매량	총판매금액	평균판매단가	인센티브	비고
이현섭	23	4,350,000	189,130		
정재현	19	3,050,000	160,526		
이성민	4	850,000	212,500		
박민정	13	2,400,000	184,615		
최서연	22	4,150,000	188,636		
노현아	30	5,650,000	188,333		
박지민			-		
이성훈	23	4,400,000	191,304		
박시형	8	1,420,000	177,500		
이온성	31	6,000,000	193,548		
최온경			-		
유지오			-		
강현태	17	2,900,000	170,588		
총합계	190	35,170,000			

같은 계산식을 사용했지만, 오류가 표시되지 않아 깔끔해요.

문제 상황

영업사원들의 '총판매금액'(D열)을 기준으로 인센티브를 지급하려고 합니다. 데이터의 양이 많은 경우 수식 오류가 자주 발생해서 작업이 매우 번거로워지곤 합니다.

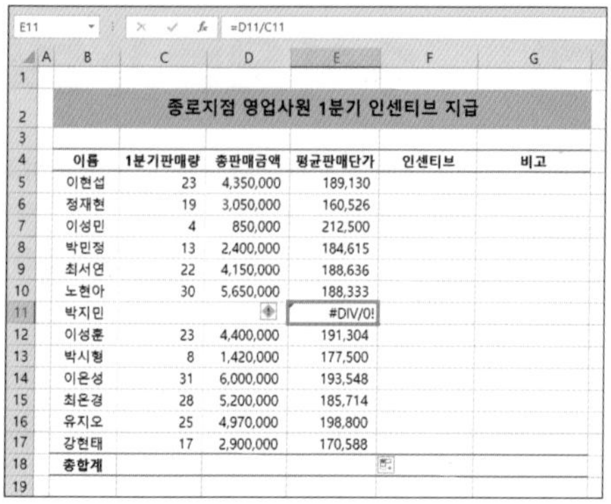

다양한 수식 오류 바로 알기

수식을 사용하다 보면 다양한 오류가 발생합니다. 이때 각 오류 메시지의 의미를 정확히 알면 오류가 발생했을 때 적절하게 대응할 수 있습니다.

1 #DIV/0! 오류

#DIV/0! 오류는 값을 나누어야 하는데 분모가 숫자 '0'이거나 빈 셀인 경우에 발생합니다.

01 판매 금액을 판매 수량으로 나누어 평균 판매단가를 구하려고 합니다. [Sheet1] 시트에서 E5셀에 『=D5/C5』를 입력하고 E5셀의 자동 채우기 핸들을 E17셀까지 드래그하여 함수식을 복사합니다.

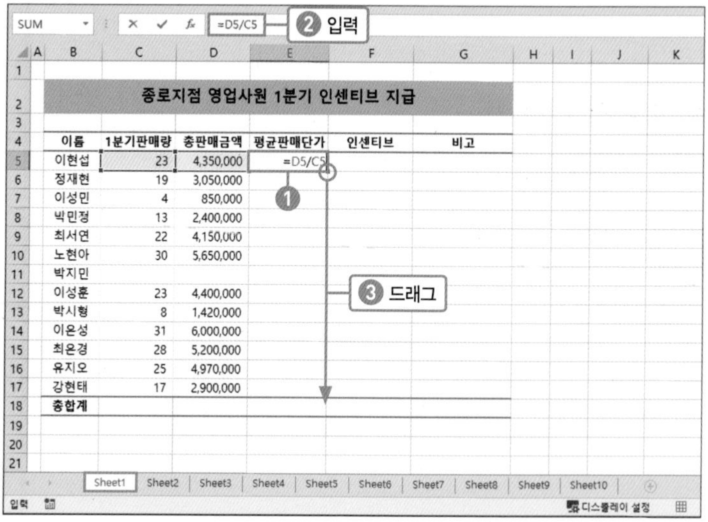

02 나누려는 C11셀이 빈 값이기 때문에 E11셀에 #DIV/0! 오류가 발생합니다.

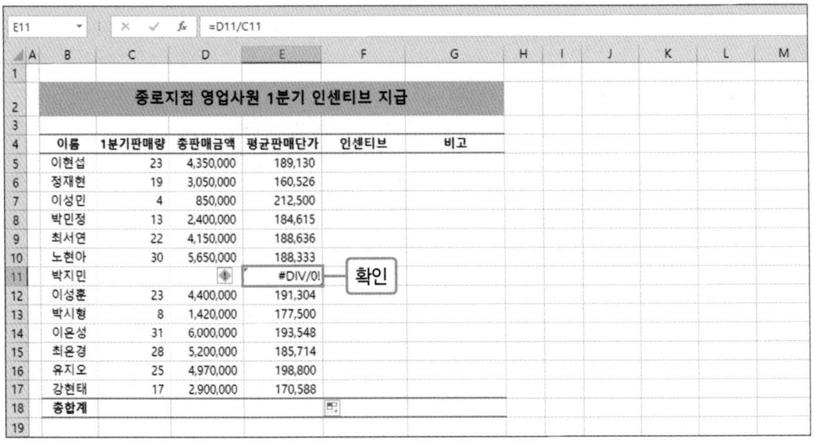

2 #NULL! 오류

#NULL! 오류는 문법에 공백을 사용했는데, 해당 범위에 교차하는 영역이 없는 경우에 발생합니다. 보통 영역을 지정할 때 쉼표를 누락하면 발생합니다.

01 [Sheet2] 시트에서 J4:N17 범위에 있는 '월별 영업사원 판매량 참고테이블'을 참조하여 C5셀에 판매 수량을 구해볼게요. C5셀에 함수식 『=VLOOKUP(B5 $J$4:$N$17,5,FALSE)』를 입력하고 C5셀의 자동 채우기 핸들을 C17셀까지 드래그하여 함수식을 복사합니다.

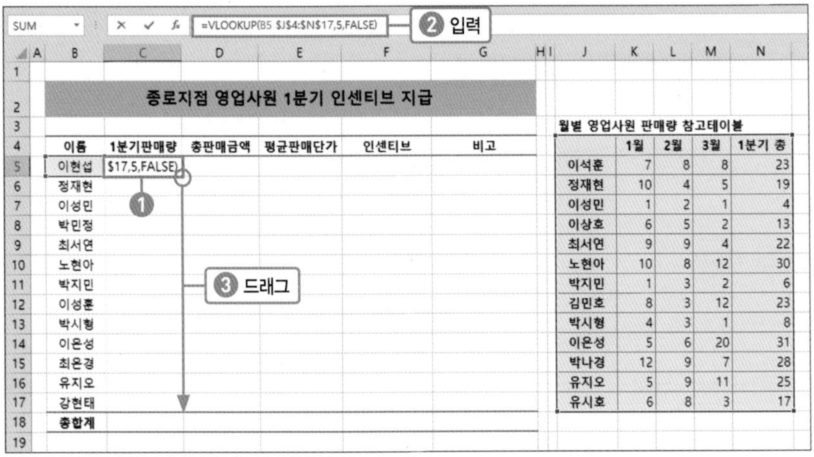

02 쉼표를 입력해야 할 부분에 실수로 공백을 입력해 #NULL! 오류가 발생했습니다.

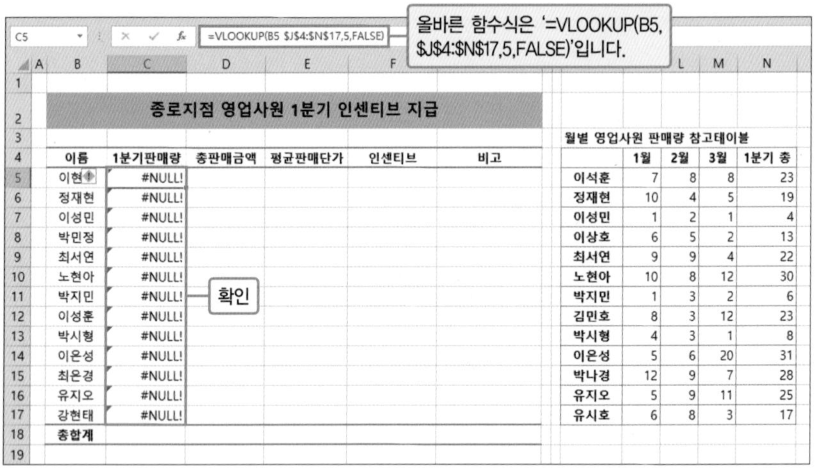

3 #N/A 오류

#N/A 오류는 찾는 값이 없거나 수식에 사용할 수 없는 값을 지정한 경우에 발생합니다.

01 [Sheet3] 시트에서 C5셀에 VLOOKUP 함수를 이용하여 판매 수량을 구해볼게요. C5셀에 함수식 『=VLOOKUP(B5,$J$4:$N$17,5,FALSE)』를 입력하고 C5셀의 자동 채우기 핸들을 C17셀까지 드래그하여 함수식을 복사합니다.

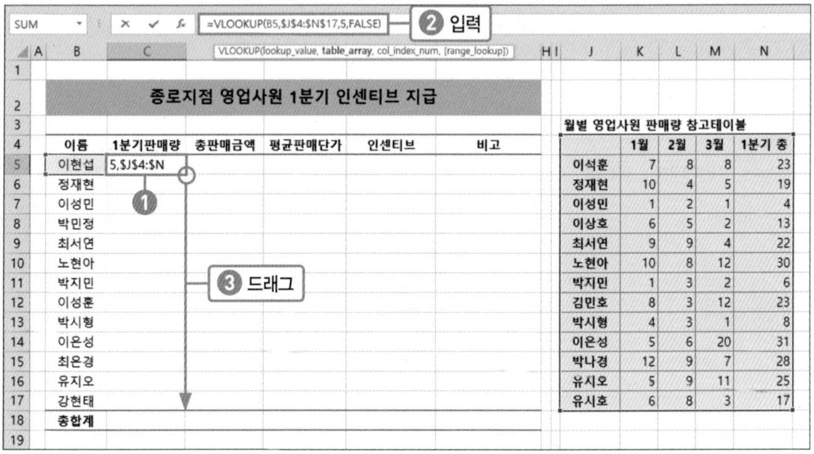

02 '월별 영업사원 판매량 참고테이블'에 해당하는 사원의 이름이 없기 때문에 C5셀, C8셀, C12셀, C15셀, C17셀에 #N/A 오류가 발생했습니다.

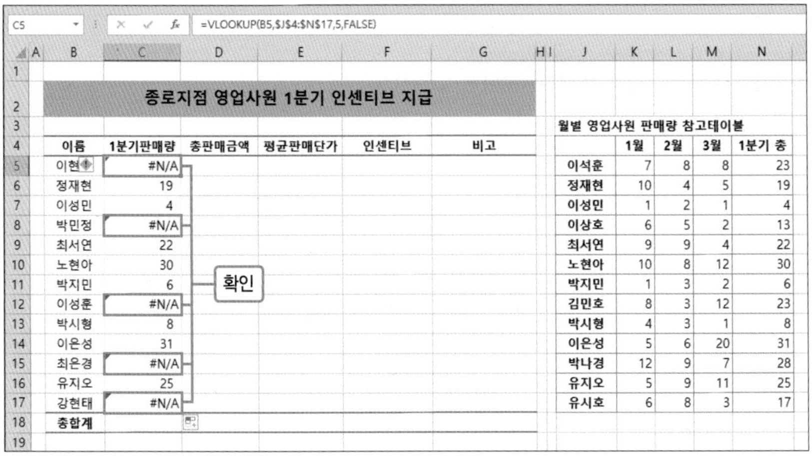

이름	1분기판매량	총판매금액	평균판매단가	인센티브	비고
이현	#N/A				
정재현	19				
이성민	4				
박민정	#N/A				
최서연	22				
노현아	30				
박지민	6				
이성훈	#N/A				
박시형	8				
이은성	31				
최은경	#N/A				
유지오	25				
강현태	#N/A				
총합계					

월별 영업사원 판매량 참고테이블

	1월	2월	3월	1분기 총
이석훈	7	8	8	23
정재현	10	4	5	19
이성민	1	2	1	4
이상호	6	5	2	13
최서연	9	9	4	22
노현아	10	8	12	30
박지민	1	3	2	6
김민호	8	3	12	23
박시형	4	3	1	8
이은성	5	6	20	31
박나경	12	9	7	28
유지오	5	9	11	25
유시호	6	8	3	17

4 #REF! 오류

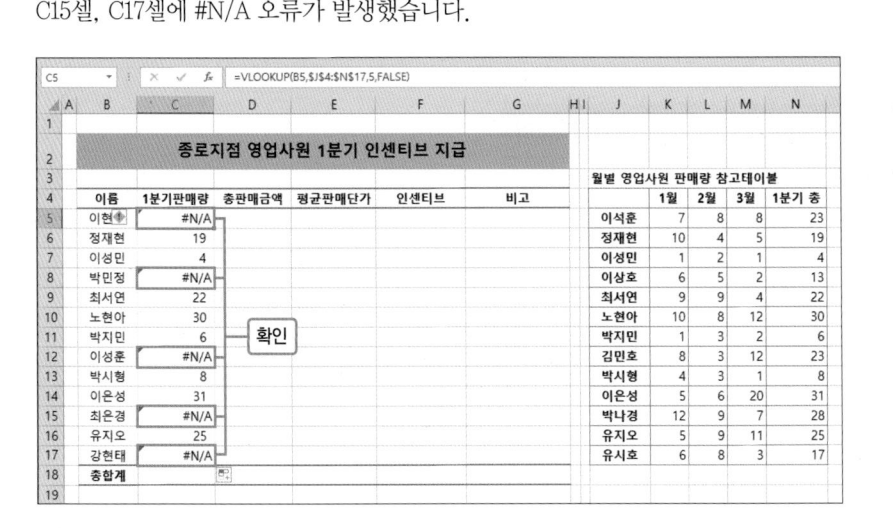

#REF! 오류는 참조 범위를 삭제하거나 잘못 사용한 경우에 발생합니다.

01 [Sheet4] 시트에서 C열에 출력되는 '1분기 판매량'은 VLOOKUP 함수를 사용하여 판매 수량을 구한 데이터로, J5:N17 범위에 있는 '월별 영업사원 판매량 참고테이블'을 참조하고 있습니다.

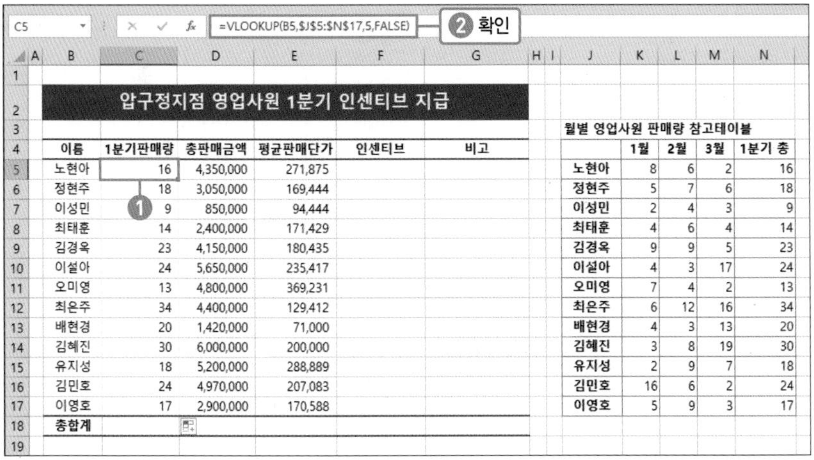

이름	1분기판매량	총판매금액	평균판매단가	인센티브	비고
노현아	16	4,350,000	271,875		
정현주	18	3,050,000	169,444		
이성민	9	850,000	94,444		
최태훈	14	2,400,000	171,429		
김경욱	23	4,150,000	180,435		
이설아	24	5,650,000	235,417		
오미영	13	4,800,000	369,231		
최은주	34	4,400,000	129,412		
배현경	20	1,420,000	71,000		
김혜진	30	6,000,000	200,000		
유지성	18	5,200,000	288,889		
김민호	24	4,970,000	207,083		
이영호	17	2,900,000	170,588		
총합계					

월별 영업사원 판매량 참고테이블

	1월	2월	3월	1분기 총
노현아	8	6	2	16
정현주	5	7	6	18
이성민	2	4	3	9
최태훈	4	6	4	14
김경욱	9	9	5	23
이설아	4	3	17	24
오미영	7	4	2	13
최은주	6	12	16	34
배현경	4	3	13	20
김혜진	3	8	19	30
유지성	2	9	7	18
김민호	16	6	2	24
이영호	5	9	3	17

02 M열 머리글을 클릭하고 선택 영역에서 마우스 오른쪽 단추를 클릭한 후 [삭제]를 선택하여 열 전체를 삭제합니다.

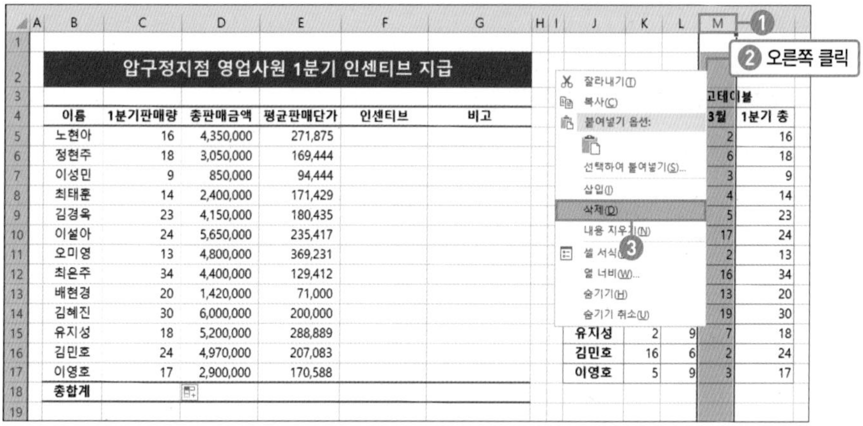

03 3월 판매 수량을 삭제하자 참조 범위를 찾을 수 없기 때문에 함수식으로 연결되어 있던 모든 셀에 #REF! 오류가 발생합니다. 참조하고 있는 C열에 오류가 발생해서 E열의 '평균판매단가' 항목에도 오류가 발생했습니다.

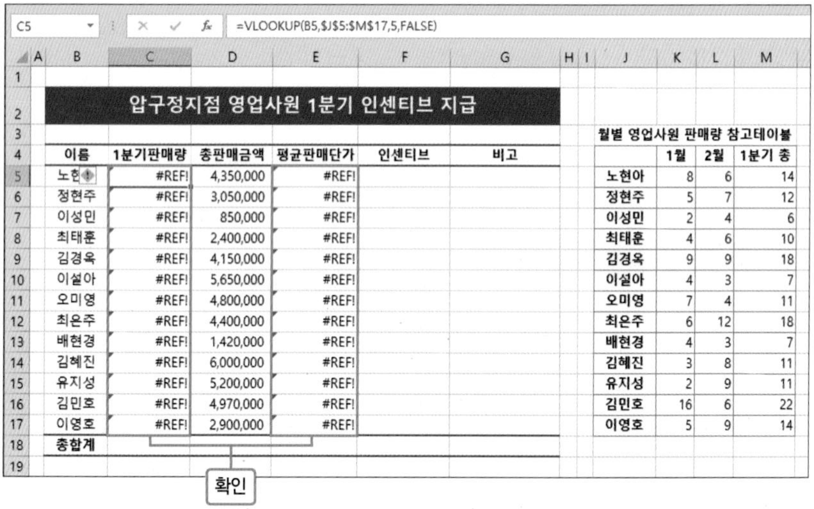

5 #NAME? 오류

#NAME? 오류는 엑셀에서 지원하지 않는 함수명을 잘못 입력하거나 문법에 맞지 않는 함수를 사용한 경우에 발생합니다.

01 모든 사원들의 실적 및 인센티브 합계를 계산해 볼게요. [Sheet5] 시트에서 C18셀에 『=SUN(C5:C17)』을 입력하고 C18셀의 자동 채우기 핸들을 D18셀까지 드래그하여 함수식을 복사합니다.

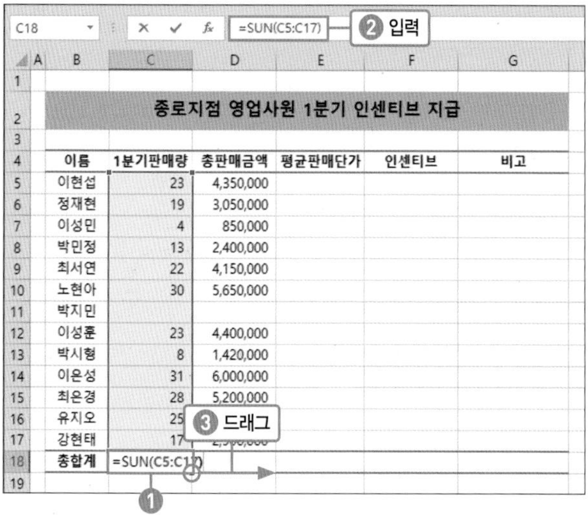

02 실수로 함수명을 '=SUM'이 아닌 '=SUN'으로 잘못 입력하여 #NAME? 오류가 발생했습니다.

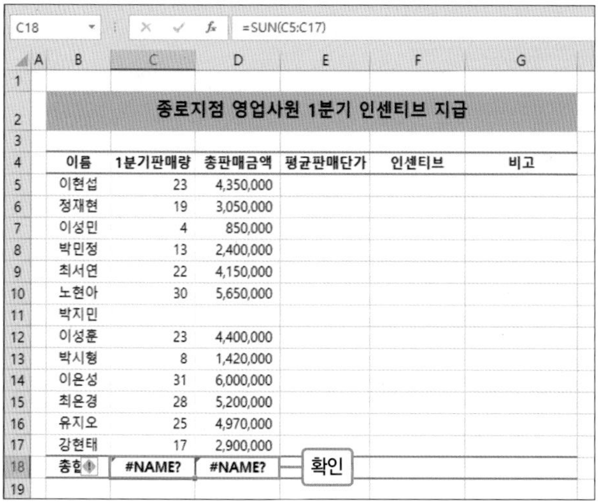

6 #VALUE! 오류

#VALUE! 오류는 문법에 맞지 않는 함수를 사용하거나 계산할 수 없는 값을 구하려고 한 경우에 발생합니다.

01 [Sheet6] 시트에서 '비고' 항목에 각 영업사원의 한 달 평균 판매량을 나타내기 위해 C열의 1분기 총 판매량을 3개월로 나누어 볼게요. G5셀에 『=B5/3』을 입력하고 G5셀의 자동 채우기 핸들을 G17셀까지 드래그하여 함수식을 복사합니다.

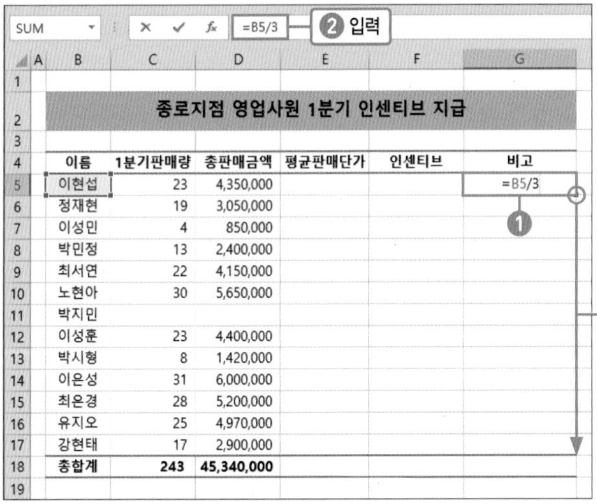

02 실수로 C5셀이 아닌 텍스트 형식의 B5셀을 참조해서 #VALUE! 오류가 발생했습니다.

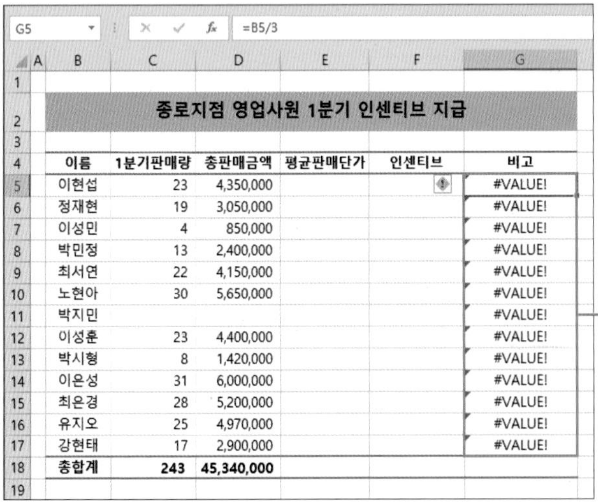

7 #NUM! 오류

#NUM! 오류는 표시되는 숫자가 너무 클 때 발생합니다.

01 판매금액의 55%를 인센티브로 지급하려고 합니다. [Sheet7] 시트에서 F5셀에 『=D5^55』를 입력하고 F5셀의 자동 채우기 핸들을 F17셀까지 드래그하여 함수식을 복사합니다.

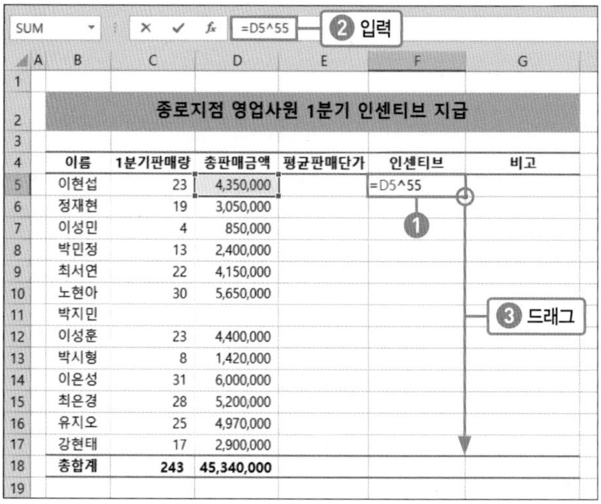

종로지점 영업사원 1분기 인센티브 지급

이름	1분기판매량	총판매금액	평균판매단가	인센티브	비고
이현섭	23	4,350,000		=D5^55	
정재현	19	3,050,000			
이성민	4	850,000			
박민정	13	2,400,000			
최서연	22	4,150,000			
노현아	30	5,650,000			
박지민					
이성훈	23	4,400,000			
박시형	8	1,420,000			
이은성	31	6,000,000			
최은경	28	5,200,000			
유지오	25	4,970,000			
강현태	17	2,900,000			
총합계	243	45,340,000			

02 실수로 『=D5*55%』가 아닌 『=D5^55』를 입력하여 제곱근이 계산되면서 결과값으로 표시할 수 있는 범위를 넘었기 때문에 #NUM! 오류가 발생했습니다.

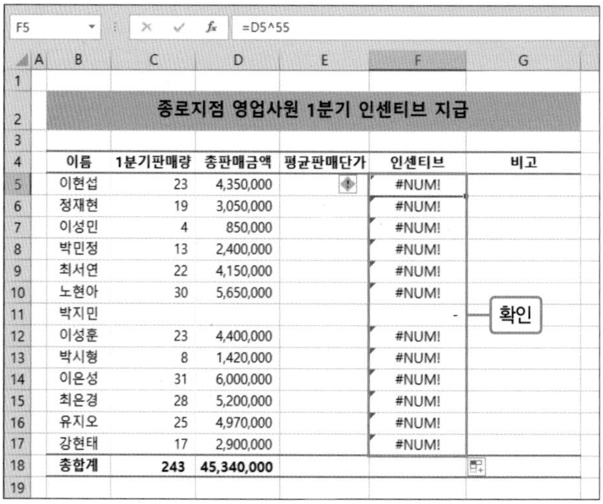

종로지점 영업사원 1분기 인센티브 지급

이름	1분기판매량	총판매금액	평균판매단가	인센티브	비고
이현섭	23	4,350,000		#NUM!	
정재현	19	3,050,000		#NUM!	
이성민	4	850,000		#NUM!	
박민정	13	2,400,000		#NUM!	
최서연	22	4,150,000		#NUM!	
노현아	30	5,650,000		#NUM!	
박지민				-	
이성훈	23	4,400,000		#NUM!	
박시형	8	1,420,000		#NUM!	
이은성	31	6,000,000		#NUM!	
최은경	28	5,200,000		#NUM!	
유지오	25	4,970,000		#NUM!	
강현태	17	2,900,000		#NUM!	
총합계	243	45,340,000			

데이터의 신뢰도를 높이기 위해 오류 메시지 없애기

잘못된 사용으로 발생하는 오류가 아닌, 찾는 값이 없거나 나누려는 값이 빈 셀인 경우에는 어쩔 수 없이 오류가 발생합니다. 오류가 발생할 수밖에 없는 상황이어서 오류를 그대로 둔다면 보기에 좋지 않을 뿐만 아니라 전체적인 데이터의 신뢰도 떨어집니다. 이 경우에는 오류 메시지가 표시되지 않게 해야 합니다.

1 IFERROR 함수 이용하기

오류를 정리해야 할 때 주로 IFERROR 함수를 사용합니다. IFERROR 함수는 말 그대로 '만약 오류가 났을 경우'에 대한 출력값을 나타냅니다.

01 [Sheet8] 시트에서 E11셀에는 나눈 분모의 값이 비어 있어서 #DIV/0! 오류가 발생했습니다. E5셀에 입력되어 있는 수식 '=D5/C5'의 앞에 IFERROR 함수를 함께 사용해서 다음의 함수식을 입력하고 E5셀의 자동 채우기 핸들을 E17셀까지 드래그하여 함수식을 복사합니다.

=IFERROR(D5/C5,"")
수식 / 수식 오류 시 대체할 값

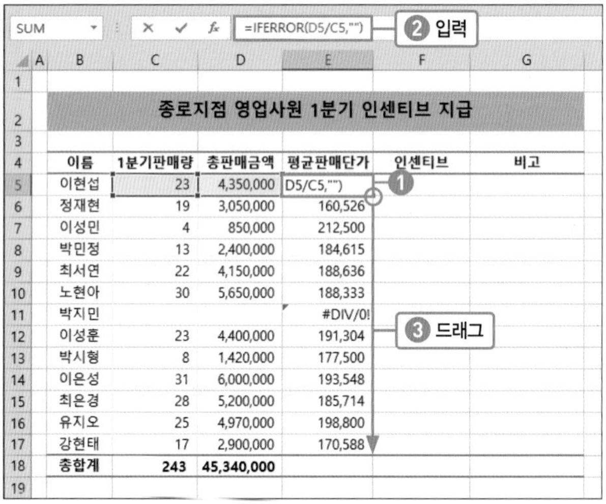

	A	B	C	D	E	F	G
1							
2		종로지점 영업사원 1분기 인센티브 지급					
3							
4		이름	1분기판매량	총판매금액	평균판매단가	인센티브	비고
5		이현섭	23	4,350,000	D5/C5,"")		
6		정재현	19	3,050,000	160,526		
7		이성민	4	850,000	212,500		
8		박민정	13	2,400,000	184,615		
9		최서연	22	4,150,000	188,636		
10		노현아	30	5,650,000	188,333		
11		박지민			#DIV/0!		
12		이성훈	23	4,400,000	191,304		
13		박시형	8	1,420,000	177,500		
14		이은성	31	6,000,000	193,548		
15		최은경	28	5,200,000	185,714		
16		유지오	25	4,970,000	198,800		
17		강현태	17	2,900,000	170,588		
18		총합계	243	45,340,000			
19							

Tip
수식 오류가 발생할 경우 대체할 값에 공백(" ")을 지정하여 오류를 표시하지 않습니다.

02 E11셀에 표시되었던 오류 메시지 #DIV/0!가 공백으로 대체되었습니다.

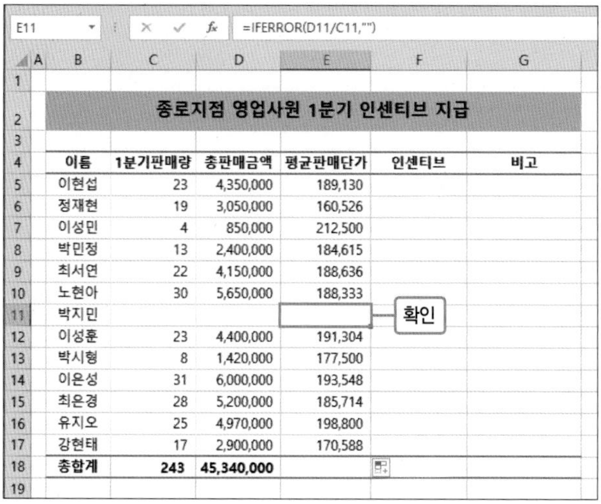

2 셀 서식 이용하기

셀 서식을 이용해서 특정 문자에 대한 서식을 지정할 수 있습니다. 오류 메시지의 텍스트를 흰색으로 지정하면 오류 메시지가 보이지 않습니다.

01 [Sheet9] 시트의 E11셀에는 오류 메시지가 표시되어 있습니다. E5:E17 범위를 선택하고 [홈] 탭–[스타일] 그룹에서 [조건부 서식]을 클릭한 후 [새 규칙]을 선택합니다.

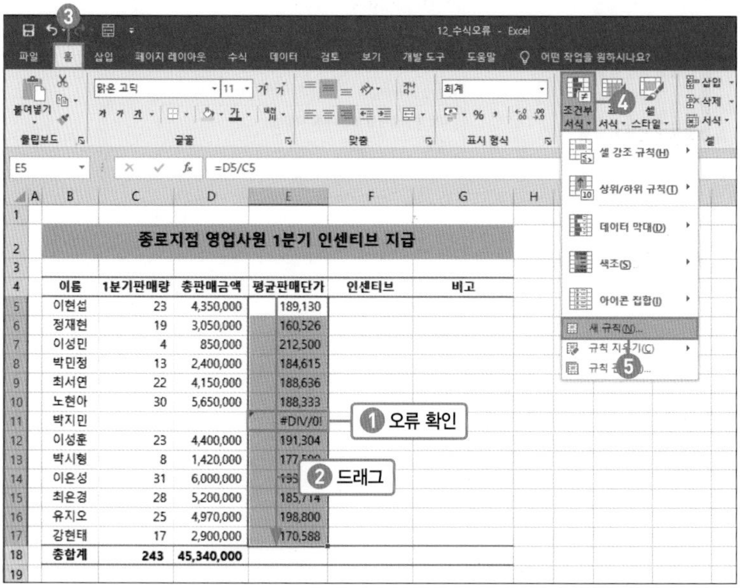

02 [새 서식 규칙] 대화상자가 열리면 '규칙 유형 선택'에서 [다음을 포함하는 셀만 서식 지정]을 선택합니다. '규칙 설명 편집'의 '다음을 포함하는 셀만 서식 지정'에서 [오류]를 선택한 후 [서식]을 클릭합니다.

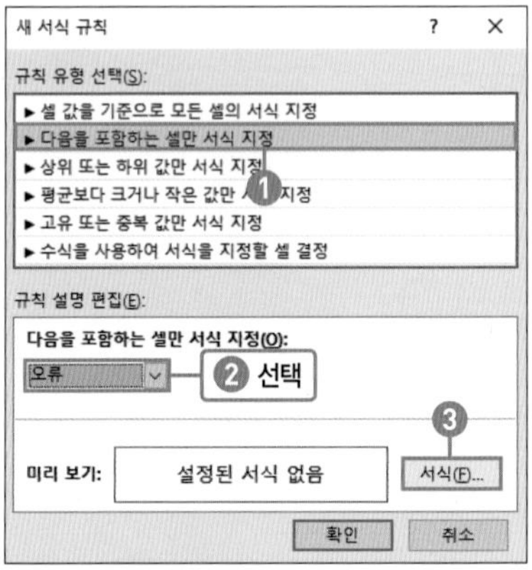

03 [셀 서식] 대화상자가 열리면 [글꼴] 탭에서 '색'을 '테마 색'의 [흰색, 배경 1]로 선택하고 [확인]을 클릭합니다. [새 서식 규칙] 대화상자로 되돌아오면 [확인]을 클릭합니다.

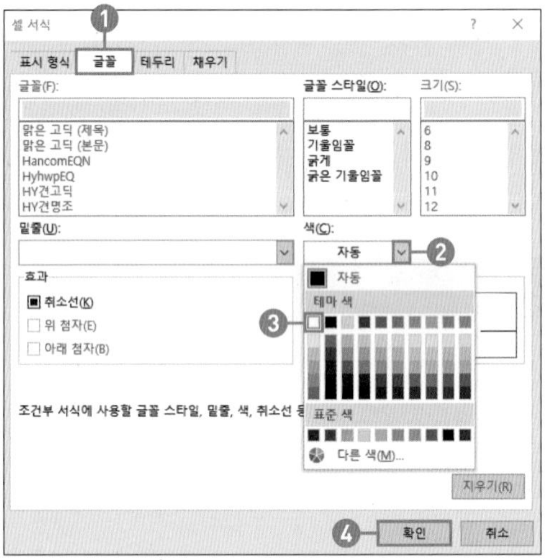

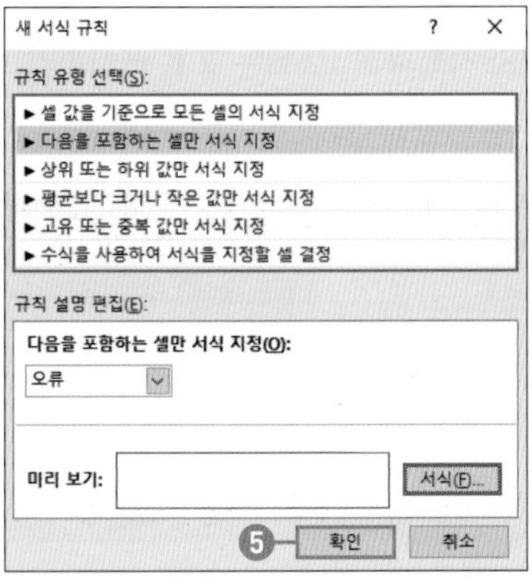

04 E11셀에 오류 메시지의 글자 색이 흰색으로 변경되어 오류가 보이지 않습니다.

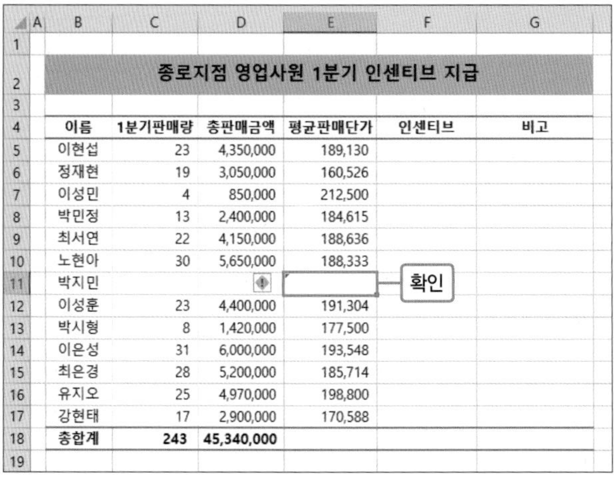

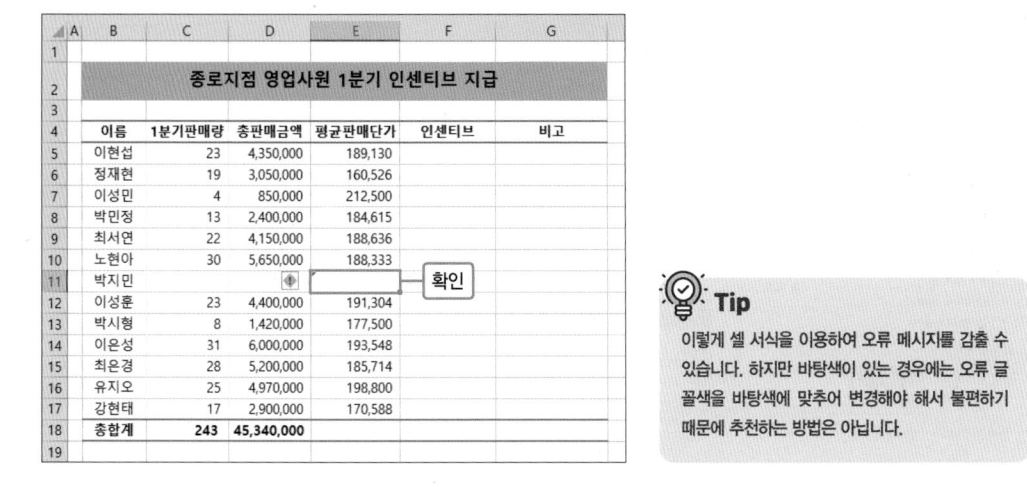

> **Tip**
> 이렇게 셀 서식을 이용하여 오류 메시지를 감출 수 있습니다. 하지만 바탕색이 있는 경우에는 오류 글꼴색을 바탕색에 맞추어 변경해야 해서 불편하기 때문에 추천하는 방법은 아닙니다.

3 출력물에 오류 표시하지 않기

화면에는 오류 메시지가 보이지만, 프린트로 출력했을 때 오류가 표시되지 않도록 인쇄 설정 환경을 바꿀 수 있습니다.

01 [Sheet10] 시트의 E11셀에는 오류 메시지가 표시되어 있습니다. [페이지 레이아웃] 탭–[페이지 설정] 그룹에서 [인쇄 제목]을 클릭합니다.

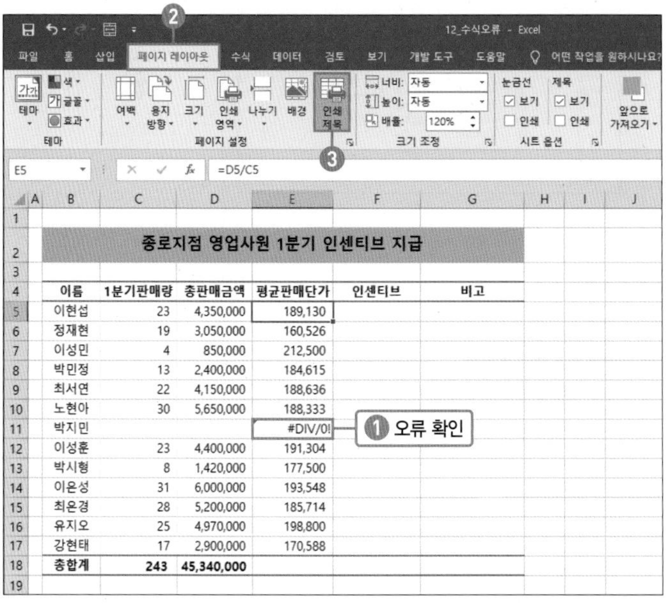

02 [페이지 설정] 대화상자가 열리면 [시트] 탭을 선택하고 '셀 오류 표시'에서 [〈공백〉]을 선택한 후 [인쇄 미리 보기]를 클릭합니다.

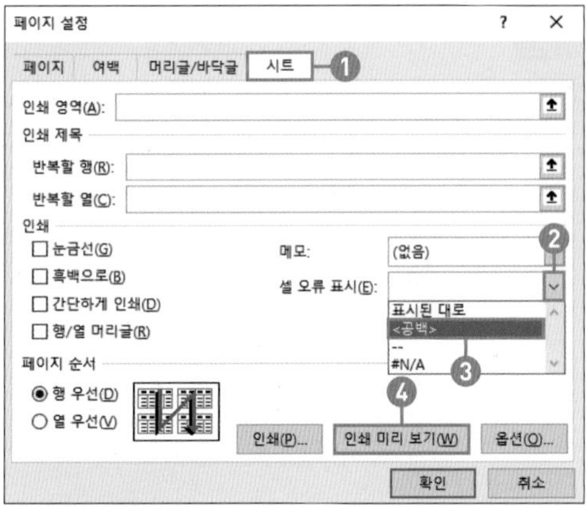

03 인쇄 미리 보기 화면에서 오류가 표시되지 않았는지 확인합니다.

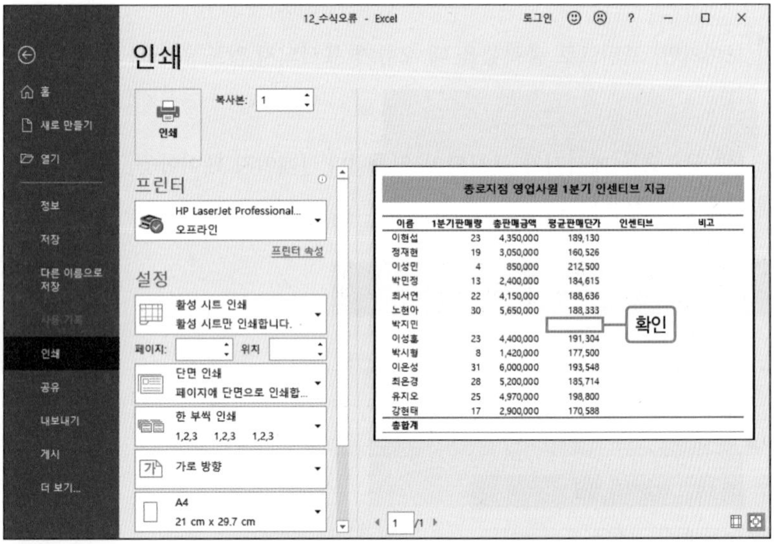

이름	1분기판매량	총판매금액	평균판매단가	인센티브	비고
이현섭	23	4,350,000	189,130		
정재현	19	3,050,000	160,526		
이성민	4	850,000	212,500		
박민정	13	2,400,000	184,615		
최서연	22	4,150,000	188,636		
노현아	30	5,650,000	188,333		
박지민					
이성홍	23	4,400,000	191,304		
박시형	8	1,420,000	177,500		
이은성	31	6,000,000	193,548		
최은경	28	5,200,000	185,714		
유지오	25	4,970,000	198,800		
강현태	17	2,900,000	170,588		
총합계					

Tip

워크시트 화면에는 오류가 그대로 표시되어 있고 출력할 경우에만 오류 메시지가 공백으로 보입니다.

13 어려운 함수는 사용하지 않기

대량의 데이터에서 원하는 정보를 얻기 위해 다양한 함수를 사용하거나 일부 필터, 정렬 등 여러 편집 과정을 통하여 데이터를 추출해 낼 수 있습니다. 사용자가 직접 데이터를 집계하기 위해 어려운 함수를 사용하지 않고 원하는 정보를 쉽고 빠르게 얻을 수 있는 방법에 대해 알아봅니다.

실습파일 : 13_피벗테이블.xlsx

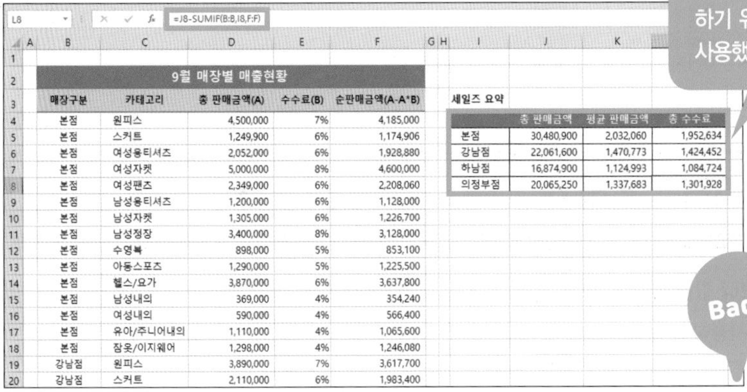

=J8-SUMIF(B:B,I8,F:F)

9월 매장별 매출현황

매장구분	카테고리	총 판매금액(A)	수수료(B)	순판매금액(A-A*B)
본점	원피스	4,500,000	7%	4,185,000
본점	스커트	1,249,900	6%	1,174,906
본점	여성용티셔츠	2,052,000	6%	1,928,880
본점	여성자켓	5,000,000	8%	4,600,000
본점	여성팬츠	2,349,000	6%	2,208,060
본점	남성용티셔츠	1,200,000	6%	1,128,000
본점	남성자켓	1,305,000	6%	1,226,700
본점	남성정장	3,400,000	8%	3,128,000
본점	수영복	898,000	5%	853,100
본점	아동스포츠	1,290,000	5%	1,225,500
본점	헬스/요가	3,870,000	6%	3,637,800
본점	남성내의	369,000	4%	354,240
본점	여성내의	590,000	4%	566,400
본점	유아/주니어내의	1,110,000	4%	1,065,600
본점	잠옷/이지웨어	1,298,000	4%	1,246,080
강남점	원피스	3,890,000	7%	3,617,700
강남점	스커트	2,110,000	6%	1,983,400

세일즈 요약

	총 판매금액	평균 판매금액	총 수수료
본점	30,480,900	2,032,060	1,952,634
강남점	22,061,600	1,470,773	1,424,452
하남점	16,874,900	1,124,993	1,084,724
의정부점	20,065,250	1,337,683	1,301,928

Bad!
각 항목에 맞는 값을 계산하기 위해 총 3개의 수식을 사용했어요.

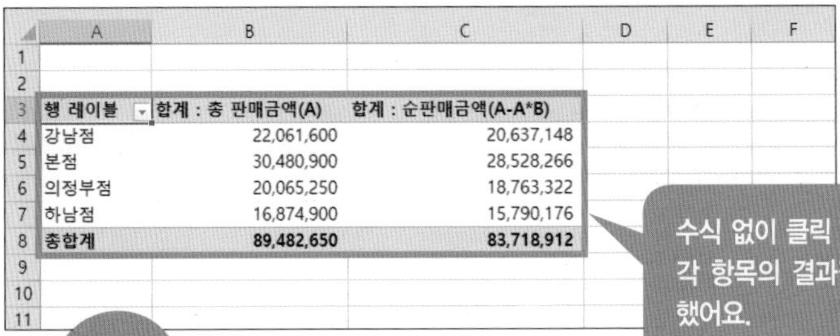

행 레이블	합계 : 총 판매금액(A)	합계 : 순판매금액(A-A*B)
강남점	22,061,600	20,637,148
본점	30,480,900	28,528,266
의정부점	20,065,250	18,763,322
하남점	16,874,900	15,790,176
총합계	**89,482,650**	**83,718,912**

Good!
수식 없이 클릭 한 번으로 각 항목의 결과값을 출력했어요.

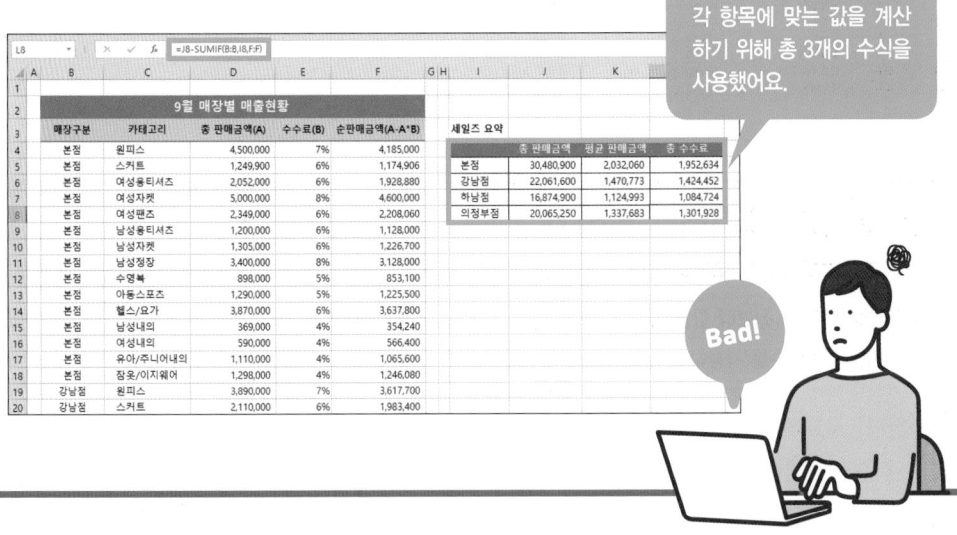

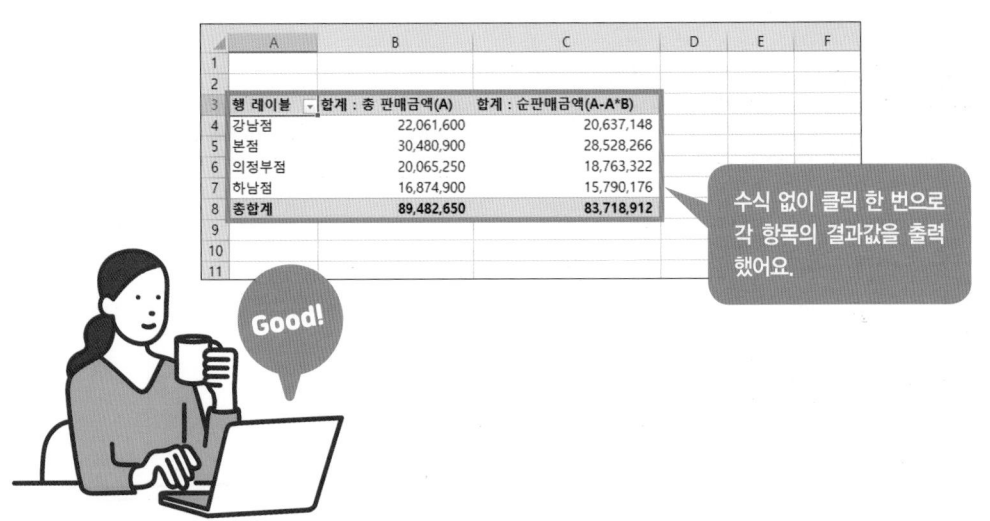

문제 상황

'9월 매장별 매출현황' 표를 기준으로 '세일즈 요약' 표에 총 판매금액과 평균 판매금액 등 요약된 내용을 계산하려고 합니다. 그리고 카테고리별 평균 수수료와 매장별로 가장 많이 팔린 카테고리가 무엇인지 다양하게 자료를 분석하여 현재 매출 상태를 확인하고 싶습니다.

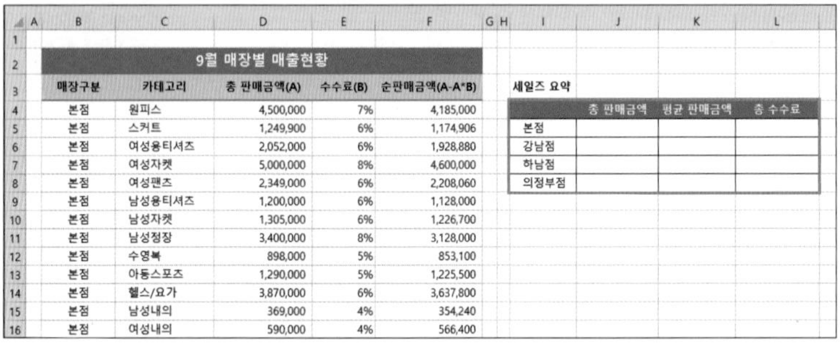

9월 매장별 매출현황

매장구분	카테고리	총 판매금액(A)	수수료(B)	순판매금액(A-A*B)
본점	원피스	4,500,000	7%	4,185,000
본점	스커트	1,249,900	6%	1,174,906
본점	여성용티셔츠	2,052,000	6%	1,928,880
본점	여성자켓	5,000,000	8%	4,600,000
본점	여성팬츠	2,349,000	6%	2,208,060
본점	남성용티셔츠	1,200,000	6%	1,128,000
본점	남성자켓	1,305,000	6%	1,226,700
본점	남성정장	3,400,000	8%	3,128,000
본점	수영복	898,000	5%	853,100
본점	아동스포츠	1,290,000	5%	1,225,500
본점	헬스/요가	3,870,000	6%	3,637,800
본점	남성내의	369,000	4%	354,240
본점	여성내의	590,000	4%	566,400

세일즈 요약

	총 판매금액	평균 판매금액	총 수수료
본점			
강남점			
하남점			
의정부점			

함수 사용해 데이터 집계하기

수집한 데이터에서 원하는 정보나 값을 찾는 방법으로 함수를 사용하거나 필터 또는 피벗 테이블 등을 다양하게 적용할 수 있습니다. 이번에는 함수를 사용하여 원하는 값을 찾아보겠습니다.

01 [매출현황] 시트에서 '9월 매장별 매출현황' 표를 참조하여 '세일즈 요약' 표를 채우려고 합니다. 매장별로 총 판매금액을 구하기 위해 J5셀에 함수식 『=SUMIF(B:B,I5,D:D)』를 입력합니다.

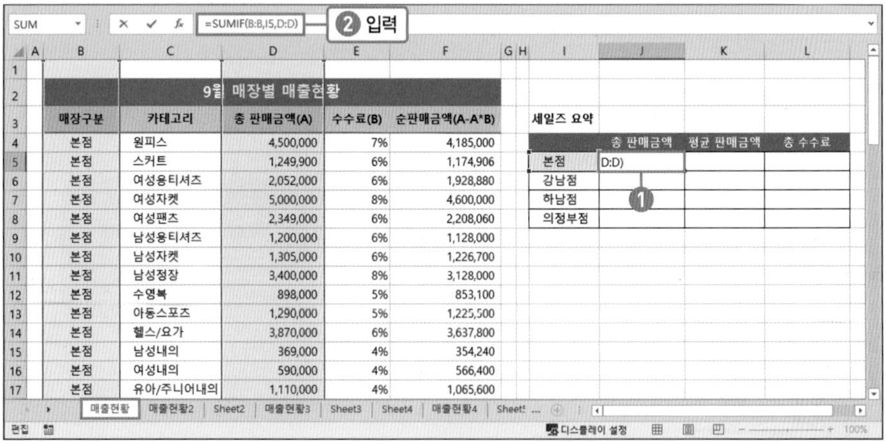

9월 매장별 매출현황

매장구분	카테고리	총 판매금액(A)	수수료(B)	순판매금액(A-A*B)
본점	원피스	4,500,000	7%	4,185,000
본점	스커트	1,249,900	6%	1,174,906
본점	여성용티셔츠	2,052,000	6%	1,928,880
본점	여성자켓	5,000,000	8%	4,600,000
본점	여성팬츠	2,349,000	6%	2,208,060
본점	남성용티셔츠	1,200,000	6%	1,128,000
본점	남성자켓	1,305,000	6%	1,226,700
본점	남성정장	3,400,000	8%	3,128,000
본점	수영복	898,000	5%	853,100
본점	아동스포츠	1,290,000	5%	1,225,500
본점	헬스/요가	3,870,000	6%	3,637,800
본점	남성내의	369,000	4%	354,240
본점	여성내의	590,000	4%	566,400
본점	유아/주니어내의	1,110,000	4%	1,065,600

세일즈 요약

	총 판매금액	평균 판매금액	총 수수료
본점	D:D)		
강남점			
하남점			
의정부점			

02 이번에는 K5셀에 『=AVERAGEIF(B:B,I5,D:D)』를 입력하여 평균 판매금액을 계산합니다.

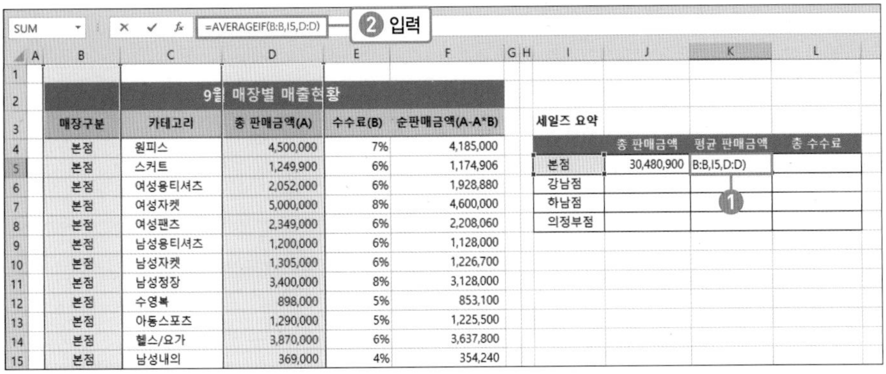

03 L5셀에 매장별 수수료를 계산해 볼게요. 앞에서 구한 매장별 총 판매금액에 SUMIF 함수를 사용하여 순판매금액을 뺀 함수식 『=J5−SUMIF(B:B,I5,F:F)』를 입력합니다.

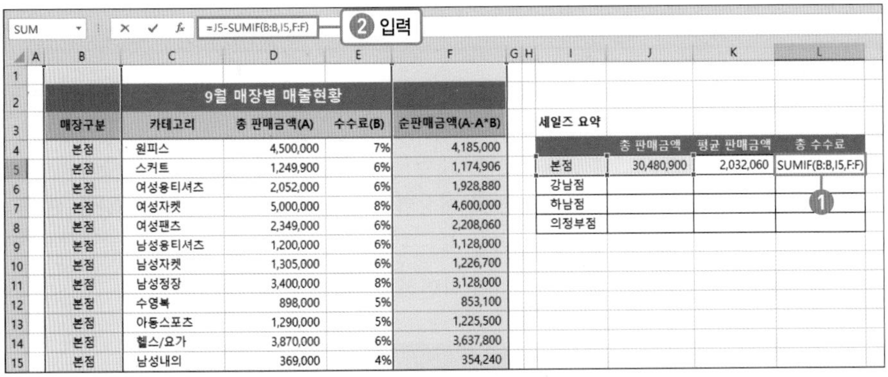

04 J5:L5 범위를 선택하고 L5셀의 자동 채우기 핸들을 더블클릭하여 모든 지점의 총 판매금액과 평균판매금액, 총 수수료금액을 계산합니다.

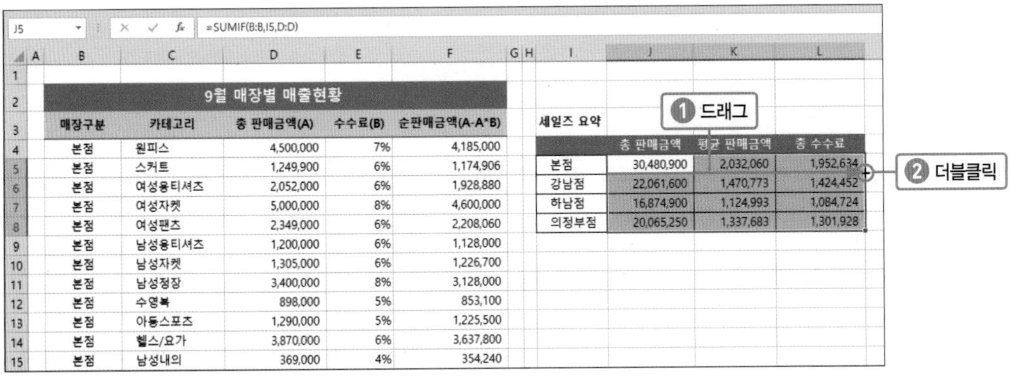

Solution

Q 함수의 종류나 사용 방법에 대해 익숙하지 않아 원하는 값을 찾기가 쉽지 않습니다. 데이터를 분석하기 위해 다양한 조건의 값을 쉽게 얻을 수 있는 방법이 있나요?

A 원하는 결과값을 위해 그에 맞는 다양한 종류의 함수를 응용해 사용할 수 있지만, 초보자에게는 쉽지 않습니다. 이 경우 함수식 대신 피벗 테이블을 사용하여 좀 더 다양한 정보를 빠르게 얻을 수 있습니다.

데이터 분석의 천재, 피벗 테이블 바로 알기

피벗 테이블은 대량의 데이터를 요약 및 계산해 주는 분석 도구입니다. 대화형 테이블로 사용자가 자유롭게 레이아웃을 조정할 수 있어서 빠르게 다각도로 분석한 데이터를 얻을 수 있습니다.

01 [매출현황2] 시트에서 피벗 테이블을 생성할 '9월 매장별 매출현황' 표의 범위(B3:F63)를 선택하고 [삽입] 탭–[표] 그룹에서 [피벗 테이블]을 클릭합니다. [피벗 테이블 만들기] 대화상자가 열리면 피벗 테이블 보고서를 넣을 위치가 [새 워크시트]인지 확인하고 [확인]을 클릭합니다.

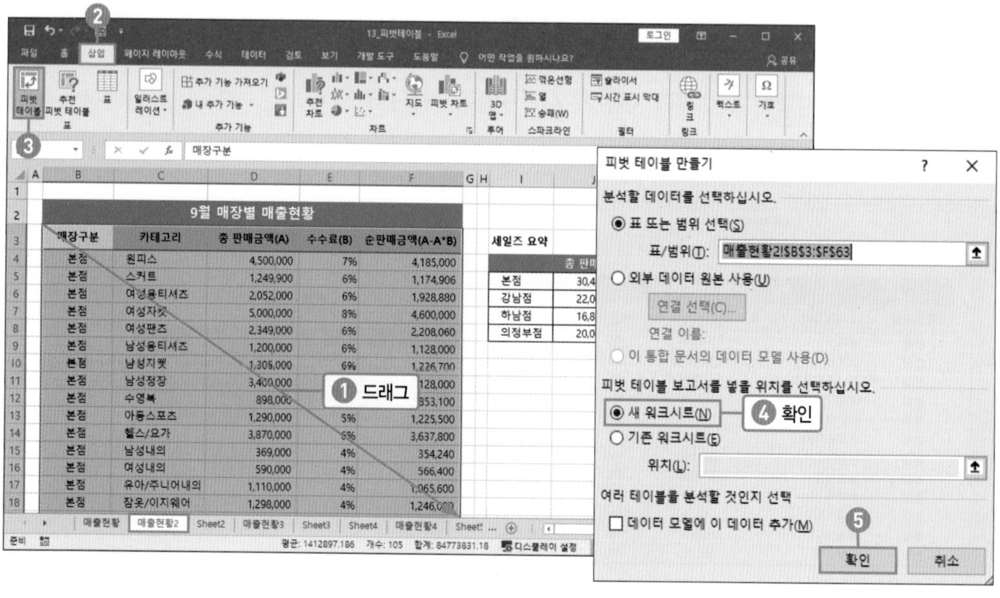

02 새 워크시트가 생기면서 왼쪽에는 피벗 테이블 보고서가, 오른쪽에는 [피벗 테이블 필드] 창이 열리면 [피벗 테이블 필드] 창에서 [매장구분] 필드는 '행' 영역으로, [총 판매금액(A)] 필드와 [순판매금액(A−A*B)]는 '값' 영역으로 드래그합니다. 그러면 매장별로 빠르게 판매금액이 집계됩니다.

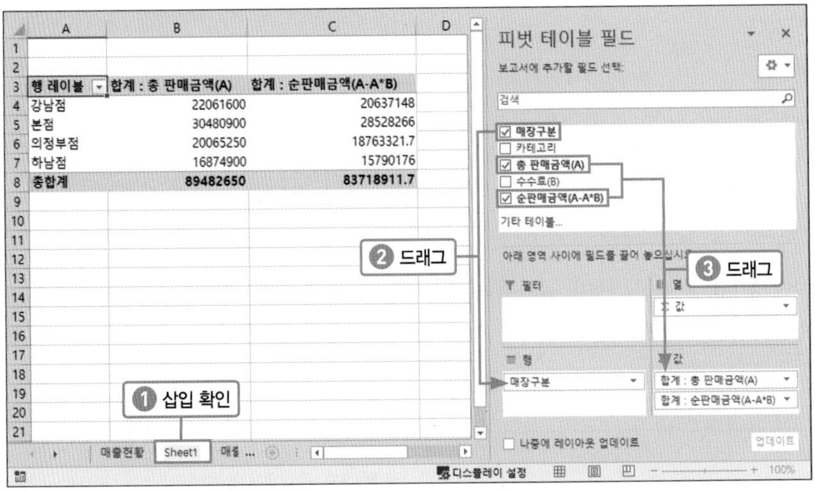

03 집계된 판매금액의 숫자 표시 형식을 통일해 볼게요. [피벗 테이블 필드] 창에서 '값' 영역에 있는 [총 판매금액(A)] 필드를 선택하고 [값 필드 설정]을 선택합니다.

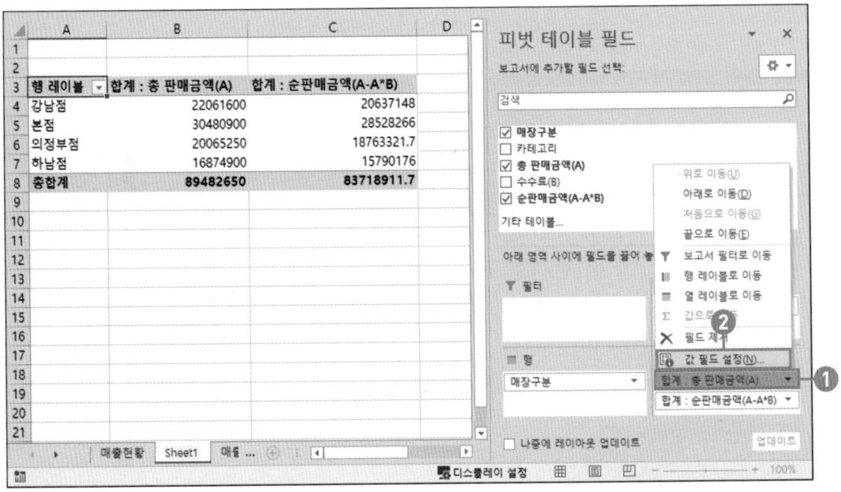

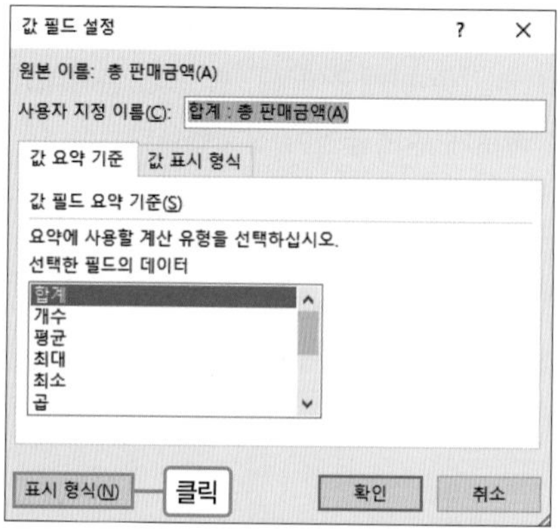

04 [값 필드 설정] 대화상자가 열리면 [표시 형식]을 클릭합니다.

05 [셀 서식] 대화상자의 [표시 형식] 탭이 열리면 '범주'에서 [숫자]를 선택하고 [1000 단위 구분 기호(,) 사용]에 체크한 후 [확인]을 클릭합니다. [값 필드 설정] 대화상자로 되돌아오면 [확인]을 클릭합니다.

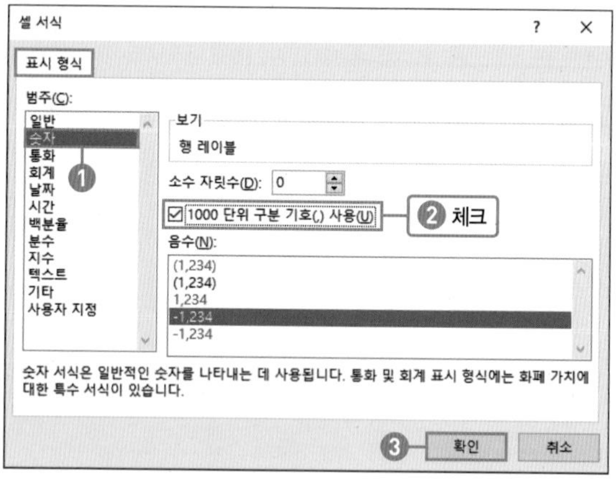

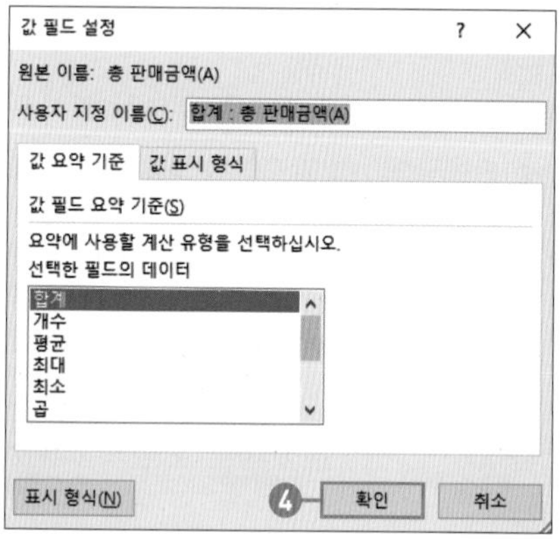

06 '총 판매금액(A)' 항목의 숫자 값이 천 단위로 표시되었습니다. 이와 같은 방법으로 '순 판매금액(A−A*B)' 항목의 숫자 값에도 천 단위 표시 형식을 지정합니다.

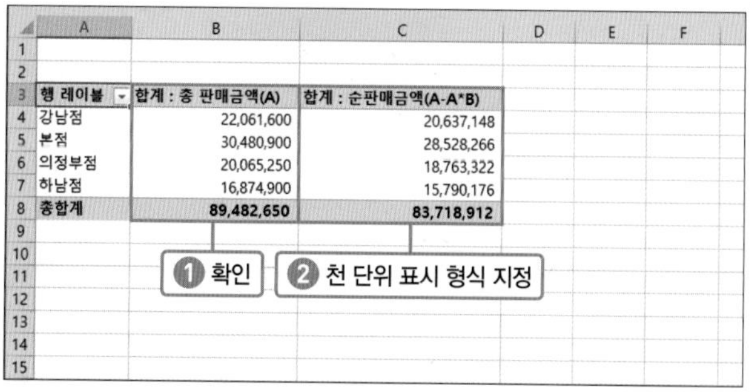

잠깐 만요

데이터 수정 후 새로 고침하기

피벗 테이블의 원본 데이터를 수정했으면 [새로 고침]을 선택해야 피벗 테이블에 수정된 데이터가 반영됩니다. 피벗 테이블을 만들어두고 계속 원본 데이터를 수정해서 사용한다면 습관처럼 자주 [새로 고침]을 해서 피벗 테이블의 데이터를 확인해야 합니다.

1 앞에서 실습한 [매출현황2] 시트에서 '매장구분' 항목 중 '강남점' 행 전체를 선택합니다. 선택 영역에서 마우스 오른쪽 단추를 클릭하고 [삭제]를 선택합니다.

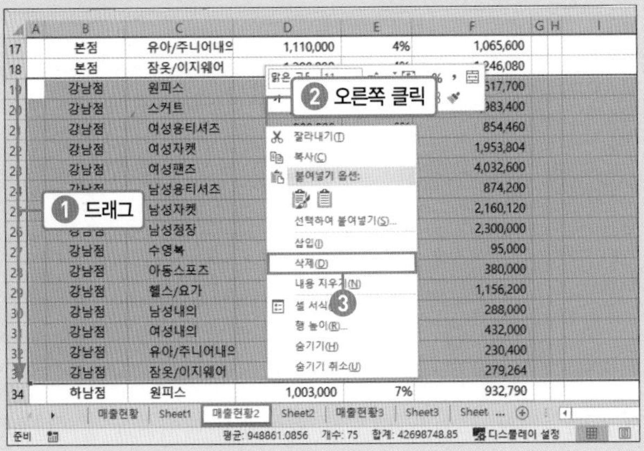

2 피벗 테이블이 있는 [Sheet1] 시트로 이동하면 원본 데이터에서 '강남점'을 삭제했지만 피벗 테이블에는 데이터가 그대로 남아있습니다. 피벗 테이블에 있는 셀을 선택하고 마우스 오른쪽 단추를 클릭한 후 [새로 고침]을 클릭하면 1 과정에서 수정한 원본 데이터가 반영되어 '강남점' 데이터가 나타나지 않습니다.

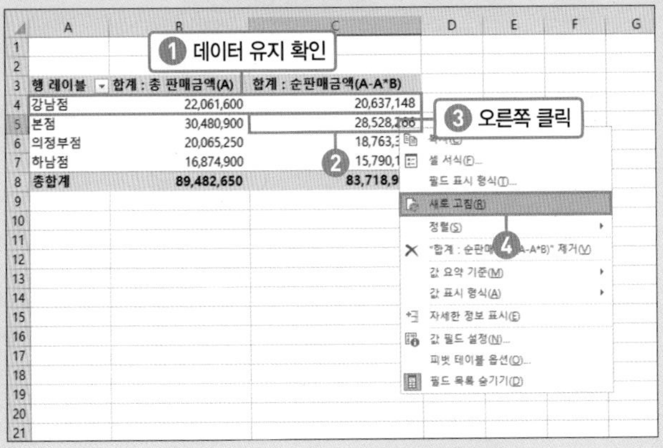

피벗 테이블의 활용도를 높이는 방법 알기

앞에서 살펴본 것처럼 함수를 사용하여 값을 계산하는 것보다 피벗 테이블로 매우 쉽게 매장별로 판매금액을 집계했습니다. 이렇게 간편한 피벗 테이블을 잘 활용하려면 다음의 사항을 잘 알아두어야 합니다.

1 세로형 데이터를 구성해라

피벗 테이블은 무조건 모든 자료에 활용할 수 있는 것이 아닙니다. 물론 피벗 테이블을 생성할 수는 있지만, 데이터의 구조에 따라 피벗 테이블을 활용하지 못할 수도 있습니다. 그러므로 피벗 테이블을 제대로 사용하려면 이것에 맞는 데이터를 구성해야 합니다.

Tip

데이터의 구조에 대해서는 170쪽을 참고하세요.

2 그룹을 만들어라

피벗 테이블은 원본 데이터에 없는 항목을 만들어서 분석할 수 있습니다.

01 [매출현황3] 시트에서는 '9월 매장별 매출현황' 표의 '카테고리' 항목에서 데이터를 성격별로 묶어서 상위 카테고리를 만들고 새로운 정보를 분석할 수 있습니다.

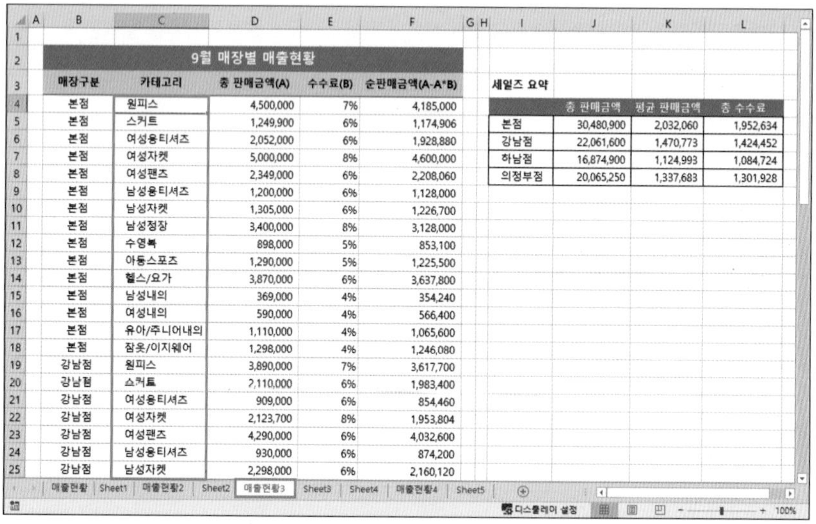

9월 매장별 매출현황

매장구분	카테고리	총 판매금액(A)	수수료(B)	순판매금액(A-A*B)
본점	원피스	4,500,000	7%	4,185,000
본점	스커트	1,249,900	6%	1,174,906
본점	여성용티셔츠	2,052,000	6%	1,928,880
본점	여성자켓	5,000,000	8%	4,600,000
본점	여성팬츠	2,349,000	6%	2,208,060
본점	남성용티셔츠	1,200,000	6%	1,128,000
본점	남성자켓	1,305,000	6%	1,226,700
본점	남성정장	3,400,000	8%	3,128,000
본점	수영복	898,000	5%	853,100
본점	아동스포츠	1,290,000	5%	1,225,500
본점	헬스/요가	3,870,000	6%	3,637,800
본점	남성내의	369,000	4%	354,240
본점	여성내의	590,000	4%	566,400
본점	유아/주니어내의	1,110,000	4%	1,065,600
본점	잠옷/이지웨어	1,298,000	4%	1,246,080
강남점	원피스	3,890,000	7%	3,617,700
강남점	스커트	2,110,000	6%	1,983,400
강남점	여성용티셔츠	909,000	6%	854,460
강남점	여성자켓	2,123,700	8%	1,953,804
강남점	여성팬츠	4,290,000	6%	4,032,600
강남점	남성용티셔츠	930,000	6%	874,200
강남점	남성자켓	2,298,000	6%	2,160,120

세일즈 요약

	총 판매금액	평균 판매금액	총 수수료
본점	30,480,900	2,032,060	1,952,634
강남점	22,061,600	1,470,773	1,424,452
하남점	16,874,900	1,124,993	1,084,724
의정부점	20,065,250	1,337,683	1,301,928

02 표에서 열을 추가하여 새로운 항목을 입력할 수도 있지만, 이번에는 피벗 테이블에서 상위 카테고리를 만들어 볼게요. [Sheet2] 시트를 선택하고 [피벗 테이블 필드] 창의 '행' 영역에서 [매장구분] 필드를 삭제한 후 [카테고리] 필드를 '행' 영역으로 드래그합니다.

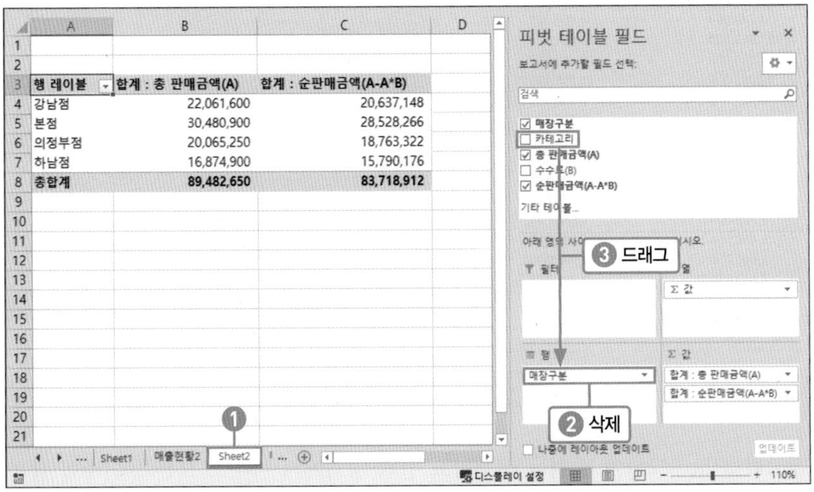

Tip

'행' 영역에 위치한 [매장구분] 필드를 클릭하고 [필드 제거]를 선택하거나 워크시트쪽으로 필드를 드래그하여 삭제할 수 있습니다.

03 카테고리명에 따라 데이터가 오름차순으로 정렬되면 각 레이블을 드래그하여 임의로 위치를 변경할 수 있습니다. 성격이 같은 카테고리끼리 드래그하여 선택한 상태에서 마우스 포인터를 올려놓고 ✥ 모양으로 변경되면 원하는 위치로 드래그하여 위치를 이동합니다.

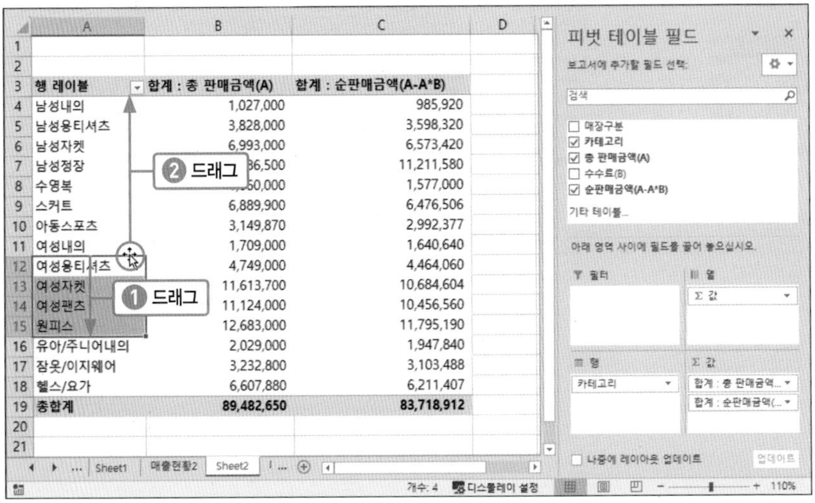

04 이와 같은 방법으로 다음의 그림과 같이 카테고리를 분류합니다.

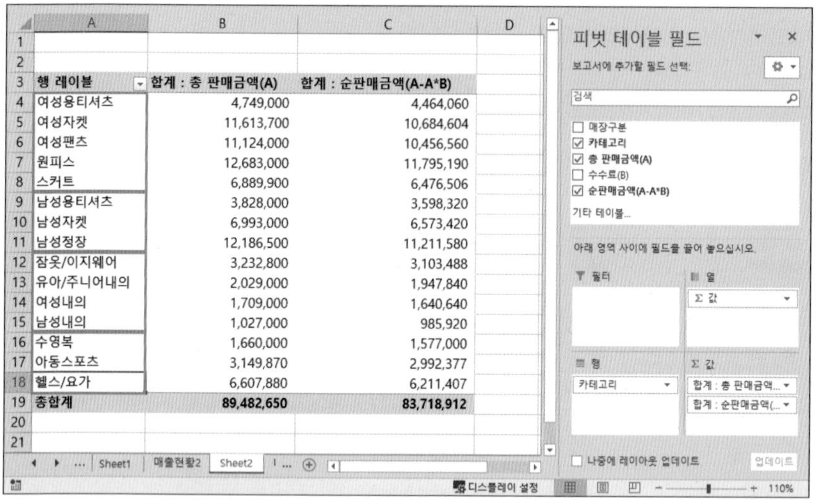

05 그룹을 만들 카테고리를 드래그하여 범위를 선택하고 선택 영역에서 마우스 오른쪽 단추를 클릭한 후 [그룹]을 선택합니다.

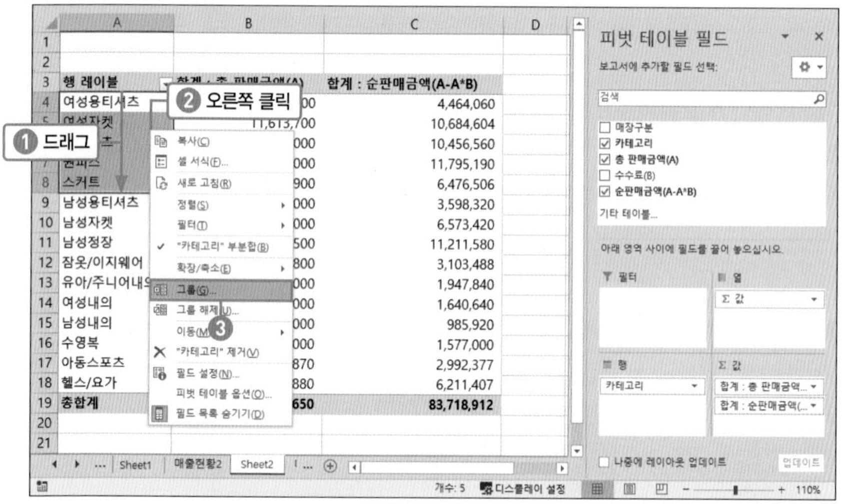

06 '그룹1'이 나타나면서 [피벗 테이블 필드] 창의 '행' 영역에 그룹화한 필드명에 숫자 '2'가 붙어서 새로운 필드명 '카테고리2'가 생성되었습니다.

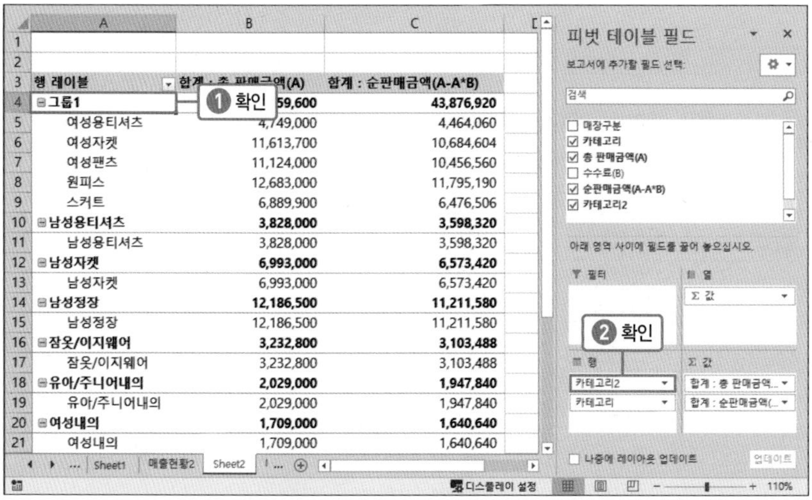

07 피벗 테이블에 있는 셀을 선택하고 [피벗 테이블 도구]의 [디자인] 탭–[레이아웃] 그룹에서 [보고서 레이아웃]을 클릭한 후 [테이블 형식으로 표시]를 선택합니다.

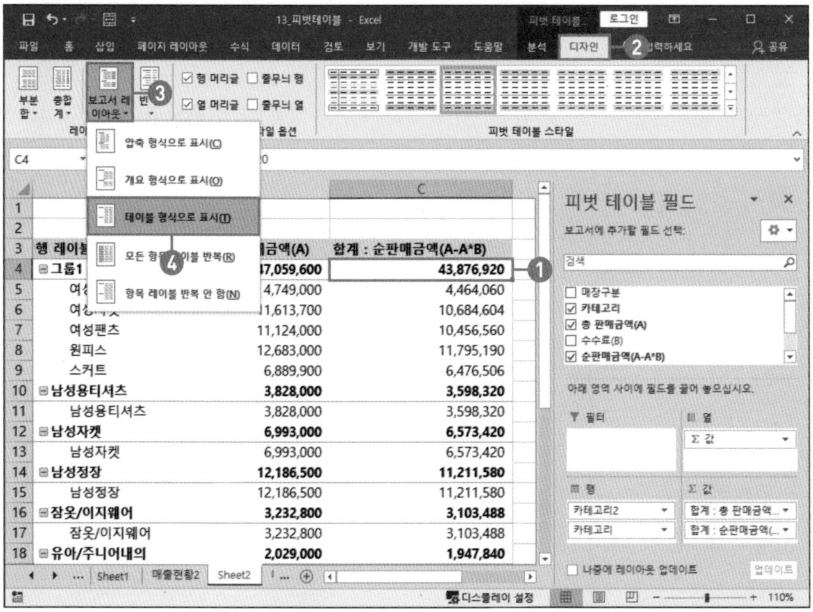

Tip

선택한 셀의 위치가 피벗 테이블이 아닌 곳에 있으면 [디자인] 탭이 보이지 않습니다.

08 보고서 레이아웃이 압축 형식으로 표시되었을 때보다 테이블 형식으로 좀 더 표시되어 구분하기가 쉽습니다. '카테고리2' 항목에 그룹 요약 데이터가 보이지 않게 설정하기 위해 [피벗 테이블 필드] 창에서 '카테고리2' 필드를 선택하고 [필드 설정]을 선택합니다.

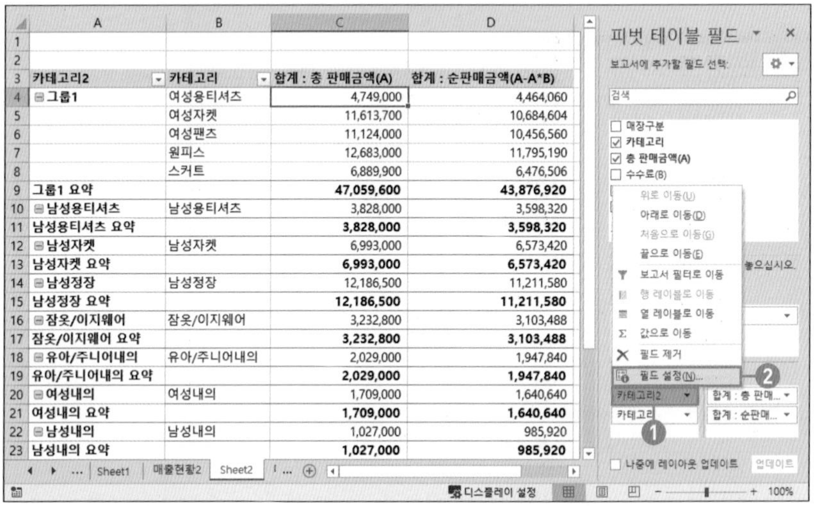

Tip

여기서는 보고서 레이아웃이 압축 형식으로 표시되었지만, '개요 형식으로 표시'와 '테이블 형식으로 표시' 형식도 있습니다. 레이아웃 표시 형식에 대해서는 309쪽의 '잠깐만요'를 참고하세요.

09 [필드 설정] 대화상자가 열리면 [부분합 및 필터] 탭의 '소계'에서 [없음]을 선택하고 [확인]을 클릭합니다.

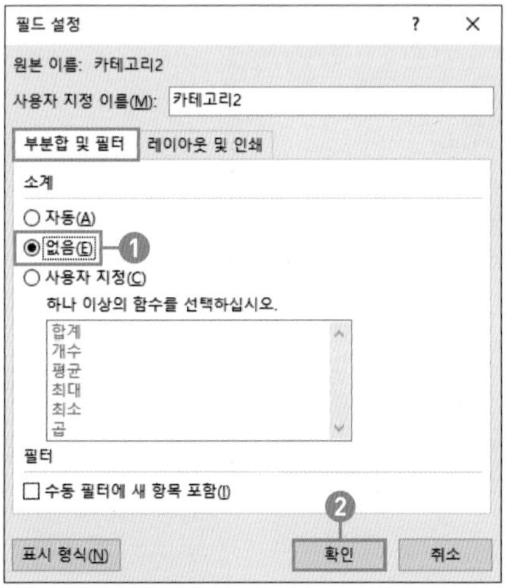

10 '카테고리2' 항목에 그룹 요약이 없어져서 좀 더 쉽게 그룹 작업을 할 수 있습니다. B9:B11 범위를 선택하고 선택 영역에서 마우스 오른쪽 단추를 클릭한 후 [그룹]을 선택합니다.

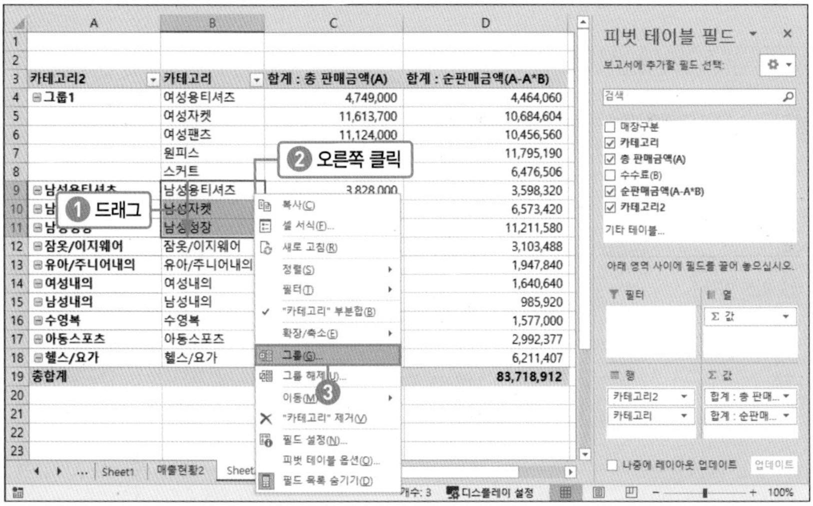

11 B9:B11 범위가 '그룹2'로 묶여졌는지 확인합니다. 이와 같은 방법으로 B12:B15 범위와 B16:B18 범위에도 각각 '그룹3'과 '그룹4'를 만들고 A4셀을 선택한 후 『여성의류』를 입력하여 그룹의 이름을 변경합니다.

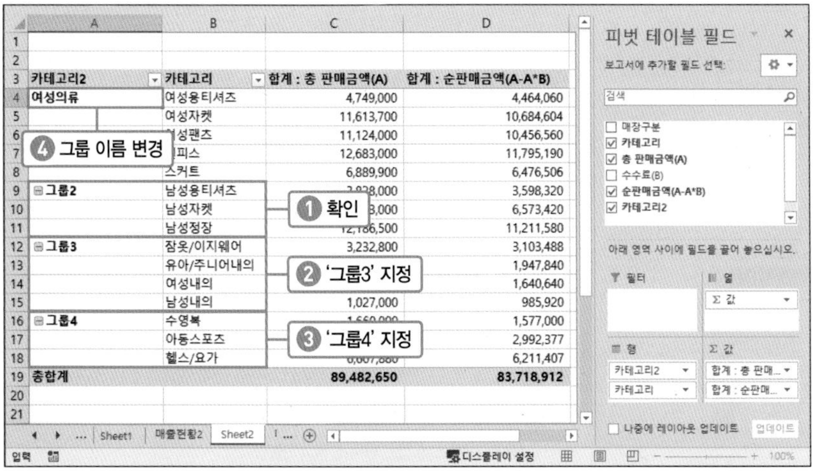

Tip

B열의 범위가 아닌 A열의 범위를 지정해도 그룹을 만들 수 있습니다.

12 순차적으로 그룹의 이름을 '남성의류', '언더웨어', '스포츠의류'로 변경합니다. 새로 만든 그룹의 소계를 다시 확인하기 위해 [피벗 테이블 필드] 창의 '행' 영역에서 [카테고리2] 필드를 선택하고 [필드 설정]을 선택합니다.

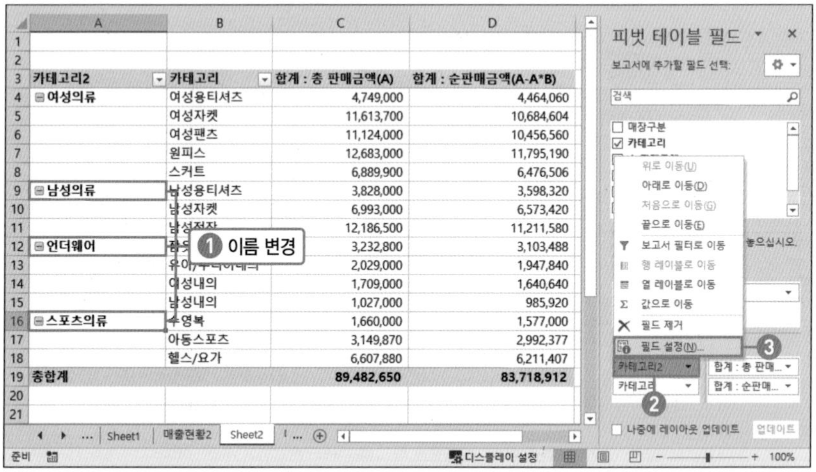

13 [필드 설정] 대화상자가 열리면 '사용자 지정 이름'에 『구분』을 입력하여 필드명을 변경합니다. [부분합 및 필터] 탭의 '소계'에서 '사용자 지정'을 선택하고 '하나 이상의 함수를 선택하십시오.'에서 [합계]를 선택한 후 [확인]을 클릭합니다.

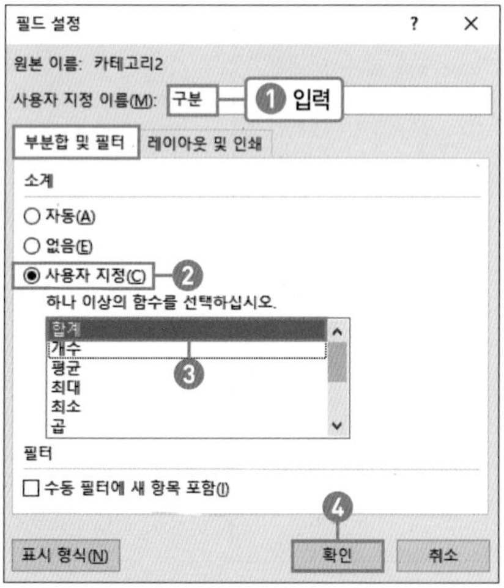

Tip

'사용지 지정' 소계 값은 다중 선택이 가능합니다.

14 필드명이 '카테고리2'에서 '구분'으로 변경되고 구분된 각 필드에 합계가 표시되었습니다.

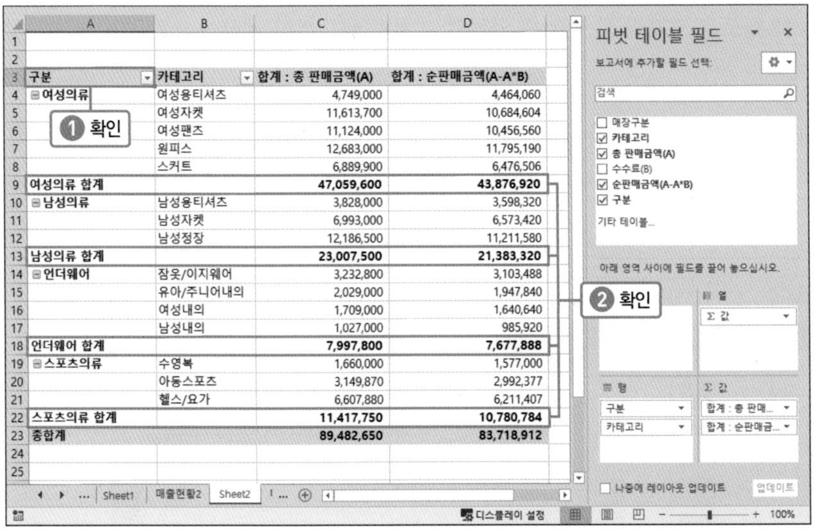

> **Tip**
> 필드명은 셀에 직접 입력해서 간단하게 변경할 수 있습니다.

잠깐만요 보고서 레이아웃 미리 보기

보고서 레이아웃은 306쪽에 있는 '압축 형식으로 표시'뿐만 아니라 '개요 형식으로 표시', '테이블 형식으로 표시' 형식으로 구분됩니다.

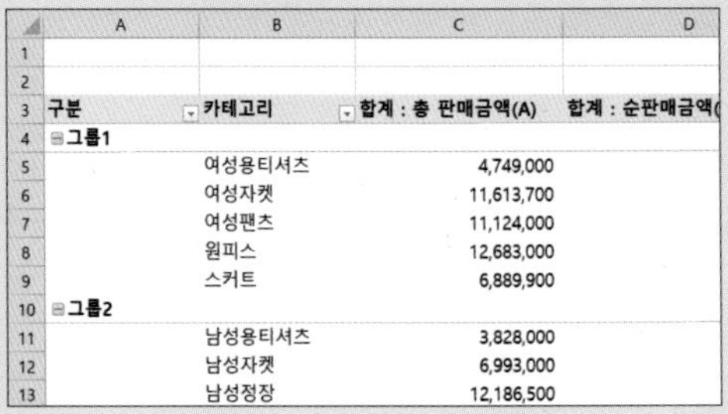

구분 | 카테고리 | 합계 : 총 판매금액(A) | 합계 : 순판매금액(
그룹1
여성용티셔츠 | 4,749,000
여성자켓 | 11,613,700
여성팬츠 | 11,124,000
원피스 | 12,683,000
스커트 | 6,889,900
그룹2
남성용티셔츠 | 3,828,000
남성자켓 | 6,993,000
남성정장 | 12,186,500

▲ 개요 형식으로 표시

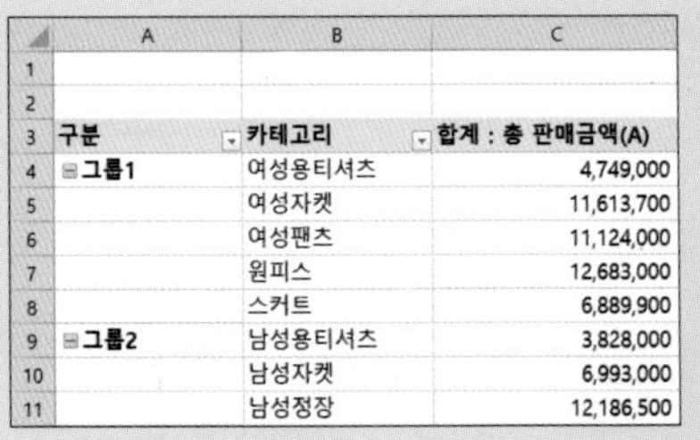

구분 | 카테고리 | 합계 : 총 판매금액(A)
그룹1 | 여성용티셔츠 | 4,749,000
여성자켓 | 11,613,700
여성팬츠 | 11,124,000
원피스 | 12,683,000
스커트 | 6,889,900
그룹2 | 남성용티셔츠 | 3,828,000
남성자켓 | 6,993,000
남성정장 | 12,186,500

▲ 테이블 형식으로 표시

3 필드 계산을 활용해라

앞에서 그룹을 만들어 새로운 정보를 분석할 수 있었던 것처럼 필드끼리 계산식을 만들어 새로운 필드를 만들 수 있습니다.

01 [매출현황3] 시트의 '9월 매장별 매출현황' 표에서 카테고리별로 수수료율은 확인이 가능하지만, 실제로 발생한 수수료는 확인할 수 없습니다. 이번에는 피벗 테이블에서 실제로 발생한 수수료를 계산해 볼게요.

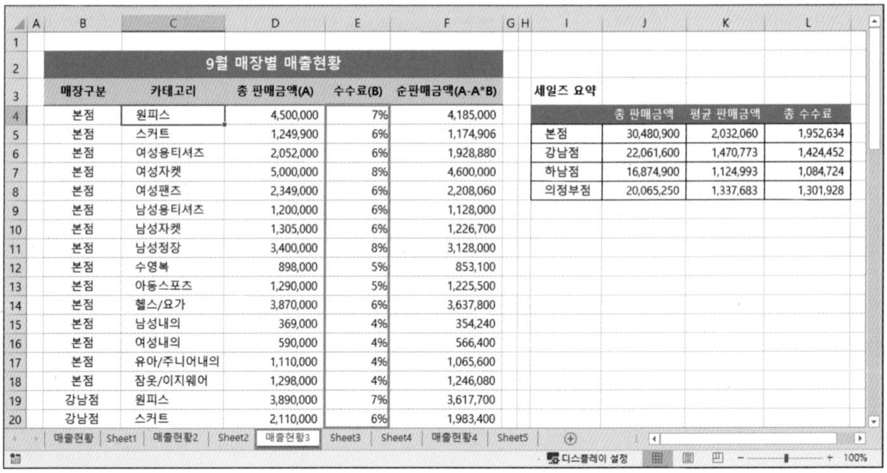

02 [Sheet3] 시트에서 피벗 테이블에 있는 셀을 선택합니다. [피벗 테이블 도구]의 [분석] 탭–[계산] 그룹에서 [필드, 항목 및 집합]을 클릭하고 [계산 필드]를 선택합니다.

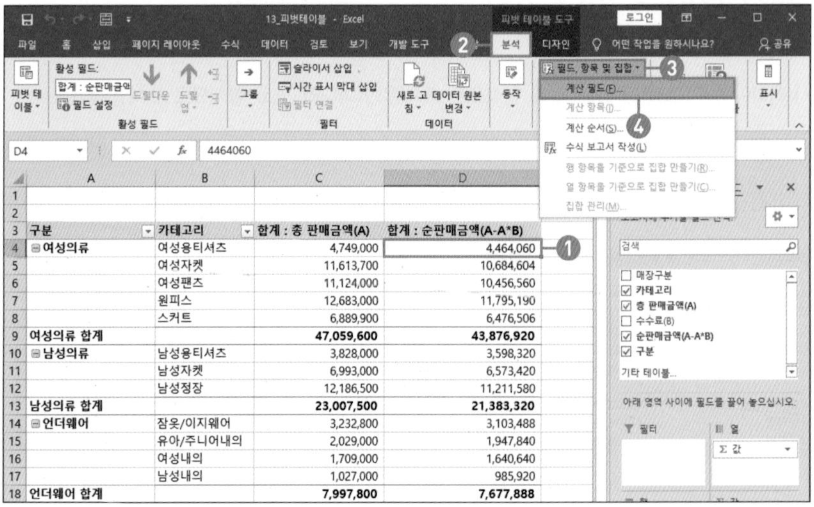

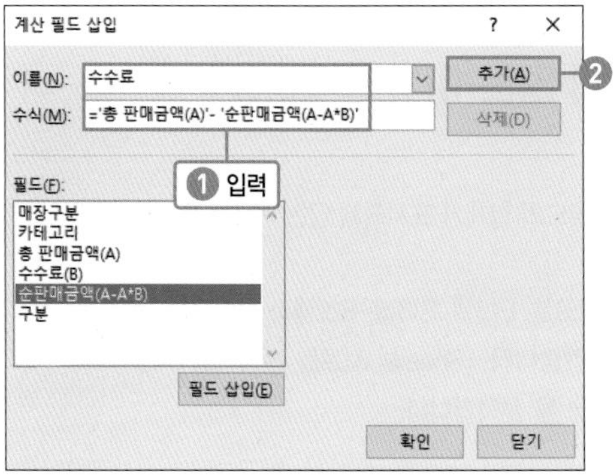

03 [계산 필드 삽입] 대화상자가 열리면 '이름'에는 새로 만들 필드명인 『수수료』를, '수식'에는 수수료를 계산하는 『='총 판매금액(A)'-'순판매금액(A-A*B)'』를 입력하고 [추가]를 클릭합니다.

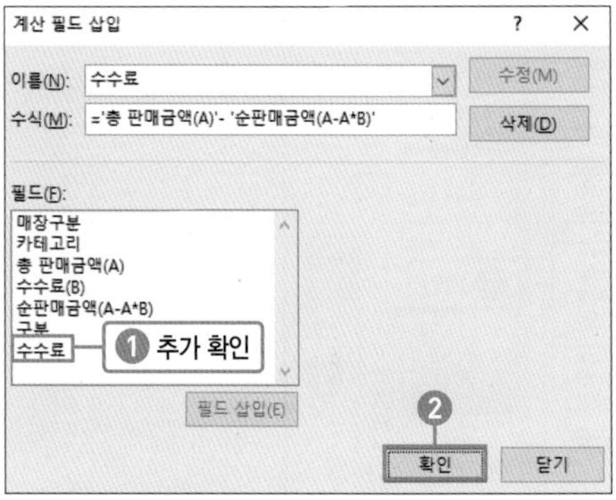

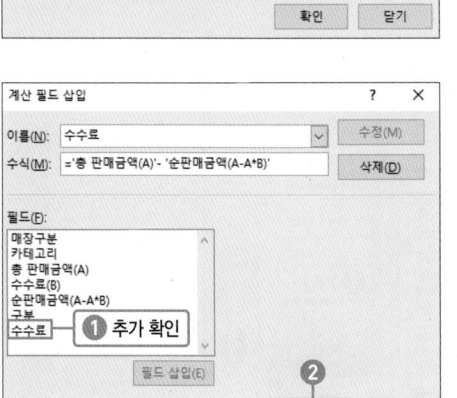

04 '필드' 목록에 [수수료]가 추가되었으면 [확인]을 클릭합니다.

Tip

수식에 필드명을 입력하는 것이 어려우면 [계산 필드 삽입] 대화상자의 '필드' 목록에 수식에 사용할 필드를 더블클릭하여 수식 창에 자동으로 입력할 수 있습니다.

05 [피벗 테이블 필드] 창의 '값' 영역에 [수수료] 필드가 생성되면서 '합계 : 수수료' 항목이 계산되어 표시되었습니다.

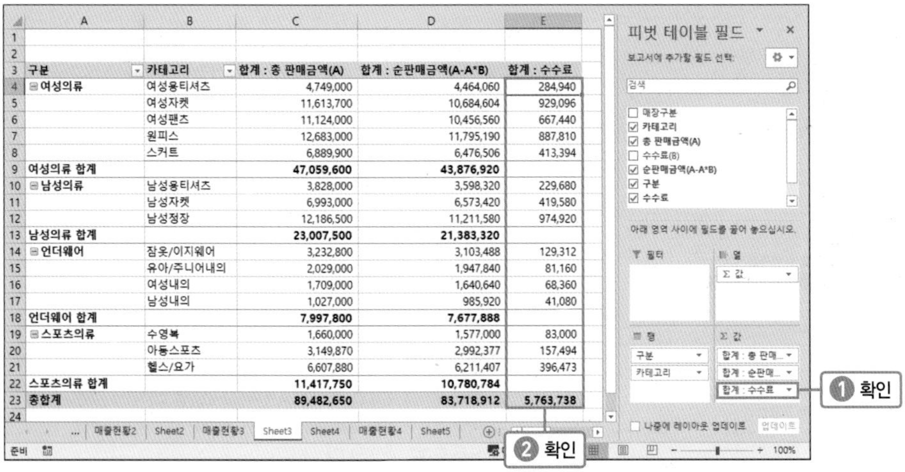

잠깐만요

'수수료' 필드가 합계 요약되지 않는 이유 살펴보기

'구분' 항목별로 '합계' 요약이 계산되는데, '수수료' 필드의 합계가 표시되지 않는 이유는 무엇일까요?

1 앞의 실습에서 E열의 '합계 : 수수료' 항목을 살펴보면 E9셀, E13셀, E18셀, E22셀과 같이 각 항목의 합계가 계산되지 않았는데, 여기에 요약 값을 계산해 보겠습니다. [Sheet4] 시트를 선택하고 [피벗 테이블 필드] 창의 '행' 영역에서 [구분] 필드를 선택한 후 [필드 설정]을 선택합니다.

▲	A	B	C	D	E
1					
2					
3	구분	카테고리	합계 : 총 판매금액(A)	합계 : 순판매금액(A-A*B)	합계 : 수수료
4	⊟ 여성의류	여성용티셔츠	4,749,000	4,464,060	284,940
5		여성자켓	11,613,700	10,684,604	929,096
6		여성팬츠	11,124,000	10,456,560	667,440
7		원피스	12,683,000	11,795,190	887,810
8		스커트	6,889,900	6,476,506	413,394
9	여성의류 합계		47,059,600	43,876,920	
10	⊟ 남성의류	남성용티셔츠	3,828,000	3,598,320	229,680
11		남성자켓	6,993,000	6,573,420	419,580
12		남성청장	12,186,500	11,211,580	974,920
13	남성의류 합계		23,007,500	21,383,320	
14	⊟ 언더웨어	잠옷/이지웨어	3,232,800	3,103,488	129,312
15		유아/주니어내의	2,029,000	1,947,840	81,160
16		여성내의	1,709,000	1,640,640	68,360
17		남성내의	1,027,000	985,920	41,080
18	언더웨어 합계		7,997,800	7,677,888	
19	⊟ 스포츠의류	수영복	1,660,000	1,577,000	83,000
20		아동스포츠	3,149,870	2,992,377	157,494
21		헬스/요가	6,607,880	6,211,407	396,473
22	스포츠의류 합계		11,417,750	10,780,784	
23	총합계		89,482,650	83,718,912	5,763,738
24					

피벗 테이블 필드

보고서에 추가할 필드 선택:

- ☐ 매장구분
- ☑ 카테고리
- ☐ 총 판매금액(A)
- ☐ 수수료(B)
- ☑ 순판매금액(A-A*B)

위로 이동(U)
아래로 이동(D)
처음으로 이동(G)
끝으로 이동(E)

1 확인

🔼 값으로 이동
❌ 필드 제거
2 필드 설정 **3**

구분 ▾ | 합계 : 합...
카테고리 ▾ | 합계 : 순...
| 합계 : ...

☐ 나중에 레이아웃 업데이트   업데이트

2 [필드 설정] 대화상자가 열리면 [부분합 및 필터] 탭의 '소계'에서 [자동]을 선택하고 [확인]을 클릭합니다.

필드 설정   ? ✕

원본 이름: 카테고리2

사용자 지정 이름(M): 구분

[부분합 및 필터] [레이아웃 및 인쇄]

소계

- ⦿ 자동(A) ◀**1**
- ○ 없음(E)
- ○ 사용자 지정(C)

  하나 이상의 함수를 선택하십시오.

  | 개수 |
  | 평균 |
  | 최대 |
  | 최소 |
  | 곱 |

필터

☐ 수동 필터에 새 항목 포함(I)

2

[표시 형식(N)]   [확인]   [취소]

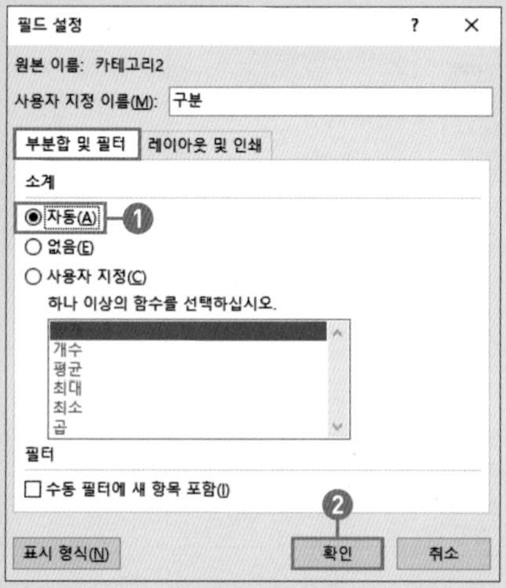

💡 **Tip**

계산 필드로 작성된 필드는 '소계'에서 [자동]을 선택하면 데이터의 종류에 따라 결과값을 표시하며, 숫자일 경우에는 기본적으로 합계가 계산됩니다.

3 확장된 '수수료' 필드에 요약 값이 계산되었는지 확인합니다.

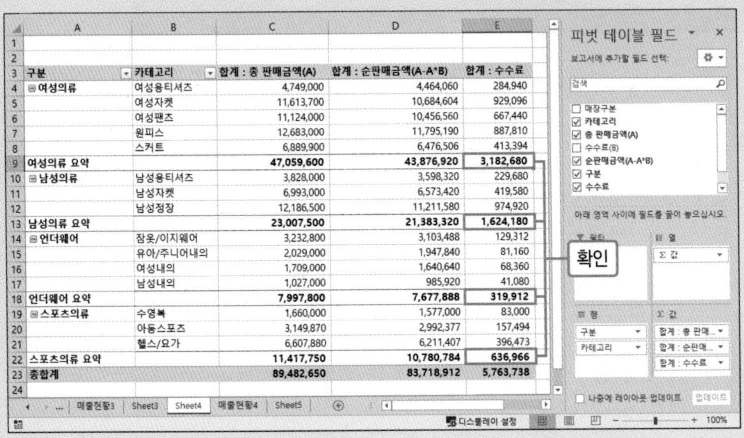

4 원본 데이터에 엑셀 표를 적용해라

함수를 사용할 때 참조 범위를 지정하는 것처럼 피벗 테이블도 범위를 지정해 범위 안의 데이터에서 다양하게 계산할 수 있습니다. 내용이 추가되면 [데이터 원본 변경] 메뉴에서 추가된 내용만큼 범위를 새로 설정해야 해서 불편합니다. 하지만 동적 참조가 가능한 엑셀 표를 사용하여 참조 범위를 변경하지 않고 새로 추가된 데이터까지 분석할 수 있습니다.

01 먼저 원본 데이터의 범위를 조정하는 방법을 알아볼게요. [매출현황4] 시트의 '9월 매장별 매출현황' 표에서 62~63행의 데이터를 복사하고 64~65행에 붙여넣어 내용을 추가합니다.

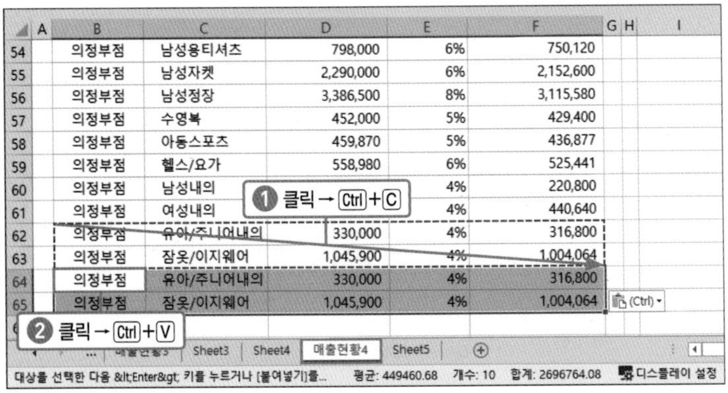

02 [Sheet5] 시트로 이동하여 피벗 테이블에 있는 셀을 선택하고 [피벗 테이블 도구]의 [분석] 탭–[데이터] 그룹에서 [데이터 원본 변경]을 클릭한 후 [데이터 원본 변경]을 선택합니다.

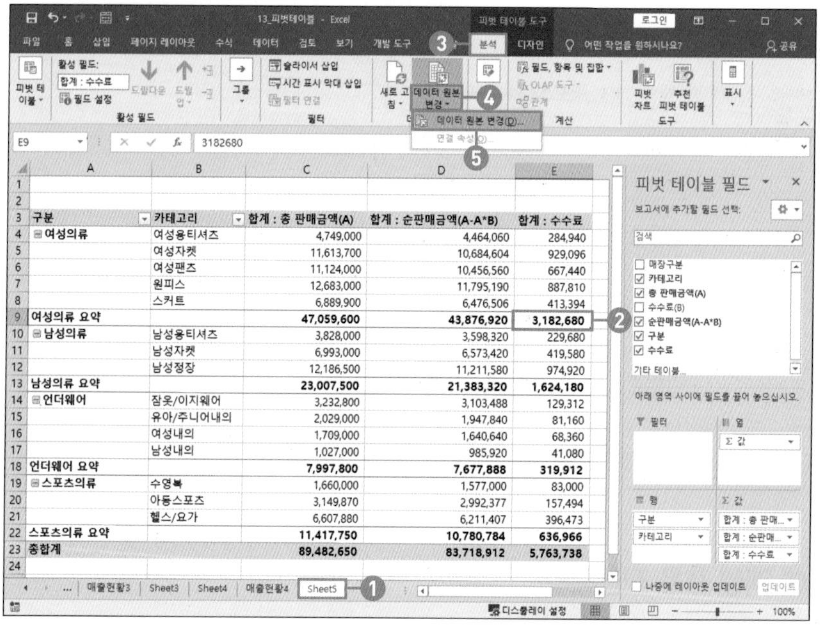

03 [피벗 테이블 데이터 원본 변경] 대화상자가 열리면 '표/범위'에서 [매출현황4] 시트의 B3:F63 범위를 참조하는 것을 확인할 수 있습니다. 추가 입력된 데이터가 범위로 선택되지 않았으므로 내용에 맞추어 다시 범위를 [매출현황4] 시트의 B3:F65 범위로 수정하고 [확인]을 클릭합니다.

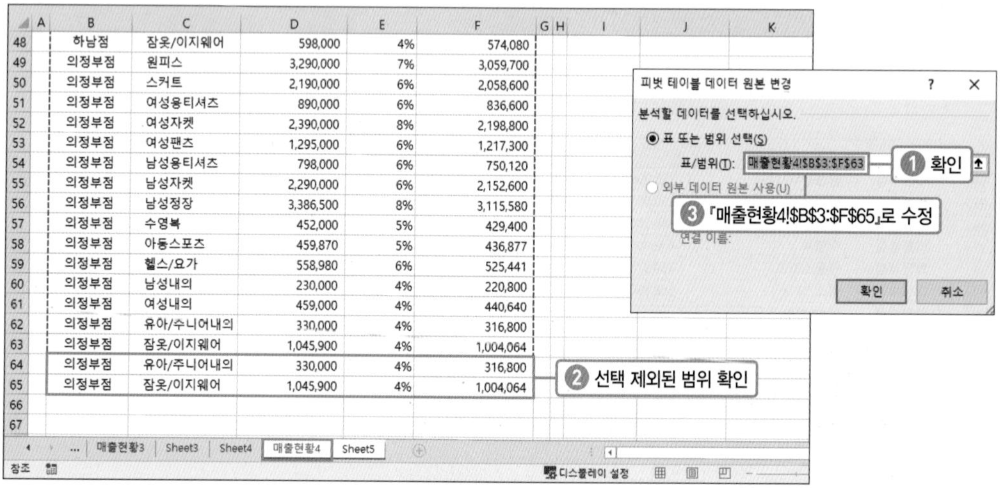

04 이 경우 [매출현황4] 시트의 B3:F65 범위에 엑셀 표가 적용되어 있으면 셀 주소가 표 이름으로 나타나 편리하게 작업할 수 있습니다. 엑셀 표는 동적 참조가 가능해서 원본에 새로운 데이터를 입력해도 범위를 변경하지 않아도 되기 때문입니다. [매출현황4] 시트에서 B3:F65 범위를 선택하고 [삽입] 탭–[표] 그룹에서 [표]를 클릭합니다. [표 만들기] 대화상자가 열리면 [확인]을 클릭하세요.

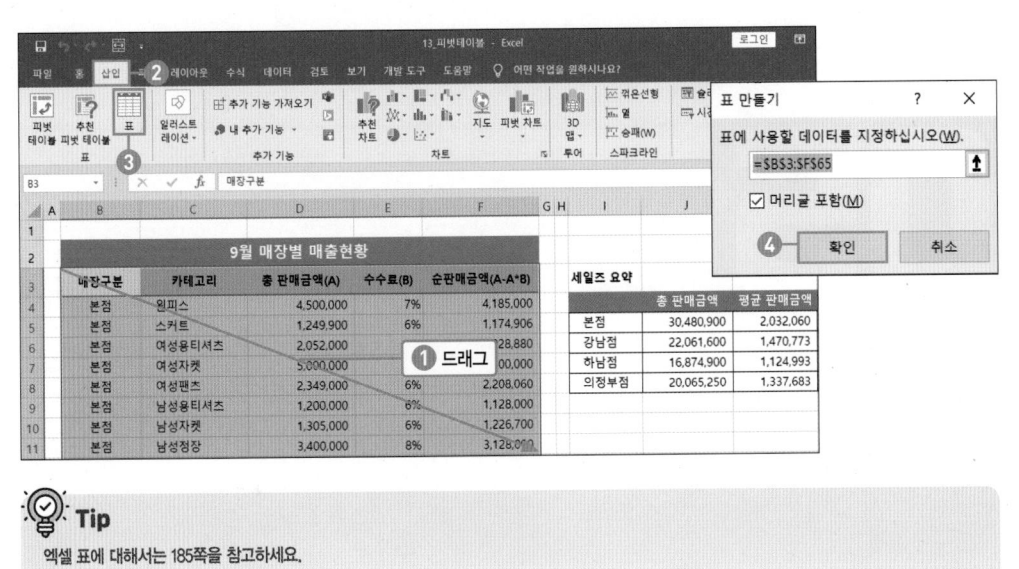

Tip

엑셀 표에 대해서는 185쪽을 참고하세요.

05 [Sheet5] 시트로 이동하여 314쪽의 **02** 과정을 참고하여 [피벗 테이블 데이터 원본 변경] 대화상자를 엽니다. '표/범위'에 나타난 범위를 삭제하고 엑셀 표가 적용된 범위를 다시 지정합니다. 그럼 셀 주소 대신 엑셀 표 이름이 나타나면 [확인]을 클릭합니다.

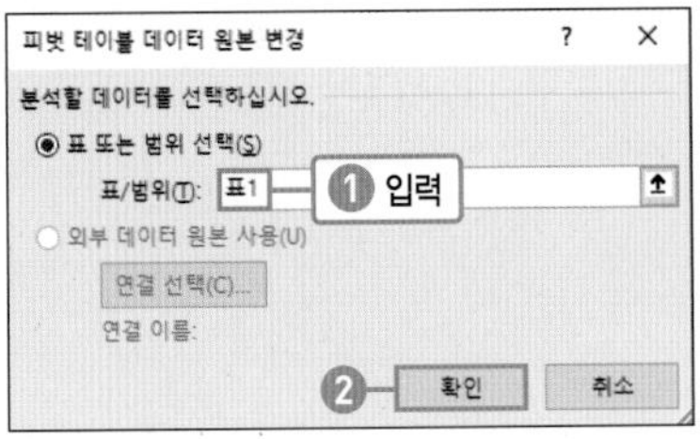

주어진 상황에 대한 문제점을 알고 개선하려면 데이터를 분석하는 것이 매우 중요합니다. 데이터를 분석할 때 함수를 사용하지 않고 다양한 값을 얻을 수 있는 도구가 바로 피벗 테이블입니다. 함수를 사용하면 참조 범위를 잘못 이동하는 등의 문제로 데이터가 왜곡될 수 있지만, 피벗 테이블은 정확도 높은 데이터의 결과값을 구할 수 있습니다. 그리고 피벗 테이블에서는 다양한 시각으로 쉽고 빠르게 계산할 수 있다는 것이 가장 큰 장점입니다.

PART 05

'보기 좋은 떡이 먹기도 좋다'는 속담처럼 차트를 활용하면 작성한 데이터에 더 쉽게 공감하고 정보를 더 쉽게 판단할 수 있습니다. Part 05에서는 차트로 데이터를 시각화하는 방법을 살펴보고 도형을 사용하여 핵심 내용을 강조해 봅니다. 그리고 차트에 표현해야 할 데이터가 많은 경우에는 셀 안의 '미니 차트'라고 부르는 스파크라인을 활용해 간결하면서도 보기 좋게 작성해 보겠습니다.

데이터 출력

01 시각화하지 못한 데이터는 가치가 떨어진다

02 다양한 색 조합은 전달력을 떨어뜨린다 ① - 표(테이블)

03 다양한 색 조합은 전달력을 떨어뜨린다 ② - 차트

04 매번 같은 작업 반복하지 않기

05 기본 제공 기능에만 한정되지 않기

06 표현 요소가 많은 거창한 차트는 필요 없다

07 피벗 테이블의 결과값은 함부로 공유하지 않기

01 시각화하지 못한 데이터는 가치가 떨어진다

같은 데이터여도 숫자로만 구성된 표를 제시하는 것보다 차트를 함께 제시하면 정보 전달력을 높일 수 있습니다. 이번에는 수집한 데이터를 가치 있는 데이터로 만들기 위해 각 차트의 특징을 이해하고 목적에 맞는 차트의 사용 방법에 대해 알아봅니다.

실습파일 : 01_차트.xlsx

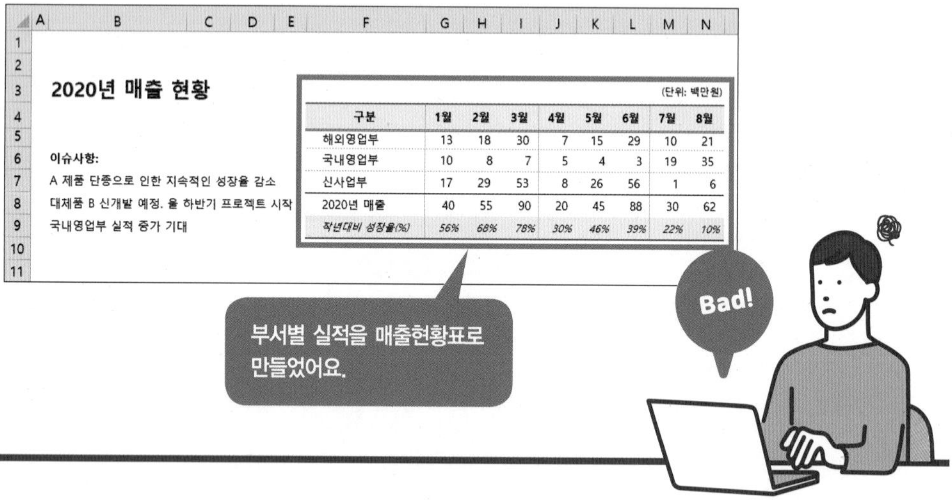

2020년 매출 현황

이슈사항:
A 제품 단종으로 인한 지속적인 성장율 감소
대체품 B 신개발 예정. 올 하반기 프로젝트 시작
국내영업부 실적 증가 기대

(단위: 백만원)

구분	1월	2월	3월	4월	5월	6월	7월	8월
해외영업부	13	18	30	7	15	29	10	21
국내영업부	10	8	7	5	4	3	19	35
신사업부	17	29	53	8	26	56	1	6
2020년 매출	40	55	90	20	45	88	30	62
작년대비 성장율(%)	56%	68%	78%	30%	46%	39%	22%	10%

Bad!
부서별 실적을 매출현황표로 만들었어요.

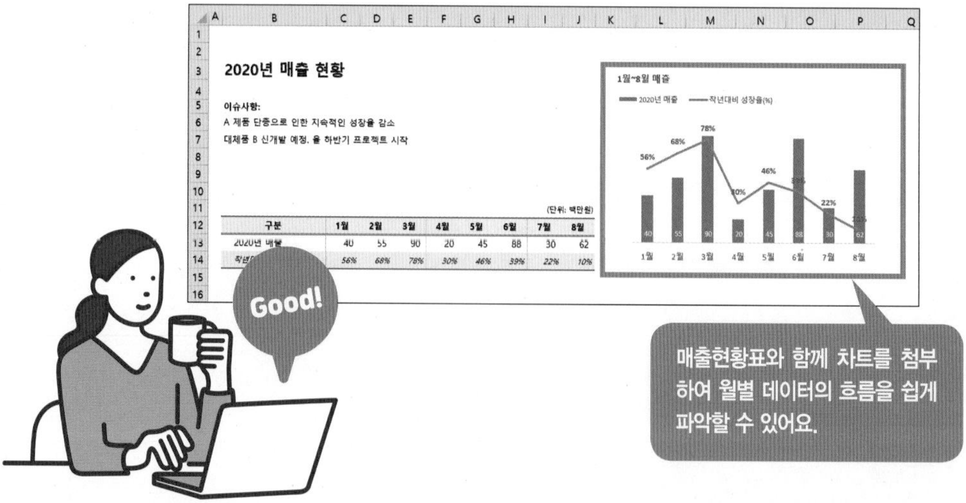

2020년 매출 현황

이슈사항:
A 제품 단종으로 인한 지속적인 성장율 감소
대체품 B 신개발 예정. 올 하반기 프로젝트 시작

(단위: 백만원)

1월~8월 매출

매출현황표와 함께 차트를 첨부하여 월별 데이터의 흐름을 쉽게 파악할 수 있어요.

구분	1월	2월	3월	4월	5월	6월	7월	8월
2020년 매출	40	55	90	20	45	88	30	62
작년대비 성장율(%)	56%	68%	78%	30%	46%	39%	22%	10%

용도에 따른 차트의 종류 바로 알기

각 차트는 종류별로 여러 형태의 차트를 갖고 있습니다. 예를 들어 원형 차트의 경우 3차원 원형 차트, 원형 대 원형 차트, 도넛형 차트 등 다양한 형태의 차트를 제공합니다. 이러한 차트는 종류별로 각각의 용도가 있으므로 상황에 맞는 차트의 종류에 대해 알아보겠습니다.

차트의 종류	용도	차트 미리 보기
세로 막대형 차트	수치 비교	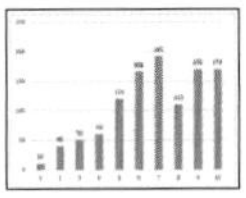
가로 막대형 차트	수치 비교	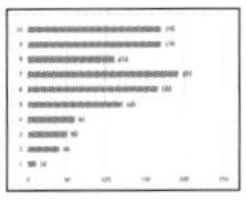
꺾은선형 차트	시계열에 따른 변화, 추이 비교	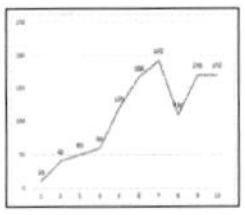
원형 차트	구성 크기 비교	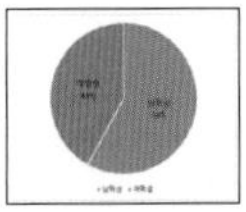
영역형 차트	시계열에 따른 변화, 추이 비교	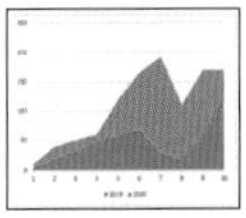
분산형 차트	분포 관계 비교	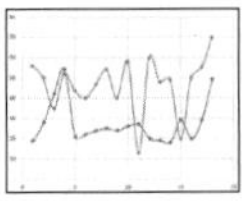
지도 차트	지역 위치 인식	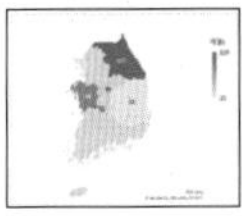
주식형 차트	추이, 주가 변동 비교	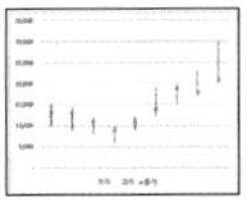
표면형 차트	분포 크기 비교	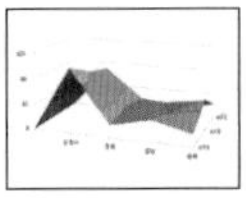
방사형 차트	포지셔닝 비교	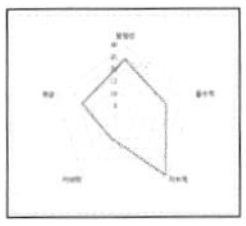

차트의 종류	용도	차트 미리 보기
트리맵 차트	구성 크기 비교	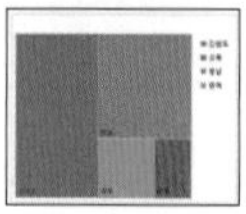
선버스트	계층 구조, 구성 크기 비교	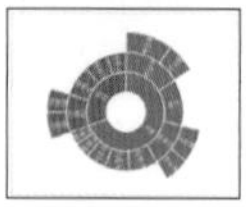
히스토그램	수치 빈도 비교	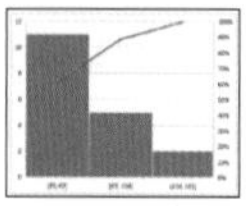
상자 수염 차트	사분위수 분석	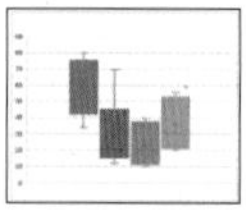
폭포 차트	증감 추이 비교	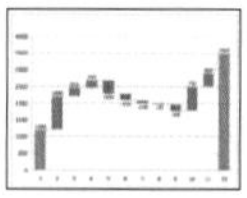
깔대기형 차트	단계적 크기 비교	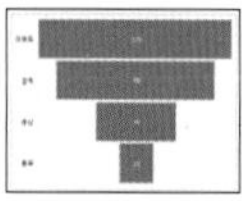
혼합 차트	두 가지 혼합 차트	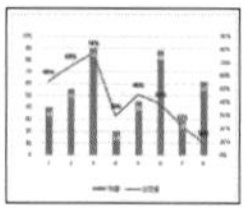

Tip
엑셀 2019 버전을 기준으로 사용 버전에 따라 차트의 종류나 명칭이 조금씩 다를 수 있습니다.

세로 막대형 차트 익히기

이번에는 자주 사용하는 다섯 종류의 차트 예제를 통해 차트에 대한 기본기를 익혀보겠습니다. 이 중에서 세로 막대형 차트는 가장 기본이 되는 차트로, 항목 간의 수치를 비교합니다. 2019년도와 2020년도의 월별 판매량을 세로 막대형 차트로 표현해서 동월에 대한 실적을 비교해 볼게요.

1 차트 삽입하고 크기 조정하기

01 영업본부의 2019년도와 2020년도의 판매량을 세로 막대형 차트로 표현해 볼게요. [세로막대형] 시트에서 '영업본부 판매량조사' 표의 B3:L5 범위를 선택하고 [삽입] 탭-[차트] 그룹에서 [세로 또는 가로 막대형 차트 삽입]을 클릭한 후 '2차원 세로 막대형'에서 [묶은 세로 막대형]을 클릭합니다.

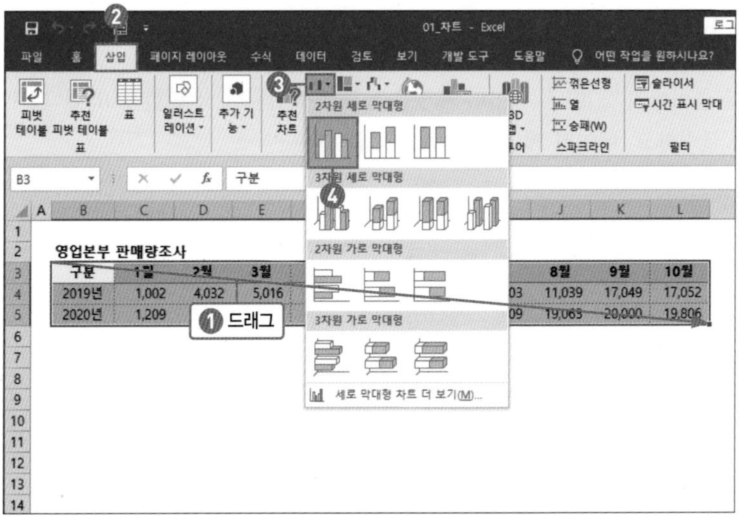

02 묶은 세로 막대형 차트가 삽입되었으면 차트의 위치를 B7셀로 드래그하여 이동합니다. 차트 영역의 모서리에 마우스 포인터를 올려놓고 ⤡ 모양으로 변경되면 드래그하여 상하 크기를 자유롭게 조절합니다.

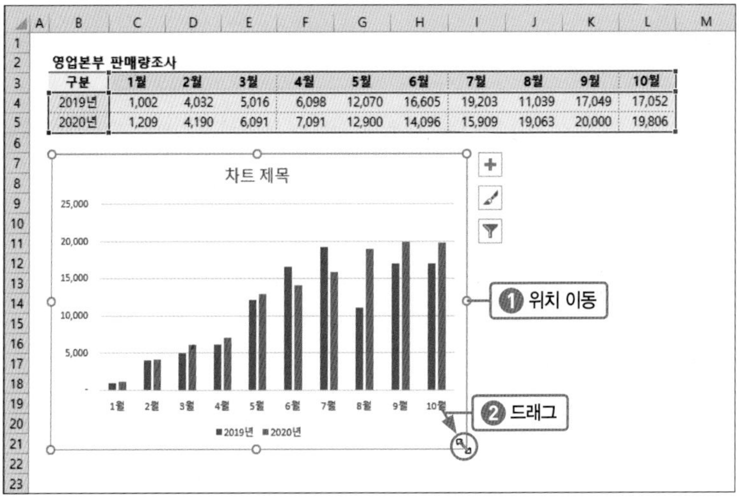

Tip

- Shift+조절점 드래그 : 기존의 가로 세로 비율을 유지하면서 크기 조절
- Ctrl+조절점 드래그 : 고정점이 차트의 중간으로 이동해서 사방의 크기 조절
- Alt+조절점 드래그 : 셀 너비와 높이에 맞추어 크기 조절

2 차트 간격과 색상 변경하기

01 차트에서 파란색 막대를 클릭하여 '2019년' 데이터 계열을 모두 선택합니다. 선택한 '2019년' 막대에서 마우스 오른쪽 단추를 클릭하고 [데이터 계열 서식]을 선택합니다.

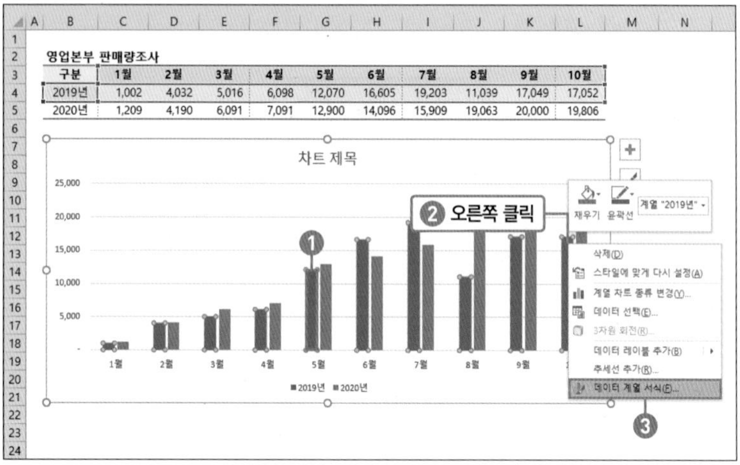

Tip

막대형 차트에서 변경하려는 막대를 천천히 두 번 클릭하면 해당 막대만 단독으로 선택할 수 있습니다.

02 화면의 오른쪽에 [데이터 계열 서식] 창이 열리면 [계열 옵션](아이콘)을 클릭하고 '계열 겹치기'에 『0』을 입력하여 데이터 계열 간의 간격을 조절합니다.

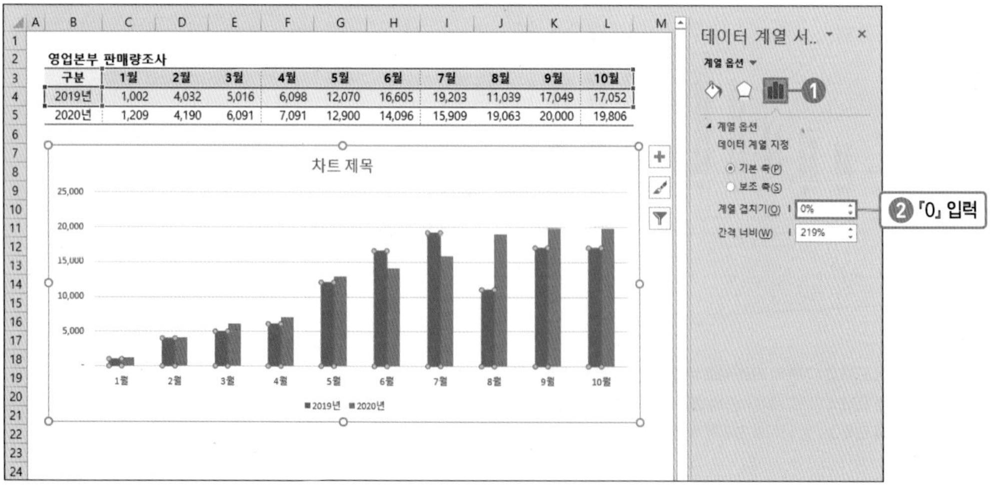

Tip

'계열 겹치기'의 숫자가 음수일 경우 차트 계열의 간격이 넓어집니다. 반대로 양수일 경우에는 차트 계열의 간격이 좁아져서 계열이 겹쳐 보여집니다.

03 이번에는 [채우기 및 선] 옵션(◈)을 클릭하고 '채우기'의 '색'에서 원하는 색상을 선택하여 '2019년' 막대의 색을 변경합니다.

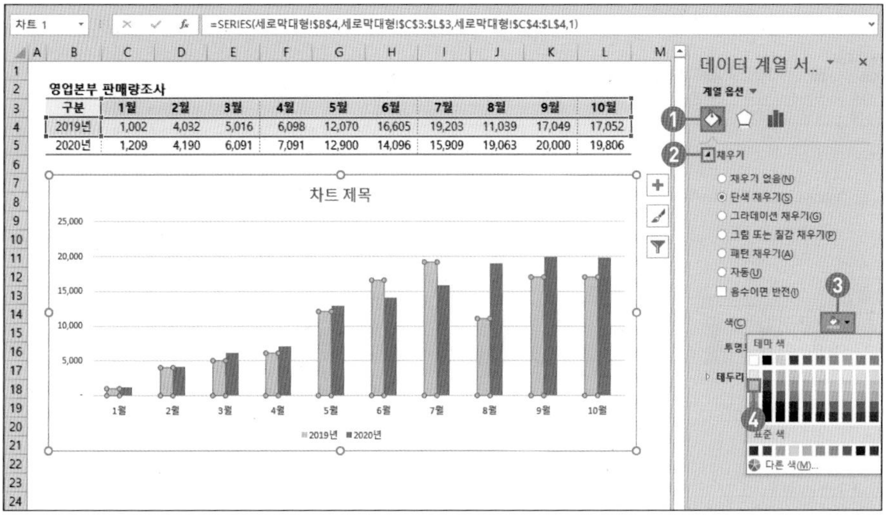

> **Tip**
> [홈]-[글꼴] 탭에서 [채우기 색]을 클릭하면 좀 더 빠르게 차트의 계열 색상을 변경할 수 있습니다.

3 차트에 값 레이블 표시하기

01 이번에는 '2020년' 데이터 계열을 모두 선택하고 마우스 오른쪽 단추를 클릭한 후 [데이터 레이블 추가]를 선택합니다.

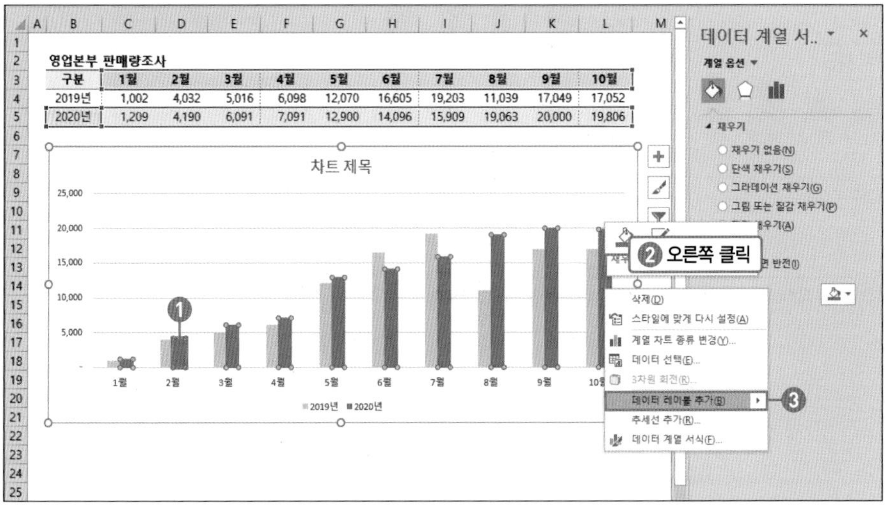

02 '2020년' 차트에 데이터 레이블이 표시되었으면 데이터 레이블을 선택하고 마우스 오른쪽 단추를 클릭한 후 [데이터 레이블 서식]을 선택합니다.

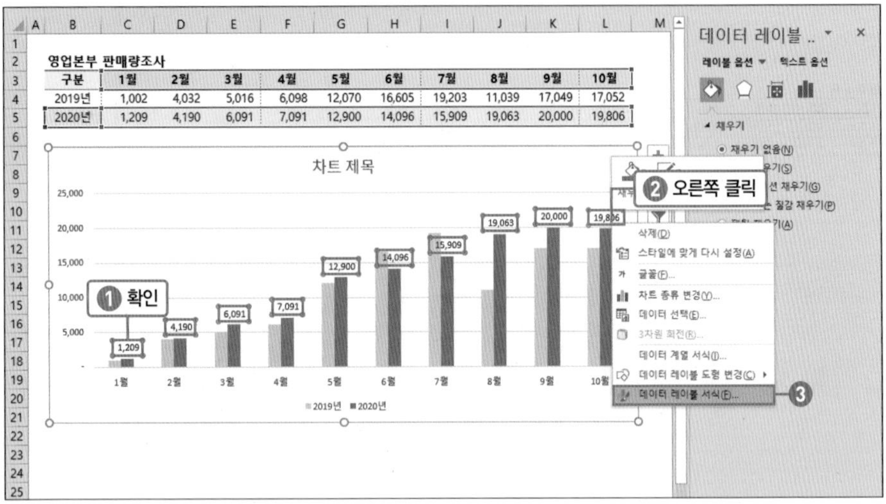

03 화면의 오른쪽에 [데이터 레이블 서식] 창이 열리면 [레이블 옵션](📊)을 선택하고 '레이블 위치'에서 [축에 가깝게]를 선택합니다. 그러면 데이터 레이블의 위치가 X축에 가까운 곳에 위치합니다.

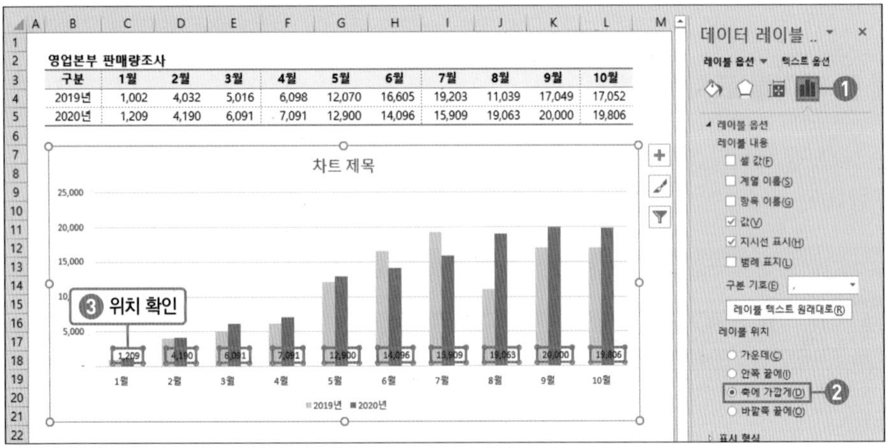

Tip

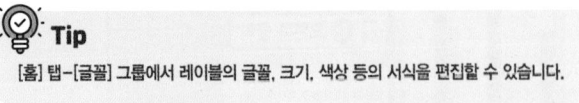

[홈] 탭-[글꼴] 그룹에서 레이블의 글꼴, 크기, 색상 등의 서식을 편집할 수 있습니다.

원형 차트 익히기

원형 차트는 항목별 구성비를 표현하는 데 적합한 차트입니다. 원형 차트를 통하여 성별의 비율을 알아보겠습니다.

1 차트의 종류와 스타일 변경하기

01 [원형] 시트에서 차트를 삽입할 B3:D4 범위를 선택합니다. [삽입] 탭–[차트] 그룹에서 [원형 또는 도넛형 차트 삽입]을 클릭한 후 '2차원 원형'에서 [원형]을 클릭합니다.

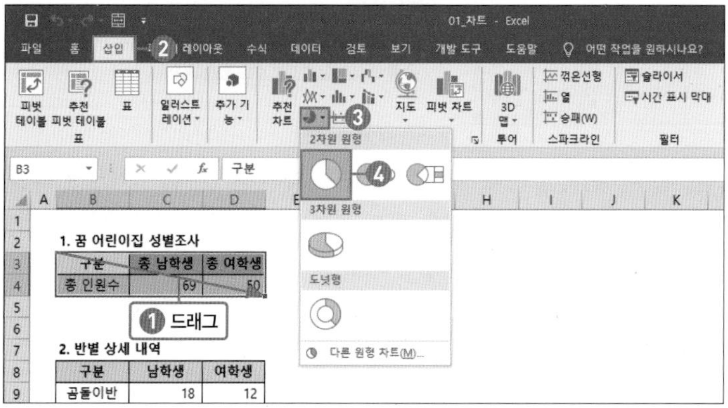

02 2차원 원형 차트가 삽입되었으면 차트의 크기와 위치를 보기 좋게 조절하고 '총 인원수' 제목을 천천히 두 번 클릭하여 커서를 올려놓은 후 『꿈 어린이집 성별조사』를 입력하여 제목을 변경합니다. 삽입한 차트의 종류를 변경하기 위해 차트를 선택하고 [차트 도구]의 [디자인] 탭–[종류] 그룹에서 [차트 종류 변경]을 클릭합니다.

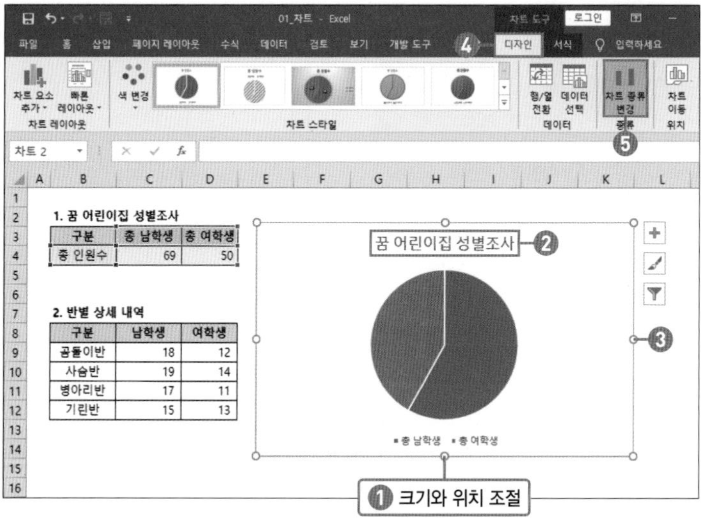

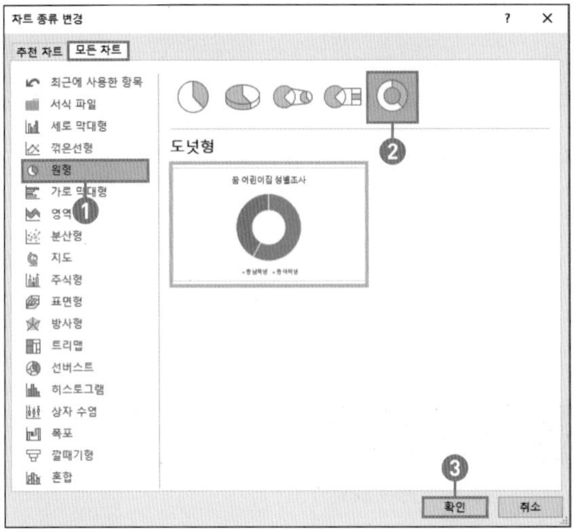

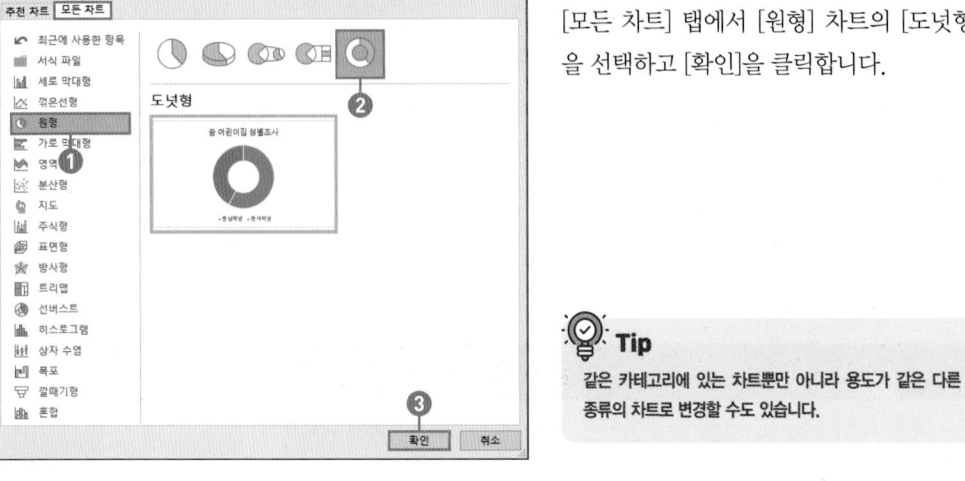

03 [차트 종류 변경] 대화상자가 열리면 [모든 차트] 탭에서 [원형] 차트의 [도넛형]을 선택하고 [확인]을 클릭합니다.

Tip
같은 카테고리에 있는 차트뿐만 아니라 용도가 같은 다른 종류의 차트로 변경할 수도 있습니다.

04 도넛형 차트로 변경되었으면 차트를 선택한 상태에서 [차트 도구]의 [디자인] 탭–[차트 스타일] 그룹에서 원하는 스타일 옵션에 마우스 포인터를 올려놓고 차트 스타일을 미리 확인합니다. 이렇게 원하는 스타일을 선택하여 차트의 서식을 쉽게 변경할 수 있습니다.

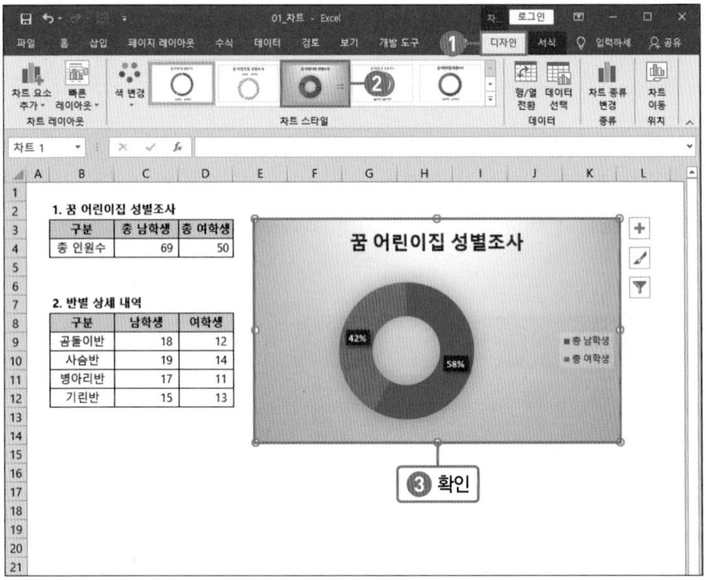

05 [차트 도구]의 [디자인] 탭-[차트 스타일] 그룹에서 제공하는 스타일 이외에 제목이나 레이블 표시, 범례 위치 등 정해진 레이아웃을 선택하여 구성할 수 있습니다. [디자인] 탭-[차트 레이아웃] 그룹에서 [빠른 레이아웃]을 클릭하고 원하는 레이아웃으로 변경합니다.

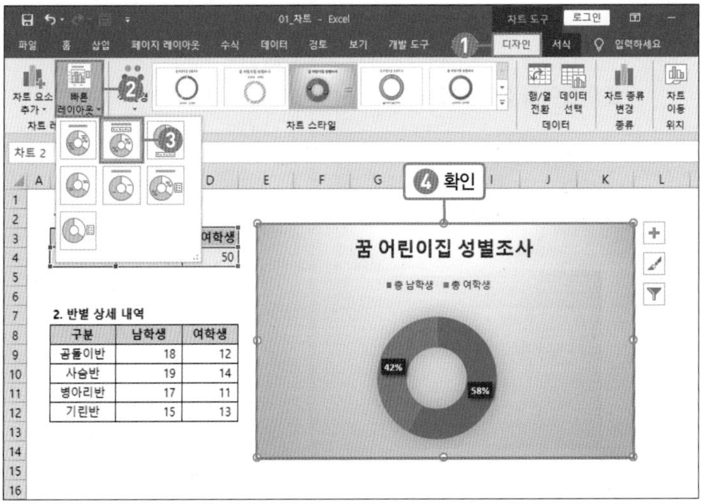

2 범례 위치와 이름 변경하기

01 앞의 과정에서 선택한 빠른 레이아웃으로 범례 위치 등 제공되는 옵션을 선택할 수 있지만, 범례 서식 메뉴로 범례 위치를 차트의 아래쪽으로 이동해 볼게요. 범례를 선택하고 마우스 오른쪽 단추를 클릭한 후 [범례 서식]을 선택합니다.

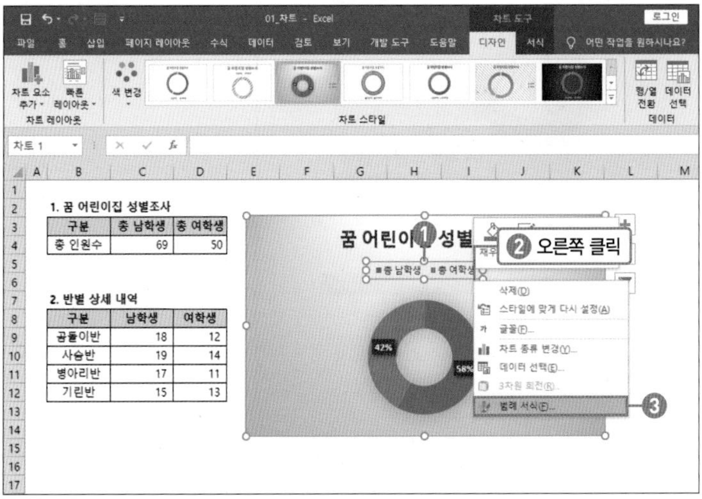

02 화면의 오른쪽에 [범례 서식] 창이 열리면 [범례 옵션]()의 '범례 위치'에서 [아래쪽]을 선택합니다. 이와 같이 [범례 서식] 창에서 범례의 위치를 변경할 수 있지만, 범례를 선택한 상태에서 직접 원하는 위치로 드래그하여 이동하는 방법이 더 빠르고 편리합니다.

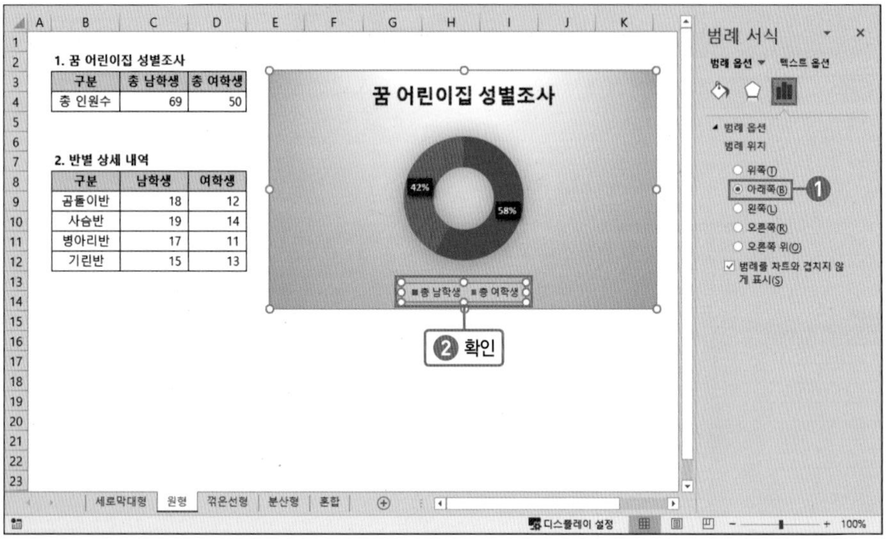

03 이번에는 범례를 '총 남학생', '총 여학생'이 아닌 '남학생', '여학생'으로 변경해 볼게요. 범례를 선택한 상태에서 마우스 오른쪽 단추를 클릭하고 [데이터 선택]을 선택합니다.

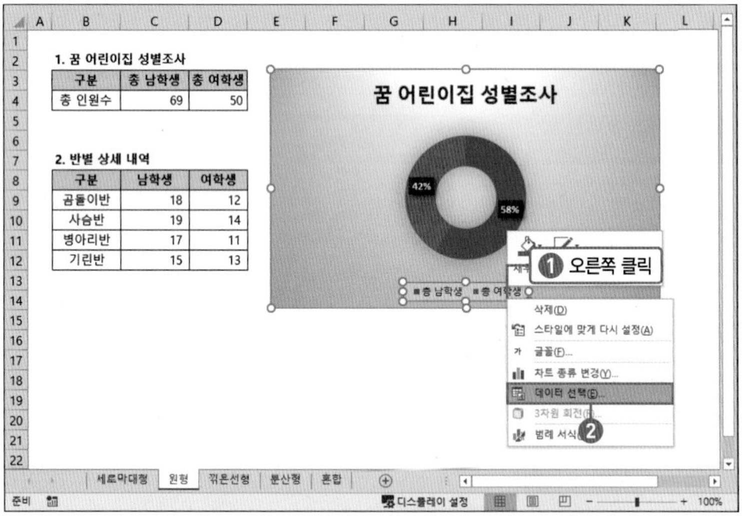

Tip

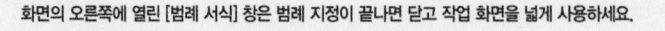

화면의 오른쪽에 열린 [범례 서식] 창은 범례 지정이 끝나면 닫고 작업 화면을 넓게 사용하세요.

04 [데이터 원본 선택] 대화상자가 열리면 '가로(항목) 축 레이블'에서 [편집]을 클릭합니다.

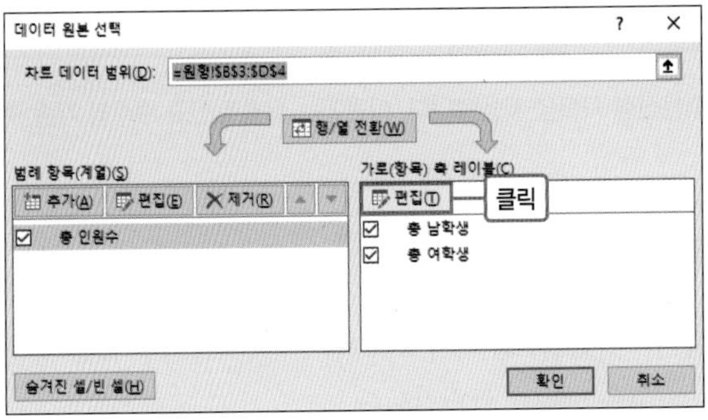

05 [축 레이블] 대화상자가 열리면 '축 레이블 범위'에 범례 이름이 될 C8:D8 범위를 선택하거나 범위를 직접 입력하고 [확인]을 클릭합니다. [데이터 원본 선택] 대화상자로 되돌아오면 [확인]을 클릭합니다.

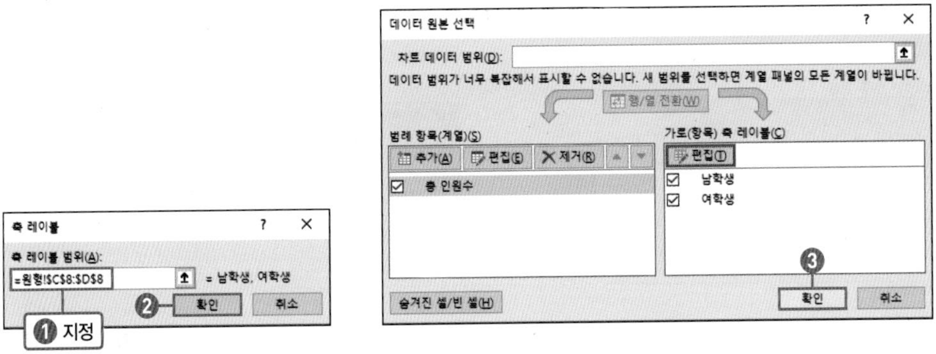

06 레이블 참조 범위가 변경되어 범례 이름이 '총 남학생'과 '총 여학생'이 아니라 '남학생'과 여학생' 으로 변경되었습니다.

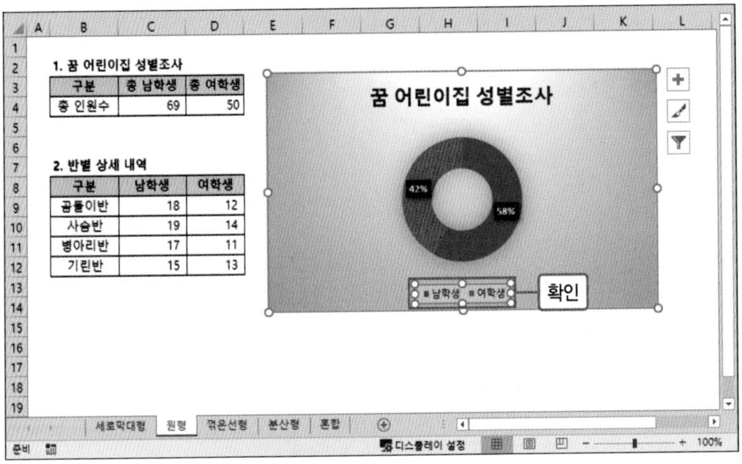

꺾은선형 차트 익히기

시간의 경과에 따른 변화와 추세를 표현할 경우에는 꺾은선형 차트를 사용합니다. 이번에는 월별로 신규 수주와 기존 수주의 흐름을 살펴보겠습니다.

1 제목에 참조 셀 지정하고 데이터 테이블 사용하기

01 [꺾은선형] 시트에서 B3:L5 범위를 선택합니다. [삽입] 탭－[차트] 그룹에서 [꺾은선형 또는 영역형 차트 삽입]을 클릭하고 '2차원 꺾은선형'에서 [꺾은선형]을 클릭합니다.

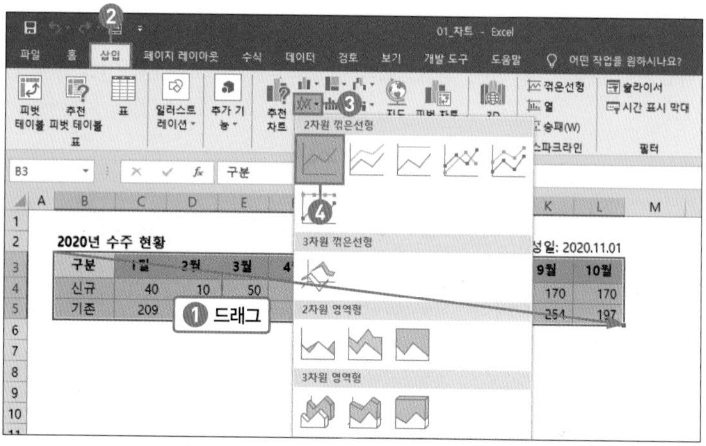

02 꺾은선형 차트가 생성되었으면 차트의 크기와 위치를 조절하고 제목을 변경해 볼게요. 차트 제목을 선택하고 수식 입력줄에 『=』를 입력한 후 B2셀을 선택하고 Enter를 누릅니다.

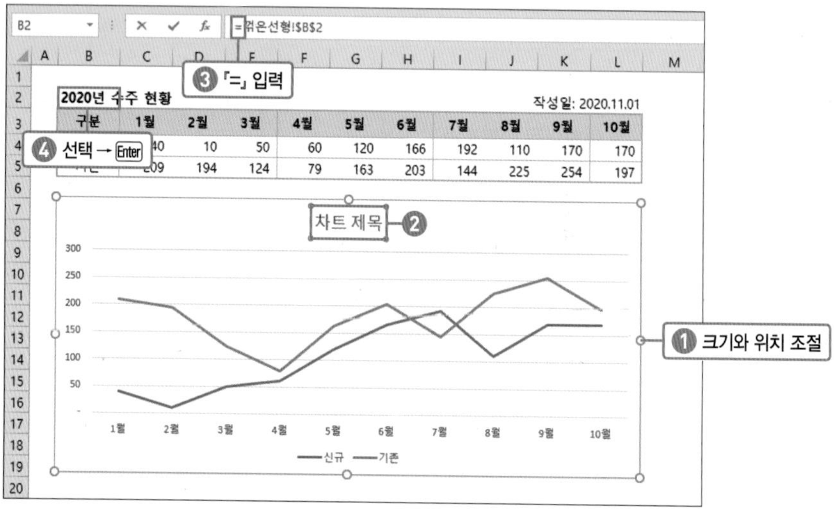

03 제목을 직접 입력하지 않아도 참조 셀을 지정하여 쉽게 변경했습니다. B2셀에 입력된 내용을 변경하면 차트의 제목도 자동으로 변경됩니다.

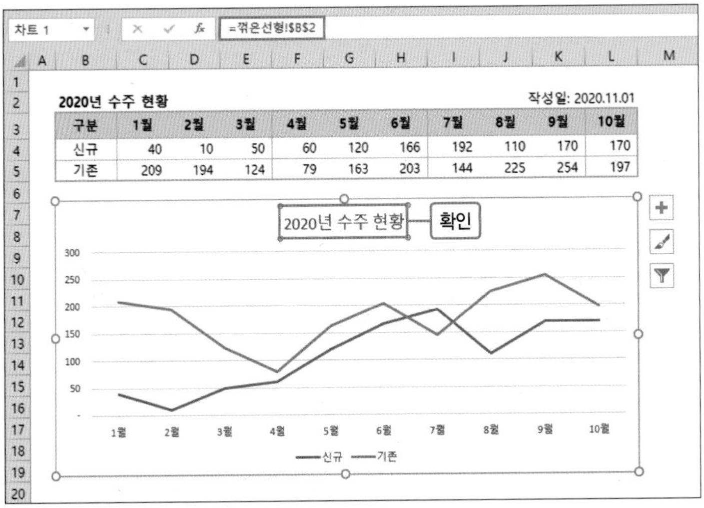

Tip

제목에 참조 셀을 지정할 경우 제목 텍스트 상자에 곧바로 입력할 수 없으므로 반드시 수식 입력줄에 참조 셀을 입력해야 합니다.

04 이번에는 차트 영역을 선택하고 [차트 요소] 단추(+)를 클릭한 후 [데이터 테이블]에 체크하여 차트에 각 계열의 수치 값을 표현합니다. 차트의 각 계열에 레이블로 값을 표현할 수도 있지만, 레이블 대신 데이터 테이블을 사용하여 수치 값을 표현할 수 있습니다.

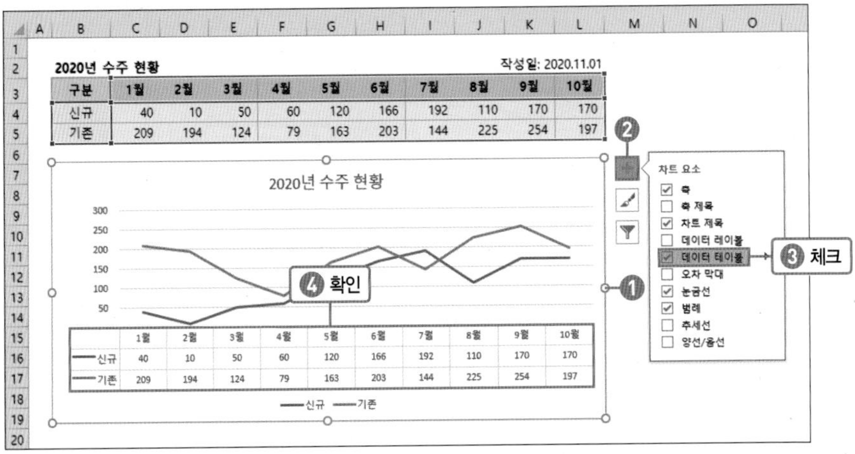

2 축 단위 조정하기

01 차트에서 Y축의 최대값이 '300'으로, 단위 간격이 50씩 표시되어 있는데, 단위 간격을 조정해 볼게요. Y축을 선택하고 마우스 오른쪽 단추를 클릭한 후 [축 서식]을 선택합니다.

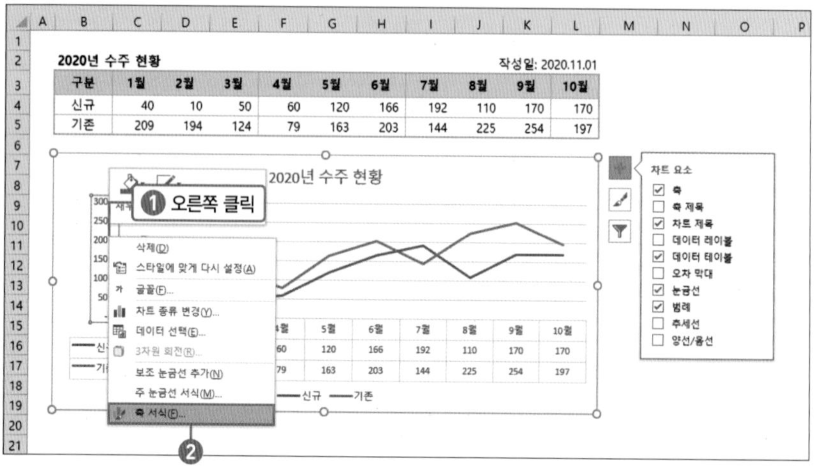

02 화면의 오른쪽에 [축 서식] 창이 열리면 [축 옵션]( )에서 '단위'의 '기본'에 『100』을 입력하고 Enter 를 눌러 Y축의 값을 100 단위 간격으로 표시합니다.

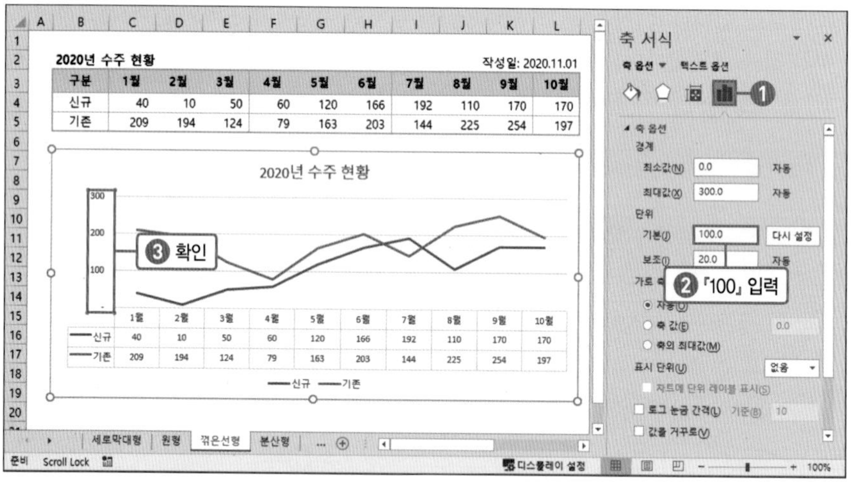

분산형 차트 익히기

두 항목 간의 상관관계를 표현할 때 분산형 차트를 사용합니다. 피부과 이벤트 지원자의 나이와 결제금액의 분포도를 분산형 차트를 통해 살펴보겠습니다.

1 차트 시트 생성하기

01 [분산형] 시트에서 차트를 생성할 C3:D21 범위를 선택합니다. [삽입] 탭–[차트] 그룹에서 [분산형(X, Y) 또는 거품형 차트 삽입]을 클릭하고 '분산형'에서 [분산형]을 클릭합니다.

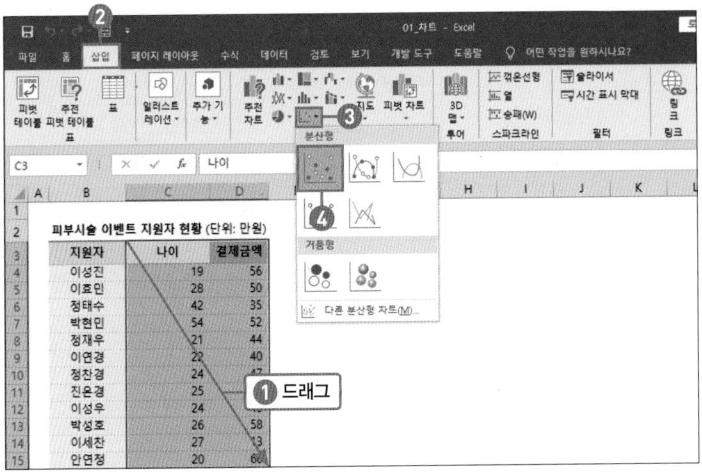

02 분산형 차트가 생성되었으면 차트의 크기와 위치를 적절하게 조정합니다. X축은 나이이고, Y축은 결제금액이어서 지원 현황에 대한 분포를 쉽게 알 수 있습니다. 차트의 제목을 천천히 두 번 클릭하여 커서를 올려놓고 『이벤트 지원 현황』이라고 입력합니다.

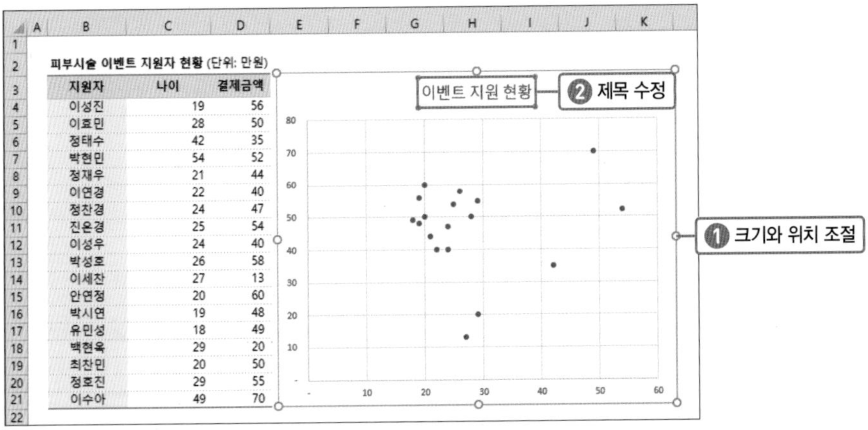

03 차트를 선택하고 [차트 도구]의 [디자인] 탭-[위치] 그룹에서 [차트 이동]을 클릭합니다. [차트 이동] 대화상자가 열리면 [새 시트]를 선택하고 입력 상자에 시트의 제목인 『이벤트지원현황』을 입력한 후 [확인]을 클릭합니다.

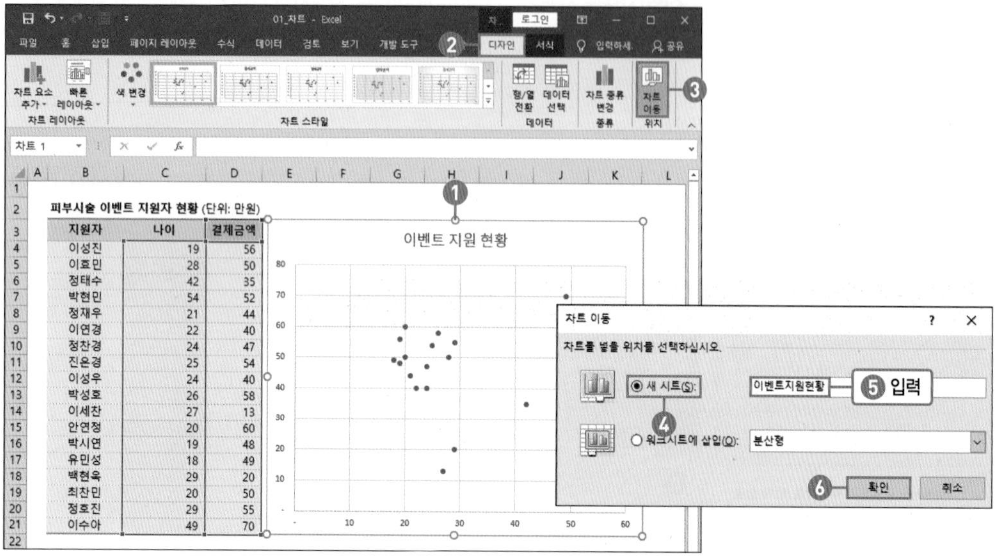

04 새로운 [이벤트지원현황] 차트 시트가 생성되었는지 확인합니다.

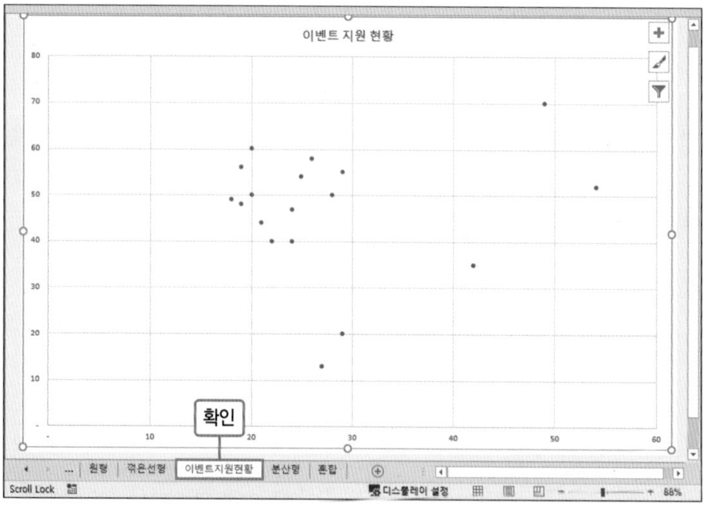

Tip

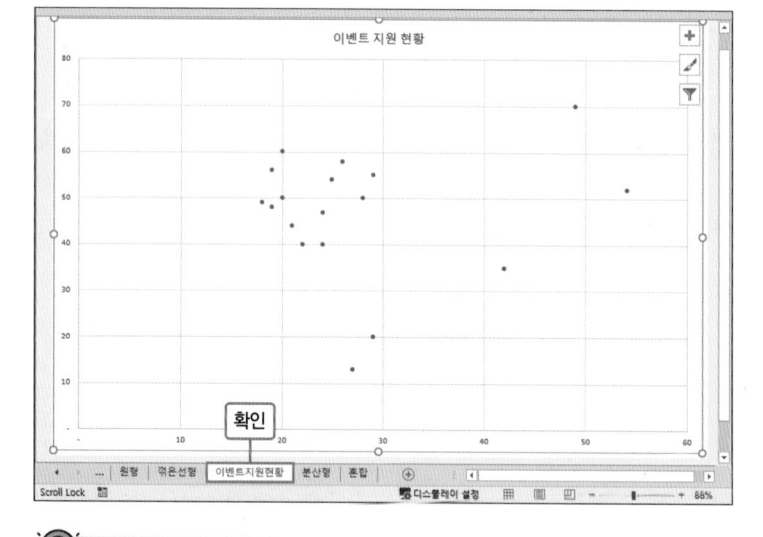

단축키 F11을 눌러 새 시트에 차트를 바로 생성할 수 있지만, 기본 차트인 묶은 세로 막대형 차트로 세팅되기 때문에 필요에 따라 차트의 종류를 변경해야 합니다.

2 숨겨진 데이터 표시하기

일반적으로 차트에 참조된 원본 데이터의 열이나 행이 숨겨지면 차트에도 숨겨진 데이터는 표시되지 않습니다. 이번에는 반대로 숨겨진 데이터를 차트에 표현할 수 있는 방법에 대해 알아볼게요.

01 [분산형] 시트로 이동하여 6행부터 21행까지 머리글을 드래그하여 선택하고 선택 영역에서 마우스 오른쪽 단추를 클릭한 후 [숨기기]를 선택합니다.

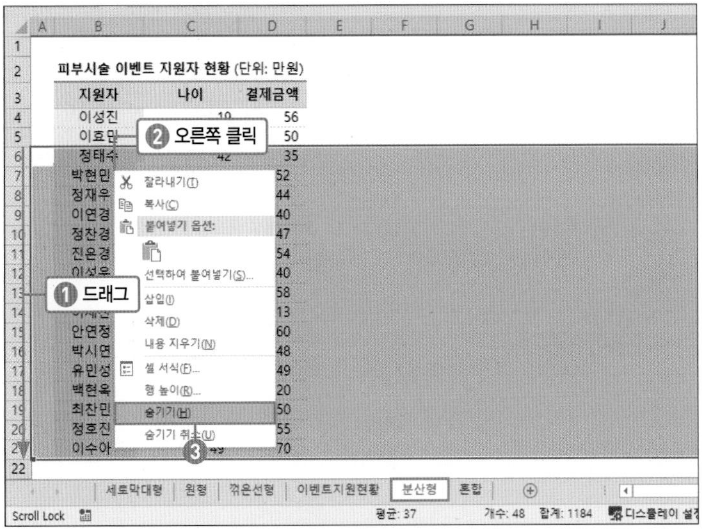

02 선택한 6행부터 21행까지의 행이 숨겨지면서 두 명의 지원자 데이터만 남았습니다.

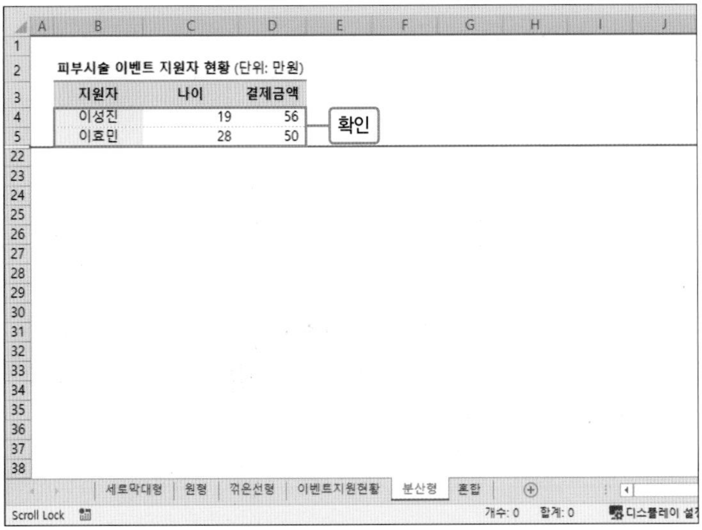

03 [이벤트지원현황] 시트를 선택하여 차트를 확인하면 숨겨지지 않은 두 명의 지원자에 대한 데이터만 표현된 것을 알 수 있습니다. 차트 위에서 마우스 오른쪽 단추를 클릭하고 [데이터 선택]을 선택합니다.

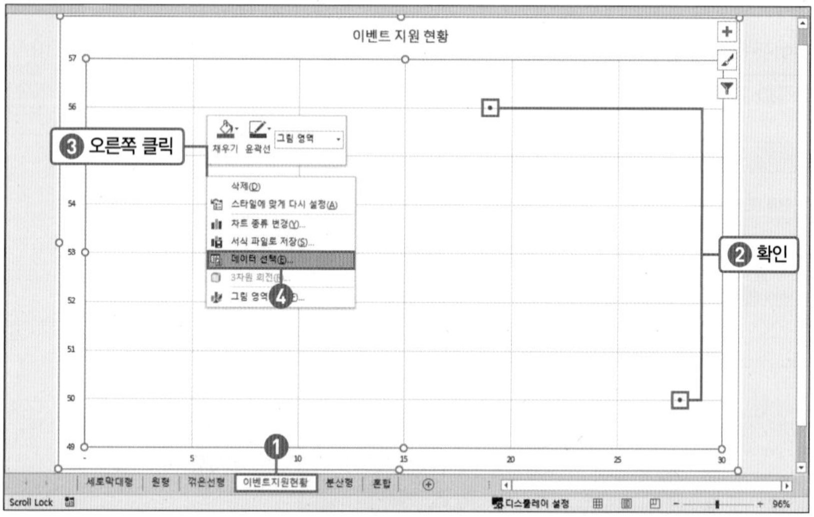

Tip

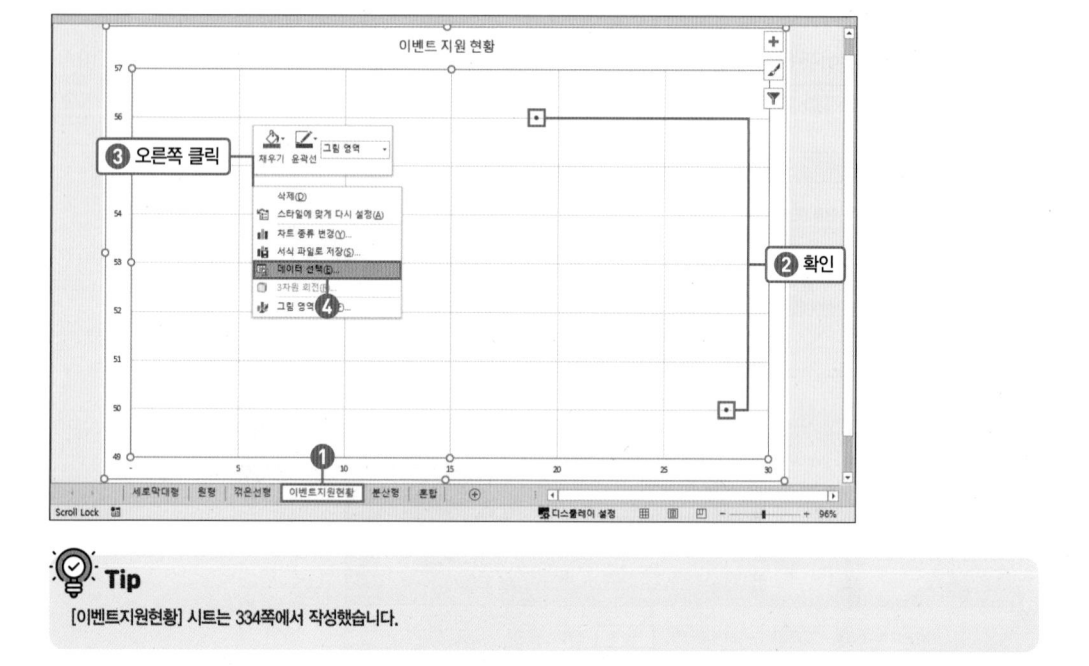

[이벤트지원현황] 시트는 334쪽에서 작성했습니다.

04 화면이 [분산형] 시트로 이동하면서 [데이터 원본 선택] 대화상자가 열리면 [숨겨진 셀/빈 셀]을 클릭합니다.

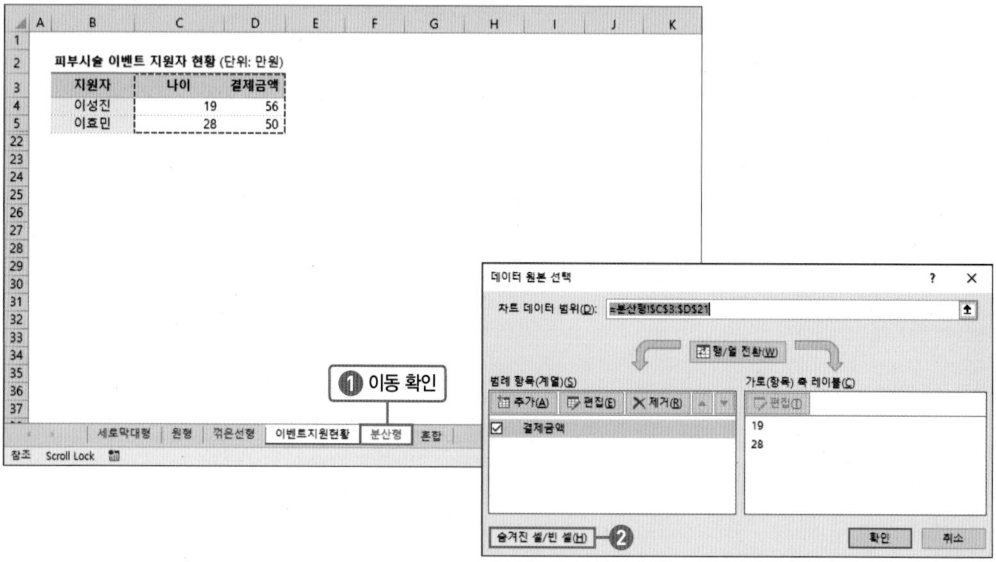

05 [이벤트지원현황] 시트로 이동하면서 [숨겨진 셀/빈 셀 설정] 대화상자가 열리면 [숨겨진 행 및 열에 데이터 표시]에 체크하고 [확인]을 클릭합니다. [데이터 원본 선택] 대화상자로 되돌아오면 [확인]을 클릭합니다.

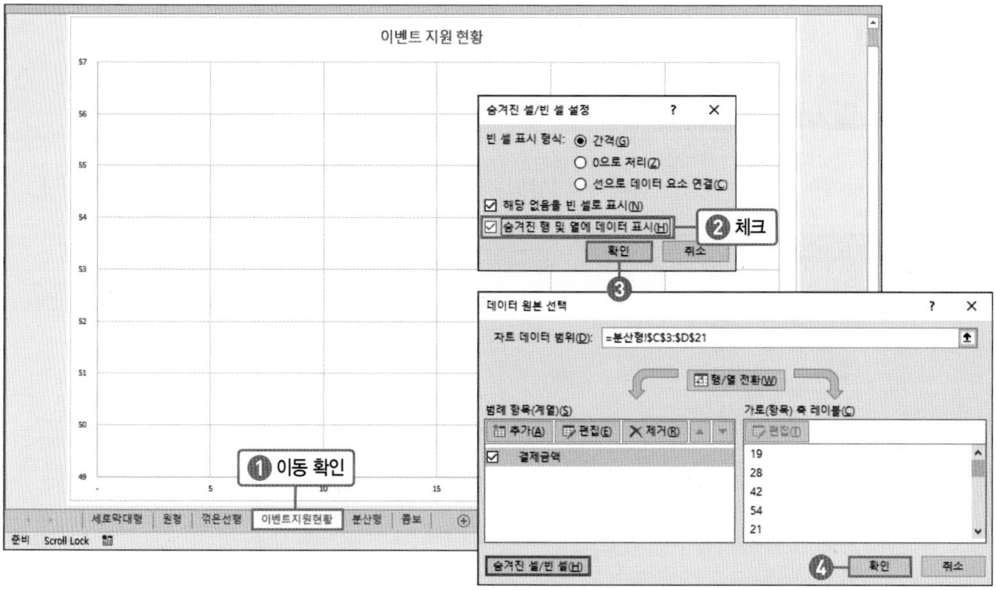

06 원본 데이터에 숨겨진 내용이 차트에 표시되었는지 확인합니다.

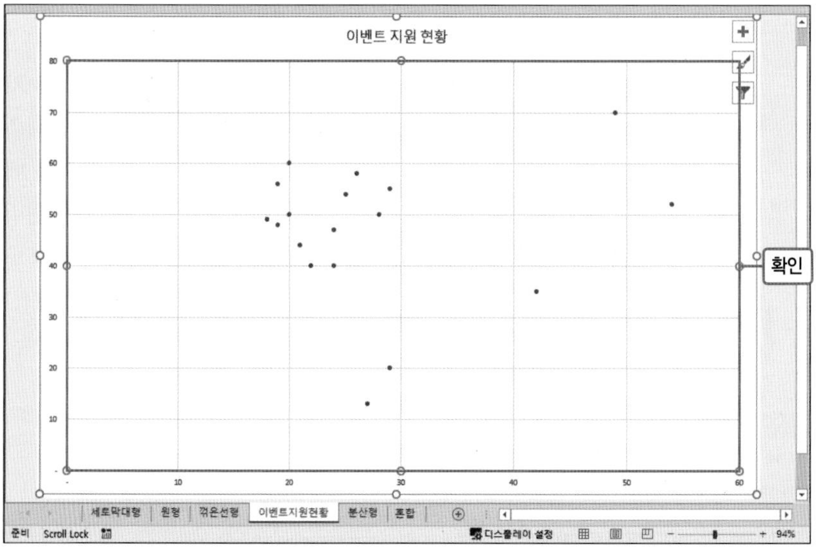

혼합형 차트 익히기

혼합형 차트는 두 가지 이상의 차트를 혼합하여 사용할 수 있는 차트로, 보통 세로 막대형 차트와 꺾은선형 차트를 혼합해서 사용합니다.

1 차트의 열 너비 조정하기

01 [혼합] 시트에서 B3:J5 범위를 선택하고 [삽입] 탭–[차트] 그룹에서 [추천 차트]를 클릭합니다.

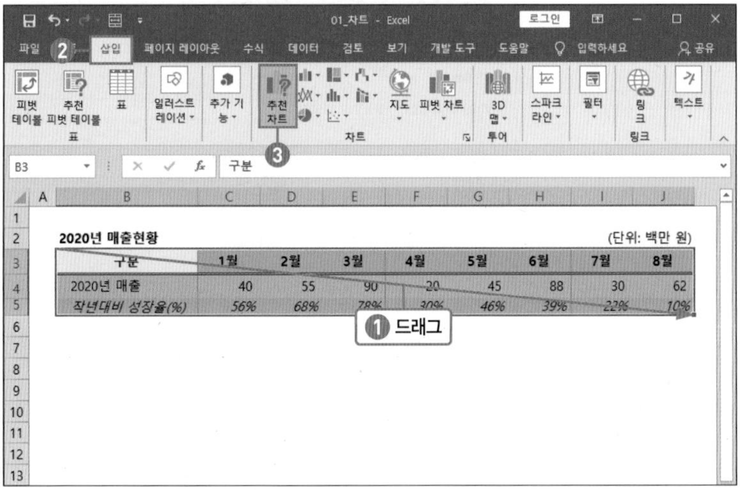

02 [차트 삽입] 대화상자가 열리면 [모든 차트] 탭에서 [혼합] 범주를 선택합니다. 매출과 성장률은 데이터 표시 형식이 숫자와 백분율로 다르게 나타나기 때문에 '작년대비 성장율(%)'은 보조 축을 사용해야 하므로 [보조 축]에 체크하고 [확인]을 클릭합니다.

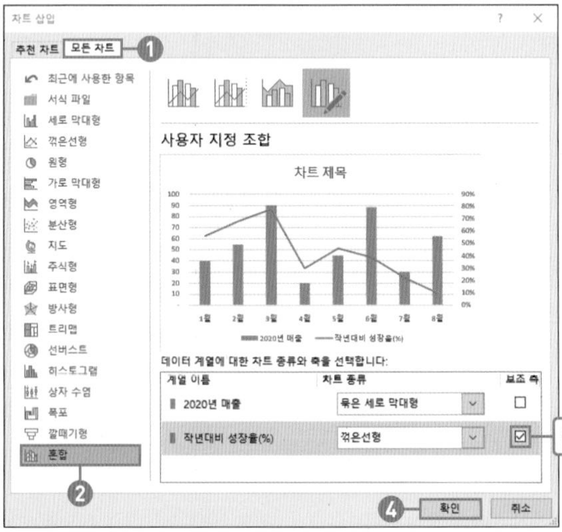

03 혼합 차트가 생성되었으면 B열과 H열 사이에 차트를 위치시키고 C열 머리글부터 J열 머리글을 드래그하여 열 전체를 선택합니다. 열 경계선에 마우스 포인터를 올려놓고 ✛ 모양으로 변하면 왼쪽으로 드래그하여 열 너비를 좁게 조정합니다.

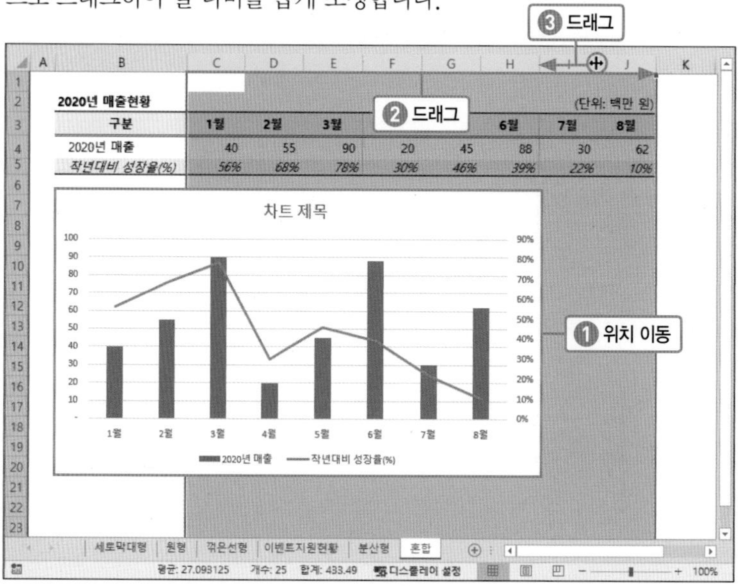

04 열 너비를 조정한 것만큼 차트의 가로 길이도 함께 조정되었습니다. 보통은 셀의 너비나 높이가 조정되면 삽입된 차트의 크기도 조정됩니다.

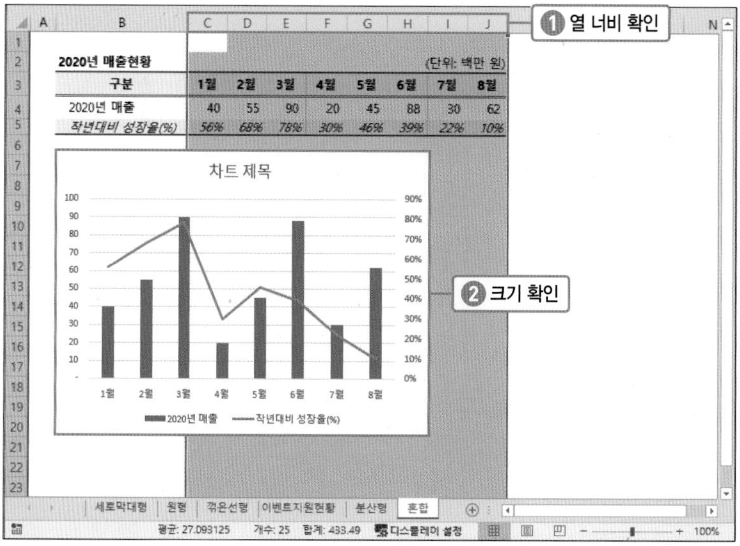

2 차트의 크기 고정하기

01 이번에는 크기 고정 옵션을 사용하여 셀의 너비나 높이를 조정해도 차트에 영향을 주지 않는 방법에 대해 알아볼게요. 앞의 실습에서 완성한 차트를 선택하고 차트에서 마우스 오른쪽 단추를 클릭한 후 [차트 영역 서식]을 선택합니다.

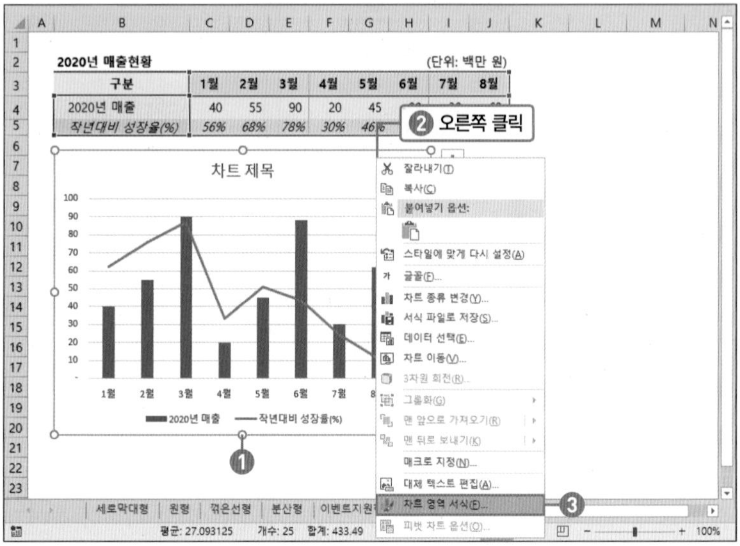

02 화면의 오른쪽에 [차트 영역 서식] 창이 열리면 [크기 및 속성](▣)에서 '속성'의 [변하지 않음]을 선택합니다.

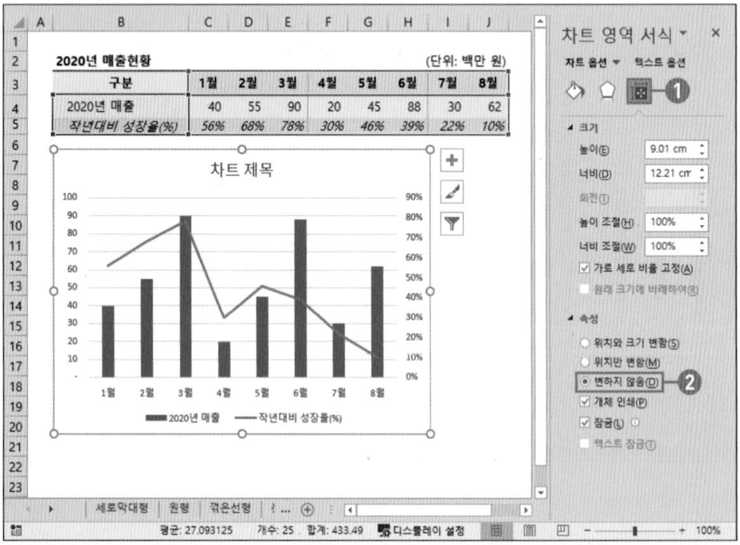

03 C열 머리글부터 J열 머리글을 드래그해 열 전체를 선택하고 열 경계선을 오른쪽으로 드래그하여 열 너비를 조정합니다.

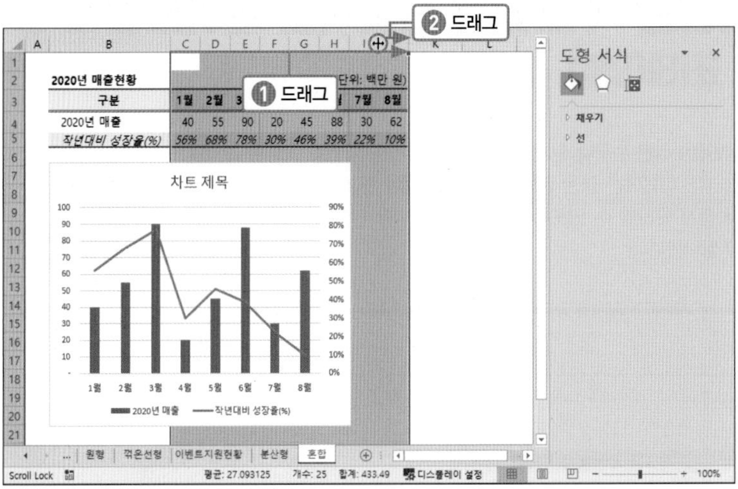

04 열의 너비를 넓게 조정했지만 차트의 크기는 변함이 없습니다.

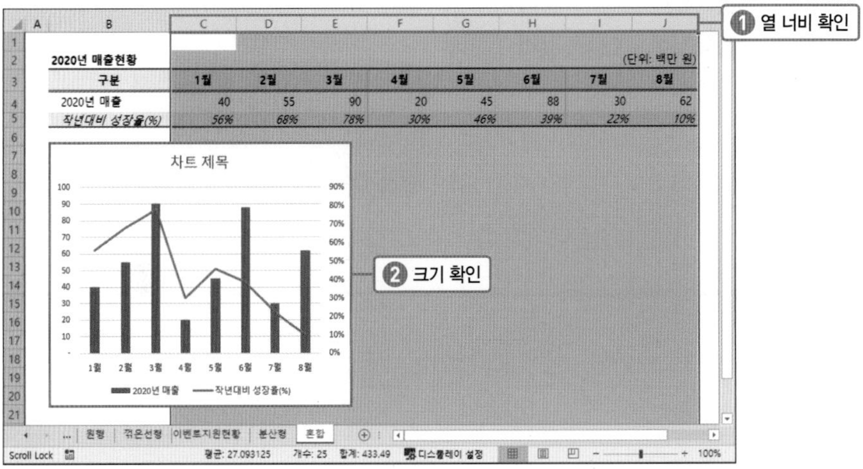

다시 보기

앞에서 살펴본 옵션들은 소개된 차트에만 해당되는 옵션이 아닙니다. 물론 차트마다 약간씩 차이가 있지만, 대부분의 차트에 공통적으로 사용되는 옵션을 소개했습니다. 차트의 특징과 쓰임새를 잘 알고 상황에 맞게 활용한다면 데이터를 훨씬 잘 이해할 수 있습니다.

02 다양한 색 조합은 전달력을 떨어뜨린다 ①
- 표(테이블)

직장인들이라면 누구나 한 번쯤 보고서 작성에 대해 많이 고민해 보았을 것입니다. 이번에는 같은 정보라도 핵심 내용을 돋보이게 만들고 정보에 대해 쉽게 판단할 수 있도록 직관적인 데이터를 만들 수 있는 노하우에 대해 알아봅니다.

실습파일 : 02_색조합표.xlsx

Bad!

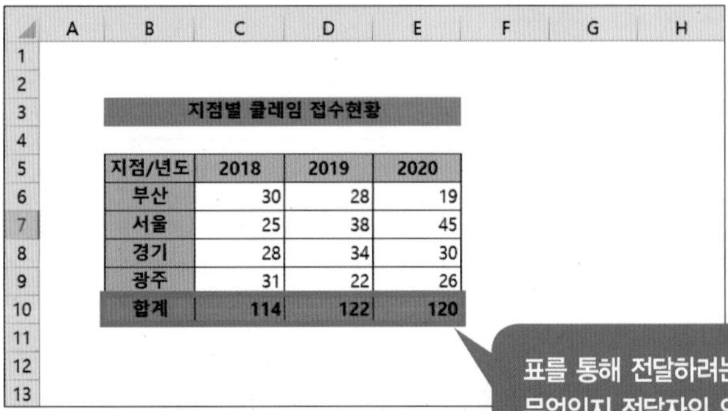

지점별 클레임 접수현황

지점/년도	2018	2019	2020
부산	30	28	19
서울	25	38	45
경기	28	34	30
광주	31	22	26
합계	114	122	120

표를 통해 전달하려는 정보가 무엇인지 전달자의 의도를 알 수 없어요.

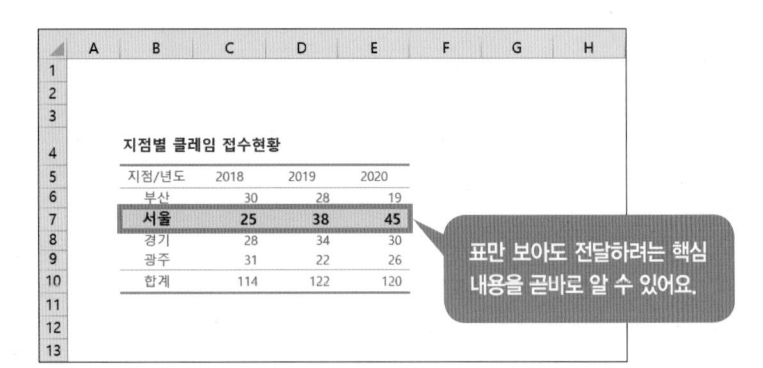

Good!

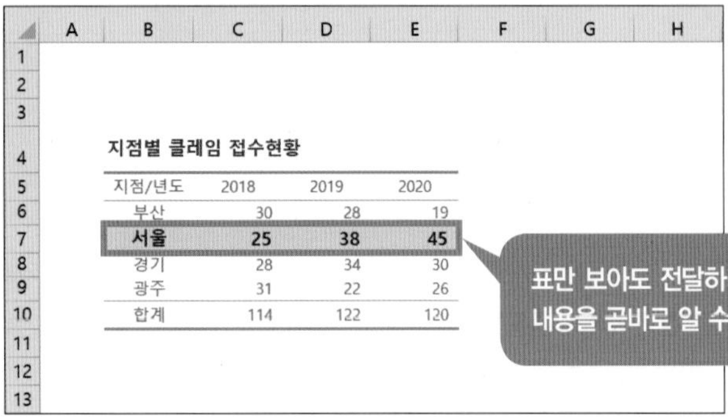

지점별 클레임 접수현황

지점/년도	2018	2019	2020
부산	30	28	19
서울	25	38	45
경기	28	34	30
광주	31	22	26
합계	114	122	120

표만 보아도 전달하려는 핵심 내용을 곧바로 알 수 있어요.

문제 상황

표 안에는 많은 정보가 담겨 있지만 '합계' 항목에 색이 강조되어 있어서 시선이 제일 먼저 와닿습니다. 전달자는 각 연도별 클레임 접수 현황 추이에 대해 말하려는 것일까요? 물론 부가적으로 텍스트로 설명이 함께 쓰이겠지만, 표만 보아서는 어떠한 정보를 전달하려는 의도를 명확히 알 수 없습니다.

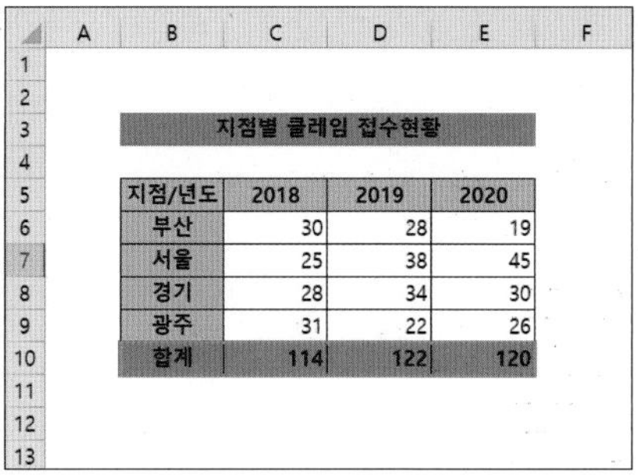

지점/년도	2018	2019	2020
부산	30	28	19
서울	25	38	45
경기	28	34	30
광주	31	22	26
합계	114	122	120

직관적인 데이터를 표현하기 위한 첫걸음

수많은 숫자가 나열된 표나 전달 의도가 명확하지 않은 표 안의 많은 숫자들은 오히려 전달하려는 정보에 방해 요소가 될 수 있습니다. 전달자는 시사하는 것을 좀 더 명확하게 구분해서 표현해야 자료를 보는 사람이 무엇이 핵심 내용인지를 쉽게 이해할 수 있습니다.

01 [Sheet1] 시트에서 7행의 '서울' 지점 데이터만 강조해 볼게요. 먼저 표의 바깥쪽 테두리를 그리기 위해 Ctrl을 이용하여 B5:E5 범위와 B11:E11 범위를 선택하고 Ctrl+1을 누릅니다.

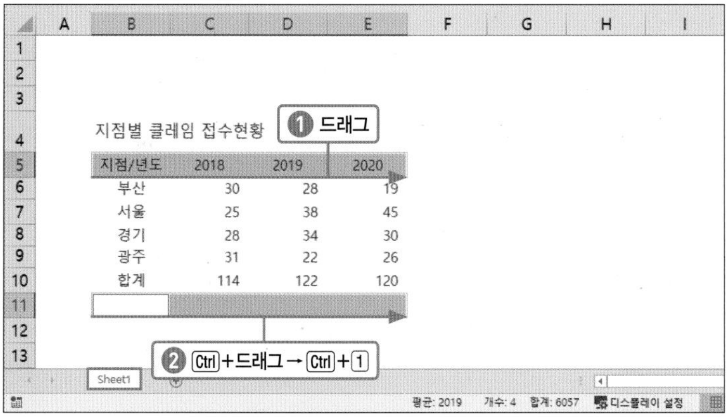

지점/년도	2018	2019	2020
부산	30	28	19
서울	25	38	45
경기	28	34	30
광주	31	22	26
합계	114	122	120

Tip
Ctrl을 누른 상태에서 마우스로 셀을 선택하거나 드래그하면 연속된 범위가 아닌 떨어져 있는 위치의 셀들을 한 번에 범위로 지정할 수 있습니다.

02 [셀 서식] 대화상자가 열리면 [테두리] 탭에서 '선'의 '스타일'은 [두꺼운 선], '색'은 '테마 색'의 [청회색, 텍스트 2, 40% 더 밝게], '테두리'는 [위쪽 테두리](▣)를 선택하고 [확인]을 클릭합니다.

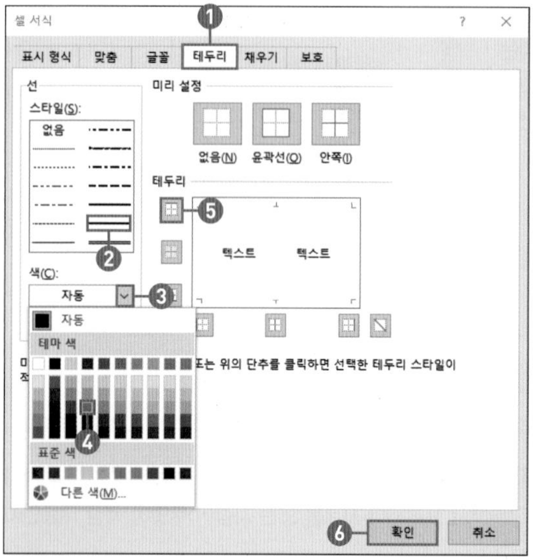

Tip

제공된 색상표에 원하는 색상이 없으면 [다른 색]을 선택합니다. 새로운 대화상자가 열리면 좀 더 다양한 색상을 선택하거나, 색상 코드를 알고 있을 경우에는 [사용자 지정] 탭에 코드를 직접 입력하여 색상을 선택할 수 있습니다.

03 Ctrl을 사용하여 B5:E5 범위와 B9:E19 범위를 선택하고 단축키 Ctrl+1을 누릅니다.

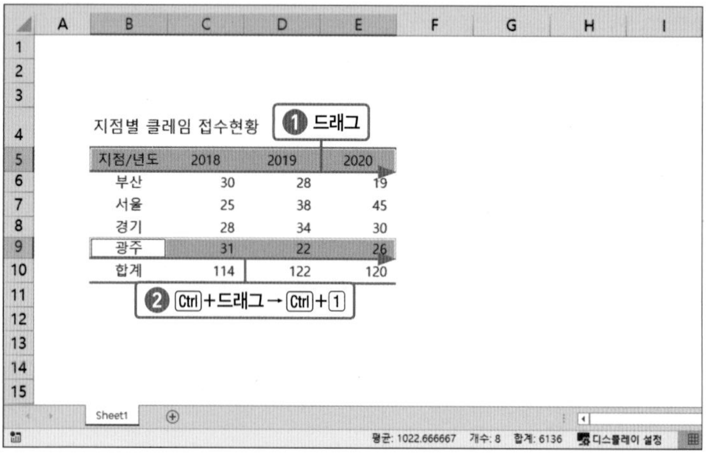

04 [셀 서식] 대화상자가 열리면 [테두리] 탭에서 '선'의 '스타일'은 [기본 선], '색'은 이전과 같은 색, '테두리'는 [아래쪽 테두리](▣)를 선택하고 [확인]을 클릭합니다.

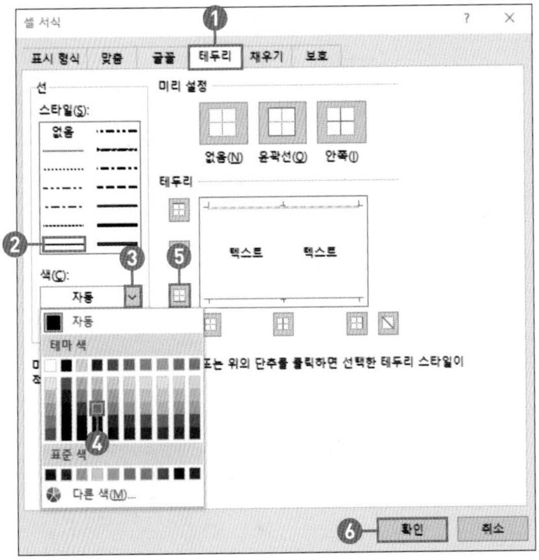

05 표에 지정한 서식으로 테두리가 완성되었으면 '서울' 지점의 데이터를 강조하기 위해 B7:E7 범위를 선택하고 Ctrl+1을 누릅니다.

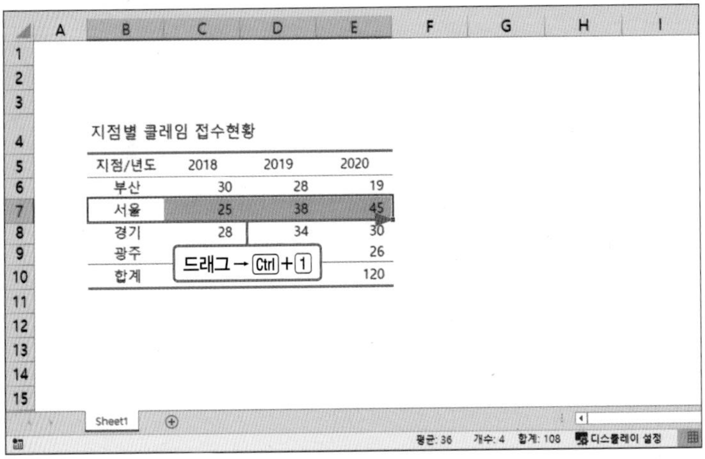

Tip

선택 영역에서 마우스 오른쪽 단추를 클릭한 후 [셀 서식]을 선택해도 [셀 서식] 대화상자를 열 수 있습니다.

06 [셀 서식] 대화상자가 열리면 [글꼴] 탭에서 '글꼴 스타일'은 [굵게], '크기'는 한 단계 크게, '색'은 '테마 색'의 [검정, 텍스트 1, 50% 더 밝게]를 선택합니다. [채우기] 탭을 선택하고 원하는 배경색을 선택한 후 [확인]을 클릭합니다.

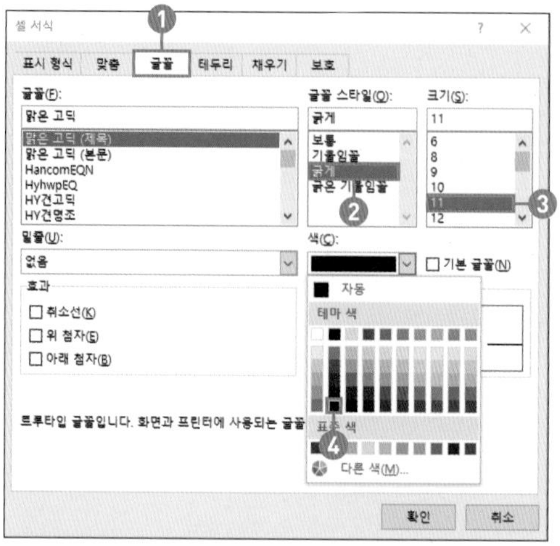

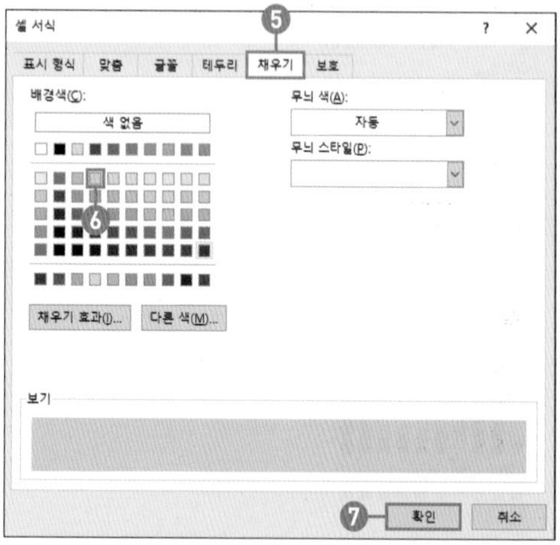

Tip

배경색은 표에 사용한 색상과 같은 색상으로 밝기만 조절하여 사용하면 좋습니다. 지나치게 채도가 높은 색상을 사용하면 글자가 묻힐 수 있기 때문에 고채도의 색상은 지양해야 합니다.

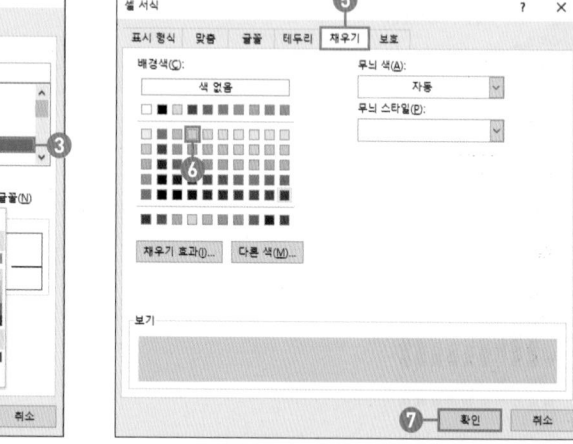

07 B4셀을 선택하고 [홈] 탭-[글꼴] 그룹에서 [글꼴 색]을 클릭한 후 제목의 색상을 변경하고 [굵게] 지정합니다. 이때 통일감을 위해 표에 사용한 색과 같은 계열로 색을 사용하는 것이 좋습니다. 여기에서는 전달하려는 항목의 셀에 안정감이 드는 채도가 낮은 색상을 지정했고 글자 색상과 크기를 조절하여 데이터의 강약을 표현했습니다.

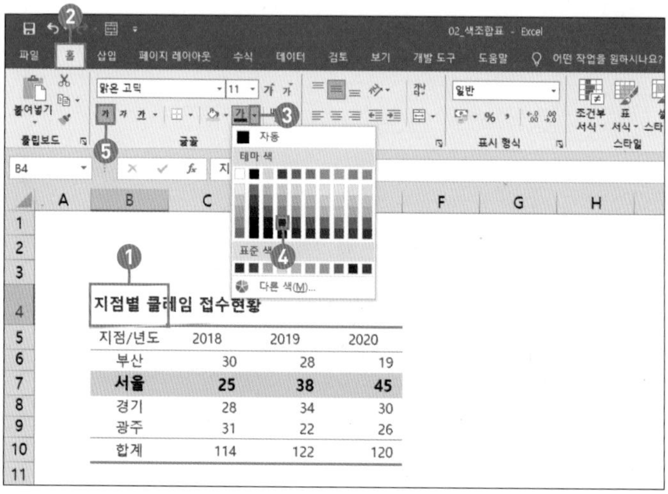

03 다양한 색 조합은 전달력을 떨어뜨린다 ② - 차트

숫자만 나열된 표를 제시하는 것보다는 차트를 사용해 메시지를 전달하면 좋습니다. 하지만 수많은 차트 요소를 사용하면 오히려 정보 전달력을 해칠 수 있습니다. 이번에는 핵심 내용만 표현하는 차트를 만드는 방법에 대해 알아봅니다.

실습파일 : 03_색조합차트.xlsx

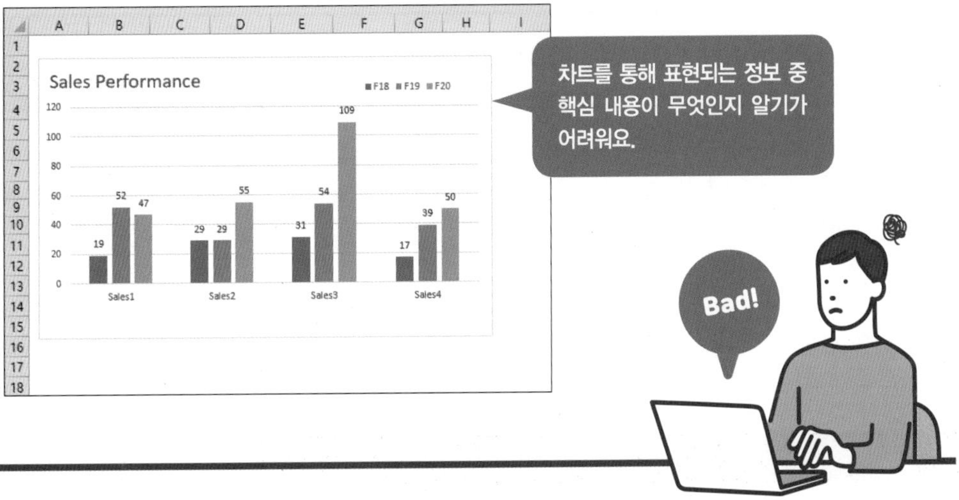

문제 상황

3년 동안의 각 팀별 실적입니다. 오른쪽 차트에서 전달자가 어떤 메시지를 말하려는지 감이 오나요? 차트를 통해 표현되는 정보가 너무 많아서 어떤 정보를 우선적으로 보아야 하는지 알 수 없습니다.

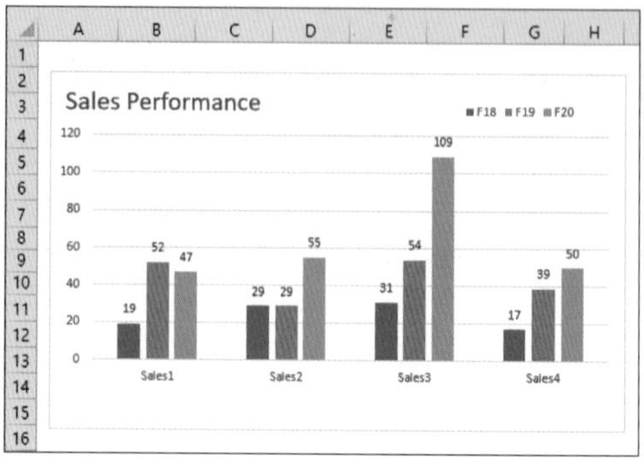

전달하려는 메시지에만 집중하기

데이터의 핵심 내용을 빠르게 전달해 주는 방법 중 하나는 '시각화'입니다. 사용자는 표에 있는 수많은 숫자보다 차트를 통한 정보에 가장 먼저 시선을 사로잡히게 됩니다. 이번에는 불필요한 요소들을 과감히 배제하고 오로지 전달하려는 메시지에만 시선이 집중될 수 있도록 차트를 표현해 보겠습니다.

01 [Sheet1] 시트에서 'Sales3' 팀의 'F20'의 높은 성장률을 핵심 메시지로 전달하려고 합니다. J4:M8 범위를 선택하고 [삽입] 탭-[차트] 그룹에서 [세로 또는 가로 막대형 차트 삽입]을 클릭한 후 '2차원 세로 막대형'에서 [묶은 세로 막대형]을 클릭합니다.

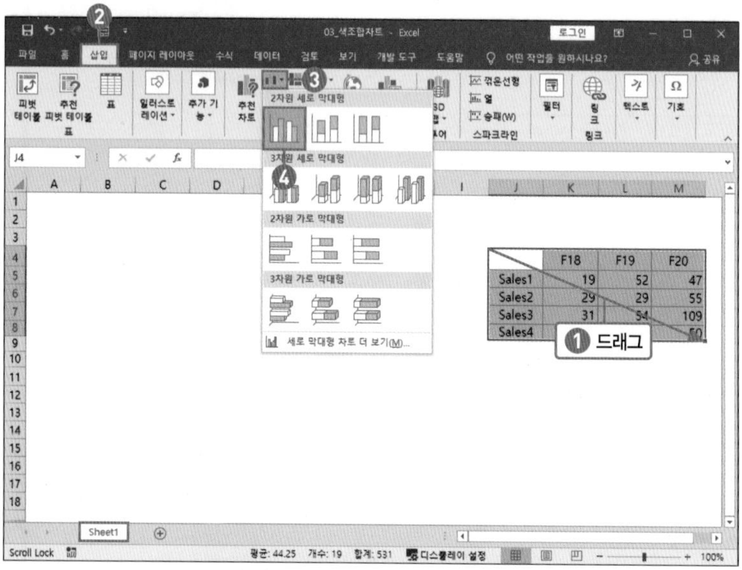

02 묶은 세로 막대형 차트가 생성되었으면 A열로 차트를 드래그하여 위치를 이동하고 크기를 조절합니다. 불필요한 요소 때문에 시선이 분산될 수 있으므로 세로 축 값을 선택하고 Delete를 눌러 삭제합니다. 이와 같은 방법으로 그림 영역에서 눈금선을 선택하여 삭제하세요.

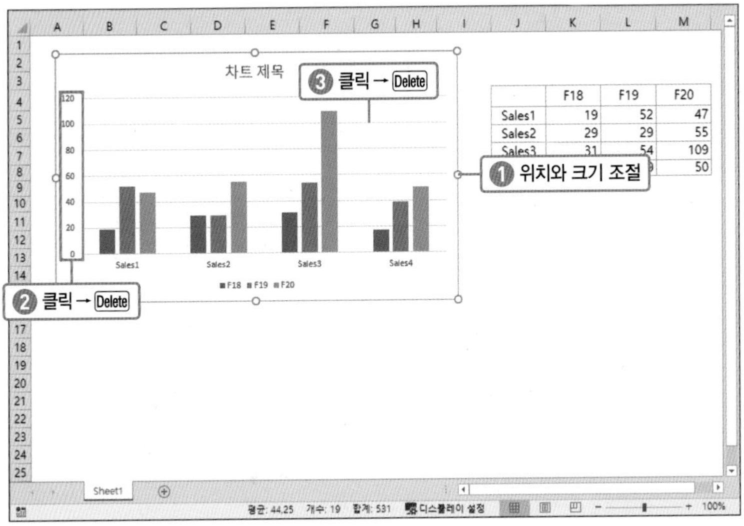

03 가로 축 항목을 선택하고 [홈] 탭-[글꼴] 그룹에서 [글자 크기]를 [10]으로 조정합니다. 이와 같은 방법으로 범례도 글꼴 크기를 조정합니다.

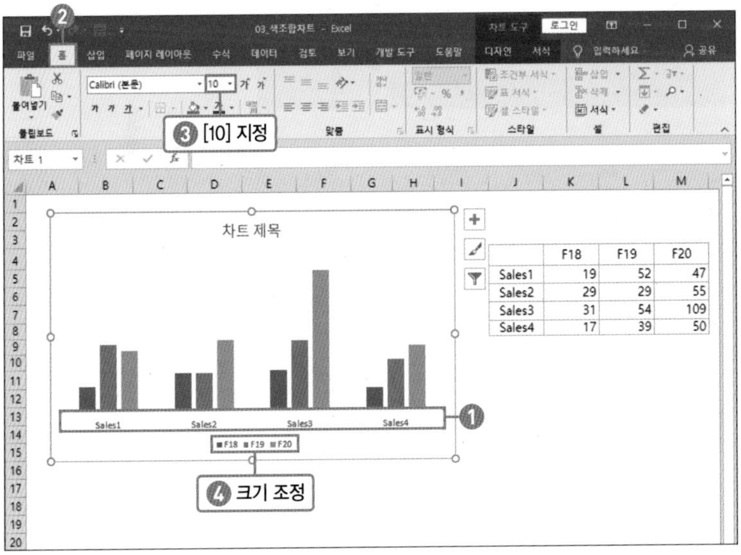

04 막대의 각 계열을 클릭하여 색을 변경해 볼게요. 파란색의 막대를 클릭하여 색상이 같은 'F18' 계열의 막대 차트를 함께 선택하고 선택한 막대에서 마우스 오른쪽 단추를 클릭한 후 [데이터 계열 서식]을 선택합니다. 화면의 오른쪽에 [데이터 계열 서식] 창이 열리면 [채우기 및 선]을 클릭하고 [채우기]의 '색'을 '테마 색'의 [흰색, 배경 1, 15% 더 어둡게]로 변경하세요.

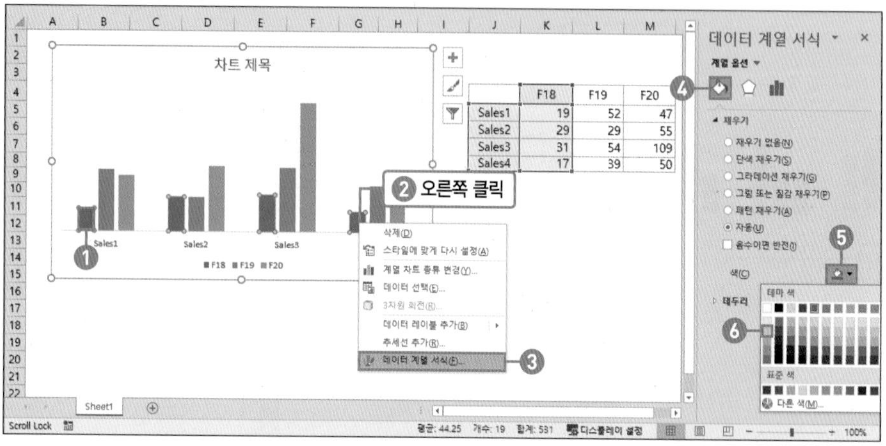

05 이번에는 다른 방법으로 주황색 막대 색상을 변경해 볼게요. 주황색 막대를 클릭하여 'F19' 계열을 모두 선택하고 [홈] 탭-[글꼴] 그룹에서 [채우기 색]()을 클릭한 후 **04**에서 선택한 색상보다 2단계 어두운 회색으로 변경합니다. 이와 같은 방법으로 'F20' 계열의 막대 색은 더 어두운 색상을 선택합니다.

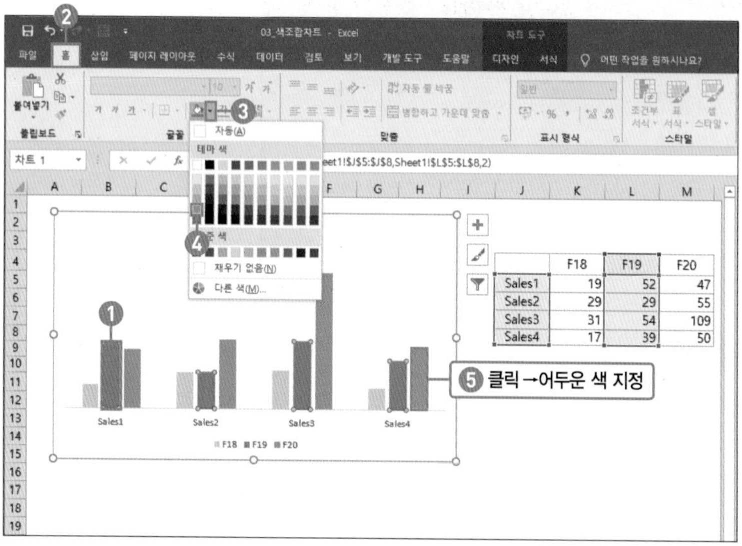

06 이번에는 차트의 아래쪽에 있는 범례를 오른쪽 위로 이동하기 위해 범례에서 마우스 오른쪽 단추를 클릭한 후 [범례 서식]을 선택합니다. 화면의 오른쪽에 [범례 서식] 창이 열리면 [범례 옵션](▥)의 '범례 위치'에서 [오른쪽 위]를 선택하고 [범례를 차트와 겹치지 않게 표시]의 체크를 해제합니다.

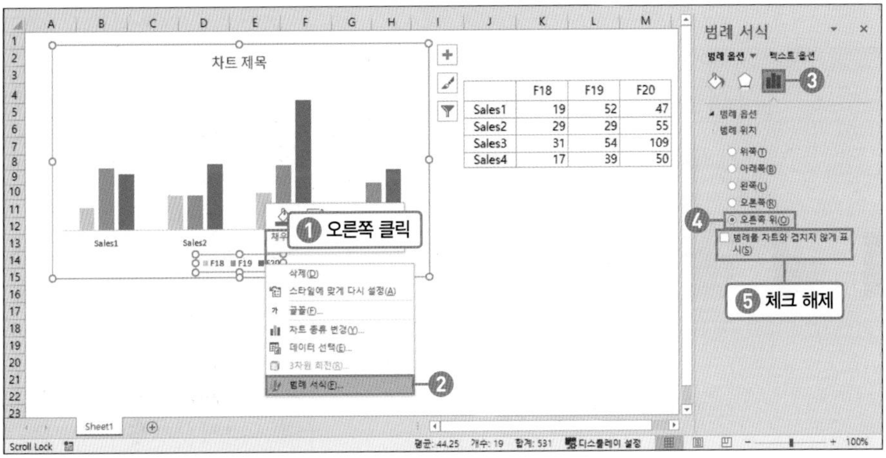

Tip

[범례를 차트와 겹치지 않게 표시]의 체크를 해제하면 차트의 그림 영역에 범례가 위치합니다. 상황에 따라 그림 영역이나 범례를 마우스로 드래그하여 크기나 위치를 조정할 수 있습니다.

07 차트에 각 계열마다 떨어져 있는 간격을 없애볼게요. 막대를 선택하고 마우스 오른쪽 단추를 클릭한 후 [데이터 계열 서식]을 선택합니다. 화면의 오른쪽에 [데이터 계열 서식] 창이 열리면 [계열 옵션](▥)에서 '계열 겹치기'의 수치 값을 『0%』로 변경합니다.

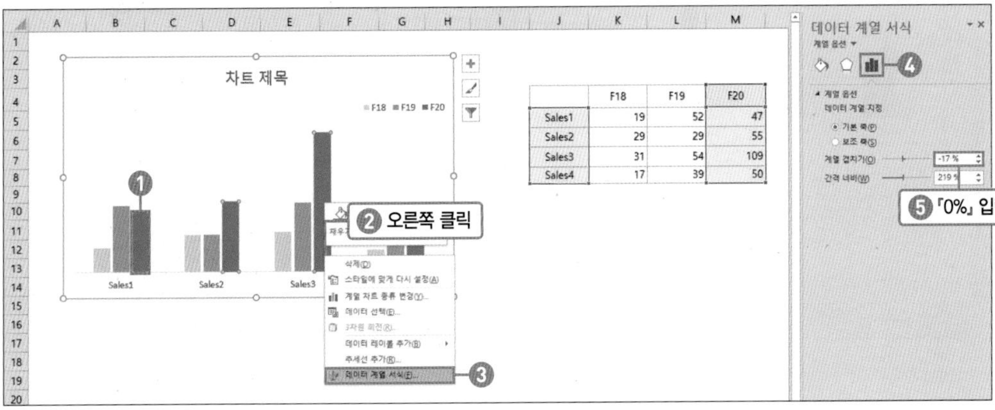

Tip

'계열 겹치기'의 숫자가 음수일 때 차트 계열의 간격이 넓어집니다.

08 'Sales3' 팀의 막대에만 색상을 지정해서 강조하기 위해 'Sales3' 팀의 'F20' 계열만 천천히 두 번 클릭하여 단독 선택하고 마우스 오른쪽 단추를 클릭한 후 [데이터 요소 서식]을 선택합니다. 화면의 오른쪽에 [데이터 요소 서식] 창이 열리면 [채우기 및 선]( )의 [채우기]에서 원하는 색상을 선택하여 변경합니다.

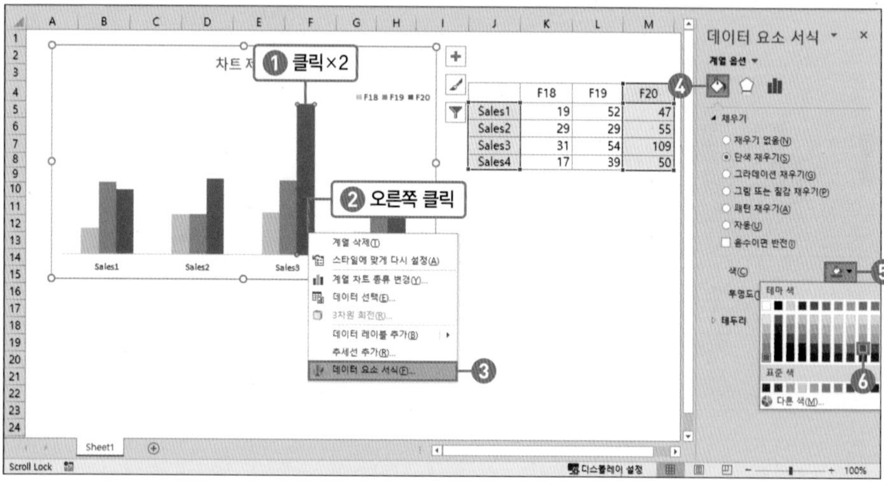

09 [효과] 옵션( )을 선택하고 [그림자]의 '미리 설정'에서 '바깥쪽'의 [오프셋: 오른쪽 아래]를 선택하여 다른 계열의 막대와 대조되는 원근감을 표현합니다.

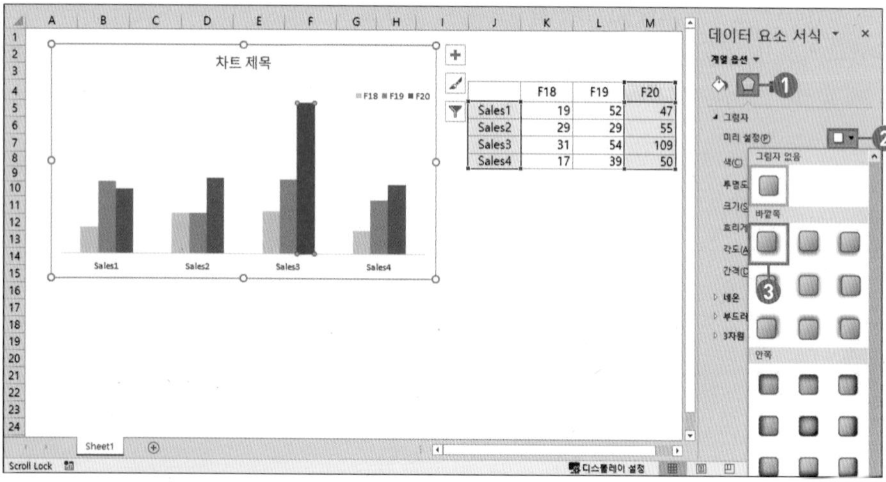

10 이와 같은 방법으로 'Sales3' 팀의 'F19' 계열도 천천히 두 번 클릭하여 단독 선택하고 'F20' 계열과 색을 같게 변경합니다. 나머지 팀의 계열에서는 점진적으로 밝기가 조절되는 것처럼 '투명도'를 『44%』로 지정하여 'F20' 계열과 차이를 줍니다.

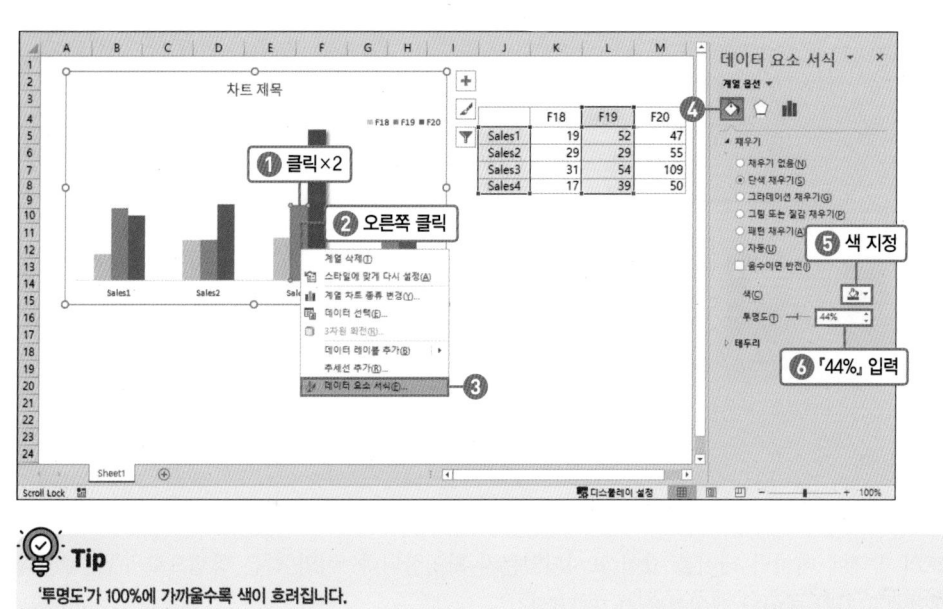

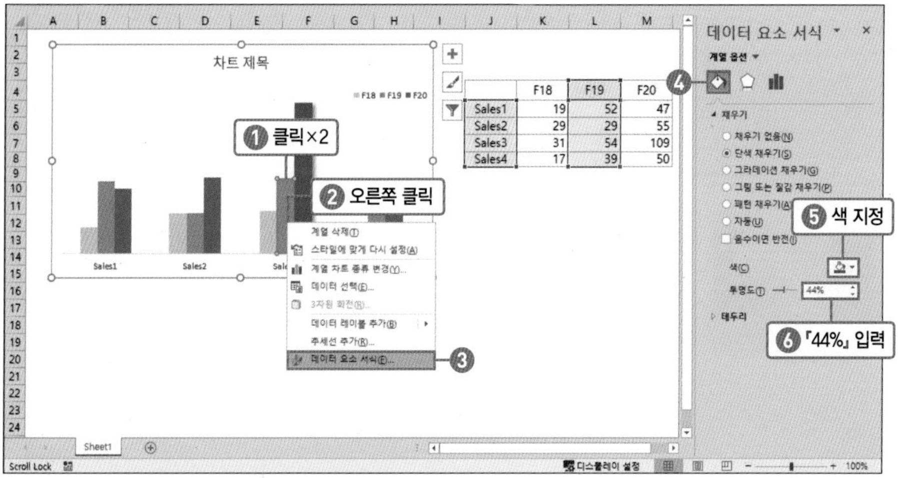

Tip

'투명도'가 100%에 가까울수록 색이 흐려집니다.

11 이와 같은 방법으로 'Sales3' 팀의 'F18' 계열도의 '투명도'를 『73%』로 지정하여 각 계열의 투명도에 차이를 줍니다.

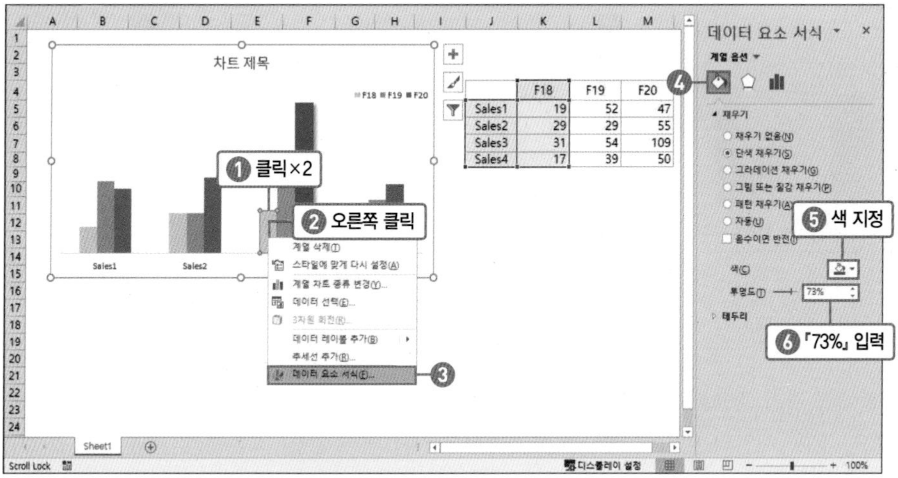

12 세로 축의 값을 삭제해서 각 차트에 대한 수치 값을 알 수 없기 때문에 데이터 레이블을 표시하여 각 계열에 대한 값을 확인해 볼게요. 'F20' 계열을 선택하고 선택한 막대에서 마우스 오른쪽 단추를 클릭한 후 [데이터 레이블 추가]-[데이터 레이블 추가]를 선택합니다.

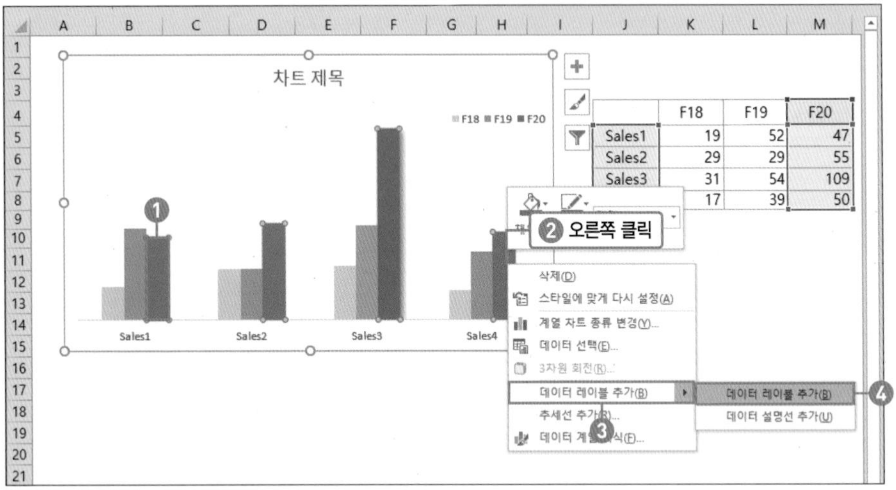

13 차트의 막대에 데이터 레이블 값이 표시되었는지 확인합니다. 이와 같은 방법으로 'F19' 계열과 'F18' 계열에도 각각 데이터 레이블을 추가하세요.

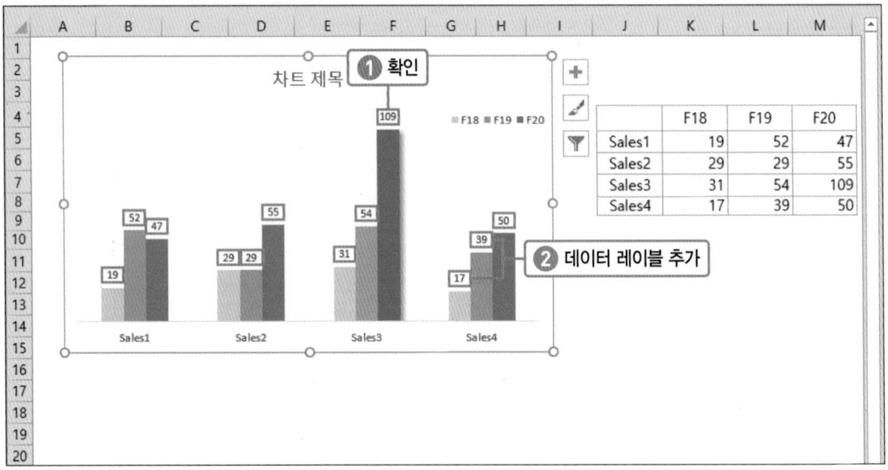

14 모든 계열에 숫자가 강조되어 있어서 전체 데이터 레이블에 대한 글자 색과 글자의 크기를 작게 조정해 볼게요. 'F18' 계열의 데이터 레이블을 선택하고 [홈] 탭-[글꼴] 그룹에서 '글꼴 크기'는 [7], '글꼴 색'은 2~3단계 밝은 검은색을 선택합니다. 이와 같은 방법으로 'F19' 계열과 'F20' 계열의 데이터 레이블도 동일하게 변경합니다.

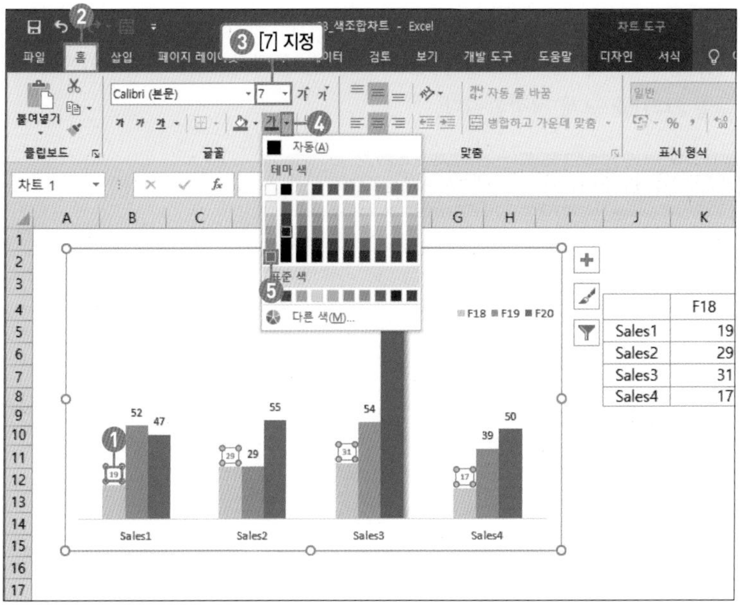

15 'Sales3' 팀의 데이터 레이블만 좀 더 강조해 볼게요. 'Sales3' 팀의 'F18' 데이터 레이블을 천천히 두 번 클릭하여 단독으로 선택합니다. [홈] 탭-[글꼴] 그룹에서 글자 색을 차트에 사용한 어두운 계열의 색을 선택하고 [굵게] 지정하여 숫자를 강조합니다. 이와 같은 방법으로 'F19' 계열의 데이터 레이블도 동일하게 변경합니다.

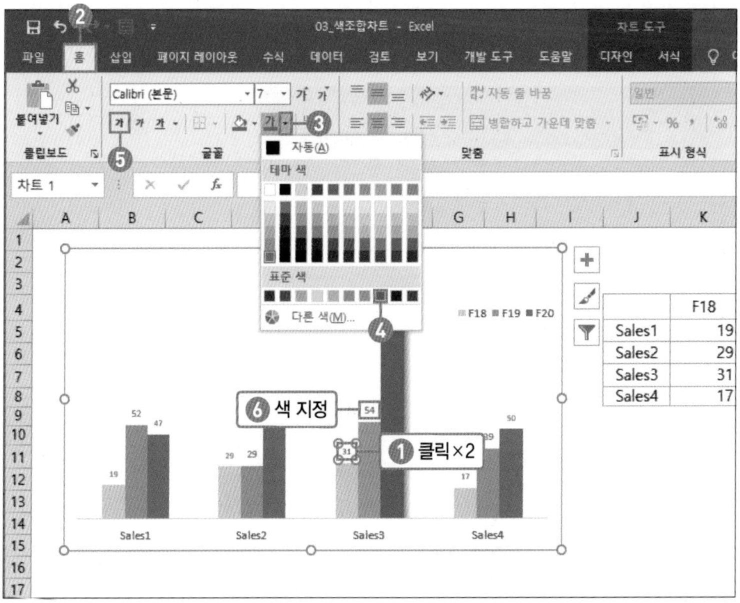

16 'Sales3' 팀의 'F20' 계열에 대한 높은 성장률을 표현하기 위해 데이터 레이블만 글자의 크기를 크게 지정해 볼게요. 'Sales3' 팀의 'F20' 데이터 레이블만 천천히 두 번 클릭하여 단독으로 선택한 후 [홈] 탭-[글꼴] 그룹에서 [글꼴 크기]를 크게 지정합니다.

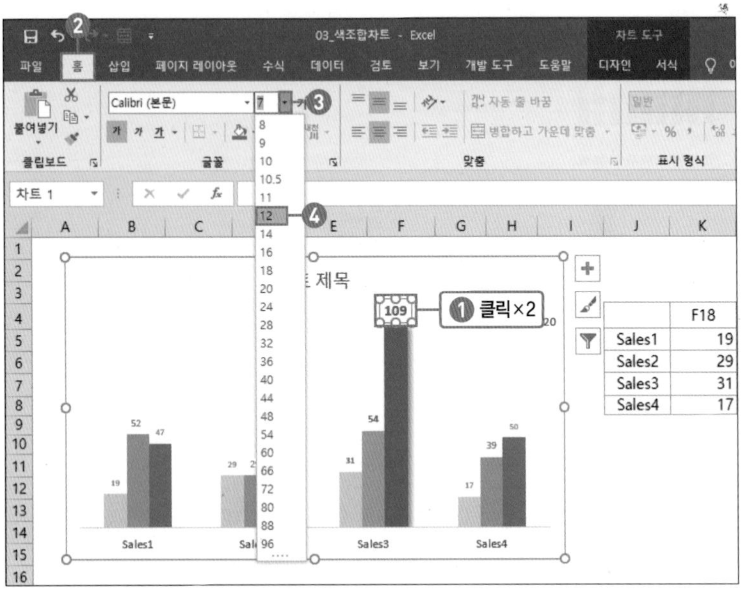

17 차트에 수치를 살펴보면 3년 동안 모든 팀의 실적이 'Sales3' 팀의 'F20'만 제외하고 60 이상이 넘지 못한 것을 알 수 있습니다. 차트의 중간에 라인을 그려서 'Sales3' 팀의 'F20' 계열의 실적을 좀 더 강조하기 위해 [삽입] 탭-[일러스트레이션] 그룹에서 [도형]을 클릭하고 '선'에서 [선](⧅)을 클릭합니다.

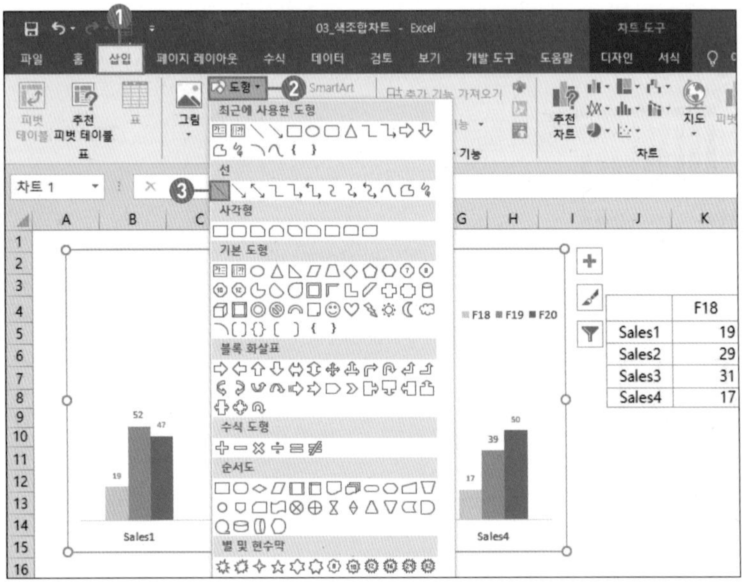

18 마우스 포인터가 + 모양으로 변경되면 차트의 그림 영역 위에서 Shift를 누른 채 드래그하여 직선을 그립니다. 선에서 마우스 오른쪽 단추를 클릭하고 [개체 서식]을 선택합니다. 화면의 오른쪽에 [도형 서식] 창이 열리면 [채우기 및 선]()의 [선]에서 '색'은 '테마 색'의 [회색, 강조 3, 25% 더 어둡게]를, '대시 종류'는 [파선]을 선택합니다.

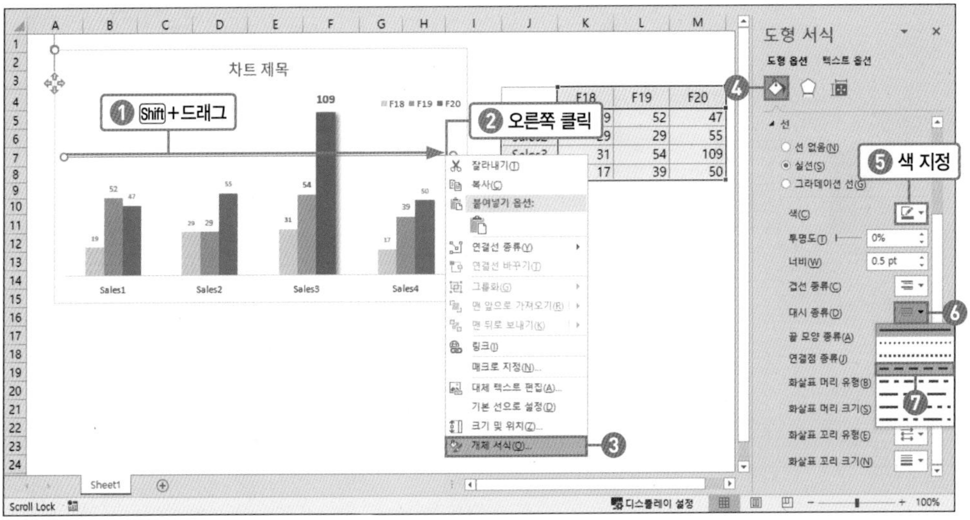

19 기준선을 지정하여 'Sales3' 팀의 성장률을 좀 더 명확하게 표현했으면 차트의 제목을 『Sales Performance』로 변경하고 왼쪽으로 드래그하여 위치와 크기를 조절합니다. [홈] 탭-[글꼴] 그룹에서 [굵게]를 지정하고 차트에 사용한 색과 같은 색상으로 변경합니다.

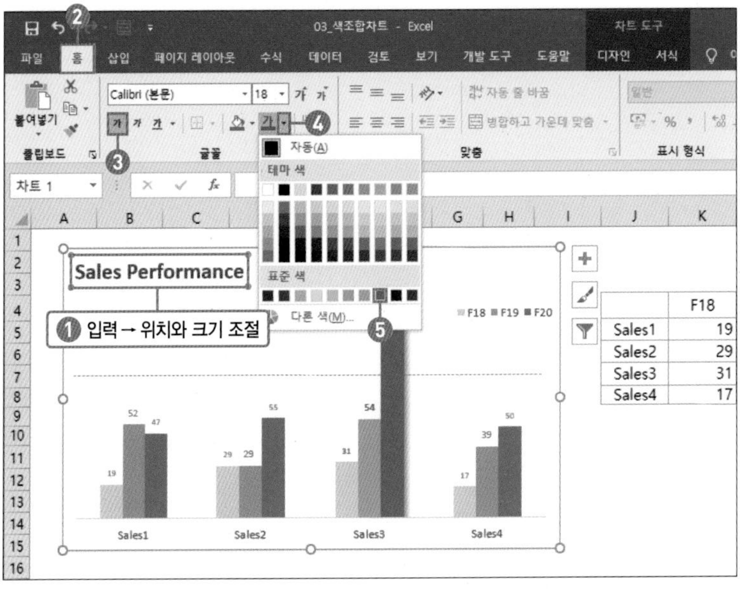

20 비교 대상의 데이터는 회색으로 지정하고 주요 데이터 항목에만 강조색과 투명도를 조절하여 차등 항목을 보기 좋게 표현했습니다.

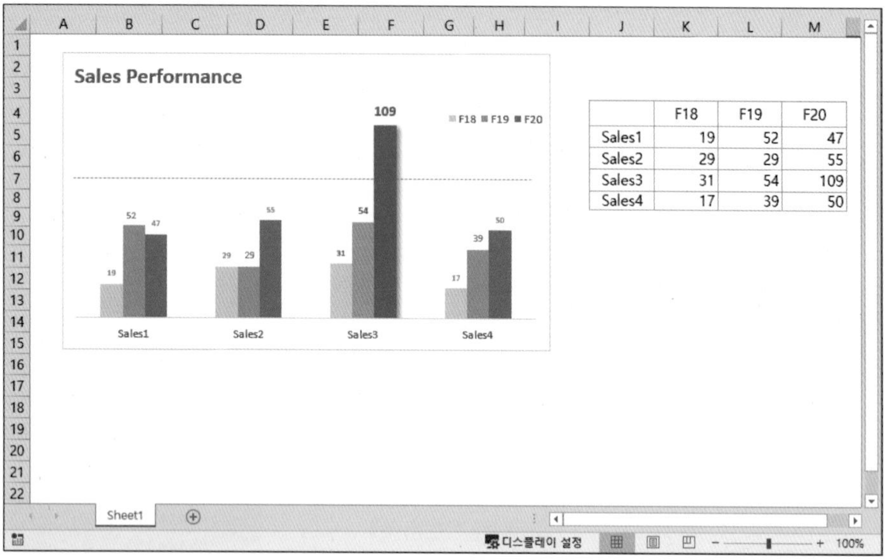

	F18	F19	F20
Sales1	19	52	47
Sales2	29	29	55
Sales3	31	54	109
Sales4	17	39	50

Tip

데이터의 우선순위에 따라 수치 값을 좀 더 부각시키려면 시선을 다른 곳에 빼앗길 수 있는 요소들을 배제한 후 중요한 데이터에만 적절한 색을 활용해서 좀 더 정확하게 정보를 전달할 수 있습니다.

다시 보기

표와 차트의 본질은 예쁘게 꾸미는 것이 아니라 메시지 전달입니다. 따라서 말하려는 메시지에만 집중하여 정보의 우선순위에 따라 강조색과 차등색을 지정하거나 글자에 강약을 표현하는 것만으로도 충분히 핵심 내용을 전달할 수 있습니다. 오히려 지나치게 다양한 색상을 사용하거나 요소를 너무 많이 사용하면 정보 전달에 역효과가 발생할 수 있다는 것을 꼭 기억하세요.

04 매번 같은 작업 반복하지 않기

차트를 삽입할 때 매번 디자인을 변경하여 사용하나요? 이전에 작업해 둔 차트를 불러와서 작업하려고 해도 데이터 참조 범위를 변경하는 순간 차트의 서식은 망가집니다. 이번에는 꺾은선형 차트를 만드는 방법과 함께 단 한 번의 작업만으로 엑셀에서 제공되는 기본 디자인처럼 나만의 서식을 만들고 클릭 한 번으로 원하는 디자인을 지정해 봅니다.

실습파일 : 04_작업.xlsx

Bad!

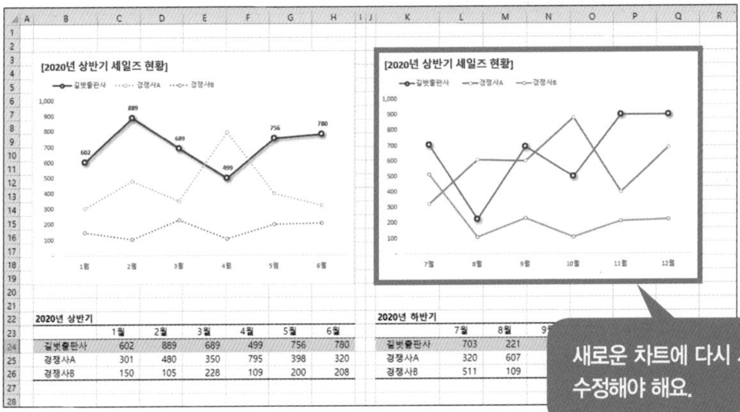

새로운 차트에 다시 서식을 수정해야 해요.

Good!

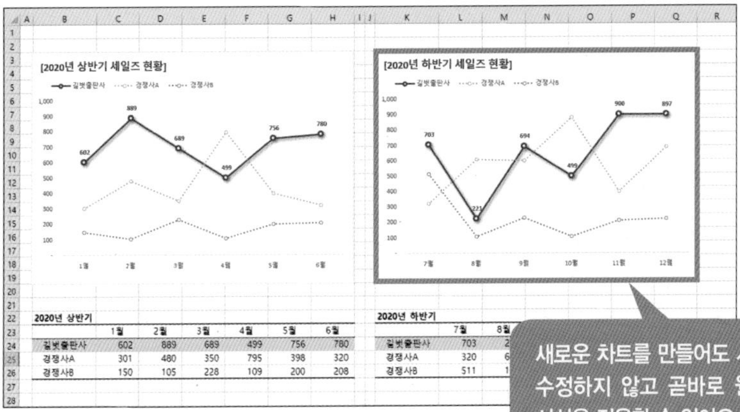

새로운 차트를 만들어도 서식을 수정하지 않고 곧바로 원하는 서식을 적용할 수 있어요.

꺾은선형 차트 바로 알기

꺾은선형 차트는 시계열에 따른 추이와 변화를 살펴볼 때 사용합니다. 이번에는 꺾은선형 차트를 이용하여 상반기와 하반기에 각각 변화하는 실적 흐름을 살펴보겠습니다.

01 상반기 표를 참고하여 꺾은선형 차트를 만들어 볼게요. [Sheet1] 시트에서 B23:H26 범위를 선택하고 [삽입] 탭–[차트] 그룹에서 [꺾은선형 또는 영역형 차트 삽입]을 클릭한 후 '2차원 꺾은선형'에서 [표식이 있는 꺾은선형]을 선택합니다.

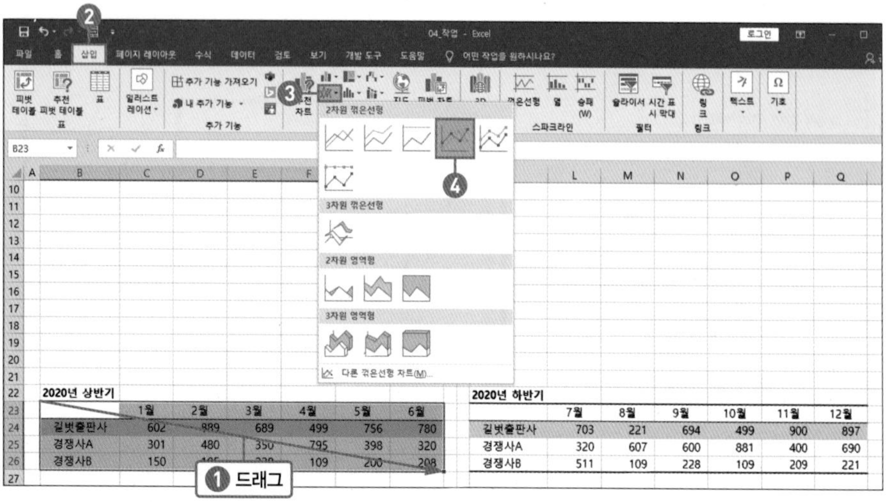

02 2차원 꺾은선형 차트가 생성되면 B3셀에 위치시키고 H19셀까지 드래그하여 차트의 크기를 조절합니다. 그림 영역 안에 있는 주 눈금선을 선택하고 Delete를 눌러 삭제합니다.

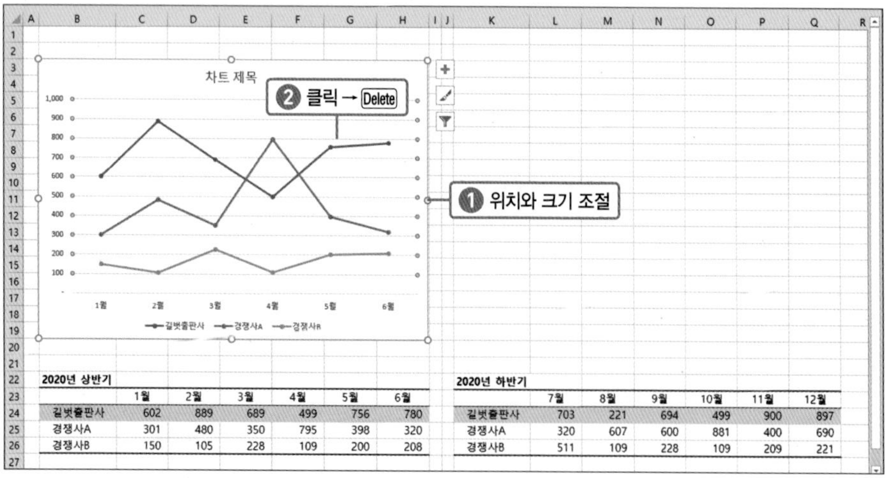

03 이번에는 각 계열의 선 스타일을 변경해서 '길벗출판사'의 실적이 강조된 선을 만들어 볼게요. 파란색 꺾은선을 선택하고 마우스 오른쪽 단추를 클릭한 후 [데이터 계열 서식]을 선택합니다. 화면의 오른쪽에 [데이터 계열 서식] 창이 열리면 [채우기 및 선](◇)의 [선]에서 '색'을 '표준 색'의 [진한 빨강]으로 선택합니다.

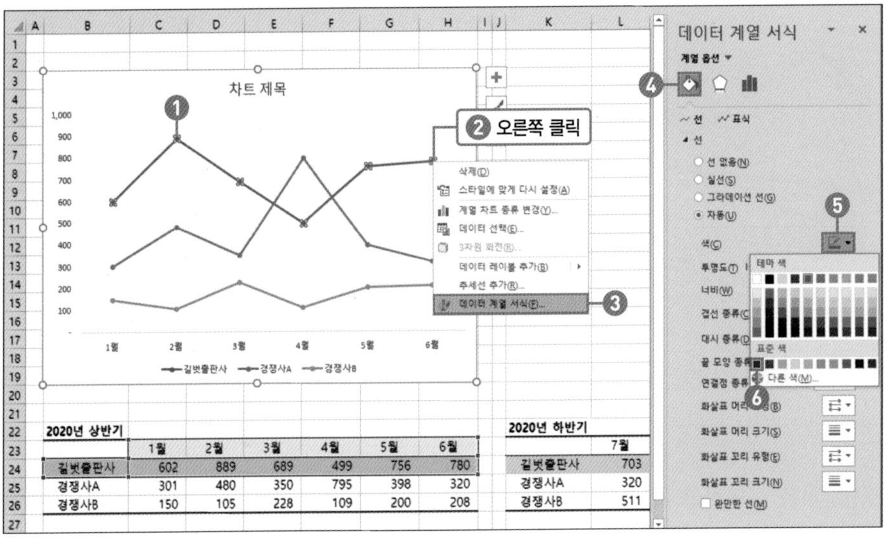

04 파란색 꺾은선이 진한 빨강으로 바뀐 상태에서 [데이터 계열 서식] 창의 [표식]을 선택합니다. [표식 옵션]에서 [기본 제공]을 선택하고 '크기'를 [7]로 조정해 표식의 크기를 키웁니다.

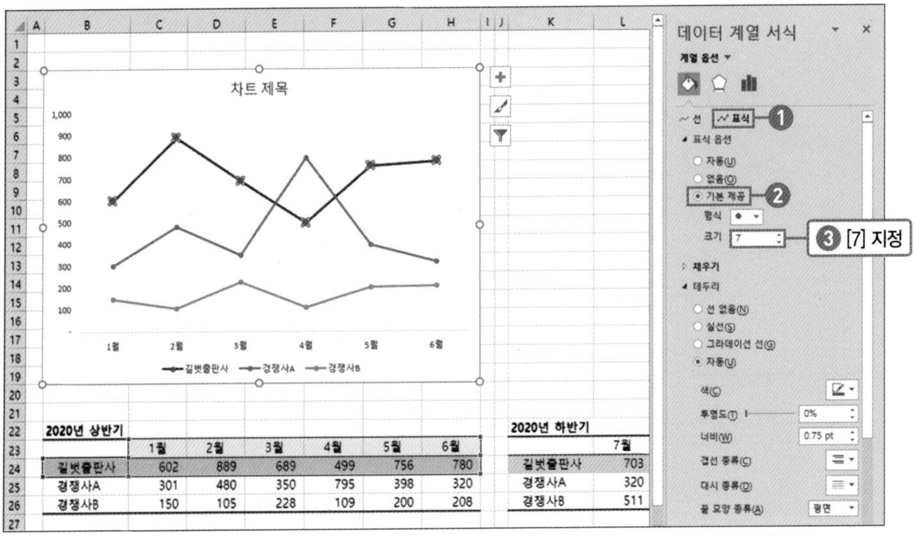

05 표식의 색과 크기를 변경했으면 [채우기]에서 '색'은 '테마 색'의 [흰색, 배경 1]을, [테두리]에서 '색'은 선의 색상과 같은 색인 [진한 빨강]을 선택하고 '너비'는 [2.5pt]로 조정해 선 굵기를 맞춥니다.

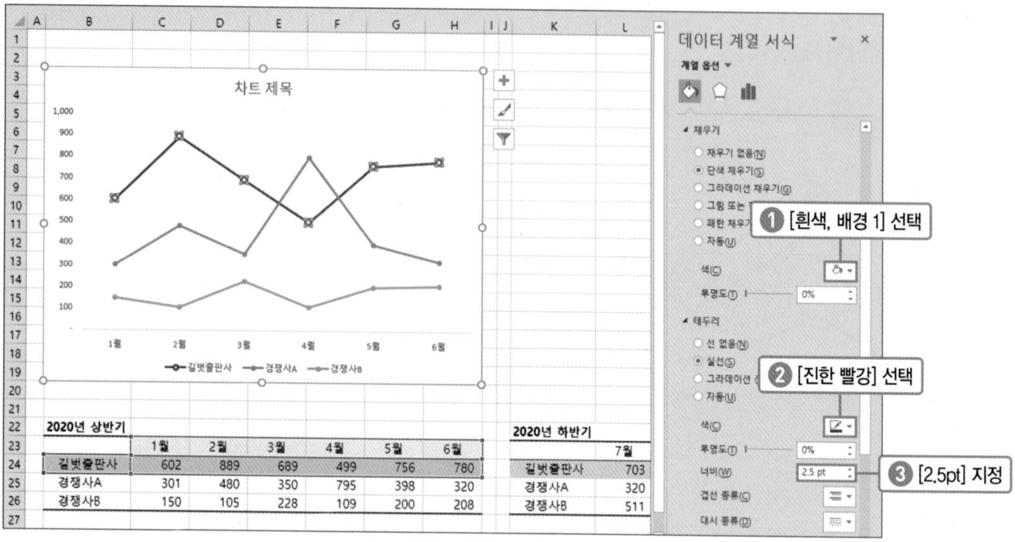

06 [효과] 옵션()을 선택하고 [그림자]의 '미리 설정'에서 '바깥쪽'의 [오프셋: 오른쪽 아래]를 선택해 표식에 음영을 줍니다.

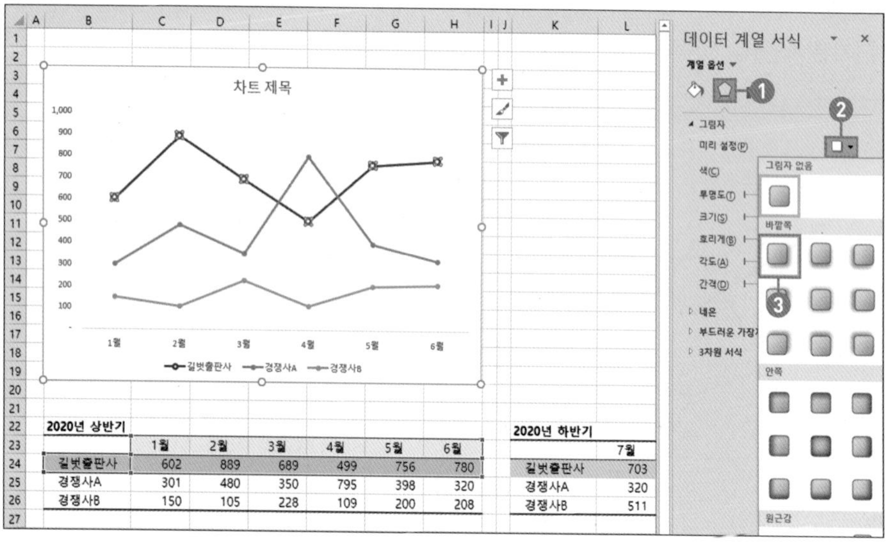

07 차트 영역에서 '경쟁사A'인 주황색 꺾은선을 선택하고 마우스 오른쪽 단추를 클릭한 후 [데이터 계열 서식]을 선택합니다. 화면의 오른쪽에 [데이터 계열 서식] 창이 열리면 [채우기 및 선]( )의 [선]에서 '색'은 '테마 색'의 [밝은 회색, 배경 2, 25% 더 어둡게]로, '대시 종류'는 [둥근 점선]으로 변경합니다.

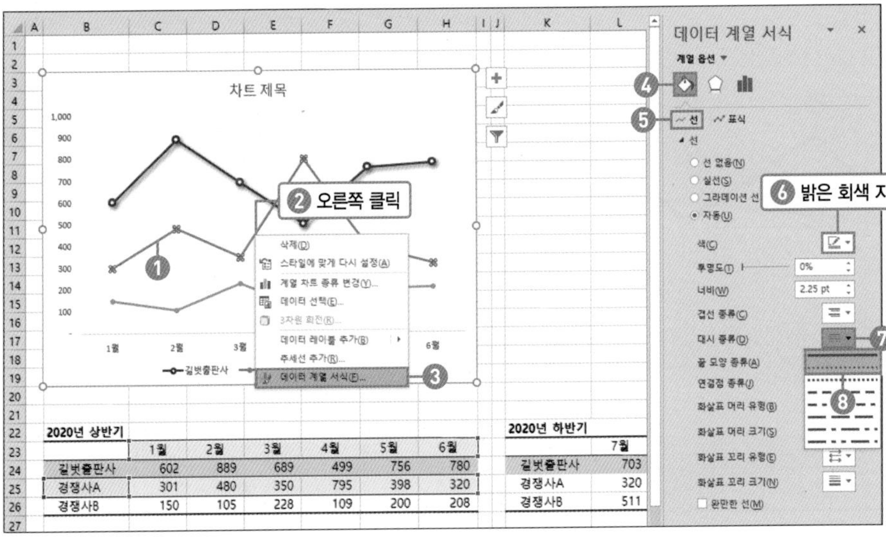

08 '경쟁사A' 꺾은선의 색과 모양이 변경된 상태에서 [표식]을 선택합니다. [데이터 계열 서식] 창의 [채우기]에서 [단색 채우기]를 선택하고 '색'은 '테마 색'의 [흰색, 배경 1]을, [테두리]는 선 색상과 같게 '테마 색'의 [밝은 회색, 배경 2, 25% 더 어둡게]로 변경합니다.

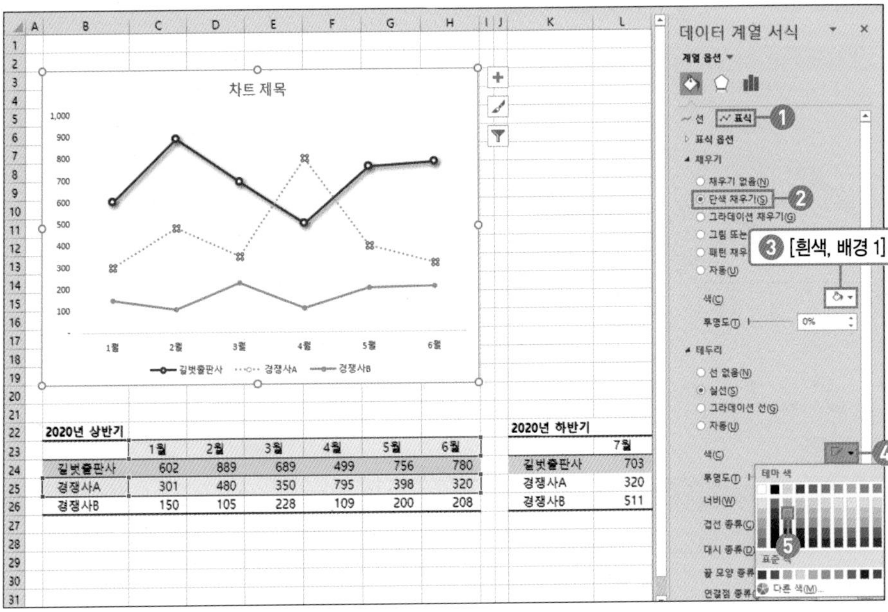

09 이와 같은 방법으로 '경쟁사B' 계열도 꺾은선과 표식의 색상만 '테마 색'의 [밝은 회색, 배경 2, 50% 더 어둡게]로 둥근 점선으로 지정합니다. 꺾은선형 차트에서 '길벗출판사' 계열을 선택하고 마우스 오른쪽 단추를 클릭한 후 [데이터 레이블 추가]를 선택합니다.

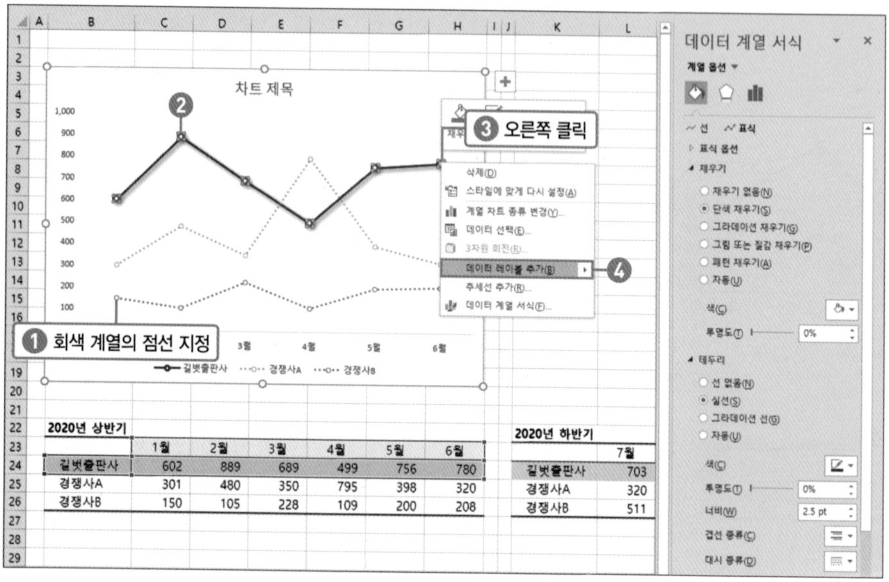

10 데이터 레이블이 생성되면 데이터 레이블에서 마우스 오른쪽 단추를 클릭하고 [데이터 레이블 서식]을 선택합니다. 화면의 오른쪽에 [데이터 레이블 서식] 창이 열리면 [레이블 옵션](■)의 '레이블 위치'에서 [위쪽]을 선택하고 [데이터 레이블 서식] 창을 닫습니다.

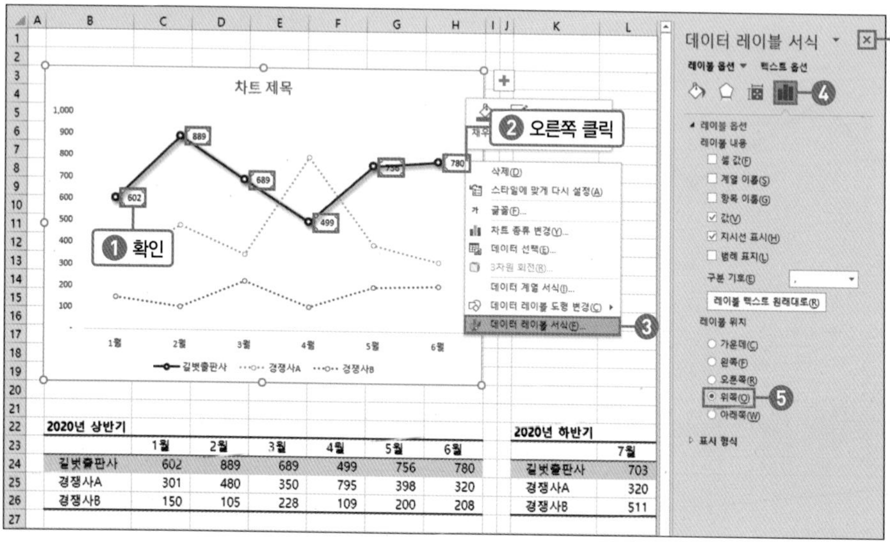

2020년 상반기	1월	2월	3월	4월	5월	6월
길벗출판사	602	889	689	499	756	780
경쟁사A	301	480	350	795	398	320
경쟁사B	150	105	228	109	200	208

2020년 하반기	7월
길벗출판사	703
경쟁사A	320
경쟁사B	511

11 데이터 레이블이 꺾은선의 위쪽으로 이동하면 [홈] 탭-[글꼴] 그룹에서 [글꼴 색]을 클릭하고 '표준 색'에서 [진한 빨강]을 선택한 후 [굵게] 지정하여 데이터 레이블을 강조합니다.

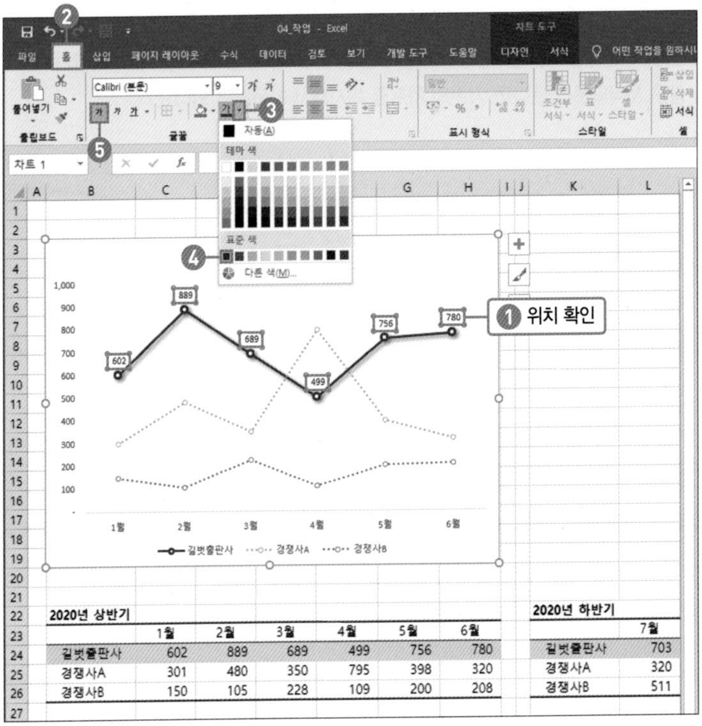

12 마지막으로 차트의 제목을 『[2020년 상반기 세일즈 현황]』으로 변경하고 범례의 위치를 위쪽으로 이동하여 상반기 차트를 완성합니다.

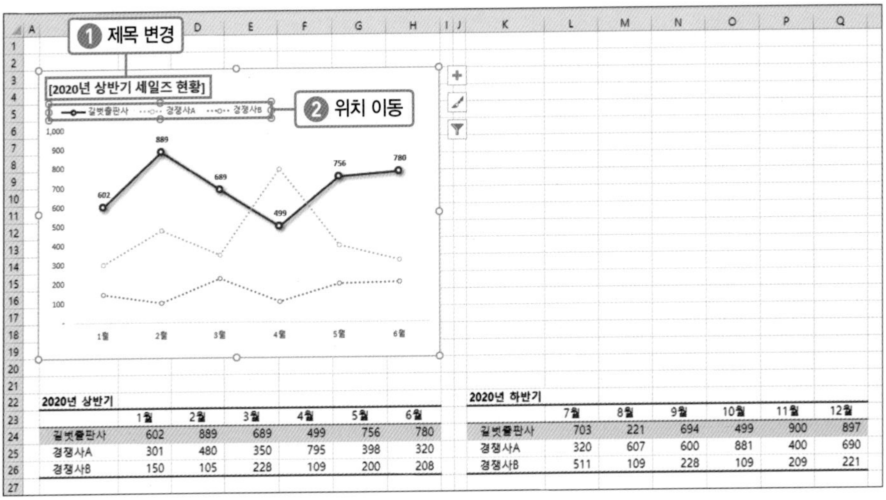

Solution

Q 상반기 세일즈 현황을 꺾은선형 차트를 이용하여 만드는 방법에 대해 알아보았습니다. 하반기 차트도 상반기와 같은 서식으로 만든다면 기존의 차트를 복사해서 사용하면 되나요?

A 예, 새로운 차트를 삽입할 필요 없이 상반기 차트를 복사하여 사용할 수 있습니다. 하지만 참조된 데이터 범위를 변경하는 순간 차트의 서식은 깨져서 서식을 수정해야 합니다. 따라서 이러한 번거로움을 줄이기 위해 나만의 차트 서식을 만들어서 사용하는 것이 좋습니다.

차트 복사해 사용하기

이번에는 하반기 차트를 만들려고 합니다. 새로운 차트를 생성하지 않고 앞에서 언급한 Solution처럼 상반기 차트를 복사하여 하반기 차트를 만들 경우 어떠한 문제점이 생기는지 알아보겠습니다.

01 [Sheet2] 시트에서 상반기 차트를 선택하고 Ctrl을 누른 상태에서 K3셀로 드래그하여 차트를 복사합니다.

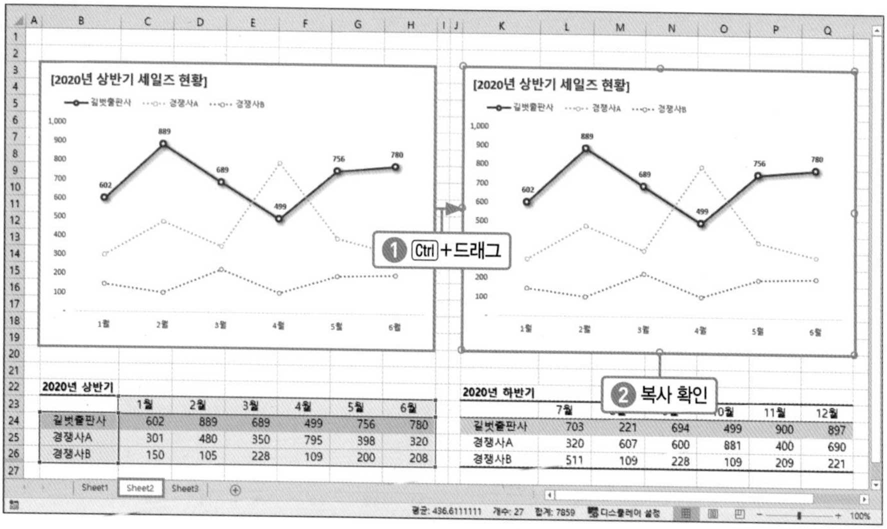

02 참조하고 있는 원본 데이터를 하반기 표인 K23:Q26 범위로 변경해 볼게요. 복사한 차트를 선택한 상태에서 [차트 도구]의 [디자인] 탭–[데이터] 그룹에서 [데이터 선택]을 클릭합니다.

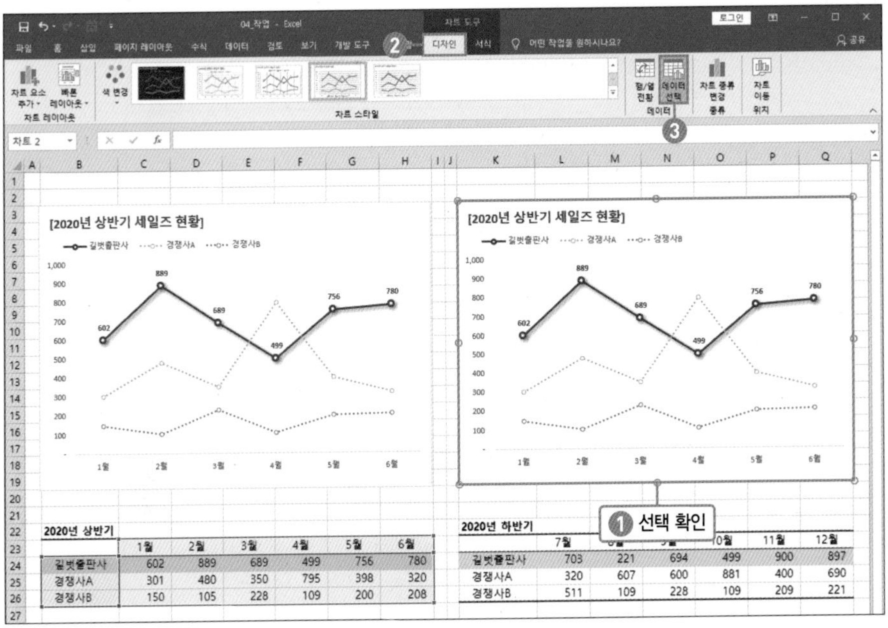

03 [데이터 원본 선택] 대화상자가 열리면서 '차트 데이터 범위'에 '2020 상반기' 표의 범위(B23:H26)가 선택되어 표시됩니다. 이 상태에서 '2020 하반기' 표의 범위(K23:Q26) 범위를 드래그하거나 직접 입력하여 지정하고 [확인]을 클릭합니다.

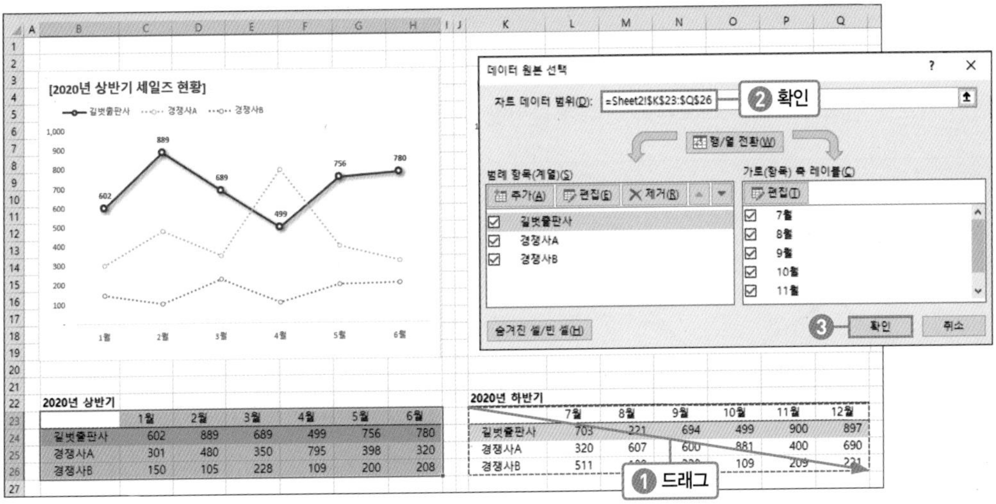

04 차트의 원본 데이터가 변경되면서 기존 차트의 서식이 깨졌습니다. 이렇게 차트를 복사한 후 원본 데이터만 변경해서 사용할 수 있지만, 서식은 유지되지 않습니다. 그렇다고 똑같은 작업을 반복한다면 너무 비효율적이겠죠?

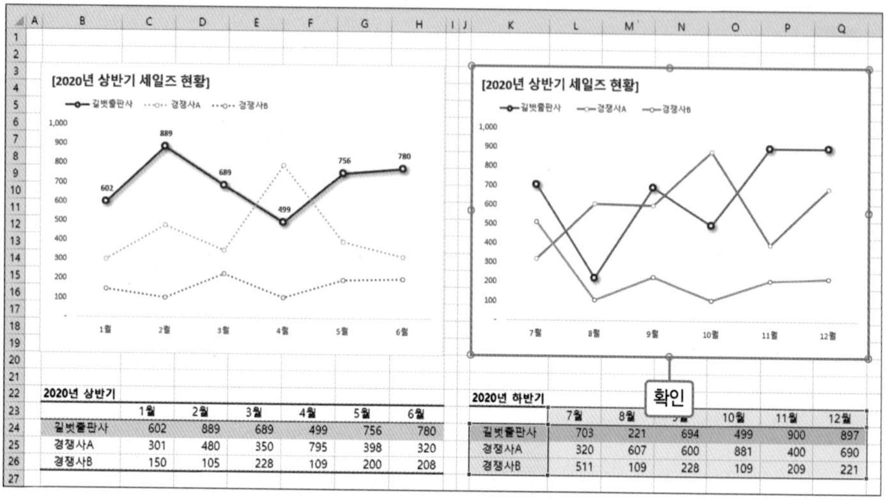

나만의 차트 서식 저장하기

한 번 만들어 둔 차트 서식을 저장해 두면 나중에 새로운 차트를 만들어야 할 경우에는 서식을 일일이 편집하지 않아도 됩니다. 즉 클릭 한 번으로 차트에 쉽게 디자인을 적용할 수 있어서 매우 편리합니다.

01 나만의 차트 서식을 만들어 상반기 차트와 같은 디자인으로 변경해 볼게요. [Sheet3] 시트에서 상반기 차트를 선택하고 마우스 오른쪽 단추를 클릭한 후 [서식 파일로 저장]을 선택합니다.

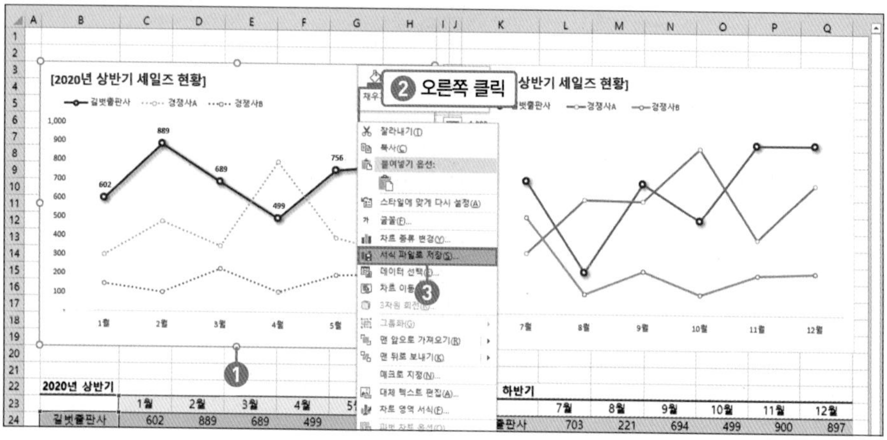

02 [차트 서식 파일 저장] 대화상자가 열리면 '파일 이름'에 『꺾은선형차트』를 입력하고 [저장]을 클릭합니다.

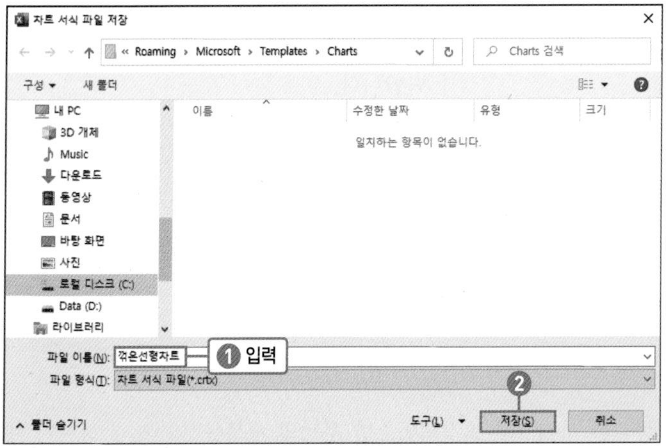

03 이번에는 하반기 차트를 선택하고 [차트 도구]의 [디자인] 탭-[종류] 그룹에서 [차트 종류 변경]을 클릭합니다.

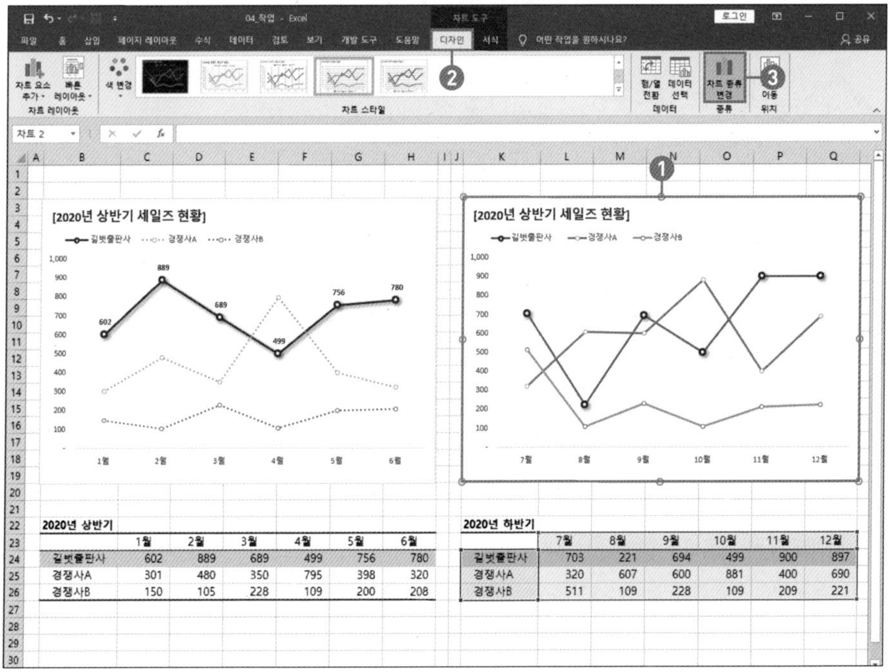

2020년 상반기	1월	2월	3월	4월	5월	6월
길벗출판사	602	889	689	499	756	780
경쟁사A	301	480	350	795	398	320
경쟁사B	150	105	228	109	200	208

2020년 하반기	7월	8월	9월	10월	11월	12월
길벗출판사	703	221	694	499	900	897
경쟁사A	320	607	600	881	400	690
경쟁사B	511	109	228	109	209	221

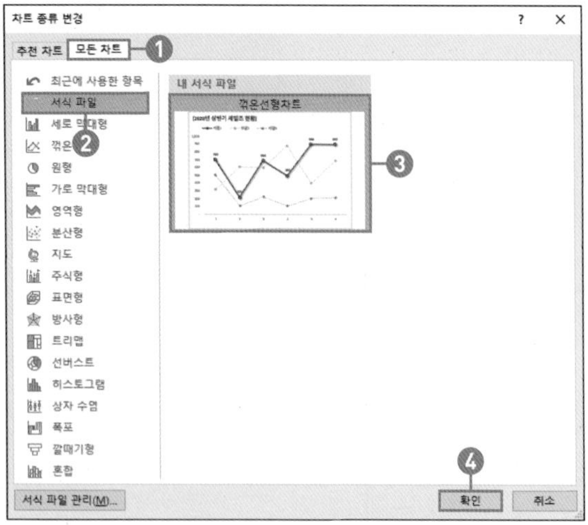

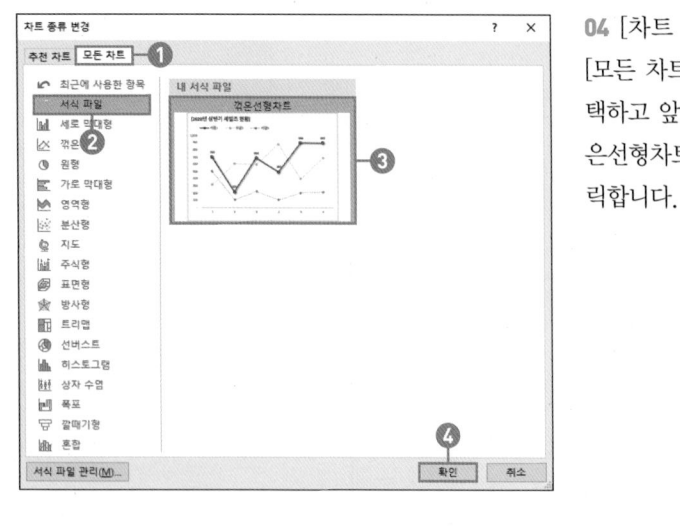

04 [차트 종류 변경] 대화상자가 열리면 [모든 차트] 탭에서 [서식 파일] 범주를 선택하고 앞에서 저장한 '내 서식 파일'의 [꺾은선형차트] 서식을 선택한 후 [확인]을 클릭합니다.

05 하반기 차트가 상반기 차트와 동일한 서식으로 변경되었으면 차트의 제목을 『[2020년 하반기 세일즈 현황]』으로 변경하여 차트를 완성합니다.

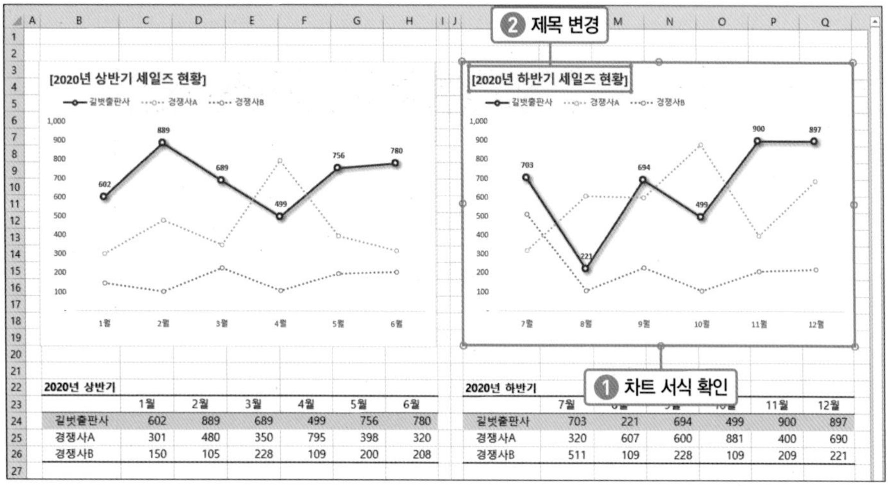

2020년 상반기	1월	2월	3월	4월	5월	6월
길벗출판사	602	889	689	499	756	780
경쟁사A	301	480	350	795	398	320
경쟁사B	150	105	228	109	200	208

2020년 하반기	7월	8월	9월	10월	11월	12월
길벗출판사	703	221	694	499	900	897
경쟁사A	320	607	600	881	400	690
경쟁사B	511	109	228	109	209	221

다시 보기

여러 개의 차트를 작성할 경우 하나하나의 차트마다 서식을 변경할 수 없어서 기존의 차트 서식을 복사해서 사용하면 된다고 생각하는 경우가 많습니다. 하지만 앞에서 살펴보았듯이 원본 데이터가 변경되면 서식은 유지되지 못합니다. 이 경우 작업한 차트 서식을 하나의 템플릿으로 저장해 두면 나중에 일일이 편집하지 않아도 손쉽게 다수의 차트에 디자인을 적용할 수 있습니다.

05 기본 제공 기능에만 한정되지 않기

엑셀에서는 종류별로 다양한 차트를 제공하면서 수많은 옵션도 함께 제공합니다. 하지만 간혹 내가 원하는 정보를 표현하기에 부족한 옵션이 있습니다. 이러한 부분을 아쉬워만 할 건가요? 이 경우에는 기본적으로 제공되는 옵션에만 국한되지 말고 차트에 내가 원하는 대로 정보를 표현할 수 있습니다. 이번에는 원형 차트에 대해 함께 알아봅니다.

실습파일 : 05_기능.xlsx

Bad!

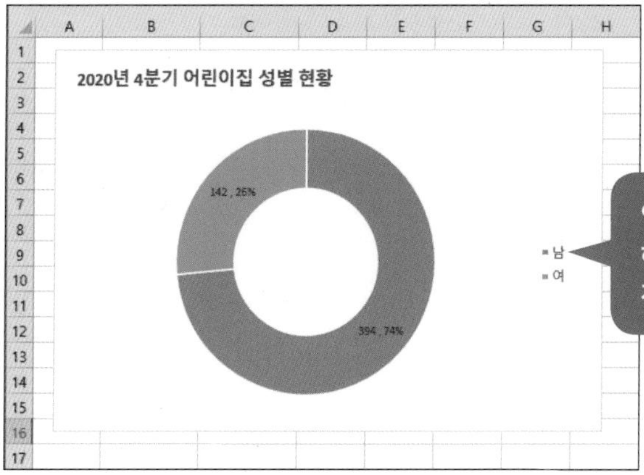

엑셀에서 기본적으로 제공하는 차트 옵션을 이용해 차트를 만들었어요.

Good!

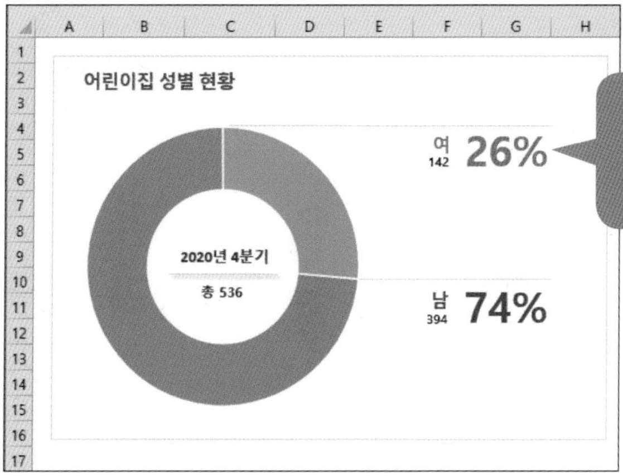

도형 서식을 이용해 차트를 꾸며서 좀 더 명확하게 메시지를 전달할 수 있어요.

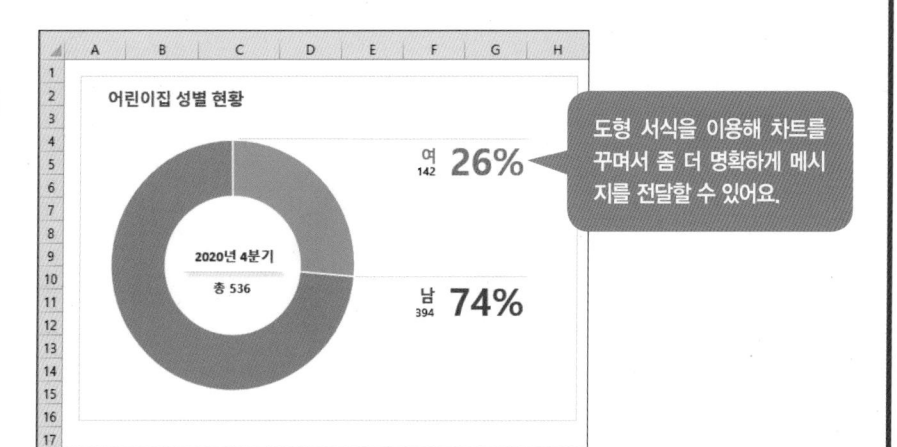

도넛형 차트 바로 알기

구성비를 나타낼 때 주로 사용하는 원형 차트 중 '도넛형 차트'를 만드는 방법에 대해 알아보겠습니다.

01 [Sheet1] 시트에서 '어린이집 성별 현황' 표를 참조하여 도넛형 차트를 만들려고 합니다. B3:C4 범위를 선택하고 [삽입] 탭–[차트] 그룹에서 [원형 또는 도넛형 차트 삽입]을 클릭한 후 '도넛형'에서 [도넛형]을 선택합니다.

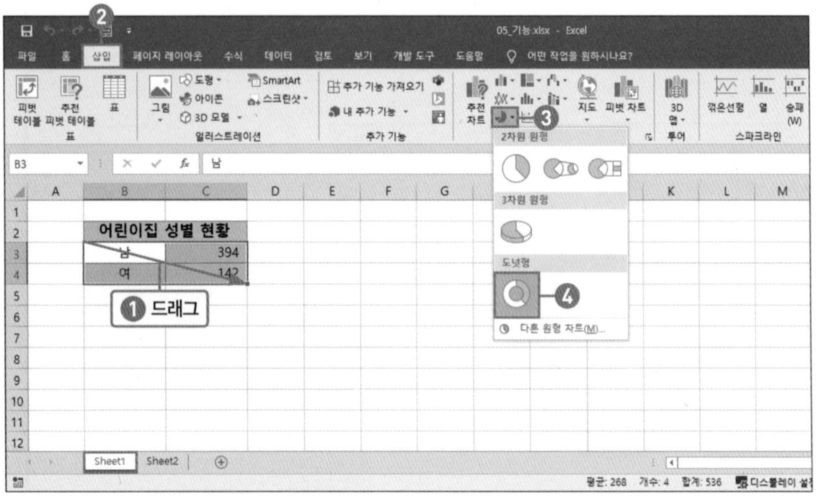

02 도넛형 차트가 생성되었으면 E2셀로 드래그하여 위치를 이동하고 크기를 조절합니다. 도넛의 두께를 좀 더 넓게 표현하기 위해 차트 계열을 선택하고 마우스 오른쪽 단추를 클릭한 후 [데이터 계열 서식]을 선택합니다. 화면의 오른쪽에 [데이터 계열 서식] 창이 열리면 [계열 옵션](📊)에서 '도넛 구멍 크기'를 『55%』로 조정합니다.

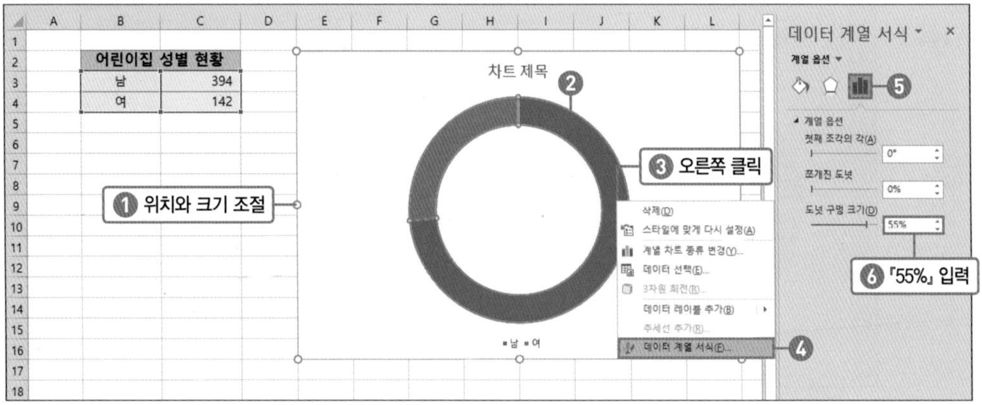

03 도넛 구멍의 크기가 작아지면서 상대적으로 도넛의 두께가 넓게 표현되었습니다. '남' 계열과 '여' 계열을 각각 선택하고 [홈] 탭-[글꼴] 그룹에서 [채우기 색]을 클릭하여 원하는 색상으로 변경합니다.

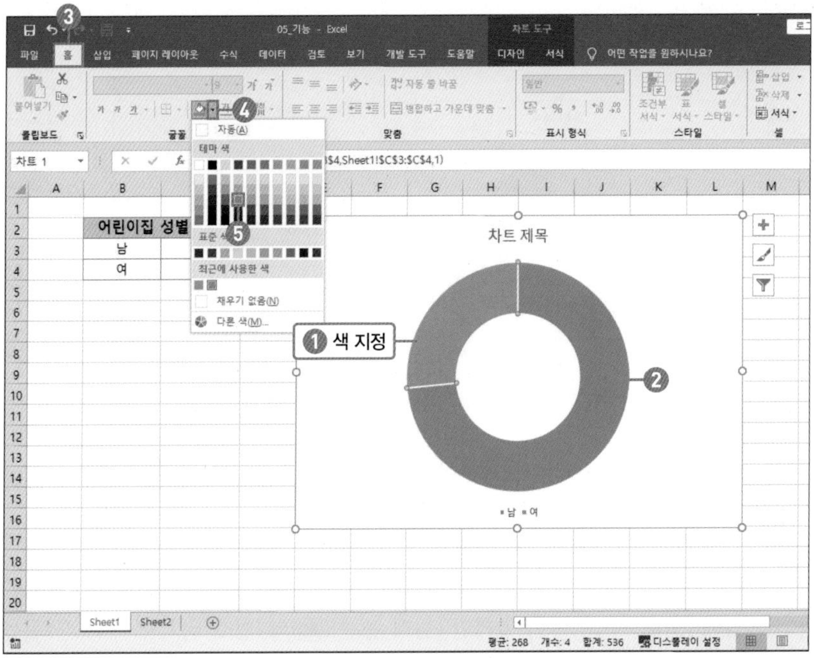

04 '남' 계열을 선택하고 마우스 오른쪽 단추를 클릭한 후 [데이터 레이블 추가]를 선택하여 데이터 레이블을 추가합니다. 이와 같은 방식으로 '여' 계열에도 데이터 레이블을 추가합니다.

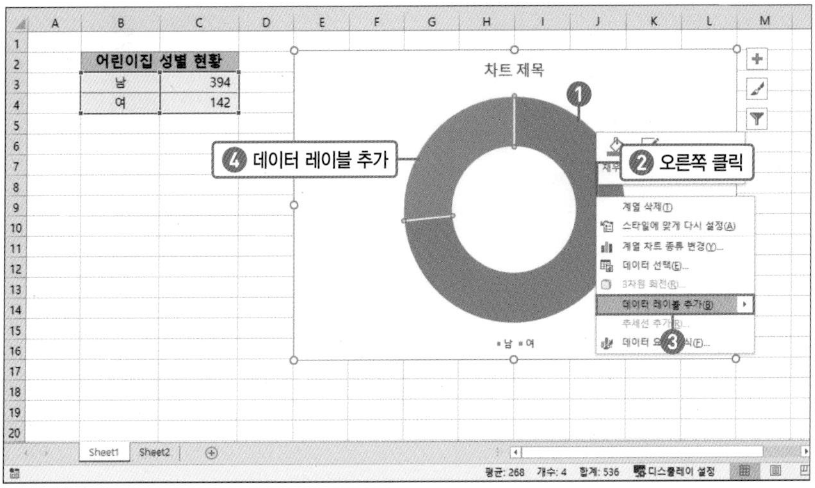

05 데이터 레이블을 선택하고 마우스 오른쪽 단추를 클릭한 후 [데이터 레이블 서식]을 선택합니다. 화면의 오른쪽에 [데이터 레이블 서식] 창이 열리면 [레이블 옵션](■)의 '레이블 내용'에서 [값]과 [백분율]에 체크하여 비율을 함께 표시합니다.

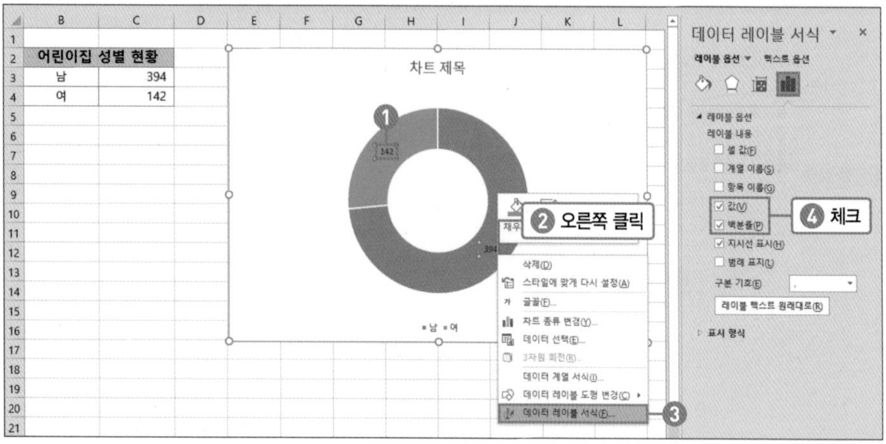

06 차트의 제목을 『2020년 4분기 어린이집 성별 현황』으로 수정하고 [굵게] 지정한 후 차트 영역의 왼쪽으로 드래그하여 이동합니다. 범례를 선택하고 마우스 오른쪽 단추를 클릭한 후 [범례 서식]을 선택합니다. 화면의 오른쪽에 [범례 서식] 창이 열리면 [범례 옵션](■)의 '범례 위치'에서 [오른쪽]을 선택하여 범례의 위치를 변경합니다.

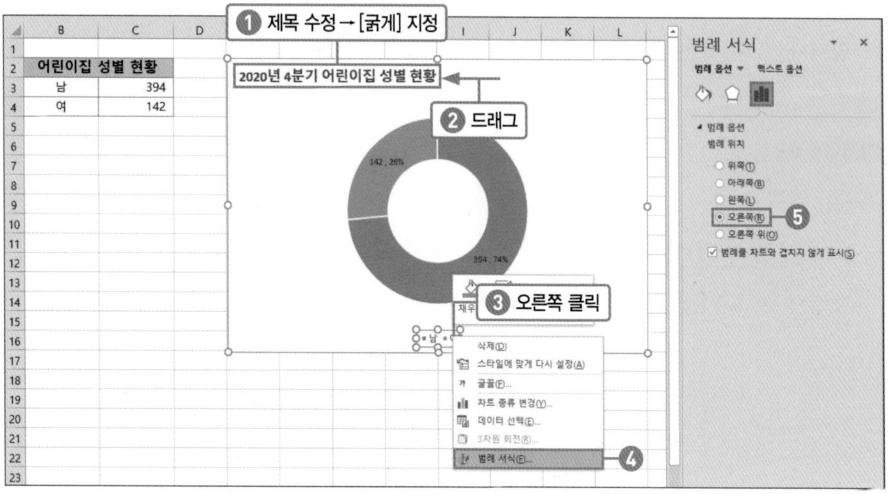

07 범례와 데이터 레이블의 글자 크기를 [홈] 탭-[글꼴] 그룹에서 [글꼴 크기 크게]를 두 번 클릭하여 텍스트가 눈에 잘 띄일 수 있게 강조합니다.

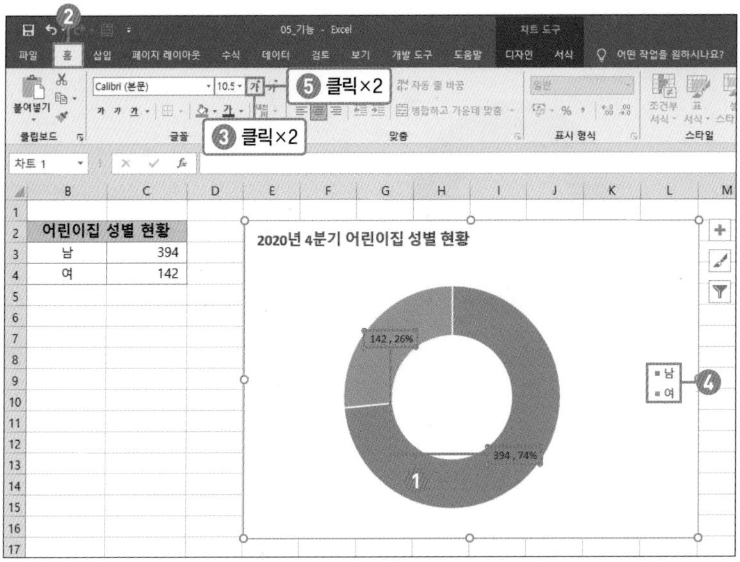

도형 서식 활용해 표현하기

이제까지 도넛형 차트를 만들어 보았는데, 도형 서식을 활용하여 전달하려는 메시지를 좀 더 강조해 보겠습니다.

01 [Sheet2] 시트에서 차트의 제목에 『어린이집 성별 현황』을 입력하고 왼쪽으로 이동합니다. 범례와 레이블을 선택한 후 Delete를 눌러 삭제합니다.

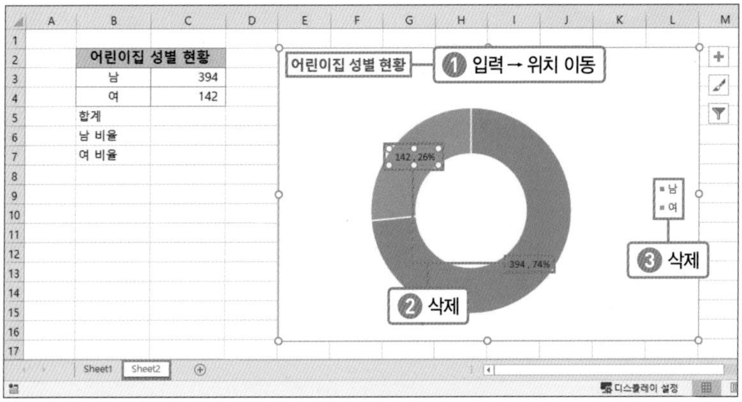

02 그림 영역을 선택하고 모서리에 마우스 포인터를 올려놓은 후 ⤡ 모양으로 변경되면 드래그하여 차트의 크기를 조절하고 왼쪽으로 이동합니다.

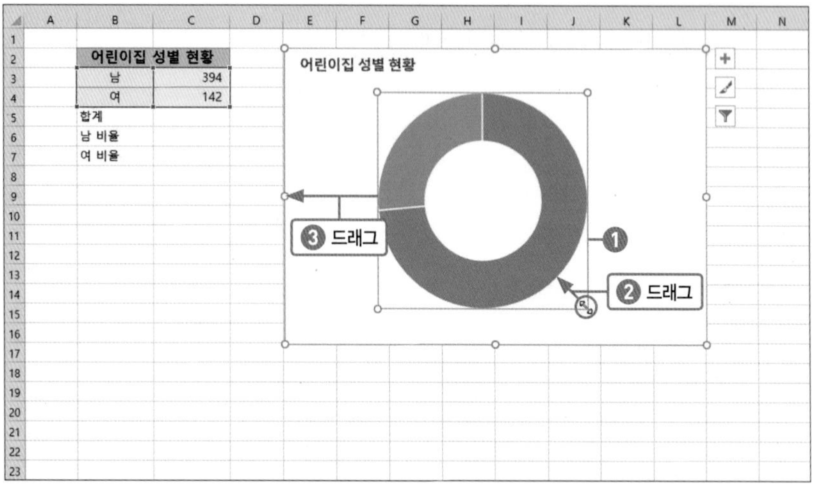

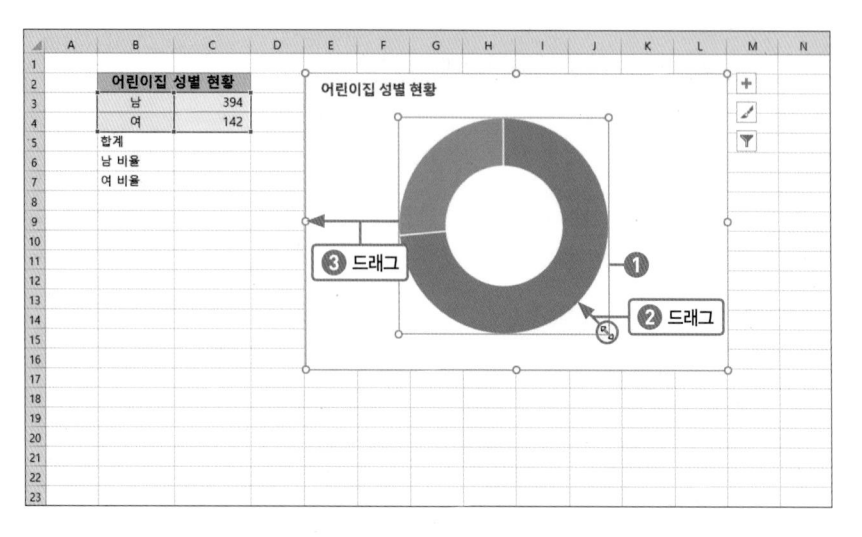

03 이번에는 성별의 위치를 변경해 볼게요. 데이터 계열을 선택하고 마우스 오른쪽 단추를 클릭한 후 [데이터 계열 서식]을 선택합니다. 화면의 오른쪽에 [데이터 계열 서식] 창이 열리면 [계열 옵션]의 '첫째 조각의 각'에 『95°』를 입력합니다. '남' 계열의 조각이 95도만큼 기울어지면서 '여' 계열이 첫 번째 조각인 효과가 나타납니다.

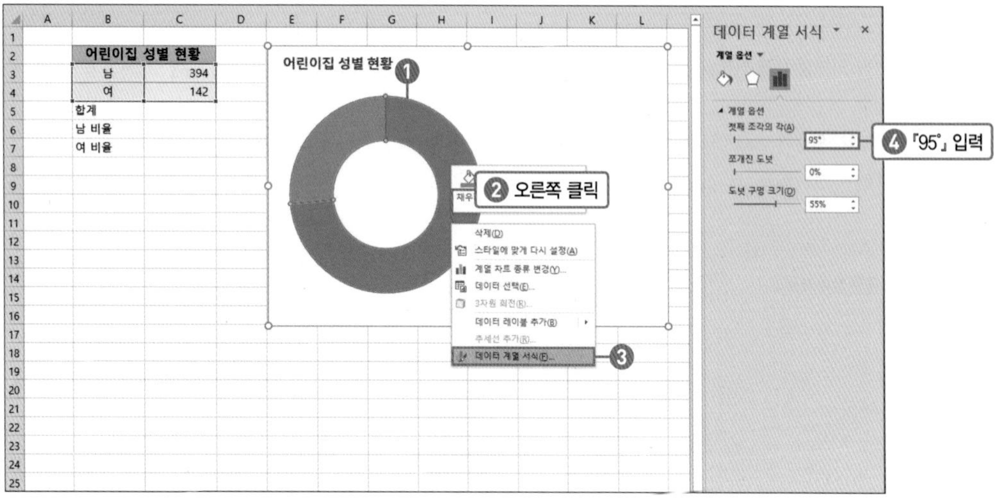

04 직접 범례를 만들어 표현하는 방법에 대해 알아볼게요. C5셀에 C3셀과 C4셀의 합계를 구하는 함수식 『=SUM(C3:C4)』를 입력합니다.

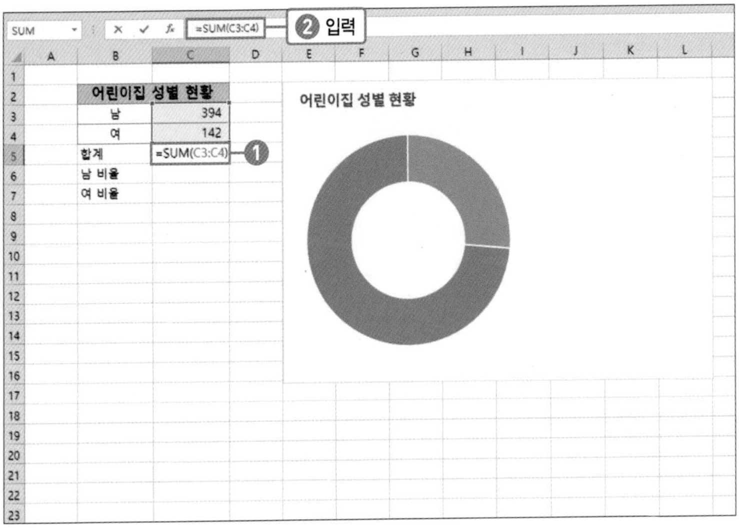

05 C6셀에 '남 비율'을 구하는 계산식 『=C3/$C$5』를 입력하고 C7셀에 수식을 복사해 '여 비율'을 계산합니다.

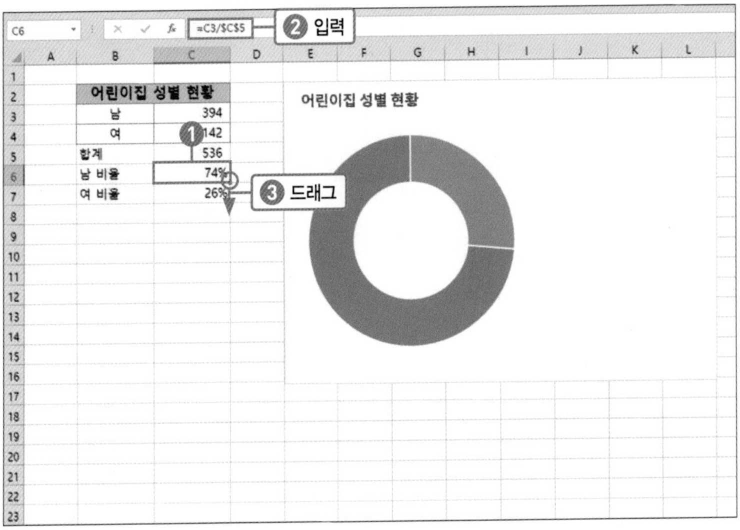

06 [삽입] 탭-[일러스트레이션] 그룹에서 [도형]을 클릭하고 [선](⧅)을 선택합니다. 다음의 그림과 같은 위치에서 Shift를 누른 채 드래그하여 선을 삽입하고 마우스 오른쪽 단추를 클릭한 후 [도형 서식]을 선택합니다. 화면의 오른쪽에 [도형 서식] 창이 열리면 [채우기 및 선]( )의 [선]에서 '색'을 '테마 색'의 [밝은 회색, 배경 2, 25% 더 어둡게]로 변경합니다.

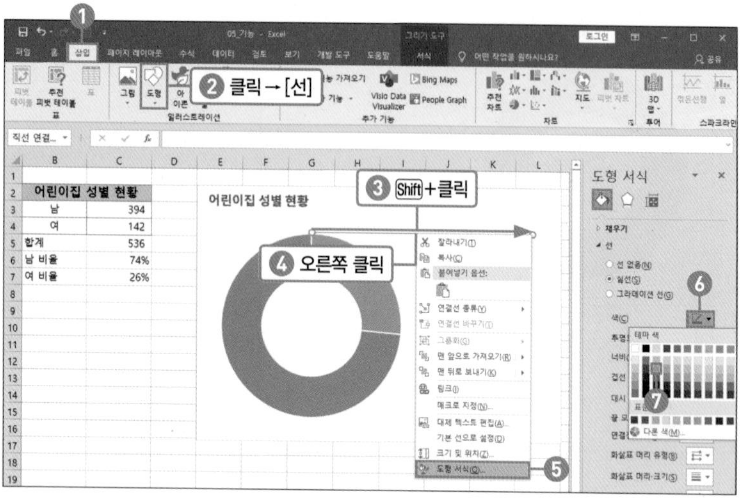

07 완성한 선을 Ctrl을 누른 상태에서 드래그하여 복사해 다음의 그림과 같이 위치시키고 길이를 조절합니다. [삽입] 탭-[텍스트] 그룹에서 [텍스트 상자]-[가로 텍스트 상자 그리기]를 선택하고 다음 그림의 위치에서 클릭하여 텍스트 상자를 그립니다. 텍스트 상자에 커서가 깜박이면 수식 입력줄에 『=』를 입력하고 범례가 될 B4셀을 선택한 후 Enter를 누르세요.

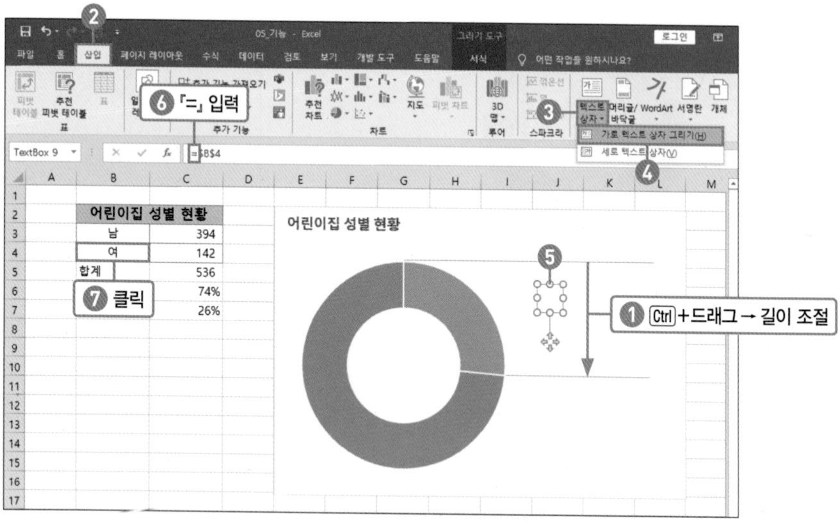

08 텍스트 상자에 참조 셀인 B4셀의 값이 표시되었는지 확인하고 Ctrl을 누른 상태에서 텍스트 상자를 드래그하여 복사합니다. 복사한 텍스트 상자에 위와 같은 방법으로 C4셀과 C7셀을 각각 참조하여 표시합니다.

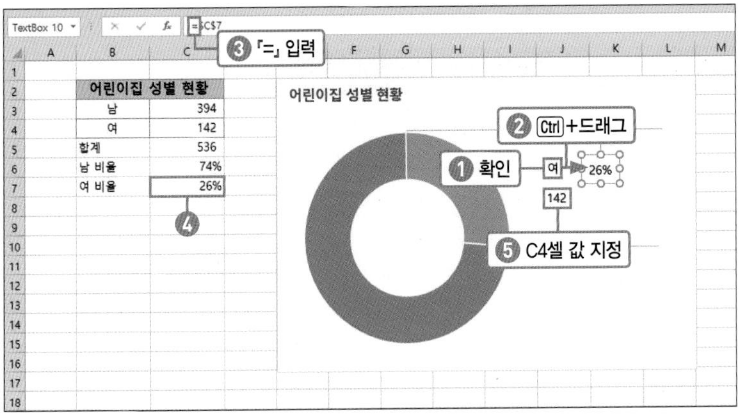

Tip

텍스트 상자에 셀 값을 참조시키려면 반드시 수식 입력줄에 입력해야 합니다. 만약 수식 입력줄이 아니라 텍스트 상자에 입력하면 참조 셀 값 대신 입력한 텍스트가 그대로 표시됩니다. 예제에서 텍스트 상자에 셀을 참조시키는 이유는 표 안의 값이 변함에 따라 차트의 범례도 자동으로 반영될 수 있도록 하기 위해서입니다.

09 이와 같은 방법으로 다시 한번 텍스트 상자를 복사하여 남자의 범례 값이 각각의 셀을 참조하도록 작성합니다.

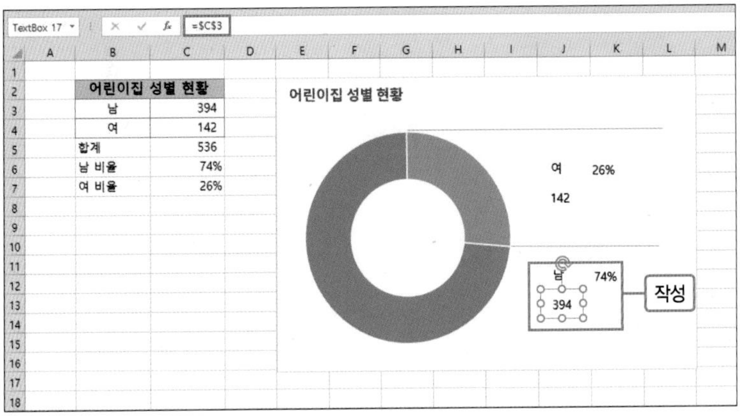

Tip

각 텍스트의 참조 셀은 다음과 같습니다.

• '남' : =$B$3 • '74%' : =$C$6 • '394' : =$C$3

10 각 텍스트 상자를 선택하고 [홈] 탭-[글꼴] 그룹에서 글꼴과, 글자 색, 크기, 위치를 보기 좋게 조절합니다. 도넛형 차트의 가운데에 이 차트의 데이터 조사 시기와 총 인원수를 나타내기 위해 [삽입] 탭-[일러스트레이션] 그룹에서 [도형]을 클릭하고 '선'에서 [선](⧅)을 선택하여 도넛형 차트의 가운데에서 Shift를 누른 상태에서 드래그하여 직선을 삽입합니다.

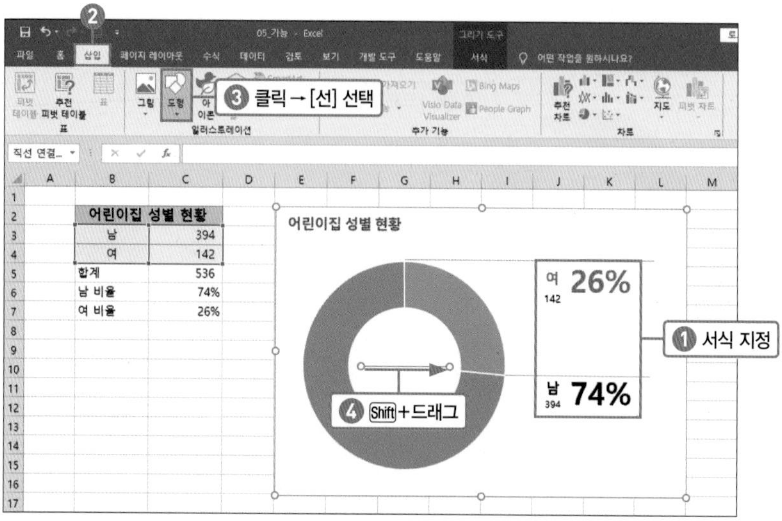

11 삽입한 선에서 마우스 오른쪽 단추를 클릭하고 [개체 서식]을 선택합니다.

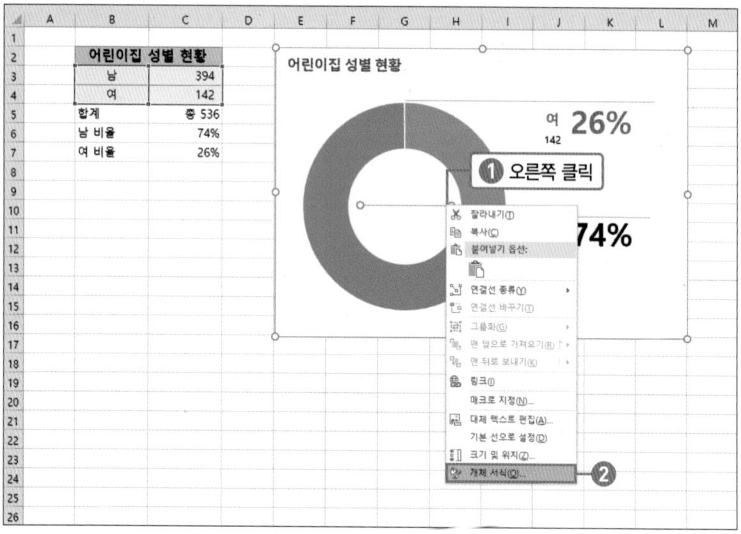

12 화면의 오른쪽에 [도형 서식] 창이 열리면 [효과]( ) 옵션을 선택하고 [그림자]의 '미리 설정'에서 '바깥쪽'의 [오프셋: 오른쪽 아래]를 선택하여 음영을 지정합니다.

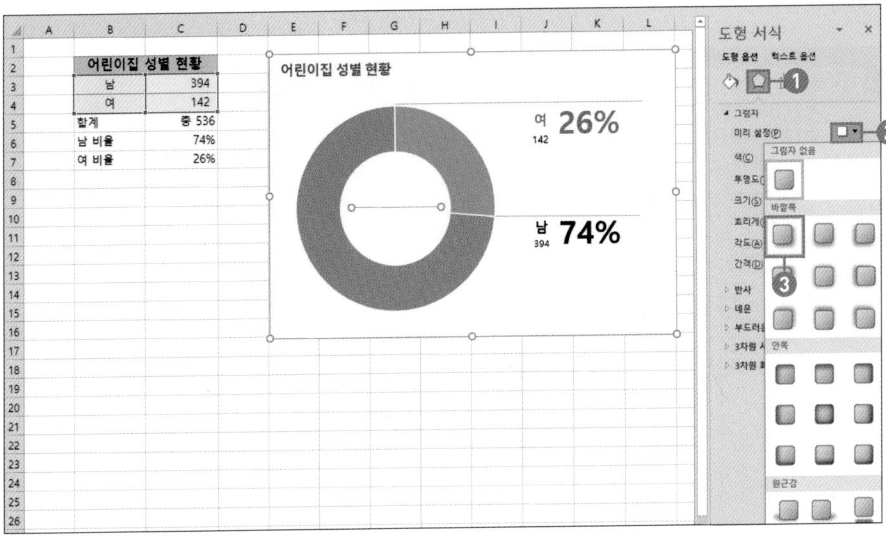

13 [채우기 및 선] 옵션( )으로 이동하여 [선]의 '색'을 '테마 색'의 [밝은 회색, 배경 2, 50% 더 어둡게]로 변경합니다.

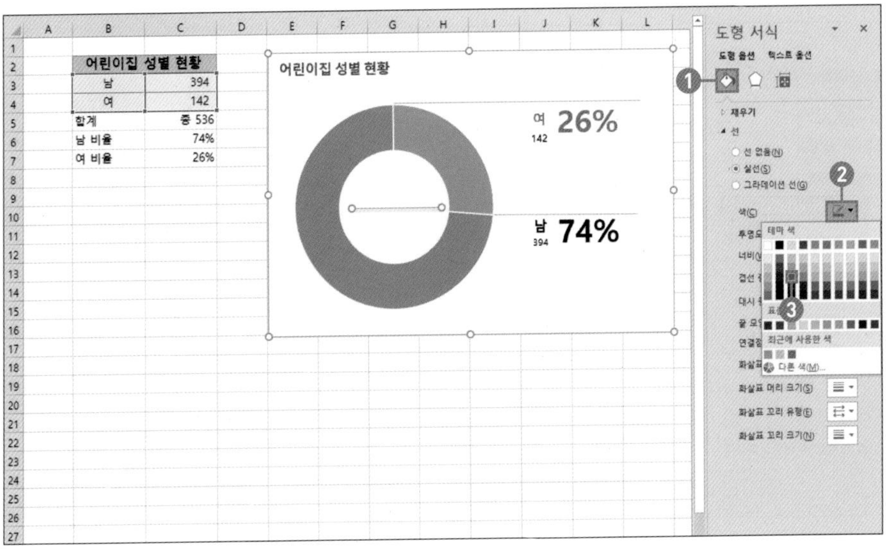

14 데이터의 조사 시점을 입력하기 위해 도넛형 차트의 가운데에 가로 텍스트 상자를 그리고 『2020년 4분기』를 입력한 후 [굵게], [12pt]를 지정합니다. 그 아래에 총 인원수를 함께 표시하기 위해 C5셀을 선택하고 Ctrl+1을 누릅니다.

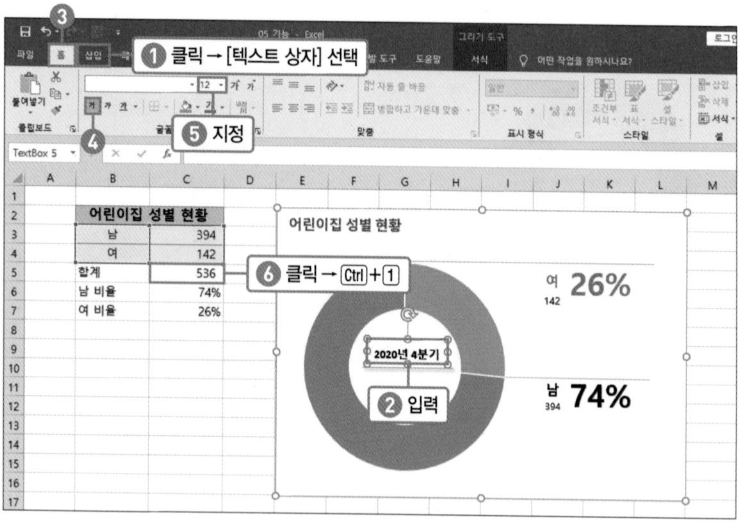

15 [셀 서식] 대화상자의 [표시 형식] 탭이 열리면 [사용자 지정] 범주의 '형식'에 『"총 "###,#』을 입력하고 [확인]을 클릭합니다.

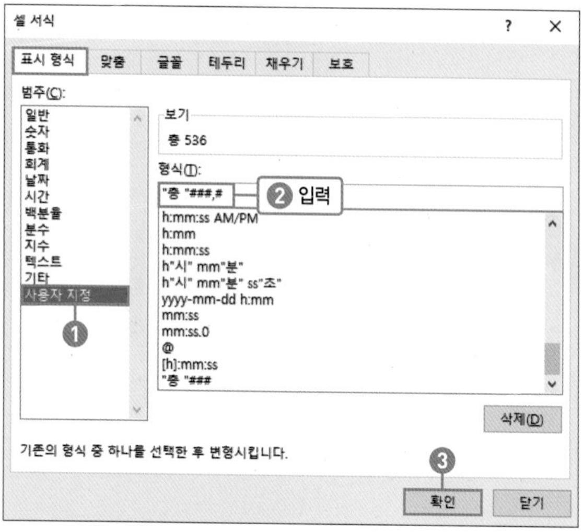

16 [삽입] 탭-[텍스트] 그룹에서 [텍스트 상자]를 클릭하고 [가로 텍스트 상자 그리기]를 선택합니다. 그림 영역에서 마우스를 클릭하여 가로 텍스트 상자를 그리고 수식 입력줄에 참조 셀 주소인 『=$C$5』를 입력한 후 Enter를 누릅니다.

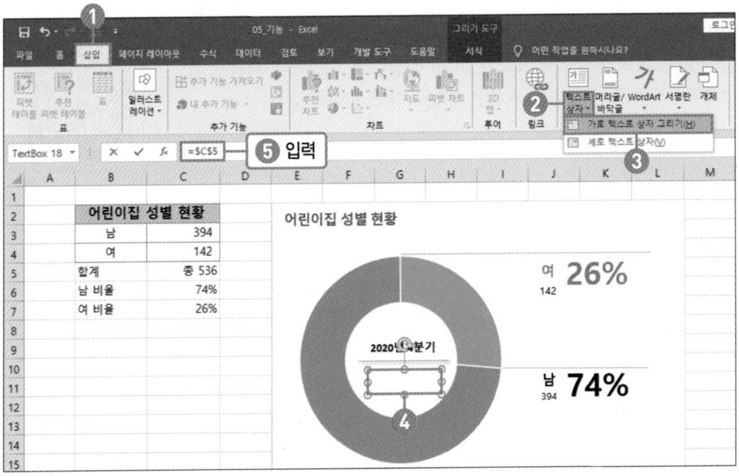

17 가로 텍스트 상자에 C5셀 값인 '총 536'이 표시되었으면 [홈] 탭-[글꼴] 그룹에서 [굵게]를 클릭합니다. 총 합계를 굵게 표시했으면 [홈] 탭-[맞춤] 그룹에서 [가운데 맞춤]을 클릭하여 차트를 완성합니다.

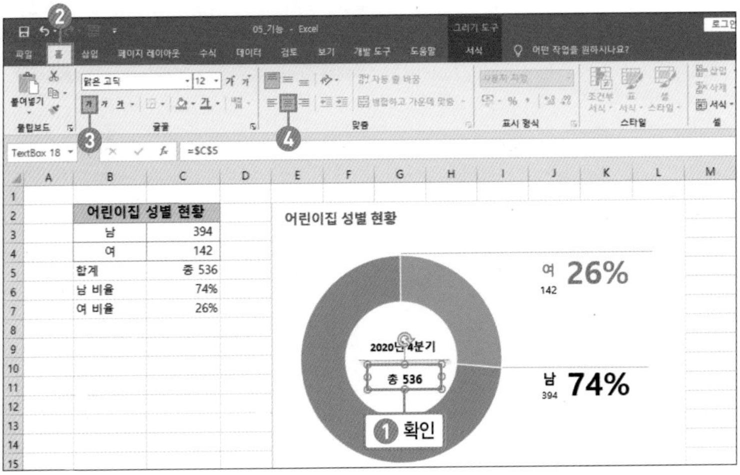

각 차트에는 다양한 옵션이 제공되지만, 원하는 정보를 표현하는 데에는 분명히 한계가 있습니다. 이 경우에는 필요에 따라 도형 서식을 적절하게 사용해서 정보 전달력을 더욱 높일 수 있습니다.

06 표현 요소가 많은 거창한 차트는 필요 없다

하나의 차트에 표현해야 하는 항목이 많을 경우 정보 전달 효과를 높이려고 만든 차트가 오히려 방해 요소가 될 수 있습니다. 이번에는 차트가 아닌 수치를 간단하게 시각화할 수 있는 방법에 대해 알아봅니다.

실습파일 : 06_스파크라인.xlsx

Bad!

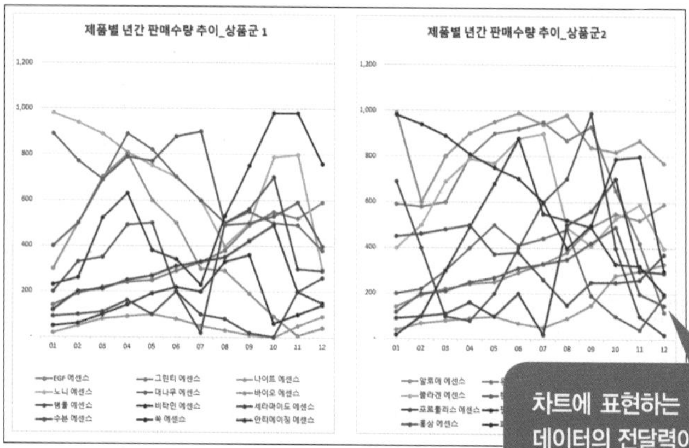

차트에 표현하는 항목이 너무 많아서 데이터의 전달력이 떨어져요.

Good!

※ 12월 제품별 매출 현황

제품명	당월판매수량	전달 매출	당월 매출	전월대비 증감(%)	매출비중(%)
EGF 에센스	2,789	160,709,385	164,813,200	2.6%	11.9%
콜라겐 에센스	2,233	116,811,154	123,085,500	5.4%	8.9%
안티에이징 에센스	2,137	100,827,231	99,875,400	(.9%	7.2%
나이트 에센스	1,156	98,024,231	99,124,000	1.1%	7.2%
프로폴리스 에센스	2,024	95,033,727	92,437,100	(2.7%	6.7%
퍼스트 에센스	2,110	92,448,000	90,692,800	(1.9%	6.6%
비타민 에센스	4,261	71,876,846	76,539,900	6.5%	5.5%
벵쿨 에센스	2,617	60,976,308	63,669,200	4.4%	4.6%
그린티 에센스	1,071	53,201,538	56,981,000	7.1%	4.1%
세라마이드 에센스	1,962	52,269,333	52,350,133	.2%	3.8%
수분 에센스	1,925	46,615,385	45,000,000	(3.5%	3.3%
히알루론산 에센스	1,009	45,181,918	44,200,110	(2.2%	3.2%
홍삼 에센스	9,240	40,122,100	43,181,000	7.6%	3.1%
유채꽃 에센스	1,734	42,214,615	43,179,000	2.3%	3.1%
바이오 에센스	1,891	41,907,692	39,530,000	(5.7%	2.9%
알로에 에센스	1,533	35,142,256	32,684,933	(7.0%	2.4%
핑크 에센스	931	30,391,455	32,330,600	6.4%	2.3%
탄력 에센스	2,091	31,014,000	32,330,300	4.2%	2.3%
진주 에센스	1,031	30,177,154	31,430,300	4.2%	2.3%
허니 에센스	1,019	27,862,667	29,548,933	6.1%	2.1%
대나무 에센스	1,027	27,586,923	29,363,000	6.4%	2.1%
쑥 에센스	1,250	25,566,769	24,136,800	(5.6%	1.7%
화이트닝 에센스	980	20,974,318	21,971,750	4.8%	1.6%
노니 에센스	1,055	14,693,077	15,201,000	3.5%	1.1%

많은 항목을 간단하게 시각화하여 표현할 수 있어요.

차트가 아닌 방법으로 시각화하기

표현해야 할 항목이 많으면 하나의 차트에 모든 항목을 담을 수 없습니다. 이 경우에는 단일 셀에 데이터 막대 서식이나 스파크라인을 이용해서 시각적으로 표현할 수 있습니다.

1 데이터 막대 서식으로 매출 비중 표현하기

01 [Sheet1] 시트의 G4셀에 제품별 매출 비중을 계산하기 위해 함수식 『=E4/SUM($E$4:$E$27)』을 입력합니다. G4셀의 자동 채우기 핸들을 더블클릭하여 G27셀까지 서식 없이 함수식을 복사합니다.

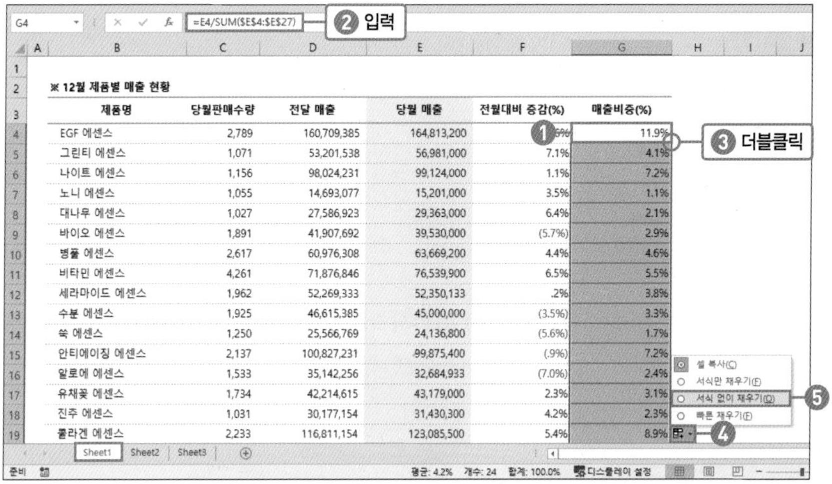

02 데이터 막대 서식을 적용할 G4:G27 범위를 선택한 상태에서 [홈] 탭–[스타일] 그룹의 [조건부 서식]을 클릭한 후 [새 규칙]을 선택합니다.

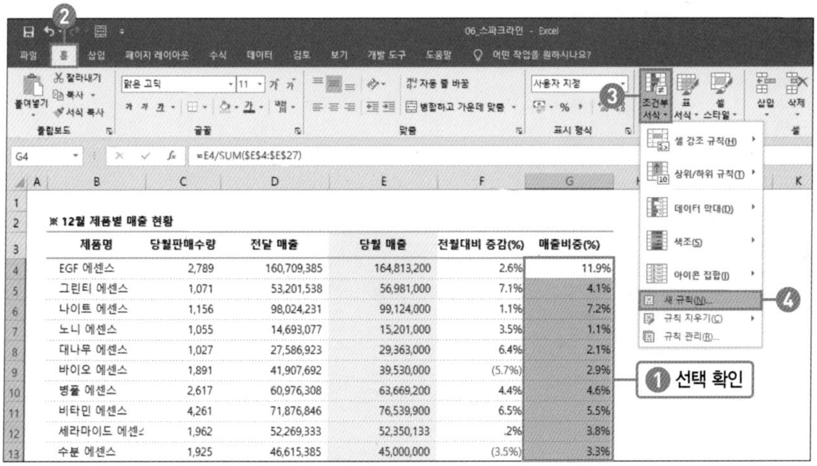

03 [새 서식 규칙] 대화상자가 열리면 '규칙 유형 선택'에서 [셀 값을 기준으로 모든 셀의 서식 지정]을 선택하고 '서식 스타일'에서 [데이터 막대]를 선택합니다. '막대 모양'의 '채우기'에서 [그라데이션 채우기]를 선택하고 '색'에서 원하는 색상을 선택한 후 [확인]을 클릭합니다.

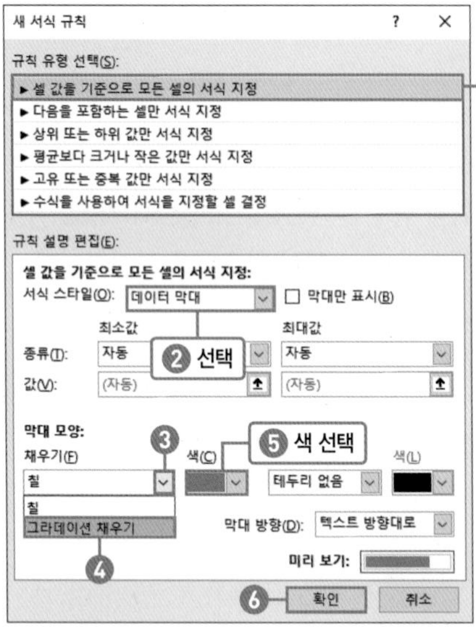

04 지정한 범위 중 가장 높은 숫자가 최대값의 기준이 되면서 최대값의 셀에는 데이터 막대가 전체적으로 채워졌습니다. 이 중에서 G4셀의 '11.9%'가 최대값으로, 셀 전체에 데이터 막대가 채워진 것을 확인하세요. G열에서 마우스 오른쪽 단추를 클릭하고 [정렬]-[숫자 내림차순 정렬]을 선택합니다.

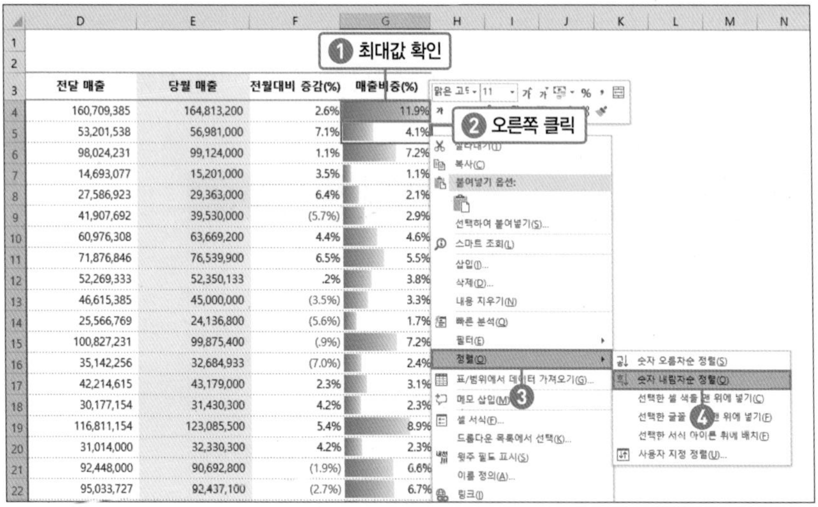

05 '매출비중(%)' 항목이 비율이 높은 순서대로 내림차순 정렬되어 훨씬 보기가 쉬워졌습니다.

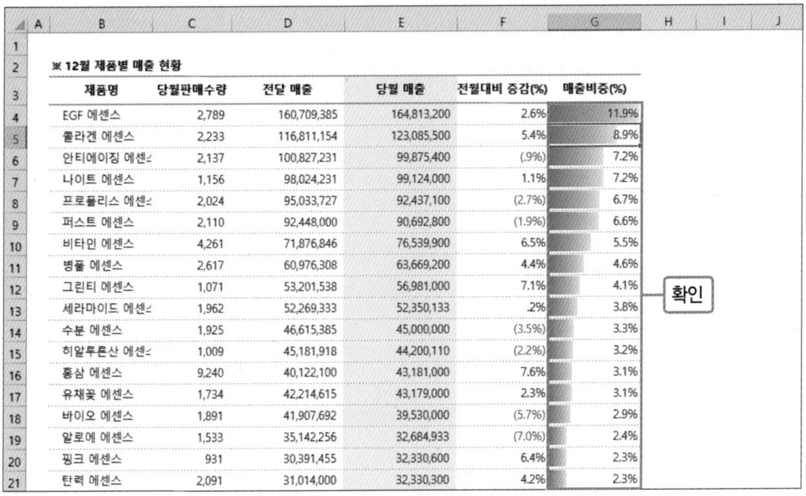

※ 12월 제품별 매출 현황

제품명	당월판매수량	전달 매출	당월 매출	전월대비 증감(%)	매출비중(%)
EGF 에센스	2,789	160,709,385	164,813,200	2.6%	11.9%
콜라겐 에센스	2,233	116,811,154	123,085,500	5.4%	8.9%
안티에이징 에센스	2,137	100,827,231	99,875,400	(.9%)	7.2%
나이트 에센스	1,156	98,024,231	99,124,000	1.1%	7.2%
프로폴리스 에센스	2,024	95,033,727	92,437,100	(2.7%)	6.7%
퍼스트 에센스	2,110	92,448,000	90,692,800	(1.9%)	6.6%
비타민 에센스	4,261	71,876,846	76,539,900	6.5%	5.5%
병풀 에센스	2,617	60,976,308	63,669,200	4.4%	4.6%
그린티 에센스	1,071	53,201,538	56,981,000	7.1%	4.1%
세라마이드 에센스	1,962	52,269,333	52,350,133	.2%	3.8%
수분 에센스	1,925	46,615,385	45,000,000	(3.5%)	3.3%
히알루론산 에센스	1,009	45,181,918	44,200,110	(2.2%)	3.2%
홍삼 에센스	9,240	40,122,100	43,181,000	7.6%	3.1%
유채꽃 에센스	1,734	42,214,615	43,179,000	2.3%	3.1%
바이오 에센스	1,891	41,907,692	39,530,000	(5.7%)	2.9%
알로에 에센스	1,533	35,142,256	32,684,933	(7.0%)	2.4%
핑크 에센스	931	30,391,455	32,330,600	6.4%	2.3%
탄력 에센스	2,091	31,014,000	32,330,300	4.2%	2.3%

잠깐만요 100% 기준으로 진행률을 데이터 막대 서식으로 표현하기

앞의 예제에서는 지정한 범위의 셀 중 가장 큰 숫자가 최대값의 기준이 되어 데이터 막대 서식이 상대적으로 채워졌습니다. 이번에는 가장 큰 숫자를 최대값의 기준으로 하지 않고 하나의 셀을 100%를 기준으로 했을 경우의 진행률을 표현해 보겠습니다.

1 [Sheet2] 시트에서 G4:G11 범위를 선택하고 [홈] 탭–[스타일] 그룹에서 [조건부 서식]을 클릭한 후 [새 규칙]을 선택합니다.

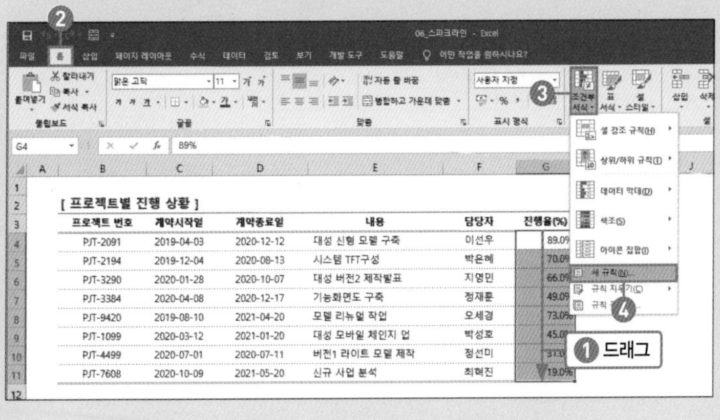

2 [새 서식 규칙] 대화상자가 열리면 '규칙 유형 선택'에서 [셀 값을 기준으로 모든 셀의 서식 지정]을 선택하고 '서식 스타일'에서 [데이터 막대]를 선택합니다. '최소값'과 '최대값'의 '종류'를 [숫자]로 변경하고 '최대값'의 입력 상자에 숫자 『1』을 입력합니다. '막대 모양'의 '색'에서 채우기 스타일의 색상을 선택하고 [확인]을 클릭합니다.

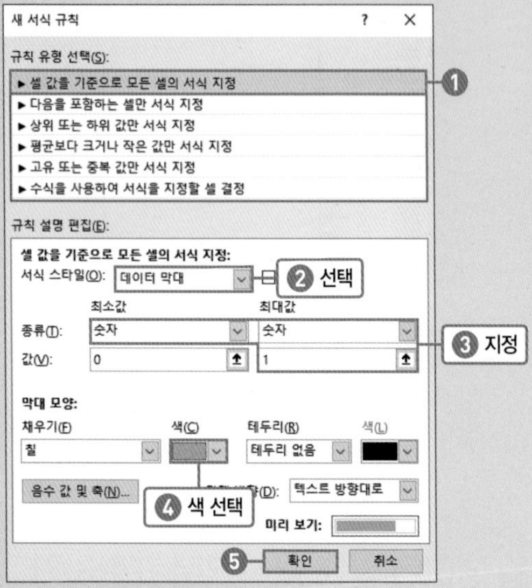

3 셀의 최대값 '1'을 지정해서 하나의 셀의 기준이 100%가 되었으므로 입력한 진행률에 맞추어 데이터 막대 서식이 표시되었습니다.

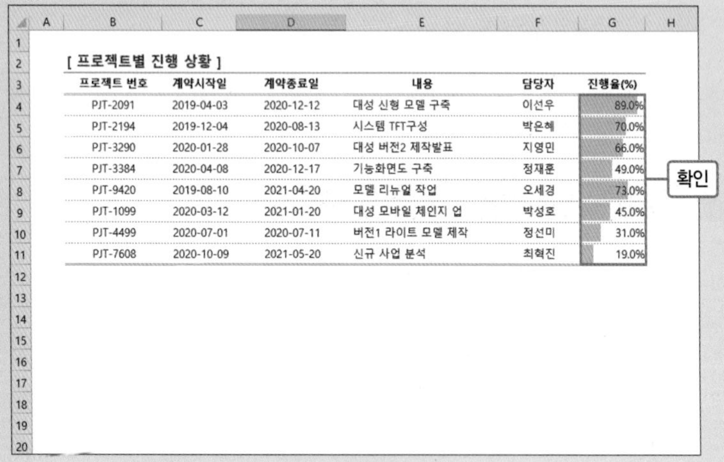

[프로젝트별 진행 상황]

프로젝트 번호	계약시작일	계약종료일	내용	담당자	진행율(%)
PJT-2091	2019-04-03	2020-12-12	대성 신형 모델 구축	이선우	89.0%
PJT-2194	2019-12-04	2020-08-13	시스템 TFT구성	박은혜	70.0%
PJT-3290	2020-01-28	2020-10-07	대성 버전2 제작발표	지영민	66.0%
PJT-3384	2020-04-08	2020-12-17	기능화면도 구축	정재훈	49.0%
PJT-9420	2019-08-10	2021-04-20	모델 리뉴얼 작업	오세경	73.0%
PJT-1099	2020-03-12	2021-01-20	대성 모바일 체인지 업	박성호	45.0%
PJT-4499	2020-07-01	2020-07-11	버전1 라이트 모델 제작	정선미	31.0%
PJT-7608	2020-10-09	2021-05-20	신규 사업 분석	최혜진	19.0%

2 스파크라인으로 추이 표현하기

각 항목에 대한 연간 매출의 흐름을 꺾은선형 스파크라인을 사용하여 좀 더 알기 쉽게 전달해 보겠습니다.

01 [Sheet3] 시트에서 O4셀을 선택하고 [삽입] 탭–[스파크라인] 그룹에서 [꺾은선형]을 클릭합니다. [스파크라인 만들기] 대화상자가 열리면 '데이터 범위'에 『C4:N4』를 입력하고 [확인]을 클릭합니다.

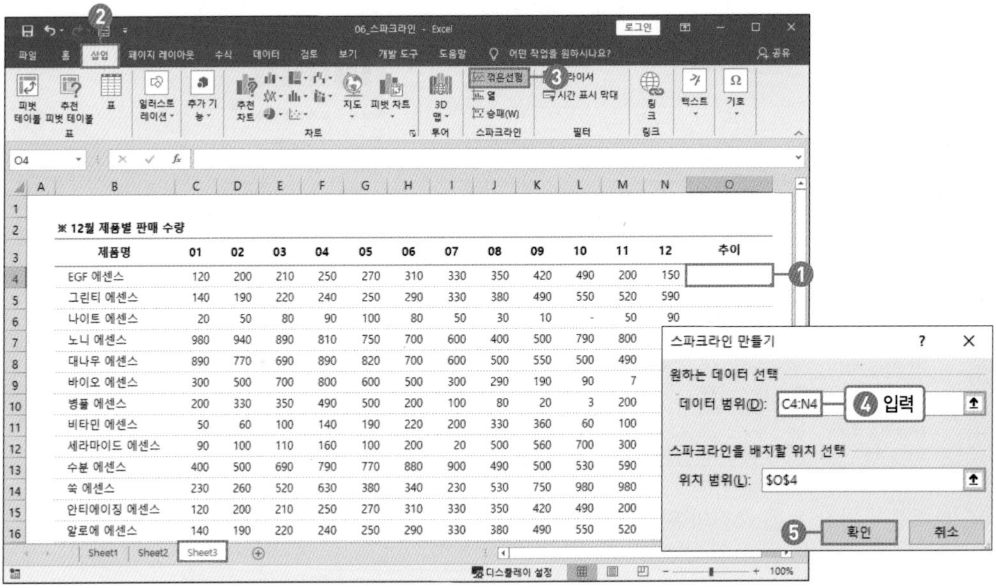

02 O4셀에 1월부터 12월까지 12달에 대한 판매량 추이가 꺾은선형 스파크라인으로 표현되었습니다. O4셀의 자동 채우기 핸들을 O27셀까지 드래그하여 각 제품별로 선 스파크라인을 통해 판매 추이를 확인합니다.

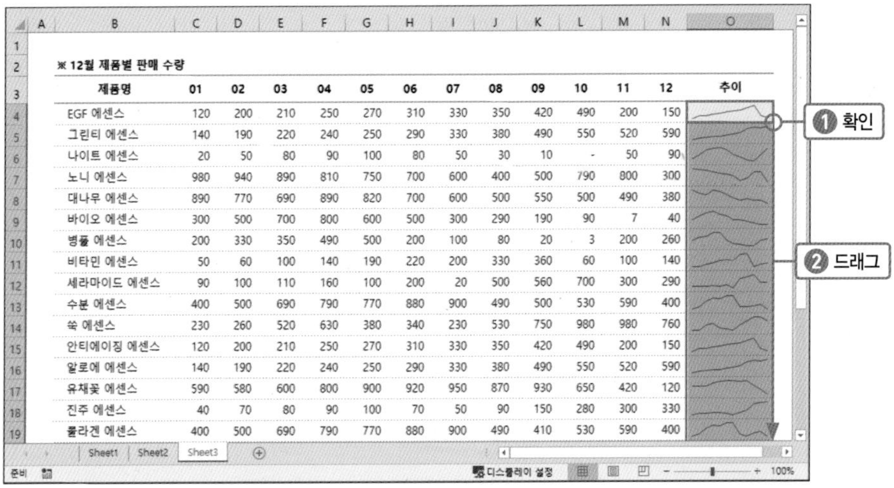

03 선의 색상을 변경하고 가장 판매량이 높은 시점을 확인해 볼게요. 꺾은선형 스파크라인이 있는 하나의 셀을 선택하고 [스파크라인 도구]의 [디자인] 탭–[스타일] 그룹에서 [스파크라인 색]을 클릭한 후 원하는 색을 선택합니다. 스파크라인의 색이 변경되었으면 [디자인] 탭–[표시] 그룹에서 [높은 점]에 체크합니다.

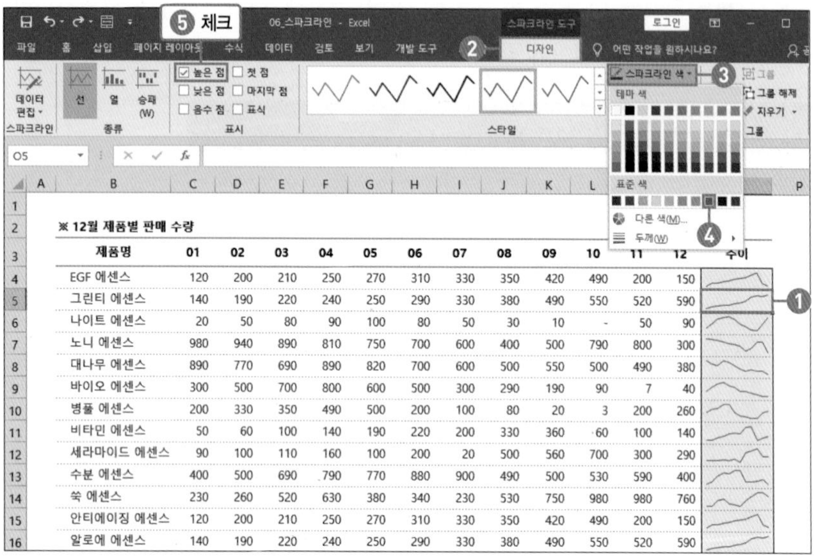

04 판매량이 가장 높은 시점의 위치에 빨간색 점이 표시되었습니다.

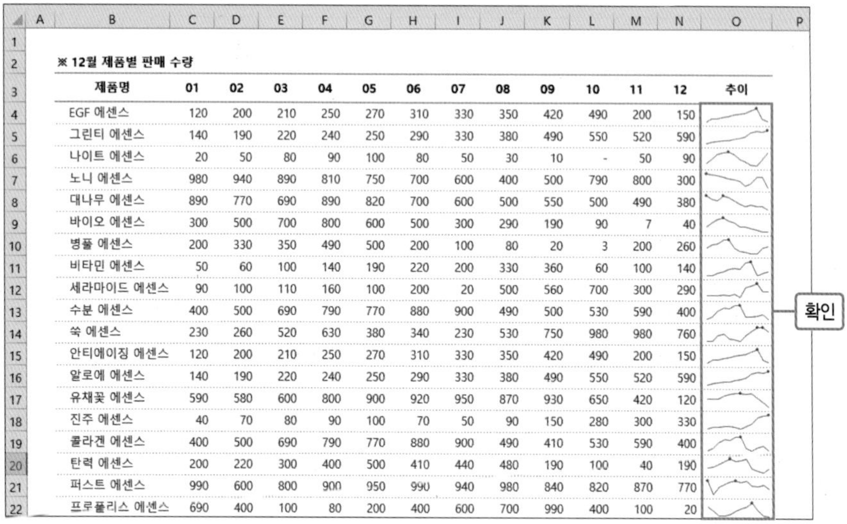

05 스파크라인이 있는 셀을 선택한 상태에서 [스파크라인 도구]의 [디자인] 탭-[종류] 그룹에서 원하는 종류를 선택하면 꺾은선형 스파크라인이 아닌 다른 종류로 표현할 수 있어요.

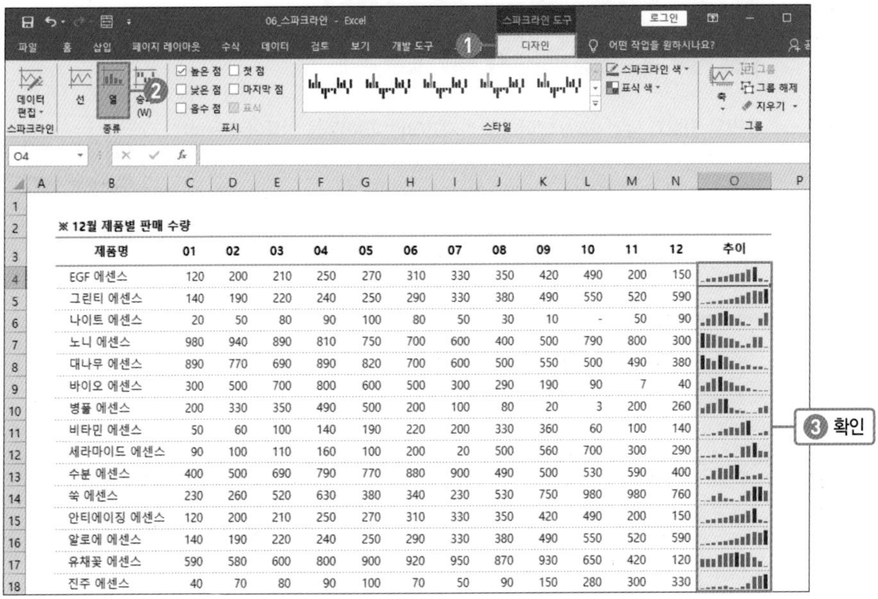

※ 12월 제품별 판매 수량

제품명	01	02	03	04	05	06	07	08	09	10	11	12	추이
EGF 에센스	120	200	210	250	270	310	330	350	420	490	200	150	
그린티 에센스	140	190	220	240	250	290	330	380	490	550	520	590	
나이트 에센스	20	50	80	90	100	80	50	30	10	-	50	90	
노니 에센스	980	940	890	810	750	700	600	400	500	790	800	300	
대나무 에센스	890	770	690	890	820	700	600	500	550	500	490	380	
바이오 에센스	300	500	700	800	600	500	300	290	190	90	7	40	
병풀 에센스	200	330	350	490	500	200	100	80	20	3	200	260	
비타민 에센스	50	60	100	140	190	220	200	330	360	60	100	140	
세라마이드 에센스	90	100	110	160	100	200	20	500	560	700	300	290	
수분 에센스	400	500	690	790	770	880	900	490	500	530	590	400	
쑥 에센스	230	260	520	630	380	340	230	530	750	980	980	760	
안티에이징 에센스	120	200	210	250	270	310	330	350	420	490	200	150	
알로에 에센스	140	190	220	240	250	290	330	380	490	550	520	590	
유채꽃 에센스	590	580	600	800	900	920	950	870	930	650	420	120	
진주 에센스	40	70	80	90	100	70	50	90	150	280	300	330	

Tip

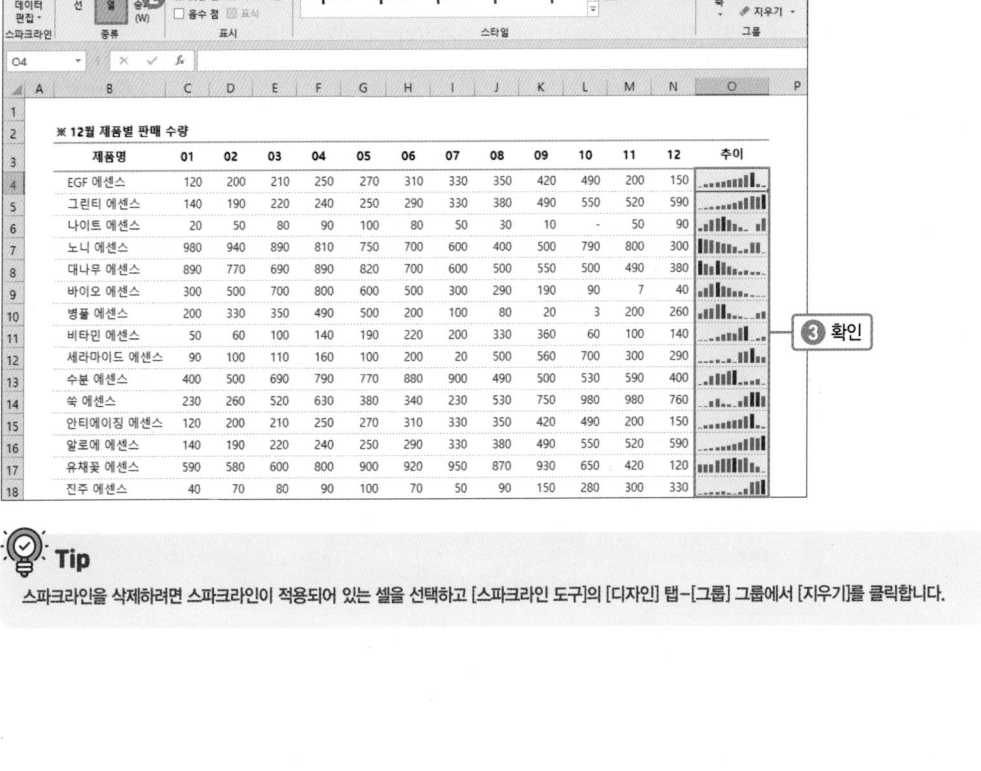

스파크라인을 삭제하려면 스파크라인이 적용되어 있는 셀을 선택하고 [스파크라인 도구]의 [디자인] 탭-[그룹] 그룹에서 [지우기]를 클릭합니다.

다시 보기

차트를 사용하는 이유는 수많은 데이터를 시각화하여 정보를 좀 더 쉽게 표현하기 위해서입니다. 하지만 너무 많은 항목을 차트로 표현하면 앞에서 살펴본 것처럼 항목이 구분되지 않아 자료를 읽기 힘들다는 문제점이 있습니다. 차트 이외에 자료를 시각화하려면 셀 안에 작은 차트를 만들어 사용해서 데이터의 흐름을 좀 더 쉽게 한눈에 파악할 수 있습니다.

07 피벗 테이블의 결과값은 함부로 공유하지 않기

수많은 정보가 담긴 RAW 데이터를 가지고 피벗 테이블을 만들어 활용하면 상대방의 자료 요청에 조금 더 빠르고 정확하게 대응할 수 있습니다. 하지만 피벗 테이블을 무심코 공유한다면 상대방에게 RAW 데이터를 전부를 내어주는 결과를 초래할 수 있어요. 이번에는 이런 경우에 어떤 문제점이 있는지 예제를 통해 살펴보고 해결 방법을 알아봅니다.

실습파일 : 07_피벗테이블.xlsx

Bad!

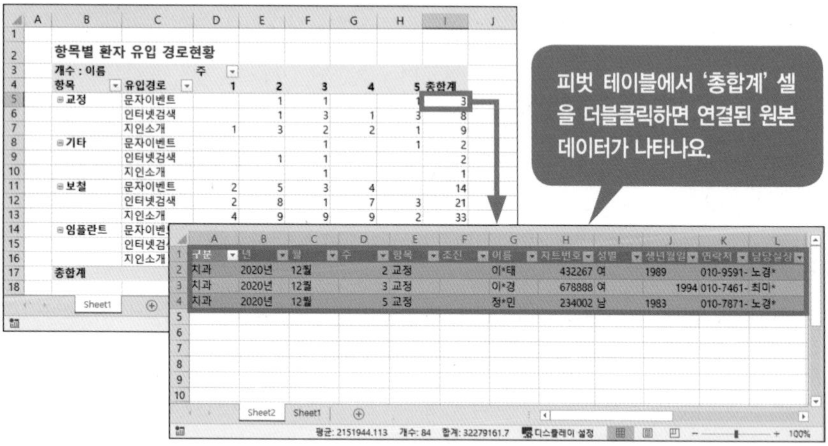

피벗 테이블에서 '총합계' 셀을 더블클릭하면 연결된 원본 데이터가 나타나요.

Good!

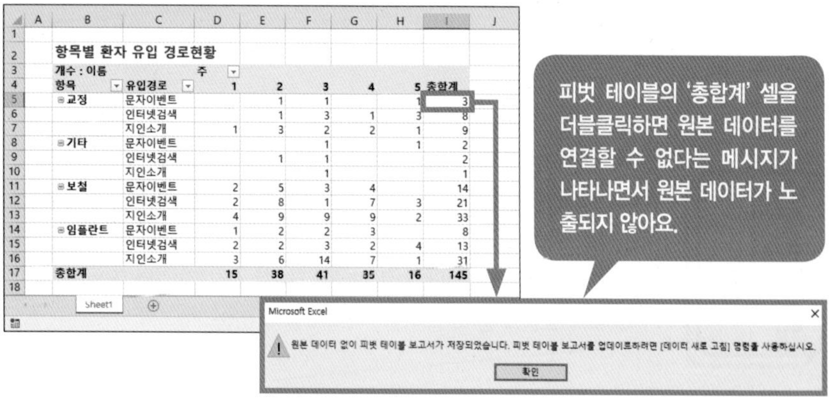

피벗 테이블의 '총합계' 셀을 더블클릭하면 원본 데이터를 연결할 수 없다는 메시지가 나타나면서 원본 데이터가 노출되지 않아요.

문제 상황

치료 항목별로 환자들이 어느 경로로 유입되었는지 주차별로 환자 수를 조사한 데이터를 이메일로 다른 부서에 전송하려고 합니다. 원본 시트는 제외하고 피벗 테이블만 별도의 파일로 만들었습니다.

항목별 환자 유입 경로현황

개수 : 이름		주					
항목	유입경로	1	2	3	4	5	총합계
⊟교정	문자이벤트		1	1		1	3
	인터넷검색		1	3	1	3	8
	지인소개	1	3	2	2	1	9
⊟기타	문자이벤트			1		1	2
	인터넷검색		1	1			2
	지인소개			1			1
⊟보철	문자이벤트	2	5	3	4		14
	인터넷검색	2	8	1	7	3	21
	지인소개	4	9	9	9	2	33
⊟임플란트	문자이벤트	1	2	2	3		8
	인터넷검색	2	2	3	2	4	13
	지인소개	3	6	14	7	1	31
총합계		15	38	41	35	16	145

연결된 원본 데이터의 상세 내용 확인하기

분석이나 통계에 용이한 피벗 테이블은 값 영역에 있는 필드에 모든 원본 데이터가 연결되어 있습니다. 값 필드가 나타난 셀을 더블클릭하면 해당 값이 계산된 원본 데이터의 내용을 확인할 수 있습니다. 원본 데이터가 있는 파일과 분리되어 하나의 다른 파일로 생성되었으므로 원본 데이터가 연결되지 않았다고 간과하지 말고 연결된 원본 데이터를 확인하는 방법을 알아보겠습니다.

01 [Sheet1] 시트에서 F16셀의 데이터를 보면 3주차에 '임플란트' 항목의 '지인소개' 환자가 14명으로, 유입이 늘어난 것을 알 수 있습니다. F16셀을 더블클릭하세요.

항목별 환자 유입 경로현황

개수 : 이름		주					
항목	유입경로	1	2	3	4	5	총합계
⊟교정	문자이벤트		1	1		1	3
	인터넷검색		1	3	1	3	8
	지인소개	1	3	2	2	1	9
⊟기타	문자이벤트			1		1	2
	인터넷검색		1	1			2
	지인소개			1			1
⊟보철	문자이벤트	2	5	3	4		14
	인터넷검색	2	8	1	7	3	21
	지인소개	4	9	9	9	2	33
⊟임플란트	문자이벤트	1	2	2	3		8
	인터넷검색	2	2	3	2	4	13
	지인소개	3	6	14	7	1	31
총합계		15	38	41	35	16	145

02 새로운 시트가 추가되면서 3주차에 '임플란트' 시술 환자 중 '지인소개'로 온 14명의 환자에 대한 원본 데이터가 표시되었습니다.

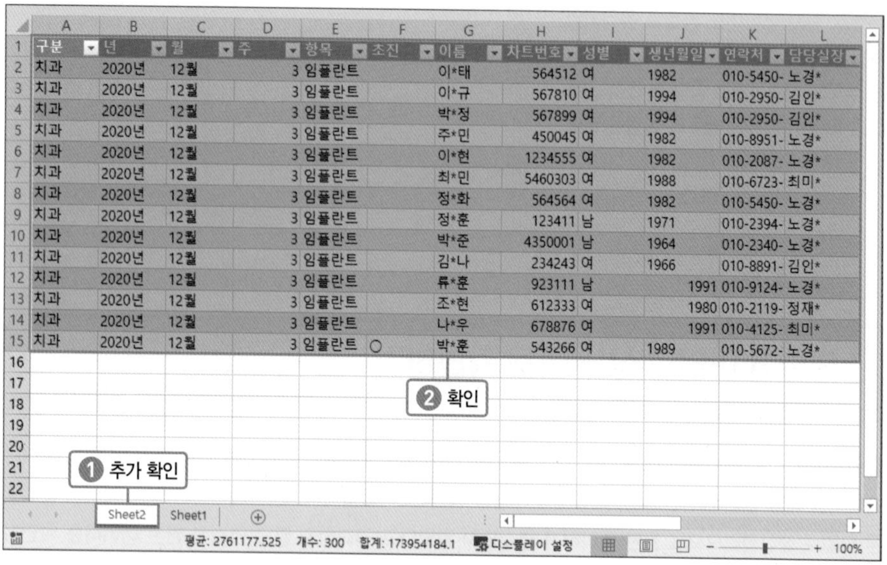

구분	년	월	주	항목	초진	이름	차트번호	성별	생년월일	연락처	담당실장
치과	2020년	12월	3	임플란트		이*태	564512	여	1982	010-5450-	노경*
치과	2020년	12월	3	임플란트		이*규	567810	여	1994	010-2950-	김인*
치과	2020년	12월	3	임플란트		박*정	567899	여	1994	010-2950-	김인*
치과	2020년	12월	3	임플란트		주*민	450045	여	1982	010-8951-	노경*
치과	2020년	12월	3	임플란트		이*현	1234555	여	1982	010-2087-	노경*
치과	2020년	12월	3	임플란트		최*민	5460303	여	1988	010-6723-	최미*
치과	2020년	12월	3	임플란트		정*화	564564	여	1982	010-5450-	노경*
치과	2020년	12월	3	임플란트		정*훈	123411	남	1971	010-2394-	노경*
치과	2020년	12월	3	임플란트		박*준	4350001	남	1964	010-2340-	노경*
치과	2020년	12월	3	임플란트		김*나	234243	남	1966	010-8891-	김인*
치과	2020년	12월	3	임플란트		류*훈	923111	남		1991 010-9124-	노경*
치과	2020년	12월	3	임플란트		조*현	612333	여		1980 010-2119-	정재*
치과	2020년	12월	3	임플란트		나*우	678876	여		1991 010-4125-	최미*
치과	2020년	12월	3	임플란트	○	박*훈	543266	여	1989	010-5672-	노경*

1 추가 확인

2 확인

03 [Sheet1] 시트에서 '총합계'인 I17셀을 더블클릭하면 145명 전체에 대한 모든 원본 데이터가 공유될 뿐만 아니라 파일은 분리되었지만 필드를 마음대로 조정할 수 있습니다. 피벗 테이블에 있는 셀을 선택하고 마우스 오른쪽 단추를 클릭한 후 [필드 목록 표시]를 선택합니다.

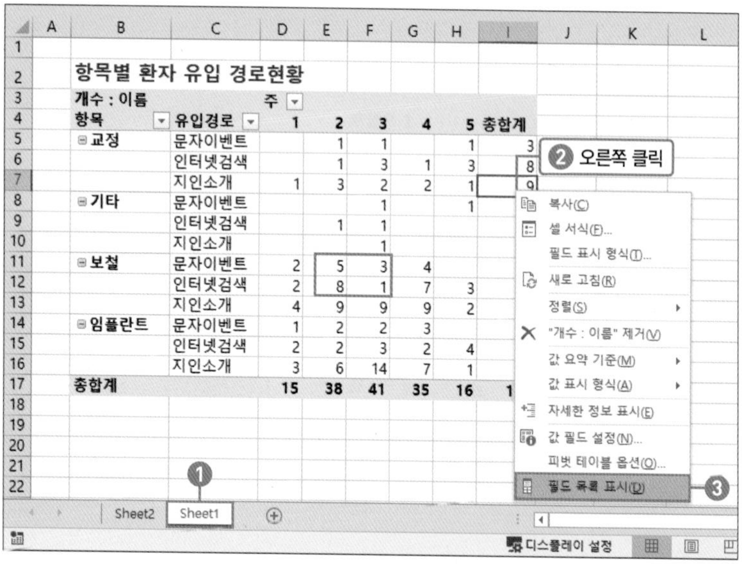

04 화면의 오른쪽에 [피벗 테이블 필드] 창이 열리면 [성별] 필드를 '행' 영역으로 드래그하여 첫 번째에 위치시킵니다. 워크시트에서 성별에 따른 항목과 유입 경로별 환자 수를 확인하고 '행' 영역의 [성별] 필드를 워크시트쪽으로 드래그하여 삭제한 후 [피벗 테이블 필드] 창을 닫습니다. 원본 시트는 첨부되어 있지 않지만 이렇게 자유자재로 피벗 테이블을 수정할 수 있습니다.

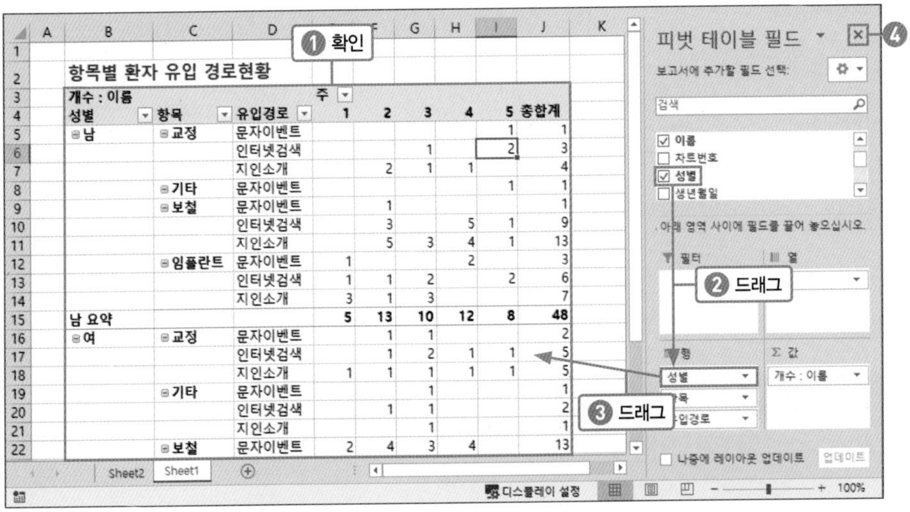

피벗 테이블과 원본 데이터의 연결 끊기

원본 데이터에 보안이 필요한 정보가 있을 경우 피벗 테이블을 함부로 공유하면 안 됩니다. 이번에는 연결된 원본 데이터의 보안을 유지하면서 피벗 테이블을 공유할 수 있는 방법에 대해 알아보겠습니다.

01 [Sheet1] 시트에서 피벗 테이블에 있는 셀을 선택하고 마우스 오른쪽 단추를 클릭한 후 [피벗 테이블 옵션]을 선택합니다.

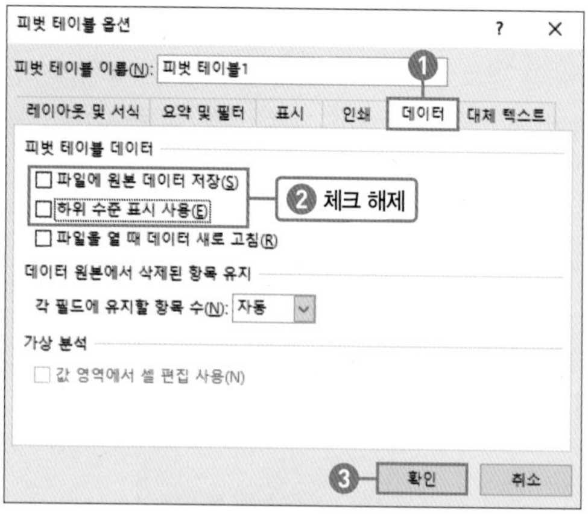

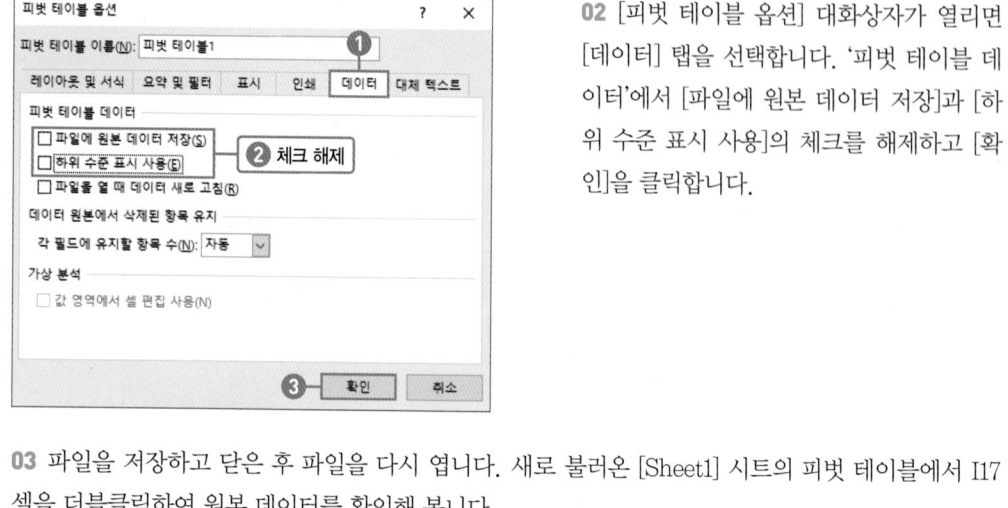

02 [피벗 테이블 옵션] 대화상자가 열리면 [데이터] 탭을 선택합니다. '피벗 테이블 데이터'에서 [파일에 원본 데이터 저장]과 [하위 수준 표시 사용]의 체크를 해제하고 [확인]을 클릭합니다.

03 파일을 저장하고 닫은 후 파일을 다시 엽니다. 새로 불러온 [Sheet1] 시트의 피벗 테이블에서 I17 셀을 더블클릭하여 원본 데이터를 확인해 봅니다.

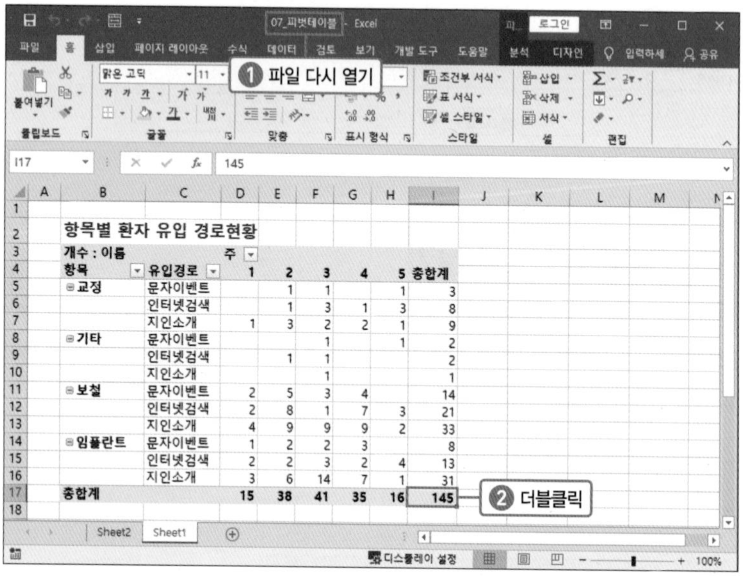

04 피벗 테이블에서 이 부분을 변경할 수 없다는 메시지 창이 열리면 [확인]을 클릭합니다. 이제 원본 데이터를 확인할 수 없습니다.

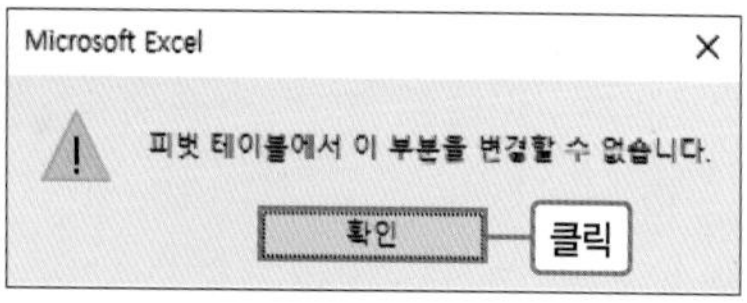

05 이번에는 필드를 새롭게 조정하기 위해 피벗 테이블에 있는 셀을 선택하고 마우스 오른쪽 단추를 클릭한 후 [필드 목록 표시]를 선택합니다.

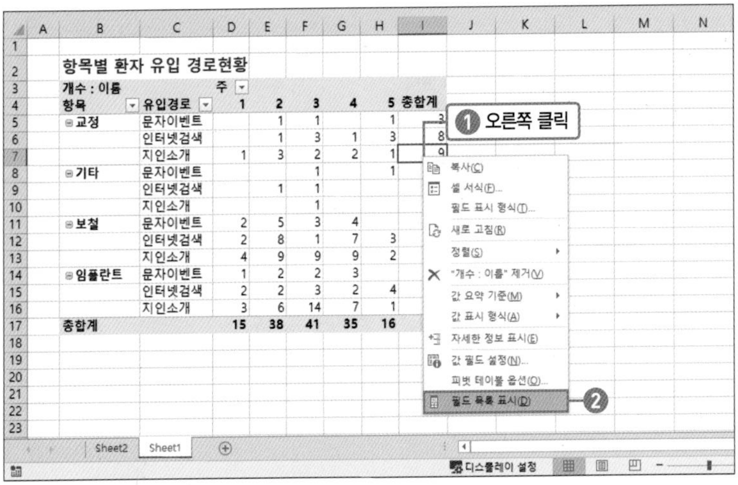

06 화면의 오른쪽에 [피벗 테이블 필드] 창이 열리면 [성별] 필드를 '행' 영역의 맨 첫 번째 위치로 드래그해 이동합니다. 피벗 테이블 보고서를 업데이트하려면 데이터를 새로 고침하라는 메시지 창이 열리면 [확인]을 클릭합니다.

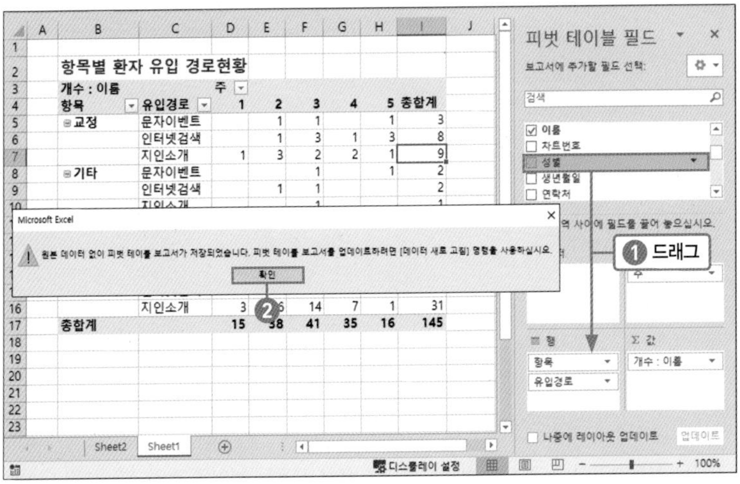

07 피벗 테이블에 있는 셀을 선택하고 마우스 오른쪽 단추를 클릭한 후 [새로 고침]을 선택합니다.

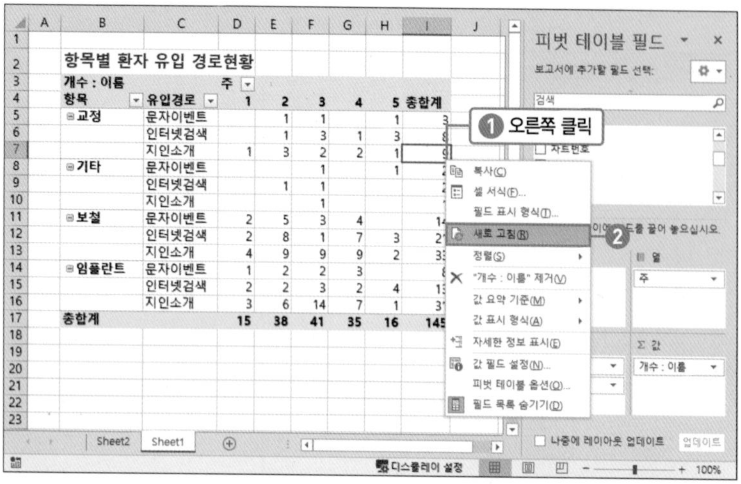

08 참조가 잘못되었다는 메시지 창이 열리면서 필드를 새롭게 구성할 수 없습니다.

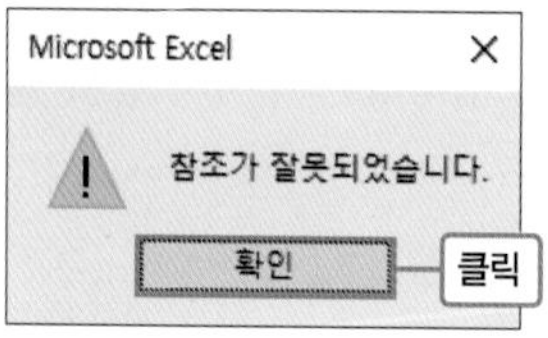

다시 보기

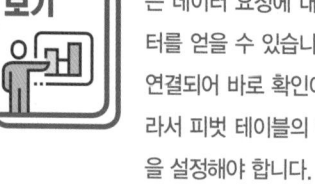

데이터를 관리하는 사용자라면 누구나 한 번쯤 피벗 테이블을 사용해 보았을 것입니다. 피벗 테이블은 데이터 요청에 대응하기 위해 최적화된 분석 도구로, 다양한 방법으로 쉽고 빠르게 원하는 데이터를 얻을 수 있습니다. 결과값을 나타내는 셀에는 이 수치가 어떻게 계산된 것인지 원본 데이터가 연결되어 바로 확인이 가능하다는 장점도 있지만, 경우에 따라 보안 문제가 생길 수도 있습니다. 따라서 피벗 테이블의 결과물을 외부에 공유해야 한다면 반드시 원본 데이터를 포함하지 않도록 옵션을 설정해야 합니다.

찾아보기

단축키

A~D

E~N

O~X

ㄱ~ㄹ

ㅁ~ㅅ

ㅇ~ㅈ

ㅊ~ㅎ